Hans Kunz Aggressivität, Zärtlichkeit und Sexualität

Hans Kunz

Gesammelte Schriften in Einzelausgaben

In Zusammenarbeit mit der Hans-Kunz-Gesellschaft Frauenfeld
herausgegeben von Jörg Singer

Band 4

Hans Kunz

Aggressivität, Zärtlichkeit und Sexualität

Phänomenologische und anthropologische Studien zur Psychologie und Psychopathologie

Herausgegeben von Jörg Singer
Hans-Kunz-Gesellschaft Frauenfeld

Verlag Huber
Frauenfeld Stuttgart Wien

Die Hans-Kunz-Gesellschaft dankt folgenden Institutionen und Persönlichkeiten, die den Druck dieses Bandes unterstützt haben:

- dem *Departement für Erziehung und Kultur des Kantons Thurgau*
- der *Stiftung Akademie für ethische Forschung, Winterthur*
- der *Ulrico Hoepli-Stiftung, Zürich*

  und im Gedenken
- *Frau Marguerite Wachtler-Küng, Psychotherapeutin, Zürich, † 21. Dezember 2002*

Hans Kunz – Gesammelte Schriften in Einzelausgaben
Band 4: Aggressivität, Zärtlichkeit und Sexualität

Bibliografische Information der Deutschen Bibliothek:
Die Deutsche Bibliothek verzeichnet diese Publikation in der Deutschen Nationalbibliografie; detaillierte bibliografische Daten sind im Internet über http://dnb.ddb.de abrufbar.
ISBN 3-7193-1331-X

Gestaltung und Satz: Atelier Mühlberg, Basel
Gesamtherstellung: Huber & Co.AG, Grafische Unternehmung und Verlag, Frauenfeld
Einband: Buchbinderei Schumacher, Schmitten
Printed in Switzerland

Inhalt

Vorwort des Herausgebers

Mit dem redigierten Neudruck der von Hans Kunz selbst veröffentlichten Beiträge zu Aggressivität, Zärtlichkeit und Sexualität und mit dem Erstdruck seiner nachgelassenen Aufzeichnungen zu diesen drei Phänomenkomplexen wird eine Ausgabe der *Gesammelten Schriften* eingeleitet. Abgesehen von einer vom Autor später verworfenen Jugendschrift *Zur Methodologie der Sexualwissenschaft*, die 1926 in der Zeitschrift für Sexualwissenschaft erschien, umfasst die Auswahl der in diesem Band vereinigten Einzelabhandlungen sämtliche schriftlichen Studien, die Hans Kunz den im Titel genannten Erlebnis- und Verhaltensbezirken gewidmet hat. Über ihren allfälligen Neudruck hat Kunz nichts bestimmt. Gegenüber den schon zu seinen Lebzeiten vielfach geäusserten Wünschen nach einer Sammlung insbesondere der Abhandlungen zur Psychologie und Psychopathologie der drei Phänomenkreise hielt er sich zurück, obwohl er nicht beabsichtigte, als einzelne Beiträge sie aufzusparen, um sie später in ein umfassenderes Werk einzugliedern. Wenn nun eine Sammlung dieser Schriften mehr als zwanzig Jahre nach Kunz' Tod unter der Herausgeberschaft eines seiner ehemaligen Schüler realisiert wird, so kann, was die inhaltliche Gestaltung anbelangt, dieser sich nicht auf präzise Anweisungen des Autors stützen, obwohl Kunz bereits im Jahre 1978 in ein geplantes Editionsvorhaben eingewilligt hat.

I.

Die Entstehung der in diesen Band aufgenommenen drei älteren, umfangreicheren Abhandlungen *Die Aggressivität und die Zärtlichkeit, Zur Theorie der Perversion* und *Die Bedeutung der Sexualität im menschlichen Leben* erstreckt sich von der Vorbereitung bis zum Abschluss seines 1946 erschienenen zweibändigen Hauptwerks *Die anthropologische Bedeutung der Phantasie.* Der vorwiegend auf die psychologische Sphäre begrenzte Erkenntnisanspruch dieser Studien hält trotz der entstehungsgeschichtlichen Nähe zum Phantasiebuch die sachliche Nähe zunächst verborgen – dies auf Grund der unterschiedlichen Fragestellung und der von ihnen geforderten Begründungszusammenhänge. Stand der II. Teil des Hauptwerkes im Zeichen des Versuchs, die Phantasie von einer Wesenslehre des Menschen her zu interpretieren, so geschah dies im Zuge der Freilegung eines von Kunz entdeckten anthropologischen Sachverhaltes: des inneren Zusammenhangs der faktischen Denkvollzüge mit der Todesimmanenz des Menschen. Dieser denkend erschlossene, dennoch Faktizität beanspruchende Sachverhalt fordert notwendig ein erneutes Fragen nach dem spezifischen Gegenstand der philosophischen Anthropologie und damit nichts Geringeres als eine Neubegründung der letzteren. Dass Kunz, der «klarer als die meisten Heutigen» – wie ihm Heidegger in einem Brief vom 7. Mai 1947 attestiert – «ein Wissen um das Fragwürdige von allem» hatte, was «um den Namen einer ‚philosophischen Anthropologie' kreist», dennoch eine solche zum Ziele sich gesetzt hat, kann nur verständlich werden unter der Voraussetzung, dass für ihn die aus dem seinsgeschichtlichen Hintergrund gedachte Frage nach dem Wesen des Menschen selber zum Problem geworden ist. Kunz' neuer anthropologischer Ansatz hatte denn auch das Verhältnis zu Heideggers Daseinsanalytik zu klären, mithin die von der Fundamentalontologie geübte grundsätzliche Kritik an der philosophischen Anthropologie aufzunehmen und sich anzueignen. Ein zweites Moment der Rechenschaft, auf das Kunz nicht nur immer wieder eindringlich hingewiesen, sondern das er in seinen Analysen auch mit kompromissloser Konsequenz befolgt hat, betont das Angewiesensein der Anthropologie auf die sachhaltige Erfahrung. Sollte die im Hauptwerk konzipierte philosophische Anthropologie Gestalt gewinnen und sich nicht als Konstrukt eines sich verselbständigenden Denkens erweisen, so hatte sie sich der «ständigen Bewegung des Denkens und Fragens» auszusetzen, «die sich bei keinem vermeintlich endgültigen Resultat beruhigt, statt dessen aber auch für das unscheinbarste empirische Wissensdetail offen bleibt».[1] Auf Grund der Überzeugung, dass eine strenge Scheidung der philosophisch-anthropologischen oder existential-ontologischen Daseinsauslegung von der am eigenen und fremden Leben gewonnenen ontisch-gegenständlichen Erfahrung faktisch undurchführbar, d.h. die doppelseitige Verwiesenheit der ontologischen und ontischen Sachverhalte nicht aufzuheben ist, hielt Kunz – auch im Zuge des anthropologischen Forschens – daran fest, in seine Erkenntnisbemühungen empirische und empiriekritische (vor allem psychologische, vergleichend-biologische und kultursoziologische) Analysen einzubeziehen. Die im zeitlichen Umfeld des anthropologisch orientierten Hauptwerks entstandenen drei Beiträge zu Aggressivität, Zärtlichkeit und Sexualität repräsentieren einen Typus von Analysen, die die bis in feinste Details erschlossenen Befunde ohne den Vorgriff auf wissenschaftstheoretisch verfestigte Kategorien darzustellen versuchen. Das macht ihre Besonderheit aus und weist ihnen den unverwechselbaren Ort im Ganzen des Kunzschen Werkes zu. Trotz des Verzichts, die drei Impulskomplexe von einer ausgebildeten Wesenslehre des Menschen her zu interpretieren, bewahrt Kunz – geschehe dies im Blick auf die nicht disponiblen Faktizitäten des menschlichen Daseins oder in Gestalt präzis formulierter Hinweise auf noch ungeklärte Perspektiven – den Analysen jene Brisanz, die die Verküpfungen mit immanent anthropologischen Sachverhalten gegenwärtig hält. Das gilt nicht minder für die auf die aggressiv-destruktiven und die sexuellen Erlebens- und Verhaltensbezirke beschränkten phänomenologischen Untersuchungen, die Kunz rund zwanzig Jahre später (1965–1970) in Form eines Essays und dreier – zum Teil ausgearbeiteten – Vortragsmanuskripte verfasst hat: *Zur Problematik der Aggression*, *Aggressives Gruppenverhalten*, *Psychologische Aspekte der menschlichen Sexualität* und – in losem thematischen Konnex dazu – *Der Mensch als Zerstörer der Natur*. Sie gehören ins Spätwerk des Autors, in dessen Zentrum

---

1 Die anthropologische Bedeutung der Phantasie, Band II, Basel 1946, S. 4.

die sieben bereits gegen Ende der vierziger Jahre begonnenen Abhandlungen stehen, die aus dem Hintergrund einer kontinuierlich weiter gespannten Leitmotivik die Grundthese des II. Teils der *Anthropologischen Bedeutung der Phantasie* erhellen sollten. Kunz konzipierte sie offensichtlich als Kapitel eines umfassenden Werkes *Die Endlichkeit des Menschen.*[2] Dass das Spätwerk u.a. auch weit gediehene fragmentarische Studien zum Begriff und Wesen der Erfahrung umfasst, kann nicht überraschen: unterstreicht es doch die Bedeutung von Kunz' kritischem Dialog mit Erfahrungsweisen, die unbemerkt fragwürdige Implikationen in Form tradierter ontologischer Voraussetzungen und wissenschaftstheoretischer Voreingenommenheiten in der Deutungsperspektive fixieren.

Hat es für den Herausgeber nahe gelegen, von den drei vorgegebenen Phänomenkomplexen auszugehen, um der Auswahl die für einen Sammelband gebotene einheitliche Gestalt zu sichern, so darf das nicht darüber hinwegtäuschen, dass der Fokus auf den thematischen Umriss leichtfertig die von Kunz anvisierten anthropologischen und ontologischen Sachverhalte ausblenden könnte. Dass Kunz' Studien nicht bloss repräsentative Einzeldarstellungen sind, die sich auf die psychologisch und psychopathologisch objektiv begrenzte Sphäre der Aggression, der Zärtlichkeit und der Sexualität einengen lassen, dokumentiert die in ihnen geübte phänomenologische Betrachtungsweise. Zu eigen macht sich Kunz das in Husserls «Ideen» formulierte «Prinzip aller Prinzipien», insofern dieses im Verzicht auf alle phänomenal nicht ausgewiesenen Konstruktionen die Begrenzung des theoretischen Erkenntnisanspruchs anzeigt. Versteht Kunz die phänomenologische Betrachtungsweise als ein vernehmend-erfahrendes Erkennen der unmittelbar gegebenen Wirklichkeit der mannigfaltigen, nicht von vornherein auf abstrakte Züge reduzierten Erlebnis- und Verhaltensweisen, die faktisch nur in den je singulären Einzelnen zur konkreten Gegebenheit gelangen, so muss der Anspruch dieser Betrachtungsweise auf eine allgemeingültige theoretische Erkenntnis die gangbaren Wege aufzeigen, wie aus empirisch konkreten Befunden generelle Wesenseinsichten zu

2 Vgl. dazu die Ausführungen des Herausgebers in H. KUNZ: Erwartung, Bildwelt und Phantasie. Frauenfeld/Stuttgart/Wien, 2001, S. 25ff.

gewinnen sind. Das ist das Geschäft einer ideierend-abstrahierend verfahrenden empirisch-psychologischen Deskription. Ihre sachliche Güte hängt ab von der Fülle der von ihr zur Erscheinung gebrachten Beobachtungen, der ständigen Bereitschaft zur Korrektur ihrer Auslegungen und der Subtilität gradueller Abstufungen, die für die Artikulation der Wesensunterscheidungen unabdingbar ist.

Das Phänomenologische in Kunz' Beiträgen erschöpft sich nun allerdings nicht in der Bedeutung eines empirisch-deskriptiven Verfahrens. Dabei ist nicht in erster Linie an die über weite Passagen seiner Beiträge ausführlich zur Sprache gebrachten lebensgeschichtlich-genetischen (kausalen) Zusammenhänge der aggressiv-destruktiven, zärtlichen und sexuellen Impulse zu denken. Vielmehr gilt zu beachten, dass die Intention einer empirisch orientierten phänomenologischen Psychologie sich nicht auf dem direkten Weg eines die schlichten Befunde sich vorgebenden naiven Realismus verwirklichen lässt: sie bleibt unausweichlich in ein Fragen eingebunden, das nicht-gegenstandsspezifische Verweisungen enthält und daher grundsätzlich philosophischer Natur ist. Mit dem Hinweis auf die aktunabhängige Eigenständigkeit aller vorgegebenen psychologischen Daten, die ihrerseits eine Erkenntnisrelevanz von generalisierten Wesenseinsichten überhaupt ermöglichen, skizziert Kunz 1974[3] im Zusammenhang mit der Konkretion des Psychischen zwei philosophische Aspekte der phänomenologischen Methode. Er hält fest, dass «die Vergegenwärtigung der gegebenen Phänomene sich keineswegs von selbst versteht, weder für unser alltägliches Verhalten noch für die wissenschaftliche Forschung. Vielmehr begegnet uns die Welt einschliesslich unseres eigenen Erlebens stets zunächst im trüben Licht von unausdrücklichen Vormeinungen und ungeklärten Vorurteilen, die sich uns aus der überkommenen vielschichtigen Tradition aufgedrängt haben. Daher bedarf es, um aus dem üblichen Erfahren die in diesem enthaltenen schlichten Gegebenheiten herauszuheben und von den an sie herangetragenen Deutungen abzugrenzen, einer mühseligen und nie abzuschliessenden Reflexion auf die uns beherrschenden, auch gesellschaftlich mitbestimmten Vor-

3 Vgl. H. Kunz: *Geleitwort*, in W. Keller: Dasein und Freiheit. Bern/München 1974, S. 8.

urteile – und das ist ein philosophisches Geschäft». Der phänomenologischen Methode wächst in einem zweiten Sinn «ein philosophischer Charakter zu, insofern die psychologischen Bemühungen zugleich Medium einer philosophischen (ontologischen) Anthropologie sind, die zu einem Teil bereits in den vorwissenschaftlich-alltäglichen Ursprüngen unseres Tuns und Erkennens verborgen ist». Die theoriekritische Funktion der phänomenologisch-empirischen Analysen entfaltet sich bei Kunz an den Leitlinien jener strengen Scheidung, die die zwar intendierte, aber deshalb nicht nur von uns erdachte aktunabhängige Eigenständigkeit als Voraussetzung des Gegebenseinkönnens psychischer Phänomene festhält und konsequent abhebt von den Ingredienzien der auf sie gerichteten Deutungsakte im erfahrenden Erkennen. Aus dem ständigen Offenhalten dieses doppelseitigen Verhältnisses versteht sich der dialogische Stil, der für Kunz' Studien typisch ist. Die historische und sachliche Dimension der Auslegung der Phänomene dokumentiert sich in der Art einer Auseinandersetzung, die das Originale und eigens Entdeckte nicht als Eigenleistung auszugeben trachtet. Die in Kunz' Beiträgen vorgelegte zentrale Kritik und Würdigung der das letzte Jahrhundert revolutionierenden psychoanalytischen und ethologischen Theorien der Aggression und der sexuellen Perversion gibt zumindest – wie Löwith 1969[4] dies für die Rezeption des reichhaltigen Schrifttums zur Tiefenpsychologie und zur medizinischen Anthropologie allgemein gefordert hat – Ansätze und Hinweise in Richtung auf eine bislang «ausgebliebene philosophische Verarbeitung jener psychologischen Einsichten», die die Bedeutungsgehalte unbewusst-vitaler Befindlichkeiten und Verhaltensweisen in den um- und mitweltlichen menschlichen Bezügen eigens zum Thema der Forschung erhoben haben.

II.

Über den Editionsplan der Gesammelten Schriften von Hans Kunz hat der Herausgeber in einer im gleichen Verlag erschienenen Publikation (*Hans Kunz: Erwartung, Bildwelt und Phantasie.* 2001) früher berichtet. Hier sind – gleichsam als «Vorschau» auf die geplante

---

4 Vgl. K. Löwith: Sämtliche Schriften 1, Stuttgart 1981: J. B. Metzler, S. 15.

Werkausgabe – Beiträge zusammengestellt, die einen Einblick in das Schaffen von Hans Kunz geben, u.a. ein bibliographischer Teil und der Neudruck von Kunz' 1972 in Pongratz' Sammelwerk *Psychologie in Selbstdarstellungen* (bei Hans Huber, Bern) erschienener Autobiographie. Misst man Kunz' Werk am Bekanntheitsgrad und der Breitenwirkung, die es in der aktuellen wissenschaftlichen und öffentlichen Diskussion inne hält, so wäre das Unternehmen, das dieses weit verstreute Schrifttum zugänglich machen will, schwerlich begreifbar zu machen. Unüberhörbar bleiben dennoch die aus der Rezeptionsgeschichte zu vernehmenden Stimmen bedeutender Fachvertreter, die die grundlagenkritische Ausrichtung dieses Werks für bahnbrechend halten.

Wer aus der Perspektive des eigenen Rückblicks auf das Studium von Kunz' Schriften – unabhängig von solchen Vorgaben der Bewertung – urteilt, wird wohl an die herausfordernde Fein- und Scharfsinnigkeit der Kunzschen Analysen erinnern und an das darin verarbeitete profunde Wissen, das sich im kritischen und zustimmenden Zwiegespräch mit den tradierten Gedankengestalten bekundet, um die Dringlichkeit der Aufgabe zu begründen, ein solches Werk neu zu edieren – auch dann, wenn dieses keine Rezepte zur Erfüllung zeitgenössischer pragmatisch-praktischer Wünsche und Erwartungen anbietet. Das mit diesem Band eröffnete Projekt verfolgt keine restaurativen Zwecke. Es soll in die Aktualität eines Werkes einführen, das – wie Roland Kuhn betont – die Offenheit des Fragens sucht und vom Leser «Geduld erfordert, dem Autor in die gelegentlich fast entlegen scheinenden Winkel zu folgen, in die er führt und deren Bedeutung für weitere Probleme und Zusammenhänge» der Leser «oft nicht gleich von Anfang an voll überschaut».[5]

Es ist vorgesehen, diesem Band, der noch rechtzeitig zum Jubiläum von Hans Kunz' 100. Geburtstag am 24. Mai 2004 bereitgestellt werden kann, vorerst die Hauptwerke folgen zu lassen, insbesondere Kunz' zweibändiges Werk *Die anthropologische Bedeutung der Phantasie* und die 1962/63 in der Zeitschrift Psyche erschienene Aufsatzfolge *Die eine Welt und die Weisen des In-der-Welt-seins*.

---

5 R. KUHN: *Einführung*, in: H. KUNZ: Grundfragen der psychoanalytischen Anthropologie, hrsg. von H. BALMER. Göttingen 1975, S. 12.

III.

Bei der Erstellung dieses Bandes hat der Herausgeber das Ziel verfolgt, den *Haupttext* (d.h. die Kunzschen Originaltexte) möglichst leserfreundlich zu gestalten. Deshalb werden die einzelnen Abhandlungen in ihrem vorgefundenen historischen Gewand wiedergegeben ohne einschneidende Retouchen (bspw. Angleichungen der Zitate an neuere Ausgaben) und ohne Nachweise von Textrevisionen. Redaktionelle Erklärungen erscheinen in einem vom *Haupttext* abgetrennten *Anhang*. Sie sind für das Studium der Quellentexte bestimmt. Die dem II. Teil des *Anhangs* beigefügten *Hinweise des Herausgebers* galten dem Versuch, in das problemgeschichtliche Umfeld der einzelnen Abhandlungen einzuführen. Dabei war nicht beabsichtigt, Lesehilfen oder Textauslegungen zu geben, obwohl nicht zu vermeiden war, dass in die Darstellung auch akzentuiert-interpretative Momente eingeflossen sind. Zusätzliche Angaben zu Quellennachweisen in den *Textkritischen Revisionen* schienen mir gerechtfertigt aufgrund der erfreulichen Tatsache, dass dank der langjährigen Vorarbeiten und der bibliographischen Erfassung durch die Zentralbibliothek Solothurn der wissenschaftliche Nachlass sich nunmehr geschlossen präsentiert und für die Forschung zugänglich gemacht worden ist.

Der Herausgeber dankt allen, die bei der aufwändigen Rekomposition der wissenschaftlichen Dokumente und der Transkription der Schriften aus dem Kunzschen Nachlass sowie beim anstrengenden Kollationieren und Korrekturlesen mitgeholfen oder das Editionsprojekt organisationstechnisch unterstützt haben. Ohne ihren Beistand hätte dieser Band nicht erscheinen können.

Insbesondere gilt der Dank

- Herrn Hansrudolf Frey, Leiter des Verlagshauses Huber für sein unermüdliches Engagement und seinen verlegerischen Rat,
- meinen Freunden David Bürgi und Werner Wyder, die seit zwei Jahrzehnten aus nächster Nähe nahezu alle Arbeiten rund um das Editionsprojekt begleitet und mich mit ihren reichen Kenntnissen des Werkes von Hans Kunz bei allen Fragen der Textgestaltung und Textbeurteilung unterstützt und beraten haben, sowie

– Herrn Bernhard Betschard, Herrn Christoph Fehr, Herrn Rolf Kirsch, Herrn David Lendenmann, Frau Beatrice Moor, Frau Rosmarie Niggli, Herrn Ulrich Pfaendler, Herrn Charles de Roche, Frau Esther Schelling und den Herren Florian und Paul Schmidt-Sauerhöfer.

Der Initiative der Präsidentin der Hans-Kunz-Gesellschaft, Frau a. Ständerätin Rosemarie Simmen, dem Entgegenkommen der ehemals für die Kunz-Schriften Verantwortlichen der Psychiatrischen Universitätsklinik Basel und der Grosszügigkeit der Direktion der Zentralbibliothek Solothurn ist die Errichtung des Hans-Kunz-Archivs zu verdanken. Den Mitarbeitern dieser für die Bearbeitung der Originalhandschriften so wichtigen Forschungsstätte gilt nicht zuletzt mein Dank für die sorgsame Betreuung von Kunz' wissenschaftlichem Nachlass und für das freundschaftliche Arbeitsklima.

Weinfelden, im August 2003
Jörg Singer

Die Aggressivität und die Zärtlichkeit

Zwei psychologische Studien

Die Aggressivität und die Zärtlichkeit. Zwei psychologische Studien erschien im Spätherbst 1945 als Buch im Verlag A. Francke (Bern). Im Druck ist das Erscheinungsjahr 1946 angegeben.

Zur Herrichtung der Neuauflage für diesen Band hat der Herausgeber sowohl die Annotationen (Korrekturen und Ergänzungen) als auch die Blatteinlagen aus KUNZ' Handexemplar berücksichtigt. Abweichungen vom Erstdruck werden mit Asterisken bezeichnet und im Anhang kommentiert. Längere, von KUNZ im Handexemplar annotierte Textpassagen sind mit senkrechten Trennungsstrichen markiert.

Die Angaben zu den Fundorten der Originalzitate in neueren Ausgaben finden sich im *Literaturverzeichnis* (Anhang III, S. 433ff.).

Da sich in der vorliegenden Neuauflage der Satzspiegel gegenüber der Erstausgabe geändert hat, wird im laufenden Text mit Ziffer in eckiger Klammer auf die alte Paginierung verwiesen.

Vorbemerkung

Der Untertitel der zwei hier veröffentlichten Arbeiten soll von vornherein die Grenzen ihrer Absicht anzeigen. Es handelt sich also um psychologische Studien, d.h. um Bemühungen, einen bestimmten, mit den Ausdrücken «Aggressivität» und «Zärtlichkeit» umrissenen Bezirk des menschlichen Erlebens und Verhaltens zu erkennen. Zwar habe ich keine Unklarheit darüber gelassen, wie ich die beiden Phänomenkomplexe bewerte; aber das ist eine private Angelegenheit und sollte den sachlichen psychologischen Erkenntnisgehalt nicht beeinflussen. Dagegen vermied ich es, Vorschläge zu machen, auf welche Weise unsere Aggressivität künftig in erträglicheren Äusserungsformen untergebracht werden könnte als die es waren, in denen wir sie sich austoben sahen. Solche Programme werden wir gewiss bald in ausreichender Zahl von berufenerer Seite angeboten erhalten; da sie wohl von den Politikern realisiert werden müssten – denn wer anders sollte und vermöchte es tun? – scheint es mir nach allem ein hoffnungsloses Unternehmen zu sein. Ich muss gestehen, auch sonst keinen Grund zu haben, dergleichen Weltverbesserungspläne sonderlich zu schätzen. Man gewinnt von ihren Verfassern allzu oft denselben Eindruck wie von den Verkündern hoher moralischer Ideale und Forderungen: dass sie sich nämlich mit einer Art Grosszügigkeit damit begnügen, sie ausgesonnen und zu Papier gebracht zu haben, ihre Verwirklichung aber, auf die es doch allein ankäme, den andern überlassen.

Der ersten Studie liegt ein im Juni 1942 in der Basler Psychologischen Arbeitsgemeinschaft gehaltener Vortrag [6] zugrunde; für den Druck ist er nicht unerheblich erweitert worden. Ich bin mir im übrigen wohl bewusst, dass auch im zweiten Aufsatz Dinge zur Sprache kommen, die manchen Leser nur peinlich berühren und abstossen werden. Allein es sind menschliche – vielleicht allzu menschliche – Realitäten, mit denen sich die Psychologie ebenfalls beschäftigen muss; dass sie dadurch an Ansehen einbüsst, lässt sich nicht verhüten. Es fehlt ihr zwar das Recht, den zum Ausharren in der unerbittlichen täuschungslosen Wahrhaftigkeit zu zwingen, der sie nicht ertragen mag; aber wenn sich jemand schon aus freien Stücken entschieden hat, den Bereich der psychologischen Forschung zu betreten, dann darf er freilich den Konsequenzen nicht ausweichen. Mit der gefassten Sachlichkeit des Physiologen, der die Geschehnisse des Körpers untersucht, unbekümmert darum, ob sie ihm erfreulich erscheinen oder ihn anwidern, muss er die gelebte Innerlichkeit erhellen.

Binningen-Basel, September 1945. *H. K.*

I Die Rolle der Aggressivität im menschlichen Leben

[7] Es gibt in der uns umgebenden näheren und ferneren Natur eine Anzahl unter sich verschiedener Ereignisse, die darin übereinkommen, dass den von ihnen bewirkten, mehr oder minder stationär gewordenen Zustandsänderungen eine weitgehende Ähnlichkeit eignet. Wir bezeichnen sie als «Zerstörungen» und nennen die sie verursachenden Geschehen – Blitz- und Hagelschlag, Überschwemmungen, Vulkanausbrüche, Bergstürze, Erdbeben usw. – gewöhnlich «zerstörende Mächte» oder «elementare Gewalten», auch wenn wir damit keine anthropomorphisierende Tendenz verknüpfen. Die Zerstörungen umfassen sowohl Gestaltsveränderungen lebloser Dinge, Dingkomplexe und -beziehungen wie vernichtetes Leben; sie können zwar Bedingungen neuer Lebensprozesse enthalten oder gar schaffen, jedoch wird damit ihr zunächst aufdringlichster Charakter nicht verwischt. Er – und mithin das Wesen der Zerstörung – besteht einerseits in Gestaltsveränderungen der Erdoberfläche, die einem vorgängigen, als «Ordnung» empfundenen Objektbereich entgegengestellt werden, andererseits und vor allem in der Vernichtung lebender Wesen. Das Auszeichnende *dieser* destruktiven Faktoren liegt nun darin, dass ihr Ablaufen und Zusammenwirken ausschliesslich von den mechanischen Bewegungsgesetzen bestimmt wird; es mangelt ihnen eine vom Ziele – den zu zerstörenden Gegenständen – her variable, d. h. teleologisch determinierte Bewegungsgerichtetheit. Das bleibt auch dann so, wenn sie in den Dienst des zweckbewussten menschlichen Handelns als des übergreifenden Bewegungsgesamtes gestellt werden und [8] darin unter Umständen eine raffinierte Herrichtung erfahren.

Neben diesen zerstörenden Naturgewalten und den von Menschen hergestellten, die physikalischen Gesetzlichkeiten benützenden Destruktionsinstrumenten, in deren Erfindung Phantasie und Denken unerschöpflich zu sein scheinen, gibt es im Bereich der aussermenschlichen, insbesondere der tierischen Lebewesen eine Reihe von Phänomenen, denen wir ebenfalls den Charakter des Zerstörens zubilligen müssen. In erster Linie sind es Verhaltensweisen, die im Zusammenhang der Nahrungsbemächtigung und -aufnahme stehen. Ohne uns hier auf den ungeschlichteten Mechanismus-Vitalismus-Streit einzulassen, dürfen wir sagen, dass die etwa von einem beutesuchenden und -ergreifenden Tiere vollzogene Bewegungsfolge zwar auch den mechanischen Gesetzen wenigstens partiell untersteht, dass diese aber seine Motorik gemäss unseres unmittelbaren schlichten Eindrucks nicht ausschliesslich bestimmen oder zu bestimmen scheinen. Vielmehr tritt als neuer, zusätzlicher und doch wohl entscheidender Determinationsfaktor eine am wahrgenommenen Ziel des Verhaltens orientierte, seinen Veränderungen sich anpassende, also gerichtete Bewegungssteuerung hinzu, in welcher wir u.a. ein spezifisches Merkmal der lebendigen gegenüber der mechanisch-leblosen Bewegung meinen sehen zu dürfen. Die so gesteuerte Verhaltensreihe des als Beispiel dienenden nahrungsuchenden Tieres – die sehr verschiedenen an der Steuerung beteiligten endogenen und exogenen Faktoren brauchen uns nicht zu interessieren – führt nun unter Umständen zur Zerstörung (Tötung, Zerstückelung) der Beute als Voraussetzung ihrer Einverleibung. Es ist zumal im Hinblick auf die Deutung der menschlichen Aggressivität wichtig, hier sogleich eine Unterscheidung zwischen der Objektzerstörung als mögliche selbständige Verhaltensweise und als zwar zur Ernährung faktisch notwendige, aber der Zielrichtung der Bewegung nach gleichsam zufällige Folge der erstrebten Nahrungsaufnahme [9] durchzuführen. Anders gesagt: wenn wir den die Nahrungssuche und -einverleibung bewirkenden Zustand als «Hunger» und diesen seinerseits rücksichtlich seiner Fähigkeit zur Bewegungsauslösung oder -verursachung als «Trieb» bezeichnen, dann verlangt die im Zusammenhang der Hungerstillung oder Triebbefriedigung erfolgende, die letztere ermöglichende Objektzerstörung nicht unbedingt eine Unterstellung besonderer destruktiver Antriebe. Es können solche mitspielen und sich vielleicht unter gewissen Umständen auch abspalten und verselbständigen, etwa wenn aus irgendwelchen Gründen die Bewegungsfolge vor der Zielerreichung, in unserm Falle also vor der Nahrungseinverleibung, abbricht.

Eine zweite Gruppe von tierischen Bewegungsvollzügen, die destruktive Wirkungen zu erzeugen vermögen, bezeichnen wir als Abwehr- und Verteidigungsverhalten. Es ist einerseits auf das einzelne Tier sowohl wie auf seine Jungen und die Sozietäten, in denen es lebt, andererseits auf den jeweiligen Umweltsbereich mit seinen differenten ausgezeichneten Orten (Nest, Heim, Schlupfwinkel, Jagdbezirk usw.), endlich auf die bereits im Besitz befindliche Beute rückbezogen. Das es und damit zugleich die mit ihm verbundenen Zerstörungsimpulse charakterisierende Merkmal – abgesehen von der Bewegungsrichtung und der zugeordneten Objektsphäre – ist die reaktive Entstehung. Dies will besagen, dass die dazu gehörigen motorischen Vollzüge grundsätzlich nicht wie die Nahrungssuche von spontanen, in rhythmischen Phasenwechseln sich aktualisierenden und wieder verebbenden Impulsen gespeist, sondern von bestimmten Umweltsituationen (sog. «Reizen») hervorgerufen werden. Die Spontaneität der um den Hunger gruppierten Antriebe schliesst indessen ihre reaktive Realisierung keineswegs aus.[1] Im einzelnen sind die auslösenden Bedingungen der Abwehr- [10] und Verteidigungsbewegungen, also z. B. das Umschlagen der Flucht in eine Angriffshandlung nach dem Überschreiten der «kritischen Distanz» (Hediger), mannigfaltige und wohl weitgehend artgebunden, obzwar nicht starr festgelegt.

Vom soeben umschriebenen Komplex nicht immer scharf trennen lassen sich jene destruktiven Verhaltensweisen der in Verbänden lebenden Tiere, die im Zusammenhang der Entstehung, Verteidigung und Durchbrechung der Rangordnungen vorfallen. Trotzdem möchte ich die innerhalb seiner auftretenden Zerstörungsphänomene gesondert wissen, vor allem auch deshalb, weil wahrscheinlich viele, wenn nicht die meisten der zumal bei gefangengehaltenen Tieren überraschend und plötzlich hervorbrechenden rätselhaften Aggressionen gegen Menschen den Rangordnungskämpfen zu subsumieren

---

1 Vgl. die «Zwei-Komponenten-Theorie» des Hungers von Katz, die übrigens auch für die Sexualität gilt. D. Katz: Hunger und Appetit. Leipzig 1932.

sein dürften. Oft mag dabei übrigens ein zusätzlicher Antrieb mitspielen, dem in andern Fällen eine selbständige Bedeutung zukommt und der eine eigene, die vierte Gruppe der tierischen Zerstörungsaktionen umgrenzt: die Brunst.

Den Balz- und Begattungshandlungen der Tiere liegt wiederum, ähnlich der Nahrungssuche, ein Impulskomplex zugrunde, den wir als «Sexualität» zusammenfassen und der – wie Hunger und Durst – in der Regel an bestimmte somatische Zustände («physiologische Stimmungen») gebunden ist (die uns hier jedoch nicht zu beschäftigen brauchen). Auch die sexuellen Bewegungsantriebe zeigen einen phasischen Wechsel zwischen Aktualisierung und Latenz, auch sie treten spontan auf, werden aber zugleich weitgehend von exogenen Momenten beeinflusst und scheinen übrigens zum Teil in noch nicht genügend aufgehellten Beziehungen zu Hunger und Sättigung zu stehen. Ob den Rangordnungskämpfen ebenfalls ein der Sexualität und dem Hunger vergleichbarer Komplex von spontanen Antrieben – etwa ein «Machttrieb» – zu supponieren ist, dürfte wohl fraglich sein. Jedoch ist das für unser Problem irrelevant. Denn ob die destruktiven Verhaltensweisen [11] im Gesamt der Beutebemächtigung, der Verteidigung, der Rangordnungskämpfe oder der Begattungsakte auftreten: sie bleiben als akzentuierte Destruktionen stets reaktiv, ungeachtet ihrer Koppelung an spontane oder andere reaktive Bewegungsfolgen. Dieses ihr reaktives Wesen hängt mit dem eigenständigen oder, um es gleich präziser zu sagen: mit dem widerständigen Charakter der Objekte[2] zusammen, die das Ziel der gesteuerten Motorik enthalten. Würde ein Tier das andere nicht bedrohen, seine Jungen nicht auffressen und ihm sein Revier oder Heim streitig machen, dann hätte dieses seinerseits es nicht nötig, in der Abwehr destruktiv zu werden. Würde der eine Partner auf die Balzhandlungen des andern ohne weiteres eingehen, und würden die Mitglieder einer Sozietät sich in ihrer Über- und Unterlegenheit von

---

2 Wir gebrauchen hier den Ausdruck «Objekt» oder «Gegenstand» auch zur Bezeichnung des den Tieren in ihrer Umwelt Begegnenden und Gesuchten, ohne ihn mit den menschlichen Objekts- und Gegenstandsbegriffen zu identifizieren.

vornherein gleichsam anerkennen, dann blieben die Aggressionen ebenfalls aus. Nur bei der Nahrungseinverleibung liegen die Verhältnisse anscheinend anders, insofern wenigstens die lebende Beute auch dann vernichtet werden müsste, wenn sie widerstandslos und sozusagen mit ihrem Einverständnis im Rachen des hungrigen Tieres verschwände. Wir kommen auf diesen Fall zurück und werden sehen, dass er zwar, dem entworfenen paradiesischen Bilde einer destruktionsfreien tierischen Welt, nicht aber der These von der ausschliesslich reaktiven Bedingtheit der Aggressivität widerspricht. Die mit der Brunst zusammenhängenden Zerstörungsaktionen ermöglichen übrigens eine etwas differenziertere Vorstellung ihrer Entstehungsweisen, weshalb wir noch einen Augenblick dabei verweilen wollen. Destruktiv kann ein brünstiges Tier entweder dann werden, wenn sich der Partner zu hartnäckig den Werbungshandlungen und Begattungsversuchen widersetzt; so scheint es bei den vom treibenden Rehbock geforkelten und getöteten Geissen zu sein. Oder [12] es kommt zu aggressiven Entladungen zufolge des Mangels an geeigneten Begattungspartnern, wobei jenen die Rolle von Ersatzhandlungen zufällt; so vor allem bei einzeln gehaltenen männlichen Tieren. Ob es sich dabei immer um eigentliche surrogative Aktionen handelt, lässt sich schwer entscheiden. Denn man muss mit der Möglichkeit rechnen, dass sich ein bei Beginn spezifisch bestimmter, z.B. sexueller Erregungszustand von sich aus, d.h. ohne spezielle Anlässe (Partnerwiderstand und -mangel usw.) in der Richtung des Unspezifischwerdens ausbreitet, auf die gesamte Motorik übergreift und sich dann in destruktiven Handlungen oder Handlungsfragmenten entäussert, die eben wegen der vorangegangenen Entspezifizierung nicht mehr als Ersatzaktionen angesprochen werden können.[3]

---

3 Die Liebhaber irgendeiner Energetik werden umgekehrt eine ursprüngliche unspezifische psychische Energie ansetzen und sie sich sekundär in qualitativen Konkretionen auswirken lassen. Dann wird man etwa mit FUCHS sagen, dass «jede Energie, die keine Möglichkeit des Auswirkens findet…, zu einer zerstörenden Kraft» werde, «um so furchtbarer in ihrer Zerstörungsgewalt, je grösser ihre Schaffensgewalt wäre». E. FUCHS: Das Unbewusste – das Überbewusste – Gottheit? Zeitschr. f. Theol. u. Kirche, N. F. 18 (1937),

Überblickt man den entwickelten – gewiss unvollkommenen und ergänzungsbedürftigen – Ordnungsversuch der tierischen Zerstörungsaktionen, dann gewinnt man den Eindruck, dass sie durchwegs sozusagen ein «Mass» einhalten, d.h. als reaktive Glieder in ein umgreifendes Gebaren der Tiere eingebettet bleiben und von da her «sinnvoll», für das Tier relevant und notwendig sind. Für so etwas wie eine «blinde» oder «tierische Zerstörungswut», mithin ein Zerstören um des Zerstörens willen, finden sich keine Anhaltspunkte. Daher taucht der Verdacht auf, dieser Mangel sei – ineins mit der Nei-[13]gung, jene sagenhafte «tierische Zerstörungswut» dem Menschen zu reservieren – das täuschende Produkt eines romantischen Bedürfnisses nach Verklärung und Harmonisierung des aussermenschlichen Lebens. So mag denn beigefügt werden, dass sich bei gewissen Tieren destruktive Verhaltensweisen beobachten lassen, die sich der Subsumierung unter die unterschiedenen Gruppen widersetzen, auch nicht als Kombinationen der ihnen supponierten Antriebskomplexe deuten lassen und deshalb in ihrem vitalen, auf die tierischen Lebensbedürfnisse rückbezogenen Sinn rätselhaft bleiben. Ich denke nicht so sehr an pathologische Erscheinungen, z.B. die Tollwut, vielmehr etwa an die dem männlichen Igel generell zugeschriebene Eigentümlichkeit, seine Jungen oder wenigstens junge Igel überhaupt zu töten. Ob es darüber ausreichend genaue und eindeutige Feststellungen gibt, entzieht sich meiner Kenntnis.[4] Aber

S. 231. Ohne das begrenzte Recht und vor allem den der Denkbequemlichkeit entgegenkommenden Vorteil einer den seelischen Phänomenen und ihrer Entäusserung unterstellten dequalifizierten psychischen Energie bestreiten zu wollen, geben wir trotzdem der primär spezifizierenden Betrachtungsweise den Vorzug; denn sie scheint uns der Erfahrung angemessener zu sein.

4 Auch die Behauptung FRAUCHIGERS, dass es unter Pferden «solche von angeborenem, boshaftem Charakter» gebe, scheint uns einer genaueren Begründung sehr zu bedürfen. Es müsste doch wohl zunächst nach möglichen lebensgeschichtlich entstandenen und fixierten Faktoren und (oder) bestimmten umweltlichen Situationen, welche die «Boshaftigkeit» bedingen, gesucht werden, bevor zum «Angeborensein» als bequeme Erklärungsmöglichkeit gegriffen wird. E. FRAUCHIGER: Seelische Erkrankungen bei Mensch und Tier, S. 92. Bern 1945.

jedenfalls müssen wir bereit sein, derartige und ähnliche undurchsichtige Phänomene im Bereich des tierischen Gebarens anzuerkennen.[5] Nicht dazu gehört das populäre Beispiel des «mordenden» Marders im Taubenschlag. Denn hier sind es vermutlich [14] die Flatterbewegungen der Tauben und nicht diese selbst als Beutetiere, welche – um uns eines LORENZschen Begriffes zu bedienen – als «Auslösungsschema» der Fang- und Tötungsaktionen des Marders wirken.[6] Mit zwei Bemerkungen wollen wir die flüchtige Betrachtung der tierischen Zerstörungshandlungen abschliessen. Die eine betrifft eine besondere Manifestationsweise der Aggressionen: nämlich die spielende.

Junge sowohl wie ausgewachsene Tiere verfolgen und greifen sich spielend an. Das Wesentliche hinsichtlich der aggressiven Antriebe[7] scheint uns darin zu liegen, dass ihre motorische Entäusserung vor der Erreichung des ihnen immanenten Zieles abbricht, weshalb es nicht zu faktisch zerstörenden Aktionen kommt. Die Möglichkeit des Umschlagens der Spiel- in die Ernstsituation ist freilich immer da. Gleichsam ein Zwischenphänomen zwischen der ernsten und der spielerischen Dokumentation der aggressiven Impulse stellt die Drohhaltung, insbesondere das sog. «Imponiergehaben» (HEINROTH) bei manchen Säugetieren, Vogelarten, Reptilien und Fischen dar. Indessen soll das Problem des Spielens hier nicht weiter erörtert werden.

---

5 Dazu zählen wohl auch jene Vorkommnisse, in denen die Muttertiere ihre eben geworfenen Jungen auffressen oder töten, ein Verhalten, das als Reaktion auf die überstandenen Geburtsschmerzen gedeutet zu werden pflegt. Eine solche Erklärung hat sicher etwas Einleuchtendes, zumal uns (ausser der Selbsterfahrung) andere Beobachtungen zeigen, dass verwundete Tiere in erhöhtem Masse aggressiv «gestimmt» sind und sich unter Umständen in die eigenen Glieder beissen und sie verzehren. Es muss indessen auch an «physiologische Umstimmungen» und Mängelzustände gedacht werden; vgl. E. FRAUCHIGER, a.a.O., S. 150.

6 Das ist neuerdings bestätigt worden durch die Untersuchungen von H. RÄBER: Versuche zur Ermittlung des Beuteschemas an einem Hausmarder (Martes foina) und einem Iltis (Putorius putorius). Rev. Suisse de Zool. 51 (1944), S. 293 ff., bes. 322 ff.

7 Diese bilden nur *einen* Faktor im Gesamtkomplex von qualitativ differenzierten Antrieben, die das Spielen speisen.

Die andere Bemerkung mag der Abwehr eines denkbaren Missverständnisses dienen. Der entworfene Ordnungsversuch der tierischen destruktiven Aktionen und der sie fundierenden Antriebskomplexe impliziert keineswegs die Meinung, dass es diese Antriebskomplexe als isolierte Realitäten gebe. Es ist zwar eine Selbstverständlichkeit, soll aber vorsichtshalber doch nebenbei ausdrücklich formuliert werden, dass das wirkliche Verhalten des Tieres stets ein in sich ganzes, trotz der möglichen Vielfalt [15] der es determinierenden Faktoren in gewissem Sinne einheitliches Faktum darstellt. Nur vermögen wir es in der Regel lediglich schrittweise zu erkennen und zu deuten, wozu uns die begrifflichen Differenzierungen verhelfen sollen. Wenn wir also etwa einen Sperber eine Amsel schlagen sehen und dieser Bewegungsfolge Hunger als antreibenden Zustand supponieren, dann will das nicht besagen, es sei so etwas wie «der Hunger» als selbständiger, gleichsam zu einem dämonischen Wesen gewordener «Trieb» wirksam; vielmehr meinen wir damit, dass eine bestimmte, von uns als Hunger bezeichnete Zuständlichkeit – von der wir dahingestellt lassen, ob ihr neben der vom Verhalten her fassbaren «Seite» noch eine physiologische und psychologische zuzuschreiben ist – den zugeordneten motorischen Ablauf ausschliesslich oder vorwiegend bewirkt. Wahrscheinlich sind es auch bei den Tieren zumeist eine Mehrzahl solcher von uns unterschiedener, qualitativ eigentümlicher, jedoch nicht wie die Dinge mit scharfen Grenzlinien voneinander getrennter Zuständlichkeiten oder Antriebskomplexe, die ein Verhalten ineins mit den umweltlichen Faktoren determinieren. Wir sprechen dann in unserer nachhinkenden erkennenden Formel von einem «Zusammenwirken» der verschiedenen Elemente und erwecken so ungewollt den Eindruck (dem wir selbst oft genug erliegen), als seien primär isolierte Geschehensfäden zu einem Ganzen, dem jeweiligen Verhalten zusammengeschossen. In diesem präzisierten vorsichtigen Sinne also ist unser Ordnungsversuch der tierischen Aggressionen zu verstehen, wobei wir mit der skizzierten Reihenfolge der übergreifenden Bewegungsgestalten – Nahrungssuche und -einverleibung, Verteidigung, Rangordnungskämpfe, Begattungshandlungen – zugleich die abnehmende durchschnittliche Häufigkeit der damit verkoppelten Zerstörungsaktionen im tierischen Leben andeuten möchten. Im übrigen dürfte es schwer auszumachen sein, ob beispielsweise an den Brunstkämpfen die Austragung der Rangstellung als Antrieb nicht entschiedener beteiligt ist als [16] die in der sexuellen Erregung wurzelnden Aggressionen. Desgleichen scheinen die so häufigen – anthropomorphisierend formuliert – Futterstreitigkeiten oder das Verjagen der selbständig gewordenen Jungen aus dem Wohnbezirk der Eltern mehrdeutig zu sein. Doch soll es damit sein Bewenden haben.

Fragen wir uns nun, welchen Sinn die Betrachtung der tierischen Aggressionen für die Erkenntnis der entsprechenden menschlichen Phänomene haben kann, so meinen wir: wenigstens zunächst *nur* den einer indirekten Blickschärfung.[8] Der Glaube, man könne der Psychologie des Menschen durch vergleichende Zuziehung von Beobachtungen an Tieren ein sog. «biologisches Fundament» geben, beruht auf methodischen Unklarheiten und jenem verhängnisvollen, unkritischen, magischen Denken, das vage Analogien für Identitäten und ihre Beschreibung daher für Einsichten hält. Daneben spielen noch andere Momente mit, z.B. ein chronisches schlechtes Gewissen, das bei andern Disziplinen – deren Voraussetzungen und Grenzen es nicht zu übersehen vermag – Beruhigung sucht. Wenn ich bei einer Tierart ein umschriebenes Verhalten feststelle und beim Menschen ein ähnliches oder vermeintlich gleiches konstatiere, so «beweist» weder jenes für dieses noch dieses für jenes irgend etwas von Belang. Ich bin zunächst lediglich zur Aussage berechtigt, dass einer bestimmten Tierart und dem Menschen ein mehr oder minder – unter Umständen sehr weitgehend bis zur Gleichheit – ähnliches Gebaren eignet. Häufen sich solche [17] Verhaltungsähnlichkeiten oder -gleichheiten, so können sie mich etwa zu Vermutungen in der

8 Vgl. G. J. von Allesch: Die Beziehungen zwischen tierpsychologischen und menschenpsychologischen Tatbeständen. Zeitschr. f. Tierpsychol. 1 (1937), S. 128ff.; F. Alverdes: Die Bedeutung der Tierpsychologie für die Psychologie des Menschen. Zentralbl. f. Psychotherapie 13 (1942), S. 282ff. Letzterer schreibt etwa: «unter Umständen wird man auf gewisse menschliche Züge erst dann in genügender Weise aufmerksam werden, wenn man feststellt, dass bei Tieren ähnliches wie beim Menschen auf ganz andersartige Weise zustande kommt». Alverdes selbst legt freilich das Gewicht auf die «Gemeinsamkeiten» zwischen Mensch und Tier.

Richtung einer systematischen und stammesgeschichtlichen Verwandtschaft anregen – zu Vermutungen, die schliesslich vielleicht zu positiven Behauptungen führen. Auch dann aber tragen die tierischen Verhaltensweisen zum *Verständnis* und zur Erklärung der ähnlichen oder gleichen Phänomene beim Menschen prinzipiell gar nichts bei; es bleibt bei der Feststellung, dass es sie hier und dort gibt, ohne dass daraus zwingend eine Bedeutungsgleichheit folgt. Jene Autoren, die aus der Vergleichung des menschlichen mit dem tierischen Gebaren Kapital zur «biologischen Fundierung» der Psychologie zu schlagen versuchen, übersehen allzu oft, dass systematisch nächstverwandte Tierarten in ihren (erblich mehr oder minder fixierten) Verhaltensformen weitgehend voneinander differieren können und dass es im Tierreich einen unübersehbaren Reichtum von Erscheinungen gibt, denen analoge beim Menschen fehlen, wie umgekehrt diesem spezifische Eigentümlichkeiten zukommen, die allen aussermenschlichen Lebewesen mangeln. Daraus folgt freilich nur die vermutliche zoologische Sonderstellung des Menschen, nicht eine radikale Gegenposition zur Tierreihe. Indessen besteht hier kein Anlass, auf die das Wesensverhältnis von Mensch und Tier behandelnden, durch deplacierte Ängste und Sehnsüchte so sehr belasteten und verstellten Erörterungen näher einzutreten. Was wir – nicht aus irgendeiner Befangenheit und Voreingenommenheit, sondern aus Gründen der methodischen Klarheit – ablehnen müssen, ist die Meinung, dass auf dem Wege des üblichen willkürlichen Herausgreifens von den menschlichen ähnlichen tierischen Zügen zur «biologischen Fundierung» der Psychologie des Menschen etwas zu leisten sei, wobei überdies die sehr wesentliche Tatsache übersehen zu werden pflegt, dass bereits innerhalb des tierischen – und erst recht des menschlichen – Bereiches ein Gebaren mehrdeutig sein, d.h. rücksichtlich seiner Antriebe und Ziele unterschiedlich interpretiert werden kann. [18] Die Deutung des phänomenal (anscheinend) nicht differenzierten Verhaltens muss dann die jeweilige Umweltssituation zur Entscheidung einbeziehen. Dagegen kann also der mittelbare Gewinn, den das vergleichende Studium des tierischen Handelns für das Verständnis des Menschen abwirft, von hoher Bedeutung sein. Denn es schärft, wir betonten es bereits, das Auge für die unspezifischen – wenn man will: «un-menschlichen» – Antriebe im menschlichen Tun, das sich selbst reflektierend allzu bereitwillig humane, ideale, moralisch hoch bewertete Motive unterschiebt. «Das Bewusstsein», sagt FEUERBACH einmal, damit wie KANT und SCHOPENHAUER die Skepsis NIETZSCHES und FREUDS an der Vertrauenswürdigkeit der Selbstbesinnung als Organ des psychologischen Erkennens vorwegnehmend, «das Bewusstsein ist ein Spiegel, in welchem der Mensch das Gegentheil von dem erblickt, was er in Wahrheit ist, will und denkt, in welchem er alle Aussprüche seiner Natur im entgegengesetzten Sinne auslegt, die bittersten Wahrheiten selbst, die sie ihm sagt, für Schmeicheleien nimmt».[9]

Um nochmals abschliessend auf den Vergleich der tierischen mit der menschlichen Aggressivität zurückzukommen, so haben wir aus nüchternen sachlichen Gründen und nicht zufolge einer unkritischen Verklärungsneigung allen Anlass, den Tieren eine «blinde Zerstörungswut», das Zerstören um des Zerstörens willen abzusprechen und es als Möglichkeit dem Menschen zu reservieren. Das hat übrigens bereits SENECA gesehen, der schreibt: niemals reizt die Tiere «etwas anderes als der Notwendigkeitsdrang dazu, Schaden zu tun: Hunger oder Furcht sind es, die sie zum Kampf nötigen. Bei dem Menschen ist es die reine Willkür, wenn er den Menschen ins Verderben stürzt»[10] – die letztere Behauptung bedarf freilich der Einschränkung. Damit übereinstimmend meint HOBBES: «so gewiss Schwerter und Spiesse, die Waffen der [19] Menschen, Hörner, Zähne und Stacheln, die Waffen der Tiere, übertreffen, so gewiss ist auch der Mensch, den sogar der künftige Hunger hungrig macht, raublustiger und grausamer als Wölfe, Bären und Schlangen, deren Raubgier nicht länger dauert als ihr Hunger, und die nur grausam sind, wenn sie gereizt sind.»[11] Dem Sinne nach kommt endlich auch PORTMANNS Feststellung damit überein: das «Böse erscheint uns nicht mehr als der zu überwindende Rest des Tieres in uns, wie es die optimistische Frühphase der Abstammungslehre sehen wollte, sondern als schwer

---

9 L. FEUERBACH: Sämmtliche Werke, Band 3, S. 272. Leipzig 1847.

10 L. A. SENECA: Philosophische Schriften. Übertragen von O. APELT, Band 4, S. 214. Leipzig 1924.

11 TH. HOBBES: Grundzüge der Philosophie. Deutsch hrsg. von M. FRISCHEISEN-KÖHLER, 2. und 3. Teil, S. 20. Leipzig 1918.

lastende Menschlichkeit».[12] Dass sich die Aggressivität und Destruktivität im Menschen – und nur in ihm – zu einer Mass- und Grenzenlosigkeit entfalten kann, muss mit seinem Wesen zusammenhängen.

Wir haben bislang die Ausdrücke «Aggression» und «Destruktion» zur Bezeichnung gewisser tierischer Aktionen promiscue gebraucht. Das hatte den bestimmten Grund, das Thema zunächst vorwiegend von der Verhaltens- und Leistungsseite aus anzugehen. Wenn eine Bewegungsreihe eines Tieres die Zerstörung eines leblosen Objektes oder die Vernichtung eines Lebewesens bewirkt, dann drängt sich – sofern zufällige Momente als das Resultat verursachende auszuschliessen sind – die naheliegende Vermutung auf, sie sei auf die Zerstörung bzw. Vernichtung gerichtet gewesen. Indessen gebot uns bereits das Beispiel der mit der Nahrungseinverleibung einhergehenden Beutezerstückelung, mit dem Rückschluss auf entsprechende destruktive Impulse als notwendig hinzutretende besondere Antriebsfaktoren vorsichtig zu sein. Wir werden uns sagen müssen, dass eine tatsächliche Gegenstandszerstörung Indiz eines zugeordneten destruktiven Bewegungsimpulses ist, das an Gewicht gewinnt, wenn die [20] Mitberücksichtigung der Bewegungsgestalt ebenfalls dafür spricht und Zufallsfaktoren ausgeschlossen werden können. Aber umgekehrt beweist der Ausfall der Objektzerstörung nicht das Fehlen von – etwa durch den motorischen Ablauf nahegelegten – destruktiven Tendenzen, zumal wenn für das Ausbleiben des Resultates exogene Bedingungen verantwortlich zu machen sind. Das trifft in noch erhöhtem Masse hinsichtlich des aggressiven Verhaltens zu, zu dessen Ziel die Dingzertrümmerung und Lebensvernichtung nicht wesenhaft gehört, obzwar es oft genug solche Folgen zeitigt. Wir halten es demgemäss für nötig, zwischen den aggressiven und den destruktiven Impulsen begrifflich zu unterscheiden, fügen jedoch sogleich bei, dass diese Differenzierung sich in der Hauptsache nicht mehr auf sog. objektive, an Situation, Bewegungsgestalt und Leistungsresultat abnehmbare Merkmale stützen kann, sondern auf

---

12 A. Portmann: Biologische Fragmente zu einer Lehre vom Menschen, S. 130. Basel 1944.

erlebnismässige, nur der Selbstbesinnung zugängliche Unterschiede angewiesen und daher auf die menschliche Psychologie beschränkt bleibt. Als *aggressive Antriebe* wollen wir diejenigen bezeichnen, die auf die *betonte Unterdrückung oder Ablenkung der Eigentätigkeit oder Eigenart*[13] des – leblosen und lebendigen – Begegnenden gerichtet sind; als *destruktive* diejenigen, die auf dessen *Zertrümmerung und Vernichtung* abzielen. Ob dabei das von den genannten Impulsen getriebene oder sie in Aktionen entäussernde Wesen sich der Zielrichtung bewusst ist oder nicht, von ihr ein deutliches Bild erlebt oder nicht, bleibt sich gleich. Es bedarf kaum der Erwähnung, dass die vorgeschlagene Unterscheidung nicht die irrige Meinung impliziert, es handle sich um scharf abgegrenzte Regungen; das ist um so weniger der Fall, als den aggressiven Impulsen die Tendenz innewohnt, jederzeit – vor [21] allem aber bei zunehmender Objektresistenz – in zerstörende Aktionen umzuschlagen.

Wenn das Wesen der Aggression in der Missachtung, Unterdrückung oder Ablenkung der Eigentätigkeit und Eigenart der uns begegnenden Objekte – worunter auch die Mitmenschen fallen – bestehen soll, dann eignet sich der synonyme deutsche Ausdruck offenbar nicht durchwegs zur sinnadäquaten Bezeichnung des gemeinten Sachverhaltes. Denn der Wendung etwa: «eine Aufgabe in Angriff nehmen» mangelt in der Regel die aggressive Bedeutung. Damit stimmt überein, dass es hier zumeist gerade auf eine die Eigenart der Aufgabe bzw. des Gegenstandes möglichst angemessene Bearbeitung ankommt, nicht auf die ihre bzw. seine Spezifität gewaltsam verbiegende Behandlung. Ferner kann eine solche Aufgabenbewältigung spontan erfolgen, während wir für die Aggressionen wenigstens der Tiere eine reaktive Entstehungsweise beanspruchten. An dieser These müssen wir auch hinsichtlich der menschlichen Aggressivität festhalten. Sie steht im Widerspruch zu jenen Auffassungen, die in ihr

---

13 Der Ausdruck «Eigenart» soll hier auch diejenigen Züge der Dinge umfassen, die ihnen nicht «an sich» eignen, sondern aus dem Zusammenhang, in den sie eingeordnet werden, zuwachsen. Wenn jemand an einem Stuhl seine Wut abreagiert, so zertrümmert er ihn als Gebrauchsding, ohne sein Holzsein zu tangieren.

einen «Urtrieb»[14] oder mindestens einen mit dem Hunger und der Sexualität gleichursprünglichen spontanen Antriebskomplex sehen. Daher mag es angebracht sein, den Unterschied zwischen der spontanen Aktivität und der Reaktivität hier etwas genauer zu bestimmen.

Reaktiv nennen wir das Verhalten eines Lebewesens dann, wenn es – das Verhalten – durch irgendeinen äusseren, d.h. ausserhalb des Lebewesens gelegenen Anlass in Gang gebracht wird. Dieser Anlass kann ein geahnter, gespürter, gefühlter, gedachter, vorgestellter, halluzinierter oder wahrgenommener Gegenstand oder ein sonstiges wirkfähiges Ereignis sein. Realisiert sich seine Wirkfähigkeit nur in der Weise einer vom sie erfahrenden [22] Subjekt passiv hingenommenen Beeinflussung, so wie etwa ein fallender Stein eine Glasplatte zertrümmert, dann sprechen wir noch nicht von einem reaktiven Verhalten, obwohl jedes Ding der Einwirkung von aussen einen gewissen («passiven») Widerstand entgegensetzt. Wer indessen darin bereits die ersten Spuren eines reaktiven Gebarens anerkennen will, dem sei es unbenommen. Wir möchten damit ausschliesslich ein solches Verhalten bezeichnen, in welchem wenigstens der – wenn auch sehr leise – Ansatz zu einer betonten Gegenwirkung wider das beeinflussende Begegnende nachweisbar ist. Das aber besagt, dass es Reaktivität ohne vorangehende mögliche spontane Aktivität nicht gibt: eine These, die zwar nicht logisch notwendig zu sein braucht – denn denken lässt sich auch die je augenblickliche Entstehung reaktiver Handlungen –, wohl jedoch durch die Erfahrung uns aufgezwungen wird. Zum Wesen alles Lebendigen gehört spontane Aktivität, die sich sowohl in den Bewegungen entäussert wie beim Menschen als Erleben der Selbstbesinnung zugänglich ist; sie bildet den ermöglichenden Grund der Reaktivität, die sich auf jene zurückführen lässt, nicht umgekehrt.

Dagegen liesse sich nun der folgende Einwand erheben. Da Reaktionen, z.B. reaktive Stellungnahmen und Beurteilungen, nicht nur auf umweltliche Ereignisse, sondern auch auf innere Geschehen hin erfolgen, muss der Begriff des reaktionsauslösenden Ereignisses

---

14 Das geschieht z.B. wiederholt bei P. Reiwald: Eroberung des Friedens. Zürich/New York 1944; vgl. ferner vom selben Verfasser: Zur Psychologie der Massenaggression. Schweiz. Zeitschr. f. Psychol. 4 (1945), S. 102 ff.

(«Reiz») auf sie ausgedehnt werden. Dann aber fällt er mit dem Begriff der «Ursache» im weitesten Sinne zusammen; und weil es keine ursache-, bedingungs- oder motivlose Aktivität gibt, jede (wie alles Geschehen) irgendwie durch etwas anderes – das vorerst unbekannt sein mag – «ausgelöst» wird, bleibt eigentlich alle vermeintlich spontane Aktivität reaktiv. Wenn der Reaktionsbegriff in dieser nivellierten, obzwar umfassenden Bedeutung verstanden wird, muss dem Argument um so mehr eine gewisse Legitimität zugestanden werden, als ein wirklicher Geschehensanfang, [23] mithin eine Spontaneität im strengsten Sinne nie sicher feststellbar ist. Daher setzt sich die Behauptung einer ursprünglichen Aktivität stets dem nicht zwingend widerlegbaren Einwurf aus, bei der Unterstellung einer faktischen Spontaneität den uns zuletzt unzugänglichen Anfang auszuschalten. In der Tat lässt sich auf dieser Ebene das Problem nicht entscheiden, weder für noch gegen die spontane Aktivität – auch nicht gegen sie, da der unerkennbare Geschehensbeginn der Denkbarkeit nach durchaus spontan gewesen sein könnte. Allein wenn man sich mit bescheideneren Ansprüchen begnügt und an die phänomenalen Befunde hält, gewährt die Frage doch einen andern Anblick. Im einzelnen konkreten Falle mag es sehr schwierig oder unmöglich sein, mit ausreichender Sicherheit zu sagen, ob ein beobachtetes Verhalten (vorwiegend) spontan oder (vorwiegend) reaktiv sei – die psychiatrische Klinik sieht sich gelegentlich bei bestimmten unklaren Zustandsbildern und Verlaufsformen vor diese Situation gestellt.[15] Sie muss sich notwendig ergeben, wenn anders es zutrifft, dass die Spontaneität das ermöglichende Fundament der Reaktivität bildet;[16] denn gerade dann können die gedanklich scharf voneinander

---

15 Vgl. etwa E. SPEER: Endogen oder reaktiv? Zeitschr. f. d. ges. Neurol. 145 (1933), S. 668ff.; zur grundsätzlichen Problematik des psychopathologischen Reaktionsbegriffes vgl. K. SCHNEIDER: Der Begriff der Reaktion in der Psychiatrie. Ebenda 95 (1925), S. 500ff.; *derselbe*: Die abnormen seelischen Reaktionen. Leipzig und Wien 1927 (hier weitere Literaturangaben).

16 Daher spricht man innerhalb der Biologie auch von einer «aktiven Reaktivität» als Bezeichnung des umwelt- bzw. objektgerichteten Verhaltens der Lebewesen. Der Gegensatz wird dann etwa in den «passiven Mechanismen» der Erbvorgänge, der chemisch-physikalischen Gesetzlichkeiten u.ä., die ja im Lebensgeschehen nicht aufgehoben sind, gesehen. Das Begriffspaar: spontane Aktivität-Reaktivität deckt sich mit jener Gegenüberstellung nicht.

unterschiedenen Geschehenstypen in der Realität die mannigfachsten Übergänge und Durchdringungen zeitigen. Trotzdem gibt es Erlebnisse und Gebarensweisen, die sich [24] nicht oder nur mittels gewaltsamer hypothetischer Konstruktionen als reaktive Prozesse deuten lassen, für die der Reflex das anschaulichste und klarste Beispiel liefert. In der Bewegungsphysiologie hat neuerdings vor allem von Holst auf solche autonome rhythmische Phänomene hingewiesen. Manche – nicht alle – Stimmungen, Gefühle, Phantasien, Vorstellungen, Gedanken, Einfälle gehören dazu; sie reaktiv, d.h. als Antworten auf innere «Reize» zu interpretieren, bleibt zwar immer möglich, entbehrt aber jedes überzeugenden Eindrucks. Es bedarf gar nicht des Rückgriffs auf jene im Primärstadium der Hypnose auftretenden eigenartigen, schlecht mit Worten oder Zeichnungen wiederzugebenden, nebelartig-wolkigen, flockigen oder körnigen optischen Gebilde, auf die sich von Allesch zur Begründung seiner These stützt, dergemäss das organismische Geschehen in seinem Wesen nicht reaktiv, passiv sei. «Die Reize», sagt er, «erscheinen viel eher als blosse Vollzugsmöglichkeiten der spontanen Aktivität des Lebendigen, als dass sie ihm seine Leistungen abzwängen, wie das in der üblichen Betrachtungsweise angesehen wird».[17] Zu diesen spontanen Lebensgeschehen müssen unseres Erachtens auch die um den Hunger und die Sexualität gruppierten Zuständlichkeiten und Impulse gezählt werden, ungeachtet sie – und zumal ihre motorische Entäusserung – oft genug (und beim Menschen in den meisten Fällen) durch umweltliche Situationen, mithin reaktiv geweckt werden mögen.

Der Begriff der psychischen Aktivität, der etwa in den Psychologien der Franzosen eine erhebliche Rolle spielt, sieht von den jeweiligen Qualitäten – ihr seelischer Charakter ausgenommen – ab. Als diese dequalifizierte Aktivität gibt es sie realiter nicht oder dann allenfalls als vages drängendes Tätigkeitserlebnis bei aufgezwungener Untätigkeit. In der Regel konkretisiert sie sich entweder bei vorwiegender motorischer Ruhe im Denken, Vor-[25]stellen, Phantasie-

17 J. von Allesch: Über das Verhältnis des Allgemeinen zum realen Einzelnen. Arch. f. d. ges. Psychol. 111 (1942/43), S. 33.

ren, Wahrnehmen u.a. oder in den Bewegungsvollzügen differenter Artung, Gestalt, Leibbeteiligung und Zielrichtung. An sie als an die Handlungen im engeren Sinne denkt man gemeinhin, wenn von der seelischen Aktivität die Rede ist. Jedoch sollte nicht übersehen werden, dass ein unexpansives kontemplatives Leben, d.h. eine im intensiven Denken und Vorstellen sich realisierende Haltung, unter Umständen ein solches Mass von psychischer Aktivität beansprucht und aufzehrt, dass für das nach aussen gerichtete Tun nur noch ein geringes Reservoir zur Verfügung steht. Die in die Um- und Mitwelt ausgreifende Expansivität[18] verkörpert demnach keineswegs die einzige Gestalt der menschlichen Spontaneität, wenngleich ihr eine erhebliche Relevanz eignet. Gerade hinsichtlich ihrer drängt sich die Frage nach dem Unterschied von der reaktiven Aggressivität auf; und es geschieht nicht ohne Grund, wenn Schultz-Hencke Expansivität und «aggressive» Tendenz synonym gebraucht. Denn eine spontan-expansive Lebensführung stösst unvermeidlich auf Widerstände, die sich nur mit einer gewissen Gewaltsamkeit überwinden lassen. Desgleichen ist eine vorwiegend kontemplative Lebenshaltung wahrscheinlich stets reaktiv, zufolge einer frühzeitigen Hemmung der nach aussen drängenden Expansivität mitbedingt, wodurch aber die Spontaneität nicht durchgängig ausgelöscht wird. Dennoch scheint uns die grundsätzliche Differenz klar zu sein, insofern nämlich, als der immanente Sinn der eigentlichen Aggressivität auf die Missachtung oder Unterjochung der fremden Eigenart und Eigentätigkeit als solcher zielt und primär nicht der expansiven Daseinsbereicherung dient. Im einzelnen Falle hält es freilich auch hier oft schwer, das Gewicht der spontan-expansiven und reaktiv-aggressiven Anteile an einem Verhalten abzuschätzen; einen Hinweis geben manchmal die leisen Schuldgefühle und Befürchtungen, [26] die sich an versteckte Aggressionen knüpfen können, nicht müssen. Gegenüber der nutritiven und sexuellen eignet der expansiven Spontaneität ein vergleichsweise unspezifischer Charakter: sie umfasst das einfache Bewegungsbedürfnis, die grobmotorische Dingbewältigung, die Tendenz zur Beherrschung der Mitmenschen, das magische Machtbedürfnis,

18 Vgl. H. Schultz-Hencke: Der gehemmte Mensch, S. 28ff., 42. Leipzig 1940.

Geltungsverlangen und Geltungssucht, den Anspruch auf Würde, das Verlangen nach Geachtetwerden, Ruhm u.a. – komplexe Phänomene, in denen die spontane Aktivität selbstverständlich lediglich ein konstitutives Element ausmacht. Wir wollen uns jetzt zunächst einen gedrängten Überblick über die mannigfachen Manifestationsweisen, sozusagen eine «Phänomenologie» der menschlichen Aggressivität und Destruktivität verschaffen, um danach die These ihres reaktiven Wesens auf ihre Stichhaltigkeit zu prüfen.

Im durchschnittlichen Leben eines erwachsenen Menschen äussert sich das aggressive Verhalten sicher am auffälligsten und eindeutigsten in seinen Handlungen, d.h. in den natürlichen manuellen Aktionen und ihren werkzeuglichen Variationen. Das hängt ohne Frage mit der ausgezeichneten Rolle der menschlichen Hand und ihrer Arbeitsfähigkeit zusammen.[19] Ihre u.a. auch aggressiv-destruktiven Bewegungsformen zeigen bereits eine eindrückliche Mannigfaltigkeit als Schlagen, Stossen, Würgen, Reissen, Zerquetschen, Pressen, Drücken, Klemmen, Kratzen usw. Nimmt man die instrumentalen Erweiterungen der manuellen Tätigkeiten hinzu, so vermehren sie sich um das Brennen, Ätzen, Schneiden, Stechen, Bohren, Zerfetzen, Schleudern, Schiessen u.a. Nun eignet freilich den meisten dieser Aktionen nicht immer ein aggressiver Sinn, insofern sie der adäquaten Bearbeitung zumal der leblosen, dinglichen Gegenstände dienlich sein können. Fragt man sich, bei welchen Gelegenheiten die aggressions-[27]losen Entäusserungsformen der genannten und ähnlichen Bewegungstypen in eine aggressive Bedeutung umschlagen, dann wird man feststellen müssen, dass es stets anlässlich einer zunehmenden Widerständigkeit der Objekte geschieht, also auf reaktive Weise. Die Bewegungsvollzüge entgleiten mehr oder minder der der Gegenstandsbeschaffenheit angepassten Steuerung, sie springen infolge des reaktiven Impulszuschusses über das primär intendierte Ziel hinaus und bewirken eben deshalb so oft eine ursprünglich eigentlich ungewollte Objektzerstörung. Neben der Hand darf

19 Vgl. J. Friedjung: Zur Ontogenese der Betätigung der Hände und ihrer Störungen. Zeitschr. f. Kinderpsychiatrie 7 (1940/41), S. 65ff.; G. Révész: Die menschliche Hand. Basel/New York 1944.

das Bein eine Vorzugsstellung als aggressives Leiborgan beanspruchen, an das sich Arm- und Schulterregion anschliessen. Indessen sind damit die Möglichkeiten der an die Organfunktionen angelehnten Aggressionsentäusserungen keineswegs erschöpft. Wir wissen es aus dem sog. «vulgären» Lebensumgang und haben dank der Psychoanalyse einen geschärften Blick für ihre Keimstadien im frühkindlichen Dasein gewonnen, dass die genitalen,[20] urethralen[21] und analen[22] Tätigkeiten unter Umständen bevorzugte Ausdrucksfelder der Aggressivität und Destruktivität[23] darstellen. Und schliesslich ist hier der Ort, der oralen Aggressionen des Säuglings und Kleinkindes zu gedenken.

Die Psychoanalyse hat in ihrer Theorie der libidinösen Organisationsstufen ausser der analen auch der oralen [28] Phase einen «sadistischen» Anteil zugeschrieben. Wir lassen hier die terminologische sowohl wie die dahinter stehende sachliche Frage nach dem Recht, die gemeinten Phänome als «libidinöse» und «sadistische» zu bezeichnen, bzw. zu deuten, auf sich beruhen[24] und beschränken uns auf die Diskussion des einen Punktes: ob es sich bei diesen oralen «Sadismen» um spontane Impulse handelt oder nicht. Als solche werden sie von der analytischen Theorie angesehen, da sich in den Organisationsstufen der Libido konstitutionell festgelegte, gesetzmässige Entwicklungsstadien realisieren sollen. Wir vermögen dafür keine zwingenden Gründe anzuerkennen. Spontan sind wohl sicher die zum Saug- und später zum Beissakt gehörigen Bewegungs-

---

20 Vgl. etwa W. Reich: Die Funktion des Orgasmus, S. 152ff. Leipzig/Wien/Zürich 1927; M. Schmideberg: Einige unbewusste Mechanismen im pathologischen Sexualleben und ihre Beziehung zur normalen Sexualbetätigung. Internat. Zeitschr. f. Psychoanalyse 18 (1932), S. 54ff.

21 Vgl. H. Christoffel: Trieb und Kultur, S. 186ff. Basel 1944. Christoffel hat zur Bezeichnung der aggressiv-destruktiven Bedeutung und Verwendungsmöglichkeit des Urinierens den Ausdruck «Uropolemie» geprägt.

22 Vgl. K. Abraham: Versuch einer Entwicklungsgeschichte der Libido, S. 12ff. Leipzig/Wien/Zürich 1924; M. Schmideberg, a.a.O., S. 69ff.

23 Vgl. auch A. Stärcke: Über Tanzen, Schlagen, Küssen usw. Imago 12 (1926), S. 268ff.

24 Vgl. dazu H. Kunz: Zur Theorie der Perversion. Monatsschr. f. Psychiatrie 105 (1942), S. 5ff. [In diesem Band, S. 162ff.]

antriebe,[25] denen jedoch als solchen kein primär aggressiver Charakter eignet. Vielmehr dürfte – wirkliche empirische Feststellungen sind freilich weder für die eine noch die andere Möglichkeit beizubringen – der Umschlag des Saugens und Beissens (das letztere als Fassen, Festhalten und Zerkauen der festen Nahrung verstanden) in ein akzentuiert aggressiv-destruktives Verhalten jeweils als Reaktion auf orale Versagungen erfolgen. Da aber Versagungen in dieser oder jener Form unausweichlich eintreten müssen, gehören orale Aggressionsimpulse trotz ihrer exogenen Bedingtheit zu den regelmässigen Erscheinungen des frühkindlichen Lebens. Mit ihnen dürfen nun jene Aktionen der Mundzone, die das der Einverleibung vielfach notwendig vorangehende Zerkleinern und Zerkauen der Nahrung bewerkstelligen, nicht identifiziert [29] werden. Denn obwohl hier dem Resultat nach eine Objektzerstörung vorliegt, sind die diesbezüglichen Akte gewiss keine Aggressionen, allenfalls Destruktionen – wenngleich diese mit einer derartigen Bedeutungserweiterung ihren spezifischen Sinn einbüssen. So halten wir an der reaktiven Natur der oralen Aggressivität fest[26] und fügen hinzu, dass sie im ersten Lebensjahre die manuelle dominiert und auch bei Erwachsenen nicht allzu selten durchbricht.*

---

25 Gegen die Spontaneität dieser Bewegungsantriebe spricht nicht ihr gelegentliches Ausbleiben bei – tatsächlich oder anscheinend – pathologischen Fällen, so wenig wie die Notwendigkeit der Übung der Bewegungsvollzüge. Vgl. A. Peiper: Der Saugvorgang. Ergebnisse d. inneren Medizin u. Kinderheilk. 50 (1936), S. 527ff.; K. Eissler: Zur genaueren Kenntnis des Geschehens an der Mundzone Neugeborener. Zeitschr. f. Kinderpsychiatrie 5 (1938/39), S. 81ff.

26 Vgl. auch W. Reich: Charakteranalyse, S. 283 Anm. Wien 1933.

---

* In einer ausgezeichneten Arbeit über die Oralität schreibt Gerö, er glaube nicht, «dass man die verstärkte Beisslust des Säuglings … schon als Sadismus bezeichnen, oder dass man wie Abraham wollte, in ihr objektzerstörende Impulse sehen kann. Die Beisslust ist Funktionslust, eine muskuläre Betätigungsmöglichkeit will erprobt, will geübt werden. Diese Lust am Beissen beim Säugling ist noch nicht sadistisch, denn Sadismus heisst, sexuelle Lust durch Quälen eines Objektes empfinden. Beim Säugling sind solche objektgerichtete Intentionen nicht vorhanden, er will nicht Leid zufügen, er kann nicht das Leiden des Objekts, das er gar nicht aufzufassen vermag, lustvoll geniessen. Freilich kann die Funktionslust, die der Säugling beim Beissen

Überblickt man die mannigfachen Entäusserungsmöglichkeiten, die der Leib als Ausdrucksfeld der menschlichen Aggression und Destruktion gewährt, so verstärkt sich die Neigung, ihr eine erhebliche Rolle in unserm Dasein zuzubilligen. Indessen haben wir damit ihr eigentliches Reich noch gar nicht betreten. Die Inventarisierung der aggressiven Manifestationen eines durchschnittlichen Tages würde wahrscheinlich zunächst ergeben, dass sich der grössere Anteil in einer bislang nicht erwähnten, nämlich in der verbalen Sphäre konzentriert. Von den groben Drohungen, Beschimpfungen, Verfluchungen und Verwünschungen abgesehen offenbaren sich die verbalen Aggressivitäten freilich in der Regel auf eine stillere, verstecktere, sozusagen «vergeistigte» Weise; sie gehen mit anderen Äusserungen zusammen und sind oft nur als leise Untertöne zu vernehmen. Die feinen, spitzen, nebenher ins Gespräch eingeflochtenen Nadelstiche, das ironisierende Modulieren der Sprachmelodie, die beiläufig kritische Bemerkung, die das Herz des andern trifft: auf dergleichen Phänomene müssen wir achten, wenn wir uns einen adäquaten Eindruck von der Breite und der Gewichtigkeit erwerben wollen, die der Aggressivität im menschlichen Leben faktisch zukommt. Es handelt sich dabei um Aggressionen, die oft gar nicht in der aktuellen Situation zureichend motiviert sind und deren reaktiver Ursprung daher verborgen bleibt, also um Bekundungen einer lebensgeschichtlich entstandenen, chronisch gewordenen, zur per[30]sönlichen Haltung verfestigten Aggressivität. Wir werden davon noch reden müssen, nachdem wir die Grundzüge einer Phänomenologie der Aggression vervollständigt haben. Es versteht sich von selbst, dass ihre verbalen Äusserungen[27] nicht auf das gesprochene

---

sozusagen naiv erlebt, später zu echtem Sadismus werden; sie ist die Grundlage des späteren Oralsadismus». G. Gerö: Zum Problem der oralen Fixierung. Internat. Zeitschr. f. Psychoanalyse u. Imago (1939), S. 249. [Vgl. Anh. 1B, Anm. 1, S. 382.]

27 Zweifellos entwickeln sich die verbalen Aggressionen zeitlich später als die oralen, und man kann deshalb die letzteren auf Grund der Organgemeinschaft als das «genetische Frühstadium» der verbalen Aggressivität ansehen. Nur darf man dann nicht verkennen, dass die sprachliche Äusserung in jedem Falle gegenüber der saugenden, beissenden und kauenden Mundtätigkeit ein prinzipielles Novum darstellt, das sich aus dieser niemals im Sinne

Wort beschränkt bleiben, sondern sich auch der schriftlichen und zeichnerischen Expression bedienen. Für die nuancierten Dokumentationen hellhörig geworden, werden wir sodann nicht verkennen können, dass die feinere Ausdrucksmotorik des Leibes – der Blick, die Mimik – der verhaltenen Aggressivität ein besonders geeignetes Instrument zur Verfügung stellt. Und von da aus führt schliesslich ein letzter Schritt in der Richtung des Verbergens und «Verinnerlichens» zur bloss noch im Denken, Vorstellen, Halluzinieren und Phantasieren realisierten Aggressivität. Man hat wohl gute Gründe zur Vermutung, dass sich in dieser Sphäre der weitaus überwiegende Teil aller menschlichen Aggressionen entäussert oder, wenn man lieber will, «verinnerlicht».

Die im Medium des Vorstellens und Phantasierens – speziell etwa im Wachträumen – sich dokumentierende Aggressivität vollzieht sich derart, dass das Individuum mehr oder weniger anschauliche Szenen produziert, die entweder an erlebte reale Situationen anknüpfen und sie weiterspinnen oder die (scheinbar) frei erfunden werden – Szenen, in denen es in der Regel die Hauptperson spielt und als solche jenes Drama vollbringt, das in der Wirklichkeit zu agieren ihm versagt blieb. Daran zeigt sich bereits eindeutig der reaktive Charakter dieser phantasierten Ag-[31]gressionen und Destruktionen. Genauer wird man von einem *sekundären* reaktiven Charakter sprechen müssen, insofern die primäre reaktive Entstehung im Zusammenstoss mit der realen Ding- und Mitwelt in einer zweiten Brechung im Phantasieren gleichsam wiederholt wird. Anders gesagt: zur phantasierten Aggression kommt als zusätzliches Merkmal ihr surrogativer Charakter hinzu. Diese doppelte Reaktivität allein macht schon die häufige Klotzigkeit und Masslosigkeit der hier gemeinten imaginierten Szenen verständlich. Denn das Wesen des sekundären reaktiven Impulses besteht u.a. in der Intensivierung jener Tendenz, die sich in ihrer primären (wenngleich ebenfalls reaktiven) Entäusserung am Widerstand der Objekte nicht durchzusetzen vermochte. Wird nun die reaktiv verstärkte Aktion ein zweites Mal am

---

eines allmählichen Entfaltungsprozesses ableiten lässt. Daran ändert auch die Tatsache nichts, dass eine psychogene Sprachstörung durch eine frühzeitige Hemmung der oralen Aggressivität mitbedingt sein kann.

adäquaten Ablauf gehindert oder weicht sie bereits nach der ersten Widerstandserfahrung in das grenzenlose Reich der Bilder aus, dann investiert sich die übersetzte Antriebsenergie in der Krassheit der produzierten Szenen gemäss der Richtung der reaktiven Aggressivität. Dass diese Szenen über ihren aggressiven Gehalt hinaus oft in Zerstörungsorgien terminieren, hat den gleichen Grund: gestaute Aggression neigt zum Umschlag in Destruktion.[28]

Wir müssen uns jetzt eine weitere wichtige Eigentümlichkeit der Aggressivität vergegenwärtigen, die mit ihrer reaktiven Natur zusammenhängt, aber damit nicht genügend charakterisiert ist. Es gibt keine Art der Zuwendung zu den begegnenden Objekten und Mitmenschen, an die sich nicht ein aggressiver Impuls anknüpfen könnte, nämlich eben dann, wenn jene Zuwendung auf unnachgiebigen Widerstand stösst. Gegenüber der qualitativen Mannigfaltigkeit [32] dieser Zuwendungsarten bleibt nun die aggressiv-destruktive Reaktion als solche sich durchwegs gleich: *im Grunde fehlt ihr die Spezifität sowohl im Erleben wie in den Manifestationsformen.* Ihre scheinbare qualitative Differenzierung borgt sie ausschliesslich dem Reichtum der Regungen, mit denen sie sich sekundär verbindet und unter Umständen zu eindrücklichen komplexen Gebilden verdichtet, so etwa innerhalb der Sexualität als Sadismus und Masochismus. Für die Richtigkeit der These von der Unspezifität der Aggression spricht einmal der Mangel eines ihr primär zugeordneten Organs oder Ausdrucksfeldes. Wir haben zwar bestimmte leibliche, im Lebensverlauf wechselnde Vorzugszonen feststellen können und werden die Möglichkeit einräumen müssen, dass sich solche Koppelungen auch sekundär bilden und verfestigen. Allein eine ursprüngliche, obwohl nicht exklusive Organzugehörigkeit wie die des Hungers zum Mund-Magen-Darm-Traktus oder der Sexualität zur Genitalzone existiert für die Aggressivität nicht. Allerdings darf die Festigkeit dieser Bindung wenigstens hinsichtlich der Sexualität

---

28 Daraus wird die Krassheit der «kollektiven» Aggressions- und Destruktionsphantasien, d.h. der Mythen, verständlich. Vgl. dazu etwa P. SCHILDER: Das Zerstückelungsmotiv. Allg. ärztl. Zeitschr. f. Psychotherapie 1 (1928), S. 23 ff.; A. KIELHOLZ: Der zerstückelte Osiris. Schweiz. Zeitschr. f. Psychologie 1 (1942/43), S. 241 ff.; H. SCHULTZ-HENCKE, a.a.O., S. 113 ff., 200 f.

nicht überschätzt werden, wenngleich andererseits die Auflockerung der Relationen zwischen der Geschlechtlichkeit und den Genitalien in der Psychoanalyse (beispielsweise mit der Deutung der Sehfunktion als libidinöser «Partialtrieb») sicher viel zu weit getrieben worden ist. Man kann die fraglichen Sachverhalte folgendermassen formulieren: während die Ausbreitung der dem Hunger und der Sexualität angehörenden Strebungen über die ihnen primär dienenden Organkreise hinaus sekundäre, eventuell lebensgeschichtlich bedingte frühe Prozesse darstellen, handelt es sich umgekehrt bei der Lokalisierung der aggressiven und destruktiven Impulse auf umgrenzte Leibzonen um eine sekundäre Verengerung ihres ursprünglich den ganzen Leib umfassenden Ausdrucksfeldes. Damit in Beziehung steht ein zweites, die Unspezifität der Aggression belegendes Faktum: das Fehlen eines ihr reservierten Objektes oder Objektkreises. Das hat sie mit dem im engen präzisen [33] Sinne verstandenen Willensakt gemein, im scharfen Gegensatz zu den – für uns im Hunger und in der Sexualität paradigmatisch gegebenen – Trieben, ungeachtet sich im Menschen «reine» Triebhandlungen ohne steuernde Mitwirkung von Willensakten nicht realisieren mögen. Und endlich geht den aggressiv-destruktiven Bewegungsantrieben und -vollzügen ein besonders geartetes Erleben, etwa ein qualitativ eigentümlicher Lustton ab. Was den Eindruck eines solchen erwecken kann, erweist sich bei genauerem Zusehen stets als jenen Geschehen zugehörig, an die sich die aggressiven Reaktionen angelehnt haben, also z.B. der Nahrungseinverleibung, der sexuellen Erfüllung, der Bestätigung des Selbstwertbedürfnisses usw. Die Befriedigung der Aggressivität selbst erschöpft sich in der motorischen oder phantasierten Lösung der Spannung,[29] die sich reaktiv infolge der Hemmung der primären Gegenstandszuwendungen gebildet hatte; daher die «erlösende» Wirkung auch der diffusen, ungerichteten oder ein zufällig gegenwärtiges Objekt treffenden «Explosionen». Den wichtigsten Beitrag – von den sadomasochistischen Phänomenen abge-

29 Vgl. dazu die der mit der Befriedigung der «Aggressionstriebgemische» einhergehenden «Aggressionslust» von L. Eidelberg: Triebschicksal und Triebabwehr. Internat. Zeitschr. f. Psychoanalyse u. Imago 25 (1940), S. 289, zugeschriebenen Eigenschaften.

sehen – liefert die Befriedigung aggressiv-destruktiver Impulse den Selbstwertbestätigungen, wozu das Machtbedürfnis als konstitutiver Anteil gehört. Für es scheint uns der schwebende, an keine leibliche Resonanz gebundene, atmosphärische, oft genug phantastisch-magische Sättigungscharakter bezeichnend zu sein. Und insofern spricht man mit Recht betont von einem Willen – nicht einem Trieb – zur Macht; denn es handelt sich dabei in der Tat vorwiegend um volitive Momente, obzwar die vitalen Triebwurzeln nicht verkannt werden sollten. Wir können die Unspezifität der Aggression auch so kurz charakterisieren, dass wir sagen: es gibt keinen Aggressions-«trieb» in dem Verstande, in welchem wir der [34] Geschlechtlichkeit und dem Hunger die Triebhaftigkeit zubilligen. Bevor wir darauf etwas näher eintreten, soll ein abseits liegender Punkt geklärt werden.

Wir glaubten behaupten zu dürfen, dass wahrscheinlich der überwiegende Anteil der menschlichen Aggressivität gar nicht in motorischen Aktionen, sondern im denkenden, vorstellenden und phantasierenden Tun investiert werde. Da drängt sich nun die Vermutung auf, das geschehe vor allem in jenem Denkakt, den man das Verneinen heisst. Zweifellos kann sich die Aggression und Destruktion der Verneinung als eines Entäusserungsmittels bedienen; und man wird den Verdacht hegen dürfen, dass dort, wo sich das Negieren zu einer chronischen Haltung sei es des Trotzes, des Negativismus oder gar des prinzipiellen Nihilismus versteift hat, aggressive und destruktive Impulse entscheidend am Werke sind; desgleichen etwa im hypertrophierten, die sachangemessenen Grenzen überbordenden Kritizismus.[30] Allein die Verneinung als solche, als logischer – bloss gedachter oder ausgesprochener – Urteilsakt hat mit der Aggression (und Destruktion) im Wesen nichts zu tun. Sie ist kein Derivat derselben, realisiert vielmehr zusammen mit der Bejahung eine eigentümliche, irreduzible spezifische Fähigkeit des Menschen. Das dokumentiert sich bereits darin, dass sich die Negation stets in der Sphäre der logischen Bedeutungseinheiten hält, mithin im Bereich der gleichsam schwebenden «idealen» Möglichkeiten, und daher die

30 So ähnlich I. Hermann: Studien zur Denkpsychologie. Acta psychol. 5 (1941), S. 34, 63ff.

negierten Gegenstände selber – abgesehen von ihrer intentionalen «Hereinnahme» in jene Sphäre – grundsätzlich nicht tangiert. Die aggressiv-destruktiven Impulse dagegen greifen in den konkreten Objektbereich als solchen ein und bleiben auf diesen auch dann noch gerichtet, wenn ihre motorische, realiter eingreifende Entäusserung verhindert worden ist – sie bleiben darauf bezogen in der Weise des surrogativen vorstellenden Phantasierens (das mit den idealen Bedeutungen nicht [35] identisch ist). In ihm manifestiert sich die Aggressivität nicht (oder nur beiläufig) als innerliches Verneinen, sondern als intendiertes Deformieren und Zerstören mittels der objektrepräsentierenden Bilder und Bilderszenen. Demgemäss verwechselt FREUD das Wesen der Negation mit ihren möglichen, die gegenständliche Richtung mitbestimmenden vitalen Anlässen, wenn er sie als «Nachfolge der Ausstossung» dem Destruktionstrieb zuordnet und als Beispiel für die «Entstehung einer intellektuellen Funktion aus dem Spiel der primären Triebregungen» – ähnlich wie schon FORTLAGE[31] – als «Ersatz der Verdrängung» glaubt deuten zu können.[32] Warum gleichwohl der Grund der Möglichkeit der Verneinung die Rolle mitbedingt hat, die der Aggressivität im menschlichen Leben faktisch eignet, kann hier nicht mehr dargelegt werden, weil uns die dazu notwendige Erörterung des Wesens der Negation und ihres Ursprungs allzu weit vom Thema abtreiben würde.[33]

Der Terminus «Aggressionstrieb» scheint von ADLER geprägt worden zu sein.[34] Seine ihm gewidmete frühe Studie hat wohl dazu beigetragen, dass der alte FREUD nicht mehr zu verstehen vermochte, wie er ehemals die «Ubiquität der nicht erotischen Aggression und Destruktion übersehen» und es versäumen konnte, «ihr die ge-

---

31 Vgl. G. KAHL-FURTHMANN: Das Problem des Nicht, S. 365f., Anm. 1038 und S. 415, Anm. 1161. Berlin 1934.

32 S. FREUD: Die Verneinung. Imago 11 (1925), S. 217ff.

33 Ich darf hierzu auf das Kapitel «Die Verneinung, das Nichts, der Tod und der Ursprung des Seins» im 2. Teil meiner demnächst erscheinenden Abhandlung: Die anthropologische Bedeutung der Phantasie, verweisen.

34 A. ADLER: Der Aggressionstrieb im Leben und in der Neurose, in: Heilen und Bilden, hrsg. von A. ADLER und C. FURTMÜLLER. 2. Aufl., S. 18ff. München 1922.

bührende Stellung in der Deutung des Lebens einzuräumen».[35] Dass er nicht nur «im Sadismus und Masochismus die stark mit Erotik legierten Äusserungen des nach [36] aussen und nach innen gerichteten Destruktionstriebes immer» gesehen,[36] sondern überdies frühzeitig gelegentlich von «aggressiven und vindikativen Neigungen» der Persönlichkeit gesprochen[37] und diese damals wahrscheinlich noch nicht im Sinne der Libidotheorie interpretiert hatte, verdient angemerkt zu werden. Desgleichen versteht es sich von selbst, dass FREUD für die eigenständigen, d.h. nicht mit libidinösen Strebungen verkoppelten aggressiven Manifestationen seiner Patienten nicht blind gewesen ist, weshalb es SANDSTRÖM leicht fallen musste, unter dem Titel einer psychoanalytischen «Neuorientierung» die Wirksamkeit der Aggressivität in den von FREUD publizierten Beobachtungen nachzuweisen.[38] Dennoch trifft es zu, dass die Aggression erst mit der Konzeption des sog. «Todestriebes» einen legitimen Platz in der Theorie der Psychoanalyse erhalten hat[39] und dass sowohl ihre vorgängige schwankende Subsumption unter die «Ichtriebe» wie ihre partielle Anerkennung in der Form von Zuschüssen zu den libidinösen Triebkomponenten und zum aktiven Anteil des Kastrationskomplexes ihrer Bedeutung als Motor des menschlichen Verhaltens nicht gerecht wurden. Es wird zweckmässig sein, die wichtigsten Thesen ADLERS bezüglich des Aggressionstriebes kurz zu referieren.

ADLER geht davon aus, dass der einzelne daran zu erkennen sei, wie er die vor ihm liegenden Aufgaben anpackt. «Diese seine Haltung hat immer etwas Angreifendes. Erst in weiterer Entwicklung können Züge des Zuwartens oder des Ausweichens hinzutreten».

---

35 S. FREUD: Das Unbehagen in der Kultur, S. 94. Wien 1930.

36 A.a.O., S. 93f.

37 S. FREUD: Die «kulturelle» Sexualmoral und die moderne Nervosität, in: Sammlung kleiner Schriften zur Neurosenlehre, 2. Folge, 2. Aufl., S. 181. Leipzig und Wien 1912.

38 T. SANDSTRÖM: Ist die Aggressivität ein Übel? Stockholm 1939.

39 Einen zusammenfassenden Versuch, den Todes- bzw. Aggressionstrieb dogmatisch in die Neurosentheorie einzuordnen, hat F. ALEXANDER: Psychoanalyse der Gesamtpersönlichkeit, S. 183ff. Wien/Leipzig/Zürich 1927, gegeben.

Die «Summe dieser [37] Erscheinungen» nannte Adler also den «Aggressionstrieb», «um zu bezeichnen, dass der Versuch einer Bemächtigung, einer Auseinandersetzung damit zur Sprache käme». Phänomenologische Differenzierungen und begriffliche Präzisierungen waren nicht Adlers Stärke. So stossen wir denn auch hier sogleich auf einen sehr komplexen Sachverhalt: Angreifen von Aufgaben, Zuwarten, Ausweichen, Bemächtigen, Auseinandersetzen – das alles gehört zum Aggressionstrieb, der «auch den Erscheinungen der Grausamkeit, der Herrschsucht, des Sadismus zugrunde liegt». Adler deutet den Sadismus und Masochismus ausdrücklich als «Ergebnis» aus «zwei, ursprünglich gesonderten Trieben, die späterhin eine Verschränkung erfahren haben», nämlich aus dem Sexualtrieb und dem Aggressionstrieb. «Ähnliche Verschränkungen», meint er, «finden sich im Triebleben Erwachsener regelmässig vor. So zeigt sich der Esstrieb mit dem Sehtrieb, mit dem Riechtrieb ..., der Hörtrieb mit dem Sehtrieb (audition colorée, musikalische Begabung), kurz jeder auffindbare Trieb mit einem oder mehreren der übrigen Triebe verknüpft». Dabei bedeutet ihm «der Trieb» nichts anderes als eine «Abstraktion», «eine Summe von Elementarfunktionen des entsprechenden Organs und seiner zugehörigen Nervenbahnen, deren Entstehung und Entwicklung aus dem Zwang der Aussenwelt und ihren Anforderungen abzuleiten sind, deren Ziel durch die Befriedigung der Organbedürfnisse und durch den Lusterwerb aus der Umgebung bestimmt ist». Nachdem Adler die Möglichkeit der Triebhemmung «an einer durch das angeborene Gemeinschaftsgefühl bestimmten oder durch einen zweiten Trieb geschaffenen Schranke» gezeigt und die der «Triebhemmung im Unbewussten» entsprechenden Erscheinungen im Bewusstsein in ihren vier Typen: Verkehrung des Triebes in sein Gegenteil, Verschiebung des Triebzieles (in Freuds Terminologie: des Triebobjektes), Richtung des Triebes auf die eigene Person und Verschiebung des Akzents auf einen zweiten starken Trieb, an Beispielen demonstriert [38] hat, wiederholt er betont die These: «Die Individualpsychologie lässt uns jeden der Triebe auf eine primäre Organbetätigung zurückführen. Diese primären Organbetätigungen umfassen die ungehemmten Leistungen der Sinnesorgane, des Ernährungstraktes, des Atmungsapparates, der Harnorgane, der Bewegungsapparate und der Sexualorgane».[40] Fällt die primäre Leistung eines Organes etwa auf Grund einer angeborenen Minderwertigkeit aus, so tritt der «psychische Überbau» als «Ersatzfunktion» ein, der eine Intensivierung des entsprechenden Triebes zur Folge hat, wie das aus der Theorie der Individualpsychologie hinreichend bekannt ist. Die durch die erwähnte These erweckte Erwartung, von Adler das dem Aggressionstrieb primär zugeordnete Organ aufgewiesen zu erhalten, erfüllt sich nicht; denn der «Trieb zur Erkämpfung einer Befriedigung», als welchen er ihn auch bestimmt, hafte «nicht mehr unmittelbar dem Organ und seiner Tendenz zur Lustgewinnung» an, sondern gehöre dem «Gesamtüberbau» zu und stelle solcherart ein «übergeordnetes, die Triebe verbindendes psychisches Feld» dar, «in das – der einfachste und häufigste Fall von Affektverschiebung – die unerledigte Erregung einströmt, sobald einem der Primärtriebe die Befriedigung verwehrt ist. Den stärkeren Trieben, also der Organminderwertigkeit, entspricht normalerweise auch der stärkere Aggressionstrieb, und er bedeutet uns eine Summe von Empfindungen, Erregungen und deren Entladungen, deren organisches und funktionelles Substrat dem Menschen angeboren ist. Ähnlich wie bei den Primärtrieben wird die Erregung des Aggressionstriebes durch das Verhältnis von Triebstärke und Anforderungen der Aussenwelt eingeleitet, das Ziel desselben durch die Befriedigung der Primärtriebe und durch Kultur und Anpassung gesteckt. Das labile Gleichgewicht der Psyche wird immer wieder dadurch hergestellt, dass der Primärtrieb durch Erregung und Entladung des Aggressionstriebes zur Befriedigung gelangt, [39] eine Leistung, bei der man normalerweise beide Triebe an der Arbeit sieht (z.B. Esstrieb und Aggressionstrieb: Jagd). Am stärksten wird der Aggressionstrieb von solchen Primärtrieben erregt, deren Befriedigung nicht allzu lange auf sich warten lassen kann, also vom Ess- und Trinktrieb, zuweilen vom Sexualtrieb und vom Schautrieb, der auf die eigene Person gerichtet ist (aus Eitelkeit und Machtstreben), insbesondere dann, wenn diese Triebe, wie bei Organminderwertigkeit, erhöht sind. Ein gleiches gilt von körperlichen und seelischen Schmerzen, von denen ein grosser Teil

40 A. a. O., S. 20.

indirekt (Triebhemmung) oder direkt (Erregung von Unlust) die primäre lustvolle Organbetätigung hindert. Ziel und Schicksal des Aggressionstriebes stehen wie bei den Primärtrieben unter der Hemmung des Gemeinschaftsgefühls; ebenso finden wir die gleichen Verwandlungen und Phasen wie bei ihnen. Zeigt sich im Kämpfen, Raufen, Schlagen, Beissen, grausamen Handlungen der Aggressionstrieb in seiner reinen Form, so führen Verfeinerung und Spezialisierung zu Sport, Konkurrenz, Duell, Krieg, Herrschsucht, religiösen, sozialen, nationalen und Rassenkämpfen».[41] Den Grund dafür, dass der Aggressionstrieb nicht mehr unmittelbar einem Organ und «seiner Tendenz zur Lustgewinnung anhaftet», sieht ADLER in der «Schwierigkeit, dem Organ die Befriedigung zu ermöglichen», die die feindselige, kämpferische Stellung zur Aussenwelt sowohl des Kindes wie des Erwachsenen bedingt. Wir hören weiter, dass die Umkehrung des Aggressionstriebes gegen die eigene Person «Züge von Demut, Unterwürfigkeit und Ergebenheit, Unterordnung, Flagellantismus, Masochismus» ergibt, daran anknüpfend «hervorragende Kulturcharaktere», wie Erziehbarkeit, Autoritätsglaube usw. «Das äusserste Extrem ist Selbstmord». Der Aggressionstrieb beherrscht die «gesamte Motilität. Dass er auch die Bahnen des Bewusstseins beherrscht (z.B. Zorn) wie jeder Trieb und daselbst die Aufmerksamkeit, das Interesse, Empfindung, Wahrnehmung, Erinne-[40]rung, Phantasie, Produktion und Reproduktion in die Wege der reinen oder verwandelten Aggression leitet, dass er dabei die anderen Triebe, vor allem diejenigen der minderwertigen Organe, die den psychischen Hauptachsen zugrunde liegen, zu Hilfe nimmt und so die ganze Welt der Aggressionsmöglichkeiten austastet, kann man bei einigermassen starkem Triebleben regelmässig beobachten». ADLER meint auch das an der Telepathie Haltbare auf einen «grösseren Aggressionstrieb» zurückführen zu können. Ferner: «Ebenso wie die Schrecken der Weltgeschichte und des individuellen Lebens schafft der erregte, verhaltene Aggressionstrieb die grausamen Gestaltungen der Kunst und Phantasie». «Die Richterlaufbahn, der Polizeiberuf, der Beruf des Lehrers, des Geistlichen (Hölle!), die Heilkunde und viele andere

41 A.a.O., S.22f.

werden von Personen mit grösserem Aggressionstrieb ergriffen und gehen oft kontinuierlich aus analogen Kinderspielen hervor». Die kindlichen Spiele selbst, die Märchenwelt, die Sagen der Völker, der Heroenkultus usw. sind «vom Aggressionstrieb für den Aggressionstrieb geschaffen», nicht zu vergessen die Politik. Dazu kommen die zahlreichen neurotischen und psychotischen Erscheinungen, die teils reine Äusserungen des Aggressionstriebes, teils Phasen der Umkehrung gegen die eigene Person und teils Verkehrungen ins Gegenteil realisieren. Insbesondere stellt die Angst «eine Phase des gegen die eigene Person gerichteten Aggressionstriebes dar und ist nur mit der halluzinatorischen Phase anderer Triebe zu vergleichen. Die verschiedenen Formen der Angst kommen zustande, indem sich der der Angst zugrunde liegende Aggressionstrieb verschiedener Systeme» – motorisches System, Vasomotoren, Bewusstsein – «bemächtigen kann».[42]

Es ist nicht zu leugnen: ADLER hat tatsächlich ein Bild jener von FREUD mit Verwunderung konstatierten Ubiquität der menschlichen Aggressivität entworfen. Dass er dem Schicksal manches Entdeckers, die Bedeutung [41] seines Fundes zu überschätzen und aus ihm gleichsam ein «Weltprinzip» zu machen, erlag, darf uns nicht hindern, der Neigung zur ironisierenden Kennzeichnung derartiger «Weltaspekte» zu widerstehen und nach dem gültigen sachlichen Gehalt zu fragen. Das mag dann freilich im Hinblick auf die grossartige Simplizität der auf den Aggressionstrieb gegründeten Kosmogonie als ein kleinliches, pedantisches Unterfangen anmuten. So wie ADLER seine Thesen formuliert – er sagt ausdrücklich: der Aggressionstrieb «*schaffe*» die grausamen Gestaltungen der Kunst und Phantasie, die Sagen der Völker usw. – behaupten sie eine offensichtliche Unmöglichkeit; schränkt man aber ihre Bedeutung in der Richtung eines zusätzlichen, das Schaffen auslösenden und seinen Inhalt bestimmenden Faktors ein, der zu allem menschlichen Tun als mitantreibendes Moment hinzutreten kann, dann erhalten sie einen diskutierbaren Sinn und wirken nicht mehr als masslose, phantastische Übertreibungen. Das zunächst sich aufdrängende

42 A.a.O., S.23f.

Problem einer solchen Interpretation ist dieses, ob es noch zutreffend und zweckmässig sei, den Inbegriff der aggressiven Impulse als Aggressions-«trieb» zu bezeichnen.*

Da die Terminologie weitgehend – vielleicht ausschliesslich – eine Angelegenheit der Konvention darstellt, steht es jedem prinzipiell frei, die verfügbaren Ausdrücke in der Bedeutung zu verwenden, die ihm beliebt; er ist lediglich verpflichtet, diese Bedeutungen so zu bestimmen, dass man versteht, was er damit an Phänomenen und Sachverhalten meint. Wir streiten deshalb gar nicht etwa um das Wort «Trieb», denn selbstverständlich kann man allem lebendigen Verhalten und sogar dem kosmischen Geschehen «Triebe» oder «einen Trieb» supponieren, es «in Trieben wurzeln» lassen. Die Frage lautet vielmehr folgendermassen: gesetzt, man habe sich entschlossen, beispielsweise die der sexuellen Befriedigung und der Hungerstillung dienenden Aktionen «Triebhandlungen» zu nennen und ihnen ent-

---

* Neuerdings meint auch Kretschmer, die Aggressionstriebe seien «eine echte, selbständige Triebgruppe, die in der Tiefenperson verwurzelt ist». «Grundlegend für die Erkenntnis der Aggressionstriebe als einer echten, selbständig umschriebenen Triebgruppe sind u.a. die Tierversuche an Katzen von W.R. Hess, der zeigen konnte, dass durch Reizung verhältnismässig eng gruppierter Stellen im vorderen Hypothalamus fertig integrierte Aggressionshaltungen und Aggressionshandlungen ausgleöst werden können, die alle körperlichen und psychischen Merkmale dieses Triebkomplexes in sich enthalten. Diese Versuche stimmen ganz mit unseren eigenen Erfahrungen über circumskripte Enthemmungen der Aggressionstriebe bei entsprechenden Hirnläsionen nach Encephalitiden und Basalfrakturen überein» (E. Kretschmer: Psychotherapeutische Studien, S. 122f. Stuttgart 1949; vgl. auch S. 149ff.). Falls Kretschmer mit diesem Argument eine dem Auftreten der nutritiven und sexuellen Triebe entsprechende Spontaneität der Aggressionen behaupten wollte – das kommt nicht eindeutig zum Ausdruck (obwohl auch die Wendung S. 134 – «ein durch die ‚gedrosselte Entwicklung' hoch aufgestauter Aggressionstrieb» – in diesem Sinne sprechen dürfte), da die bloss reaktive Aktualisierung eines Phänomens keineswegs dessen qualitative Spezifität ausschliesst –, so wäre es verfehlt. Denn wenn, was wir supponieren, jedes seelische Geschehen irgendein somatisches Korrelat besitzt, dann sind notwendigerweise auch den reaktiven Abläufen körperliche Sachverhalte zugeordnet, die im Organismus angelegt sein müssen, z.B. die bedingten Reflexe. [Vgl. Anh. 1B, Anm. 2, S. 382.]

sprechende «Triebe» als min-[42]destens mitwirkende dynamische Zuständlichkeiten zu unterstellen, ist es dann noch angemessen, die aggressiv-destruktiven Äusserungen ebenfalls «Triebhandlungen» und das sie bewegende supponierte Moment «Aggressionstrieb» zu heissen, *verglichen* mit den Merkmalen jener erstgenannten Triebhandlungen und Trieben? Oder sind die Differenzen der beiden Erscheinungskomplexe dermassen ausgeprägt, dass ihre terminologisch einheitliche Zusammenfassung zu missverständlichen, dem Erkennen abträglichen Nivellierungen führen muss? In der Tat teilen wir diese Meinung: die aggressiv-destruktiven Bewegungen sind in ihrem zentralen Wesen verschieden von den der geschlechtlichen Erregung und dem Hunger entspringenden Aktionen, ungeachtet ihrer faktischen vielfältigen Verkoppelungen. Das bestätigt bereits eine immanente Kritik zweier Thesen Adlers.

Wir haben eingangs des Referates vernommen, dass Adler den Sadismus und Masochismus als Ergebnis einer Verschränkung aus «zwei, ursprünglich gesonderten Trieben», der Sexualität und des Aggressionstriebes, herleitet, die er also einander koordiniert. Nun soll der eine davon, der Sexualtrieb, auf eine primäre Organbetätigung – offenbar auf die der Sexualorgane und ihrer zugehörigen Nervenbahnen und hormonalen Prozesse – zurückzuführen sein, während der andere dem «Gesamtüberbau», also der sekundären Überkompensation sämtlicher Organe und Organminderwertigkeiten «angehört» und ein «übergeordnetes, die Triebe verbindendes psychisches Feld darstellt». Gleichgültig, ob die Deutung der «primären Triebe» als ungehemmte Primärleistungen der Organe einen haltbaren Gedanken realisieren mag oder nicht: jedenfalls ist das Kriterium, mit dessen Hilfe Adler die primären Triebe vom Aggressionstrieb glaubt unterscheiden zu können, ein derart tiefgreifendes, dass man das Recht der terminologischen und damit sachlichen Zusammenfassung bestreiten muss. Es ist so, als ob man das Sehen als Sinnesleistung des Auges und das Denken als unanschau-[43]liche, innerhalb des «psychischen Feldes» sich vollziehende Tätigkeit in ihrem Wesen identifizieren oder lediglich als primäre und sekundäre Manifestationen eines einzigen zugrunde liegenden Faktums anerkennen würde. Natürlich kann man das tun und dafür irgendwelche spekulative Argumente zur scheinbaren Legitimation ergrübeln;

aber es hat dann keinen Sinn mehr, überhaupt psychologische Unterschiede zu machen. Werfen wir dieselbe Frage nach der wesenhaften Differenz oder Gleichheit etwa zwischen dem Schautrieb und dem Geschlechtstrieb, mithin (nach ADLER) zwei primären Trieben, auf, so ergibt sich das gleiche Resultat. Das Sehen als – psychosomatisch einheitliche – Leistung ist von jeder sexuellen Triebhandlung, sowohl was deren seelische, erlebnismässige wie ihre leiblich-körperliche «Seite» betrifft, in zahllosen Punkten dermassen verschieden, dass es eigentlich vernünftigerweise niemandem einfällt, sie mit der Erwartung einer Ähnlichkeit auch nur zu vergleichen. Wenn sich beide dem sehr formalisierten Begriff der Leistung, der Funktion, des Aktes u. ä. subsumieren lassen, dann wird damit offenbar keine artliche und wesensmässige Verwandtschaft der darunter befassten Geschehen impliziert, sondern es handelt sich um grobe Ordnungsbegriffe, die nicht der psychologischen Erkenntnis dienen. Etwas ganz anderes ist es, wenn das Sehen oder das übrige Wahrnehmen zur Erregungsquelle sexueller Wünsche, Regungen, Impulse wird oder wenn diese umgekehrt das Verlangen nach dem Anschauen, Hören, Betasten usw. entsprechender erregender Objekte erwecken und unterhalten. Wollte man aus diesen Relationen auf einen sexuellen Triebcharakter der Sinnesfunktionen rückschliessen, so müsste man analog auch etwa das *Hören* von plätscherndem dursterregendem Wasser ein *Dürsten* nennen.

Verlassen wir nunmehr den Bannkreis ADLERS und kontrastieren wir seine Aufstellungen mit den wirklich zu beobachtenden Phänomenen, dann erheben sich ebenfalls gewichtige Bedenken. Tatsächlich konstatierbar sind zu-[44]nächst von den zum gesamten Triebkomplex gehörenden Erscheinungen nur die Triebhandlungen und – im Falle des sie vollziehenden und darauf reflektierenden Subjekts – die sie bewirkenden, mehr oder minder deutlich objektgerichteten Impulse. Der Rückschluss auf einen zugrunde liegenden besonderen Trieb bleibt zwar immer hypothetisch, lässt sich indessen doch einigermassen rechtfertigen. Aber handelt es sich hierbei um eine Organtätigkeit? Hat es einen Sinn, beispielsweise die – nervös und hormonal mitbedingte – genitale Organerregung und die in der Regel daran anschliessenden Geschehen mit dem Sexualtriebe selbst zu identifizieren? Ist es nicht vielmehr so, dass stets das ganze

Individuum von der sexuellen Erregung zu bestimmten Verhaltensfolgen veranlasst, angetrieben wird, wobei einerseits die genitalen Veränderungen als akzentuierter Ausdruck der spezifischen Erregung das eigentümliche Verhalten mitermöglichen und andererseits dessen zugespitzte, gleichsam verdichtete Realisierung organhaft tragen? Oder um es am sog. Schautrieb zu exemplifizieren: sind die während des Sehens im Auge und in den zugeordneten Bahnen sich abspielenden Prozesse dasjenige, was mich zum visuellen Wahrnehmen bewegt? Offensichtlich nicht, sondern diese antreibende Rolle wird von den mannigfachsten Impulsen, Bedürfnissen, Interessen, Regungen übernommen, denen daher hinsichtlich des Sehens ein partieller Triebcharakter zuzubilligen ist. Also nicht die Organfunktionen als solche sind es, die sinnvoll als Triebe bezeichnet werden können, auch nicht bezüglich der Zuordnung des Hungers zum Mund-Magen-Darm-Traktus und der Sexualität zu den Genitalien; denn diese Leibzonen stellen lediglich die – im ersten Falle ausschliesslichen, im zweiten Falle bevorzugten – spezifischen Ausführungsinstrumente der entsprechenden Triebe bzw. Triebhandlungen dar, fallen jedoch nicht mit ihnen zusammen.

Die unhaltbare Hypostasierung der Organfunktionen zu primären Trieben hat ferner eine, genau genommen un-[45]mögliche Formulierung ADLERS motiviert. Die Triebe sollen sich gegen die eigene Person wenden können, der Schautrieb z.B. sich demgemäss zum Triebe wandeln, «selbst angeschaut zu werden».[43] Falls der Schautrieb die primäre Funktion des Auges realisiert, könnte er sich höchstens gegen das Auge wenden. Gemeint hat ADLER mit seiner sorglosen Ausdrucksweise dies, dass das sehende Subjekt die begegnenden, visuell wahrnehmbaren Fremdobjekte aus gewissen Gründen durch sich selbst, präziser: durch seinen Leib ersetzen kann oder dass in ihm das Bedürfnis erweckt wird, sich den andern zu zeigen, von diesen angeschaut zu werden. Jedenfalls findet hier keine Triebumkehr, sondern – wie bereits FREUD betont hat[44] – ein Objektwechsel und unter Umständen zusätzlich eine Wandlung der Triebhandlung

43 A.a.O., S.19.

44 S. FREUD: Triebe und Triebschicksale, in: Sammlung kleiner Schriften zur Neurosenlehre, 4. Folge, S. 263. Leipzig und Wien 1918.

innerhalb der zwei Möglichkeiten: Aktivität–Passivität statt. Trotzdem gibt es so etwas wie eine Wendung gegen die eigene Person, und zwar vor allem bei den Aggressionen, das hat ADLER treffend beobachtet; wer an der Ausübung eines einem Mitmenschen geltenden Zerstörungsimpulses gehindert wird, kann sich statt dessen eine Selbstbeschädigung zufügen. Entkleidet man weiterhin seine quasiphysiologische Formulierung, wonach die bei der Hemmung der Primärtriebbefriedigung restierende unerledigte Erregung in den Aggressionstrieb einströme, ihres unangemessenen Gewandes – quasiphysiologisch ist sie deshalb, weil ADLER die dem Geschehen korrelativen physiologischen Prozesse nicht aufgezeigt hat –, dann enthüllt sich der richtige Kern der an sich verfehlten Konstruktion: die gehemmten, nicht an ihr Ziel gelangenden Triebhandlungen schlagen in aggressive Reaktionen um. Gewiss lässt sich dieser Sachverhalt auch energetisch ausdrücken; man kann etwa sagen, die in den primären Aktionen investierte Trieb-[46]energie «verwandle» sich in «aggressive Energie». Aber da wir von diesen energetischen Verhältnissen in Wirklichkeit nichts wissen und alle darauf bezogenen Aussagen einstweilen hypothetische Spekulationen bleiben, resultiert daraus kein Gewinn für das empirische Erkennen.

Wir hätten der Kritik der ADLERschen Thesen nicht soviel Raum gewidmet, wenn damit nicht zugleich ein Stück der psychoanalytischen Trieblehre mitbetroffen würde. FREUD hat in seiner für die Theorie grundlegenden Abhandlung «Triebe und Triebschicksale» ADLERS Auffassungen zum Teil übernommen und weitergeführt. Insbesondere untersuchte er dort die Wendung gegen die eigene Person für die Gegensatzpaare Sadismus – Masochismus und Schauen – Sichzeigen genauer.[45] Es genügt uns hier die Feststellung, dass diese – als solche unbestreitbare – Wendung triebenergetisch, speziell libidotheoretisch nicht ausreichend erfasst werden kann, weil die supponierten energetischen Prozesse prinzipiell nur die dem Subjekt immanenten Objekt*repräsentanzen*, jedoch nicht die Objekte selbst zu tangieren vermögen. Diese erreicht nur die die Subjektgrenzen gewissermassen transzendierende Triebhandlung. Infolgedessen kann zwar ein Wechsel der Objekt*vorstellungen* des Triebes von der Art

45 A.a.O., S. 263ff.

der Wendung gegen die eigene Person stattfinden, in welcher an die Stelle des Bildes des fremden Gegenstandes dasjenige des Selbstes tritt; und an dessen *Bilde* vermag dann auch das Subjekt die gegen es selbst gerichteten Triebimpulse *phantasierend* zu betätigen. Allein die faktische Realisierung der gegen sich selbst gerichteten Triebregung gelingt lediglich der Triebhandlung, also einem das eigene Bild übergreifenden Verhalten – und eben dieses Übergreifen der (z.B. libidinös «besetzbaren») Repräsentanzen erweist die grundsätzliche Unzulänglichkeit jeder bloss energetischen Trieblehre. Das bleibt sich gleich, wenn nun statt der Libido die dem Todestrieb investierte Energie («Mortitudo», «Destrudo») die Aggressionen einschliess-[47]lich ihrer vorgestellten (phantasierten, gedachten) Objekte und Objektwechsel «tragen» oder «nähren» soll.

Gemäss der herrschenden analytischen Auffassung stellen die Aggressionen als Äusserungen des Aggressionstriebes die empirisch konstatierbaren Manifestationen des hypothetischen, der direkten Beobachtung entzogenen Todestriebes dar. Dass wir uns auch mit einer solchen Deutung nicht befreunden können, ergibt sich aus den bisherigen Erörterungen. Die psychoanalytische Trieblehre hat mit der Konzeption des Todestriebes eine tiefgreifende Umwandlung erfahren, der eine Anzahl der Schüler FREUDS – SCHILDER, HORNEY, REICH, FENICHEL, FROMM, BRUN, BOSS u.a. – nicht mehr folgten.[46]

46 Vgl. dazu die übersichtliche, obzwar nicht vollständige Darstellung der sich mit der Einführung des Todestriebes ergebenden Problematik der Triebtheorie bei E. BIBRING: Zur Entwicklung und Problematik der Triebtheorie. Imago 22 (1936), S.158ff.; ferner etwa E. JONES: Die Psychoanalyse und die Triebe. Ebenda, S.129ff. Als Zeugnis für die seither innerhalb der Psychoanalyse herrschende Ratlosigkeit sei auf die Arbeit von R. LOEWENSTEIN: Von den vitalen oder somatischen Trieben. Internat. Zeitschr. f. Psychoanalyse u. Imago 25 (1940), S.174ff., hingewiesen. Hier stellt der Autor den Sexualtrieben die «somatischen Triebe» gegenüber, «deren gemeinsame Eigentümlichkeit darin besteht, dass sie sich in Funktion des Soma auswirken, im Gegensatz zum Keimplasma» (S.189). Zu ihnen zählt er die Aggression; den Todestrieb und die Ichtriebe lehnt er ab. Denn «die nach aussen wie gegen das eigene Ich gerichteten aggressiven Triebe haben nichts mit dem Ich als strukturellem Begriff zu tun. Ganz so wie die sexuellen und vitalen Triebe können die aggressiven Triebe gegebenenfalls in Widerspruch zum Ich treten und seine Abwehr herausfordern» (S.190).

Tatsächlich lassen sich die von Freud in der vorhin zitierten Abhandlung herausgearbeiteten, an der Sexualität gewonnenen Merkmalsbestimmungen des Triebes nicht ohne weiteres auf den Todestrieb und dessen Bekundungen anwenden, wie Fenichel[47] mit Recht betont hat. Die mit seiner Einführung notwendig gewordenen theoretischen Revisionen sind jedoch unterblieben. Freud hat schliess-[48]lich erklärt, die Trieblehre sei «sozusagen unsere Mythologie», die Triebe seien «mythische Wesen, grossartig in ihrer Unbestimmtheit».[48] Aber eine «Mythologie» ist doch wohl nicht das, wessen wir in der Psychologie bedürfen. Die Gründe darzulegen, die es uns verbieten, die Tatsächlichkeit eines Todestriebes und die Herleitung des Aggressionstriebes aus ihm zu akzeptieren, würde hier zu weit führen.[49] Jedoch bleibt davon unberührt die Fülle des empirischen Materials, das die Psychoanalyse neben der Individualpsychologie Adlers bezüglich der menschlichen Aggressivität beigebracht hat. Und damit wenden wir uns wieder unmittelbarer dem Thema zu.

Wenn wir den spontanen, dem Hunger und der Geschlechtlichkeit koordinierbaren Charakter der Aggressivität und Destruktivität leugnen müssen, *dann schliesst das keineswegs deren Gewichtigkeit als Lebensfaktor aus. Im Gegenteil: die ihnen im Dasein des Menschen eignende – man darf ohne Übertreibung sagen – ungeheure Wirksamkeit, ihre ständige Sprungbereitschaft wird, scheint uns, ausreichend verständlich nur unter der Voraussetzung ihrer reaktiven Natur.* Läge den Aggressionen ein spezifischer Aggressionstrieb zugrunde, so würden sie sich vermutlich wie die übrigen triebverwurzelten Bedürfnisse dem mehr oder minder ausgeprägten, nie ganz fehlenden Rhythmus von Spannung und Entspannung, Unruhe und Ruhe, Mangel und Erfüllung fügen. Gewiss gibt es auch eine

---

47 O. Fenichel: Zur Kritik des Todestriebes. Imago 21 (1935), S. 461.

48 S. Freud: Neue Folge der Vorlesungen zur Einführung in die Psychoanalyse, S. 131. Wien 1933.

49 Sie gewännen ein überzeugendes Gewicht nur innerhalb einer Kritik der anthropologischen Gesamtkonzeption Freuds, in welcher der Nachweis der Unmöglichkeit einer Herleitung des Geistes aus der vitalen Triebhaftigkeit von entscheidender, mit der Todestriebhypothese in einem inneren verborgenen Zusammenhang stehenden Bedeutung wäre.

Absättigung der aggressiven Impulse, sowohl in der sogleich auf ihre Entstehung folgenden Befriedigung wie nach einer lange aufgeschobenen Entladung; aber sie gehorcht nicht einem autonomen Phasenwechsel, sondern hängt mit [49] dem Auftreten und Absinken jener Tendenzen zusammen, an deren Nichtbefriedigung die Aktualisierung der Aggressionen gebunden bleibt. Eine scheinbare Ausnahme macht die infolge zahlreicher früherer Impulshemmungen entstandene, etwa zu einer charakterlichen Dauerhaltung gewordene gestaute Aggressivität, die sich von Zeit zu Zeit und manchmal ohne (erkennbare) Anlässe entlädt. Sie ist für die Spontaneität der Aggressionen und Destruktionen so wenig beweisend wie die rätselhaften zerstörenden Gewalttätigkeiten der Imbezillen, Postencephalitiker, Epileptiker und Schizophrenen,[50] deren einleuchtende psychopathologische Erklärung nur zum Teil gelingt. Der reaktive Ursprung ermöglicht ferner die relativ leichte Erträglichkeit der Aggressionshemmungen, die ihrerseits für die daran anschliessenden psychologisch relevanten Konsequenzen von entscheidender Wichtigkeit wird. Lehrreich dafür dürfte ein kurzer Vergleich des Hungers mit der Sexualität hinsichtlich ihrer Befriedigungsaufschiebung sein.

Während die Geschlechtlichkeit beim Menschen von einer komplizierten Konflikthaftigkeit belastet zu sein pflegt,[51] mangelt dem Hunger (der Erwachsenen) fast alle seelische, innerliche – obzwar nicht soziale – Problematik; wo sie auftritt, ist sie – wie im frühkindlichen Leben – bezeichnenderweise an verschiedene mitmenschliche Kontaktformen verhaftet. Das hängt offenbar mit zwei Gründen zusammen: einmal gehören die den Hunger stillenden Objekte dem aussermenschlichen Gegenstandsbereich an (von der frühesten Ernährung und [50] dem Kannibalismus abgesehen); und zum andern greift seine Nichtbefriedigung mit elementarer Wucht

---

50 Vgl. N. SCHIPKOWENSKY: Schizophrenie und Mord. Berlin 1938; K. WILMANNS: Über Morde im Prodromalstadium der Schizophrenie. Zeitschr. f. d. ges. Neurol. 170 (1940), S. 583 ff.; *derselbe:* Stellungnahme zur Kritik über meinen Aufsatz: «Über Morde im Prodromalstadium der Schizophrenie». Ebenda 174 (1942), S. 460 ff.; J. SCHOTTKY: Über Brandstiftungen von Schizophrenen. Ebenda 173 (1941), S. 109 ff.

51 Vgl. dazu etwa W. REICH: Charakteranalyse, S. 279 f. Wien 1933.

unmittelbar an die vitale Existenz des Hungernden, weshalb zur Entstehung seelischer Komplikationen gleichsam die Zeit fehlt. Im Gegensatz dazu bleibt die der Sexualität immanente primäre Gegenstandsgerichtetheit vorwiegend auf den Mitmenschen beschränkt,[52] dessen eigene Impulse, Wünsche, Verhaltensweisen sich nicht ohne weiteres ausschalten lassen und sich auch der Vergegenständlichung im Sinne eines blossen «Objektes» widersetzen (wozu der Personcharakter des andern kommt, der eine Objektivierung grundsätzlich verunmöglicht). Das allein bedingt bereits zahlreiche Widerstands- und daher Konfliktsmöglichkeiten, deren Wirkgewicht wohl eingeengt und paralysiert würde, wenn an die geschlechtliche Nichtbefriedigung die vitale Existenzbedrohung geknüpft wäre. Dass das nicht der Fall ist, eröffnet den Konfliktsmöglichkeiten sozusagen einen unbegrenzten Realisierungsraum. In derselben Richtung wirken weitere Faktoren: der von Freud entdeckte zweizeitige Ansatz der menschlichen Sexualentwicklung; der ebenfalls von ihm betonte Verlust von Brunstphasen, mithin das Chronischwerden der geschlechtlichen Bedürftigkeit; die an die orgastische Erschütterung vielleicht ursprünglich gekoppelte Polarität der Angst, des Grauens, der Schuld u.a. Der mit allen diesen Momenten nahegelegte Weg des Ausweichens vor der Problematik der mitmenschlichen Geschlechtlichkeit wird aber wieder verschüttet durch die Intensität der an die sexuelle Erfüllung gebundenen Lust und die mit der genitalen Betätigung zusammenhängende biologische Folge der Fortpflanzung.

Wirft man nun einen vergleichenden Blick zurück auf die Aggressivität und Destruktivität, dann zeigt sich, dass die Bedingungen ihres Auftretens zwar nicht durchwegs iden-[51]tisch sind mit den Voraussetzungen der Konflikthaltigkeit der Sexualität; jedoch enthalten sie im Resultat damit übereinstimmende Elemente. Zu der bereits erwähnten relativ leichten Erträglichkeit der Aggressionshemmungen tritt der Mitmensch als die überwiegende – freilich nicht primär zugeordnete – Objektssphäre der aggressiven Impulse. Mit ihm ist aber zugleich ein dem aggressiven Subjekt nicht bloss

---

52 Wir lassen hier die Masturbation und den Narzissmus ausser Betracht, von denen sich zeigen liesse, dass es sich im wesentlichen um reaktive Phänomene handelt.

passiv widerstehender, sondern unter Umständen sehr drastisch entgegenhandelnder «Gegenstand» gegeben, wodurch die – realisierte und unterdrückte – Aggressivität von Anbeginn an mit Befürchtungen, Ängsten, Schmerz- und Bestrafungserwartungen, Schuldgefühlen, Gewissensbissen usw. belastet wird. Die schmerzlichen Erfahrungen, die zumal auch das kleine Kind frühzeitig machen muss, wenn es seinen aggressiven Impulsen allzu bereitwillig nachgibt, desgleichen die Tierbeobachtungen bewahren uns davor, die Aggressionsverzichte des erwachsenen Menschen einseitig von jenen Faktoren motiviert zu wähnen, die er selber zu unterstellen und zu glauben pflegt: freies Sichversagen aus mitmenschlicher Rücksicht, Gehorsam gegen das moralische Gebot und was dergleichen «ideale» Gründe mehr sein mögen. Sicher spielen auch sie gelegentlich mit; indessen ist es zweifellos vor allem die aus zahllosen erlittenen Aggressionsbestrafungen und -unterdrückungen entstandene, chronisch gewordene Aggressionsgehemmtheit, welche dafür in erster Linie verantwortlich gemacht werden muss. Sie steht nicht im Gegensatz zu der zur charakterlichen Haltung verfestigten Aggressivität, sondern bildet deren andere Seite: nur weil die grösste Zahl der in der Kindheit geweckten aggressiv-destruktiven Impulse zunächst durch die materielle und psychische («atmosphärische») Macht der mitmenschlichen Umgebung, später durch Bestrafungsbefürchtungen, Angst vor Liebesverlust, Schuldgefühle, Gewissensvorwürfe niedergehalten worden ist oder sich lediglich in Surrogaten (Phantasien, Spielen) fragmentarisch durchzusetzen vermochte, konnte die ständige Sprungbereit-[52]schaft als gespannte Einheit von chronischer Aggressivität und Aggressionsgehemmtheit entstehen. An die Stelle der intensiven Lusterfahrung, welche trotz aller belastenden Konsequenzen die sexuelle Betätigung mit sich bringt, tritt hier die nivellierende Funktion der Aggressivität: die verschiedenartigsten Bezüge zur gegenständlichen Welt und Mitwelt schlagen, wenn die Erfüllung der ihnen einwohnenden Tendenzen auf Widerstand stösst, in die alle Differenziertheit auslöschenden Aggressionen um; oder genauer: jene Bezüge werden durch diese ersetzt. Wie ein Myzel ist die Aggressivität in den Menschen eingelagert und kann an allen Stellen seines Gebarens durchbrechen; so zwar, dass die ihr korrespondierende «Welt» sich auf die eine Möglichkeit der Unordnung und schliesslich der Zerstörung verengt hat. Statt auf den Reichtum des Begegnenden mit der entsprechenden Mannigfaltigkeit der Verhaltensweisen und ihren feinen Abstufungen zu antworten, geht der Aggressive den bequemeren, eingeebneten Weg der gewaltsamen Bemächtigung, die zur Entstehung eingeschliffener Gewohnheiten führt, da sie die Anstrengung des subtilen Differenzierens im Wahrnehmen, Fühlen, Denken, Phantasieren und Handeln erspart, aber dadurch freilich auch an Wucht gewinnt.

Wie wir hörten, hat ADLER gemeint, der Aggressionstrieb werde am stärksten von solchen Primärtrieben erregt, «deren Befriedigung nicht allzu lange auf sich warten lassen kann». Darin kommt wohl eine zutreffende Einsicht zum Ausdruck, nur umfasst sie nicht alle die Intensität der Aggressionen und Destruktionen bestimmenden Faktoren. Der einzelne, an eine aktuelle Enttäuschung oder Versagung anschliessende Impuls ist in der Regel von geringer Kraft, gleichgültig, welche besondere Strebungshemmung ihn erweckt hat; deshalb lässt sich seine Entäusserung auch leicht willentlich unterdrücken – falls die «Angstreflexe» (SCHULTZ-HENCKE) es nicht bereits besorgt haben – oder zur reaktiven Verstärkung der primären, auf Widerstand gestossenen Regung verwenden [53] (was vielleicht am häufigsten geschieht).[53] Den dramatischen, gewaltsamen Aggres-

53 In diesem Zusammenhange ist auch an die Möglichkeit zu denken, dass ursprünglich nicht-aggressive Bewegungsvollzüge und Haltungen sekundär mit einem aggressiven Sinn erfüllt werden. Das könnte sogar bei organisch bedingten Störungen der Motorik der Fall sein; vgl. dazu S. E. JELLIFFE: Die Parkinsonsche Körperhaltung. Internat. Zeitschr. f. Psychoanalyse 19 (1933), S. 485 ff.; G. COHEN-BOOTH: Paralysis agitans. Nervenarzt 8 (1935), S. 69 ff. Vielleicht wird man in dieser Richtung einer sekundären aggressiv-destruktiven Bedeutungserfüllung des primär sinnleeren, psychisch indifferenten motorischen Geschehens auch den legitimen Gehalt jener Auffassungen zu suchen haben, die im epileptischen Anfall und Dämmerzustand psychogene Faktoren mitwirksam sehen. Allein die Reizbarkeit und die Neigung zu explosiven Entladungen der Epileptiker könnte ebenso gut eine reaktive Folge der in den überwältigenden Anfällen erlittenen Ohnmacht sein. Wir müssen hier darauf hinweisen, dass der Mensch auf die unterschiedlichsten Entmächtigungserlebnisse mit aggressiven Abwehrbewegungen zu antworten pflegt, die sich bei häufigen Wiederholungen zu einer «gestimmten» Dauerhaltung verfestigen.

sionsdurchbrüchen – etwa in verbrecherischen Handlungen – liegt wohl in den meisten Fällen eine Geschichte zugrunde, nämlich die Geschichte der vorangegangenen Impulshemmungen und ihrer Reaktionsbildungen, welche im übrigen an Gegenstandsreihen entstanden sein können, die mit dem Objekt, an dem sich das schliessliche Drama vollzieht, gar keine Ähnlichkeit zu haben brauchen. Was man als «Gestalten der Aggressivität» kennzeichnen könnte – Trotz, Hass, Feindschaft, Kampf, Angstangriff (die sog. «Flucht nach vorn»), Ironie, Zynismus, Nihilismus u. a. – stellen nicht Differenzierungen der Aggressivität selbst dar, sondern sie verdanken ihre Mannigfaltigkeit den positiven Aufbauelementen, die jene Haltungen konstituieren und in die die aggressiven Impulse als vordergründliche Züge eingelagert sind. Diesen eignet lediglich eine Abstufbarkeit der Entäusserung. Sie reicht von der adäquaten augenblicklichen motorischen Entladung über fragmentarische – z. B. spielerische – Manifestationen bis zum aggres-[54]siven Phantasieren und zum Auftreten von scheinbar unmotivierten Depressionen, Schuldgefühlen, Selbstvorwürfen, Zwangsantrieben. Bezüglich der letztgenannten, vor allem in der Neurosenbildung beteiligten Phänomene darf man vermuten, dass sie als Reaktionsbildungen an Stelle der verdrängten Aggressionsimpulse und ihrer frühesten Objekte ins bewusstseinsfähige Erleben dringen. Desgleichen handelt es sich bei den seltenen sozusagen «subjektlosen», sich in chaotisierenden Phantasien erschöpfenden Aggressionen wohl um ein Verdrängungsprodukt, in welchem der Schuld- und Gewissensdruck den Aggressionsträger als imaginativ handelnde Person auszuschalten vermochte. Die Drastik der destruktiven Imaginationen erlaubt keinen sicheren Rückschluss auf die zugrunde liegende Impulsintensität, da an jener auch Ängste und Schuldgefühle mitweben.

Wenn von Zerstörungen die Rede ist, dann denkt man unwillkürlich zumeist oder stets auch an Wertzerstörungen. So hat STRAUS behauptet: «Die Deformierung gehört in die Schicht der Werthaltungen und Wertverwirklichungen; sie liegt weder als Objekt noch als Ziel in der Richtung eines Triebes».[54] Dagegen hat bereits

54 E. STRAUS: Geschehnis und Erlebnis, S. 110. Berlin 1930.

BINSWANGER opponiert; er könne, schreibt er, nicht zugeben, «dass wir von sadistischen oder zumindest aggressiven ‚Partialtrieben' erst da sprechen dürfen, wo Wesen und Wert des Gegenstandes subjektiv voll erfasst, also voll bewusst sind».[55] Von seinem zusätzlichen Argument, dass Trieb und Bedeutungsbewusstsein weder zeitlich noch sachlich zu trennen seien, können wir absehen, da für uns ohnehin die Aggressivität keinen «Trieb» (oder «Partialtrieb») im Sinne etwa der Sexualität darstellt und wir STRAUS in dieser Hinsicht also zustimmen würden. Trotzdem ist seine Behauptung mit BINSWANGER abzulehnen. Die Aggressivität – STRAUS fasst mit dem Begriff der Deformation [55] die wertbezogenen Aggressionen und Destruktionen zusammen – gehört nicht in die «Schicht der Werthaltungen»; wohl aber lässt sich sagen, dass – ausdrückliche oder unausdrückliche – Wertungen dann immer vorausgehen, wenn den insbesondere triebhaften Gegenstandszuwendungen ein die Wertungen mitkonstituierendes Element impliziert wird: eine These, die sich gewiss vertreten liesse, obzwar damit die Wertung in ihrem Wesen nicht erschöpft wäre. Unter dieser Voraussetzung kann dann auch der aggressive Impuls, der als solcher zur Wertsphäre in einer indifferenten Beziehung steht, *betont* gegen die Werthaltigkeit eines Objektes gerichtet sein, muss es jedoch nicht notwendig tun. Jedenfalls liegt die zentrale Bedeutung der Aggression nicht in der werttangierenden oder -zerstörenden Intention. Allerdings ermöglicht die Tatsache, dass die im alltäglichen Verhalten begegnenden Gegenstände stets in eine Wertatmosphäre eingehüllt sind, der Aggressivität eine erhebliche Erweiterung ihres zumal verfeinerten Äusserungsbereiches; und man könnte darüber streiten, ob sie sich in den Abschätzungen und Wertnegationen nicht noch häufiger manifestiert als in den aggressiven Gedanken und Phantasien. Daran mag die Bemerkung geknüpft werden, dass wie den Tieren auch dem Menschen in den mannigfachen Formen des Spielens ein in seiner Bedeutsamkeit nicht zu unterschätzendes Medium zur Verfügung steht, in welchem aggressiv-destruktive Impulse in ungefährlicher, sozial gebilligter Weise untergebracht und entladen werden können.

---

55 L. BINSWANGER: Geschehnis und Erlebnis. Monatsschr. f. Psychiatrie 80 (1931), S. 267.

Wir sprachen vorhin von «Gestalten der Aggressivität», und es dürfte nicht unnütz sein, einige von ihnen in ihrem strukturellen Aufbau kurz zu analysieren. Jedem ist aus eigenem Erleben jener «Affekt» vertraut, den man «Wut» oder «Zorn» nennt.[56] SPINOZA bestimmt ihn in seiner Affektenlehre als das «Streben, einem, den wir hassen, [56] Übles zuzufügen»;[57] oder: «Zorn ist die Begierde, durch die wir aus Hass dazu gereizt werden, dem ein Übel zuzufügen, den wir hassen».[58] Daraus wird klar ersichtlich, dass SPINOZA den inneren Zusammenhang zwischen Hass und Zorn erkannt hat und darin etwa mit der Psychoanalyse übereinstimmt, dass er aber zugleich zwischen beiden unterschied und solcherart der analytischen Nivellierung der phänomenalen Differenzen voraus war. An der Tatsächlichkeit dieser Differenzen lässt sich nicht zweifeln, wohl jedoch wird man die Ausschliesslichkeit der von SPINOZA zwischen Hass und Zorn gestifteten Bezugsrichtung bestreiten müssen. Denn offenbar geht dem Zorn keineswegs immer ein Hass zeitlich voraus, noch fundiert dieser jenen stets strukturell; es kann, muss aber nicht faktisch und wesensnotwendig so sein. Ein Zornausbruch realisiert sich etwa anlässlich einer intensiven aktuellen Enttäuschung oder Zurückweisung einem Menschen (unter Umständen sogar einem

---

56 Vgl. dazu W. WINTERSTEIN: Der Zornaffekt. Imago 20 (1934), S.144ff.; H. SCHULTZ-HENCKE, a.a.o., S.166 ff. * | Eine hervorragende ausdruckskundliche Analyse des Phänomens hat L. KLAGES: Grundlagen der Wissenschaft vom Ausdruck, 5. Aufl., S.164ff. Leipzig 1936, gegeben. Übrigens hat auch er schon die reaktive Veranlassung der aggressiven Regungen unterstrichen. «Zorn oder Wut, sollten sie selbst aus krankhaften Körpervorgängen stammen», greifen «niemals... ohne inneres Bezogensein des von ihnen Befallenen auf einen (und sei es zwangsmässig erfundenen) Anlass, der für seine Seele unter allen Umständen den Charakter des Störenden, Bedrängenden, böswillig Widerstehenden hat», Platz (S.166). Dass KLAGES zwei Seiten später von einem dem Zorn innewohnenden «Zerstörungstrieb» spricht und ihn sowohl vom auf Vernichtung zielenden Triebantrieb wie von der Vernichtungsabsicht grundsätzlich unterscheidet, bedeutet – da KLAGES dem Triebbegriff einen weit grösseren Umfang zugesteht als wir es tun – keinen Einwand gegen die Reaktivität des Zornes. | [Vgl. Anh. 1B, Anm. 3, S. 383.]

57 B. DE SPINOZA: Ethik. Übersetzt von O. BAENSCH, 8. Aufl., S.135. Leipzig 1917.

58 A.a.O., S.166.

Tiere) gegenüber, der bislang überhaupt keine Gelegenheit bot, einen Hass wider ihn zu entwickeln. Mit Vorbedacht wählen wir den Ausdruck «entwickeln», um damit anzudeuten, dass es unseres Erachtens zum Wesen des Hasses[59] gehört, Resultat eines lebensgeschichtlichen Prozesses zu sein, und dass es daher verfehlt ist, ihn – wie es zumal in der Psychoanalyse, aber auch im täglichen Sprachgebrauch geschieht – mit den primären Abneigungen und Antipathien zu identifizieren. Gewiss lassen sich solche ursprünglichen, nicht reaktiv entstandenen Abneigungen nicht mit der wünschenswerten Sicherheit konstatieren, da immer die Möglichkeit besteht, dass die anscheinend dazu gehörigen Regungen auf Übertragungen beruhen, d.h. Projektionen von anderswo erworbenen Haltungen [57] auf die vermeintlich primär («grundlos») antipathischen Mitmenschen darstellen. Auch die frühesten entsprechenden Ablehnungsreaktionen der Kleinkinder, bei denen sich der erwähnte Vorgang ausschliessen lässt, sind nicht durchsichtig und eindeutig genug, weil sich hier nämlich die Einflüsse der jeweiligen inneren und umweltlichen Situation, rücksichtlich derer die abgelehnte Person zufällig und nicht «eigentlich» gemeint sein kann, nicht ausreichend übersehen lassen. Trotzdem besteht eine grosse Wahrscheinlichkeit, dass es solche primären, zumal erotisch getönten Abneigungen gibt; und vor allem bieten gerade kleine Kinder die Möglichkeit, von Versagungen, Enttäuschungen oder Bestrafungen ausgelöste Zorn- und Wutreaktionen zu beobachten, bezüglich derer kein einleuchtender oder gar zwingender Grund besteht, nach einer Vorgeschichte zu fahnden; sie sind aus der Situation heraus vollkommen verständlich. An ihnen zeigt sich ein für den Zorn – und für die Affekte im prägnanten Sinne

---

59 Vgl. M. Scheler: Wesen und Formen der Sympathie, S.169ff. Bonn 1923. * | C. G. Carus: Psyche. 2. Aufl., S. 345ff. Stuttgart 1851; O. Pfister: Analytische Untersuchungen über die Psychologie des Hasses und der Versöhnung. Jahrb. f. psychoanalyt. u. psychopathol. Forschung 2 (1910), S.134ff.; E. Jones: Angst, Schuldgefühl und Hass. Internat. Zeitschr. f. Psychoanalyse 16 (1930), S.7ff.; H. Lipps: Die menschliche Natur, S.126ff. Frankfurt a.M. 1941; W. Steinberg: Soziale Seelenhaltungen, S.46ff., 113ff., München 1932; Ph. Lersch: Der Aufbau des Charakters. 2. Aufl., S.139ff., 200. Leipzig 1942. | [Vgl. Anh. 1B, Anm. 4, S. 383.]

überhaupt – wesentlicher Zug, auf den bereits SENECA hingewiesen hat:[60] die eigentümliche zeitliche Verlaufsform, die man als «Plötzlichkeit» charakterisieren muss.[61] Demgegenüber eignet dem Hass eine ausgeprägte Dauer, mithin ein zeitliches Ausgedehntsein, das sich allerdings in den Hassausbrüchen, d.h. aber in der Wut und im Zorn gleichsam zu punktuellen Augenblicken zuspitzt.

Das Recht des naheliegenden Einwandes gegen diese temporale Differenzierung, dass es auch eine verhaltene, im Stillen «glühende» und damit andauernde Wut gebe, soll nicht bestritten werden; ihm wurde mit der Erwähnung der Hassausbrüche, denen offensichtlich die Plötzlichkeit zukommt, auch sogleich Rechnung getragen. Dennoch scheint uns der gemeinte Unterschied, sofern man ihn als [58] einen solchen der Akzentuierung und nicht als scharfe Trennung versteht, zutreffend zu sein. Die verhaltene, infolge des wiederholten Gehemmtwerdens der akuten Wutentäusserungen zum charakterlichen Habitus gewordene Wut ist wie der Hass das Ergebnis einer Geschichte und darf mit dem eigentlichen aktuellen, als Bewegungsimpuls erlebten Zorn nicht ohne weiteres identifiziert werden. Die formale Ähnlichkeit oder Gleichheit der Entstehungsgeschichte des Hasses und der Aggressionshaltung bewirkt keineswegs ihre Wesensidentität. Einmal entspringt der Hass immer nur den erlittenen Erfüllungsversagungen einer artlich bestimmten Gruppe von Impulsen, Strebungen, Wünschen, Gefühlen, nämlich jenen, die man als «Liebe» im weitesten, das frühkindliche Zärtlichkeitsbedürfnis einerseits und die reife Freundschaft andererseits umgreifenden Verstande zusammenzufassen pflegt. Von ihnen erhält der Hass seine spezifische Tönung. Die chronische Aggressivität oder Wuthaltung dagegen kann sich aus der Hemmung *aller* Impulse entwickeln. Daher eignet ihr auch von vornherein ein genereller, unspezifischer, nicht auf einzelne Mitmenschen oder mitmenschliche Gruppen gerichteter Charakter. Der Hass vermag sich freilich zu verallgemeinern

60 A.a.O., Band 1, S.146f.

61 Zur Dynamik der Affekte vgl. K. LEWIN: Untersuchungen zur Handlungs- und Affektpsychologie. Psychol. Forschung 7 (1925); X. T. DEMBO: Der Ärger als dynamisches Problem. Psychol. Forschung 15 (1931), S.1ff.; P. KLOSSOWSKY: Temps et agressivité. Recherches philosoph. 5 (1935/36), S.100ff.

oder zu totalisieren, auf «die» Frauen, «die» Männer, «die» Menschen auszubreiten. Aber das geschieht ebenfalls ausnahmslos erst sekundär, den Ursprung nimmt er stets von einem konkreten Partner, an den sich auch seine Entfaltung hält.* Schliesslich wohnt ihm nicht die Tendenz zur Entäusserung mit jener Intensität ein, welche die explosive Dauerspannung des habituellen Zornes kennzeichnet. Der Hass kann in der Tiefe eines Menschen glimmen und sein Leben verzehren, ohne jemals an die Oberfläche und nach aussen zu treten. Zur Wuthaltung gehört die motorische Manifestation in irgendeiner Form wesensmässig hinzu, und sei es auch bloss als sog. «muskuläre Panzerung» (REICH).[62] Indessen ist eine [59] chronische, zum charakterlichen Habitus stabilisierte Aggressivität sowenig wie der Hass eine notwendige Voraussetzung des Zornausbruches, wie nochmals betont sei. Er realisiert eine gemeinsame Weise der Hass- und Aggressionsentäusserung, verkörpert aber überdies eine auf die augenblickliche Situation eingeengte Reaktion auf Versagungen, Bedrohungen u.ä., die keine ins Gewicht fallende Vorgeschichte haben muss.

Dass *jeder* gebremste Aggressionsimpuls Angst ergibt, wie REICH behauptet,[63] scheint uns auch mit Einschluss der von ihm selbst namhaft gemachten Ausnahme der mittels der gegen das eigene Ich gewendeten selbstzerstörerisch-masochistischen Aggression erwirkten Angstvermeidung[64] nicht richtig zu sein. Statt der Angst kann auf die – innere oder äussere – Aggressionshemmung hin Verärgerung, Gereiztheit, Verstimmung, erhöhte Aggressionsbereitschaft, Depression, Neigung zur Selbstbeschädigung u.a. eintreten – Reak-

---

62 W. REICH: Psychischer Kontakt und Vegetative Strömung, S.46ff., Abh. zur personellen Sexualökonomie, Nr.3. Kopenhagen, Prag und Zürich 1935.

63 W. REICH: Der Urgegensatz des vegetativen Lebens. Zeitschr. f. polit. Psychologie u. Sexualökonomie 1 (1934), S.138.

64 A.a.O., S.139.

---

* Diese Entwicklungsgeschichte des Menschenhasses aus der wiederholten Enttäuschung an Einzelnen hat bereits PLATON aufgezeigt (PLATON: Phaidon. Übertragen von R. KASSNER, 7. und 8. Tausend, S.62. Jena 1918). [Vgl. Anh. 1B, Anm. 5, S. 383.]

tionen, die gewiss alle mit der Angst mehr oder minder etwas zu tun haben, jedoch mit ihr weder identisch noch aus ihr genetisch ableitbar sind. Umgekehrt geschieht es häufig genug, dass Ängste, zumal Gewissensängste und Rachebefürchtungen die aggressiv-destruktiven Impulse zunächst hemmen und ihnen dann, sie reaktiv verstärkend, zum motorischen Ausbruch verhelfen: so im Falle des Angstangriffs,[65] der sich sehr schön bei in die Enge getriebenen Tieren beobachten lässt. Wie er sich beim Menschen abstuft und als Frechheit, Drohung und Imponierenwollen manifestiert, hat REIK angedeutet.[66] Dem Geschehenstypus nach verwandt damit ist der «Ver-[60]brecher aus Schuldbewusstsein».[67] Hier entspringen die aggressiven Handlungen einem präexistenten, nach FREUD im Ödipuskomplex wurzelnden Schuldgefühl, von dem sich der Täter durch eine «wirkliche» Tat, die nicht von einer so schweren Schuld wie Vatermord und Inzest beladen ist, zu entlasten versucht. Wie weit ein solcher Zusammenhang in faktischen Verbrechen eine Rolle spielen mag, sei dahingestellt; dass er bei manchen aggressiven Reaktionen mitwirkt, ohne dass die präexistenten Schuldgefühle in der Ödipussituation erworben zu sein brauchen, dürfte nicht zweifelhaft sein (besonders bei Aggressionen der Kinder muss man an solche verborgenen Relationen denken). Schuldbewusstsein[68] als Folge von Gewissensvorwürfen und Strafbefürchtungen kann nach allen – ausgeführten, phantasierten, geplanten oder bereits im ersten leisen Impulsstadium verdrängten – Aggressionen reaktiv auftreten, ohne dass diese ursprünglich (und später «unbewusst») gegen die Eltern und ihre Genitalien (als aktiver Anteil des sog. Kastrationskomple-

---

65 Vgl. A. FREUD: Das Ich und die Abwehrmechanismen, S. 130ff. Wien 1936; TH. REIK: Der Angstangriff. Internat. Zeitschr. f. Psychoanalyse 23 (1937), S. 306ff.

66 A. a. O., S. 311. Auch die «heroische Lebenshaltung» gehört als ideologische Verklärung des Angstangriffes hieher.

67 S. FREUD: Einige Charaktertypen aus der psychoanalytischen Arbeit, in: Sammlung kleiner Schriften zur Neurosenlehre, 4. Folge, S. 550ff.; TH. REIK: Geständniszwang und Strafbedürfnis, S. 114, 151f. Leipzig/Wien/Zürich 1925; E. MICHAËLIS: Vom «Verbrecher aus Schuldbewusstsein». Zeitschr. f. Kinderforsch. 34 (1928), S. 132ff.

68 Vgl. dazu etwa O. KANT: Zur Biologie der Ethik, S. 6ff. Wien 1932.

xes) gerichtet gewesen sein mussten.[69] Man sollte sich überhaupt grundsätzlich davon überzeugen, dass zwischen der Aggressivität und Destruktivität einerseits, den Ängsten, Gewissensbissen und Schuldgefühlen andererseits keine eindeutige, in *einer* zeitlichen Richtung abrollende Relation besteht, sondern dass es sich in der Regel und in den späteren Sta-[61]dien wohl immer um wechselseitig sich bedingende und verstärkende Kreisprozesse handelt. Daher lässt sich empirisch kaum je mit Sicherheit konstatieren, was im konkreten Falle tatsächlich primär gewesen ist.

Wenn wir vorhin die Gültigkeit der These REICHS einschränkten, so trifft dies auch auf die dem Sinne nach damit übereinstimmende Behauptung FROMMS zu, dergemäss die Folge der Wut immer Angst sei. Richtig dagegen scheint uns seine Formulierung zu sein: «Je mehr die Wut verdrängt ist, desto grösser ist die Angst».[70] Desgleichen rückt FROMM mit Recht unter den die Wut auslösenden Zuständlichkeiten das Ohnmachtsgefühl in den Vordergrund, als dessen «wichtigste und allgemeinste Folge» er die Wut nennt – «und zwar eine Wut, die besonders durch ihre Ohnmächtigkeit gekennzeichnet ist. Ihr Ziel ist nicht, wie bei anderen Arten der Wut, die aktive und zielbewusste Vernichtung des Feindes, sondern sie ist viel vager, unbestimmter, aber auch viel destruktiver gegen die Aussenwelt und gegen das eigene Selbst gerichtet».[71] Das wissende Erleiden des Preisgegeben- und Ausgeliefertseins an ein übermächtiges Geschehen trägt wohl zur bekannten Gereiztheit der Kranken bei; und man wird sich fragen dürfen, ob nicht auch in dieser Richtung die Erklärung für die eigentümliche aggressive Verstimmung zu suchen ist, in die manche Menschen geraten, wenn sie im müden Zustande am Einschlafen verhindert oder aus dem Schlafe aufgeschreckt werden. Im Einschlafen erfahren wir das Übermächtigtwerden durch

69 Damit soll nicht geleugnet werden, dass zwischen der Sexualität und dem Schuldbewusstsein ein besonders inniger Zusammenhang besteht, der durch die in der Geschlechtlichkeit eingelagerten aggressiv-destruktiven Elemente nicht ausreichend verständlich gemacht werden kann.

70 E. FROMM: Zum Gefühl der Ohnmacht. Zeitschr. f. Sozialforsch. 6 (1937), S. 107.

71 A. a. O., S. 106.

eine – zwar nicht fremde, vielmehr in uns selbst aufsteigende – Geschehensgewalt, gegen die wir uns, ähnlich wie gegen den Schmerz, schwer und unter Umständen zuletzt nicht mehr durchzusetzen vermögen. Werden wir nun von anderer Seite zur Unzeit daran erinnert, indem man uns am erwünschten Einschlafen irgendwie stört, dann rea-[62]gieren wir darauf im mildesten Falle mit einer verärgerten Verneinung unseres Schlafbedürfnisses oder Eingeschlafenseins, gelegentlich aber auch mit einem heftigen Angriff. Die extremste Form der Abwehr bilden die in der Schlaftrunkenheit begangenen Verbrechen.[72] Allein nicht nur das (durch was immer bewirkte) Gefühl der Ohnmacht prädisponiert zu aggressiven Reaktionen, sondern überhaupt alle Situationen, in denen sich der Mensch irgendeiner – vermeintlichen oder faktischen – Gefährdung, Verletzbarkeit, Kränkung, Hilflosigkeit und Selbstwerteinbusse ausgesetzt fühlt oder weiss. So wird in der prämenstruellen und menstruellen Reizbarkeit dieser Zusammenhang nicht übersehen werden dürfen, da viele Frauen die Periode als eine Beeinträchtigung ihrer menschlichen Leistungsfähigkeit und zumal ihres erotischen Anziehungsreizes erleben;[73] doch ist diese Relation nicht der einzige die Verstimmung bewirkende Faktor. Oder, um es an einem einer ganz andern Sphäre angehörenden Tatbestand zu exemplifizieren: wenn ein Lehrer bei der Behandlung eines Themas sein persönliches Beteiligtsein allzu deutlich merken lässt und so seine Innerlichkeit exponiert, dann schlägt, falls die Schüler mit Lachen und verstecktem Spott darauf reagieren, die hochgemute Stimmung leicht in aggressive Verärgerung und Niedergedrücktheit um, die ihrerseits eine Folge verdrängter Aggressionen sein kann. Es würde ermüden und man käme doch an kein Ende, wenn man alle Regungen aufzählen möchte, deren Hemmung aggressiv-destruktive Impulse, insbesondere Zorn und Wut auszulösen vermag; denn darin erfüllt sich das weitaus häufigste

---

72 Vgl. G. Schmidt: Das Verbrechen in der Schlaftrunkenheit. Zeitschr. f. d. ges. Neurol. 176 (1943), S. 208ff.

73 Vgl. A. Hauptmann: Menstruation und Psyche. Arch. f. Psychiatrie 71 (1924), S. 1ff.; W. Reich: Die Funktion des Orgasmus, S. 154, 158; K. Horney: Die prämenstruellen Verstimmungen. Zeitschr. f. psychoanalyt. Pädagogik 5 (1931), S. 161ff.

Schicksal aller jener spontanen und reaktiven Tendenzen, die auf einen äusseren oder inneren [63] Widerstand stossen. Das hat übrigens wohl auch McDOUGALL gemeint, wenn er sagt, bei der Zusammenarbeit verschiedener Triebkräfte stehe «*eine* bestimmte Triebkraft in besonders enger Beziehung zu allen andern – nämlich die Triebkraft des Zornes. Es scheint (beim Menschen und Tier) das allgemeine Gesetz dieser Triebkraft zu sein, dass sie in Aktion tritt, sobald irgendeine andere gerade wirksame Tendenz durchkreuzt oder gehemmt wird». «Beim Menschen mit seiner grösseren Einsicht und Voraussicht kann der Energiestrom des Zornimpulses in so feiner und geschickter Weise mit allen anderen Tendenzen kombiniert werden, dass er sie sogar noch belebt und verstärkt».[74]

Wie es verfehlt wäre, die Aggressivität als Habitus, etwa den Jähzorn als Charakterzug den reaktiven Aggressionsdurchbrüchen gleichzusetzen, so ist es nicht minder irrig, den Hass mit den primären Antipathien und Abwehrimpulsen eines Menschen zu identifizieren, wie wir bereits betonten. FREUD, STEKEL, REIK u.a. haben mit einem gewissen Nachdruck und offenbar in der Meinung, solcherart einen ausgeprägten «realistischen», schwer erträglichen, desillusionierenden Scharfblick zu beweisen, die These vertreten, der «Hass» sei älter, ursprünglicher als die «Liebe». Lassen wir die unglückliche, weil missverständliche Terminologie auf sich beruhen, dann dokumentiert sich in dieser Überzeugung in Wirklichkeit lediglich eine ungenügende Phänomendifferenzierung. Wohl mag eine gewisse Wahrscheinlichkeit dafür bestehen, dass das eben geborene Kind die auf es gleichsam einstürmenden Umweltseinwirkungen gegenüber der vorgängigen reizlosen Geborgenheit im Mutterleibe als erhebliche Störungen empfindet und sich daher zunächst «instinktiv» abwehrend gegen sie verhält. Diese Wahrscheinlichkeit diente FREUD zur Konstruktion eines primären Narzissmus, der das Ich des Kleinkindes kennzeichnen und rücksichtlich dessen die [64] Aussenwelt zunächst wesentlich als Quelle des schmerzlichen oder wenigstens unlustvollen Durchbrechens des narzisstischen Reizschutzes fungie-

---

74 W. McDOUGALL: Aufbaukräfte der Seele. Deutsche Fassung herausgegeben von E. ROTHACKER, S. 104. Leipzig 1937.

ren soll. Abgesehen davon, dass sich darin die verfehlte DESCARTESsche Trennung des menschlichen Subjekts von der «Welt» durchhält, lässt sich das Faktum der positiven Hinwendung des Neugeborenen mindestens zur nahrungsspendenden mütterlichen Brust schlechterdings nicht leugnen – ein Faktum, dessen den Narzissmus sprengendes Gewicht nur durch die stillschweigende Voraussetzung der Gültigkeit jener erwähnten Trennung hat bagatellisiert werden können.* Die offensichtliche vitale Angewiesenheit und Hilflosigkeit des Menschen gleich nach seiner Geburt zeugt eindeutig gegen den Primat der Abwehr oder doch wenigstens für die Gleichursprünglichkeit beider Verhaltensweisen. Aus diesem Grunde allein schon erweist sich die Behauptung vom Ältersein des «Hasses» als unbegründet, auch wenn dessen Identifizierung mit den ersten Abwehrimpulsen und -bewegungen gerechtfertigt wäre. Aber davon kann keine Rede sein.

Welche qualitative Tönung den frühesten Antipathien des Säuglings eignet, lässt sich nicht mehr auch nur mit einiger Wahrscheinlichkeit erschliessen. Von aussen gesehen scheinen sie meistens – vielleicht immer – mit Schreck-, Furcht- und Angsterlebnissen gekoppelt zu sein, durch die sie reaktiv ausgelöst werden. Wohl jedoch kennen wir aus den späteren Lebensphasen die ursprünglichen oder vermeintlich ursprünglichen Regungen der Abneigung, die anlässlich der ersten Begegnung mit einem bislang unbekannten Menschen auftauchen können; und von ihnen dürfen wir ohne jeden Zweifel sagen, dass sie der Art und zumeist auch der Intensität nach vom Hassen durchaus verschieden sind. Wir lehnen den unsympathischen Zeitgenossen ab, weichen ihm aus, wollen nichts mit ihm zu tun haben; aber wenn er uns aus dem Wege geht und sich nicht aufdrängt, gönnen wir ihm mit einer gewissen Grosszügigkeit und Gleichgültigkeit sein Leben. [65] Es liegt uns nichts an seiner Ver-

* Zum Verhältnis der Aggressivität zur Mütterlichkeit vgl. R. BILZ: Zur Biologie und Psychologie der Mutterrolle. Zentralbl. f. Psychother. 14 (1942), S. 277–298; P. REIWALD: Eroberungen des Friedens. Zürich/New York 1944, S. 81–106. REIWALD bezeichnet die Aggression wiederholt als Urtrieb. Vgl. ferner die Analyse einer Selbstbeschädigung bei F. ALEXANDER: Psychoanalyse der Gesamtpersönlichkeit, S. 53. Wien/Leipzig/Zürich 1927. [Vgl. Anh. 1B, Anm. 6, S. 383.]

nichtung. Anders der Gehasste. Ihn trifft mit einer unverkennbaren Wucht der Beseitigungs- oder wenigstens irgendein Beschädigungswunsch, der sich freilich in der Regel nur in entsprechenden destruktiven Phantasien und Gedanken manifestiert. Wir bleiben an ihn innerlich gebunden, kehren immer wieder im Phantasieren und oft genug realiter zu ihm zurück, um den Hass in dieser oder jener Weise an ihm zu agieren. Die Furcht- und Angstfragmente, die in den Hass eingesprengt zu sein pflegen und ihn verstärken können,[75] entspringen weniger einem furchterregenden Eindruck des gehassten Objektes – eine solche Impression kann eine unmittelbare Abneigung mitbedingen – als vielmehr den gehemmten aggressiv-destruktiven Impulsen. Daher vermag sich der Hassende ihrer auch nicht mittels des Vermeidens des Gehassten zu erwehren, denn dieser fungiert wesentlich nur als Träger der auf ihn projizierten Rachebefürchtungen und -erwartungen, die sich als reaktive Folgen an das Hassen heften.[76] Die in ihm eingelagerten Furcht-, Angst- und Schuldgefühlfragmente tragen entscheidend zum gleichsam in sich kreisenden, den Hassenden verzehrenden Charakter des Hasses bei, der sich nicht in einer einmaligen Entäusserung – auch nicht in der extremen, den gehassten Feind vernichtenden – erschöpft. Wenn Reik behauptet: «Ein Objekt, von welchem Gefahr droht, die Angst vor diesem Objekt, die Unmöglichkeit, diese Angst durch Flucht oder Vernichtung des gefähr-[66]lichen Objekts sofort und in adäquater Art zu bewältigen – diese Züge geben die wesentlichen Bedingungen für die Entstehung der Hassreaktion»,[77] so trifft dies wohl auf

---

75 Vgl. dazu Th. Reik: Der Schrecken und andere psychoanalytische Studien, S. 62ff. Wien 1929.

76 Diesen reaktiven, im Hassenden selbst wurzelnden Ursprung der Angst verkennt Reik und deutet deshalb seine an sich richtige Einsicht, dergemäss «das Moment der unbewussten Angst ... der Hassregung immanent und aus ihr nicht ablösbar» sei, schief, indem er sagt: «Die Hassregung gilt nur Objekten, vor denen man sich fürchtet, von denen das Ich eine äussere oder innere Gefährdung erwartet. Fällt dieser Faktor der Furcht aus, so resultiert das Gefühl der Verachtung, der Abneigung, der Indifferenz, keinesfalls Hass» (a. a. O., S. 67).

77 A. a. O., S. 66.

die aggressiv-destruktiven Impulse, keineswegs aber auf den eigentlichen Hass zu, von dem man sagen darf, er sei im innersten Kern immer ein tödlicher. Zu ihm gehört, wir wiederholen es nochmals, wesenhaft eine Geschichte, nämlich die Geschichte einer Liebes- oder Freundschaftsenttäuschung; und es verhält sich gerade umgekehrt – wie Reik meint: nicht der Hass ist der «Vorläufer der Liebe»,[78] sondern die unerwiderte oder verlorene Liebe die Vorläuferin des Hasses. Diesen Zusammenhang hat Spinoza bereits formuliert; er sagt: «Wenn jemand ein geliebtes Ding anfängt zu hassen, so dass schliesslich die Liebe völlig vertilgt wird, wird er bei gleicher Ursache einen grösseren Hass gegen es haben, als wenn er es niemals geliebt hätte; und der Hass wird um so grösser sein, je grösser vorher die Liebe war». Denn «wenn nämlich jemand ein Ding, das er liebt, anfängt zu hassen, so werden noch mehr Triebe von ihm gehemmt, als wenn er es nicht geliebt hätte».[79] Aus der Entstehungsgeschichte allein wird die Bindung des Hassenden an den Gehassten verständlich.

Nun gibt es zweifellos Abneigungen bei der ersten Begegnung mit einem Menschen, die hinsichtlich der Intensität an die des Hasses nahe herankommen oder sie gar erreichen, ohne dass dafür ein einleuchtendes Motiv, etwa ein ausgeprägter widerlicher oder furchterregender Eindruck verantwortlich gemacht werden könnte. In allen diesen Fällen wird eine genauere Untersuchung wohl immer nachzuweisen vermögen, dass zwar diesem konkreten Mensehen gegenüber die antipathische Regung zum erstenmal auftritt, dass sich in ihr aber trotzdem eine Geschichte verdichtet hat, die ohne jeden Zusammenhang mit dem Begegnenden abgelaufen ist. Was in der zurückliegenden [67] Auseinandersetzung mit einem andern Menschen entstanden war, wird in seinem Resultat – der Ablehnung – aus irgendwelchen Gründen anlässlich des jetzt Begegnenden erneut akut. Eine unbewusste, d.h. als solche nicht bewusst bemerkte, obzwar dennoch als Eindruck wirksame Ähnlichkeit einer Handbewegung, der Sprachmelodie oder was immer des gegenwärtigen Partners mit jenem, an dem der Hass ehemals entwickelt worden war, löst nun dessen Durchbruch in der Form einer heftigen, un-

---

78 A.a.O., S.62.

79 A.a.O., S.132.

widerstehlichen Abwehrreaktion gegen ein Ersatzobjekt wiederum aus – im Prinzip der gleiche Vorgang, wie wenn eine gehemmte Wut sich in der Zertrümmerung eines Stuhles entlädt. In der Übertragung von einem Menschen auf einen zweiten auf Grund irgendeiner physiognomischen Ähnlichkeit ist der erste Schritt getan zu jener Generalisierung des Hasses, die zu einer stetigen Hassbereitschaft und zum wahllosen Menschenhass führt. Auch er entsteht nie ohne wiederholte Liebes- und Freundschaftsenttäuschungen; und wiederum muss gegen Reiks Verabsolutierung eines einzigen Momentes – «Versuch der Bewältigung einer latenten Angst»[80] – der Finger auf die komplexe Lebensgeschichte gelegt werden, die den Misanthropen[81] geschaffen hat.[82]

Von hier aus bedürfte ferner das mehrschichtige Ambivalenzproblem einer Klärung, jedoch müssen wir uns mit einer kurzen Bemerkung begnügen. Die Ubiquität der Ambivalenz in den Liebesbeziehungen beruht nicht auf dem mythischen «Urgegensatz» von «Liebe» und «Hass», wovon die «Todfeindschaft der Geschlechter» einen von – ihre privaten Notstände verabsolutierenden – Literaten erfundenen Ableger darstellt; sondern sie ist das Resultat [68] der in jeder erotischen Bindung sich unausweichlich einstellenden kleinen Zurückweisungen und Enttäuschungen, auf die wir mit zumeist der Verdrängung unterliegenden leisen Verärgerungen und Racheimpulsen reagieren. Da sie in der Regel also nicht entäussert werden, durchsetzen und untergraben sie die Beziehung mit aggressiven Sprengstücken (Schultz-Hencke), die gelegentlich zu vorübergehenden Hassausbrüchen führen können, zumal sie sich mit Schuldgefühlen und Befürchtungen vor Liebeseinbussen (als Folgen der Aggressionsimpulse) zu verknüpfen pflegen.

Wenn man sich von diesen Relationsstiftungen zwischen den differenten Gewissensregungen und den unterdrückten Aggressivitäten ein ausreichend anschaulich-detailliertes Bild zu machen vermag

---

80 A. a. O., S. 70.

81 Vgl. F. Wittels: Grosse Hasser. Die psychoanalyt. Bewegung 1 (1929), S. 329ff.

82 Ebenso ist der Selbsthass immer das Ergebnis einer Reihe von Enttäuschungen, die sich an die unzureichenden Verwirklichungen der eigenen Ideale geknüpft haben.

und die ausserordentliche Häufigkeit der Anlässe hinzu nimmt, die seit der frühen Kindheit jeden Menschen *durchschnittlich* – nicht exzeptionell – aus äusseren und inneren Gründen zum Verzicht auf die unmittelbaren Aggressionsmanifestationen zwingen, dann bedarf es zum Verständnis der brutalen massierten Zerstörungsaktionen in den Kriegen oder in den Verbrechen grossen Stils nicht der Ausflucht zu metaphysisch aufgebauschten «Todestrieben», «satanischen Mächten» u.dgl. Ein einziges Moment, etwa die gewaltsame Unterdrückung der alltäglichen öffentlichen und privaten Kritik an Staat und Gesellschaft – mag sie mehr von persönlichen Ressentiments und Nörgeleien oder von sachhaltigen Einsichten genährt werden – kann hier verheerende und jenen überraschende Folgen zeitigen, der nicht sieht, wieviel des angesammelten Aggressivitätsreservoirs in dieser Kritik auf relativ harmlose Weise abgeleitet wird.[83] Das eine [69] freilich muss man sich dabei ständig vor Augen halten: dass der Hauptstrom, der das Reservoir angefüllt hat, der Kindheit entsprang. Was einem, sagen wir dreijährigen Kinde von keineswegs ungewöhnlicher Aktivität im Verlaufe eines Tages zu tun einfällt – mittels Singens, Schlagens, Stuhlrückens usw. Lärm produzieren, dem Spielkameraden einen begehrten Gegenstand wegnehmen, die nachbarlichen Häuser und Gärten durchstöbern, sich mit Wasser und Strassenkot beschmutzen, etwas anzünden u.a.m. –, das es aus ihm meist unersichtlichen Gründen nicht oder nur im Verborgenen unter Angstdruck ausführen darf, das geht durchaus nicht spurlos vorüber. Vielmehr tragen diese an sich fast gewichtslosen Kleinigkeiten in ihren ungezählten Wiederholungen – ähnlich den Tropfen bei der Tuffbildung – Steinchen für Steinchen zu jenem unsichtbaren Gefüge bei, das als chronische Bereitschaft zum aggressiv-destruktiven

83 Aggressivität darf nicht mit der – freilich stets in ihr wurzelnden – Grausamkeit verwechselt werden, an der wahrscheinlich immer leiblich lokalisierte sexuelle Lustsensationen beteiligt sind und dem Verhalten den fatalen süchtigen Charakter verleihen – nur darauf sollte jener der Sexualpathologie entnommene Begriff des Sadomasochismus ausgedehnt werden. Wie bei allen Arten und Weisen des Gebarens ist auch bei der Grausamkeit die ausserordentlich wirksame – z.B. abstumpfende – Rolle der Gewöhnung als Dokumentation der «Trägheit des Herzens» nicht zu unterschätzen, auf welche zumal die älteren Moralisten mit Recht ein grosses Gewicht gelegt haben.

Reagieren sei es den «normalen» Charakter oder irgendwelche abnormen, auffälligen neurotischen oder perversen Haltungen[84] mitgestaltet. Man sollte dabei auch nicht übersehen, dass gewisse Formen der Aggressivität, die als besonders unerwachsen oder infantil imponieren und die daher gerne dem Kinde als das ihm mehr oder weniger grossmütig eingeräumte Recht des Trotzens reserviert werden möchten, oft genug noch von Erwachsenen praktiziert werden. Zwar wird ein solcher Erwachsener nicht mehr wie der kleine Junge, sich für irgendeine Enttäuschung rächend, zur Mutter sagen: «Es geschieht Dir ganz recht, [70] wenn ich mich erkälte!» Aber er wird sich eine Verletzung zuziehen oder einen Selbstmordversuch demonstrieren, um auf diese indirekte – gelegentlich masochistisch untermalte – Weise einen Mitmenschen für eine erlittene Versagung zu quälen. Schliesslich mag noch ein Wort zur Entstehung der sog. Affekte angefügt werden.

Gemeinhin bezeichnet man mit dem mehrdeutigen Ausdruck «Affekt» eine besondere Daseins- und Ablaufsweise des Gefühls oder der Stimmung, die dadurch charakterisiert ist, dass der von ihm, dem Affekt, beherrschte Mensch in einen zur motorischen Entäusserung drängenden inneren Spannungszustand gerät, den zu meistern, d.h. an der Entladung zu hindern, ihm nur schwer oder gar nicht gelingt. Allen Affekten eignet ein mindestens latentes aggressives Moment, und das hängt mit ihrer Genese zusammen: stets gehen sie nämlich auf Impulshemmungen zurück, mögen sich diese auch lediglich in der erfahrenen Schwierigkeit oder Unmöglichkeit, eine Aufgabe zu bewältigen oder ein erstrebtes Ziel zu erreichen, realisieren.* Zentriert sich die Affektbildung, also die wiederholte (endogene und exogene) Widerstandserfahrung um eine inhaltlich bestimmte, obzwar

84 Vgl. etwa J. Meinertz: Analyse eines eigenartigen Falles von Fetischismus mit Verstümmelungsphantasien. Zeitschr. f. d. ges. Neurol. 117 (1928), S. 19ff.; H. Krisch: Zur Theorie der Impuls- und Zwangshandlungen. Ebenda 130 (1930), S. 257ff.; H. Kunz, a.a.O., S. 78ff. [In diesem Band, S. 246ff.]

* Dass mehr oder weniger unterdrückte oder verdrängte aggressive Impulse im alltäglichen Verkehr z.B. zu Störungen des Grusszeremoniells führen können, hat Th. Reik: Drei psychoanalytische Notizen. Imago 12 (1926), S. 450f., angedeutet. [Vgl. Anh. 1B, Anm. 7, S. 384.]

unter Umständen unbewusste Situation oder «Vorstellung» (Gedanke, Phantasie), so liegt ein «Komplex» in dem von BLEULER und JUNG geprägten engeren Sinne vor. Wird nun jene Vorstellung oder Situation durch ein aktuelles Ereignis irgendwie «angerührt», ohne dass dem Erlebenden der thematische Zusammenhang, etwa die Ähnlichkeit zwischen den beiden Sachverhalten, klar gegenwärtig zu sein braucht, dann löst das – scheinbar «grundlos» – die Affektentladung aus. Dabei tritt oft die paradoxe Erscheinung auf, dass ein an sich affekthemmender Faktor, z.B. Schuldgefühle, Selbstvorwürfe u.a., bei erhöhten Erregungsgraden – ähnlich wie Angst und Furcht – die Intensität des Affektes verstärkt. Der Aggressive etwa flüchtet sich so vor den quälenden und lähmenden aufsteigenden Gewissensbissen. Das auf einer Lüge ertappte Kind steigert sich um so zwangs-[71]mässiger in die Trotzhaltung hinein, je drückender sich sein Schuldbewusstsein regt. Ein Mädchen, das sich seine sexuellen Wünsche und Ausbruchsversuche nicht eingesteht, wird mit desto grösserer Empfindlichkeit und ohnmächtiger deprimierter Wut auf die ihm solche Regungen offen oder versteckt unterstellenden moralischen Vorhaltungen reagieren, je schwerer ihm der Abwehrkampf gegen die eigenen dumpfen Dränge fällt. Damit mag es sein Bewenden haben.

Wir haben auf die reaktive Natur der Aggressivität und Destruktivität ein besonderes Gewicht gelegt und stehen damit nicht allein. «Es spricht vieles dafür», schreibt SCHOTTLAENDER, «dass Aggression keine primäre Erscheinung ist, sondern auf gestaute und unbefriedigte Liebesbedürfnisse zurückgeht»[85] – aber nicht nur, fügen wir hinzu, auf Liebesbedürfnisse. FROMM sagt, der Zerstörungstrieb «erwächst aus der nicht zu ertragenden Machtlosigkeit und Isolierung des Individuums»,[86] er sei «die Folge des ungelebten Lebens»,[87] wie es ähnlich schon HORNEY formuliert hat.[88] «Die Psychoanalyse der

---

85 F. SCHOTTLAENDER: Die Mutter-Kind-Beziehung in ihrer Bedeutung für die Neurosenentstehung. Zentralbl. für Psychotherapie 10 (1938), S. 378.

86 E. FROMM: Die Furcht vor der Freiheit, S. 177f. Zürich 1945.

87 A.a.O., S. 181.

88 K. HORNEY: Der Kampf in der Kultur, in: Das Problem der Kultur und die ärztliche Psychologie, S. 115. Leipzig 1931; *dieselbe:* New Ways in Psychoanalysis, S. 130ff. New York 1939.

Ambivalenz lehrt uns», meint REICH, «dass die Aggression eine Reaktion auf Versagung libidinöser Befriedigung ist»; als sekundäre Reaktion stelle sie eine phylogenetisch und ontogenetisch jüngere Funktion als die «beiden Urstrebungen Sexualität und Angst» dar. Die Sexualökonomie, d.h. REICHS Theorie, leugnet «den ursprünglichen Charakter der destruktiven Antriebe und lässt sie vielmehr aus den Funktionen der Libidoversagung einerseits, der Angstvermei-[72]dung andererseits phylogenetisch hervorgehen».[89] Desgleichen scheint ROMBOUTS die Auffassung vom grundsätzlich reaktiven, durch eine Affektstauung bedingten Wesen der Aggressivität zu teilen.[90] Das besagt aber keineswegs, die Aggressivität, z.B. die Wut, als solche lasse sich in ihrer Erlebnisqualität aus den gehemmten Regungen restlos, mit Vernachlässigung der jeweiligen Tönungen, ableiten. Wie alle seelischen Qualitäten ist auch sie ein irreduzibles Phänomen oder, mit REICH zu reden, ein «Uraffekt», allerdings nicht der einzige neben der Angst und der Sexualität.[91] Sie gehört als konstitutives Ingrediens zur «affektiven Natur» des Menschen, wenngleich sie nur auf reaktive Weise zur Aktualisierung gelangt. Indessen sind wir jederzeit bereit, diese These preiszugeben, wenn faktische Beobachtungen gegen sie zeugen oder zu ihrer Einschränkung zwingen sollten. Einstweilen haben wir sie nicht feststellen können. Und wenn es eine spontane Aggressivität und Destruktivität geben sollte, dann bleibt ihr Anteil innerhalb der Breite und

---

89 Der Urgegensatz des vegetativen Lebens, a.a.O., S.138f.; vgl. ferner: Charakteranalyse, S.284. Auch hinsichtlich REICHS These müssen wir wie bei SCHOTTLAENDER auf der Erweiterung der reaktiven Aggressionsanlässe auf *alle* gegenstandsgerichteten Strebungen und Impulse bestehen, was zugleich die Ablehnung der von REICH in extremer Weise vertretenen «Libidinisierung» des lebendigen (seelischen) Geschehens einschliesslich seiner in der Luft schwebenden phylogenetischen Spekulation impliziert.

90 J.M. ROMBOUTS: Aggressivität. Psychiatr. Bl. 44 (1940), S.446ff.; zit. nach dem Referat im Zentralbl. f. d. ges. Neurol. 99 (1941), S.585.

91 Psychischer Kontakt und Vegetative Strömung, S.47. REICH glaubt zu Unrecht, «das Gebiet der Affekte durch Aufstellung dieser drei Grundaffekte im Prinzip restlos» erfassen und aus ihnen «sämtliche komplizierten Affektregungen ableiten» zu können – es sei denn mit Hilfe der bekannten energetischen Verwandlungskunst.

Häufigkeit der aggressiv-destruktiven Äusserungen auf jeden Fall ein kaum merklicher. Gewiss wäre der Versuch denkbar, die Aggressionen als Derivate eines «Wachstumstriebes» und seines Abkömmlings: des «Machttriebes» [73] oder «Willens zur Macht», wie es etwa SCHELER angedeutet hat, zu interpretieren. Da das Wachsen eines Lebewesens notwendig eine umweltliche Expansion mit sich bringt, in deren Folge es zu Zusammenstössen, Kämpfen, Rangordnungen kommen muss, liessen sich die Aggressionen darauf zurückführen. Wir haben nicht bestritten, dass sie in diesen Zusammenhängen tatsächlich sehr häufig auftreten, aber eben doch bloss reaktiv, wie in den übrigen Situationen auch, die nicht vorwiegend von den im genannten Sinne expansiven Tendenzen getragen werden. Und derselbe Einwand wäre gegen die Ableitung von einem Destruktionstrieb zu erheben, wozu noch weitere Bedenken kämen, so das gegen die Identifikation von Zerstörung und Vernichtung (Tötung). Die Zerstörung eines Lebendigen *kann* dessen Tod zur Konsequenz haben, muss es nicht, denn es gibt auch partielle Destruktionen. Und umgekehrt ist das Sterben nicht mit dem Zerstörtwerden im Sinne einer Gestaltsdeformation identisch. Wenn FEUERBACH, das GOETHEsche «Stirb und Werde» vergröbernd, behauptet, «dass die Lebenslust der Natur zugleich Mordlust ist, die Geburt eines Wesens der Tod eines andern, der Selbsterhaltungstrieb in der Natur zugleich Zerstörungstrieb ist»,[92] dann bringt er damit die übliche anthropomorphisierende Meinung zum Ausdruck, die später z.B. von SPIELREIN[93] aufgegriffen wurde. Allein nur das Vergehen, nicht dessen spezielle Form des Zerstörens und Zerstörtwerdens kann als notwendige Bedingung des Werdens gelten, obzwar faktisch die Destruktion innerhalb des Lebendigen eine ungeheure Rolle spielt und den möglichen Tod zur Voraussetzung hat. Doch ist hier nicht der Ort, darauf näher einzugehen.

---

92 A.a.O., S. 37.

93 S. SPIELREIN: Die Destruktion als Ursache des Werdens. Jahrb. f. psychoanalyt. u. psychopathol. Forsch. 4 (1912), S. 465 ff.

II Die Zärtlichkeit

[74] Wenn es zutrifft, dass die Aggressivität und die Destruktivität in ihrem Ursprung reaktive, obzwar rücksichtlich ihrer Erlebnisqualität irreduzible Verhaltensweisen sind, die durch unterschiedliche Anlässe ausgelöst werden können, dann scheint das Suchen nach einer das menschliche Leben durchwaltenden einheitlichen «Gegenmacht» von vornherein wenig erfolgversprechend zu sein. Denn der Mannigfaltigkeit der Impulse, die zufolge der Entäusserungshinderung in Aggressionen umschlagen, dürfte am ehesten eine Vielzahl spezifisch differenter polarer Regungen zugehören. Allein diese unserem logischen Ordnungsbedürfnis naheliegende Erwartung wird von der Erfahrung enttäuscht: es gibt in der Tat einen eigenständigen, in sich geschlossenen, der Aggressivität und Destruktivität gegensätzlichen Phänomenkomplex, den wir «die Zärtlichkeit» nennen. Sie realisiert eine ursprüngliche, auf keine andern Strebungen zurückführbare Weise der Zuwendung zum Begegnenden, die sowohl die «Liebe» wie die Sachlichkeit, mithin jene beiden Haltungen zu einem wesentlichen Teil fundiert, an welche man zuerst denken mag, wenn man den Widerpart der Aggressivität namhaft machen soll. Insbesondere gehen die zärtlichen Impulse den aggressiv-destruktiven zeitlich und strukturell voraus, was bereits das Umschlagenkönnen der gehemmten Zärtlichkeit in zerstörerische Aktionen bezeugt, während der umgekehrte Prozess selten und nur als tertiäre Reaktivierung einer zunächst versagten, daher durch Aggressionen ersetzten Zärtlichkeit stattfindet, die dann wieder den zuerst aufgetretenen liebkosenden Strebungen Platz machen. Wenn [75] etwa Bilz mit seiner These: «Die Funktionen nährender und bergendbehütender Zärtlichkeit schliessen eine Kampfbereitschaft nicht aus, im Gegenteil, eben die Zärtlichkeit, im besonderen die des

Schützens, verlangt *Tapferkeit!*»,[1] einen *besonders engen, spezifischen* Zusammenhang zwischen der mütterlichen Zärtlichkeit und der Bereitschaft zur kämpfenden Verteidigung der gefährdeten Jungen behaupten wollte – und das scheint seine Intention zu sein –,[2] dann beruht es auf der Verkennung der Tatsache, dass Bedrohungen in allen Situationen (nicht bloss und auch nicht vorwiegend in der zärtlich gestimmten) Aggressionen («Tapferkeit») auslösen. Worin besteht nun das Wesen der Zärtlichkeit?

Wir verwenden den Ausdruck zur Kennzeichnung einerseits eines lebendigen Verhaltens sprachlicher oder sonstwie motorischer Art, andererseits einer inneren Zuständlichkeit oder Stimmung, die stets zur gegenstandsbezogenen Entäusserung drängt, wobei die Objekte der Um- und Mitwelt oder der bildhaften, imaginierten Innenwelt angehören können. Diese Objekte selbst werden nie als zärtliche, wohl jedoch unter Umständen als «zarte» charakterisiert. Die Vermutung, dass die Zartheit das gegenständliche Korrelat der Zärtlichkeit sei und demgemäss die letztere als die der Zartheit adäquate zugeordnete Bewegungsweise gleichsam hervorrufe, liegt gewiss nahe, erweist sich aber nur für einen beschränkten Bezirk als zutreffend: nämlich für das Kindliche. Es und seine Entsprechung: das Mütterliche, bilden freilich zugleich die Sphären, in denen die Zärtlichkeit ursprünglich beheimatet ist; so jedoch, dass sie lediglich einen Sektor innerhalb der beiden Komplexe realisiert. Die Zartheit als eine Eigentümlichkeit des Kindlichen ist «psychophysisch neu-[76]tral» (W. STERN), d.h. sie bezieht sich sowohl auf die äussere, leiblich-körperliche, wie die innere, seelische Verletzlichkeit und mangelnde oder geringe Widerstandsfähigkeit. Die äussere Zartheit kann eine solche der sozusagen schwebenden Phänomenalität sein, so wenn wir vom zarten Farbenspiel des dämmernden Abendhimmels sprechen. Darin dokumentiert sich zwar keine Relation mehr zur

1 R. BILZ: Zur Biologie und Psychologie der Mutterrolle. Zentralbl. f. Psychotherapie 14 (1942), S. 280.

2 Wir lassen das damals zeitgemässe politisch-ideologische Moment in der Zusammenknüpfung von «Mütterlichkeit» und «Heroismus», das hierbei offenbar mitspielt, ausser Betracht.

eigentlichen Kindlichkeit; es sind von ihr nur die Charaktere des Hinfälligen und Vorübergehenden übriggeblieben. Oder wir nennen zart eine besondere materiale Oberflächenbeschaffenheit: etwa die Haut der Schläfenregion, das Fleisch eines jungen Tieres u.a. Sodann gebrauchen wir das Wort zur Bestimmung einer Gestaltqualität, die ihr Vorbild zweifellos in der Form des Kindlichen hat und mit der Feingliedrigkeit weitgehend übereinstimmt: die zarten Hände, das zarte Gesicht usw. Bei manchen Gegenständen verbinden sich die regional unterschiedenen Züge. Das zarte Grün einer ausschlagenden Birke beispielsweise vereinigt in sich die erscheinende Zartheit der Farbe mit der tastbaren materialen Oberflächenqualität und der Hinfälligkeit des ersten Wachstumsstadiums, das die umfassendere Bezeichnung für das dem Kindlichen der menschlichen und tierischen Entwicklungsphasen Entsprechende ist; von daher leitet sich übrigens die Wendung vom «zarten Alter» her. Faktisch braucht das Zarte nicht notwendig schwach, hinfällig, zerbrechlich, leicht verletzlich, den Einwirkungen von aussen widerstandslos preisgegeben zu sein; es genügt vielmehr, wenn es im wahrnehmenden Subjekt diesen Eindruck erweckt – und das kann gelegentlich auch ein durchscheinendes, tatsächlich jedoch zähes Gebilde tun. Die Eindrucksempfänglichkeit verweist nun über die Wahrnehmungsfunktionen auf die innere Zartheit des sinnlich vermittelten Erlebens, das KANT bei seiner Begriffsbestimmung offenbar im Auge gehabt hat. Er schreibt: «Die Empfindungsfähigkeit aus *Stärke* (sensibilitas sthenica) kann man *zarte Empfindsamkeit*, die aus *Schwäche* [77] des Subjekts, dem Eindringen der Sinneseinflüsse ins Bewusstsein nicht hinreichend widerstehen zu können, d.i. wider Willen darauf zu attendieren, zärtliche *Empfindlichkeit* (sensibilitas asthenica) nennen».[3] Der heutige Sprachgebrauch stimmt mit demjenigen KANTS nicht mehr genau überein, doch soll uns das nicht weiter bekümmern. Was die Zartheit des Erlebens angeht, so lässt sie sich nur aus dem Grad der Beeindruckungsfähigkeit für die korrelativen Qualitäten und dem darauf antwortenden zärtlichen Verhalten indirekt

3 I. KANT: Anthropologie in pragmatischer Hinsicht. 5. Aufl. Sämtl. Werke, hrsg. von K. VORLÄNDER, Band 4, S. 53. Leipzig o.J. (1912).

erschliessen, wobei eine ursprüngliche oder durch Übung erworbene sekundäre Differenziertheit der Sinnesfunktionen wahrscheinlich eine notwendige Voraussetzung darstellt, obzwar die dadurch ermöglichte innerliche Zartheit des Erlebens mit der des Kindes nicht identisch ist, die sich wohl überhaupt auf die Empfänglichkeit für Liebkosungen beschränkt. Trotzdem wäre es verfehlt, die passive (pathische) Zärtlichkeit oder das Zärtlichkeitsbedürfnis der Aufnahmefähigkeit für zarte Impressionen gleichzusetzen; die letztere begrenzt lediglich einen Bezirk des ersteren.

Das Zärtlichkeitsbedürfnis des Kindes realisiert, wir sagten es bereits, ein primäres Verlangen, welches sicher durch die Hilflosigkeit und Verwundbarkeit seiner äusseren und inneren Situation mitbedingt ist, daraus sich aber weder ableiten noch als ihr Ausdruck deuten lässt. Das, worauf es zielt, ist das *Erfahren von leiblichen Berührungen,* in denen sich die *sorgende Anwesenheit eines andern Menschen* dokumentiert. Das zentrale, entscheidende Wesensmoment scheint uns in dieser sorgenden, das Dasein des Kindes bestätigenden und behütenden Anwesenheit zu liegen; und weil sie sich am ursprünglichsten und unmittelbarsten in der leiblichen Berührung, sodann in der sprachlichen Äusserung manifestiert, deshalb nimmt jene den ersten Platz innerhalb der Weisen der das Zärtlichkeits-[78]bedürfnis stillenden Bekundungen ein. Dieser primäre Sinn bestimmt auch die Wahl der berührenden Organe: des Mundes und der Hände; denn sie eignen sich am besten zur Expression des Behütens und Bewahrens eines Begegnenden, wobei in der oralen Funktion, bzw. in der ihr entsprechenden Empfänglichkeitsbereitschaft die Ernährung als fundamentalste vitale Form der Lebenserhaltung unverkennbar mitwirkt. Zugleich stellt die Anwesenheit eines zärtlich besorgten Mitmenschen das eindrücklichste Zeugnis wider das Erleiden des Allein- und Verlassenseins dar, das zweifellos zu den qualvollsten Erlebnissen des Kindes gehört. Demgemäss muss das Wesen auch der passiven Zärtlichkeit in der – bloss ersehnten oder vollzogenen – Stiftung eines die Einsamkeit aufhebenden leiblichen oder sprachlichen Kontaktes mit einem andern gesehen werden, in welchem der zärtlichkeitsverlangende Partner die Bejahung seines eigenen Daseins erfährt. Dass die «Passivität» dieser Zärtlichkeit nur sehr relativ verstanden werden darf, leuchtet ohne weiteres ein und wird uns noch beschäftigen müssen.

Das Erfahren der liebkosenden leiblichen Berührung ist offensichtlich ein sinnliches, d.h. hier die Haut als Grenzfläche des Leibes tangierendes Erlebnis. Es besteht zunächst noch kein Anlass, dem Worte bereits jene Bedeutung zu supponieren, die es im herrschenden Sprachgebrauch besitzt. Denn die frühesten Dokumentationen des Zärtlichkeitsbedürfnisses ermangeln für die unvoreingenommene Beobachtung durchaus jener Züge, die gemeinhin die vulgär verstandene «Sinnlichkeit» ausmachen: einer gewissen, mehr oder minder deutlich genital lokalisierten Erregtheit einerseits und der unterschiedlich betonten Gerichtetheit des zärtlichen Verlangens auf die Geschlechtsgestalt des Partners andererseits. Wann, mit welcher Regelmässigkeit und durchschnittlichen Intensität sie in das Liebkosungsstreben des Kleinkindes einzuströmen beginnen, darüber kann man – da die bislang vorliegenden einschlägigen, wirklich empirischen Daten zu einer zwin-[79]genden, sachlich begründeten Antwort nicht ausreichen – verschiedener Meinung sein. Einen extremen, der ehemals populären Auffassung von der «Unschuld des Kindes» radikal entgegengesetzten Standpunkt hat die Psychoanalyse vertreten. Ihr zufolge soll das zärtliche Streben nichts anderes als «zielgehemmte» Sexualität sein; wir kommen darauf zurück, begnügen uns vorerst mit der Bemerkung, dass die schlichte, an die Phänomene sich haltende Erfahrung dafür keinen Hinweis, geschweige denn eine Bestätigung gibt. Wenn man nun aber statt dessen behaupten wollte, der ursprünglichen Zärtlichkeit des Kleinkindes eigne der Charakter einer «unsinnlichen», «seelischen», der leiblichen Erregung feindlichen «Liebe», so wäre das nicht weniger verfehlt: sein Liebkosungsbedürfnis steht noch diesseits der Stufe, die jene Scheidung zwischen einer «sinnlichen», genital zentrierten, im engeren Verstande sexuellen und einer «unsinnlichen», seelischen, nichtbegehrenden Liebe allererst vollziehbar macht. Mit aller Entschiedenheit muss an der durch und durch sinnlichen, mithin leibgebundenen Artung der frühkindlichen Zärtlichkeit festgehalten werden, die jedoch als solche nicht *nur* ein gleichsam an der Peripherie des Leibes oder an einzelnen seiner Zonen ablaufendes Ereignis ist, sondern als psychophysisch neutrales Geschehnis von einem inneren, vitalen, seelischen Impuls genährt und getragen wird.[4] In der Regel nennt man die nicht «grobsexuellen», auf direkte Befriedigung drängenden Berührungsregungen [80] «erotische», und es besteht kein Grund, die primäre Zärtlichkeit nicht dem erotischen Phänomenbereich zuzurechnen. Freilich muss dann das ihn zentral bestimmende Wesensmerkmal in der geschlechtsindifferenten leiblichen Kontaktsuche und dem darin beschlossenen Bedürfnis nach dem Bestätigtwerden gesehen werden. Der übliche Sprachgebrauch verlegt indessen das Kennzeichnende der Erotik nicht auf die beiden erwähnten Momente, sondern hält das – unter Umständen gehemmte – Gerichtetsein auf die geschlechtliche Prägung des Mitmenschen für charakteristisch; und in diesem Sinne ist dann das frühinfantile Zärtlichkeitsbedürfnis kein erotisches Erleben.

Was wir eben das «Bestätigtwerden» nannten und vorher auch als das Erfahren der sorgenden und behütenden Anwesenheit eines andern Menschen umschrieben, meint einen elementaren, irreduzibeln, schwer zu charakterisierenden Tatbestand, der als konstitutives Ingrediens des ursprünglichen Zärtlichkeitsverlangens zu gelten hat. Die darauf sich aufbauenden späteren Strebungen sind uns vertrauter. Wir verfügen zu ihrer Bezeichnung über eine Reihe von Ausdrücken und sprechen – je nachdem, welcher Zug herausgehoben werden soll – von Geltungspflicht, Geltungsverlangen, Geltungssucht,[5] Eitelkeit, Narzissmus, Stolz, Bedürfnis nach Anerkennung, Achtung, Ruhm, Verlangen nach Würde, Macht, Unsterblichkeit

---

4 Obwohl die Zärtlichkeit anfänglich sowohl mit ihrer empfangenden (passiven) wie der gebenden (aktiven) Seite auf die Mutter oder sonst einen Menschen gerichtet ist, kann man die Mitwelt nicht als den ihr primär zugeordneten Objektkreis bezeichnen. Denn das Kind liebkost bereits sehr früh auch seine Puppen, Stofftiere usw. Daran zeigt sich u. a., dass der Zärtlichkeit – im Unterschied zu den Trieben vom Typus des Hungers – ein spezifischer korrelativer Gegenstandsbereich fehlt; deshalb vermag sie sich auf alles Begegnende auszubreiten. Eine Differenzierung in primäre und sekundäre (surrogative) Objektkreise wie bei den Trieben lässt sich nicht durchführen.

5 Vgl. H. Prinzhorn: Um die Persönlichkeit, Band 1, S. 114 ff. Heidelberg 1927.

usw.[6] Die Mannigfaltigkeit der Benennungen dokumentiert die ausserordentliche Komplexität des gemeinten Sachverhaltes, der hier nicht zu analysieren ist. Denn das in der frühkindlichen (und auch späteren) Zärtlichkeitsempfänglichkeit enthaltene Streben nach dem Bestätigtwerden beschränkt sich wie bemerkt auf den elementaren, primitiven Daseinsbereich, rücksichtlich dessen die leib-[81]liche Berührung den adäquatesten Ausdruck bildet. Um welchen Grad von Elementarität es sich dabei handelt, zeigt eindrücklich jenes den Pädiatern als «Hospitalismus» bekannte Phänomen: kleine Kinder, deren Pflege der mütterlichen Zärtlichkeit ermangelt – sie mag im übrigen noch so sorgfältig sein – entwickeln sich langsamer, kümmerlicher und sterben häufiger als die, welche in der bergenden Atmosphäre der Mutter aufwachsen. Als die – sozusagen noch vorzärtliche – Urform jenes vitalen Bestätigtwerdens darf man wohl das Empfangen der Nahrung (und der schützenden Wärme) betrachten, weshalb es nicht zufällig ist, dass die Mundregion ein bevorzugtes Organ der passiven und aktiven Liebkosungen verkörpert, was in der psychoanalytischen Konzeption einer oralen Libidostufe eine theoretisch verfehlte Formulierung gefunden hat. In allen Gestalten des Bestätigtwerdens – vom flüchtigen Kontakterlebnis bis zum sublimen Wissen um die Teilhabe am unsterblichen Ruhm, aber am unmittelbarsten und mächtigsten in der leiblichen Berührung – erfährt der Mensch ineins die Sprengung und Überbrückung seines Alleinseins; und darin erfüllt sich vielleicht das tiefste Sinnmoment des gestillten Zärtlichkeitsverlangens. Daher bleibt die liebkosende Berührung die letzte und einzige Möglichkeit, einem andern die angstvolle Qual der Einsamkeit einschliesslich des im leiblichen Schmerz als ohnmächtige Verengung auf das gegenwärtige nackte Dasein erlittenen Kommunikationsverlustes – wenn überhaupt – zu nehmen oder doch zu mildern.

Wir haben oben schon auf die Relativität des Rechtes, eine passive von der aktiven Zärtlichkeit abzutrennen, hingewiesen. In der Tat handelt es sich nur um Akzentuierungsdifferenzen im Erleben.

---

6 Vgl. H. Schultz-Hencke, a.a.O., S. 28ff., 40f., 104ff., 168ff., 239f., 251f.; dazu H. Kunz: Der gehemmte Mensch. Nervenarzt 14 (1941), S. 205f.

Möglicherweise gibt es zwar im kindlichen Dasein Augenblicke, die von einer in reiner Passivität verharrenden dumpfen Sehnsucht nach Zärtlichkeiten erfüllt sind – nämlich dann, wenn vorangegangene Versuche aktiver Liebkosungsbezeugungen zurückgestossen worden sind und im Kinde einen Zustand [82] der verängstigten, lähmenden Leere und Verlassenheit erzeugt haben. Davon abgesehen jedoch enthält zum mindesten das irgendwie entäusserte Verlangen nach Zärtlichkeiten stets auch den Impuls in sich, sie im Empfangen zugleich zu erwidern; derart, dass sich die beiden Verhaltensweisen zu einer geschlossenen, fugenlosen, den Partner umfassenden Bewegungsgestalt vereinigen. Es ist nicht nur unmöglich, sondern im Grunde sinnlos, in dieser Bewegungsgestalt die aktiven und passiven Anteile unterscheiden zu wollen, so sehr sind sie in sich und mit dem zugeordneten Gebaren des andern zu einer motorischen Einheit verschmolzen. Das faktische Erfahren von Liebkosungen – nicht freilich das blosse Sichsehnen danach – kann eigentlich gar nicht geschehen, ohne dass das empfangende Wesen ineins sich entsprechend betätigt, denn das pathische Sich-den-Zärtlichkeiten-Öffnen realisiert bereits ein, wenngleich leises zärtliches Tun. Damit hängt der besondere Bewegungscharakter der Liebkosungen, ihre gleitende Weichheit und behutsame, man möchte fast sagen bedächtige Langsamkeit zusammen. Offenbar wirkt das wartende Empfangen von Zärtlichkeiten verzögernd und dämpfend auf die Aktivität, deren Intensivierung unter Umständen als störend empfunden wird.* Allerdings gibt es auch heftige, leidenschaftliche Liebkosungen, aber gerade an ihnen zeigt sich die fundamentale Differenz gegenüber der sexuellen, genital zentrierten Erregung und Motorik. Jene heftigen Zärtlichkeiten nämlich sind immer solche, die entweder überkompensatorisch verdrängte aggressive Wünsche verdecken oder Ängsten, Liebesverlustbefürchtungen, Vereinsamungsstimmungen, Schuldgefühlen u.ä. entspringen (daran muss man zumal bei überzärtlichen Kindern stets

* Daher meint Straus: «Das zärtliche Berühren ist ein endloser Prozess der Annäherung, eigentlich des Nahe-Kommens und Zurückweichens» (E. Straus: Die Ästhesiologie und ihre Bedeutung für das Verständnis der Halluzinationen. Arch. f. Psychiatrie u. Z. Neurol. 182 (1949), S. 323). [Vgl. Anh. 1B, Anm. 8, S. 384.]

denken); oder die eine geschlechtliche Aktion einleiten, begleiten oder ersetzen, jedenfalls sich in ihren Bewegungsablauf einfügen; und stets verdanken sie ihre Dramatik den zusätzlichen Faktoren, insbesondere den unterdrückten Aggressionen und der sexuellen Erregtheit, der auch beim weiblichen Geschlechte etwas aus-[83]gesprochen Unruhiges, Drängendes, Agierendes eignet. Zweifellos tritt nun vor allem im reifen Leben das zärtliche Verhalten in den überwiegenden Fällen – den mütterlichen Bereich ausgenommen – innerhalb der geschlechtlichen Aktivität auf, sei es, wie gesagt, als einleitende Phase, Begleithandlung oder Surrogat. Indessen vermag das den prinzipiellen Unterschied, ja die Gegensätzlichkeit der beiden Bewegungsarten keineswegs zu verwischen oder gar auszulöschen. Und diese Tatsache allein würde schon genügen, um die Unableitbarkeit der einen aus der anderen motorischen Gestalt zu demonstrieren. Beide stehen zueinander in einem ähnlichen Verhältnis wie etwa das Lächeln zum Lachen; und es ist nicht zufällig, dass jenes als Ausdruck der zärtlichen Stimmung zugeordnet ist – nicht ausschliesslich freilich. Darin dokumentiert sich der gemeinsame Typus des Bewegungsrhythmus: dem Lächeln sowohl wie der Liebkosung mangelt die heftige, erschütternde, sich steigernde und dann in einer Krise plötzlich ins Ende umschlagende Dynamik, wie sie das voll entfaltete Lachen und die orgastisch-sexuelle Aktion auszeichnet.[7] Der Ablauf des Lächelns ordnet sich in die Gesichtsmimik des der Um- und Mitwelt zugewandten Menschen gleitend ein, ohne eine eigene *abgesetzte* Gestalt zu bilden; und dasselbe gilt hinsichtlich der zärtlichen Berührung wenigstens insofern, als auch sie sich dem ruhig strömenden Verhalten harmonisch einfügt.* Dass das

7 Als pathologische Bestätigung dieses Sachverhaltes mag etwa ein von Rothfeld beschriebener Fall gelten; vgl. J. Rothfeld: Affektiver Tonus- und Bewusstseinsverlust beim Lachen und Orgasmus. Zeitschr. f. d. ges. Neurol. 115 (1928), S. 516ff.

* M. Guernsey: Eine genetische Studie über Nachahmung. Zeitschr. f. Psychologie 107 (1928), S. 129f.: Referat der verschiedenen Angaben über das erste Auftreten des Lächelns bei Kindern. «Unsere Ergebnisse zeigen, dass das Lächeln als Reaktion auf das Lächeln eines andern, d.h. des Versuchsleiters, im

Lächeln im Leben des Säuglings vor dem Lachen auftritt, ist uns – neben anderm – ein zusätzliches Zeugnis für die Ursprünglichkeit und Unableitbarkeit der Zärtlichkeit aus der (genitalen) Sexualität. Die gegensätzliche Meinung hat, wie wir hörten, FREUD vertreten.[8] Ihre Widerlegung [84] braucht uns nicht lange aufzuhalten,[9] wobei wir uns die heftige Ablehnung durch KLAGES, der von einer «Pfuscherpsychologie» spricht,[10] freilich nicht zu eigen machen möchten.

Wenn es richtig wäre, dass die zärtlichen Strebungen des Kindes und der Erwachsenen generell aus den «zielgehemmten», d.h. vom orgastischen Abschluss zurückgehaltenen geschlechtlichen, insbesondere genitalen Impulse «entstehen» würden, dann müsste der eindeutige Nachweis der *ausgebreiteten* Existenz jener der Zielhemmung *vorausgehenden* frühesten genital-sexuellen Wünsche und Handlungen, bzw. Handlungsfragmenten erbracht werden. Davon kann aber schlechterdings keine Rede sein. Was uns die empirische Beobachtung bislang gelehrt hat, sind folgende Tatsachen:

Alter von 2 Monaten auftritt, *ohne dass es mit einem Stimm- und Berührungsreiz Hand in Hand ginge.* Die Natur der Reaktion ist ganz typisch für alle andern Nachahmungsreaktionen auf dieser Altersstufe. Es ist kurz und läuft unweigerlich in eine stürmische motorische Tätigkeit des ganzen Organismus aus. Es ist zufälligen Bewegungen noch sehr ähnlich, wie auch den nachäffenden Reaktionen erwachsener Idioten» (S. 130). GUERNSEY fasst es trotzdem als nachahmende Reaktion auf. [Vgl. Anh. 1B, Anm. 9, S. 384.]

8 Das Kapitel über die Weiblichkeit in der «Neuen Folge der Vorlesungen zur Einführung in die Psychoanalyse» (S. 154 ff.) kann den Eindruck erwecken, als habe FREUD die in Frage stehende These später stillschweigend aufgegeben. Er spricht hier in einem solchen Sinne von der zärtlichen präödipalen – gemäss seiner alten Begriffserweiterung natürlich stets prägenital-sexuellen – Bindung des kleinen Mädchens an die Mutter und von der Angst vor dem Liebesverlust, der sich eigentlich schwer mit dem (bereits früher gelegentlich zurückgenommenen) Primat der «grobsexuellen» Strebungen verträgt. Indessen bleibt dieser Punkt unklar; ausdrücklich jedenfalls hat FREUD ihn u.W. nicht revidiert.

9 Zur ablehnenden Kritik vgl. K. HORNEY: New Ways in Psychoanalysis, S. 58f.; H. SCHULTZ-HENCKE, a.a.O., S. 32f., 38; H. KUNZ: Der gehemmte Mensch, a.a.O., S. 247; *derselbe*: Zur Theorie der Perversion, a.a.O., S. 33ff. [In diesem Band, S. 195ff.]

10 L. KLAGES: Vom kosmogonischen Eros. 2. Aufl., S. 23. Jena 1926.

einerseits gibt es ganz vereinzelte, in geordneten Verhältnissen wohl extrem seltene Koitusversuche kleiner Kinder mit Spielgefährten, Dienstmädchen oder Eltern, deren Spontaneität nicht nur nicht bewiesen, sondern sehr unwahrscheinlich ist. Vielmehr handelt es sich entweder um spielerische Nachahmungen erlauschter Szenen oder um die Folgen einer durch die Verführung von seiten Erwachsener frühzeitig geweckten und gesteigerten Genitalität. Andererseits lassen sich am Säugling und später wieder in der Regel offensichtlich lustvolle sog. «masturbatorische» Manipulationen an seinen Geschlechtsorganen feststellen, die den übrigen Betastungen [85] des eigenen Leibes nicht durchwegs gleichzusetzen sind, da jene oft mit einer gewissen Erregung vollzogen werden und das Kind in eine Art Versunkenheitszustand entrücken. Mit welcher Regelmässigkeit und Häufigkeit diese Betätigungen auftreten und wieweit sie als spontan, wieweit als exogen bedingt (Reinlichkeitspflege, Verführung) anzusehen sind, lässt sich noch nicht mit ausreichender Sicherheit und Begründung sagen. Wir sind geneigt, sie zu den durchschnittlichen Vorkommnissen zu zählen. Indessen gehen sowohl den genitalen Spielereien wie jenen vereinzelten partnerbezogenen Koitusversuchen ausnahmslos zärtliche Aktionen lange voraus, so dass die letzteren von den ersteren auf keinen Fall abgeleitet werden können.[11] Das restliche Material, auf das sich FREUDS Konstruktion einer Zärtlichkeitsgenese stützt, sind die in den Analysen auftauchenden Erinnerungen und Erinnerungsdeutungen. Hinsichtlich ihrer – von der prinzipiellen Fragwürdigkeit abgesehen – besteht kein Zweifel, dass an ihrem Leitfaden viel zu viel von der reifen Sexualität dem frühkindlichen Leben und Erleben supponiert worden ist, trotz der Entdeckung der prägenitalen Libidostufen. Was nach Abzug dieser täuschenden Projektionen an wirklicher infantiler Genitalität

---

11 Insbesondere lässt sich auch aus der masturbatorischen Motorik die liebkosende Bewegungsrhythmik auf keine Weise entwickeln; vgl. H. KUNZ: Zur Theorie der Perversion, a.a.O., S. 44ff. [In diesem Band, S. 208ff.] Den Zärtlichkeiten, die kleine Kinder sich selber gelegentlich zufügen und die von jenen der seltenen echten Narzissten wohl zu unterscheiden sind, da sie aus einem andern Boden entspringen, eignet eine von den Masturbationen differente Bewegungsweise.

übrigbleibt, muss zum grössten Teil der exogenen Erweckung durch Erwachsene zugeschrieben werden, wie es FERENCZI richtig erkannt hat. Er beschreibt das Drama folgendermassen: «Ein Erwachsener und ein Kind lieben einander; das Kind hat die spielerische Phantasie, mit dem Erwachsenen die Mutterrolle zu spielen. Dieses Spiel mag auch erotische Formen annehmen, bleibt aber nach wie vor auf dem Zärtlichkeitsniveau. Nicht so [86] bei pathologisch veranlagten Erwachsenen, besonders wenn sie durch sonstiges Unglück oder durch den Genuss betäubender Mittel in ihrem Gleichgewicht und ihrer Selbstkontrolle gestört sind. Sie verwechseln die Spielereien der Kinder mit den Wünschen einer sexuell reifen Person oder lassen sich, ohne Rücksicht auf die Folgen, zu Sexualakten hinreissen».[12] FERENCZI meinte, von seinen neuen Befunden beeindruckt: «Ich glaube nicht, dass ... wir nicht bemüssigt sein werden, gewisse Kapitel der Sexual- und Genitaltheorie zu revidieren».[13] Das ist innerhalb der engsten Anhängerschaft FREUDS nur vereinzelt und zögernd geschehen.[14] Statt dessen hat er in ihr eine offensichtliche Verlegenheit zurückgelassen, was man wohl versteht, wenn einer der ältesten und treusten Vertreter der Psychoanalyse in seinen letzten Lebensjahren einen anscheinend tragenden Pfeiler des Lehrgebäudes zum Einsturz brachte, so dass STERBA behaupten konnte, FERENCZI sei zur «Lehre von der Unschuld des Kindes» zurückgekehrt.[15] Es geht aber weder um eine neue Inthronisation der «Unschuld des Kindes», zu der kein Anlass besteht, noch um die Befreiung der Zärtlichkeit vom Makel der «Sinnlichkeit» oder Sexualität, sondern einzig und allein um die nüchterne, vorurteilslose Anerkennung der direkt beobachtbaren oder mit hinlänglicher Sicherheit erschliessbaren Tatbestände. Und

12 S. FERENCZI: Bausteine zur Psychoanalyse, Band 3, S. 518. Bern 1939.

13 A. a. O., S. 523.

14 M. BÁLINT: Zur Kritik der Lehre von den prägenitalen Libidoorganisationen. Internat. Zeitschr. f. Psychoanalyse 21 (1935), S. 525 ff.; *derselbe:* Eros und Aphrodite. Ebenda 22 (1936), S. 453 ff.; *derselbe:* Frühe Entwicklungsstadien des Ichs. Imago 23 (1937), S. 270 ff.; A. BÁLINT: Liebe zur Mutter und Mutterliebe. Internat. Zeitschr. f. Psychoanalyse u. Imago 24 (1939), S. 33 ff.

15 R. STERBA: Das psychische Trauma und die Handhabung der Übertragung. Internat. Zeitschr. f. Psychoanalyse 22 (1936), S. 45.

sie eben sprechen in keiner Hinsicht für FREUDS These, auch dann nicht, wenn die von FERENCZI erwähnten Ereignisse im kindlichen Dasein sehr [87] viel häufiger vorfielen. Denn selbst in diesem Falle ständen sie in keinem angemessenen Verhältnis zur Breite und Frühzeitigkeit der zärtlichen Strebungen. Gehen ihnen indessen die entäusserten genitalen Impulse nicht voraus, so dass sie vom Ziele abgelenkt und in jene umgewandelt werden könnten, so tut es die ihnen implizierte libidinöse Energie ebenso wenig. Da jedoch nur bezüglich der «grobsexuellen» Genitalität sinnvoll von einer Zielgehemmtheit die Rede sein kann, bleibt die Möglichkeit offen, die Liebkosungen der extra- oder prägenitalen Libido, bzw. Sexualität zu subsumieren und sie etwa als «Muskel»-, «Haut»- und «Schleimhauterotik» zu bezeichnen. Wem es Freude bereitet, mag es tun, ein sachlicher Erkenntnisgewinn resultiert daraus nicht. Denn ob man die frühinfantilen Zärtlichkeiten grundsätzlich von der genital akzentuierten Geschlechtlichkeit trennt oder deren Umfang dermassen «erweitert», dass schliesslich alle den Leib einbeziehenden Regungen darin Platz haben: davon wird das Faktum nicht betroffen, dass die Zärtlichkeit vor allem innerhalb der Sexualität (im engeren Sinne) eine eminente Rolle spielt. In ihrem Zusammenhang ist sie auch immer gesehen und bestimmt worden, z.B. von LEIBNIZ, der sie als eine «Eigenschaft» charakterisierte, «die man als Liebender besitzt, und durch die der Liebende für Wohl und Wehe des geliebten Gegenstandes sehr empfindlich gestimmt wird».[16] Ob die Verbindung zwischen der Sexualität und der Zärtlichkeit keine «urwüchsige», sondern eine «historisch gewordene» ist, wie HORKHEIMER meint,[17] lässt sich weder zwingend beweisen noch widerlegen. Jene Beobachtungen an sog. Primitiven, bei welchen die Zärtlichkeit etwa auf das Kind-Mutter-Verhältnis beschränkt zu sein scheint, während die mann-weiblichen Geschlechts-[88]beziehungen eine ausgeprägte «Brutalität» zeigen, können das Resultat bestimmter geschichtlich-

---

16 G.W. LEIBNIZ: Neue Abhandlungen über den menschlichen Verstand. Übersetzt von E. CASSIRER, 3. Aufl., S. 221. Leipzig 1915.

17 M. HORKHEIMER: Theoretische Entwürfe über Autorität und Familie. Allgemeiner Teil, in: Studien über Autorität und Familie, S. 14. Paris 1936; vgl. dazu H. KUNZ, a.a.O., S. 47 Anm. [In diesem Band, S. 211, Anm. 3.]

sozialer Faktoren und Wertungen, also sekundäre Gestaltungen sein, ähnlich wie bei uns eine von den gesellschaftlichen Konfigurationen mitgeformte individuelle Lebensgeschichte das gleiche Ergebnis zu zeitigen vermag.

Die frühkindlichen Liebkosungen und Zärtlichkeitserwartungen seien, sagten wir, zunächst geschlechtsindifferent, was übrigens bereits z.B. REIK als einen durchgehenden Zug im Seelenleben des Kindes festgestellt hat, in welchem «ursprünglich die Geschlechtsdifferenz keine Rolle» spiele.[18] Das heisst, sie sind primär nicht betont auf jene Züge in der leiblichen Erscheinung der Eltern, Pflegepersonen und Gespielen gerichtet und abgestimmt, die für den wissenden reifen Menschen den phänomenalen Geschlechtsdimorphismus kennzeichnen. Trotzdem dürfte sich in der Regel frühzeitig eine gewisse Differenzierung in der Richtung einer Doppelgestaltigkeit der Mitwelt herausbilden, die zwar *faktisch* mit der Zweigeschlechtlichkeit zusammenfällt, gleichwohl aber nicht an den diese wesentlich bestimmenden Merkmalen orientiert war. Vielmehr spaltet sich die Mitwelt für das kleine Kind ursprünglich nach Charakteren der Stimme, des Geruchs, der Hautbeschaffenheit, der Weichheit (als Verhaltenseigentümlichkeit verstanden), der Bereitschaft der begegnenden Menschen, auf sein Zärtlichkeitsbedürfnis einzugehen, u.ä. auf. Sicher ganz entscheidend wirkt in diesem Zusammenhange als das Bild der Mutter, später der Mütterlichkeit (und unter Umständen der Weiblichkeit) überhaupt prägendes Moment die Erfahrung des Genährt- und Gepflegtwerdens, wobei zumal die Mutter als Trägerin der nahrungsspendenden Brust für eine Weile im Vordergrund steht.[19] [89] Freilich eignet der Brust hier noch nicht wie zumeist später die Bedeutung eines die sexuelle Begehrlichkeit erregenden («reizenden») Merkmals des weiblichen Geschlechts. Zu einem solchen wird es – ineins mit den übrigen das Ganze dessen, was der Erwachsene als Weiblichkeit zusammenfasst,

---

18 TH. REIK: Der eigene und der fremde Gott, S. 209 Anm. Leipzig/Wien/Zürich 1923.

19 Vgl. A. PEIPER: Die Umwelt des Säuglings. Arch. f. d. ges. Psychol. 111 (1943), S. 1ff. PEIPER schreibt, die Mutter sei «hauptsächlich mit ihrer Brust, der wichtigste Merkmal- und Wirkmalträger des jungen Säuglings» (S. 7).

konstituierenden Zügen – erst in einem allmählichen, durch den Wissenszuwachs mitbedingten Umwandlungsprozess, an dessen Ende die «objektiven» sekundären und tertiären Geschlechtsmerkmale herrschend geworden sind und die ursprünglichen (für *unseren* Aspekt des sexuellen Dimorphismus irrelevanten) Kennzeichen verdrängt haben. Vergegenwärtigt man sich diesen Sachverhalt mit möglichst vielen anschaulichen Details, dann lässt sich ermessen, wie verfehlt manche unserer das frühkindliche Erleben und «Weltbild» betreffenden Behauptungen von vornherein sein müssen, wenn wir ihm unversehens unser Bild der Zweigeschlechtlichkeit unterschieben – die Psychoanalyse liefert dafür eine Menge Beispiele. Andererseits hat aber gerade sie gezeigt, wie zähe sich die ersten – «objektiv» gegebenenfalls täuschenden – Eindrücke erhalten können und das spätere Wissen verfälschen, etwa dem «Wesen des Weibes» auf Grund der beim Anblick einer nackten Frau ihr vom erschrockenen kleinen Knaben zugeschriebenen «vagina dentata» eine zerstörerische Unheimlichkeit[20] andichten.[21] Es wäre [90] denkbar, dass jener der infantilen Zärtlichkeit korrelativen mitmenschlichen Doppelgestaltigkeit, die uns als mann-weibliche Differenzierung begegnet, zu Beginn sämtliche Züge fehlen, welche die eigentliche Geschlecht-

---

20 Ein solcher Anblick bildet freilich nur den zufälligen auslösenden Anlass von angst- und schuldbeladenen Phantasien, die ihre besondere Geschichte haben.

21 Man darf sich wohl überlegen, ob die bekannten Schwierigkeiten, das Wesen der *seelischen* Männlichkeit und Weiblichkeit begrifflich zu bestimmen – von Hattingberg meinte, es sei grundsätzlich unmöglich, «weil das männliche wie das weibliche Wesen, in dem, was es positiv ist, jenseits des psychologisch Fassbaren» liege; H. von Hattingberg: Über die Liebe, S. 324. München 1936 –, nicht auch von den Residuen jener frühinfantilen Impressionen mitbedingt sein könnten. Dabei ist zu berücksichtigen, dass das zunächst fraglos scharfsinnige, für Stimmungen, Affekte usw. der Eltern und Mitmenschen besonders empfängliche Kleinkind frühzeitig in Verwirrung geraten muss, wenn es deren Unaufrichtigkeiten, Verstellungen, Widersprüche, Diskrepanzen zwischen den Handlungen und den moralischen Geboten, bzw. den Ausdrucksbewegungen und Gefühlen spürt. Das wird schwerlich ohne Einfluss auf das gegenständliche Wissen bleiben; vgl. dazu D. T. Burlingham: Die Einfühlung des Kleinkindes in die Mutter. Imago 21 (1935), S. 429 ff.

lichkeit bestimmen, so dass die von uns als die «Männlichkeit» bildend angesehene Merkmalsganzheit für den Säugling etwa aus dem Komplex: bärtiges Gesicht, tiefe Stimme, nach Tabakrauch riechender Atem, häufige Abwesenheit usw. bestände. Jedenfalls scheint manches für unsere These zu sprechen, dass die zärtlichen Strebungen in den ersten Lebensphasen im präzisierten Sinne geschlechtsindifferent sind, aber dann bald früher, bald später eine sexuelle Tönung erfahren. Die Koppelung an die akzentuiert sexuellen Erlebnisse und Handlungen verfestigt sich so sehr, dass für zahlreiche Menschen im reifen Alter ausserhalb jener für die zärtlichen Äusserungen kein Platz mehr übrigbleibt.

Wir haben es schon wiederholt betont, dass Liebkosungen im Anschluss an gehemmte geschlechtliche Impulse auftreten und diese ersetzen können. Mit einer gewissen Regelmässigkeit geschieht es in der Pubertät. Ferner pflegen sie die genitale Betätigung einzuleiten und abzuschliessen,[22] soweit sie nicht zu einer mehr oder minder [91] mechanisierten Gewohnheit geworden ist. Desgleichen vermögen Zärtlichkeiten – obzwar seltener – an Stelle von verdrängten oder verhinderten Aggressionen aufzutauchen; aber es handelt sich dann so wenig um eine «Umwandlung» der letzteren[23] wie im Falle der gehemmten Genitalität. Dass sich etwa «der Kuss aus dem Biss entwickelt» habe, wie Reik im Zusammenhang der bereits früher erwähnten These, wonach – wie er hier vorsichtiger sagt – «Hass ... vielleicht die älteste Form der Liebe» sei, behauptet,[24] dafür bestehen gar keine Anhaltspunkte, wenngleich am sehr frühzeitigen Auftre-

22 So wie von Hattingberg das Verhältnis zwischen der Zärtlichkeit und dem Geschlechtsakt deutet, nämlich dass «die Sinnlichkeit zur Vertiefung und zum Schlusspunkt der Zärtlichkeit» werde (a.a.O., S.127, vgl. auch S.258), liegen die Dinge nicht. Weder trägt die sexuelle Erregung einschliesslich der orgastischen «Endlust» (Freud) zur «Vertiefung» des zärtlichen Erlebens bei noch beendet jene das letztere. Beides sind vielmehr leibseelische Bewegungen je eigenen Ursprungs und Verlaufes, die sich freilich oft zu einer Einheit verschmelzen – und vielleicht noch häufiger verschmelzen sollten, ohne es zu tun.

23 Das scheint z.B. Ranks Anschauung zu sein; vgl. O. Rank: Grundzüge einer Genetischen Psychologie. 1. Teil, S.76. Leipzig und Wien 1927.

24 A.a.O., S.110 Anm.

ten des Beissens (und auch des Saugens) als zerstörerische Äusserung kein Zweifel besteht. Und schliesslich mag es vorkommen, dass aus dem Sichanklammern des Säuglings ein liebkosendes Streicheln entspringt, ohne dass man dieses, wie HERMANN will, als eine «Milderung» des «Anklammerungstriebes» deuten dürfte.[25] Sowohl der Sinn wie die Verlaufsgestalt der aggressiven, beissenden und anklammernden Bewegungen sind von den zärtlichen von Grund aus verschieden; es bestehen zwischen ihnen keine genetischen Relationen, sondern nur die Möglichkeit der Ablösung oder des Ersatzes im motorischen Gesamtverhalten. In welchem Nexus immer sich zärtliche Impulse aktualisieren mögen: stets eignet ihnen ihrem Wesen nach trotz der unter Umständen reaktiven Auslösung eine irreduzible Ursprünglichkeit. Das gilt auch für die mütterliche Zärtlichkeit.

Es ist hier nicht der Ort, eine Analyse des Wesens der Mütterlichkeit zu versuchen.[26] In ihr bildet die Zärtlich-[92]keit lediglich einen – freilich konstitutiven – Faktor. Sie lässt sich aber nicht aus der mütterlichen Haltung oder ihren «biologischen» Wurzeln, dem (übrigens bei Tieren auch ausserhalb der entsprechenden Phasen hormonal auslösbaren) Brutpflegeinstinkt o.ä. ableiten, obwohl man einen ihr zukommenden Zug trifft, wenn man ihr etwas «Mütterliches» nachsagt, womit das beiden (der Zärtlichkeit und Mütterlichkeit) gemeinsame Bergende, Umhüllende, Behutsame, Bestätigende,

---

25 I. HERMANN: Zur Triebbesetzung von Ich und Über-Ich. Internat. Zeitschr. f. Psychoanalyse u. Imago 25 (1940), S. 132. Zur Kritik der RANKschen und HERMANNschen Thesen vgl. H. KUNZ, a.a.O., S. 34 Anm. [In diesem Band, S. 196, Anm. 1.]

26 Vgl. L. KLAGES, a.a.O., S. 19ff.; M. WEBER: Die Frauen und die Liebe, S. 13ff., 236f. Königstein i. T. und Leipzig 1935; H. HETZER: Mütterlichkeit. Leipzig 1937; M. LÜDTKE: Der Einfluss von Herkunft, Umwelt und Konstitution auf die mütterliche Haltung. Zeitschr. f. Kinderforsch. 49 (1940), S. 119ff.; A. BÁLINT, a.a.O. [S. 33ff.]; J. BILZ: Menschliche Reifung im Sinnbild, S. 46f. Leipzig 1943. Ein nicht zu unterschätzendes Material zur Wesensanalyse der Mütterlichkeit böten die Mythen und Kulte der «Grossen Mutter», in denen sich sowohl die Zwiespältigkeiten der Mütterlichkeit selbst wie die Ambivalenz der auf sie bezogenen infantil-juvenilen Regungen in drastischen Übersteigerungen spiegeln; vgl. z.B. TH. REIK, a.a.O., S. 17ff.; K. LEESE: Die Mutter als religiöses Symbol. Tübingen 1934; ferner die Abhandlungen verschiedener Autoren im Eranos-Jahrbuch 1938. Zürich 1939.

Wärmende gemeint wird. Allen diesen Verhaltensweisen eignet wesensmässig ein Gegenstandsbezug, ohne den sie sinnlos wären; das schliesst nicht aus, dass gegebenenfalls die zärtlich und mütterlich umhegten Objekte nur phantasiert oder halluziniert sein können. Wohl jedoch zeigt sich darin das völlig Verfehlte jener Meinung, die in der Mutterliebe nichts anderes denn einen Abkömmling des auf das Kind (als einen ausgestossenen, selbständig gewordenen «Teil» des mütterlichen Körpers) erweiterten «Narzissmus» sieht. Selbstverständlich spielen «narzisstische» Momente, Stolz und Eitelkeit etwa, in unterschiedlichem Ausmasse wohl stets mit. Jeder kennt die verklärende Illusion vieler Mütter, die von der «Schönheit» ihres Neugeborenen überzeugt sind, und die Empfindlichkeit, mit der sie auf die diesbezüglichen – «objektiv» zumeist durchaus berechtigten – Anzweiflungen zu reagieren pflegen. Desgleichen befriedigen sie in den Zärtlichkeitsbezeugungen verschie-[93]dene «sinnliche» («hauterotische») Bedürfnisse, die in der Psychoanalyse zu Unrecht als «perverse Partialtriebe» bezeichnet werden[27] – und zwar nicht bloss jene Frauen, die in den übertriebenen, masslossüchtigen Liebkosungen, mit denen sie die Kinder überschütten und ersticken, deutlich genug ihre dem Manne versagte Erotik und Sexualität unterbringen. Man weiss ferner, dass manche Mütter beim Stillen genital lokalisierte, gelegentlich beinahe orgastische Sensationen erleben, bringt es mit der Erigibilität der Brustwarze in Zusammenhang und erinnert sich daran, dass von diesem Organ als erogener Zone nicht nur normalerweise die sexuell-genitale Erregung geweckt werden, sondern dass überdies die Masturbation der Mammae zum Orgasmus führen kann. Das alles muss gesehen und anerkannt werden, zumal es uns daran hindern mag, in überschwänglicher Sentimentalität die Mütterlichkeit in ein wirklichkeitsfremdes, phantastisches Gebilde umzufälschen. Allein nicht weniger irrig wäre es, ihr zentrales Wesen mit diesen ihren Trübun-

---

27 Vgl. J. Sadger: Die Lehre von den Geschlechtsverirrungen (Psychopathia sexualis) auf psychoanalytischer Grundlage, S. 79f. Leipzig und Wien 1921; dazu kritisch H. Kunz, a.a.O., S. 92, Anm. 3. [In diesem Band, S. 263, Anm. 31.] H. Deutsch: Mütterlichkeit und Sexualität. Imago 19 (1933), S. 5ff.; F. Wittels: Mutterschaft und Bisexualität. Internat. Zeitschr. f. Psychoanalyse 20 (1934), S. 313ff.

gen und Verzerrungen zu verwechseln, die es auch dann bleiben, wenn sie in jeder faktischen Gestalt der Mütterlichkeit mitwirken sollten.[28] [94] Falls man überhaupt gewillt ist, dem Menschen die

28 Der Einwand, dass die morbiden Gestaltungen die durchschnittlichen, «normalen» Verhältnisse wie in einem Vergrösserungsglas zeigen, wie bereits NIETZSCHE diesen Gedanken fasste, trifft deshalb nicht generell zu, weil damit nur *ein* Aspekt der Relationen zwischen Krankheit und Gesundheit namhaft gemacht wird. Daneben gibt es auch pathologische Deformationen und Destruktionen, die sich nicht mehr bloss als einseitige Hypertrophien des «Normalen» deuten lassen. Daher sollte man jeweils möglichst präzis festzustellen versuchen, in welchem Sinne die abnormen Prozesse die Bedingungen und die Struktur des Gesunden sichtbar machen. Halten wir uns an ein Beispiel. In der Genese des Wunsches der Frauen nach einem Kinde hat FREUD dem Verlangen des kleinen Mädchens, vom Vater (gelegentlich wohl auch von der Mutter) den ihm fehlenden Phallus geschenkt zu erhalten, das grösste Gewicht beigelegt und darin eine regelmässig vorkommende Phase in der Entstehungsgeschichte jenes Wunsches gesehen. Ohne Zweifel erlebt manches Mädchen den Penisneid bewusst und äussert sich auch unbefangen dementsprechend; denn das konkret-anschauliche Denken und Werten des kleinen Kindes ist von vornherein bereit, das sichtbare Organ als einen Besitz zu schätzen, wenn es durch gewisse Erfahrungen in diese Richtung gewiesen wird. Wie häufig solche Regungen auftreten und ob sie es bei allen weiblichen Kindern tun, weiss man nicht. Ob ihnen das von FREUD supponierte Gewicht *genuin* eignet, ist ebenfalls ungeklärt; denn dieser Eindruck könnte auch 1. durch die orale Vorgeschichte des Penisneides, d. h. in der Entwöhnung von der nährenden Brust und der Sehnsucht danach, 2. sekundär durch die Konflikthaltigkeit des Phänomens und seiner Verdrängung, 3. infolge der regressiven Überschätzung von seiten der Frau auf Grund ihrer späteren (gestörten) Stellungnahme zur Genitalität bedingt, und 4. endlich das täuschende Resultat der Überschätzung der phallischen Männlichkeit durch den Analytiker sein, die er der Frau unterstellt. Aber sehen wir sowohl davon wie von der weiteren Frage ab, ob dem kleinen Mädchen das männliche Glied (einschliesslich der «phallischen Mutter») wirklich dasselbe bedeutet wie für die Erwachsenen, oder ob sich darin nicht (noch) andere, umfassendere Qualitäten verdichten, ähnlich wie in den Phalluskulten: fällt der Erlebnisgehalt des frühinfantilen Peniswunsches mit dem Kindeswunsch der reifen Frau zusammen? Stellt er nicht vielmehr eine *Störung, Verzerrung und Trübung* des letzteren und damit der Mütterlichkeit dar? Selbst wenn er in ihrer Genese ein regelmässiges Stadium realisieren würde – was keineswegs erwiesen ist –, lassen sich die entscheidenden Bedeutungsdifferenzen der beiden Tatbestände unmöglich verkennen.

Fähigkeit zuzugestehen, seinen «Egoismus», seine Eitelkeit und Selbstverstrickung abzutun, sich selbst als Opfer dranzugeben, um für etwas anderes zu dessen Bewahrung freizuwerden, dann geschieht es in der schlichten Bewegung der mütterlichen Sorge um ihr Kind – der extremste Gegensatz zu jeder «narzisstischen» Haltung. Und weil sich diese Bewegung am unmittelbarsten und sinnfälligsten – von der Nahrungsspendung abgesehen – in der Liebkosung bekundet, deshalb gehört ihr als tragendes Element das Mütterliche zu.

[95] Wir würden ohne Zweifel in unüberwindliche Schwierigkeiten geraten, wenn wir an den frühkindlichen Zärtlichkeitsbezeugungen einen eindeutigen «geistigen» Zug aufweisen wollten, so sehr sind sie im vitalen Bereich des Menschen beheimatet. Trotzdem muss man sich hüten, sie kurzweg mit ähnlichen Erscheinungen im Verhalten der Tiere zu identifizieren. Das mit etwas gekrümmtem Rücken und erhobenem Schwanze «schmeichelnde» Um-die-Beine-Streichen oder das eigentümliche Mit-dem-Kopf-Stossen der Katzen, die offensichtlich beruhigende, «wohltuende» Wirkung, die das Kraueln bestimmter Kopf- und Halsstellen, desgleichen das leise, mit Streicheln und Tätscheln begleitete «Zureden» auf manche Tiere ausübt: das sind Phänomene, die gewiss einen Vergleich mit den zwischenmenschlichen Liebkosungen herausfordern. Wir finden solche Gebaren bezeichnenderweise auch als begattungseinleitende «Vorspiele», z.B. jenes Mit-dem-Kopf-Stossen bei Löwinnen als Aufforderung zum Vollzug des Kopulationsaktes. Und vor allem treffen wir in diesem Zusammenhange bei verschiedenen Vogelarten – scheinbare oder wirkliche – Fütterungsszenen zwischen den Gatten, in welchen der eine Partner (meistens das Weibchen) sozusagen die «Rolle» des nahrungbettelnden Jungen, der andere die des atzenden Elters «spielt», wobei oft zugleich (z.B. bei Haussperlingen, Buchfinken, Grünfinken u. a.) besonders «zärtliche», denen der heischenden Nestlingen ähnliche Laute geäussert und während der Begattung fortgesetzt werden. Gestützt auf dergleichen Beobachtungen hat BILZ unter dem Titel einer «Symbolik der Zärtlichkeit» eine «biologische» Sinndeutung der menschlichen Liebkosungen, insbesondere des Küssens gegeben.[29] Seine Hypothese lautet: «So wie es in der

29 R. BILZ: Lebensgesetze der Liebe, S. 5 ff. Leipzig 1943.

Tierwelt Brutpflegemotive in der Ouvertüre der Liebe gibt, so erscheint uns auch der menschliche Kuss als eine Vorsprungbewegung, und zwar sehen wir ihn als die [96] Stümmel- oder Verdünnungsform einer elterlichen Atzung von Mund zu Mund an, die als functio praecox isoliert erscheint und der in der Phasenverwerfung die Bedeutung eines Verständigungsmittels zukommt, eines stimmungsgebundenen und zugleich stimmungsübertragenden Symbols».[30] Bilz verweist auch auf die Tatsache, dass manche Menschen bei einer behutsamen, gleichsam zärtlichen Tätigkeit die Zungenspitze zwischen den Lippen hervorstrecken, und sagt: «Die Mimik des Schnäuzchens, die sogar mit einem unwillkürlichen Vorstrecken der Zunge einhergeht, könnte die identische Exekutive einer zärtlichen Nahrungsübermittlung darstellen, wobei die gleiche Innigkeit und Zärtlichkeit als Stimmungshintergrund die Bewegung unwillkürlich trägt».[31] Er meint, «dass nicht nur die Bewegung des Küssens als identische Exekutive, sondern zugleich die Stimmung der Zärtlichkeit in der Geschlechtsliebe *antizipiert* wird und dass eben die in der Verliebtheit so charakteristische fürsorgliche Liebe und Behutsamkeit oder Innigkeit Ausdruck dieser Vorwegnahme seien: Der liebende Mann behandelt die Geliebte instinktiv wie ein hilfebedürftiges Wesen, das er auf Schritt und Tritt beschirmt und beschützt, dem er sogar bei Funktionen beisteht, die sie gut und gern auch ohne seine Hilfe verrichten könnte».[32] Mit Recht schreibt er ferner: «Die Zärtlichkeit trägt in sich ein Gesetz[33] der Verkindlichung. Diese Stimmung führt zu diminutiven Formen des Lebens. Nicht nur, dass man den Partner verniedlicht – man denke an die Anrede Kindchen und Baby – sondern man selbst macht sich klein, als ob man ein Kind sei».[34]

Bilz beansprucht keineswegs, seine Auffassung, wonach [97] «das menschliche Küssen in Transparenz eine Art archaischer Brutpflege darstellt», im Sinne der Physik oder Mathematik «bewiesen» zu ha-

30 A.a.O., S. 20f.

31 A.a.O., S. 16.

32 A.a.O., S. 21.

33 Es wäre wohl angemessener, hier von einer Tendenz statt von einem «Gesetz» zu sprechen.

34 A.a.O., S. 22.

ben; aber sie ist ihm «evident».[35] Uns scheint diese «Evidenz» zum grössten Teil auf dem Vorurteil zu beruhen, mit dem er an die Sachverhalte herantritt und sie unter jenen biologischen Aspekt zwingt, den er der Deutung der vorher erwähnten ornithologischen Beobachtungen entnommen hat. Löst man sie davon ab, dann lassen sich die oralen Zärtlichkeiten gewaltloser und unseres Erachtens einleuchtender als *abgewandelte Wiederholungen der ursprünglichen Liebkosungen* verstehen, die das Kind anlässlich der Hungerstillung von seiten der Mutter und der übrigen Pflegepersonen erfährt und ausübt. Man braucht ihnen keinen antizipatorischen Brutpflegeinstinkt zu supponieren, darf jedoch bereitwillig zugestehen, dass die kleinen Mädchen in der Betreuung ihrer Puppen die mütterliche Haltung vorwegnehmend im Spiele üben. Es ist nicht bloss, wie TINBERGEN meint,[36] der infantile Saugakt, der im Kusse reaktiviert wird, dagegen wendet sich BILZ mit gutem Grund, indem er die gebende, schenkende Seite der Zärtlichkeiten unterstreicht,[37] die sich uns aus der früher aufgewiesenen Einheit der aktiven und passiven Liebkosungen notwendig ergab.* Dass es vorwiegend die an das Ernährtwerden gekoppelten Zärtlichkeiten sind, die in den späteren Liebesbeziehungen – abgewandelt, nicht in zwangshafter Starrheit – wiederholt werden, lässt sich unschwer begreifen. Einmal eignet allen ersten Erfahrungen und Handlungen eine (freilich zumeist unbewusst gewordene, lediglich in der faktischen determinierenden Nachwirkung sich dokumentierende, mithin nicht als solche erkannte) Vorbildlichkeit. Insbesondere realisieren sich in der nutritiven Situation die

---

35 A.a.O., S.32.

36 N. TINBERGEN: Die Übersprungbewegung. Zeitschr. f. Tierpsychol. 4 (1940), S.21.

37 A.a.O., S.27f., 79ff.

---

* Die Auffassung, dass der Kuss mit dem Saugen des Kindes an der Mutterbrust in Zusammenhang stehe, sich daraus «entwickelt» habe, findet sich bereits vertreten bei S. LIBROWICZ: Der Kuss und das Küssen. Hamburg 1877, zit. nach D. SCHEUER: Der Kuss und das Küssen. Sexual-Probleme 7 (1911), S.467. Man vgl. ferner R. BILZ: Schrittmacherphänomene. Psyche 2 (1948/49) S.240; TH. REIK: Geschlecht und Liebe, S.45, 49. Stuttgart 1950. [Vgl. Anh. 1B, Anm. 10, S.384.]

frühesten zwischenmenschlichen Kontakterlebnisse. Und zum andern [98] muss man sich die eminente Bedeutung gegenwärtig halten, die der Ernährung für das hilflose Dasein des Säuglings zukommt. Die Sicherheit, mit welcher wir in der Regel in unserem wirtschaftlich geordneten Leben Hunger und Durst stillen können, hat uns – trotz der Bitte und des Dankes für das tägliche Brot, die in frommen Kreisen im Tischgebet bekundet zu werden pflegen – für das Gewicht jener Bedeutung weitgehend unempfindlich gemacht. So wird die uns als «geistigen» Menschen auferlegte unaufrichtige Geringschätzung der sog. «materiellen Genüsse» nur gelegentlich und wider unseren Willen bei den festlichen Anlässen durchbrochen, in denen – vielleicht als letzten Resten der alten Dankesopfer und Kulte – das Essen und Trinken seinen sinnenfreudigen, beglückenden Gehalt noch zu bewahren vermochte; und ausserdem also, auf die Organfunktionen des Mundes beschränkt, in den oralen Zärtlichkeiten. Gegen deren antizipatorischen Sinn, wie er ihnen von Bilz unterstellt wurde, spricht übrigens auch ihre schon erwähnte akzentuierte präsentische, kommunikationsstiftende Wirkung, obzwar es ein erinnerndes und sehnend-vorwegnehmendes zärtliches Phantasieren gibt – wahrscheinlich häufiger als man vermuten möchte.

«Die zärtliche Liebe», schreibt Klages, «wofür wir in Anbetracht ihrer Natur eines Triebes auch Zärtlichkeitsbedürfnis zu sagen berechtigt sind, zieht sich, wenn auch verschiedensten Grades, durch das ganze Leben des Menschen, ist durchwegs grösser bei Frauen als bei Männern, erreicht für jeden ein besonderes Höchstmass und kann sich auf alle nur möglichen Dinge erstrecken».[38] Zweifellos treten zärtliche Impulse und Entäusserungen beim weiblichen Geschlechte in allen seinen Phasen häufiger und ungehemmter auf als beim männlichen. Man ist um erklärende Gründe für dieses Faktum nicht verlegen und wird etwa auf die in jedem kleinen Mädchen schlummernde [99] Mütterlichkeit hinweisen, die sich zunächst in unreifer Form als liebkosendes Streicheln, Herzen, Pflegen manifestiert. Ferner spielt wohl die durchschnittlich andere, nämlich intimere, vertrautere, bejahendere, sich weniger distanzierende Stellung

38 A.a.O., S. 22.

zum eigenen Leibe und seinen Geschehnissen bei der Frau eine Rolle. Denn dadurch wird ihr die Möglichkeit gegeben, ihre Innerlichkeit intensiver, breiter und gleichsam gegenwärtiger im Medium des Leibes darzuleben. Damit steht auch die ausgedehntere, diffusere «Erogenität» ihrer Körperoberfläche im Zusammenhang, die es bewirkt, dass sie von mehr Stellen aus sexuell erregt werden kann als der Mann, dessen Geschlechtlichkeit sich vergleichsweise eingeengter im Genitale konzentriert. Trotzdem muss man sich die Frage stellen, ob die – um es einmal übertrieben zu formulieren – Zärtlichkeitsfeindschaft «der» oder doch vieler Männer, welche sie so bereitwillig macht, die entsprechenden Bedürfnisse und Wünsche der Frauen als «Sentimentalitäten» oder «Kindereien» abzuwerten und abzuweisen, nicht zu einem guten Teil sekundär bedingt ist: nämlich durch die individuellen und sozialen Ideale der «Männlichkeit», d.h. der Härte, Forschheit, Aktivität, «Potenz», Rücksichtslosigkeit, Macht, «Heldentum» usw. Es kommt dabei nicht darauf an, wie weit sich die Träger solcher Ideale mit deren Hilfe über ihre tatsächlichen Eigenschaften täuschen und wieviel ihrer Entstehung und Entwicklung auf heimliche Notstände zurückgeht. Was beispielsweise die sog. Aktivität betrifft, in welcher selbst FREUD eine Weile die «Männlichkeit» aufgehen liess,[39] so sehen wir nicht nur, dass ihre Konzeption in einer recht groben Ausdehnung der Tätigkeit des Spermatozoons und der koitalen Motorik auf den seelischen Bereich wurzelt, wodurch die zwar weniger auffällige, aber dennoch unbestreitbare Aktivität innerhalb der angeblich [100] weiblichen «Passivität» – sich speziell in der Zärtlichkeit, in der Koketterie u.a. dokumentierend – bagatellisiert wird; wir wissen überdies, dass bei gesellschaftlich anders strukturierten Völkerstämmen die Frauen Trägerinnen des aktiven Lebens sind und es auch in der geschlechtlichen Sphäre offen bekunden. Was immer es mit dem «Kind im Manne» (NIETZSCHE) auf sich haben mag:[40] jedenfalls darf man es als die bei uns unter den Männern vorherrschende offizielle Ideologie

---

39 Vgl. I. HERMANN: Die Verwendung des Begriffes «aktiv» in der Definition der Männlichkeit. Internat. Zeitschr. f. Psychoanalyse 20 (1934), S.261ff.

40 Vgl. TH. REIK: Das Kind im Manne. Imago 23 (1937), S.14ff.

bezeichnen, dass die vor allem mit der Kindlichkeit und mütterlichen Weiblichkeit verknüpfte Zärtlichkeit sich schlecht mit jener «Würde» vertrage, zu der das übliche Männlichkeitsideal verpflichte. Gewiss wird es zumal vom Jugendlichen sowohl in seinen heimlichen Sehnsüchten wie in den verströmenden Zärtlichkeitsausbrüchen missachtet; und ungezählte Männer mögen seiner vergessen, wenn sie mit dem geliebten Wesen zusammen sind.[41] Aber es scheinen, hört man auf die – oft genug stummen – Klagen der Frauen, doch allzu wenige zu sein, denen die ruhige Überlegenheit zu diesem Vergessenkönnen eignet. Und die Anzeichen sprechen nicht dafür, dass sich die «ärztliche Voraussage» von Hattingbergs, es werde ein neues «Zeitalter der Zärtlichkeit» heraufkommen,[42] demnächst erfülle.

Wir haben oben auf die übertriebenen Liebkosungen hingewiesen, mit denen solche Mütter ihre Kinder zu verzärteln pflegen, die in ihren geschlechtlichen Beziehungen [101] zum Manne gestört sind oder sie abgebrochen haben. Das ist nicht die einzige Quelle, aus der sich die masslosen, sexualisierten, zu leidenschaftlichen Erregungen gesteigerten Zärtlichkeiten nähren.[43] Vielmehr können sich darin auch Macht- und Beherrschungsbedürfnisse, Eifersüchte u.a. ausleben. Und vor allem haben verdrängte aggressive und destruktive Impulse die gleiche Wirkung, die eben mittels der übersteigerten Liebkosungen sowohl von der motorischen Entäusserung wie vor dem bewussten Erlebtwerden zurückgehalten werden. Das Aufwachsen eines Kindes bringt von der Geburt an, ja noch vor ihr zahlreiche Anlässe mit sich, die in der Mutter negative Reaktionen auszulösen

---

41 In der zärtlichen und zugleich leise ironischen Diminutivsprache, derer sich manche Männer gegenüber ihren Frauen vor allem in Gegenwart Dritter bedienen, gelangt sowohl eine gewisse Verschämtheit wie ein herablassendes Macht- und Überlegenheitsbewusstsein deutlich zum Ausdruck. Nicht alle Frauen reagieren darauf nur protestierend – offenbar deshalb, weil dem Nicht-vollgenommen-Werden, d.h. der spielerischen Aberkennung des verantwortlichen Erwachsenseins das weibliche Bedürfnis, wieder ein kleines Mädchen zu sein, entgegenkommt.

42 A.a.O., S. 305, 321, 355 ff.

43 Vgl. S. Radó: Eine ängstliche Mutter. Internat. Zeitschr. f. Psychoanalyse 13 (1927), S. 283 ff.

vermögen. Ist es von einem ungeliebten Mann wider ihren Willen gezeugt worden, dann überträgt sich der Hass gegen ihn auf das Ungeborene. In derselben Richtung wirken wirtschaftliche und innere Notlagen, Einschränkungen der Genussmöglichkeiten und Verunstaltungen des Aussehens, die sich infolge der Schwangerschaft und der Pflege unvermeidlich einstellen. Enttäuschungen der Mutter an ihrem Kinde – und zwar nicht nur solche, die in ungerechtfertigten phantastischen Erwartungen der Mütter wurzeln – lassen sich unmöglich ganz verhindern, da sie teilweise untrennbar an den Prozess des Wachstums und der Verselbständigung, die das Kind aus dem mütterlichen Bereiche mehr oder weniger entfernt, gebunden sind. Hinzu kommen die ihrerseits aus Versagungen entspringenden, gegen die Eltern gerichteten Aggressionen und Quälereien des Kindes, die ausserordentlich raffiniert sein können. Jene in der Mutter nur leise und flüchtig auftretenden destruktiven Impulse, Beseitigungs- und Todeswünsche sind indessen in der Regel von geringem Gewicht, lassen sich durch die Gefühle der mütterlichen Zuneigung und Liebe überwinden oder mit Hilfe eines verständigen Überlegens verarbeiten. Unter bestimmten Umständen [102] jedoch, z.B. wenn die Mutter mit ihrer eigenen Kindheit nicht fertig geworden oder wenn ihre Ehe zerfallen ist, rufen sie Ängste, Schuldgefühle, Selbstvorwürfe, kurzum schwere seelische Konflikte hervor, die sich dann u.a. auf die erwähnte Weise in masslosen Zärtlichkeitsbezeugungen dokumentieren, welche das drückende schlechte Gewissen beruhigen und die Existenz der verurteilten abgewehrten Regungen durch die laute Demonstration ihres Gegenteils gleichsam dementieren sollen. Es trifft in der Tat zu, was WITTELS sagt: «Die Übertreibung ist immer verdächtig»;[44] und es gehört zu den sichersten Einsichten der modernen Psychologie, dass ein übersteigertes Erleben oder Verhalten sein Übermass der Verleugnung oder Verdrängung der ihm irgendwie gegensätzlichen Impulse verdankt.[45] Freilich hält es

44 Grosse Hasser, a.a.O., S. 334.

45 Der Ausdruck «gegensätzlich» trifft nicht in allen Fällen das Richtige, so wenn die überängstliche Besorgnis um einen Menschen auf verdrängten, gegen diesen gerichteten Beseitigungs- und Todeswünschen beruht; Angst und destruktive Impulse sind nicht im präzisen Sinne Gegensätze.

gelegentlich schwer, im einzelnen Falle Mass und Unmass eines Phänomens mit zwingenden Gründen zu bestimmen; allzu oft bleibt man auf seine subjektiven Eindrücke angewiesen oder bemisst das Übermass der Grösse an der glanzlosen Mittelmässigkeit.[46] Was insbesondere die übertriebenen, leidenschaftlich erregten, das Kind verweichlichenden Liebkosungen angeht, so schaffen sie jene Atmosphäre, die man heute als sog. Sentimentalität zu bezeichnen pflegt – der Ausdruck hatte früher noch andere Bedeutungen. Zu ihr gehört die reflektierte geniessende Intensivierung eines Gefühls, einer Stimmung, einer Erinnerung usw.; so zwar, dass nicht der reine Erlebnisgehalt allein ausgekostet wird, vielmehr lässt sich der Sentimentale von den mitschwingenden Trübungen des Erlebens absichtlich überwältigen – er steigert sich aktiv in die passive Erregung hinein. Die charakteristische [103] Tränenseligkeit stammt aus der gleichen Quelle wie die Erlebnistrübungen: dem verdrängten Schuldbewusstsein, das seinerseits eine Folge der verpönten, gegensätzlichen, zumeist aggressiven und sexuellen Strömungen darstellt. Daraus begreift sich die Rückbezüglichkeit auf das Vergangene; denn die gehemmten Regungen sind weder auf gegenwärtige noch zukünftige Objekte gerichtet, weshalb auch der Sentimentale nicht im prägnanten Sinne in der Gegenwart auf die Zukunft hin existiert: sein Erleben entbehrt der Produktivität, es bleibt für die Selbstreifung und -gestaltung unfruchtbar, erstarrt in der formalisierten leeren Wiederholung.

Die zärtlichen Strebungen neigen offensichtlich besonders leicht zum Entgleiten in einen sentimentalen Zustand. Das hängt mit ihrer ausgeprägten, wenngleich nicht exklusiven Zugehörigkeit zum kindlichen Dasein zusammen, dem aber die Fähigkeit zur Sentimentalität noch zu fehlen scheint. Sie tritt erst auf, wenn der der Kindheit den Jahren nach bereits entwachsene Mensch in bestimmten Hinsichten wieder willentlich zu ihr zurückkehren kann oder von ihn überwältigenden Faktoren in sie getrieben wird. Das letztere geschieht am häufigsten in den neurotischen Regressionen. Die genuine, dem Kinde adäquate Kindlichkeit ist nun weder mit der regressiven Infantilität noch mit den organisch bedingten Entwicklungshemmungen identisch. Worin die Differenzen bestehen,

46 Vgl. H. Kunz: Der gehemmte Mensch, a.a.O., S. 255ff.

braucht hier nicht dargelegt zu werden. Wir wollen nur versuchen, die Unterschiede zwischen der sentimentalen und der unsentimentalen, reifen Zärtlichkeit des Erwachsenen kurz zu charakterisieren. Jene bewegt sich einmal vorwiegend in einer imaginativen Welt; derart, dass die phantasierten Zärtlichkeiten auch dann das wesentliche Moment des Erlebens ausmachen, wenn sie die motorisch entäusserten Liebkosungen lediglich zu begleiten scheinen. Das Phantastische ist das eigentliche Element der Masslosigkeit, was nicht hindert, dass sie – wie die überzärtlichen Mütter, aber ebenso gewisse Typen von Homosexuellen zeigen – [104] in die «Wirklichkeit» übergreift, die dann freilich als solche bereits mehr oder weniger in der Richtung einer phantastischen Deformation verändert ist. Die mitmenschliche Sphäre und zumal das kindliche Dasein eignen sich dazu besonders gut. Andererseits kommt allerdings auch den zärtlichen Phantasien in den reifen Liebesbeziehungen eine erhebliche Bedeutung zu; sie fügen sich indessen als ein ruhiges inneres Tun bei Abwesenheit des Partners in sie ein und wirken nicht als störende Übersteigerung der realisierten Liebkosungen. Der zweite auszeichnende Zug der nicht sentimentalisierten Zärtlichkeit liegt im bewussten spielerischen Charakter der fremden und eigenen Verkindlichung, die sich etwa in der Verwendung der diminutiven Sprache manifestiert. Das heisst, der zärtliche Mann versetzt sich selber und die Geliebte absichtlich in die Rolle des liebkosenden Kindes; so jedoch, dass er stets eine klare innere Distanz zum «Rollenspiel» bewahrt und sich nicht wie bei der Sentimentalisierung in eine gewollte Passivität entgleiten lässt, die bald zur leidenschaftlichen sexuellen Erregung führen müsste und es in der Regel auch tut, womit aber sowohl die Zärtlichkeits- wie die «Spiel»-phase beendigt und mithin der möglichen Sentimentalisierung entzogen sind. Das Analoge gilt für die zärtliche Frau. Kurz gesagt: die sentimentale Verkindlichung geschieht letztlich unter einem entmächtigenden, obzwar absichtlich in Gang gebrachten Zwang, die reife hält sich in der Freiheit. Wie immer bei den Differenzen des Erlebens handelt es sich lediglich um solche der Akzentuierung, nicht um scharfe Trennungen.[47]

---

47 Die Sentimentalität als eine besondere Haltung zur Welt kann sich aus noch andern als den eben angedeuteten Bedingungen entwickeln, z.B. bei kinder-

[105] Die motorische Entäusserung gehört zum Wesen der Zärtlichkeit, ohne die sie im Keim- oder Verkümmerungsstadium verbliebe. Die ihr als Ausdrucksfelder dienenden Leibzonen sind einerseits die oralen Organe und Funktionen (Lippen, Zunge, Sprache), seltener (bei uns) die Nase, die Wangen und die Stirne, andererseits die Hände, fast nie die Genitalien – diese können freilich wie der ganze Leib zum liebkosten Objekt werden. Zärtliche Berührungen mit den Schenkeln, Knien und Füssen zeigen in der Regel bereits eine ausgeprägte sexuelle Tendenz. Einen breiten Raum nimmt die Sprache ein, sowohl bei den mütterlichen wie bei den in die Geschlechtsbeziehungen eingelagerten Liebkosungen. Jeder weiss, dass in den Worten der Zärtlichkeit keine Weisheiten verkündet zu werden pflegen; auf den ausserhalb der Situation stehenden Zuhörer wirken ihre Belanglosigkeiten und Dummheiten lächerlich. Allein offenbar kommt es hierbei – wie die Wirkungen auf kleine Kinder und Tiere überzeugend zeigen – gar nicht auf die Gescheitheit dessen an, *was* gesagt wird; das Wesentliche ist die Melodie der Sprache. Daher sind Musik und Lyrik ein so geeignetes Ausdrucksmittel der zärtlichen Stimmung. In jener, der Sprachmelodie, klingt das Behütende, Bergende, Umhüllende, Bestätigende durch und wird für den andern vernehmbar. Der Zärtlichkeit als einem inneren Zustande und dem Zarten als gegenständlicher Beschaffenheit ist das Leise, still Dahinströmende der hörbaren verbalen Äusserung zugeordnet. Wird ein aktuelles Liebkosungsbedürfnis an seiner Manifestation von aussen verhindert, dann schlägt es entweder, wie wir schon früher bemerkten, in eine Aggression um; oder es folgt eine kurze depressive, manchmal von Weinen begleitete Verstimmung in der besonderen Tönung des Verlassenseins, das aus der erlittenen Zu-

losen Frauen. Hier scheint es manchmal eine chronische Zärtlichkeitshemmung zu sein, die zu einer den ganzen Lebensraum überschwemmenden Sentimentalität führt, da der Kanarienvogel oder die Katze zur angemessenen Entäusserung der gestauten Liebkosungsbedürfnisse nicht ausreicht. Entweder ist die Zärtlichkeitshemmung durch die äusseren Umstände erzwungen oder von inneren Gründen bewirkt, so wenn die zärtlichen Impulse von verdrängten sexuellen und aggressiven Wünschen durchwachsen sind, die dann auch jene unter den Druck von Ängsten und Schuldgefühlen setzen.

rück-[106]weisung resultiert. Wiederholt sich diese öfters, so entsteht jener als Schicksal der Liebesenttäuschung bekannte verbitterte Hass.

Nun aber gibt es auch verinnerlichte Weisen der verhaltenen – weder verdrängten noch gehemmten – Zärtlichkeit; von ihnen möchten wir der Güte und der Sachlichkeit zum Abschluss eine flüchtige Betrachtung widmen.

Schultz-Hencke schreibt von der mit Absicht in Anführungszeichen gesetzten «Güte» das Folgende: «Der natürliche Instinkt hat oft recht, wenn er zögert, sie als gut, als uneingeschränkt wertvoll gelten zu lassen. So flieht die Güte auch bereitwillig in die Literatur. Dort, nicht so sehr im Leben, wird sie gelobt, und zwar deshalb, weil sie es nötig hat, gelobt zu werden. Sie ist nichts ganz Reines, Geradliniges. Sie hat etwas von Kühle, Dumpfheit an sich. Und verfolgt man ihre Entstehungsgeschichte im Leben eines Menschen, so findet man regelmässig, dass einstmalige einfache Gutmütigkeit späterhin Haltungen, Sprengstücke von Hass in sich aufnahm. Güte ist nichts Unmittelbares, nichts Ursprüngliches, sondern sie enthält etwas Reaktives. Sie ist da, obgleich im Innern des Trägers nicht einfache Fülle herrscht, obgleich er nicht einfach so viel hat, dass er überfliesst. Man findet, dass das Kind mit seinem Mass an Gutmütigkeit in der Welt nicht bestehen konnte. Vielleicht besass es nicht genug Kraft, um sich ruhig zu behaupten, und konnte sich daher nicht soweit Gutmütigkeit leisten, wie es von seiner Umgebung verlangt wurde. Es hielt zurück, war nicht in der Fülle, wurde gedrängt, bedroht und lernte nun allmählich doch geben, mehr geben, als es ursprünglich und unbekümmert zu geben bereit war. Das ging nicht ab ohne Hass gegen die Umwelt, die drängte, forderte. Der Hass durfte aber nicht sein, so wurden die Vorstellungen des Übelwollens verdrängt. Es blieb ein Haltungssprengstück, seinem Wesen nach Hass, erhalten. Und aus Gutmütigkeit wurde Güte». Schultz-Hencke kennt neben dieser «Güte» eine andere, die er als «Amalgamierung von [107] Gutmütigkeit und Geist, von ursprünglicher Weichheit und Härte der Zielsetzung und Entschiedenheit» charakterisiert und die ihm wie die aus der Fülle kommende Gutmütigkeit ein «restlos positiv zu wertendes Ideal» ist. Jener, der «Güte», billigt er zwar zu, dass man ihr den «Zug des Heroischen nicht absprechen» könne, «wenn man einmal durchschaut hat, wie die Haltung der Güte zustande kommt, wenn man weiss, wie sehr es das Schicksal der allermeisten Menschen ist, nicht aus ursprünglicher Fülle schöpfen zu können ... Man wird sie der allgemeinen Mangelhaftigkeit der Menschen unterstellen und gelten lassen, auch wenn sie mit der Gnade, die in ursprünglicher Gutmütigkeit liegt, nicht wetteifern kann».[48]

Wir wollen uns nicht daran stossen, dass unser Sprachgefühl im Unterschiede zu demjenigen SCHULTZ-HENCKES gerade das «echte Güte» zu nennen geneigt ist, was er als «Gutmütigkeit» bezeichnet, sondern fragen uns, ob er nicht zwei *Ideale* – Gutmütigkeit und Güte als Amalgamierung von Gutmütigkeit und Geist – gegen ein *faktisches Erleben und Verhalten* («Güte») ausspielt und dann das letztere notwendigerweise geringer bewerten muss? Vielleicht gibt es die Gutmütigkeit im Sinne SCHULTZ-HENCKES als ausserordentlich seltenen Fall bei kleinen Kindern, schwerlich aber bei Erwachsenen. Denn auch bei grösster ursprünglicher Kraft und Fülle der Gutmütigkeit bleiben keinem Menschen im gelebten Leben, so wie es nun einmal ist, Versagungen, Enttäuschungen, Ängste, Aggressionen erspart, die seine primäre Gutmütigkeit in irgendwelchen Graden verzerren und trüben, mit reaktiven Zügen durchsetzen. Daraus kann freilich jene fatale laute, aufdringliche «Güte» entstehen, die noch im berechnenden unaufrichtigen Verbergen ihres Tuns um heimliches Lob und Anerkennung giert; man mag sie eine «unechte Güte» heissen. In der andern «echten» Gestalt, die wir meinen, fehlen bei genauerem Zusehen die negativen, d.h. negativ bewerteten [108] Zeichen ihrer Entstehungsgeschichte keineswegs, da sie nicht eine rein sich durchhaltende primäre Artung darstellt. Sondern sie hat, so scheint es, dank einer Fülle ursprünglicher Zärtlichkeit, die sich nicht direkt in der Motorik verströmte, die erfahrenen Enttäuschungen, Entsagungen, Ängste und aggressiven Impulse ohne Verbitterung wirklich überwunden und sich so entfalten können, dass sie das Gesicht ihres Trägers zu prägen vermochte – und gerade in dieser Verarbeitung der vergangenen Qualen liegt ihre unscheinbare Grösse. Weder Kühle noch Dumpfheit, allerdings auch nichts

---

48 A.a.O., S. 187f.

Überfliessendes und Heroisches eignet ihr, wohl aber eine zurückhaltende ruhige Milde, Wärme und klare Verlässlichkeit, die wie die ihnen zugrunde liegende Zärtlichkeit ein tragendes Element in den mitmenschlichen Bezügen realisieren – im Gegensatz zur unsteten sexuellen Leidenschaftlichkeit, die wohl vorübergehend an den Partner fesseln mag.[49] Die Beziehung zwischen der unentäusserten Zärtlichkeit und der Güte erweist sich nicht als eine solche der Verwandlung oder «Sublimierung», sondern Güte *ist* verinnerlichte, zurückgehaltene Zärtlichkeit, mit den angedeuteten Einschränkungen, die aus ihrer Entstehungsgeschichte resultieren. Beide gehören als solche nicht zu den schöpferischen Mächten des Menschen,[50] sondern zu denen, die das Seiende in seinem Da- und So-sein bewahren und zur Lichtung des Zartheitsaspektes der Welt beitragen; daher vereint sich in ihnen die umgreifende Haltung mit der Sorge um das Einzelne. Wer die ungeheure Gewalt und Breite des Zerstörerischen kennt, wird schwerlich geneigt sein, die Bedeutung der Zartheit des Herzens gering zu schätzen, ob-[109]gleich sie in ihrer zerbrechlichen, allzu hinfälligen Ohnmacht nur wie ein leiser verhallender Ruf unter uns verklingt. Es zählt zu den seltenen tröstlichen Erfahrungen im Leben, einem Menschen zu begegnen oder eine Weile sein Weggenosse zu sein, in welchem die Zärtlichkeit zur Güte reifte.

Ferner gerückt und daher weniger leicht durchschaubar ist der Zusammenhang zwischen der Zärtlichkeit und der im Erkennen, Gebaren und Handeln sich dokumentierenden Sachlichkeit. Unter den ihre Verwirklichung bedingenden Faktoren bildet die Zärtlichkeit nur *eine* Wurzel. Vergegenwärtigt man sich die unbestreitbare Tatsache, dass es zum Wesen der sachlichen Haltung gehört, das erscheinende Seiende ohne es vergewaltigende Umdeutung so und als das hinzunehmen, anzuerkennen, sein zu lassen, als welches es uns erscheint, dann kann wenigstens die Ähnlichkeit mit der behüten-

---

49 Die geschlechtliche Hörigkeit dürfte nie rein sexuell (genital und sado-masochistisch) bedingt sein; vielmehr wirken stets (unbewusste) Schuldgefühle, Ängste, Hass u.a. mit.

50 Das schliesst nicht aus, dass Zärtlichkeit und Güte zur nährenden Quelle sowohl von entsprechenden Phantasien wie auch von zugeordneten Handlungen und Handlungsentwürfen werden können.

den Zärtlichkeit nicht übersehen werden. Es gibt in der (vor allem sehenden) Beobachtung mancher – lebender und lebloser – Gegenstände ein frühes Stadium, in welchem der eine oder andere Forscher den flüchtigen, kaum merklichen Impuls in sich verspürt, das vor ihm befindliche Objekt mit den Händen zu umhüllen, es leicht und behutsam zu berühren, um es in seiner Unversehrtheit bewahren und anschauen zu können. Freilich kommt es nicht oder selten zur faktischen Berührung, schon weil mit ihr das ruhige Sehen gestört würde; ausserdem hindert uns daran die Notwendigkeit der Distanzhaltung – und eine eigentümliche Scheu verwehrt es manchem, auch nur die Regung als solche sich selber und den andern einzugestehen. Das – u.a. die ideelle («be-greifende») Bemächtigung hinter sich lassende – Fortschreiten des Beobachtungsprozesses drängt dann schnell über diese Phase hinaus. Aber die Subtilität des Erkennens sowohl wie des Handelns scheint uns abzusterben, wenn jener anfänglichen zärtlichen Zartheit das gefasste Ausschwingen ganz verwehrt wird.

Der Grundsatz: das Erleben und Benehmen des Men-[110]schen von den «Nachtseiten» seiner Natur her, aus Notständen und Notdürften und als Versuche ihrer Überwindung zu verstehen, hat sich in der modernen Psychologie als ausserordentlich fruchtbar erwiesen. Wir dürfen ihn und seine heilsame Nüchternheit nicht wieder preisgeben. Wem es gelang, sie im Blick auf den Menschen durchzuhalten, hätte es zur Bestätigung seiner Verworfenheit kaum nötig gehabt, Zeuge unserer Zeit zu sein. Allein es gehört auch zur menschlichen Reife des Psychologen, das Mass und die Grenzen der Gültigkeit jenes Prinzipes zu erkennen und die hohen, in der Fülle des Daseins keimenden Möglichkeiten zu sehen – nicht, um darin einen täuschenden Trost zu suchen, sondern um der Wahrheit des Wirklichen gerecht zu bleiben. Man darf hier wohl ein Wort LOTZES anführen, der gewiss kein schöpferischer und wegweisender, aber ein massvoller Geist war. Er schreibt: «Es ist nicht wahrhaft menschliche Schamhaftigkeit, die seligen und tiefsinnigen Güter des Lebens, deren Verwirklichung für uns nur durch das Mittelglied der Sinnlichkeit möglich ist, zu verachten und abzulehnen eben um dieses Mittels willen, an welches die Naturordnung sie gebunden hat; es ist im Gegenteil eine unbewusste Schamlosigkeit, die sich vergebens mit dem Vorwande eines der Wissenschaft zu leistenden Dienstes zu rechtfertigen sucht, sich mit Absicht in die dunklen Regionen jenes mysteriösen Zusammenhanges zu vertiefen, zur Stärkung christlicher Demut die Fülle von Schmutz und Fäulnis zu analysieren, auf der unsere Schönheit und unser stolzes, fröhliches Leben ruhe, überhaupt ausschliesslich das Unreine und Sündhafte aufzusuchen, dessen man um so mehr finden wird, mit je verderbterer Phantasie man danach forscht. Das wahrhaft sittliche Gefühl sieht zuerst das Reine, Grosse und Göttliche; die unauflösliche Verbindung aber, in der dies alles mit der Welt der Sinne steht, erscheint ihm als ein Verhängnis seiner eigenen Endlichkeit». «In jenem bald rohen, bald höhnischen Realismus …, der sich gefällt, an allem Schönen und Edlen das unvermeidliche [111] Irdische hervorzuheben und den Schmutz ausdrücklich anzuerkennen, den unsere Natur nicht abschütteln kann: in ihm liegt eine Verderbtheit der Phantasie, die vielleicht weniger schnell, aber weit vielseitiger alles Zartgefühl des sittlichen Benehmens abstumpft».[51] Lassen wir sowohl die Schamhaftigkeit wie die Sittlichkeit auf sich beruhen, die in der Forschung nicht massgebend sein können, so eignet diesen Sätzen trotzdem ein Recht, insofern sie die Treue zur Wirklichkeit des Menschen zum Ausdruck bringen.

51 H. Lotze: Mikrokosmos. 6. Aufl., hrsg. von R. Schmidt, Band 2, S. 409ff. Leipzig 1923.

Zur Problematik der Aggression

Zur Problematik der Aggression

erschien erstmals 1969 als Beitrag zu Alexander MITSCHERLICHS Sammelband *Bis hierher und nicht weiter – ist die menschliche Aggression unbefriedbar?* (München: Piper. S. 245–261).

Unveränderter Nachdruck 1992, in: *Aggression und Anpassung*, hrsg. von Margarete MITSCHERLICH (München: Serie Piper 1557. S. 245–261).

Die Originalhandschrift HK A18 aus KUNZ' Nachlass ist datiert auf den 27. März 1965. Sie ist die Ausarbeitung eines Vortrags, den der Autor am 14. Oktober 1964 anlässlich der Eröffnung des Sigmund-Freud-Instituts und Ausbildungszentrums für Psychoanalyse und psychosomatische Medizin in Frankfurt a. M. (als Beitrag zum Symposium über *Aggression und Anpassung*) gehalten hat.

Im laufenden Text wird mit Ziffern in eckiger Klammer auf die Seitenzahl der Erstpublikation in MITSCHERLICHS Sammelband und der seitenkonkordanten Neuauflage von 1992 verwiesen.

[245] Für die Beantwortung der Frage, welche Rolle die in jedem Menschen schlummernde Aggressivität im Bemühen, zu den Mitmenschen und zur Umwelt ein mehr oder weniger erträgliches Verhältnis zu gewinnen, spielen möge, dürfte es nicht belanglos sein, ob man ihr, der Aggressivität, einen spontan-endogenen oder einen reaktiven Charakter zuschreibt. Von vornherein läßt sich vermuten, dass gerade *ihr* Anteil unter den die Anpassung an Verhaltensformen und -normen erschwerenden und störenden Faktoren erheblich sein wird, da sie sich überwiegend gegen Mitmenschen, weniger gegen Tiere und Dinge und gegen den Aggressionsträger selbst richtet. Wenn sie nun, ähnlich wie Hunger und Durst, von Zeit zu Zeit ohne ausreichende provozierende Situationen nach Entäußerung drängt und, daran aus irgendwelchen Gründen gehindert, einen Intensitätszuwachs erfährt, dann scheint es weniger leicht zu fallen, ihrer Herr zu werden, als wenn sie an andere Antriebe gekoppelt auftritt und deshalb zahlreichere surrogative Abfuhrmöglichkeiten bestehen. Die Stillung von Hunger und Durst läßt sich wohl eine Weile aufschieben oder auf halluzinatorisch-illusionäre Weise bewerkstelligen; aber dann erzwingen beide mit elementarer Gewalt ein sie einigermaßen adäquat befriedigendes Tun, soll es nicht zu einer schweren Gefährdung des Daseins oder zum Tod kommen. So könnte es sich auch mit der Aggression verhalten, falls ihr, wie den nutritiven Bedürfnissen, eine endogene Spontaneität mit entsprechender sich steigernder Vehemenz zukäme: auf die Länge wäre ihr Durchbrechen nicht zu umgehen. Schon um dieser für die Lebenspraxis fatalen Konsequenz auszuweichen, wird man eher jener Auffassung recht geben wollen, die der menschlichen Aggressivität prinzipiell [246] nur eine Reaktivität einräumt. Allein das ist ein von Grund aus

verfehltes Argumentieren. Außerdem involviert die Reaktivität eines Antriebes keineswegs eo ipso eine Minderung seines Wirkgewichtes. Endlich zeigt die Sexualität, der wir trotz aller exogen-situativen Beeinflussungen wohl eine endogene Spontaneität zubilligen müssen, daß diese nicht notwendig eine Unvermeidbarkeit der Befriedigung in sich schließt. Daher müssen wir die Frage nach der spontanen oder reaktiven Natur der Aggressionen innerhalb des menschlichen Bereiches allein von den beobachtbaren Fakten her, nicht von theoretischen Annahmen oder pragmatischen Wünschen aus zu beantworten versuchen. Indessen sollten wir uns zunächst noch darüber verständigen, was wir unter der Aggressivität bzw. Aggression begreifen wollen.

Das Wort «Aggression» leitet sich vom lateinischen *aggredi*, angreifen, ab.[1] In dieser Bedeutung wird der Ausdruck heute im alltäglichen und zumal politischen Sprachgebrauch verwendet. Jedoch scheint es uns irreführend zu sein, ihm bedenkenlos zu folgen und etwa auch den mit den Wendungen: eine Aufgabe «angreifen» oder eine Bergbesteigung «in Angriff nehmen» gemeinten Tatbeständen ohne weiteres aggressive Antriebe zu unterstellen. Damit würde der Wortsinn in der Richtung einer intensiven, Widerstände überwindenden, gegebenenfalls Schwierigkeiten aufsuchenden geistigen und motorischen Aktivität ausgeweitet und seiner Spezifität beraubt. Diese Spezifität sehen wir darin, daß sich das aggressive Gehaben – äußere es sich in Handlungen oder beim Menschen lediglich in Phantasien und Plänen – *betont gegen die phänomenale und funktionale Integrität der fremden Objekte (und des Aggressionsträgers) richtet.* Unter der phänomenalen Integrität verstehen wir bei Lebewesen ihren im Augenblick des auf sie bezogenen Angriffs bestehenden körperlichen Zustand, bei leblosen Dingen die entsprechende Beschaffenheit ihrer Oberfläche. Beide können an sich bereits irgendwie deformiert, also nicht mehr im strengen Sinne unversehrt sein; das Ausschlaggebende ist aber, dass die Aggression auf die Erweiterung der Deformation und schließlich auf die völlige Zerstörung der (lebendigen und leblosen) Gegenstände abzielt. Die funktionale Inte-

---

1 F. Dorsch: Psychologisches Wörterbuch. 7. Aufl., S. 7. Hamburg/Bern 1963.

grität meint in erster Linie die den angegriffenen Lebewesen selbst eignenden Antriebe, Strebungen, Bedürfnisse, wider deren Durchsetzung das aggressive Agieren angeht. [247] Zu dessen Wesen gehört u. E. das akzentuierte, sei es bewußt-absichtliche oder – zumal bei Tieren – unbewußt-impulsive Verletzen der jeweiligen Integrität des Begegnenden. Wenn z. B. ein Hund im spielerischen «Beißen» seinen Partner «unabsichtlich» verwundet, so scheint uns hier so wenig eine Aggression vorzuliegen, wie wenn ein abstürzender Felsblock eine Gemse erschlägt. Freilich wird man bei zahlreichen Beispielen menschlichen und tierischen Verhaltens hinsichtlich des darin wirksamen aggressiven Anteils zu keiner eindeutig begründbaren Beurteilung kommen und daher durchaus verschiedener Meinung sein können. Allein mit der Berufung auf solche – häufigen – Grenzfälle ließe sich schließlich jeder phänomenalen und begrifflichen Differenzierung im Bereich des kontinuierlichen, also nicht durch scharfe Trennungslinien gegliederten Erlebens und Verhaltens der Boden entziehen. Davon abgesehen scheint uns jedoch zwischen aggressiven und destruktiven Impulsen und Handlungen nur ein gradueller Unterschied zu bestehen: In der Zerstörung eines Lebewesens oder Dinges kommt es gleichsam an den Tag, worum es der Aggression letzten Endes geht. Und daran zeigt sich zugleich ihre Gegensätzlichkeit zur Anpassung: Während diese eine detaillierte Kenntnis der maßgebenden Eigenschaften des Begegnenden verlangt, genügt jener das Vertrautsein mit der Zerstörbarkeit des Seienden und mit den Mitteln ihrer aktiven Realisierung.

Der Sinn der – vielleicht nicht sonderlich glücklich bezeichneten – funktionalen Integrität der Objekte, auf deren Beschränkung und Verletzung das aggressiv-destruktive Reagieren aus ist, bedarf noch einer näheren Bestimmung. Wir möchten darunter nicht nur die mechanischen Funktionen der Maschinen usw. und die physiologischen Leistungen der Lebewesen, sondern auch die Gesamtheit der unser Dasein tragenden und sichernden Haltungen, Bedürfnisse, Wünsche, Wertungen, Intentionen verstanden wissen. Demgemäß können wir die Freiheit, das soziale Prestige, die Würde, die Gesinnung, die charakterliche Artung, den religiösen Glauben der Mitmenschen angreifen und zerstören, wobei es sich um mannigfaltige Aktqualitäten – Ironisieren, Bezweifeln, Abwerten, Bestreiten, Verwerfen, Verdammen u.a. – handelt, in denen das aggressiv-destruktive Moment mehr oder weniger verborgen bleiben kann. Man darf behaupten, daß alles irgendwie Gegebene zum Objekt aggressiver Regungen und Aktionen zu werden vermag, und das hängt offenbar mit ihrer willkürlichen Aktualisierungsmöglichkeit zusammen. Gewisse Af-[248]fektzustände einerseits (Ärger, Wut, Haß, Furcht u.a.) und andererseits besondere Situationen (des Bedrohtseins, des Erschreckens, der Panik usw.) bewirken ihr Durchbrechen leichter als ausgeglichene Stimmungen und vertraute Lagen. Nicht zuletzt die jederzeitige willkürliche Aktualisierung aggressiv-destruktiver Handlungen veranlaßt uns, in den Bestand des Menschseins eine vermutlich angeborene Fähigkeit, die Aggressivität, aufzunehmen, die den einzelnen Angriffs- und Zerstörungsaktionen vorausliegt und sie ermöglicht. Dafür scheint die frühzeitige Manifestation, z.B. das Beißen und Schlagen des Kleinkindes, zu zeugen. Indessen bleibt dies eine ausschließlich auf einem Rückschluß beruhende Hypothese. Sie impliziert zwar die Spontaneität der Aggressionen im eigentlichen Sinne, d.h. ihr potentiell «freies» willentliches Hervorbringenkönnen, verweist aber gerade nicht auf eine endogene, dem Organismus innewohnende Rhythmik ihres Auftretens, wie die nutritiven und sexuellen Antriebe sie beim Menschen wenigstens noch in Andeutungen zeigen.

Wenn etwa Freud in der späten Gestalt seiner stets dualistisch gewesenen Theorie der Sexualität – als dem einen – die Aggressivität – als dem andern psychologisch faßbaren Triebkomplex – gegenüberstellte und der letzteren als fundierendes «biologisches Korrelat» den «Todestrieb» zuordnete, so wollte er wohl beiden eine im Organischen verwurzelte Gleichursprünglichkeit und Irreduzibilität einräumen. Die Endogenität der Geschlechtlichkeit, d.h. das letztlich von physiologischen Vorgängen bewirkte Durchbrechen der ihr entspringenden Antriebe und Wünsche war für Freud eine Selbstverständlichkeit, die – ungeachtet des Mitspielens umweltlicher Faktoren – eine wenn auch nicht ausgeprägte immanente Periodizität einschloß. Bezüglich anderer wiederkehrender Erscheinungen hat er auf einen supponierten «Wiederholungszwang» rekurriert, den er in einen nahen Zusammenhang mit dem Todestrieb brachte. Allein das blieb zum überwiegenden Teil Spekulation. Wir dürfen uns zur sachhaltigen Begründung nicht mehr darauf berufen, sowenig wie auf FREUDS verführerische, obzwar keineswegs von vornherein verfehlte These: «Die wahrgenommenen Phänomene müssen in unserer Auffassung gegen die nur angenommenen Strebungen zurücktreten»,[2] wenn es darum geht, die Stellung der Aggressivität innerhalb der menschlichen Antriebe zu klären. Wir konfrontieren sie also mit den sexuellen und nutritiven Bedürfnissen, die uns paradigmatisch für endogene, d.h. im organischen Geschehen spezifisch verankerte und sich von [249] Zeit zu Zeit auch unabhängig von situativen Anlässen manifestierende Triebe und Triebhandlungen zu sein scheinen. Ihre Beeinflußbarkeit durch soziale und willentliche Eingriffe spricht offensichtlich nicht gegen ihren primär endogenen Charakter, für dessen Bestimmung übrigens nicht notwendig auf somatische Prozesse zurückgegriffen werden muß: Es genügt, sie, die Triebe und Triebhandlungen, als dem Lebensablauf innewohnende und ihm entspringende, aber nicht von ihm abgehobene Ereignisse zu kennzeichnen. Treten nun aggressiv-destruktive Impulse und Äußerungen auch in dieser Weise auf?

Das läßt sich in der Tat nicht ohne weiteres bestreiten. Sehen wir von den «aggressionsenthemmenden» Wirkungen psychotischer Zustände und gewisser pathologischer Gehirnprozesse ab, deren Beanspruchung als Zeugnisse endogener Aggressionen fragwürdig bleibt, so ist etwa an das anscheinend unmotivierte Auftreten zerstörerischen Verhaltens kleiner Kinder, an die in Märchen, Mythen, Tag- und Nachtträumen erscheinenden Zerstückelungsmotive und an die beharrlichen suizidalen Antriebe bei Melancholischen zu denken, die schon FEDERN als die «Wirklichkeit des Todestriebes» angesprochen hatte. Alle diese Beispiele scheinen uns die endogene Spontaneität der Aggressionen, die also von der willentlichen Spontaneität unterschieden werden muß, nicht zwingend zu belegen.

Was zunächst das kindliche destruktive Gebaren betrifft, so bemerkte STRAUS seinerzeit folgendes dazu: «Gewiß, das kleine Kind bemächtigt sich dadurch der Gegenstände, daß es sie zerstört. Wenn aber ein junger Hund, mit dem wir das kleine Kind hier vergleichen dürfen, ein wertvolles Möbel annagt oder einen kostbaren Teppich

---

2 S. FREUD: Gesammelte Werke, Band XI, S. 62. London 1948.

zerpflückt, so hat er wohl seine Leistungsfähigkeit des Beißens und Grabens an diesen Gegenständen versucht, geübt, betätigt. Wir dürfen jedoch nicht ernstlich behaupten, daß er sich aggressiv gegen das Möbel oder den Teppich verhalten habe. Denn das Möbel ist für ihn nur ein Stück Holz, in das man beißen kann, der Teppich eine Deckfläche des Bodens, die zum Graben bestimmt ist. Der Teppich und das Möbel, wie sie dem Besitzer wertvoll sind, existieren für ihn nicht. Nicht anders liegt es bei der Aggression des Kindes; sein Bemächtigen ist in den meisten Fällen ein Zerstören, weil es noch keine andere Form der Kommunikation mit den Dingen hat, und weil ihm die Dinge nur in der Ordnung des Zerbrechlichen oder Unzerbrechlichen als Betätigungsmöglichkeit seiner Kraft erscheinen. Das Zerstören ist noch die einzige ihm zugängliche Form seines Wirkens auf die [250] Dinge; seine Freude am Zerstören ist Freude an seinem Wirken.»[3] Aber STRAUS mußte sich von BINSWANGER sagen lassen: «So einfach liegen die Dinge keineswegs, und der Vergleich des Kindes mit einem jungen Hund ist daher ganz unzulässig».[4] Er erwähnt die Äußerung einer Kranken in ihrem dritten Lebensjahr, die den «neronischen» Zug des frühinfantilen Zerstörungstriebes eindrücklich dokumentiert. An der Häufigkeit von im eigentlichen Sinne aggressiven und destruktiven Aktionen und wohl auch Phantasien vom frühen Kindesalter an läßt sich kaum mehr zweifeln. Allein wie weit sie wirklich endogen-spontan und wie weit reaktiv – sei es auf offensichtliche oder der Beobachtung verborgene Situationen – auftreten, das ist oft nur schwer oder gar nicht zu entscheiden. So gut wie sicher kommen auch «aufgeschobene», d.h. während des aktuellen Anlasses aus irgendwelchen Gründen zunächst unterbliebene und erst später «nachgeholte» Aggressionen vor, die um so leichter den täuschenden Eindruck eines endogen-spontanen Durchbruchs erwecken, als die sie jetzt «provozierenden» Gelegenheiten manchmal in keinem einsichtigen Zusammenhang mit der ursprünglichen angriffsauslösenden Situation stehen. Diese Bedenken sind u. E. auch im Hinblick auf die scheinbar endogen-spontanen Aggressions- und

3 E. STRAUS: Geschehnis und Erlebnis, S. 111 f. Berlin 1930.

4 L. BINSWANGER: Ausgewählte Vorträge und Aufsätze, Band II, S. 167. Bern 1955.

Destruktionsmanifestationen in den Märchen, Mythen, Tag- und Nachtträumen und in der Melancholie am Platz, abgesehen davon, daß die Herleitung eines Verhaltens aus einem jeweils postulierten entsprechenden «Trieb» zwar bequem, naheliegend und stets «einleuchtend», aber kurzschlüssig ist und möglicherweise adäquatere Erklärungen aus dem Zusammenwirken mehrerer Faktoren und Bedingungen von vornherein unterbindet. Dennoch möchten wir das Vorkommen endogen-spontaner Aggressionen und Destruktionen um ihrer selbst willen und ohne Anlehnung an andere Antriebe nicht prinzipiell leugnen, sondern die Möglichkeit solcher offen lassen. Eindeutige Zeugnisse dafür sind im menschlichen Bereich allerdings noch nicht beigebracht worden.

Gesetzt jedoch, sie ließen sich in Zukunft nachweisen, dann würde damit das Faktum in keiner Weise tangiert, demgemäß die überwiegende Zahl menschlicher aggressiv-destruktiver Handlungen einen reaktiven Ursprung hat. Von einem solchen sprechen wir auch dort, wo Angriff und Zerstörung aufgrund willentlicher Absichten erfolgen, die ihrerseits im Dienste anderer nicht-aggressiver Bedürfnisse stehen. Überblickt man daraufhin den Ablauf eines durchschnittlichen Alltags im engen Familien-[251]kreis und im Leben der Völker, dann zeigt sich: Am häufigsten sind es auf Widerstände stoßende Wünsche, Antriebe, Strebungen mannigfachster Art – Verlangen nach Ruhe, Stille, Bewegung, Spiel, Unterhaltung, Schutz, nach Macht, Rache, Besitz, Ansehen, sexueller Befriedigung, Essen, Trinken, Schlaf usw. –, die in aggressive Reaktionen umschlagen oder umschlagen können. Man kann diesen Sachverhalt auch so wie Biran formulieren, der wohl allzu sehr verallgemeinernd schreibt, Aggression sei «kein Ziel für sich selbst…, sondern ein Mittel und Weg zur Erreichung der verschiedensten Ziele».[5] Jenes Umschlagen eines frustrierten drängenden Bedürfnisses in eine kürzer oder länger dauernde aggressive Verstimmung – in ihrer häufigsten und mildesten Form nennen wir sie «Verärgerung» – läßt sich oft genug als unmittelbarer Erlebnisbefund introspektiv konstatieren und am fremden Gebaren beobachten: Wenn mich während der Vorbereitung eines geplanten Ausfluges ein unangemeldeter Be-

5 S. Biran: Melancholie und Todestriebe, S. 20. München/Basel 1961.

sucher daran hindert, ihn zeitig genug anzutreten, erfahre ich das die Vorfreude vergällende Aufkommen der Verärgerung; es bedarf einer kleinen Anstrengung, sie ihn nicht merken zu lassen. Und wenn ein ruhig seines Weges gehender Mann von einem bissigen Hund angefallen wird, setzt er sich zur Wehr, d.h. sein Gehen schlägt in ein aggressives Reagieren um. In beiden Fällen handelt es sich um feststellbare und zugleich gedeutete Fakten, nicht um eine «Aggressions-Frustrations-Hypothese» (DOLLARD). Eine solche läge etwa in der Behauptung vor, daß *alle* Aggressionen *nur* aus Frustrationen resultieren – und das wird sich empirisch schwerlich erweisen lassen.

Bezüglich der Häufigkeit stehen u.E. also die im eigentlichen Sinne re-aktiven Aggressionen und Destruktionen, d.h. diejenigen, welche auf verhinderte Bedürfnisbefriedigungen mannigfacher Art hin erfolgen, mindestens in Friedenszeiten an erster Stelle. Den zweiten Rang nehmen jene ein, die mit andern Antrieben und Tendenzen mehr oder weniger verknüpft sind, z.B. mit unspezifischem Expansionsdrang, Eroberung bewohnten Landes, Rodung der Wälder zur Holzgewinnung, Nahrungsbeschaffung, Freiheitsberaubung, Bestrafung usw. Um die darin angestrebten Ziele zu erreichen, sind aggressive und destruktive Aktionen manchmal unvermeidlich, obwohl der Akzent nicht auf ihnen liegt und es demgemäß verfehlt wäre, das ganze Verhalten rundweg als aggressiv-destruktives anzusprechen. Schließlich gibt es beim Menschen willentlich-spontane, nicht endogen-unmotivierten Drangzuständen entspringende An-[252]griffs- und Zerstörungshandlungen um ihrer selbst willen, etwa das Abschlagen von Blütenköpfen auf einem Spaziergang, das sicher gelegentlich den «unbewußten Sinn» eines surrogativ-symbolischen «Kastrierens» besitzt. Sie – als Manifestation der eigentlichen, vielleicht spezifisch «menschlichen Bosheit» – scheinen uns, wenn wir von ihrem befehlsmäßigen Vollzug in Kriegen und Vernichtungslagern absehen, trotz der radikalen «Verdorbenheit» der «menschlichen Natur» am seltensten zu sein. Aber das mindert ihre Relevanz keineswegs – im Gegenteil: Erst die willkürliche Spontaneität und die Reaktivität der Aggressionen einschließlich der damit verknüpften Merkmale läßt ihre von FREUD zunächst lange verkannte und später um so entschiedener unterstrichene Ubiquität begreiflich erscheinen. Warum beharren dann er und eine Anzahl anderer Analytiker auf ihrer mit der Sexualität gleichursprünglichen Endogenität, nicht beachtend, daß die dafür in Anspruch genommenen vermeintlichen empirischen Belege fragwürdig bleiben? Wir sehen zwei Motive wirksam, die beide spekulativer Art sind.

Zahlreiche aggressiv-destruktive Aktionen gegen Lebewesen führen unbestreitbar deren Tod herbei. Da der Mensch imstande ist, den eigenen und den fremden Tod zum Gegenstand des Wissens, Denkens, Vorstellens, Deutens, Wünschens, Fürchtens und Handelns, also zu einem psychologischen Objekt zu machen, liegt es nahe, diesen – sagen wir – vergegenständlichten mit dem faktischen, sich ereignenden, je singulären Tod zu identifizieren. Aber nicht nur identifiziert werden die beiden Sachverhalte, außerdem wird der faktische Tod zum «Ziel» oder «Resultat» eines ihn gewissermaßen hervorbringenden oder wenigstens herbeiführenden «Triebes», mithin einer psychophysischen Aktivität umgedeutet, wofür scheinbar die suizidale Fähigkeit spricht. Allein der Unterschied zwischen dem wirklich geschehenden und dem von seelisch-geistigen (intentionalen) Akten vergegenständlichten – im Falle des Selbstmordes überdies von ihnen mittelbar «realisierten» – Tod ist nicht minder radikal wie der zwischen dem Matterhorn in den Walliser Alpen und dem Venusberg des Minnesängers Tannhäuser. Desgleichen folgt aus der Tatsache, daß für unser Erfahren im faktischen Tod die ganze Lebendigkeit endet, keineswegs ein triebmäßiges oder intentionales Beteiligtsein an seiner «Herbeiführung», wie die Konzeption eines Todestriebes es supponiert. Es war deshalb kein Zufall, wenn die von Freud an der Geschlechtlichkeit herausgestellten Kriterien des Triebes bzw. der Triebhandlung bei genaue-[253]rem Zusehen für den Todestrieb gar nicht mehr gültig waren, wie wir das früher zu zeigen versucht haben.[6] Der sich ereignende, von jedem zu sterbende Tod umfaßt zwar auch das seelische und geistige Erleben, jedoch überragt er es an geschehender Mächtigkeit und wird nicht von ihm hervorgebracht. Daß zerstörende Akte zu töten vermögen, verleiht ihnen so wenig wie den lebensvernichtenden Naturkatastrophen eine immanente, auf den Tod gerichtete triebhafte Tendenz. Doch können wir hier nicht näher auf diese Probleme eingehen.

---

6 Vgl. H. Kunz: Die Aggressivität und die Zärtlichkeit, S. 47ff. Bern 1946. [In diesem Band, S. 41ff.]

Außer der verfehlten Identifizierung des «endogenen», d.h. dem Lebensablauf innewohnenden und dessen Richtung bestimmenden wirklichen Todes mit dem objektivierten Tode spielte bei Freuds Konzeption der Aggressivität als eines «Urtriebes» vermutlich auch die Postulierung einer ihr entsprechenden, der Libido analogen spezifischen «Energie» eine Rolle.[7] Mitscherlich hat gewiß recht, wenn er schreibt: «Das Energiemodell ist äußerst brauchbar für die Verständigung»; problematischer scheint uns schon die Fortsetzung der These zu sein: es «erlaubt die genaue Bezeichnung beobachtbarer Vorgänge (etwa die Rücknahme einer Gegenbesetzung) und enthält den Aspekt des *Geschehens*, der *Aktivität*».[8] Ist die «Rücknahme einer Gegenbesetzung» wirklich ein «beobachtbarer» Vorgang bzw. dessen «genaue Bezeichnung»? Das, mittels dessen wir fremde Objekte, den eigenen Körper und Körperteile bzw. deren Repräsentanzen «besetzen», sind libidinöse und aggressive Energien oder Energiequanten einschließlich ihrer «desexualisierten» und «neutralisierten» Abwandlungen. Sie hat bislang noch niemand beobachtet, d.h. als qualitativ und quantitativ unterscheidbare Gegebenheiten wahrgenommen. Ebensowenig lässt sich das «Besetzen» als Vollzug, Mechanismus oder Geschehen beobachten.* Beide, die Besetzung und ihr Mittel, sind hypothetische Gedankengebilde, was keineswegs besagt, daß ihnen nicht reale psychophysische Prozesse entsprechen könnten; nur kennen wir diese nicht. Ein hypothetisches Gebilde in Mitscherlichs Beispiel stellt auch die «Rücknahme» der Gegenbesetzung dar. Was daran beobachtbar ist, sind auf Partner oder auf den eigenen Leib bezogene Verhaltungen und Erlebnisse unterschiedlicher Art, denen wir jene energetischen Vorgänge unterlegen. Daß das grundlos geschieht, möchte ich nicht behaupten; denn schließlich drängt sich bereits in der Alltagserfahrung der Eindruck einer für die Individuen jeweils [254] kennzeichnenden und im Alter ab-

---

7 Zur Kritik der energetischen Hypothesen in der Psychoanalyse vgl. neuerdings W. Keller: Das Selbstwertstreben, S. 42ff. München/Basel 1963.

8 A. Mitscherlich: Über die Behandlung psychosomatischer Krankheiten. Psyche 18 (1964/65), S. 653.

---

* [Vgl. Anh. 1B, Anm. 1, S. 385.]

nehmenden «Lebensenergie» auf. Jedoch manifestiert sie sich ausschließlich «in» oder «hinter» den mannigfachen qualitativ differenzierten seelisch-geistigen Aktionen und Abläufen, ohne sich als solche fassen oder gar messen zu lassen. Bezüglich des empirisch konstatierbaren Gehaltes ist FREUDS Libidobegriff seit den rund sechzig Jahren seines Bestehens keinen Schritt über seine bloß gedankliche Zuordnung zu beobachtbaren Verhaltens- und Erlebnisweisen hinausgekommen. Um so leichter fiel es, dem bevorzugten, «nur angenommenen», deshalb willfährigen Konzept die nötigen Möglichkeiten zu insinuieren, zumal damit ein Zusammenhang mit der physikalischen Energetik und ihrem Ansehen bewahrt schien. Allerdings ist gerade jenes Moment, das der physikalischen Energetik die große Relevanz ermöglicht und gesichert hat: die Meßbarkeit der Energien, in der Psychoanalyse völlig ausgefallen. Unmerklich traten an die Stelle der ursprünglich gemeinten Fakten die supponierten Modellvorstellungen, die in der Tat eine bequeme Verständigung erlauben. Es fragt sich freilich, welche Rolle dabei der «Wortmagie» zufällt: mittels der Namen verständigen wir uns zum Beispiel jederzeit über gemeinsame Bekannte; aber niemand wird behaupten, daß sie etwas über die Eigenart der Namenträger aussagen.

Im Hinblick auf die den Aggressionen unterlegte Energie bewegten sich die ihr zugedachten Möglichkeiten in einem bescheideneren Rahmen. Diese Energie konnte sich etwa, analog der «Desexualisierung» der Libido, «neutralisieren» (HARTMANN), d.h. ihre primär aggressive «Qualität» oder «Bedeutung» einbüßen. Daß sich so ein genetischer Zusammenhang beispielsweise zwischen einem zunächst aggressiv-unangepaßten und einem gesteuerten Agieren kurz formulieren läßt, soll nicht bestritten werden. Allein daraus ergibt sich keine Notwendigkeit, den beiden aufeinander folgenden Verhaltensgestalten eine vorerst aggressiv qualifizierte und dann neutralisierte Energie zuzuschreiben. Letzten Endes läuft die psychoanalytische Energetik ohnehin auf eine keineswegs unvermeidliche gedankliche Verdoppelung hinaus, die zwar einerseits terminologische Vorteile bietet, andererseits sich aber nicht von der Erfahrung her legitimieren läßt. Außerdem bringen Modellvorstellungen stets die Gefahr mit sich, die in ihnen – sagen wir – «abgebildeten» Tatbestände zu verdrängen oder wenigstens zu nivellieren. Das scheint uns auch bei

Mitscherlich der Fall zu sein, wenn wir ihm die durch das Energiemodell nahegelegte Gleichsetzung des «Geschehens»- mit dem «Aktivitäts»-aspekt [255] nicht mißverstehend unterschieben. Zwischen Aktivität und Geschehen gibt es sicher häufig keine Grenzlinien, doch ändert das an ihrer fundamentalen Verschiedenheit nichts, die sich nicht zuletzt hinsichtlich des Todes bzw. Sterbenmüssens und des Suizids zeigt. Die Möglichkeit des letzteren räumt uns die aktive Entscheidung ein, dem Sterbenmüssen dagegen, das überdies sowohl den Fremd- wie den Selbstmord fundiert, nicht umgekehrt, bleiben wir als der unsern Lebensablauf beherrschenden Macht ausgeliefert. Die Umdeutung des Sterbens zu einem «Aktus des Lebens» (Scheler) oder in ein «Sterbenkönnen» im Sinne eines «Vermögens» (Heidegger, Berlinger) wird seinem Geschehenscharakter sowenig gerecht wie Freuds Rückbindung des faktischen, nicht nur des vergegenständlichten Todes an einen ihn hervorbringenden Todestrieb. Daß die diesem und seinen psychischen – sei es rein aggressiven, sei es mit libidinösen Strebungen vermischten sadistisch-masochistischen – Manifestationen supponierte spezifische Energie die Unterscheidung zwischen der Aktivität und dem Geschehen im Ganzen menschlichen Erlebens und Gebarens nicht fördert, ist nicht verwunderlich, sondern bestätigt die simplifikatorische Tendenz der energetischen Modellkonstruktionen.

Übereinstimmend mit Freud ist auch Lorenz für die Ursprünglichkeit der Aggressionen eingetreten. Er behauptet etwa: «An der instinktiven, triebmäßigen Natur der menschlichen Aggression wird kaum jemand ernstlich zweifeln».[9] Als Mitbegründer der vergleichenden Verhaltensphysiologie,[10] liegt ihm die Annahme einer irgendwie physiologisch faßbaren reaktions- oder aktionsspezifischen Energie besonders nahe, doch konnten bislang lediglich ethologische, nicht nervöse oder chemische Momente beigebracht werden. Unter jenen stehen die rhythmische Wiederholung und die Schwellenerniedrigung der aggressionsauslösenden «Reize» an erster Stelle. Auf sie beruft sich denn auch Lorenz in seiner «Naturgeschichte der

---

9 K. Lorenz: Über das Töten von Artgenossen, S. 23. Dortmund o.J. (1955).

10 Vgl. G. Tembrock: Verhaltensforschung. 2. Aufl. Jena 1964.

Aggression»[11] mehrfach, in welcher er der «Spontaneität der Aggression» ein eigenes, obzwar angesichts der Wichtigkeit des Themas auffallend kurzes Kapitel widmet.[12] Noch überraschender sind seine wenigen Beispiele, welche beweisen sollen, «daß der Aggressionstrieb ein echter, primär arterhaltender Instinkt ist», dessen Spontaneität «ihn so gefährlich macht».[13] Diese dem menschlichen Bereich entnommenen Bei-[256]spiele – die von Zeit zu Zeit einen Krach mit den Dienstmädchen vom Zaune brechende, schon etwas mythisch gewordene Tante, die Ärger- und Wutausbrüche in Kriegsgefangenschaft, der Expeditionskoller[14] – belegen nämlich keineswegs eine endogene rhythmisierte Wiederkehr aggressiver Verstimmungen, sondern sind exogen bedingte «Stauungserscheinungen», die auch in weniger extremen Situationen auftreten. Lorenz hat dies freilich auch gesehen, aber die nächstliegende und u. E. zutreffende Deutung des Sachverhaltes verfehlt – und zwar vermutlich aus zwei Gründen: Einerseits ist er von der äußerlichen Ähnlichkeit der durch Frustrationen bewirkten mit den endogen bedingten Schwellenerniedrigungen der aggressionsauslösenden Umstände irregeführt worden. Andrerseits lassen sich vielleicht die hemmungsbedingten Aggressionsstauungen und -durchbrüche *physiologisch* gar nicht anders erklären, als wie Lorenz es versuchte. Die in seinen Beispielen angedeuteten Situationen verlangen von den darin verstrickten Individuen eine gewisse gegenseitige Rücksichtnahme, d.h. einen Verzicht auf die unmittelbare Entäußerung der kleinen, im Zusammenleben dank der unerläßlichen Versagungen unvermeidlich entstehenden Verärgerungen und Enttäuschungen. Bei der Tante mag es die Abhängigkeit von den Dienstboten zur Bewältigung des Haushaltes gewesen sein, die sie jeweils bewog, ihre Unzufriedenheit mit den Leistungen der neuen Dienstmädchen eine Weile zu unterdrücken, wozu noch der Mangel geeigneter Gelegenheiten, den Ärger anderswo «los»zuwerden, kommen konnte. Dieser selbe Mangel ergibt sich auch für die auf engstem Raum längere Zeit zusammengepferchten

11 K. Lorenz: Das sogenannte Böse. Wien 1963.

12 A.a.O., S. 77ff.

13 A.a.O., S. 79f.

14 A.a.O., S. 87f.

Menschen (Gefangenenlager, Polarexpeditionen u. a.): Es fehlen ihnen die uns zur Verfügung stehenden Möglichkeiten, uns für von der einen Seite auferlegte Beschränkungen surrogativ an andern Partnern zu «rächen». Diese Deutung beruht auf zwei Voraussetzungen, die uns beide in der Erfahrung begründet zu sein scheinen: 1. können leise Enttäuschungen, Verärgerungen, Unzufriedenheiten, d.h. aggressiv getönte Verstimmungen bei der Frustration *aller* Bedürfnisse entstehen; und 2. wohnt solchen Verstimmungen stets die Tendenz zu entsprechenden Entäußerungen inne. Ihre dauernde oder doch häufig wiederholte, so oder anders motivierte Unterdrückung führt u.a. zu Stauungszuständen, die sich dann in inadäquaten Situationen und gegen unbeteiligte Mitmenschen entladen, so den täu-[257]schenden Eindruck eines endogen bedingten Spannungszustandes (wie etwa bei längerem Ausbleiben der sexuellen Befriedigung) erweckend.

Anders dürfte der Fall bei den von LORENZ angeführten Cichlidenpaaren liegen.[15] Hier scheint in der Tat eine endogene Aggression vorzukommen, falls nicht doch bislang übersehene situative Momente mitspielen, die ihre reaktive Auslegung erlauben. Allein diese Beobachtungen an den Buntbarschen rechtfertigen keineswegs ihre Verallgemeinerung. Denn das aggressive Verhalten tritt auch bei den Tieren, wie bei uns, weitaus am häufigsten entweder an andere Aktionen – Beutefang, Verteidigung der sozialen Rangstelle, des Reviers, der Jungen, des Partners, Rivalitätskämpfe usw. – angelehnt oder gegen Hinderungen des Agierens auf. Das entspricht wohl auch der «objektiven Arterhaltung», wenn man schon dergleichen Spekulationen Raum gewähren will. Würden z.B. die Abwehraggressionen wie die echten Instinkthandlungen stets nur durch endogene Faktoren determiniert, dann könnte sich dies nachteilig für die besagte Arterhaltung auswirken. Davon abgesehen sprechen anscheinend manche Beobachtungen dafür, daß sich Tiere ebenfalls etwa für früher erlittene Neckereien «rächen», d.h. gestaute, «aufgeschobene» Angriffe nachträglich abreagieren können. Desgleichen mag bei ihnen auf solche Weise auch gelegentlich ein chronisch gewordener Aggressionszustand entstanden sein. Und schließlich wird man in

15 Über das Töten von Artgenossen, S. 13f.; Das sogenannte Böse, S. 85ff.

diesem Zusammenhang an eigenartige «Prägungsvorgänge» – ich verwende den Ausdruck nicht im präzisen, unlängst von SCHUTZ[16] geklärten Sinne der Nachfolge- und der sexuellen Prägungen – denken dürfen, wofür ich kurz zwei Beispiele anführen möchte.

Ein im Basler Zoo lebendes Kolkrabenpaar hat in bereits ausgewachsenem Alter außer einigen anderen häufigeren Besuchern auch mich zu seinem «Rivalen» erkoren. Stehe ich vor seinem Käfig, so balzt das Männchen auch außerhalb der Brutzeit in der Regel – etwas weniger häufig das Weibchen – und schreitet in Imponierhaltung längs des Gitters, das Weibchen wegdrängend, hin und her. Das letztere dagegen hackt gelegentlich eindeutig gegen mich, ohne daß ich ihm dazu jemals einen «realen Anlaß» geboten hätte. Es scheint also eine aggressive Abwehrhaltung auf mich «übertragen» zu haben. Beim zweiten Fall handelt es sich um eine ebenfalls im Basler Zoo mit einem (anscheinend impotenten) Mandrillmännchen und zwei Mandrillweibchen zusammenlebende Mantelpavianäffin, die wahrscheinlich durch die vorhin erwähnten Neckereien [258] von seiten vieler Besucher in eine leicht erregbare Abwehrstellung geraten ist. Zu mir hat sie ein gewisses Vertrauensverhältnis gewonnen; jedenfalls «begrüßt» sie mich öfters durch Hinhalten der Hand, Züngeln und Grunzen – ein Gebaren, das allerdings jederzeit in einen Angriff umzuschlagen droht. Dieser wird sofort ausgelöst, wenn meine Frau mir ihre Hand auf die Schulter legt, was die Äffin vermutlich als Aggression «versteht» und wodurch sie vielleicht zu einer Art «Partnerverteidigung» provoziert wird.

Die beiden Beispiele sollen lediglich das *wahrscheinliche* Vorkommen von situationsbedingten Aggressionen bei Tieren illustrieren, die dennoch von der Situation allein her nicht recht «verständlich», aber auch nicht endogen bestimmt sind, sondern wohl überdies auf späten «Prägungen» oder «Übertragungen» dunkler Herkunft beruhen.

Ohne das Auftreten endogener Aggressionen bei Tieren grundsätzlich bestreiten zu wollen, scheinen sie für die unvoreingenom-

---

16 F. SCHUTZ: Sexuelle Prägung bei Anatiden. Zeitschr. f. Tierpsychologie 22 (1965), S. 50ff.

mene Beobachtung doch recht selten zu sein. LORENZ' Berufung auf sie als Beweis für die spontane Aggressivität ist daher unzulänglich. Dessenungeachtet müssen wir seiner These vorbehaltlos – den Einbezug der Aggressivität also ausgenommen – beistimmen, dergemäß es eine «völlig irrige Lehrmeinung» sei, «daß tierisches wie menschliches Verhalten überwiegend *re*aktiv und, sofern es überhaupt angeborene Elemente enthalten sollte, doch durchwegs durch Lernen veränderlich sei». Er macht dafür in erster Linie ein «Mißverständnis an sich richtiger demokratischer Prinzipien» verantwortlich. «Dazu kommt, daß durch viele Jahrzehnte die *Re*aktion, der ‚Reflex', allein das Element des Verhaltens darstellte, dem die ernst zu nehmenden Psychologen ihre Aufmerksamkeit widmeten, während alle ‚Spontaneität' des tierischen Verhaltens die Domäne vitalistisch eingestellter, das heißt stets ein wenig mystischer Naturbetrachter war.»[17] Wir selber haben zum Verständnis der Mißdeutung des spontanen Geschehens als reaktives auf geistesgeschichtliche und methodische Motive hingewiesen,[18] doch lassen wir diese Angelegenheit jetzt auf sich beruhen. Uns scheint allein schon der faktische Ablaufcharakter alles Lebendigen seine restlose Reduktion auf Reaktionsreihen, die an ihm freilich stets beteiligt sind, auszuschließen.

[259] Es gibt an den aggressiv-destruktiven Phänomenen noch andere Züge, die gegen ihre Endogenität sprechen, wenn man sie mit den an letzterer partizipierenden sexuellen und nutritiven Antrieben vergleicht. Diese sind einer besonderen Befriedigung fähig, die ihren dynamischen Drangcharakter zeitweise beseitigt; die sie absättigenden Handlungen lassen sich nicht beliebig oft wiederholen. Demgegenüber erlaubt das aggressiv-destruktive Agieren eine «endlose» Fortsetzung, der lediglich durch die umfassende, keine spezifischen Satisfaktionsqualitäten enthaltende Ermüdung Schranken gesetzt sind. Sodann können nur eine begrenzte Anzahl von Gegenständen als Nahrung und als Objekte geschlechtlicher Betätigungen dienen, während alles Begegnende der möglichen Zerstörung ausgesetzt

---

17 Das sogenannte Böse, S. 81.

18 Vgl. H. KUNZ: Über den Sinn und die Grenzen des psychologischen Erkennens, S. 69ff. Stuttgart 1957.

bleibt. Endlich besteht zwischen den nutritiven und sexuellen Aktionen einerseits und den oralen und genitalen Organzonen andererseits ein unverkennbares, wenngleich sich teilweise überschneidendes Zuordnungsverhältnis. Den Aggressionen und Destruktionen jedoch scheint der menschliche Erfindungsgeist ein unbegrenztes Instrumentarium zur Verfügung stellen zu können und zu wollen, obwohl uns bereits von Natur aus mannigfaltigere aggressiv-destruktive Entäußerungsmittel als den Tieren eignen. Das alles veranlaßt uns zu den drei folgenden abschließenden Bemerkungen.

LORENZ[19] und andere Ethologen haben überzeugend gezeigt, daß die im präzisen Sinne verstandenen angeborenen invarianten Instinkthandlungen von fixierten merkmalsarmen gegenständlichen und situativen Konfigurationen ausgelöst werden (wobei wir die Appetenz und die mitwirkenden erlernten Aktionen unberücksichtigt lassen). Das trifft gewiß zumal auch für intraspezifische Aggressionen bei manchen Tierarten zu, keineswegs aber für den Menschen. Sowohl das völlige Fehlen der unser aggressives Benehmen zwanghaft hervorrufenden und hemmenden Schemata oder positiv formuliert: die unbegrenzte Vielfalt der es provozierenden Objekte und Situationen wie die ihm eignende Willkürlichkeit sprechen eindeutig gegen seinen von LORENZ behaupteten «instinktiven», «triebmäßigen» Charakter. Damit entfällt auch sein die Gefährlichkeit betonendes Argument: «Die Spontaneität des Instinktes ist es, die ihn so gefährlich macht. Wäre er nur eine *Re*aktion auf bestimmte Außenbedingungen, was viele Soziologen und Psychologen annahmen, dann wäre die Lage der Menschheit nicht ganz so gefährlich, wie sie tatsächlich ist. Dann könnte man grundsätzlich die reaktions-auslösen-[260]den Faktoren erforschen und ausschalten.»[20] Wir sehen gerade umgekehrt in der beliebigen, jederzeit aktualisierbaren, keiner triebhaft-affektiven Unterstützung bedürftigen, obzwar oft davon erregten und begleiteten Willkür des angreifenden und zerstörenden Tuns das ihm innewohnende Verhängnis verwurzelt. Vielleicht wirkt in der LORENZschen These die weit verbreitete, aber verfehlte Mei-

19 Vgl. Das sogenannte Böse, S. 37ff.

20 A.a.O., S. 79f.

nung nach, dergemäß nur oder doch vorwiegend das «Irrationale», «Elementare», «Urtümliche» die größte Gefährdung berge und zeitige. Allein schon die Existenz der Atombombe widerlegt diesen Irrtum und wäre Anlaß genug, den – freilich verborgenen – Beziehungen zwischen dem Denken, der Rationalität und der dem Menschen immanenten Destruktivität nachzusinnen.[21] Außerdem dürfen in diesem Zusammenhang die primär oder sekundär gegen sich selbst gerichteten, «verinnerlichten», sich – wie FREUD gezeigt oder wenigstens wahrscheinlich gemacht hat – als Gewissensbisse, Schuldgefühle, Zwangsimpulse, depressive Verstimmungen u.a. manifestierenden aggressiven Regungen nicht übersehen und in ihrem Wirkungsgewicht unterschätzt werden. Im übrigen sollten die Biologen und Psychologen der Versuchung widerstehen, sich die populäre Rolle des «Retters der Menschheit» anzumaßen – sie bleibe den großen und kleinen Propheten und Politikern überlassen, obgleich die Hoffnung gering ist, daß sie ihr gewachsen sein werden.

Wie alles Begegnende und Vorgestellte können auch die aggressiv-destruktiven Erscheinungen so oder anders taxiert werden. In der Regel bewerten wir sie negativ und sehen in ihnen etwa die Bekundungen «des Bösen». Indessen handelt es sich dabei um einen Bereich, der jenseits jeder sich ihrer Schranken bewußten biologischen und psychologischen Forschung liegt, wie noch immer am eindrücklichsten aus dem ersten Stück der Schrift KANTS über die «Religion innerhalb der Grenzen der bloßen Vernunft» und aus SCHELLINGS Freiheitsabhandlung zu lernen ist. Reden Biologen und Psychologen *als Wissenschaftler* vom Bösen, so ist das gleichermaßen absurd, wie wenn sie etwa die paulinische Deutung des Todes als der «Sünde Sold» übernehmen wollten.

Für die hier vertretene, ausschließlich auf die Erfahrung sich berufende und keinerlei pragmatischen Absichten dienende Auffassung, derzufolge [261] das aggressiv-destruktive Verhalten bei Menschen und Tieren zum geringsten Teil – wenn überhaupt – aus endogenen, rhythmisch wiederkehrenden Antrieben entspringt, stellt

---

21 Vgl. W. VON BAEYER-KATTE: Das Zerstörende im Denken. Studium Generale 17 (1964), S. 686ff.

sich die Frage nach einer spezifischen, d.h. auf die Aggressionen bezogenen Anpassung an die mitweltlichen Gegebenheiten, Forderungen und Erwartungen nicht.[22] Deshalb dürfen wir auf entsprechende Erörterungen verzichten, die ohnehin zuerst die mannigfachen Bedeutungen des Wortes «Anpassung» klären müßten.

22 Vgl. A. Mitscherlich: Aggression und Anpassung. Psyche 10 (1956/57), S. 177 ff.; Psyche 12 (1958/59), S. 523 ff.

Aggressives Gruppenverhalten

Aggressives Gruppenverhalten

Originalhandschrift aus dem Nachlass (Signatur: HK A 10), datiert auf den 21. Januar 1970, mit Ergänzungen vom 13./14. Februar 1970.

Textvorlage zu einem Vortrag in C. F. Graumanns psychologischem Institut der Universität Heidelberg, Wintersemester 1969/70.

Die Erörterung des Themas erfordert eine Beantwortung der zwei vordringlichen Fragen oder Fragenkomplexe: einmal müssen wir uns darüber klar werden, ob die in einer flüchtigen oder länger dauernden Gruppe zusammengeschlossenen einzelnen, wenngleich nicht isolierten Individuen die alleinigen Träger aggressiven Verhaltens sind; oder ob sich in diesem Verhalten zusätzlich ein sog. «überindividuelles» eigenständiges Gebilde manifestiert, dessen Aktion – wie man zu sagen pflegte – «mehr ist als die Summe» der Einzelhandlungen. Und zum andern geht es um das Problem, ob sich Gründe aufzeigen lassen, die zur Annahme eines primären, den Menschen oder andern Lebewesen angeborenen «Aggressionstriebes» zwingen, der dann am Ende gar eine Art «Aggressionspotential» bildet, das jene entsprechenden kollektiven Aktionen nährt.

Die erste Frage kann heute wohl nur noch ein gewisses historisches Interesse beanspruchen. Zweifellos verhält sich ein vorübergehend vereinzeltes Lebewesen mehr oder weniger anders als wenn es sich in einer Gruppe artzugehöriger oder artfremder Individuen befindet. Soweit es gleich oder ähnlich wie die übrigen Mitglieder agiert, darf man die bei ihnen allen beobachtbaren übereinstimmenden Verhaltensmerkmale rein deskriptiv als «überindividuell» bezeichnen. Allein es besteht kein im festgestellten Sachverhalt selbst gelegener Anhaltspunkt, den gemeinsamen Zügen des Gebarens eine sie tragende und entspringen-lassende besondere «Wesenheit» – also etwa eine selbständige «Gruppenseele» – zu unterstellen. Eine entsprechende Impression mag z.B. beim Anblick einer Schar von Staren entstehen, die anscheinend alle im selben Zeitpunkt von ihrem Sitzplatz auffliegen oder im Flug die Richtung ändern. Ob dabei blitzschnelle wechselseitige akustische bzw. optische Signale mitspielen, weiss ich nicht; jedenfalls sollte man aber zur Erklärung des Tatbestandes nach empirisch aufweisbaren Faktoren fahnden, statt bei der Konstruktion einer geheimnisvollen kollektiven «Einheit» Zuflucht zu suchen. Ich will nicht bestreiten, dass sich die Vermutung einer solchen vermeintlich «überindividuellen Einheit» vom unmittelbaren Eindruck her – übrigens auch bei Fisch- und Insektenschwärmen – aufdrängt, weit intensiver als bei irgendeinem menschlichen Gruppenverhalten. Dennoch handelt es sich m. E. bei allen einschlägigen Behauptungen um Begriffshypostasierungen, zu denen unser Denken stets, ebenso wie zu Generalisierungen, tendiert. Die für die alltägliche und die wissenschaftliche Verständigung unerlässliche Verwendung von Allgemeinbegriffen sollte trotzdem nicht darüber täuschen, dass alle Lebewesen in sich individuiert sind, ungeachtet die Abgrenzung der Individuen von einander gelegentlich schwer fällt oder unmöglich sein mag. Und wenn sich nun eine Gruppe einzelner Lebewesen der je singulären Erfassung entzieht, ist es ausserordentlich bequem, an ihre Stelle ein Gedankengebilde – also etwa eine «beseelte Einheit» – zu rücken. Schon bei LEIBNIZ steht zu lesen, dass die Menschen gewöhnlich die Worte – es gilt auch bezüglich der Begriffe – «für die Dinge nehmen».[1]

Belangvoller dürfte die zweite Frage sein. Beherzigen wir die eben ausgesprochene Verwerfung der Begriffshypostasen innerhalb der erfahrbaren Wirklichkeiten, so müssen wir es von vornherein vermeiden, nach Aggressions-, Macht-, Ich-, Hunger-, Sexual«trieben» als in Tieren und Menschen wirksamen «Wesenheiten» zu suchen. Auch FREUDS spätes Eingeständnis, Triebe seien «mythische Wesen, grossartig in ihrer Unbestimmtheit»,[2] sollte uns nicht dazu verführen, Denkerzeugnisse als bewegende Kräfte in die Organismen zu projizieren. Demgemäss beschränken wir unser Unterfangen auf die Differenzierung von an je individuellen, solitär oder in Sozietäten lebenden Menschen und Tieren beobachtbaren Verhaltensweisen, um an ihnen adäquate deskriptive und gegebenenfalls genetische

---

1 G. W. LEIBNIZ: Neue Abhandlungen über den menschlichen Verstand/Nouveaux essais sur l'entendement humain. Hrsg. u. übers. von W. VON ENGELHARDT und H. H. HOLZ, Band 2, S. 403. Frankfurt a. M. 1961.

2 S. FREUD: Ges. Werke, Band XV, S. 101. London 1949.

Begriffe zu gewinnen. Solche unterschiedliche, mit Ausdrücken der Umgangssprache belegte Gebarensweisen sind uns allen längst aus der vorwissenschaftlichen Alltagserfahrung vertraut. Sie enthalten jedoch nie pure Beobachtungsdaten, sondern durchwegs zugleich – manchmal in den Bezeichnungen verborgene – Deutungen, die sich als vermeintliche «Selbstverständlichkeiten» anbieten und durchsetzen. Daher bedarf es der kritischen Reflexion. Aus jener Alltagserfahrung kennen wir nun auch ein sog. «triebhaftes» Agieren, wofür als kaum bestrittenes Beispiel die Nahrungseinverleibung bei Menschen und Tieren dienen mag.

Die Absicht ist also, auf Grund einer kurzen Analyse dieses Verhaltens die Frage zu beantworten, ob es berechtigt oder wenigstens sinnvoll sei, gemäss der es kennzeichnenden Merkmale auch die Aggressionen dem triebhaften Tun zu subsumieren. Um die Nahrungseinverleibung als Prototyp triebhaften Gebarens besser charakterisieren zu können, konfrontieren wir sie mit zwei menschlichen Tätigkeiten, die wir gemeinhin nicht oder doch nicht so unbedenklich wie jene als triebhafte ansprechen: die Zubereitung der Speisen und das Schreiben. Es zeigt sich dann folgendes:

Zum Essen werden wir – und offensichtlich auch Tiere – in der Regel von einem mit zunehmender Intensität sich unserem Erleben und Bewusstsein aufdrängenden «inneren», als «Hunger» bezeichneten Zustand veranlasst, den wir als mehr oder weniger quälendes, weder von unserm Wollen hervorgebrachtes noch von ihm aufzuhebendes Geschehen in der Magen- und Schlundgegend lokalisiert erleiden. Die von mannigfachen, spezifisch oralen Lusterlebnissen begleitete Nahrungsaufnahme beseitigt diesen Spannungszustand, der Hunger wird gestillt. Indessen kehrt er als zum Lebensablauf gehörender Bestand – daher endogen – in wechselnden zeitlichen Phasen wieder. Das Wort Hunger-«stillung» verweist auf die mit dem noch andauernden Mangelzustand verknüpfte motorische Unruhe, welche die Erwachsenen zwar zu beherrschen gelernt und zur Vorstellungsaktivität «verinnerlicht» haben, die sich aber bei hungrigen Säuglingen und bei Tieren beobachten lässt. Bei den letztern manifestiert sie sich in teils ziel- und objektgerichteten, teils ungerichteten, die Umwelt durchstreifenden Suchbewegungen. Allein zur Nahrungseinverleibung werden wir nicht nur durch den endogen bewirkten, in physiologischen Prozessen verwurzelten Hunger, sondern ebenso durch situative Faktoren veranlasst[3] – übrigens ein nicht für uns Menschen reservierter Sachverhalt. Damit hängt eine beträchtliche Plastizität sowohl im Hinblick auf die zeitliche Gliederung der Hunger- und Sättigungsphasen – ungeachtet ihrer relativen Autonomie – als auch bezüglich der Bewegungsgestaltung des Essens zusammen. Insbesondere sind die individuellen willentlichen und die soziokulturellen Einflüsse in beiden Bezirken relevant; aber sie scheitern am eigentlichen endogenen Hungergeschehen.

Das Essen – orales Ergreifen, Kauen, Schlucken einschliesslich des Saugens – gehört zu den angeborenen Fähigkeiten, die wohl mehr oder weniger geübt, jedoch nicht im strengen Sinne erlernt werden müssen. Als Verhaltensart ist es (bzw. der Hunger) auf einen begrenzten Gegenstandskreis – die als Nahrung dienlichen Objekte – bezogen, der zum Teil ebenfalls sozusagen «angeboren» (man denke etwa an die spezifischen Futterpflanzen der Raupen der Schmetterlingsarten), zum andern Teil aber auch durch Gewöhnung erweiterungsfähig ist. Desgleichen sind an ihm (dem Essen) besondere Leiborgane oder -zonen beteiligt, die sich weder durch beliebige andere noch durch künstlich hergestellte Instrumente ersetzen lassen. Die Leiborgane zeichnen ineins mit den zur Hungerstillung geeigneten Gegenständen die Bewegungsabläufe vor. Und schliesslich sind als «subjektive Begleitphänomene» die verschiedenen Lust- und Unlustqualitäten im gesamten Verhaltenskomplex zu berücksichtigen.

Die Zubereitung der Speisen stellt kein notwendiges, vielmehr ein jeweils zu erwerbendes menschliches Spezifikum dar, das eine mannigfaltige Ausgestaltung zulässt. Freilich kann man die bei vielen Tieren häufige Zerkleinerung der Nahrung als Frühstufe ihrer Zubereitung beanspruchen. Davon und von der Üblichkeit bei den Naturvölkern jedoch abgesehen, fehlen ihr alle naturwüchsigen Züge: das Angeborensein, die endogen-autonome Manifestationsperiodik, die akzentuierte Bindung an ein leibliches Organ u.a. Vollends gilt dies für das Schreiben. Dass manche Menschen «schreiben

---

3 Vgl. D. Katz: Hunger und Appetit. Leipzig 1932; F. Weinert: Hunger und Durst, in: Handbuch der Psychologie in 12 Bänden, Band 2, S. 465 ff. Göttingen 1965.

müssen» und sein automatisierter Vollzug durch verdrängte triebhafte Impulse gestört sein kann, ändert an seinem totalen willensmässigen Erlerntsein gar nichts. Vergleichen wir nun damit und mit dem Essen die Aggressionen.

Zunächst lässt sich konstatieren, dass im Verhalten der Tiere aggressive und destruktive Aktionen vermutlich am häufigsten im Zusammenhang des Beutefangs und der Nahrungseinverleibung auftreten. Im menschlichen Bereich drängt sich dieser Eindruck weniger zwingend auf, zumal wir dank der Erziehung gelernt haben, die in den entsprechenden Situationen sich meldenden Neid- und andern aggressionsnahen Regungen zu unterdrücken. Indessen sollten wir nicht verkennen, dass einerseits die mit dem Essen unvermeidlich verknüpfte Zerstörung der Nahrung sowenig einer spezifischen Destruktivität entspringen muss wie die Vernichtung einer Landschaft durch einen Vulkanausbruch. Und andererseits dürfen wir die partielle phasische Endogenität des Hungers nicht unbesehen auf die an die Nahrungsaufnahme gebundene Aggressivität übertragen. Die etwa von LORENZ für eine vermeintlich instinktive, triebmässige «Natur der menschlichen Aggression»[4] in Anspruch genommenen spärlichen Beispiele[5] sind alles andere als überzeugend. Und seine an gefangenen Cichlidenpaaren gewonnenen Beobachtungen[6] erlauben m.E. nicht die von ihm gefolgerte Verallgemeinerung, dergemäss es nicht nur einen primären, angeborenen «Aggressionstrieb», sondern überdies eine ihm eignende «spezifische Reaktionsenergie» geben soll. Auch ADLER, FREUD und seine den «Todestrieb» akzeptierenden Schüler vermochten dessen Existenz und seine Auswirkungen mit keinen aufweisbaren Fakten zu belegen. Hier wie bei LORENZ handelt es sich um hypostasierte spekulative Denkerzeugnisse, also – mit FREUD zu sprechen – um «Mythologie».[7]

Was sodann die das aggressive und destruktive Tun verwirklichenden somatischen Organe betrifft, so ist zwar die Bevorzugung

---

4 K. LORENZ: Über das Töten von Artgenossen, S. 23. Dortmund o.J. (1955).

5 K. LORENZ: Das sogenannte Böse, S. 87f. Wien 1963.

6 Über das Töten von Artgenossen, S. 13f.; Das sogenannte Böse, S. 85ff.

7 Vgl. dazu A. MITSCHERLICH (Hrsg.): Bis hierher und nicht weiter, [S. 94ff.] München 1969.

der oralen Zone bei den Tieren und im frühen Kindesalter nicht zu leugnen. Allein einmal verlagert sich bei uns das Gewicht im späteren Dasein eindeutig auf Hände, Beine und vor allem auf Werkzeuge (insbesondere Waffen). Zum andern dienen auch bei Tieren extraorale Organe (Krallen, Geweihe, Stinkdrüsen) den Aggressionen. Demzufolge zeigen deren Vollzugsformen ebenfalls eine gewisse Mannigfaltigkeit, die mit der relativ einförmigen nutritiven Aktivität kontrastiert. Ferner fehlen – was wir wenigstens an uns selber festzustellen vermögen – dem angriffig-zerstörerischen Gebaren die akzentuierten *organgebundenen,* wenngleich nicht es durchstimmende, vage Lusterlebnisse.[8] Vielleicht ist es auch gerechtfertigt, der – wiederum relativen – Unspezifität der den Aggressionen verfügbaren Entäusserungsmittel eine unbegrenzte Vielzahl von vernichtbaren Objekten zuzuordnen. Das Kennzeichnende dieses Faktums springt noch mehr in die Augen, wenn man es nicht nur dem als Nahrung in Betracht kommenden, sondern überdies dem der geschlechtlichen Bedürfnisbefriedigung dienenden beschränkten Gegenstandskreis gegenüberstellt, dessen paradigmatische Zugehörigkeit zur Triebhaftigkeit ebenfalls kaum bezweifelt wird. Wie mosaikhaft nehmen sich die für die nutritiven und sexuellen Impulse relevanten im Vergleich mit den zerstörbaren, also den aggressiv-destruktiven Handlungen (und Phantasien) preisgegebenen Objekten aus. Mit dem Mangel einer eigenartigen Organlust setzen wir schliesslich die Tatsache in Beziehung, dass ihnen nicht eine sie absättigende charakteristische Endphase einwohnt, sondern dass sie gewissermassen endlos willentlich wiederholt werden können und nur aufgrund eines umgreifenden Ermüdens oder weil der Vorrat des Zerstörbaren erschöpft ist, abgebrochen werden.

Es fällt auf, wie wenig in den um die menschliche Aggressivität geführten Diskussionen ihre willkürliche Vollziehbarkeit berücksichtigt wird. Das hängt wohl mit der – an sich durchaus berechtigten – Skepsis gegenüber der Postulierung eines selbständigen («frei-

---

8 Der scheinbar gegen die These sprechende Fall der sog. sadistischen Aktionen bestätigt sie in Wirklichkeit. Denn der ihnen eignende Lustcharakter entspringt vermutlich durchwegs ihrem sexuellen, nicht dem aggressiven Impulsanteil.

en») «Willens» und einer besonderen, von der triebhaften Dynamik verschiedenen «Willenskraft» zusammen. Allein das ändert nichts daran, dass wir fähig sind, zwar auch die nutritive (und sexuelle) Tätigkeit willentlich zu beginnen und zu beenden, nicht aber sie ohne Einschaltung von Ruhephasen unbegrenzt fortzusetzen, wie wir dies vergleichsweise und unter Ausschluss der vorhin genannten beiden Bedingungen des Abbruchs im aggressiven und destruktiven Agieren tun können. Ihm eignet – lässt sich auch sagen – eine *immanente Masslosigkeit.* Dazu kommt, dass ausnahmslos alle zur Entäusserung drängenden gegenstandsgerichteten Regungen, Wünsche, Antriebe dann aggressive Reaktionen – von einer augenblicklichen leisen ärgerlichen Verstimmung bis zum unbeherrschten rücksichtslosen Zuschlagen reichend – hervorrufen können, nicht müsse,[9] wenn sie auf irgendwelche äussere oder innere Widerstände stossen. Das scheint uns ein unleugbar aufzuweisender Sachverhalt zu sein, der unabhängig davon besteht, ob man als Voraussetzung dafür einen primären Aggressionstrieb annimmt oder nicht. Wird ausserdem noch berücksichtigt, dass die situativ erweckten, mithin nicht spontan vollzogenen angriffig-zerstörerischen Impulse ihrerseits der vielfach bedingten Frustration erliegen und demzufolge «gestaut» werden, um später ungesteuert und oft genug scheinbar unmotiviert durchzubrechen, dann dürfte allein schon von da her der von MITSCHERLICH festgestellte «Aggressionsüberschuss» weitgehend verständlich werden. Er sieht ihn in allen Gesellschaften «sowohl auf der Ebene des Gruppenverhaltens wie auf der des individuellen Lebens» auftreten, und er zögert mit Recht, ihn «mit dem in der neueren Anthropologie für die Menschennatur reklamierten ‚Antriebsüberschuss'» gleichzusetzen.[10] Denn das Entscheidende ist nicht ein das Menschsein angeblich mitkonstituierender irreduzibler Destruktionstrieb und ein damit verknüpftes Aggressionspotential, das in entsprechenden Aktionen «verbraucht» werden müsste. Viel-

9 Der «angegriffene» Gegenstand kann auch der Aggressionsträger selbst sein.

10 A. MITSCHERLICH: Aggression und Anpassung, in: H. MARCUSE, A. RAPAPORT, K. HORN, A. MITSCHERLICH, D. SENGHAAS und M. MARKOVIĆ: Aggression und Anpassung in der Industriegesellschaft, S. 82. Frankfurt a.M. 1968.

mehr resultiert jener Aggressionsüberschuss aus der Zunahme der für die Wohlstandsgesellschaft charakteristischen, von ihr produzierten Bedürfnisse mannigfacher Art, die doch nicht ausreichend befriedigt werden können und deshalb in zerstörerische Ausbrüche umschlagen. Selbst wer über erhebliche Geld- und Machtmittel verfügt, muss gelegentlich auf die Erfüllung alltäglicher Wünsche gezwungenermassen verzichten, zumal es unter diesen auch solche gibt, die sich weder mit Besitz noch mit Gewalt stillen lassen.*

Die vorige den Willen betreffende Bemerkung gilt zum mindesten für die Psychoanalyse. In ihrer Frühzeit spielten etwa der «Genesungswille» und die hysterische «Willensschwäche» eine gewisse Rolle. Später verwendet FREUD den Ausdruck kaum mehr: es ist, als hätte er SCHOPENHAUERS atheistische Umdeutung des «Willens» – der bis auf ihn eine mit dem Denken eng verknüpfte «metaphysische», auch dem biblischen Schöpfergott zugesprochene «Macht» gewesen war – in eine umgreifende dunkle naturwüchsige «Triebhaftigkeit» stilllschweigend übernommen, noch bevor er sich mit seiner Konzeption eines Todestriebes SCHOPENHAUER ausdrücklich näherte. Dieser denkgeschichtlich-spekulative Hintergrund der Willensthematik sollte nicht übersehen werden. Dass FREUD von einer «Ubiquität der nicht erotischen Aggression und Destruktion» sprach,[11] ihre Relevanz also mit einem Wort bezeichnete, das üblicherweise als Attribut des biblischen Gottes verwendet wird, mag zufällig sein. Indessen kann uns dieser Zufall Fragen nahelegen, die mit unserem Problemkomplex vielleicht etwas zu tun haben; denn die christlichen Theologen sprachen der Gottheit ausser der «Allgegenwart» auch «Allmacht», «Wille», «Zorn» und «Schöpferkraft» zu, mithin Eigenschaften, die der Aggressivität und Destruktivität nicht allzu fern liegen. Da es sich bei diesen auf Gott bezogenen Aussagen faktisch durchwegs um menschliche Denkerzeugnisse handelt, die mit erfahrbaren Sachverhalten zusammenhängen, Gott selbst aber ausschliesslich dem in der Offenbarung gegründeten

---

11 S. FREUD: Ges. Werke, Band XIV, S. 479. London 1948.

---

* [Vgl. Anh. 1B, Anm. 1, S. 388f.]

Glauben zugänglich und demgemäss jeder im üblichen Sinne gemeinten Erfahrbarkeit entrückt sein soll, müssen wir ihn ausklammern und die ihm zugedachten Attribute – FEUERBACHS Umkehrung der «Ebenbildlichkeit» folgend – als «entfremdete», ins «Übermenschliche» gesteigerte Selbstauslegungen anthropologischer Züge verstehen. Wer dieses Vorgehen von vornherein als abwegig oder gar als blasphemisch verwirft, sollte sich fragen, ob etwa die Glaubenskriege nicht sozusagen die irdischen Spuren der «göttlichen Allmacht» sein könnten.

Was vorerst das menschliche Schöpfertum (als Quelle der in die Gottheit verlegten analogen Eigenschaft) angeht, so scheint gerade es mit Aggressivität und Destruktivität nichts zu tun zu haben. Allein der Schein täuscht. Von der gedanklich-imaginativen, sprachlich-gesanglichen und tänzerischen Produktivität abgesehen, benötigen alle übrigen Hervorbringungen der Menschen Verwirklichungsmittel, die aus der Natur durch sie verändernde oder zerstörende Eingriffe gewonnen worden sind und werden müssen. Dass uns dazu die banale Notwendigkeit der Daseinsbewahrung unerbittlich zwingt, mindert die Last des Faktums so wenig wie seine objektive Unvermeidlichkeit und das häufige Fehlen bewusster destruktiver Absichten. Kreativ zu sein gilt gemeinhin als die höchste menschliche Gabe, und auf sie stützen wir uns, wenn wir unsern Rang gegenüber allen andern Lebewesen ins Licht rücken. Keine Tierart hat das Antlitz der Erde auch nur annähernd so sehr aktiv verwandelt wie wir dank unseres Schöpfertums; aber keine hat auch so ungeheure Verwüstungen hinterlassen wie die bisherige Menschheit. «Die menschliche Fähigkeit zu vernichten», schreibt MARKOVIĆ, «hat all seine schöpferischen Fähigkeiten übertroffen».[12] Das war möglich, weil die Produktivität als Auszeichnung des Menschen vermutlich seit jeher mit seinem Verhängnis: das destruktive Wesen zu sein, verkoppelt gewesen ist.

FREUD hat seiner Ubiquitätsthese keine ausdrückliche Begründung beigegeben, wohl deshalb nicht, weil ihm eine solche überflüssig zu sein schien. Wir glauben jedoch, dass sie sich nur dann von der

---

12 M. MARKOVIĆ: Möglichkeiten einer radikalen Humanisierung der Industriekultur, in: H. MARCUSE et. al.: Aggression und Anpassung usw., S. 148.

Erfahrung her halten lässt, wenn die Allgegenwart der Aggression und Destruktion auch an das willentliche rationale Tun geknüpft wird, womit wir irrational-triebhafte Wurzeln des angriffig-zerstörerischen Verhaltens keineswegs leugnen. Zwar essen wir auch gelegentlich aus Höflichkeit einem Gastgeber gegenüber, aus Gewohnheit, Langeweile oder weil wir Lust auf eine besondere Speise haben; aber in der Regel werden wir vom Hunger, also einem nicht willentlich zu weckenden und zu steuernden Zustand dazu gedrängt. Überblicken wir indessen die uns zum aggressiven Agieren motivierenden zahllosen Anlässe, dann dürften die mit dem Hunger vergleichbaren, zum verbalen oder motorischen Ausbruch neigenden, gewissermassen aggressiv gestimmten Zuständlichkeiten doch relativ selten sein. Überdies treten sie nicht oder nur scheinbar endogen-autonom und periodisch-wiederkehrend auf. Vielmehr wird eine sorgfältige Analyse in den meisten Fällen ihre situativ-biographische Entstehungsgeschichte, d.h. ihre (gelegentlich weit zurückreichende) Herkunft aus vorgängigen gestauten und verdrängten Aggressionsimpulsen aufzuzeigen oder wenigstens wahrscheinlich zu machen vermögen. Sie, diese gestauten und verdrängten Impulse, muten, wenn sie dann doch durchbrechen, in ihrer unverständlichen Sinnlosigkeit und Situationsunangemessenheit prima vista wie elementare Triebhandlungen an, zumal sie sich nicht oder kaum mehr absichtlich steuern lassen. Jedoch können sie nicht als Erweis der Allgegenwart der Aggressionen und Destruktionen beansprucht werden. Die zum Gewinn von Kultur- und Industrieland getätigten Rodungen der Wälder und Ausrottungen der Wildnis, das Töten einerseits von Tieren in Schlachthäusern, Geflügelfarmen und Laboratorien, andererseits das Vernichten und Verstümmeln von Menschen in Kriegen, Gefangenenlagern usw.: das alles sind zumeist keine affektiv-triebhaften Aktionen, sondern rational geplante, dank der Technik in wachsendem Umfang durchführbare, spezifisch menschliche «Arbeitsleistungen»:[13] und *sie* verwirklichen die Ubiquität des

---

13 Die Bezeichnung dieser aggressiv-destruktiven Handlungen als «Arbeitsleistungen» ist ungewöhnlich, da die letztern dank ihres zumeist produktiv-reproduktiven Charakters im Gegensatz zu jenen positiv bewertet werden. Allein das tangiert die Gleichheit ihres überwiegend rationalen Aufbaus und

Zerstörens, weil wir dieses jederzeit ohne die geringste emotionale Resonanz vollziehen können.[14] Vergleichen wir sie mit dem Essen als Prototyp eines triebhaften Verhaltens und mit der Nahrungszubereitung und dem Schreiben als erlernten Handlungen, so stehen jene

---

Ablaufs in keiner Weise. Ihre Kennzeichnung als vermutlich spezifisch menschliche Leistungen stützt sich auf die Fragwürdigkeit der Identifizierung der von manchen Tierarten hervorgebrachten Gebilde (Nester, Höhlen u.a.) und der biologisch anscheinend «sinnlosen» Tötungsakte mit den entsprechenden menschlichen Fakten. Dass unter diesen die grausamsten Bekundungen «unmenschlich» oder gar «tierisch» genannt werden, bezeugt lediglich die in uns stets wirksame Tendenz, schwer erträgliche zum Menschsein gehörige Züge zumal sprachlich zu verschleiern und zu «verfremden». Dergleichen geschah schon früh, so etwa wenn die dem Menschen dank der Werkzeugs- und Waffenherstellung eignende Übermacht über die Natur in der Bibel als ihm von Gott verliehene «Verfügungsgewalt über die Schöpfung» gedeutet und mit dem Hinweis auf seine Gottebenbildlichkeit «gerechtfertigt» wird.

14 Ob es dies bei Tieren ebenfalls gibt, scheint mir fraglich zu sein. Leyhausen (K. Lorenz/P. Leyhausen: Antriebe tierischen und menschlichen Verhaltens, S. 246. München 1968) schreibt aufgrund von Beobachtungen an mehreren in Gefangenschaft gehaltenen Katzenarten: «Einmal angestossen hält sich die endogene Rhythmik des Tötens ... für eine gewisse Zeit selbständig in Gang, es besteht keine Koppelung oder gar Zwangssynchronisierung zum kurzfristigen Rhythmus von Hunger und Sättigung; selbst kranke, völlig appetitlose Tiere töten meist noch eifrig, zuweilen bis kurz vor ihrem Tode. Hunger senkt aber die Reizschwelle für Töten». Den Tatbestand als solchen möchte ich keineswegs bezweifeln, wohl jedoch Leyhausens Deutung desselben. Denn wie er selber bemerkt, muss das Töten «angestossen» worden sein, um «in Gang» zu kommen: und das spricht sowohl gegen seine endogene Rhythmik als auch gegen seine willentliche Spontaneität (Dass übrigens die «Instinkte allein Spontanantriebe liefern» sollen, wie Leyhausen a.a.O., S. 266, behauptet, ist mir im Hinblick auf das menschliche willentliche Tun unbegreiflich). Zur Erklärung der Erscheinung wäre etwa an die Möglichkeit zu denken, dergemäss irgendwelche, vielleicht mit der Gefangenschaft oder mit Krankheitsprozessen in Zusammenhang stehende noch unbekannte Faktoren das «Tötungszentrum» reizen könnten, doch ist dies vorerst eine blosse Denkbarkeit. Eine solche bleibt freilich auch Leyhausens von Lorenz übernommene Annahme von «aktionsspezifischen Energien», die er bislang bei Katzen «für Lauern, Schleichen, Haschen, Packen, Töten, Essen und noch eine Reihe weiterer Instinktbewegungen im Funktionskreis

Aktionen (Zerstören und Vernichten) den letztern entschieden näher. Deshalb sagt BERGIUS mit Recht: «Die aggressive Verhaltenstendenz kann ein angeborenes Schema zur Grundlage haben – das reflexartige Zuschlagen, Stossen oder Beissen, ist beim Menschen aber fast stets durch Lernprozesse erworben».[15]

Es stimmt mit dem üblichen Sprachgebrauch überein, wenn wir das im Wachsein jederzeit willentlich vollziehbare angreifende und zerstörende Agieren ein spontanes Tun nennen.[16] Damit meinen wir jenes, das weder unmittelbar aus triebhaft-vitalen Bedürfnissen entspringt noch reaktiv auf äussere Anstösse – sog. «Reize» – hin erfolgt. Vielmehr stellt es sich der begleitenden oder nachträglichen Reflexion als ein solches dar, das ich allein auf Grund meines willentlichen Einsatzes in Gang bringe, in seinem Ablauf auf ein vorausgesetztes Ziel hin steuern und abbrechen oder beenden kann. Das ist ein unbestreitbarer phänomenaler Tatbestand. Aber daraus lässt sich keineswegs die Annahme eines frei schwebenden Willens rechtfertigen. Dessen betont vom Ich aktualisierte Manifestationen bleiben in das individuierte leibseelische Ablaufsgeschehen wie alle übrigen Intentionalitäten eingebettet. Daher müssen wir das mögliche Mitspielen

---

des Beutefangs und -verzehrs» «feststellen konnte» (a.a.O., S.248f.). Solange man nicht erfährt, wie LEYHAUSEN seine angeblichen «Feststellungen» vollzogen hat, muss man vermuten, es sei ihm eine Verwechslung des «Feststellens» – so wie es üblicherweise verstanden wird – mit dem «Deuten» eines festgestellten Sachverhaltes unterlaufen. Anders gesagt: er hat beobachtete Fakten (verschiedene Verhaltensweisen von Katzen) mit puren «Gedankendingen» (aktionsspezifischen Energien) «erklärt», diesen mithin als Denkerzeugnissen des Beobachters den Charakter von in den Katzen wirksamen physiologischen Faktoren supponiert, wie es im magischen Denken häufig geschieht. Dazu gehört auch die merkwürdige Faszination, welche die Hypothese der aktionsspezifischen Energien auf manche Ethologen auszuüben und andere Erklärungsmöglichkeiten zu blockieren scheint. Und schliesslich dürfte sie die Tendenz, die relative Verselbständigung der einzelnen Appetenz- und Instinkthandlungen zu übertreiben und sie aus den übergreifenden – etwa auf die «Arterhaltung» hin orientierten – Zusammenhängen herauszubrechen, unterstützen; man vgl. etwa die völlig spekulativen Ausführungen LEYHAUSENS a.a.O., S.262f. * [Vgl. Anh.1B, Anm.2, S.389.]

15 R. BERGIUS: Werden Aggressionen umgelernt? Die Schulwarte 22 (1969), S.87f.

16 Vgl. H. A. MÜLLER: Spontaneität und Gesetzlichkeit. Bonn 1967.

unbewusster triebhafter und anderer nicht-willentlicher Faktoren auch in jenen Fällen einräumen, die sich der Selbstbesinnung als «reine» Willenshandlungen präsentieren. Ein Verhalten kann also, anders gesagt, den – zumal introspektiven – *täuschenden* Eindruck willentlicher Spontaneität erwecken. Das sollten wir nicht zuletzt im Bereich der menschlichen Aggressivität im Auge behalten.[17]

Wem es Freude bereitet oder wer sich daraus einen Erkenntniszuwachs erhofft, der kann zweifellos alles Gebaren der Menschen und Tiere gedanklich auf das Modell des bedingten Reflexes oder des Reiz-Reaktions-Schemas reduzieren. Eine Variante dieser noch immer beliebten und erfolgreichen Simplifikationen, denen die wirklich beobachtbaren Sachverhalte so gar nicht entsprechen, hat Mitscherlich treffend als «Gleichungsspiel zwischen Aussen- und Leibreizen» bezeichnet und hinzugefügt, dass darin die «Möglichkeit des *spontanen* Verhaltens … völlig unberücksichtigt» bleibe.[18] Wir

---

17 In diesem Zusammenhang verdienen die experimentellen Befunde von Hess und von Holst eine Berücksichtigung, die zeigen, dass aggressives Gebaren bei Katzen und Haushühnern durch zentrale elektrische Reizungen ausgelöst werden kann; vgl. W. R. Hess: Psychologie in biologischer Sicht, S. 34ff. Stuttgart 1962; E. von Holst: Zur Verhaltensphysiologie bei Tieren und Menschen I, S. 232ff. München 1969; ferner K. E. Moyer: Aggressivität. Bild der Wissenschaft 1969, S. 1058ff. Ob es berechtigt ist, solche durch elektrische Reizungen hervorgerufene angeborene Aktionen «spontane» zu nennen, wie von Holst es tut (a. a. O., S. 276, 278), bleibe unerörtert. * [Vgl. Anh. 1B, Anm. 3, S. 389.] Bei Menschen sind entsprechende Experimente meines Wissens bislang nur in geringer Zahl anlässlich von Gehirnoperationen durchgeführt worden. Danach gibt es anscheinend auch bei uns solche Zentren, deren künstliche Reizung u. a. Aggressionen auslösen. Für die Introspektion würde es sich vermutlich um endogene ichferne Geschehen handeln, denen weder der Charakter von reaktiven noch von im willentlichen Sinne spontanen Aktionen zukäme. Und diese «Aggressionszentren» wären wohl «angeboren», d. h. von «Aggressionsgenen» determiniert. Indessen müsste dies nicht zugleich eine Endogenität der Manifestationsweisen implizieren.

18 A. a. O., S. 102. Überraschenderweise erklärt Mitscherlich, Spontaneität sei «in jedem Falle auf triebhafte und affektive Reizung angewiesen». Gerade dies scheint mir aber weder für die gedankliche noch die willkürliche Spontaneität zu gelten.

erwähnen hier diesen Tatbestand, um daran die Frage zu knüpfen, ob in solchen erdachten Reduktionen nicht öfters verschwiegene destruktive Tendenzen mitspielen, die im Dienste der Wirklichkeitsbeherrschung stehen. Die von MITSCHERLICH zitierte MENNINGERsche Defintion: «Das Wesen der Aggression ist das Zufügen von Verletzung oder wenigstens Schmerz»,[19] ist offensichtlich viel zu eng.[20] Übersehen werden in ihr die zahlreichen gehemmten, d.h. sich ausschliesslich in Phantasien, Gedankenerzeugnissen (z.B. Dichtungen) und bildnerischen Darstellungen manifestierenden angriffig-zerstörerischen Regungen. Desgleichen sollten wir nicht verkennen, wie häufig solche in – sei es unausdrücklichen, sei es urteilsmässig entäusserten – negativen Wertungen mitspielen. Hindern wir die Mitmenschen an der Realisierung ihrer Entfaltungsmöglichkeiten, fügen wir ihnen so wenig Verletzungen oder Schmerzen zu, wie wenn wir ihre Bewegungs- und Denkfreiheit beschränken; dennoch verhalten wir uns ihnen gegenüber gewaltsam, wenngleich in minderem Grade als wenn wir sie fesseln, schlagen oder töten. Der Mannigfaltigkeit des aggressiven und destruktiven Tuns entspricht die Vielfalt seiner Verschleierungen und täuschenden rationalen «Rechtfertigungen». Bislang am erfolgreichsten scheint es den oben erwähnten und andern üblichen gedanklichen Reduktionen des zu erkennenden Seienden gelungen zu sein, die in ihnen wirkenden deformierenden und oft genug zerstörerischen Impulse verborgen zu halten: und zwar mittels der Behauptung, dass nur die quantifizier- und experimentell reproduzierbaren Eigenschaften der Gegenstände und Geschehen im «echten» Sinne wissenschaftlich erfassbar seien. Die Resultate bestätigen diese einseitige Auffassung in doppelter Weise: grossartige technische Beherrschung und reissend zunehmende Vernichtung der lebendigen Natur.

Als Zeugnisse für die Ubiquität der menschlichen Aggressionen und Destruktionen möchten wir zusammenfassend folgende Sachverhalte in Anspruch nehmen: 1. ihre im Wachen jederzeit mögliche willentlich-spontane Vollziehbarkeit, die weder an entsprechende,

---

19 A.a.O., S.83, 100.

20 Vgl. dazu P. SEIDMANN: Begriff und Phänomen der Aggression. Studia Philosophica 26 (1966), S.238ff.

d.h. aggressiv getönte Zuständlichkeiten noch an triebhafte Bedürfnisse geknüpft sein muss. 2. können alle auf äusseren und inneren Widerstand stossenden Regungen, Wünsche, Absichten, welcher Art und Intensität sie immer sein mögen, in angreifende und zerstörende Reaktionsimpulse umschlagen. Wird deren verbale oder motorische Entäusserung – aus Furcht vor partnerischen Gegenaktionen, auf Grund eines Haltungsideals u.a. – verhindert, kann daraus 3. ein Drangzustand entstehen, der mit dem des Hungers eine gewisse Ähnlichkeit besitzt. Der Rückschluss auf einen in ihm wirksamen endogen-autonomen primären Aggressionstrieb ist zwar logisch korrekt, aber bisher durch keine eindeutigen Befunde zu belegen. Hält man der Denkmöglichkeit trotzdem ein in der menschlichen Wirklichkeit noch zu entdeckendes Korrelat offen – und das sollten wir im Erfahrungsbereich grundsätzlich tun –, dann kämen dessenungeachtet für den Nachweis der Allgegenwart der Aggressionen und Destruktionen nur die beiden zuerst genannten Sachverhalte in Betracht.

Fraglos gibt es rätselhafte, in ihrer Determination unerhellbare aggressiv-destruktive Aktionen, etwa die Gewaltverbrechen bei beginnender Schizophrenie[21] oder in epileptischen Dämmerzuständen. Im aggressiven Gruppenverhalten dagegen handelt es sich mehrheitlich um triviale Erscheinungen. Schon ihre Grundbedingung gehört dazu: die Tatsache nämlich, dass kein Mensch alle seine Wünsche sich erfüllen oder durch die Andern befriedigen lassen kann. So bleiben in jedem ungestillte Regungen zurück, die eine latente Aggressionsbereitschaft hinterlassen. Da nun die Angst vor Gegenaktionen der häufigste und gewichtigste aggressionshemmende Faktor sein dürfte, mutet es uns als eine Selbstverständlichkeit an, dass dort, wo sich die Wahrscheinlichkeit solcher Gegenaktionen vermeintlich oder faktisch vermindert, zugleich auch die Tendenz zu aggressiven Entäusserungen wächst – und das geschieht allenthalben im Gruppenverhalten zumal wider ausgestossene oder fremde feindliche Einzelne. Auf sie konzentriert sich der Angriff der Gruppe, der wohl immer von einer zusätzlichen affektiven Resonanz mitgetragen

21 Vgl. N. Schipkowensky: Schizophrenie und Mord. Berlin 1938.

wird. Ausserdem verbindet sich in der Regel eine Art unterschwellige «Umwertung» der Aggressivität damit: während ihre moralische und soziale Einschätzung in der Reflexion des einzelnen Gruppenmitgliedes gering sein mag, erfährt sie ineins mit der Identifikation der Gruppe mit dem angreifenden Führer eine vorübergehende Erhöhung. Ferner scheint das gemeinsame aggressive und destruktive Agieren das Aufkommen der Schuldgefühle kurzfristig niederzuhalten. Diese und antizipierte Selbstvorwürfe stehen in der Reihe von Faktoren, die uns zum Verzicht des fraglichen Verhaltens veranlassen können, wohl an zweiter Stelle. Jedoch treten in unserem eigenen Gruppengebaren die vielleicht spezifisch menschlichen Züge hinter denen zurück, die wir gemeinsam mit den nicht allein angreifenden Tieren besitzen.*

---

* [Vgl. Anh. 1B, Anm. 4, S. 389.]

Der Mensch als Zerstörer der Natur

Der Mensch als Zerstörer der Natur

Originalhandschrift aus dem Nachlass (Signatur: HK A 11), datiert auf den 27. November 1968.

In der lebendigen Natur herrscht ein unerbittlicher Kreislauf des Entstehens, Tötens, Getötetwerdens und Sterbens. Zwar spricht die Biologie schon lange von einer «potentiellen Unsterblichkeit» der Einzeller und des Keimplasmas; und Biochemiker stellen uns ernsthaft in Aussicht, dass die Menschheit früher oder später die lebende Materie «so vollständig beherrschen wird», dass Leben nicht mehr als das «Sein zum Tode» gelten könne.[1] Was jene potentielle Unsterblichkeit betrifft, wird man sagen dürfen, dass die für die relativ kurze Dauer unseres eigenen Daseins als «unbegrenzt» anmutende *Hinausschiebbarkeit des* (einen Leichnam hinterlassenden) *Verendens* von – unter künstlichen Bedingungen am Leben erhaltenen – Protozoen und Organen noch keineswegs ausreicht, die Sterblichkeit als fundamentales Konstituens der Lebendigkeit zu beseitigen. Für die so verstandene Sterblichkeit kann ausserdem die Erfahrung in Anspruch genommen werden, dergemäss einstweilen alles Lebendige noch stets irgendwann gestorben ist. Daran müssen wir so lange festhalten, bis die Biochemie mit der faktisch, nicht bloss gedanklich konstruierten Herstellung eines unsterblichen Lebewesens uns eines anderen belehrt hat. Es steht uns vorerst frei, ihre vorhin zitierte Behauptung zu jenen menschlich-allzumenschlichen Wünsch- und Denkbarkeiten zu rechnen, mit denen die geduldige «Zukunft» seit Jahrtausenden bevölkert worden ist – Wünsch- und Denkbarkeiten, welche zugleich die jeweils hoffnungslose Gegenwart verklären halfen und helfen.

---

1 G. Weitzel: Der Mensch im Blickfeld der Biochemie, in: Ursprung und Wesen des Menschen, S. 65. Tübingen 1968.

Lebewesen kennen wir ausschliesslich als individuelle Gebilde, auch wenn sich ihre räumliche, zeitliche und qualitative Individuiertheit gelegentlich schwer oder überhaupt nicht abgrenzen lässt. Zu ihr gehört ein individueller, in sich zeitlicher oder sich zeitigender Lebensablauf, der wenigstens im Hinblick auf seinen Beginn sich in eine «überindividuelle» Generationenfolge[2] einfügt, sie jedoch nicht notwendigerweise auch fortsetzt. Daran wird der radikale Unterschied zwischen den beiden je singulären «Endpunkten» eines Lebensablaufes ersichtlich: seines Anfangs als Teilung, Knospung, Zeugung, Geburt, und seines Endes als so oder so geschehendes Sterben. Das letztere kann durch mannigfache Faktoren – sog. Todesursachen – vorzeitig, d.h. vor seinem seltenen altersbedingten Eintritt herbeigeführt werden. Allein das sollte nicht verkennen lassen, dass der sich ereignende Tod als solcher nicht von den im Organismus (z.B. Krankheiten) oder von aussen wirkenden Ursachen hervorgebracht, sozusagen erst «erzeugt» wird. Vielmehr vermögen sie seinen Eintritt nur deshalb zu erzwingen, weil er als potentielle Sterblichkeit von Anbeginn jedes Lebewesens an in diesem enthalten ist, zu dessen Wesensbestand gehört, und sich in keiner Weise realiter aus ihm entfernen – etwa vermeiden – lässt. Diesen Sachverhalt verschleiert schon das Wort Todes-«eintritt», welches die Meinung erweckt, als breche er «von aussen» in den Lebensablauf ein: der Irrtum mancher Todesauffassungen, die von der antiken Parzenvorstellung und der Paulinischen Deutung als der «Sünde Sold» bis zur Meinung seiner biochemischen Ausmerzbarkeit reichen.

Zu den Todesursachen zählen offenbar auch das Töten und das Getötetwerden. Diese Fakten könnten sich ebenfalls nicht verwirklichen, wenn ihnen die Sterblichkeit des Lebendigen als ihre seinsmässige – nicht nur erdachte – Voraussetzung nicht gleichsam entgegenkäme. Gewiss drängt sich gerade hier der scheinbar selbstverständliche Eindruck auf, als werde «der Tod» eines Menschen oder Tieres durch einen ihn bzw. es treffenden Tötungsakt «hervorgebracht». Indessen bewirkt dieser lediglich den Umschlag der vor-

---

2 Diese Redeweise sollte nicht darüber täuschen, dass die «überindividuellen» Generationenfolgen einzig und allein von artgleichen Individuen gebildet werden.

gängigen immanenten Sterblichkeit in den geschehenden Tod. Das Töten[3] stellt eine mannigfaltige Aktivität der Tiere und Menschen dar, der das Getötetwerden als das von ihr gezeitigte Erleiden zugeordnet ist. Ob man die «Tätigkeit» der sog. fleischfressenden Pflanzen und die lebenvernichtenden Naturkatastrophen auch als Aktivitätsarten interpretieren will, bleibe dahingestellt. Den vielgestaltigen – bei den Tieren natürlichen, bei den Menschen überdies instrumental erweiterten – Weisen des Tötens einschliesslich seiner milderen Vorformen (Bedrohen, Angreifen, Verwunden u.a.) entspricht eine Mehrzahl von ihnen zugrundeliegenden Antrieben und – wenigstens bei den Menschen – Absichten. Diese Formulierung enthält zugleich eine kritische Distanzierung gegenüber der Annahme eines allen oder einer Anzahl Arten von Lebewesen angeborenen «Tötungsinstinktes» in dem Sinne, dass er einerseits Tiere und Menschen zum Töten «um des Tötens willen» drängt und dies andererseits zufolge endogener Impulse geschieht, die sich ähnlich wie etwa die nutritiven und sexuellen Bedürfnisse in unterschiedlichen Phasen spontan melden, im übrigen jedoch auch exogen-reaktiv geweckt werden können. Es gibt bisher nur sehr spärliche Beobachtungen an Tieren, deren Verhaltensweisen sich mit einiger Wahrscheinlichkeit – aber keineswegs zwingend – als Manifestationen endogen auftretender aggressiver und destruktiver Antriebe deuten lassen. Allein es handelt sich dabei um Erscheinungen, die wohl fast immer entweder in Gefangenschaft, also in künstlichen Situationen durchbrechen, oder um Folgen von Krankheiten. Beide Fälle rechtfertigen die Annahme eines für die jeweilige Art charakteristischen, daher allen ihr angehörenden Individuen eignenden angeborenen «Aggressionsinstinktes» nicht. Dass abnormes oder krankhaft aggressives Benehmen in frühen Lebensphasen verwurzelt sein kann, zeigt eine Bemerkung NICOLAIS, dergemäss mit völlig unzureichender Nahrung aufgezogene Gimpel später ihren frisch geschlüpften Jungen Flügel und Beine abgebissen haben.[4] Der unbefangenen Betrachtung bietet

---

3 Vgl. K. LÖWITH: Vorträge und Abhandlungen, S. 274ff. Stuttgart Berlin Köln Mainz 1966.

4 J. NICOLAI: Zur Biologie und Ethologie des Gimpels (Pyrrhula pyrrhula L.) Zeitschr. f. Tierpsychol. 13 (1956), S. 109.

sich das im Tierreich vorkommende Töten fast ausnahmslos in übergreifende Zusammenhänge – Beutefang, Feindabwehr, Verteidigung der Jungen, des Partners und des Reviers, Rivalitäts- und Rangordnungskämpfe usw. – eingefügt dar, die uns nahelegen, seine Antriebe («Motivationen») nicht in spezifischen Tötungsimpulsen, sondern in den jenen Zusammenhängen zugeordneten dynamischen Faktoren zu vermuten. Gleichwohl haben wir keinen Anlass, die Beziehungen zwischen den Tieren zu verharmlosen und zu verklären; denn wenn sich unter ihnen auch Hilfeleistungen, die gelegentlich über die Grenzen der Artzugehörigkeit hinausgreifen, nicht verkennen lassen, dürften doch Furcht und Aggressivität – von wenigen Ausnahmen abgesehen – zwei hervorragende ihr Leben durchwaltende latente, ständig sprungbereite Verhaltensantriebe sein.

Werfen wir jetzt einen vergleichenden Blick auf die destruktive Aktivität der Menschen, so wird sich zunächst schwerlich bestreiten lassen, dass sie die ausgedehntesten Veränderungen auf der Erde gezeitigt hat. Gewiss können etwa die riesigen Schwärme der Wanderheuschrecken grosse Verheerungen anrichten, allein sie bleiben doch immer auf begrenzte Gegenstandsbereiche und Areale beschränkt. Die menschlichen Eingriffe dagegen betreffen alles in der Natur Vorkommende, ausgenommen einstweilen die Lage der Meere und Gebirge – auch sie müssen vielleicht einer künftigen Technik weichen. Freilich darf man das Schlagen der Wälder, die Trockenlegung der Sümpfe, die Verwandlung der natürlichen Wiesen in Kultur-, Bau- und Industrieland, die rasch zunehmende Ausrottung vieler Tier- und Pflanzenarten[5] usw. nicht kurzschlüssig auf eine dem Menschen angeborene pure «Zerstörungslust» oder einen angeblichen «Zerstörungstrieb» zurückführen und dabei den erheblichen Anteil der der Sorge um die Lebenserhaltung entspringenden Notwendigkeiten an jenen in die Natur eingreifenden Aktionen übersehen. Schliesslich haben sich die Landschaften bereits in Zeiten verändert und sind Pflanzen- und Tierwelten untergegangen, in denen noch keine Menschen die Erde bewohnten. Dennoch sind wir die Lebewesen, in

5 Vgl. V. Ziswiler: Bedrohte und ausgerottete Tiere. Berlin/Heidelberg/New York 1965; J. Dorst: Natur in Gefahr. Übers. von V. Ziswiler. Zürich 1966.

welchen die Destruktivität den weitesten Raum einnimmt und bei denen vielleicht allein es soetwas wie das «Zerstören um des Zerstörens willen» gibt, ungeachtet im einzelnen Fall stets noch zusätzliche Momente mitwirken werden. Dass solche destruktiven Handlungen von vagen, nicht in begrenzten Leibzonen lokalisierten Lusterlebnissen begleitet sein und mit der Absicht ihrer willkürlichen Herbeiführung vollzogen werden können, lässt sich nicht bezweifeln. Indessen wird man die Frage stellen müssen, ob es sich dabei um ein vorwiegend vitales Phänomen handelt, wenn man als paradigmatische Manifestationen der Vitalität die nutritiven und sexuellen Aktionen voraussetzt und sich die Unterschiede zwischen den mit ihnen und jenen mit dem Zerstören verknüpften Lustqualitäten vergegenwärtigt.

Wie eben erwähnt sind die die destruktiven Handlungen begleitenden Lusterlebnisse nicht an akzentuierte leibliche Zonen gebunden. Dem entspricht das Fehlen eines ihnen zugeordneten spezifischen Ausdrucks- und Verwirklichungsorgans: wir vermögen ungefähr mit gleichem Erfolg Dinge und Mitmenschen mit Zähnen, Händen und Beinen anzugreifen und zu zerstören. Sodann gelangen die zur Diskussion stehenden Gebarensweisen nicht zu einem ihnen immanenten Ende, dem zugleich ein die sie nährenden Antriebe aufzehrender Absättigungs- oder Befriedigungscharakter eignet. Vielmehr können wir das aggressiv-destruktive Tun potentiell unbegrenzt fortsetzen, faktisch kommt es – von rationalen Erwägungen abgesehen – nur zufolge einer allgemeinen Ermüdung oder weil die zerstörbaren Gegenstände wegfallen zum Erliegen. Ferner besteht zwischen den aggressiv-destruktiven Impulsen und dem ihre Realisierung ermöglichenden Objektbezirk kein gleichsam vorgezeichnetes Zuordnungsverhältnis, wie es einerseits zwischen Hunger und Nahrung und andererseits zwischen den sexuellen Bedürfnissen und den Geschlechtspartnern herrscht. Anders gesagt: zur Stillung des Hungers und der Geschlechtlichkeit steht uns jeweils lediglich ein begrenzter Kreis von qualitativ dazu geeigneten Gegenständen zur Verfügung, zerstören aber können wir heute mit Hilfe der Technik fast alles Begegnende. Wir wollen den angedeuteten Differenzen, die sich zwischen der menschlichen Destruktivität und den beispielhaft angeführten vitalen Antrieben aufweisen lassen, hier nicht weiter nachgehen. Schon ihre flüchtige Kennzeichnung rechtfertigt wohl die Vermutung, derzufolge zwar in ihr, der menschlichen Zerstörungsmacht, auch vitale Anteile mitspielen, sie selbst jedoch im Kern ein geistiges, d.h. in enger Beziehung mit dem Denken und dem Wollen stehendes Phänomen darstellt: und gerade darin wurzeln seine verhängnisvollen Auswirkungen.

Ob die unserm Denken und Wollen gemeinhin eingeräumte Freiheit «absolut» ist oder nicht, bedarf jetzt keiner Erörterung; es genügt die Feststellung, dass der Vollzug der Willens- und Denkakte – wenigstens von ihren beliebig wählbaren Inhalten her – in der Regel von einem Freiheitsbewusstsein begleitet ist. Das Freiheitsbewusstsein gründet im unbestreitbaren Befund, demgemäss wir das Thema unseres Nachdenkens ebenso bestimmen können wie das willentliche Tun oder Nichttun. Falls die vorhin geäusserte Vermutung zutrifft, würde dies besagen, dass wir auch zur bewussten Beherrschung des aggressiven und destruktiven Agierens befähigt sind, ohne bei seiner Unterlassung in Drangzustände zu geraten, wie oft nach dem Verzicht auf die Befriedigung z.B. nutritiver und sexueller Bedürfnisse. Gewiss wirken in den konkreten einzelnen Fällen, in denen wir den motorischen Durchbruch zerstörerischer und vitaler Strebungen absichtlich verhindern, so gut wie immer auch situative Faktoren mit, etwa Ängste, Vergeltungsbefürchtungen, Schuldgefühle, mitmenschliche und gesellschaftliche Rücksichtnahmen u.a.; allein das bleibt für unsern Zusammenhang irrelevant. Bedeutsam dagegen ist die generelle Erfahrung, dass wir aggressive und destruktive Akte jederzeit mit oder ohne sie begleitende Emotionen vollziehen oder vermeiden können, wozu das oben schon betonte Fehlen von ihnen zugrundeliegenden endogen-rhythmisierten spezifischen Regungen passt. Das spricht eindeutig für ihren ausschliesslich oder doch vorwiegend reaktiven und gegen ihren endogen-spontanen Charakter, wie er von Adler, Freud, Lorenz u.a. behauptet wird.[6] Wie schon früher bemerkt, gibt es im Erleben der Menschen, in ihrem Verhalten und dem der Tiere nur wenige beobachtbare Erscheinungen, die viel-

6 Vgl. H. Kunz: Die Aggressivität und die Zärtlichkeit, S. 21ff. Bern 1946. [In diesem Band, S. 17ff.]

leicht auf einen spontanen Aggressionstrieb zurückgeführt werden müssen.[7] Aber auch bei ihnen kann man sich fragen, ob dieser Eindruck nicht auf einem vorläufigen Übersehen exogen auslösender Momente beruht, zumal sich solche in der weit überwiegenden Zahl aggressiver und destruktiver Handlungen aufzeigen oder mindestens wahrscheinlich machen lassen. Der Mensch wäre vermutlich nicht zum naturzerstörenden Lebewesen katexochen geworden, wenn seine ihnen korrelativen Antriebe ähnlich wie manche vitalen Bedürfnisse – ungeachtet ihrer zusätzlichen situativen Beeinflussbarkeit – einem wenn auch labilen periodischen Wechsel der Latenz- und Aktualisierungsphasen unterliegen würden und einer wenigstens kurzfristigen Stillung fähig wären. Das ist nicht der Fall. Indessen wird dadurch das auf offener Hand liegende Faktum nicht berührt, demgemäss die im Alltag reaktiv erregten zahlreichen aggressiv-destruktiven Stimmungen und Verstimmungen – Ärger, Wut, Hass, Neid, Eifersucht usw. – entweder sogleich in adäquater Weise entäussert und abgesättigt oder dann in ihrer motorischen Manifestation beherrscht, verdrängt, aufgeschoben und später in Ersatzhandlungen und -situationen abgeführt werden. Zwischen den affektiven Aggressionen und dem emotional unbeteiligten, rational geplanten und gesteuerten Töten, das dem Menschen reserviert zu sein scheint, bestehen erhebliche Unterschiede. Nur das letztere vermag sein Dasein – kosmische Katastrophen nicht eingerechnet – radikal zu gefährden.

In den dreissiger Jahren hat die KLAGESsche metaphysische Konzeption des «Geistes» als eine die leibseelisch einheitliche Lebendigkeit «spaltende» zerstörerische Macht eine gewisse Bedeutung erlangt. Damals ist KLAGES gelegentlich vorgeworfen worden, er habe den «echten» Geist mit der «abstrakten Intellektualität» – oder wie die Namen gelautet haben mögen – verwechselt. Davon abgesehen war er aber jedenfalls der einzige Denker, der schon kurz vor dem ersten Weltkrieg auf die ungeheuern Verwüstungen beschwörend hinwies, die der Mensch bereits auf der Erde angerichtet hatte[8] und

---

7 Vgl. K. LORENZ: Das sogenannte Böse, S. 79ff. Wien 1963.

8 L. KLAGES: Mensch und Erde, 3. Aufl., S. 11ff. Jena 1929.

die KLAGES mit der Geistträgerschaft in Zusammenhang brachte. Gleichgültig, ob KLAGES' Geistfeindschaft privat-lebensgeschichtlich bedingt sein, auf der genannten Verwechslung beruhen oder einem romantischen Irrationalismus entsprungen sein mag: der sachlichen Nachprüfung seiner Verknüpfung des menschlichen Geistes mit der Naturzerstörung sollten wir uns nicht leichtfertig entziehen. Zunächst jedoch müssen wir feststellen, dass wir die Fähigkeit, die aussermenschliche Natur vor ihrer Vernichtung zu bewahren, der vorausblickenden Besinnung und der daraus folgenden Konsequenz verdanken, die in sie eingreifenden Aktionen zu steuern, zu beschränken oder nötigenfalls ganz zu unterlassen: und das können wir zweifellos nur aufgrund der überlegenden Rationalität. Keinem Tier wird man ein ähnliches, etwa «naturschützerisches» Verhalten zumuten dürfen. Allein diese – wenn man will – konservative Tendenz unseres Intellekts schliesst dessen destruktive Macht nicht aus.[9]

Im wörtlichen Sinne muss man wohl die störende oder gar zerstörende Wirkung des Denkens auf den Bereich des es vollziehenden einzelnen Menschen begrenzen, insofern es etwa als reflektierendes Grübeln die Naivität des Erlebens beseitigen kann. Ein vielleicht wesentlicherer Aspekt zeigt sich, wenn wir nach dem Grunde einer an sich von der Erfahrung nicht zu bestätigenden Überzeugung fragen, die dem Denken eine Art «Allmacht» einräumt. Diese verfehlte Überzeugung gilt uns heute als Symptom einer primitiven magischen Denkphase, die einerseits die Frühkindheit und andererseits die sog. Naturvölker kennzeichnet. Jedoch wissen wir, dass auf sie nicht nur die Zwangs- und Wahnkranken regredieren (FREUD), sondern dass zumal Ängste und Wünsche fähig sind, auch unserem eigenen alltäglichen Denken erneut eine vermeintliche magische Macht zu verleihen. Und wenn wir sie für uns selber nicht mehr in Anspruch nehmen, überlassen wir sie wenigstens noch dem «göttlichen Denken».[10] Da dieses sich uns ausserhalb des Glaubens ebenfalls jeglicher aufweisenden Erfahrbarkeit entzieht, deuten wir es als in die

9 Vgl. W. VON BAEYER-KATTE: Das Zerstörende im Denken. Studium Generale 17 (1964), S. 686ff.

10 Vgl. TH. BLATTER: Macht und Herrschaft Gottes. Freiburg (Schweiz) 1962.

Gottheit verlegtes übersteigertes menschliches Denken und befragen nun also das letztere, woher es sich eine illusionäre «Allmacht» zueignen könnte. Darauf gibt es anscheinend eine einzige Antwort: den Hinweis auf den in uns ständig verborgen anwesenden *möglichen Tod, der seine Allmacht gleichsam vom künftigen faktischen Tod leiht*. Dass an diesem zuletzt alles unser Tun unausweichlich scheitert, lässt sich zwar jederzeit gedanklich leugnen, aber als sich ereignende Faktizität nicht beseitigen. Eine im Denken sich bekundende Manifestation der stets gegenwärtigen Sterblichkeit vermuten wir im Verneinenkönnen[11] und in der Gewissheit des Kommens des je eigenen Todes. Sie impliziert ein Wissen um dessen Relevanz für alles Lebendige und gibt dem Töten unter den zerstörenden Handlungen das singuläre Gewicht.

Aggressive und destruktive Reaktionen treten zumeist dann auf, wenn die versuchte Entäusserung *beliebiger* Strebungen auf Widerstände stösst. Gleichwohl besteht zwischen jenen und den Macht- und Geltungsbedürfnissen eine ausgezeichnete Beziehung, und zwar offensichtlich deshalb, weil diese sich in erster Linie auf – an- und abwesende – Mitmenschen richten. Die zumal bei vielen gesellig lebenden Tieren beobachtbaren Rangordnungen legen es uns nahe, auch den menschlichen Macht- und Geltungsbedürfnissen vitale Wurzeln einzuräumen. Trotzdem sollten wir wiederum – ähnlich wie bei den aggressiv-destruktiven Antrieben – ihre geistigen Anteile nicht unterschätzen, für welche etwa die Rolle der Phantasien als häufiges irreales Medium ihrer primären und sekundär-surrogativen Befriedigung zeugt. Damit hängt ein weiteres, mit der Aggressivität und Destruktivität gemeinsames Merkmal der Macht- und Geltungsstrebungen zusammen: ihre immanente Masslosigkeit, welche eine ausreichende Stillung verunmöglicht. Deshalb können sich die von ihnen getriebenen Menschen nur gezwungen oder überhaupt nicht mit begrenztem Besitz, Ansehen, Ruhm usw. zufriedengeben. Ausserdem bleibt auch der Mächtigste von der Existenz der seine Macht anerkennenden Mitmenschen abhängig, und das hält die

---

11 Vgl. H. KUNZ: Die anthropologische Bedeutung der Phantasie, 2. Band, S. 39ff. Basel 1946.

ruhlose Spannung zwischen der eine innere Unfreiheit zeitigenden Abhängigkeit und der ständigen Nötigung des Bestätigtwerdenmüssens wach. Indessen wirken sich die Machtbedürfnisse auch auf die aussermenschliche Natur aus, nicht zuletzt in der Weise ihrer Beherrschung; wie häufig sie in die Vernichtung umschlägt, erfahren wir jeden Tag.

Es wäre freilich verfehlt, diese Vernichtung nur auf einen puren Zerstörungsdrang zurückzuführen. In weit grösserem Umfang resultiert sie aus der Sorge um die Daseinserhaltung und aus der schöpferischen Tätigkeit der Menschen. Schon die Herstellung primitiver Werkzeuge und die Errichtung schutzgewährender Wohnstätten sind auf die Verwendung von in der (leblosen und lebendigen) Natur vorkommendem Material angewiesen, das ihr mehr oder weniger gewaltsam entnommen werden muss. Aber auch die höchst entwickelten technischen, wissenschaftlichen und künstlerischen Leistungen bedürfen zu ihrer den Augenblick der Konzeption überdauernden Objektivierung fast durchwegs der natürlichen Stoffe. Deren Abbau führt selbst dann unvermeidlich zur sich ausbreitenden Veränderung und Verdrängung der ursprünglichen Natur, wenn die sie bewahrenden Tendenzen sich weltweit durchzusetzen vermöchten. Allein auf lange Sicht besteht dafür kaum die leiseste Hoffnung, es sei denn, die Vermehrung der Erdbevölkerung liesse sich irgendwie eindämmen.

Zur Rechtfertigung des Naturschutzes wird gelegentlich angeführt, wir seien für die kommenden Generationen verantwortlich und hätten daher die Pflicht, ihnen wenigstens noch Bruchstücke der unberührten Wildnis zu retten. Wie alle die Zukunft beschwörenden Argumentationen beruft sich auch diese Rechtfertigung auf eine erwünschte oder befürchtete Möglichkeit, deren Verwirklichung ungewiss bleibt. Deshalb laufen solche Erwägungen oft genug auf – sei es gutgläubige, sei es absichtlich verschleierte – Irreführungen der Zeitgenossen hinaus, die faktisch nur dem eigenen Nutzen dienen sollen. In unserm Beispiel kann niemand begründet und verbindlich voraussagen, ob die Nachkommen an der ursprünglichen Natur überhaupt noch interessiert oder nicht vielmehr darauf aus sein werden, sie in Industrie- und Kulturland, mithin in Erzeugnisse menschlicher Aktivität zu verwandeln. Gewiss werden damit Landschaften, Pflanzen und Tiere, also die Herrlichkeiten der Erde unwiederbringlich verschwinden; aber für sie – so behaupten vielleicht die heutigen Zukunftsplaner – haben ohnehin nur noch sentimentale Romantiker, Träumer und Naturschwärmer Augen und Ohren. In der Tat lässt sich für den Naturschutz lediglich das eine – für die Planer gewichtslose – Motiv beibringen: die Erde nicht ganz an den nicht von Menschen hervorgebrachten Schönheiten verarmen zu lassen. Dass sich etwa die Zerstörung der Wälder und die Gewässerverschmutzung nachteilig für unsere Gesundheit auswirken können, zählt wenig für jene politischen, wirtschaftlichen und militärischen Machthaber, die bereit sind, Millionen Menschen dem atomaren Krieg auszuliefern. Die nukleare Vernichtungstechnik macht auch den an sich berechtigten beruhigenden Hinweis auf die noch immer bestehenden ausgedehnten Gebiete unberührter Natur und auf die Zahl jährlich neu entdeckter Pflanzen und Tiere jetzt fragwürdig. Denn sie lassen sich heute eben in kürzester Zeit, noch bevor sie erforscht worden sind, zerstören. Und schliesslich wird man von den dereinst vermutlich riesigen hungernden Völkermassen nicht erwarten dürfen, dass sie um des Tourismus oder gar um der Wissenschaft willen die Reservate schonen werden.

An sich verfügen wir zweifellos über die Fähigkeit, das Zerstören einzuschränken, zumal seine Unterlassung keine vitalen Drangzustände zeitigt, die abgesättigt werden müssten. Desgleichen liesse sich die Bevölkerungsexplosion wohl steuern, wenn die kritische, d.h. Grenzen ziehende und einhaltende Vernunft ein genügendes Wirkungsgewicht besässe. Allein dafür sprechen weder die geschichtlichen noch die gegenwärtigen Erfahrungen. Das Wissen um den Tod und die darin wurzelnde Möglichkeit des Selbstmordes einerseits und die unvergleichliche, an Mannigfaltigkeit und Umfang alle übrigen Lebewesen unermesslich überragende Schöpferkraft andererseits sind zwei Grundzüge des Menschen. Mit seiner Entstehung scheint sich aber die Natur gleichsam den Vollstrecker ihres eigenen Untergangs erschaffen zu haben, wenn man dafür nicht einen göttlichen Weltschöpfer verantwortlich machen will. Ob die in Zukunft von Menschen hervorzubringenden Werke den Verlust der Wildnis auszugleichen vermögen, bleibt eine offene Frage.

Zur Theorie der Perversion

Ludwig Binswanger zum 60. Geburtstag gewidmet

Zur Theorie der Perversion

erschien erstmals in der *Monatsschrift für Psychiatrie und Neurologie* (1942, Band 105, Basel: S. Karger. S. 1–103).

Unverändert, lediglich abweichend in der Präsentation der Anmerkungsteile, erschien die Schrift 1967 in einer 2. Auflage unter dem leicht veränderten Titel *Zur Theorie der Perversionen* in Hans GIESES Sammelband *Die sexuelle Perversion. Auswahl repräsentativer Texte zur Sexualwissenschaft* (Frankfurt a. Main: Akademische Verlagsgesellschaft, S. 232–325)

Zur Herrichtung der Neuauflage für diesen Band diente als Grundlage das unkorrigierte, auf den 14. März 1942 datierte Handexemplar des Autors (Separatdruck aus Band 105 der *Monatsschrift für Psychiatrie und Neurologie*).

Im laufenden Text wird mit Ziffern in eckiger Klammer auf die Paginierung der Erstauflage verwiesen. Die Nachweise der seitenkonkordanten Stellen in GIESES Sammelband finden sich in Anhang 1 B (S. 392 ff.).

[1] Wenn man unter der «Theorie» eines Phänomens oder Phänomenkomplexes den Versuch versteht, dessen Wesen und Erscheinungsbedingungen unter einheitlichen Gesichtspunkten zusammenzufassen, dann gibt es eine Theorie der sexuellen Perversionen erst seit FREUDS «Drei Abhandlungen zur Sexualtheorie». Was vorher auf diesem Gebiete geleistet worden ist, erschöpfte sich in der Hauptsache im Sammeln und Ordnen der Kasuistik, von vereinzelten Erklärungsversuchen – etwa BINETS Zurückführung der Fetischbildung auf fixierende Kindheitserlebnisse – abgesehen. Auch KRAFFT-EBINGS Charakterisierung der geschlechtlichen Abirrungen als pathologische «Degenerationserscheinungen» wird man kaum als «Theorie» bezeichnen können. Gegen sie hatte sich übrigens noch vor FREUD bereits BLOCH gewandt, dessen «anthropologische Betrachtung der Psychopathia sexualis»[1] darauf abzielte, als die «endgültige, letzte Ursache aller geschlechtlichen Perversionen, Aberrationen, Abnormitäten, Irrationalitäten das dem Genus Homo eigentümliche geschlechtliche Variationsbedürfnis, welches als eine physiologische Erscheinung aufzufassen» sei,[2] nachzuweisen; daraus ergab sich die faktisch bestätigte Konsequenz einer ubiquitären, weder historisch noch ethnologisch beschränkten Verbreitung der Perversionen. Trotzdem hat sich BLOCH ausdrücklich geweigert, FREUDS These ganz zu akzeptieren,[3] dergemäß «die Anlage zu den

1 J. BLOCH: Das Sexualleben unserer Zeit. 10.–12. Aufl., S. 480ff. Berlin 1919.

2 A.a.O., S. 490.

3 A.a.O., S. 482.

Perversionen die ursprüngliche allgemeine Anlage des menschlichen Geschlechtstriebes sei, aus welcher das normale Sexualverhalten infolge organischer Veränderungen und psychischer Hemmungen im Laufe der Rei-[2]fung entwickelt werde».[4] Diese Wendung übte einen entscheidenden Einfluß auf die seither erschienenen Beiträge zum Thema aus,[5] der sich bis in die popularisierte Terminologie erstreckte und darin verfestigte: «normale», «durchschnittliche» Verhaltungsweisen und Erlebnisse werden mit Bezeichnungen belegt, die ehemals für die perversen Phänomene reserviert waren; sie haben ihren spezifischen, besonderen Sinn verloren. Gelegentlich ist zwar gegen das Recht solcher Bedeutungserweiterungen Einspruch erhoben worden, z.B. von RANK[6] und EWALD[7]; allein begründet kann die terminologische Revision nur im Zusammenhang einer Klärung der in den Perversionen implizierten Probleme werden. Die fruchtbarsten Ansätze dazu sehen wir in den Arbeiten von VON GEBSATTEL[8], SCHWARZ[9] und STRAUS[10]. Die folgenden Überlegungen schließen sich ihnen an, wollen aber zugleich betonter eine Auseinandersetzung mit der analytischen Theorie der Perversion sein.

---

4 S. FREUD: Drei Abhandlungen zur Sexualtheorie. 5. Aufl., S. 93. Leipzig und Wien 1922.

5 J. SADGER: Die Lehre von den Geschlechtsverirrungen (Psychopathia sexualis) auf psychoanalytischer Grundlage. Leipzig und Wien 1921.

6 O. RANK: Perversion und Neurose, in: Sexualität und Schuldgefühl, S. 78 f. Leipzig/Wien/Zürich 1926. RANK selbst hat sich freilich keineswegs an die von ihm geäußerten Bedenken gehalten.

7 G. EWALD: Die Begrenzung der Begriffe Sadismus und Masochismus. Münch. Med. Wschr. 78 (1931), S. 1800 ff.

8 V. E. VON GEBSATTEL: Über Fetischismus. Nervenarzt 2 (1929), S. 8 ff.; *derselbe*: Süchtiges Verhalten im Gebiet sexueller Verirrungen. Mschr. Psychiatr. 82 (1932), S. 113 ff.

9 O. SCHWARZ: Über Homosexualität. Leipzig 1931; *derselbe*: Zur Psychologie des Welterlebens und der Fremdheit. (Dargelegt an einem Fall von Homosexualität). Z. Neur. 139 (1932), S. 97 ff.; *derselbe*: Zur Psychologie des Welterlebens und der Fremdheit. II. (Über die «weibliche» Homosexualität). Z. Neur. 143 (1933), S. 478 ff.; *derselbe*: Sexualität und Persönlichkeit. Wien/Leipzig/Bern 1934; *derselbe*: Sexualpathologie. Wien/Leipzig/Bern 1935.

10 E. STRAUS: Geschehnis und Erlebnis, S. 110 ff. Berlin 1930.

Daß in den genannten Untersuchungen das Problem der «Norm» akut wurde, beruht nicht auf einem Zufall oder einer persönlichen Vorliebe der Autoren; vielmehr stellt es sich dann notwendig, wenn nach den durchgängigen Merkmalen der Perversionen, also nach dem Wesen *der* Perversion schlechthin gesucht wird. Freud und die ihm folgenden Forscher vermochten es anscheinend zu umgehen, weil für sie die sogenannte «normale» Gestaltung lediglich einen speziellen Fall der Resultante aus den die Perversionen mitkonstituierenden vorausgesetzten Elementen darstellte; sie, [3] die Perversionen, involvierten keine «Verfehlung» oder «Verletzung» einer immanenten Norm. Freud berief sich auf die alltägliche Erfahrung, die zeige, daß in jedem Menschen irgendwelche perversen Züge vorhanden seien. «Die Ärzte», sagt er, «welche die Perversionen zuerst an ausgeprägten Beispielen und unter besonderen Bedingungen studiert haben, sind natürlich geneigt gewesen, ihnen den Charakter eines Krankheits- oder Degenerationszeichens zuzusprechen, ganz ähnlich wie bei der Inversion. Indes ist es hier leichter als dort, diese Auffassung abzulehnen. Die alltägliche Erfahrung hat gezeigt, daß die meisten dieser Überschreitungen, wenigstens die minder argen unter ihnen, einen selten fehlenden Bestandteil des Sexuallebens der Gesunden bilden und von ihnen wie andere Intimitäten auch beurteilt werden. Wo die Verhältnisse es begünstigen, kann auch der Normale eine solche Perversion eine ganze Zeitlang an die Stelle des normalen Sexualzieles setzen oder ihr einen Platz neben diesem einräumen. Bei keinem Gesunden dürfte irgendein pervers zu nennender Zusatz zum normalen Sexualziel fehlen und diese Allgemeinheit genügt für sich allein, um die Unzweckmäßigkeit einer vorwurfsvollen Verwendung des Namens Perversion darzutun. Gerade auf dem Gebiete des Sexuallebens stößt man auf besondere, eigentlich derzeit unlösbare Schwierigkeiten, wenn man eine scharfe Grenze zwischen bloßer Variation innerhalb der physiologischen Breite und krankhaften Symptomen ziehen will».[11] Die angezogene Erfahrung als solche ist unbestreitbar: es wird wenig Menschen geben, in deren sexuellen

11 A.a.O., S. 26f.

Betätigungen gewisse Züge, die man pervers zu nennen pflegt oder die in ausgesprochenen Perversionen eine beherrschende Rolle spielen, völlig fehlen und auch nicht in Form unrealisierter Wünsche nachweisbar wären. Allein mit dem Hinweis darauf läßt sich weder das Problem der Norm erledigen noch das der Perversion klären oder auch nur richtig stellen. Ein naheliegendes Mißverständnis der Intention, die Norm als notwendige Bedingung der Perversion anzuerkennen, mag hier noch ausdrücklich abgelehnt werden: es handelt sich nicht um einen verschleierten Versuch, die Perversionen moralisch und ästhetisch zu bewerten und sie unter Berufung auf ihre Normwidrigkeit zu verurteilen, ihre populäre Charakterisierung als «Laster» wissenschaftlich zu rechtfertigen – die Bewertung bleibt Privatangelegenheit des Einzelnen und hat mit der sachlichen Forschung nichts zu tun. Daß sich gleichwohl Wertungen einschleichen und das Erkennen trüben [4] können, ist wahrscheinlich; sie müssen dann ausdrücklich gemacht und in ihren hindernden Wirkungen ausgeschaltet werden. Falls sich aus der Auffassung der Perversion als Normwidrigkeit ein psychologisches Verständnis ihrer üblichen moralischen Verurteilung ergeben sollte, wird man dies nicht als Parteinahme oder gar als «Begründung» der Wertung verkennen dürfen.[12] Davon abgesehen duldet es freilich keinen Zweifel, daß eine solche Betrachtung der geschlechtlichen Verirrungen von der analytischen abweicht, oder genauer: ein zusätzliches Moment hineinträgt, das zwar auch der moralischen Sphäre entspringen mag, dem aber dessenungeachtet eine sachliche Relevanz eignet, die von Freud zu Unrecht vernachlässigt worden ist. So führt die Theorie der Perversion auf einem Umweg in die zentrale Frage nach der Existenz des Menschen, denn es kann für deren Wesen nicht gleichgültig sein, daß sie den Verfehlungen seiner Norm – oder wenn man lieber will: seiner «Idee» – jenen weiten Raum beläßt, der unter

---

12 Vgl. dazu Straus, a.a.O., S.115: «Die Normwidrigkeit der Perversion – das muß nachdrücklich hervorgehoben werden – ergibt sich nicht als Werturteil eines befangenen Betrachters, sondern sie ist der Lebensnerv des perversen Erlebnisses selbst».

anderem von den Perversionen ausgefüllt wird. Das Problem der Perversion ist in einem bedeutungsvolleren Sinne ein «anthropologisches» als BLOCH es sehen konnte.[13]

---

13 Das Verdienst, die Sexualpathologie unter einen – im modernen Sinne – «anthropologischen» Aspekt gestellt zu haben, gebührt VON GEBSATTEL und SCHWARZ. Dabei ist es gewiß eine unbefriedigende Situation, daß weder der Ansatz der anthropologischen Frage noch ihre konkrete Durchführung bei beiden Autoren übereinstimmt. Ja, man kann nicht einmal behaupten, sie hätten ein ausreichendes adäquates methodisches Bewußtsein dessen, was sie tun; so wird SCHWARZ sicher seiner eigenen Intention nicht gerecht, wenn er die anthropologische Betrachtungsweise dahin bestimmt, «den Menschen dauernd als leib-seelisch-geistige Einheit im Auge» zu behalten (Sexualpathologie, S. 11); denn damit erreicht er nicht das Niveau, das sich in seiner früher formulierten «anthropologischen Strukturformel der Homosexualität» aussprach (Über Homosexualität, S. 119ff.). Allein man muß einstweilen die Ansprüche an die methodologische Klarheit des anthropologischen Fragens zurückstellen und abwarten, welche Resultate es zeitigt.

Kritik des psychoanalytischen Perversionsbegriffes

Fragt man nach den Gründen, die FREUD bewogen haben, die «Anlage zu den Perversionen» als die «ursprüngliche allgemeine Anlage des menschlichen Geschlechtstriebes», die frühkindliche Sexualität daher als «polymorph-perverse» zu charakterisieren, so [5] drängen sich zwei Motive auf, ein deskriptives und ein genetisches, deren Gewicht unterschiedlich ist. Wir erörtern zunächst das erste.

Vergleicht man das Verhalten eines kleinen Kindes mit demjenigen eines erwachsenen Perversen, dann lassen sich sicher gewisse «gemeinsame» Züge mit denselben Ausdrücken beschreiben: «wie» der Exhibitionist entblößt auch das Kind seine Genitalien, «ähnlich» dem Sadisten quält es Tiere, die neugierige Beobachtung sexueller Handlungen mag ihm «wie» dem Voyeur entsprechende Sensationen eintragen usw. Allein damit sind zweifellos lediglich die gröbsten Verhaltensmerkmale getroffen, ihre feineren phänomenalen Unterschiede können nicht verborgen bleiben. Wir werden uns noch zu fragen haben, warum FREUD und seine Schüler, die doch sonst einen ausgesprochenen Sinn für die Mehrdeutigkeit des Verhaltens bekunden, hier mit schnellen Identifikationen auf Grund oberflächlicher «Ähnlichkeiten» bei der Hand waren. Die Unhaltbarkeit dieses Vorgehens hat STRAUS am Beispiel des sogenannten infantilen «Sadismus» dargelegt.[1] Allerdings war sein Argumentieren trotz des prinzipiellen Rechtes des Einspruchs in den Einzelheiten nicht glücklich, worauf BINSWANGER bereits hingewiesen hat.[2] STRAUS sagt, die Deformierung gehöre «in die Schicht der Werthaltungen und

---

1 A. a. O., S. 110ff.

2 L. BINSWANGER: Geschehnis und Erlebnis. Zur gleichnamigen Schrift von Erwin Straus. Mschr. Psychiatr. 80 (1931), S. 266ff.

Wertverwirklichungen», sie liege «weder als Objekt noch als Ziel in der Richtung eines Triebes»; er kontrastiert «den Sadismus als eine Spielart der Deformierung gegen den Sadismus als Partialtrieb, wie Freud ihn ursprünglich deutete». Dagegen macht nun Binswanger geltend, daß «die Tatbestände, die durch das Wort Trieb von Freud bezeichnet werden, immer auch schon ein Werthaltungsmoment» enthalten, «wenn er es auch selber nicht wahr haben will». Straus vergleicht die Aggression des kleinen Kindes mit der eines jungen Hundes, der ein wertvolles Möbel annagt oder einen kostbaren Teppich zerpflückt. Daran habe er «wohl seine Leistungsfähigkeit des Beißens und Grabens ... versucht, geübt, betätigt. Wir dürfen jedoch nicht ernstlich behaupten, daß er sich aggressiv gegen das Möbel oder den Teppich verhalten habe. Denn das Möbel ist für ihn nur ein Stück Holz, in das man beißen kann, der Teppich eine Deckfläche des Bodens, die zum Graben bestimmt ist ... Nicht anders liegt es bei der Aggression des Kindes; sein Bemächtigen ist in den meisten Fällen ein Zerstören, weil es noch keine andere Form der [6] Kommunikation mit den Dingen hat, und weil ihm die Dinge nur in der Ordnung des Zerbrechlichen oder Unzerbrechlichen als Betätigungsmöglichkeit seiner Kraft erscheinen. Das Zerstören ist noch die einzige, ihm zugängliche Form seines Wirkens auf die Dinge; seine Freude am Zerstören ist Freude an seinem Wirken».[3] «So einfach», bemerkt Binswanger dazu, «liegen die Dinge keineswegs, und der Vergleich des Kindes mit einem jungen Hund ist daher ganz unzulässig»; Straus verrate «eine gar zu einseitige Auffassung der kindlichen Psyche» – sagen wir genauer: eine zu harmlose, entsprechend der üblichen Verklärungstendenz. Andererseits besteht freilich kein Zweifel darüber, daß die Psychoanalyse dem Kleinkinde zu viele primäre destruktive Impulse unterstellte, in der – an sich berechtigten – «Entharmlosung» über das zulässige Maß hinausschoß (und zwar nicht erst in M. Kleins späteren Arbeiten). Ferenczi hat es eingestanden,[4] und es bleibt nicht ohne Eindruck, wenn Sterba sein

3 A.a.O., S. 112.

4 Vgl. dazu die Arbeiten: Relaxationsprinzip und Neokatharsis, Kinderanalysen mit Erwachsenen, Sprachverwirrung zwischen den Erwachsenen und dem Kind, in S. Ferenczi: Bausteine zur Psychoanalyse, 3. Band, S. 468 ff., 490 ff., 511 ff. Bern 1939.

Urteil im Hinblick auf diese letzten Bemühungen Ferenczis auf die Formulierung bringt: er sei darin zur «Lehre von der Unschuld des Kindes» zurückgekehrt, «die ihn weit in die voranalytische Zeit» führte.[5] Es gibt kindliche Umgangsweisen mit (leblosen und lebendigen) Gegenständen, die objektiv deren Zerstörung bewirken, ohne einem entsprechenden, also destruktiven Antrieb und Ziel zu entspringen. Wenn etwa ein kleines Mädchen Hühnerkücken ertränkt, weil es vorher mit Entenkücken spielte und nun glaubt, jene müßten ebenso wie diese schwimmen können, dann handelt es sich bestimmt um kein aggressives Tun. Ähnlich mag es sich in vielen Fällen verhalten, die von außen gesehen auf eine Vernichtung der Objekte hinauslaufen, denen destruktive Impulse zu supponieren trotzdem irrig wäre, weil das negative Resultat sozusagen zufällig aus der besonderen Kommunikationsart mit den Dingen folgt. Aber es ist nicht richtig, daß das Zerstören die einzige dem Kinde «zugängliche Form seines Wirkens auf die Dinge» sei. In der frühesten (oralen) Phase trifft es vielleicht zu,[6] indessen sollte die sorgende, zärtliche Betätigung, die sich später ausgewählten Gegenständen ge-[7]genüber bekundet, nicht übersehen werden. In diesem Stadium, in welchem bereits beide Kontaktmöglichkeiten realisiert sind, gibt es nun auch ein ausgesprochen aggressives Verhalten, das sich auf Dinge und Lebewesen richtet. Es läßt sich z.B. gut beobachten, wie ein Kind halb spielerisch, halb ernst seine Mutter zwischen eine Tür einzuklemmen versucht und ihre Reaktionen auf die Druckverstärkungen abwägt, gleichsam die Grenze abtastend, bis zu der es in der Schmerzzufügung ohne erhebliche Gegenwehr gehen kann. Man gewinnt den Eindruck, daß die drastischen – phantasierten, geplanten oder verwirklichten – Destruktionen nicht oder nur zum geringeren Teile ursprünglich sind, daß sie ihre Intensität vielmehr den reaktiven Verstärkungen (Wut nach Versagungen, Bestrafungen usw.) verdanken. Allein das wird nicht immer zu entscheiden sein, da die

---

5 R. Sterba: Das psychische Trauma und die Handhabung der Übertragung. Internat. Z. Psychoanal. 22 (1936), S. 45.

6 Vgl. dazu Ch. Bühler: Kindheit und Jugend. 3. Aufl., S. 66ff. Leipzig 1931; O. Kroh: Entwicklung der Formen des Gegenstandsbezugs im Kindesalter. Z. Psychol. 124 (1932), S. 103ff.

Anlässe zur reaktiven Intensivierung der Aggressionen verborgen sein können; hinsichtlich ihrer Nachwirkungen bleibt es sich gleich, ob sie primär oder sekundär waren. Auf keinen Fall jedoch bildet ein explizites Wertbewußtsein von den Dingen eine notwendige Voraussetzung der kindlichen Zerstörungsimpulse, das STRAUS offenbar meint, wenn er sagt: «Ein sadistisches Verhalten ist überhaupt nur dort möglich, wo das Triebhafte einem auf Werte bezogenen Erlebnisgesamt eingeordnet ist».[7] Dagegen hat wiederum BINSWANGER Einspruch erhoben: «Ich vermag aber ... nicht zuzugeben, daß wir von sadistischen oder zumindest aggressiven ‚Partialtrieben' erst da sprechen dürfen, wo Wesen und Wert des Gegenstandes subjektiv *voll erfaßt*, also voll bewußt sind. *Trieb und Bedeutungsbewußtsein lassen sich auch im Kind nicht trennen, weder zeitlich noch sachlich*; sobald wir vom einen sprechen, müssen wir auch an das andere denken».[8] Gerade in bezug auf die STRAUSsche Bedeutungs- und Werttheorie muß man SCHILDER zustimmen, wenn er, gegen den Vorwurf STRAUS', die Psychoanalyse sei «rationalistisch», sich wendend, meint, die Psychoanalyse habe viel gründlicher mit dem Rationalismus gebrochen als STRAUS es tue.[9] Denn die Bedeutung und der Wert eines Erlebnisses sowohl wie eines Geschehens und Gegenstandes werden getragen von der Antriebsqualität und der Zielgerichtetheit eines Verhaltens zu ..., vielleicht ursprünglicher, sicher jedenfalls nicht den ratio-[8]nalen, sinnverleihenden Akten nachgeordnet. STRAUS bleibt – was wir hier nicht genauer zeigen können – zu einseitig an der thematischen Bedeutungserfüllung und -entnahme, d.h. an den idealen Bedeutungseinheiten HUSSERLS und den ihnen entsprechenden intentionalen Akten orientiert. Sie sind ein zusätzliches, unter Umständen fehlendes Element in allen jenen bedeutungshaltigen triebhaften Gegenstandsbezügen, in denen der «Sinn» im Verhalten involviert ist und in seiner Besonderheit von Impulsart und -ziel bestimmt wird. Der Wert- und Bedeutungsgehalt eines zer-

---

7 A.a.O., S.113.

8 A.a.O., S.267.

9 P. SCHILDER: Einige Bemerkungen über Zeitprobleme. Nervenarzt 5 (1932), S.364.

störten Dinges braucht nicht vorgängig erfaßt, er kann in der Destruktion als solcher betont, ja statuiert und zugleich vernichtet werden.

Sind demnach auch dem kleinen Kinde grundsätzlich destruktive Triebimpulse zuzubilligen – über ihr durchschnittliches Ausmaß und ihre ursprüngliche oder reaktive Natur läßt sich streiten –, so besteht nun freilich kein Grund, sie «sadistisch» zu heißen, sofern man diesem Terminus seinen traditionellen geschlechtlichen Bedeutungsakzent bewahren will. Selbstverständlich kann dazu niemand gezwungen werden, zumal mindestens die wissenschaftliche Begriffsbildung weitgehend eine konventionelle Angelegenheit ist. In der Psychoanalyse sollte jedoch die Benennung der Aggression als «sadistisch», bzw. als sadistischer Partialtrieb ihren genuinen sexuellen Charakter zum Ausdruck bringen und also nicht bloß die – gelegentlich oder regelmäßig realisierte – Möglichkeit einer Verschmelzung destruktiver Impulse mit genital-sexuellen Verhaltensweisen. Bezeichnet man außerdem von vornherein *alle* Lustqualitäten als «sexuell» – was in der Psychoanalyse mehr inexplizit als bewußt geschah, wenigstens von den meisten Analytikern –, dann ist wiederum die den Aggressionen zugeordnete Lust «sexuell» («Muskelerotik»). Genau genommen ließe sich diese Terminologie seit der FREUDschen Deutung des Sadismus als «Triebgemisch» sexueller und destruktiver Provenienz nicht mehr halten. Allein worauf es hier ankommt, ist dies, daß – wie immer die genetischen Zusammenhänge sein mögen – zwischen den *üblichen* «sadistischen» Aggressionen des Kindes und den perversen Handlungen eines erwachsenen Sadisten keine wesentliche Ähnlichkeit, geschweige denn Identität besteht, weder in phänomenaler noch sinnimmanenter Hinsicht. Wir reden ausdrücklich von den *üblichen* infantilen Aggressionen, lassen also die – als Ausnahme zu bewertende – Möglichkeit offen, derzufolge z.B. das Quälen eines Tieres auch einmal in einem Kinde spezifisch genital-sexuelle Sensationen und Lusterlebnisse zu erregen vermag und um ihretwillen gesucht und wie-[9]derholt wird. Diesem Fall eignet der legitime Anspruch, den grausamen, direkt oder indirekt zum Orgasmus führenden Akten des Sadisten im überlieferten Verstande gleichgesetzt zu werden. Nun wird man sich sagen müssen, daß es im sexuellen Handlungsgesamt gehemmte Impulse oder Impulsfragmente gibt, die nicht die Drastik und Intensität des Schmerzzufügens – in extremer Steigerung: des Lustmordes – erreichen, sondern sich etwa mit Phantasien blutigen Inhalts begnügen. Wir werden zu fragen haben, unter welchen Bedingungen diese abortiven Phänomene gleichwohl im berechtigten Sinne als sadistische anzusprechen sind; einstweilen begnügen wir uns mit der Warnung, kurzweg alle jene Akte, die mit der Gewinnung, Widerstandsbrechung und Bemächtigung eines Partners etwas zu tun haben, dem Sadismus zu subsumieren, unter stillschweigender Voraussetzung der Gleichung: Aktivität = Sadismus. Hier hat STRAUS recht, wenn er schreibt: «Die normale erotische Bemächtigung hat nichts mit sadistischer Aggression zu tun, auch wenn es zuweilen so scheint, als seien sadistische Handlungen nichts anderes als Steigerungen der Aktionen, die normalerweise bei der geschlechtlichen Vereinigung vorkommen».[10] Und ebenso fand es HORNEY nötig, zu betonen, «weil es so oft in der psychoanalytischen Literatur ungenügend auseinandergehalten wird, daß kein Grund vorliegt, anzunehmen», daß die phallischen Impulse des Eindringens eine sadistische «Färbung von Natur aus haben, daß es also unzulässig ist, ohne jedesmalige besondere Begründung männlich = sadistisch – oder entsprechend weiblich = masochistisch zu setzen».[11]

Dieselbe Kritik wäre, wie es auch das HORNEYsche Zitat nahelegt, mutatis mutandis an der analytischen Verwendung des Ausdrucks «masochistisch» anzubringen. Zwar hat FEDERN frühzeitig sehr klar vor dem unscharfen Gebrauch des Wortes gewarnt, aber er ist damit nicht durchgedrungen, seine Arbeit scheint den meisten Analytikern nicht genehm gewesen zu sein, weshalb sie sie vergaßen. Ich möchte den betreffenden Passus in Erinnerung bringen: «Derzeit wird die Bezeichnung Masochismus in der psychoanalytischen und sonstigen Literatur ebenso kritiklos verwendet wie die Bezeichnung Sadismus. Jedem irgendwie passiven Phänomen wird Masochismus zugrunde gelegt. Besonders oft wird die normale weibliche Sexualität als masochistisch bezeichnet. Auch meine eigenen Ausführungen sollen den [10] ätiologischen Zusammenhang zwischen weiblicher Sexualität und Masochismus neu bekräftigen. Sagt

10 A.a.O., S.112.

11 K. HORNEY: Die Angst vor der Frau. Internat. Z. Psychoanal. 18 (1932), S.14.

man aber, das Weib sei masochistisch – wobei die gleiche Bezeichnung für zweifellose Perversitäten und Abnormitäten gebraucht wird – so ist erstens damit die ganze Theorie der Perversität vorweggenommen, zweitens die masochistische Gefühlsrichtung als die für das Weib einzig normale hingestellt. Es kann aber ein Weib normal sein, ohne masochistisch oder sadistisch zu empfinden und immer hat die normale weibliche Sexualität eine starke passive Komponente, ist also, verglichen mit der männlichen, passiv. Nur so entspricht die Behauptung den Tatsachen. Es ist nötig, die Begriffe ‚weiblich' und ‚masochistisch' stets auseinander zu halten. Auch passiv und masochistisch muß voneinander unterschieden werden. Soweit es sich um lustvolle Sensationen handelt, die zur passiven Rolle im Sexualakte oder zur Vorbereitung im sexuellen Gebiete gehören, sprechen wir von passiver Sexualkomponente. Sobald aber die sexuelle Lust aus einem nicht sexuellen Leiden geschöpft wird, spricht man mit Recht von Masochismus. In analoger Weise unterscheidet sich der Sadismus von der aktiven Sexualkomponente dadurch, daß die Quelle der sexuellen Lust vom sexuellen Betätigungsgebiete auf das Gebiet der Aggression verschoben wurde. Der Sadist findet die sexuelle Endlust nicht darin, daß er Gewalt- und Schmerzzufügung bei einer sexuellen Besitzergreifung ausführt, sondern behufs Besitzergreifung oder Schmerzerregung als Eigenzweck».[12]

Diese Warnungen FEDERNS sind also von den Analytikern nicht beherzigt worden, um so weniger, als FREUD später durch die Unterscheidung des erogenen, femininen und moralischen Masochismus[13] der unklaren, wenigstens partiellen Identifizierung der weiblichen mit der «masochistischen» Sexualität Vorschub geleistet hat. Es ist dabei bemerkenswert, daß FREUD sich in der Analyse des «femininen» Masochismus «aus Gründen des Materials» ausschließlich an den männlichen «Weiblichkeitswünschen» – BOEHM faßte sie als «Weiblichkeitskomplex des Mannes»[14] zusammen – orientierte, d.h.

---

12 P. FEDERN: Beiträge zur Analyse des Sadismus und Masochismus. II. Die libidinösen Quellen des Masochismus. Internat. Z. Psychoanal. 2 (1914), S.106.

13 S. FREUD: Das ökonomische Problem des Masochismus. Internat. Z. Psychoanal. 10 (1924), S.123ff.

14 F. BOEHM: Über den Weiblichkeitskomplex des Mannes. Internat. Z. Psychoanal. 16 (1930), S.185ff.

an Phänomenen, deren genuiner Weiblichkeitscharakter doch wohl an-[11]gezweifelt werden darf und muß. Die manifesten Inhalte dieser «femininen» masochistischen Phantasien und der ihnen entsprechenden Veranstaltungen: «geknebelt, gebunden, in schmerzhafter Weise geschlagen, gepeitscht, irgendwie mißhandelt, zum unbedingten Gehorsam gezwungen, beschmutzt, erniedrigt zu werden», mögen vielleicht bei allen Frauen irgendwann einmal bewußt oder unbewußt auftreten – den primären «gesunden» Gehalt der «Weiblichkeit» machen sie keineswegs aus.[15] Die Methode läßt sich dem Versuche vergleichen, die Anatomie und Physiologie der weiblichen Genitalien aus der Untersuchung der embryonalen «weiblichen» Reste in den männlichen Geschlechtsorganen zu gewinnen. Aber das Resultat des von FREUD eingeschlagenen, methodisch höchst fragwürdigen Weges ist in der Analyse zum herrschenden Dogma geworden, wie die Arbeiten DEUTSCHS,[16] LAMPL-DE GROOTS,[17] BONAPARTES[18] u.a. zeigen. Nur einzelne Autoren haben sich außer FEDERN und HORNEY dagegen gesträubt, so RADÓ, der die «masochistische

15 Die Meinung, der Masochismus stehe in besonders enger Beziehung zur Weiblichkeit und stelle eine pathologische Übersteigerung einiger ihrer Züge dar – eine analoge Relation soll zugleich zwischen Sadismus und Männlichkeit existieren – ist bereits von KRAFFT-EBING vertreten und später z. B. von HIRSCHFELD akzeptiert worden. Unter dieser Voraussetzung schreibt letzterer daher konsequent: «Vom sexualpsychologischen Gesichtspunkt aus sind der Masochismus des Weibes und der Masochismus des Mannes zwei grundverschiedene Dinge, und ebenso der Sadismus des Mannes und des Weibes. In dem einen Falle handelt es sich um einen Exzeß, im andern um eine Inversion, der eine Fall bedeutet nur eine Steigerung, der andere aber eine völlige Umkehrung des eigentlichen Geschlechtstypus». M. HIRSCHFELD: Sexualpathologie. II. Teil, S. 232. Bonn 1918. Mit SCHWARZ (Sexualpathologie, S. 241) halten wir die Voraussetzung und daher auch die Folgerung für irrig.

16 H. DEUTSCH: Psychoanalyse der weiblichen Sexualfunktionen. S. 41f. Leipzig/Wien/Zürich 1925; *dieselbe*: Der feminine Masochismus und seine Beziehung zur Frigidität. Internat. Z. Psychoanal. 16 (1930), S. 172ff.

17 J. LAMPL-DE GROOT: Zu den Problemen der Weiblichkeit. Internat. Z. Psychoanal. 19 (1933), S. 413f.; *dieselbe*: Masochismus und Narzißmus. Ebenda 23 (1937), S. 479ff.

18 M. BONAPARTE: Passivität, Masochismus und Weiblichkeit. Internat. Z. Psychoanal. 21 (1935), S. 23ff.

Deformierung des Genitaltriebs», die «masochistisch deformierte Weiblichkeit» für einen pathologischen, nicht normalen Prozeß hält, welcher als schockartige Wirkung der während der masturbatorischen Phase des kleinen Mädchens erfolgenden Penisentdeckung einsetze;[19] er nennt die «Deformation des icheigenen Genitaltriebs zum ichwidrigen Genitalmasochismus» das «Grundphänomen der Neu-[12]rose».[20] Wir lassen diese innerhalb der Psychoanalyse strittigen Dinge auf sich beruhen, erörtern auch nicht FREUDS Konzeption eines primären erogenen Masochismus als eines «Legierungsproduktes» von (gegen das Subjekt gerichtetem) Todestrieb, bzw. Destruktion und Libido und deren Kritik durch REICH.[21] Vielmehr begnügen wir uns mit dem Hinweis, daß, wenn es zum Wesen des Masochismus gehören soll, mit Hilfe phantasierter oder faktisch erfahrener Schmerzen, Erniedrigungen usw. genital-sexuelle Lusterlebnisse zu gewinnen, ein solches Verhalten in der frühen Kindheit wiederum als Ausnahme gelegentlich vorkommen kann, keineswegs aber als regelmäßiges Ereignis, ja als «anlagemäßiger Partialtrieb» anzusprechen ist. Der Terminus «masochistisch» hat nun einmal eine genitalsexuelle Bedeutungsakzentuierung erhalten, und es ist nicht einzusehen, warum er sie verlieren sollte, selbst wenn in der Genese der ausgebildeten Perversion nicht-sexuelle Faktoren (im engeren Sinne) beteiligt sind. Daher wird es dauernd Mißverständnisse erwecken, wenn HORNEY im «masochistischen Charakter» eine besondere kategoriale Verhaltensstruktur erblickt, innerhalb derer die spezifische masochistische Weise der Sexualbefriedigung lediglich *einen* Zug bildet[22] – Mißverständnisse in der Richtung einer «Sexualisierung» jener charakterlichen Struktur, die der Intention HORNEYS strikte entgegenlaufen.[23]

---

19 S. RADÓ: Die Kastrationsangst des Weibes, S. 22ff. Wien 1934.

20 A. a. O., S. 88.

21 W. REICH: Charakteranalyse, S. 234ff. Wien 1933.

22 K. HORNEY: New Ways in Psychoanalysis, S. 246ff. New York 1939; ferner ihre frühere Darstellung der Probleme, in: The Neurotic Personality of Our Time, S. 259ff. New York 1937.

23 Das führt dann überdies leicht zu politisch motivierten Mißbräuchen, z. B. bei FROMM, der den Typus des «Kleinbürgers» als «autoritär-masochistischen

Vergleichen wir als letztes Beispiel das «exhibitionistische» Verhalten des Kindes und der erwachsenen Exhibitionisten. Es ist nicht nötig, im Hinblick auf diese die verschiedenen aktuellen und latenten Antriebe, die im einzelnen Falle die Entblößung bewirken mögen, genauer zu berücksichtigen; und es versteht sich auch von selbst, daß das Symptom als solches in seiner Bedeutung unterschiedlich beurteilt werden muß, je nachdem es auf dem Boden einer Senilität, einer Psychose, einer Psychopathie oder den besonderen Umständen (langdauernde sexuelle Abstinenz, Alkoholisierung usw.) eines [13] «durchschnittlichen» Lebens entspringt.[24] Das Kind kann sich vor Errichtung der Schamschranke entblößen zur Verrichtung der Notdurft oder um das Bedürfnis dazu anzuzeigen, oder weil es dazu aufgefordert wird, oder in der Erwartung, vom Spielgefährten durch eine entsprechende Handlung belohnt zu werden und derweise seine Sexualneugier befriedigt zu sehen, oder weil es sich beim Spielen an heißen Tagen der lästigen Kleidung entledigen möchte usw. Ich meine, es wäre wirklich verfehlt, hier nach «hintergründigen» Motiven zu suchen und die harmlose Atmosphäre dieser Geschehen zu verkennen – was nicht ausschließt, daß sie nachträglich, durch das Kind selbst nach Bestrafungen oder in den Erinnerungen Erwachsener, «entharmlost», in ihrem Sinne umgedeutet («sexualisiert», «aggressiviert») werden können. Anders müssen die Entblößungsakte interpretiert werden, wenn sie nach der Aufrichtung der Scham-

Charakter» kennzeichnet; vgl. F. Fromm: Theoretische Entwürfe über Autorität und Familie. Sozialpsychologischer Teil. In: Studien über Autorität und Familie, S. 110ff. Paris 1936.

24 An neuerer Literatur vgl. M. Hirschfeld: Sexualpathologie. III. Teil, S. 249ff. Bonn 1920; J. E. Staehelin: Untersuchungen an 70 Exhibitionisten. Z. Neur. 102 (1926), S. 464ff.; J. Moses: Die psychischen Mechanismen des jugendlichen Exhibitionismus. Z. Sexualwissensch. 17 (1930/31), S. 106ff.; W. Riese: Über Exhibitionismus. Dtsch. Z. gericht. Med. 18 (1931), S. 14ff.; K. Kolle: Sexualpsychopathologie. Fortschr. Neurol. 4 (1932), S. 361ff.; H. Christoffel: Exhibitionism and Exhibitionists. Internat. Journ. of Psycho-Anal. 17 (1936), Part. 3; W. Villinger: Zur Psychologie, Biologie und Begutachtung der Exhibitionisten. Mschr. Kriminalbiol. u. Strafrechtsref. 28 (1937), S. 265ff.; H. Binswanger: Zur forensischen Psychiatrie der nicht geisteskranken Personen, S. 92ff. Bern 1941.

schranke erfolgen und daher deren Durchbrechung involvieren. Das pflegt dann in der Atmosphäre des Verbots, der Angst, der Heimlichkeit, deshalb in Begleitung einer mehr oder minder diffusen Erregung zu geschehen, in der spezifische genital-sexuelle, urethrale und anale Sensationen durchaus mitschwingen oder selbst im Vordergrund stehen mögen. Hier kann der exhibitionistische Akt die Bedeutung einer Demonstration, einer Aggression oder eines Verführungsversuches erlangen, zumal als Reaktion auf analoge traumatische Erlebnisse. Daß es sich um regelmäßige Erscheinungen handelt, wird man wohl bestreiten müssen. Es gibt auch in dieser Phase noch ein spielerisches Entblößen vor Erwachsenen, etwa in der Absicht, sie auf ihre Toleranzweite zu prüfen. Nie jedoch eignet den kindlichen Exhibitionen jener Zwangscharakter, wie wir ihn bei den psychopathischen Exhibitionisten beobachten, und es ist nicht gleichgültig, daß die Entblößungen der letzteren von onanistischen Akten begleitet oder gefolgt zu werden pflegen. Denn ein, isoliert betrachtet, scheinbar identisches Phänomen wandelt seine Bedeutung und [14] wird daher in sich zu etwas anderem, je nachdem in welchem Zusammenhang es auftritt (wofür ja die Psychoanalyse unter dem Titel der «Sexualisierung» und «Genitalisierung» eine ganze Reihe von Beispielen aufgewiesen und in ihrer Weise «libidotheoretisch» interpretiert hat). Die infantilen Exhibitionen besitzen einen wesentlich anderen Charakter als die gleich benannten perversen Akte der Erwachsenen, und das gilt grundsätzlich von allen kindlichen Äußerungen, die unter Freuds Begriff der polymorph-perversen Sexualität fallen, mit den ihnen «zugeordneten» Perversionen verglichen. Die «homosexuellen» Strebungen, die «masturbatorischen» Betätigungen, die «koprophilen» Tendenzen usw. in der frühen Kindheit realisieren zwar durchwegs beobachtbare Sachverhalte, die sich in wechselnder Intensität an jedem Kinde werden feststellen lassen; allein ihre «Wiederkehr» in den späteren perversen Erscheinungen verwandelt sie in ihrer zentralen Bedeutung. Aber rennen wir mit dieser Behauptung nicht eine offene Tür ein?

Gewiß, es ist unrichtig oder mindestens unpräzis und mißverständlich formuliert, wenn Straus sagt, für die Psychoanalyse sei «das sadistische Verhalten des Erwachsenen, wie alle Perversionen, nur das Hervortreten, das Wiederaufleben eines Partialtriebs, der so, wie er beim Erwachsenen als Perversion erscheint, normalerweise im Zuge der kindlichen Entwicklung vorkommen soll.[25] Das gibt es auch, FENICHEL nennt diese Phänomene «sexuelle Infantilismen»[26] und findet sie dadurch charakterisiert, «daß sie alle möglichen perversen Neigungen ohne Ordnung nebeneinander haben (,polymorph pervers' sind), daß der Akzent ihres Sexualerlebens in höherem Maße auf die Vorlust verschoben ist, so daß sexuelle Erregung und Befriedigung nicht scharf unterscheidbar sind, und endlich dadurch, daß sie meist auch auf außersexuellem Gebiete ein mehr oder weniger infantiles Benehmen zur Schau tragen». «Das Gros der Perversen», fügt er mit Recht hinzu, «entspricht diesem Bild ganz und gar nicht. Bei ihnen ist in der Regel die sexuelle Befriedigung nur bei *einer* bestimmten Art von Sexualhandlung zu erreichen, bei der, mag auch vielleicht durchschnittlich die Vorlust mehr im Vordergrund [15] stehen als beim Normalen, das Endlusterlebnis doch der Vorlust scharf gegenübersteht. Das Sexualleben solcher Perversen ist also nicht einfach ein kindliches geblieben ... Die Perversion ist also keine einfache, sondern eine komplizierte Entwicklungsanomalie. Der perversen Sexualität fehlt nicht einfach die Unterordnung unter den Genitalprimat wie den ,polymorph perversen' Kindern, sondern sie erscheint ebenfalls organisiert, nur nicht unter dem Primat des Genitales, sondern unter dem eines bestimmten Partialtriebes, der auf Kosten aller andern hypertrophiert ist».[27] Wenn es sich so verhält, wenn also die meisten Perversionen ähnlich den Neurosen das Resultat einer komplizierten Lebensgeschichte darstellen, in welcher sich die ursprünglichen konstitutionellen und die umweltlichen Faktoren zu einem Ganzen verdichtet haben: ist es dann zulässig und zweckmäßig, die Bezeichnung für das resultierende Ganze auf einen

---

25 A.a.O., S.110.

26 SADGER (a.a.O., S.87) bestreitet allerdings das Vorkommen von Perversionen, bei denen die «perversen Teiltriebe der Kindheit sich einfach ins spätere Leben fortsetzen, weil die genitale Komponente jene zu unterjochen sich zu schwach erweist. Erfahrungsgemäß hat diese geradlinige Entwicklung, die viele Perverse ... zu behaupten nimmer müde werden, kaum jemals statt». Vielmehr handle es sich stets um regressive Gestaltungen.

27 O. FENICHEL: Perversionen, Psychosen, Charakterstörungen, S.12. Wien 1931.

Teil der es bedingenden Voraussetzungen zu übertragen? Wirkt sich nicht eine sachlich unzureichend fundierte Tendenz aus, etwa mit Fenichel zu behaupten: «Die Psychoanalyse Erwachsener und die direkte Kinderbeobachtung erweisen, daß Kinder[28] sadistisch und masochistisch handeln, daß sie, wie am Grausamen, so auch am Schmutzigen sexuellen Genuß haben, daß sie in genitaler wie in exkretorischer Hinsicht gern beschauen und beschaut werden, daß sie in ihrer Liebeswahl nicht auf ein Geschlecht beschränkt sind, ja daß sie sich wie kleine Fetischisten benehmen»?[29] Die Frage führt auf das Problem der Genese als des andern entscheidenden Motives, das Freud zur Kennzeichnung der infantilen Sexualität als polymorph-perverser bewogen hat. Es ist aber geboten, vorher noch einen andern Punkt zu erörtern.

«Der Perverse», schreibt Fenichel, «hat aus seiner Kindheit eine Fixierung an die erogene Zone oder an den Partialtrieb, die in seiner Perversion vorherrschen, mitgebracht. Als fixierendes Erlebnis kommen wie in der Ätiologie der Neurosen besondere Befriedigungen und besondere Versagungen und Momente, welche beides auslösen, in Betracht». Der Autor betont dann freilich, daß man gegen die Akzentuierung solcher einfachen fixierenden Erlebnisse als ätiologischen Faktoren skeptisch sein müsse: «Der Psychoanalytiker [16] muß allerdings häufig feststellen, daß solche Kindheitsszenen nicht die Ursache, sondern schon die erste Äußerung der späteren Perversion sind. Besonders wenn erklärt wurde, die Perversion gehe darauf zurück, daß die Sexualerregung zum ersten Mal aufgetreten sei, während ‚zufällig' gleichzeitig etwas geschah, woran durch diesen Zufall späterhin die Sexualerregung des Patienten geknüpft blieb, so werden wir darin nur ein Ausweichen vor der Frage sehen, warum eben die Sexualerregung damals gerade bei diesem Anlaß auftrat. Solche Kindheitserlebnisse haben nicht nur einfach ‚fixierenden' Charakter, indem sie geeignet sind, einen Partialtrieb besonders zu befriedigen und dadurch zu fixieren, sondern sie erweisen sich in

28 Die Wendung scheint die Möglichkeit offen zu lassen, daß die behaupteten Sachverhalte nicht auf alle – «die» – Kinder zutreffen; allein das entspräche nicht der genuin-analytischen Meinung.

29 A.a.O., S.11.

der Analyse als ‚Deckerinnerungen', die erst nach Aufhebung der mit ihrer Errichtung verbundenen Verdrängungen ihren wahren Sinn verraten. Das ist besonders dann der Fall, wenn diese Szenen in der bewußten Erinnerung des Patienten besonders markiert sind, und er allzu deutlich die Neigung zeigt, seine ganze Perversion auf sie zurückzuführen».[30] Sicher ist diese, dem prinzipiellen Zweifel an der Verläßlichkeit des Bewußtseins entspringende methodische Haltung begründet; allein sie sollte doch einerseits nicht dogmatisch den theoretisch bestimmten analytischen Erwartungen (z.B. überall den Kastrations- und Ödipuskomplex als dynamisches Zentrum zu unterstellen) vorgespannt werden, und andererseits den Blick für die Möglichkeit primärer, nicht weiter determinierter Fixierungserlebnisse verstellen – die erst nachträglich (regressiv) vom Patienten in einen Sinnzusammenhang eingeordnet worden sein könnten.[31] Denn es spricht einiges dafür, daß es *auch* sie gibt, ursprüngliche «Koppelungserlebnisse», wie sie SCHULTZ-HENCKE nennt: «*irgendwelche* heftigen Emotionen werden *unvermittelt* von sexueller Erregung und auch genitalen Vorgängen begleitet. Es scheint so, daß dies einfach so ist und als Naturtatsache, als auch Vorkommendes hingenommen werden muß. Solch Erleben scheint ursprünglich zu sein. Jedenfalls kann es das sein: primär, originär, autochthon oder wie man solchen Tatbestand bezeichnen mag».[32] SCHULTZ-HENCKE nennt als Beispiele das Mitklingen sexueller, nicht selten zum Orgasmus führender Erregungen bei Kindern während eines aggressiven Verhaltens oder [17] beim Ansehen oder Phantasieren von etwas Aggressivem, während des Kletterns oder bei Angstausbrüchen, etwa wenn sie befürchten, mit einer Arbeit in der Schule nicht rechtzeitig fertig zu werden. Das Gemeinsame daran scheint ihm «die drangvoll erregte, aber unter Druck stehende Motorik zu sein». Er zieht zum Vergleich Tierbeobachtungen bei, die eine Koppelung gehemmter

---

30 A.a.O., S. 13f.

31 FREUD hat auf die nachträglichen «Sexualisierungen» der Kindheitserlebnisse in den Erinnerungen Erwachsener sehr früh als Täuschungsquelle aufmerksam gemacht; aber man hat den bestimmten Eindruck, daß weder er noch seine Schüler sie später genügend berücksichtigt haben.

32 H. SCHULTZ-HENCKE: Der gehemmte Mensch, S. 54. Leipzig 1940.

motorischer Äußerungen mit sexuellen Vorgängen ebenfalls dokumentieren: sich behindert kratzende Hunde, und Affen, die sich über einen andern beim Fraße ärgern und das Losstürmen unterdrücken, zeigen Erektionen. Gerade bei Affen läßt sich indessen auch beobachten, daß sie bei Angriffen sexuell miterregt werden; es scheint eher so zu sein, daß überhaupt heftige nicht-sexuelle Erregungszustände gelegentlich die Sexualität in Mitleidenschaft ziehen, worauf FREUD hingewiesen hat. Man muß sich dann freilich hüten, solche Sachverhalte zugunsten eines supponierten sexuellen Primates auszudeuten und alle qualitativ differenzierten Erregungen als «desexualisierte» oder «sublimierte» Libidophänomene zu interpretieren. Wenn ein Wutanfall als Reaktion auf eine versagte Sexualbefriedigung erfolgt, so bleibt die Wut das, was sie ist, sie wird nicht zu einem libidinösen Derivat; und wenn ein zorniger Angriff von einer genitalen Sensation begleitet wird oder eine solche zur Folge hat, so ist die letztere weder ein Abkömmling der Aggression noch diese umgekehrt ein zunächst «maskiert» gewesenes sexuelles Umwandlungsprodukt.

Aber nicht nur mit elementaren, irreduzibeln Koppelungserlebnissen zwischen verschiedenen Erregungsarten wird man rechnen müssen – Koppelungserlebnisse, die sich als solche durchhalten oder dank ihres sekundären Einbaues in besondere lebensgeschichtliche Bedeutungszusammenhänge fixierte Erlebnisbedingungen schaffen –, es gibt sehr wahrscheinlich überdies ebenfalls primäre Koppelungen zwischen sexuellen Erregungen und akzentuierten Gegenständen, an die ja zumal bei der Fetischbildung gedacht wird. Auch hierfür lassen sich entsprechende zoologische Beobachtungen anführen. «Es ist eine schon lange bekannte Tatsache», schreibt LORENZ, «daß isoliert von ihresgleichen aufgezogene Vögel soziale Triebhandlungen im weitesten Sinne an irgendeinem Objekt ihrer Umgebung, meist an dem sie betreuenden Menschen oder sonst einem Lebewesen fixieren, in Ermangelung eines solchen aber auch an leblosen Gegenständen. Solche Vögel reagieren dann späterhin in keiner Weise auf ihre wirklichen Artgenossen».[33] Und was besonders [18] auffällt:

---

33 K. LORENZ: Über die Bildung des Instinktbegriffes. Naturwissenschaften 25 (1937), S. 299; vgl. auch H. LAMPL: Einige Analogien in der Verhaltungsweise

die Empfänglichkeitsperiode für die Fixierung an das später als Geschlechtspartner fungierende Objekt ist bei einigen Nestflüchtern auf wenige Stunden beschränkt; «sie beginnt knapp nach dem Trockenwerden der Kücken». «Ein mit 4 Geschwistern von einem Grauganspaar erbrüteter und etwa durch 7 Wochen geführter Türkenerpel, Cairina moschata, zeigte sich in der nächsten Zeit mit allen seinen sozialen Reaktionen an die Geschwister und damit an Artgenossen gebunden. Als jedoch im nächsten Jahre seine Begattungsreaktionen erwachten, zeigten sich diese auf die Spezies der seit über 10 Monaten nicht mehr beachteten Pflegeeltern eingestellt»[34] – also sozusagen ein klassischer Fall für eine aus der Latenz erwachte «inzestuös» fixierte Objektwahl. Wenn in der Empfänglichkeitsphase kein Artgenosse zur Fixierung des späteren Sexualpartners zur Verfügung steht, fällt die «Wahl» auf irgendein sonstiges Objekt, z.B. auf einen Menschen, der demgemäß zum «Liebespartner» wird.[35] Als eine «biologische Parallele» der Fetischbildung ließe sich das Verhalten des Bitterlings, einer kleinen, oft in Aquarien gehegten Süßwasserfischart, die ihre Eier in der Malermuschel deponiert, beanspruchen. WUNDER konnte zeigen,[36] daß die Muschel – in erster Linie die durch ihre Atmung bewirkte Wasserströmung, in zweiter Linie ihre optisch wahrgenommene Gegenwart – und nicht das Bitterlingsweibchen es ist, welche die Hochzeitsfärbung und die sexuelle Erregung beim Männchen verursacht; und ebenso fördert die Muschel, nicht das anwesende Männchen das Wachstum der Legeröhre des Weibchens (als «Ausdruck» seiner Laichreife). Solche Beispiele von «biologischen Parallelen» zum menschlichen Sexualverhalten pflegen in der Psychoanalyse (BRUN, FERENCZI, HERMANN) sozusagen als «biologisches Beweismaterial» ein gewisses Ansehen auf sich zu konzentrieren, etwa gemäß der These SCHILDERS: «Das

---

von Vögeln und psychischen Mechanismen beim Menschen. Internat. Z. Psychoanal. u. Imago 25 (1940), S. 399ff.

34 A.a.O., S. 300.

35 Vgl. das Beispiel bei J. VON UEXKÜLL und G. KRISZAT: Streifzüge durch die Umwelten von Tieren und Menschen, S. 77. Berlin 1934.

36 W. WUNDER: Experimentelle Untersuchungen am Bitterling (Rhodeus amarus) während der Laichzeit. Verhandl. d. Deutsch. Zoolog. Gesellschaft 1933, S. 221ff.

Verhalten der Tiere entschleiert verschiedene Seiten des Seelenlebens der Menschen».[37] Ich muß freilich gestehen, daß ich den Erkenntnisgewinn, den dergleichen «biologische Parallelen» für [19] manche Autoren zu haben scheinen, selbst bei ihrer *sehr* kritischen Auswertung – die man aber durchwegs vermißt – nicht höher einschätzen kann als die vermeintliche «Evidenz» des Analogiezaubers; auch dann, wenn sie nicht zu phylogenetischen Spekulationen ausgemünzt werden. Schultz-Hencke trifft m. E. das Richtige, wenn er (zwar im Hinblick auf das spezielle Problem der Homosexualität) sagt: «Auch allernächst zusammengehörige Tierarten stehen einander immer noch so fern, daß Funde bei der einen nur mit größter Einschränkung auf die andere übertragen werden können. Daher würde selbst der positive Nachweis einer spezifisch-organischen Bedingtheit der Homosexualität bei Tieren, wenn er vorläge, nicht als ausreichender Beweis dafür angesehen werden können, daß die Homosexualität auch bei Menschen spezifisch organisch bedingt ist».[38] Demzufolge wird mit dem Referat der obigen Beispiele keineswegs die Meinung verbunden, sie seien in irgendeinem Sinne «beweisend» für das Vorkommen primär entstandener Fixierungen der zunächst ungerichteten Sexualität an bestimmte Objekte beim Menschen; sondern sie sollen lediglich eine vielleicht auch für diesen in Betracht zu ziehende Möglichkeit, die im Tierreich verwirklicht ist, illustrieren. Den Fall gesetzt, die sexuelle Erregbarkeit sei tatsächlich einmal auf eine einfache Weise (d.h. ohne weitere verborgene Motive) an einen ausgefallenen Gegenstand oder an eine ungewöhnliche Situation als an die mehr oder weniger zwingende Bedingung ihres Auftretens geknüpft worden, dann schließt das ihre sekundäre, unter Umständen sehr gewichtige weitere Verankerung nicht aus; im Gegenteil wird man sie in der Regel erwarten müssen.

---

37 P. Schilder: Gedanken zur Naturphilosophie, S. 117. Wien 1928.

38 H. Schultz-Hencke: Über Homosexualität. Z. Neur. 140 (1932), S. 301; vgl. ferner die kritischen Bemerkungen hinsichtlich des Vergleichs pathologischer mit «primitiven» (tierischen und kindlichen) Verhaltungsweisen bei K. Goldstein: Die Beziehungen der Psychoanalyse zur Biologie. Bericht über den II. Allgem. Ärztlichen Kongreß f. Psychotherapie, hrsg. von W. Eliasberg. S. 34ff. Leipzig 1927.

Im übrigen scheinen die Beispiele zu zeigen, daß die vor allem von von Hattingberg[39] betonte relative Ungebundenheit der geschlechtlichen Impulse an die «natürlichen» Partner kein Reservat des Menschen ist.

Die Frage, ob es berechtigt und zweckmäßig sei, partikulare [20] genetische Faktoren eines Zustandes oder Sachverhaltes mit demselben Ausdruck zu bezeichnen, der gemeinhin zu seiner zusammenfassenden Charakterisierung verwendet wird – diese Frage wird leichter zu beantworten sein, wenn man sie zunächst im Hinblick auf ein Ding diskutiert. Ein Apfel ist gewiß aus einer Apfelblüte unter Mithilfe von zusätzlichen exogenen Elementen entstanden; man kann der Meinung sein, der in der Blüte enthaltene Fruchtknoten weise bereits eine entfernte Ähnlichkeit mit dem später aus ihm entstehenden reifen Gebilde auf. Aber es wäre zweifellos sehr irreführend, auf Grund dieses Entwicklungszusammenhanges die Blüte oder den Fruchtknoten bereits einen Apfel zu nennen, vorausgesetzt, man füge sich der tradierten Konvention und halte sich an das, was sie einen Apfel zu heißen pflegt – «an sich» kann man selbstverständlich auch die Apfelblüte als Apfel bezeichnen. Setzen wir nun an Stelle des Apfels die Perversion und lassen sie aus den «entsprechenden» infantilen Partialtrieben – im vorigen Beispiel durch Blüte oder Fruchtknoten vertreten – entwickelt sein: besteht hier ein einsichtigerer sachlicher Grund, die Frühstadien des späteren Zustandes mit dem diesem vorbehaltenen Begriff zu belegen? Offenbar nicht. Freilich läßt sich sagen, die phänomenale Ähnlichkeit zwischen einer Perversion und dem zugeordneten Partialtrieb oder dem Gesamtkomplex der infantilen Sexualität sei größer als die zwischen Apfel und Apfelblüte; und dieses Argument ließe sich noch zwingender machen, wenn die zahllosen gleitenden, die beiden extremen Zustände verbindenden Zwischenstadien mitberücksichtigt würden,

---

39 H. von Hattingberg: Trieb und Instinkt. Z. angew. Psychol. 17 (1920), S. 226ff.; *derselbe*: Übertragung und Objektwahl. Ihre Bedeutung für die Trieblehre. Internat. Z. Psychoanal. 7 (1921), S. 401ff.; *derselbe*: Die Triebbedingtheit des seelischen Geschehens als Grundforderung einer biologischen Psychologie. Z. Neur. 77 (1922), S. 602ff.

im Hinblick auf welche es tatsächlich ohne Willkür ausgeschlossen wäre, zu entscheiden, was noch als Fruchtknoten, bzw. als infantiler perverser Partialtrieb und was bereits besser als Apfel, bzw. als Perversion zu bezeichnen sei. Allein daraus ergibt sich als die einzige sinnvolle Konsequenz die grundsätzliche Unmöglichkeit, die Genese als Kriterium der wesensmäßigen und begrifflichen Differenzierung zu benützen; die umgekehrte Folgerung, den Entwicklungszusammenhang als Rechtsgrund der terminologischen Fixierungen zu beanspruchen, müßte zu einer sinn- und haltlosen, auch die gröbsten Unterschiede eliminierenden Bezeichnung führen. Dem Umstande, daß die genetische Relation faktisch nirgends als Prinzip der Begriffsbildung konsequent realisiert, daß es vielmehr durch die Berücksichtigung erscheinungsmäßiger Ähnlichkeiten und Unähnlichkeiten der genetisch zusammenhängenden Zustände und Glieder jeweils eingeschränkt wird, verdanken wir die Bewahrung vor einem Begriffschaos. Ob man nun [21] die Ähnlichkeit zwischen den kindlichen und den perversen Sexualbetätigungen Erwachsener für groß genug hält, sie einem gemeinsamen Begriff zu subsumieren, hängt von der Fähigkeit des phänomenologisch differenzierenden psychologischen Erkennens, von der Neigung zu entsprechenden terminologischen Unterscheidungen und schließlich sicher auch von der Willkür des Einzelnen ab. Wir haben die Überzeugung vertreten, jene Ähnlichkeit der durchschnittlichen infantilen Sexualerlebnisse mit den Perversionen reiche zur legitimen Charakterisierung der ersteren als «polymorph-perverse» nicht aus, die Differenzen seien zu gewichtig; aber keineswegs wird damit die von Freud aufgewiesene genetische Relation zwischen den beiden Sachverhalten bestritten.

Wenn einerseits das Auseinanderhervorgehen zweier oder mehrerer Tatbestände ihre terminologische, auf das Wesen bezogene Zusammenfassung grundsätzlich nicht rechtfertigen kann; und wenn andererseits – was wir behaupten und vorhin an einzelnen paradigmatischen Fällen aufzuzeigen versuchten – die erscheinungsmäßigen Divergenzen zwischen den kindlichen und den erwachsenen perversen Triebäußerungen derart sind, daß sich eine gemeinsame Bezeichnung trotz ihres genetischen Zusammenhanges verbietet: warum hat dann Freud dessenungeachtet die infantile Sexualität eine «polymorph-perverse» genannt? Warum hat er ihren Manifestationen gegenüber das Prinzip der Mehrdeutigkeit der menschlichen Verhaltensweisen vernachlässigt? – ein Prinzip,[40] das er dort, wo es galt, scheinbar nicht sexuell motivierte Phänomene in ihrer verborgenen sexuellen Überdetermination zu enthüllen, mit methodischer Meisterschaft handhabte. Warum hat er kaum je die Möglichkeit erwogen, daß anscheinend sexuelle Äußerungen ganz oder zum Teil auch einmal von nicht-sexuellen Antrieben genährt sein könnten?[41] [22] Gewiß gibt es dafür sachliche Motive. Vor allem ist das Gewicht des aus dem 19. Jahrhundert überkommenen Entwicklungsgedankens, dessen Fruchtbarkeit er auf einem neuen Gebiet in großartiger

---

40 Selbst die experimentelle Psychologie kann heute auf dieses Prinzip nicht mehr verzichten; so schreibt z. B. LEWIN: «Äußere Bewegungen, Leistungen, Verhaltungsweisen, und ebenso bestimmte Erlebnisse, die als isolierte Ereignisse betrachtet fast identisch sind, können psychologisch etwas völlig Verschiedenes bedeuten, wenn sie als Teile verschiedenartiger Gesamtprozesse auftreten, wenn sie in verschiedene Geschehensverläufe eingebettet sind»; K. LEWIN: Gesetz und Experiment in der Psychologie. Symposion 1 (1926/27), S. 382.

41 Es gibt davon wenige Ausnahmen in der analytischen Literatur, z. B. die Arbeit von M. SCHMIDEBERG: Einige unbewußte Mechanismen im pathologischen Sexualleben und ihre Beziehung zur normalen Sexualbetätigung. Internat. Z. Psychoanal. 18 (1932), S. 51ff. Die Autorin versucht zu zeigen, «daß die Sexualbefriedigung nebst der primären physiologischen Lustbefriedigung auch der Angstberuhigung und der Entlastung vom Schuldgefühl dient; daß die sexuellen Regungen sekundär in den Dienst aggressiver und Wiedergutmachungstendenzen gestellt und mit diesen verlötet werden» (S. 78). Sie meint, daß diese Mechanismen nicht nur in der pathologischen, etwa zwangsmäßig gesteigerten oder umgekehrt gehemmten, an bestimmte Bedingungen gebundenen, sondern auch in der normalen Sexualbetätigung eine Rolle spielen; nur dürfte sich die letztere «durch die geringe Wirksamkeit und bessere Verarbeitung der nichtsexuellen Antriebe unterscheiden» (S. 79). Demzufolge glaubt sie ferner, daß die im heutigen Leben häufig geltend gemachten offenkundigen Motive zur Vornahme eines nicht zum Zwecke der Triebbefriedigung realisierten Geschlechtsverkehres (materieller Vorteile halber, als Geldverdienst, Karriere zu machen, zur Versöhnung, aus Mitleid, Angst usw.) nicht nur als Rationalisierungen anzusehen sind. Vgl. ferner O. FENICHELS Begriff der «reaktiven Sexualität»: Über Angstabwehr, insbesondere durch Libidinisierung. Internat. Z. Psychoanal. 20 (1934), S. 485.

Weise zu bewähren vermochte, nicht zu unterschätzen: die gelungene Aufdeckung der genetischen Abhängigkeit des normalen und pathologischen menschlichen Sexuallebens von seinen Frühstadien, die bislang als solche weitgehend verkannt wurden, mußte fast notwendig einen terminologischen Niederschlag finden. Trotzdem scheint uns noch ein zusätzlicher unsachlich-tendenziöser Faktor mitgewirkt zu haben: die polemisch überspitzte Zerstörung des Dogmas von der «Unschuld des Kindes» als besonderer Zug in der radikalen Entwürdigung und Entharmlosung des Menschen; wir werden dafür noch andere Anzeichen finden.

Die Erwartung liegt nahe, daß die komplexe lebensgeschichtliche Determination der perversen Phänomene sich auch in der Wesensbestimmung der Perversion – die, wie SACHS einmal sagt, «ein theoretisches Gebilde von unsicherer Zusammensetzung» sei[42] – auswirkt, obwohl das nicht notwendig so zu sein braucht. Man wird vermuten, daß es eine Mehrzahl von Zügen ist, welche den Charakter der Perversion konstituieren, und daß in den konkreten Formen ein einzelnes Moment ausfallen oder weniger ausgeprägt sein kann. Wir hörten früher von FENICHEL, der perversen Sexualität fehle nicht einfach die Unterordnung unter den Genitalprimat, sie sei ebenfalls organisiert, so jedoch, daß an Stelle des Genitales ein hypertrophierter Partialtrieb die Führung übernommen habe. Betrachtet man diesen Sachverhalt statt unter dem genetischen Gesichtspunkt von [23] der Wirkung her, die er im Hinblick auf die Erscheinungsweise des Geschlechtspartners und das Verhalten zu ihm hat – also «physiognomisch» im Sinne VON GEBSATTELS, obwohl der Ausdruck hier nicht glücklich ist – dann darf man ihn auch so formulieren: aus der begegnenden Ganzheit des Sexualobjektes wird ein dem Partialtrieb betont zugeordneter, befriedigungsversprechender Zug akzentuiert, im extremen Fall ausgesondert und zum Repräsentanten des Ganzen. Dabei unterstellen wir, daß dem, was die Psychoanalyse den Genitalprimat nennt, auf der Objektseite die Totalität des Partners entspricht – eine Supposition, die noch der Diskussion

42 H. SACHS: Zur Genese der Perversionen. Internat. Z. Psychoanal. 9 (1923), S. 173.

bedarf. Die akzentuierende – optisch, akustisch, taktil, motorisch oder sonstwie vermittelte – Zuwendung zu einem solcherart herausgehobenen Zug des Ganzen geht auf bestimmte Triebimpulse und Wertungen zurück; sie kann dauernd oder im Rhythmus der Aktualisierung der Bedürfnisse wechselnd sein. Erreicht sie eine gewisse Intensität, dann mag sie als solche gleitend oder zufolge eines einschießenden zusätzlichen Faktors zu einer Isolierung des fraglichen Elementes führen, welche notwendig die – mindestens intendierte – Zerstörung des Ganzen zur Voraussetzung hat. Daher trifft STRAUS das Richtige, wenn er meint, die Deformierung sei «der Lebensnerv der Perversion, des perversen Erlebnisses selbst. Aus ihr, der Normwidrigkeit, dem Zerstören, Schänden, Entweihen, kurz dem Deformieren seiner selbst und des Partners, entspringt erst die Wollust der Perversion».[43] Vermutlich wurzelt die Deformierung, Zerstörung, Zerstückelung und also auch Isolierung immer in – primären oder reaktiven – destruktiven Impulsen und Entwertungsakten, die im perversen Sexualverhalten mitwirken. Die Psychoanalyse hat ihre Existenz unter dem Begriff des aktiven Kastrationskomplexes anerkannt und damit, wörtlich genommen, eine Beschränkung des Gegenstandsbereiches vollzogen, die sich nicht halten ließe. Aber da dieser Begriff – trotz einer gelegentlichen Forderung FREUDS, seine Bedeutung unter Ausschluß der prägenitalen (oralen, analen) Vorstadien auf die genitale Sphäre einzuengen[44] – Aggressionen und Ängste deckt, die faktisch keineswegs nur um das Genitale gruppiert sind, so wird man, um die analytischen Interpretationen in ihrem wirklichen Gehalt zu verstehen, von der «genitalisierenden» Terminologie abstrahieren müssen. Es bleibt dann die allgemeine Einsicht in die [24] wesentliche Mitbeteiligung destruktiver Faktoren – die sich u.a. auch sowohl des Genitales bedienen wie gegen es gerichtet sein können – an den Perversionen bestehen.

Wenn es sich so verhält, dann stellt sich die Frage nach dem Unterschied der sadistischen von den übrigen perversen Akten; das

---

43 A.a.O., S.115.

44 S. FREUD: Die infantile Genitalorganisation. Internat. Z. Psychoanal. 9 (1923), S. 170 Anm.; ferner H. NUNBERG: Allgemeine Neurosenlehre auf psychoanalytischer Grundlage, S. 50. Bern 1932.

Einschießen destruktiver Impulse in die geschlechtlichen Betätigungen kann unter diesen Umständen nicht mehr als Spezifikum des Sadismus gelten. Allein hier wird man genauer differenzieren müssen; die FREUDsche Formel für den Sadismus als Legierung der Aggressions- und Sexualtriebe genügt auch bei Berücksichtigung der jeweiligen lebensgeschichtlichen Gestaltungen kaum mehr. Zunächst ist klar, daß – wie bereits STRAUS betont hat – die Bemächtigung des Sexualobjektes, die Brechung seiner Widerstände usw. nicht im präzisen Verstande sadistisch zu heißen sind, selbst dann nicht, wenn ihre (primäre oder reaktive) Intensivierung zu einer Verletzung des Partners führen würde; denn sie müßte als zufälliges unglückliches Resultat einer in ihrem Sinne undestruktiven Aktivität betrachtet werden. Die Aktivität wird mit dem Augenblick sadistisch, in welchem sie 1. eine destruktive Bedeutung, d.h. zerstörerische Antriebsqualität und Zielrichtung erhält, und 2. der Erweckung oder Steigerung der sexuellen Erregung (und der Orgasmusauslösung) dient. Die an zweiter Stelle genannte Fähigkeit der Impulse braucht nicht notwendig in ihre bewußte Vollzugsintention aufgenommen zu werden; es genügt, wenn sie im Effekt die geschlechtliche Erregung stimulieren. Andererseits müssen sich die destruktiven Akte, da ihr entscheidendes Moment in der Antriebsqualität und in ihrem Ziel liegt (die ihre spezifische Bedeutung konstituieren), nicht unbedingt in sichtbaren zerstörenden, quälenden, erniedrigenden, besudelnden u.ä. Handlungen dokumentieren; sie können sich in entsprechenden Phantasien und Wahrnehmungen – als «Vorstufen» der drastischen motorischen Entäußerungen – erschöpfen.[45] Daher sind auch sehr feine, leise Regungen im normalen und pathologischen Sexualverhalten, sofern sie die beiden Bedingungen erfüllen, dem Sadismus – sozusagen als dessen Rudimente – zu subsumieren. Daß nun solche Rudimente und ihre in die undestruktive Aktivität gleitend übergehenden Manifestationen in der durchschnittlichen, «normalen» Sexualität eine im Ausmaß wechselnde Rolle spielen, läßt sich nicht bestreiten; wir kommen darauf zurück und versuchen [25]

45 J. H. W. VAN OPHUIJSEN: Das Sexualziel des gewalttätigen Sadismus. Internat. Z. Psychoanal. 15 (1929), S. 154ff.

dort ein Verständnis ihrer Ubiquität zu gewinnen. Nicht für die Erkenntnis des Wesens der sadistischen Impulse, wohl jedoch zur Erhellung ihrer Gestaltung im einzelnen Falle sind ihre topographischen Modifikationen wichtig, wenn wir ihre Entäußerungen auf den oralen, analen, verbalen, urethralen, genitalen, manualen und sonstigen motorischen Erlebnisbereichen so nennen dürfen. Dafür sind offenbar in erster Linie die speziellen lebensgeschichtlichen Verhältnisse verantwortlich zu machen, desgleichen für die Koppelung der so «lokalisierten» Akte mit den sexuell-genitalen Sensationen.

Daß mit diesen Darlegungen eine zulängliche Antwort auf die Frage nach der Spezifikation des Sadismus im ganzen der Perversion schon gegeben sei, wird man bestreiten müssen. Vielleicht ermöglicht der Vergleich mit andern Perversionen eine etwas präzisere Bestimmung, obwohl es nicht unsere Aufgabe sein kann, den ganzen Bereich der sexuellen Verirrungen daraufhin abzuschreiten. Erst nach einer solchen Durcharbeitung wäre freilich mit einiger Sicherheit zu entscheiden, was sich von vornherein lediglich vermuten läßt: daß die Entstehung der verschiedenen Perversionen nicht von spezifischen Faktoren, sondern von einer – hinsichtlich Intensität, Fixierung und Regression – unterschiedlichen Beteiligung derselben lebensgeschichtlich determinierten Elemente abhängt. Daher ist es für unsere Zwecke wichtiger, über diese Elemente und ihre Beziehung zum sog. normalen, d.h. zunächst nicht-perversen geschlechtlichen Verhalten Klarheit zu gewinnen. Wir verwenden mit Absicht den Ausdruck «geschlechtliches» oder «sexuelles Verhalten», und es mag aufgefallen sein, daß bislang nirgends von «Liebe» die Rede war, obgleich der populäre und wissenschaftliche Sprachgebrauch das vieldeutige Phänomen in die nächste Nähe der Sexualität rückt, gelegentlich es ihr kurzweg gleichsetzt. Wir möchten diese – sagen wir – Ungenauigkeit vermeiden, keineswegs in der «idealistischen» Bestrebung, die «Reinheit» der «Liebe» vor der Vermengung mit der «niederen» Sexualität zu bewahren, vielmehr aus dem einfachen Grunde, weil in die liebende Haltung eine Reihe zusätzlicher Züge eingehen, die zwar mit der Geschlechtlichkeit nicht etwa nichts zu tun haben, wohl aber primär, irreduzibel sind und ihren eigenen Ursprung besitzen. Ihre Berücksichtigung müßte die Erörterungen sehr komplizieren; wir dürfen davon absehen, zumal jede thematische Betrachtung des sexuellen Verhaltens es ohnehin aus dem menschlichen Gesamtkomplex mehr oder minder willkürlich herauslösen und damit verzerren muß – eine Einsicht, die um ihrer Trivialität willen nicht vernachlässigt werden sollte.

Die Genitalität

[26] Wir haben vorhin der Psychoanalyse die Meinung unterstellt, der Genitalität als der reifen Sexualorganisation entspreche auf der Objektseite die Ganzheit des Partners. Geschah das mit Recht? Die Beantwortung der Frage erheischt zunächst eine Diskussion des Begriffs der Genitalität, in die wir freilich weder alle in Betracht fallenden Punkte noch die gesamte einschlägige Literatur einbeziehen wollen. Die Genitalität – d.h. die Gesamtheit genitaler Impulse, Sensationen, Erlebnisse – hat eine Genese, die sich bei FREUD «durch den Mechanismus der Ausnützung der Vorlust, wobei die sonst selbständigen sexuellen Akte, die mit Lust und Erregung verbunden sind, zu vorbereitenden Akten für das neue Sexualziel, die Entleerung der Geschlechtsprodukte werden, dessen Erreichung unter riesiger Lust der Sexualerregung ein Ende macht»,[1] erschöpfte. Dabei war FREUDS Vorstellung wohl die, daß die prägenitalen Erregungen, soweit sie nicht in den den Sexualakt einleitenden Betätigungen als Vorlustakte abgeführt und befriedigt werden, mit ihrer Unterordnung unter den Primat der Genitalzone als zusätzliche Faktoren in die primäre Genitalerregung eingehen,[2] von der Endlust, sie verstärkend, gleich-

1 Drei Abhandlungen zur Sexualtheorie, S. 96.

2 REICH meint, bei dieser Unterordnung unter den Genitalprimat in der phallischen Phase würden die prägenitalen Partialtriebe qualitativ verändert. Darunter versteht er z.B. die Verwandlung des Saugens (als des ursprünglichen Triebzieles der oralen Libido) zum Küssen; «die Abänderung vom Saugen zum Küssen kann ohne Bedenken dem Einfluß der genitalen auf die orale Erotik zugeschrieben werden». Den gleichen Prozeß der «Genitalisierung» sollen die übrigen prägenitalen Regungen durchmachen: «die Analität wird als Tendenz zum Koitus a tergo oder als Geruchserotik auf die genitale Stufe gehoben. Ebenso der Sadismus des Mannes und der Masochismus der Frau,

sam absorbiert werden. Seit FERENCZIS Konzeption einer «Genitaltheorie»[3] hat sich hinsichtlich der Genese der Genitalität eine detailliertere Anschauung herausgebildet. Sich stützend auf die Analyse der Impotenz kam FERENCZI zur Überzeugung, «daß der Ejakulationsakt ein Akt der urethroanalen Amphimixis sei»,[4] also das Ergebnis des Zusammenwirkens urethraler und analer Impulse («Mechanismen»), welche die Ejakulation als solche bewirken, nicht bloß als besondere – unter Umständen funktions-[27]störende – Momente hinzutreten. Dabei berief er sich auf ABRAHAMS Untersuchungen der Ejaculatio praecox, denen zufolge ABRAHAM diese Störungen «auf die allzu innige Verknüpfung der Genitalität mit der Urethral-Erotik» zurückgeführt habe.[5] Die Berufung war indessen nicht ganz korrekt, denn für ABRAHAM stellte die nahe Beziehung der Ejaculatio praecox zum Miktionsakt lediglich *eine* Bedingung im Gesamtkomplex der Störungsfaktoren dar[6] – womit er übrigens faktisch, wenn auch inexplizit eine These SCHULTZ-HENCKES in gewissem Sinne vorausnahm, «daß alle Gestörtheit auf sexuellem Gebiet letztlich auf Verletzung des Lebensgefühls der Totalperson zurückgeht».[7] Vor allem interpretierte ABRAHAM die urethrale Lust nicht als genuinen Bestandteil des Ejakulationsaktes; sie trat – konstitutionell verstärkt – dank bestimmter lebensgeschichtlicher Umstände (narzißtische Überschätzung des Genitales und der Miktion in der frühen Kindheit, sadistische Koitusauffassung, Verachtung des Weibes usw.) sekundär zu letzterem hinzu und äußerte sich unter anderem in der Verwandlung der rhythmischen Sperma-Ausstoßung in einen dem Urinieren ähnlichen Mechanismus.[8] Für FERENCZI dagegen ist es

---

jener als spezifische männliche Aktivität, dieser als weibliche Passivität». W. REICH: Die Funktion des Orgasmus, S. 141f. Leipzig/Wien/Zürich 1927.

3 S. FERENCZI: Versuch einer Genitaltheorie. Leipzig/Wien/Zürich 1924.

4 A. a. O., S. 19f.

5 A. a. O., S. 8.

6 K. ABRAHAM: Über Ejaculatio praecox, in: Klinische Beiträge zur Psychoanalyse, S. 259ff. Leipzig/Wien/Zürich 1921.

7 Der gehemmte Mensch, S. 207.

8 Daß auch umgekehrt die Miktion gestört werden kann, wenn sie genitalsexuelle Funktionsbedeutungen erhält, hat VON WEIZSÄCKER gezeigt; vgl. V. VON WEIZSÄCKER: Körpergeschehen und Neurose. Internat. Z. Psychoanal. 19 (1933), S. 19ff.

charakteristisch, 1. daß eine – zunächst doch vermutungsweise naheliegende – ursprüngliche Genitalität aufgehoben und durch prägenitale Elemente ersetzt, d.h. als deren Resultat gedeutet wird; 2. daß diese Ersetzung von störenden Faktoren geleistet werden soll, gemäß der in der Psychoanalyse allgemein herrschenden Meinung, daß «oft gerade die unter pathologischen Umständen zustandekommende Verzerrung imstande ist, gewisse in der Regel latente Faktoren einer physiologischen oder psychologischen Funktion zu entlarven und uns so den Hergang beim normalen Akte erst zu erklären».[9] Freilich sind diese Anschauungen Ferenczis von einigen Analytikern zum Teil abgelehnt worden. So schreibt Reich, im allgemeinen lehre «die Erfahrung, daß die Genitalfunktion durch nichtgenitale Tendenzen nur gestört werden kann»; das schließe jedoch nicht aus, daß zur phallischen, ihren eigenen erogenen Ursprung besitzenden Libido der normalen Genitalfunk-[28]tion bei orgastisch potenten Männern sekundär jene aus den Analysen von Impotenten «so gut als prägenitale sowie sadistische Wünsche und als Mutterleibssehnsucht» bekannten Tendenzen hinzukommen können, die in der Vor- und Endlust mitbefriedigt werden. Gelingt das nicht, erfahren die prägenitalen Ansprüche durch Verdrängung oder Abwehr einen Ausschluß aus der Teilnahme an der genitalen Befriedigung, dann bewirken sie je nach der Intensität der Regungen eine Störung der Genitalität.[10] Fenichel nennt Ferenczis Annahme einer Zusammensetzung der Genitalität aus «verschobenen prägenitalen Besetzungsgrößen» wohl übertrieben;[11] und Rank spricht einmal beiläufig von einer «biologischen Erogeneität» der genitalen Zone[12] – offenbar im Sinne eines primären Sachverhaltes, zu dem die prägenitalen Impulse hinzutreten.[13] Eine analog der Ferenczischen These konzipierte Auffassung

---

9 Versuch einer Genitaltheorie, S. 8.

10 A.a.O., S. 140f.

11 Perversionen, Psychosen, Charakterstörungen, S. 163.

12 O. Rank: Grundzüge einer Genetischen Psychologie. 1. Teil, S. 73. Leipzig und Wien 1927.

13 Insofern trifft Reichs Kritik an Ranks Darlegungen nicht genau zu, wenn er dessen Problemstellung in die Formel faßt: «Rank fragt, wie die Genitalität aus den prägenitalen Zonen *entsteht*», während Reich sich frage, «wie sich die Genitallibido ungestört von den Einflüssen der prägenitalen Libido *entfalten*» könne; a.a.O., S. 137.

in Bezug auf die weibliche Genitalität hat zuerst Deutsch entwickelt.[14] Danach besteht normalerweise die Aufgabe der Pubertät u.a. darin, der Vagina aus drei Quellen Libido zuzuführen: vom ganzen Körper, von den meist besetzten erogenen Zonen, der oralen und analen, und von der Klitoris. Am Beispiel der oralen Libido illustriert, denkt sich Deutsch den Vorgang so, daß «unter der Reizleitung des Penis in der Verlegung ‚von oben nach unten'» die Vagina «die passive Rolle des saugenden Mundes in der Gleichsetzung Penis = Mamma» übernimmt. «Die wirklich passive, feminine Einstellung der Vagina liegt in ihrer… oralen, saugenden Tätigkeit», die «im ganzen anatomischen Bau vorgezeichnet» sei.

Die referierten Anschauungen werden für den mit der psychoanalytischen Denkweise Unvertrauten schwer verständlich sein. Zumal das Operieren mit libidinösen «Besetzungen» und «Verschiebungen» muß rätselhaft bleiben, solange die es fundierenden empirischen Beobachtungen nicht mitgegeben und in ihrem Verhältnis zur Libidotheorie geklärt sind. Dieser Klärung müßte, sollte sie ausreichend sein, eine Kritik der Libidotheorie als solcher vorangehen, [29] wozu hier nicht der Ort ist.[15] Trotzdem lassen sich einige kritische Aussetzungen nicht vermeiden. Welche wirklich festgestellten Phänomene liegen z.B. der Formulierung zu Grunde, daß der Ejakulationsakt eine «urethroanale Amphimixis» sei oder daß die Vagina die «passive Einstellung» ihrer «oralen»[16] Tätigkeit verdanke? Im ersten Falle produzieren die an Impotenz leidenden Kranken etwa Einfälle und Phantasien, in denen der Sexual- und insbesondere der Ejakulationsakt mit dem Urinieren und Defäzieren in Zusammenhang gebracht wird. Frühe Beobachtungen mögen den kleinen Knaben zur Meinung geführt haben, der elterliche Geschlechtsverkehr bestände im gemeinsamen Urinieren und Defäzieren. In den Wünschen des Knaben, der Mutter gegenüber durch Identifikation mit dem Vater dessen Rolle zu übernehmen, phantasiert er den «Koitus» gemäß der

---

14 Psychoanalyse der weiblichen Sexualfunktionen, S. 53ff.

15 Vgl. K. Horney: New Ways in Psychoanalysis, S. 47ff.

16 Hinsichtlich der oralen Zuflüsse der Genitalität vgl. die Zusammenstellung bei E. Bergler: Die psychische Impotenz des Mannes, S. 72ff. Bern 1937.

entsprechenden infantilen «Koitustheorie» als einen urethroanalen Akt, der vielleicht inzwischen seine indifferent-harmlose oder positiv lustbetonte Bedeutung einbüßte und zum Ausdruck eines sadistisch-aggressiven, erniedrigenden, besudelnden Verhaltens geworden ist. Diese Funktion hat der Sexualakt im Impotenten, ineins mit der inzestuösen Fixierung, unbewußt beibehalten; d.h. er übt den Koitus so aus, «als ob» es sich dabei «eigentlich» – «im Unbewußten» – noch immer um einen urethroanalen Verkehr mit der (gehaßten, verachteten) Mutter handle. Oder anders gesagt: die Einfälle und Phantasien der Patienten zeigen, daß dem Sexualakt anstelle seines spezifischen genitalen Sinnes nach wie vor die – zwar unbewußte – Bedeutung eines urethroanalen Verhaltens eignet. Und analog geht die Formulierung von einer «oralen» Tätigkeit der Vagina auf Vorstellungen von frigiden Frauen zurück, die über die «unbewußte Gleichung»: Brustwarze = männliches Glied und den zugehörigen Fellatiophantasien die Scheide mit dem Munde identifizieren, wobei wir die damit verkoppelten unterschiedlichen Wandlungen im Objektbezug außer acht lassen. Sehen wir davon ab, daß weder die vaginale Funktion im Koitus realiter eine «saugende» genannt noch dem Organ als solchem eine «passive feminine Einstellung» supponiert werden kann – denn die «passive Haltung» ist nur einem Subjekt möglich, sie kann sich in den besonderen Organbetätigungen lediglich akzentuiert manifestieren –, dann sind vor allem zwei Bedenken gegen die zitierten Ableitungen der Genitalität [30] aus primär nicht-genitalen Elementen geltend zu machen. Einmal werden (wie in der Psychoanalyse oft) die «normalen», d.h. ungestörten Organfunktionen aus ihrer Pathologie, also aus den sie störenden Faktoren erklärt, gemäß des von Ferenczi und auch von Freud ausdrücklich formulierten Prinzips. Die sorgfältige Analyse zeigt indessen, daß ein solches Vorgehen grundsätzlich verfehlt ist (was gelegentlich auch von einzelnen Analytikern, z.B. Reich, betont wurde) und ebenso in jedem einzelnen Anwendungsfall versagt. Der gegenteilige täuschende Eindruck wird aus der Tatsache verständlich, daß die störenden Faktoren wenigstens zum Teil innerhalb der menschlichen Sexualität und der neurotischen Abwandlungen des Erlebens und Verhaltens fragmentarisch auch an den «normalen», ungestörten Funktionsabläufen mitbeteiligt sind und bei einer gewissen

Intensitätssteigerung sich dann eben als Störungen auswirken.[17] Sieht man von den letzteren auf die ungestörten Geschehen zurück, so entziehen sich die primären, konstitutiven Anteile, die ohnehin schwerer faßbar sind, begreiflicherweise leicht dem für die abnormen und pathologischen Veränderungen gleichsam «sensibilisierten» Blick. Das meint wohl auch von Weizsäcker, wenn er sagt, die wissenschaftliche Analyse von Lebensvorgängen könne nur das erklären, «was nicht zustande komme».[18] Weder der physiologische Ablaufsrhythmus der Ejakulation noch ihr immanenter Funktionssinn noch ihre seelische Bedeutung sind mit den entsprechenden Phänomenen der Miktion und Defäkation identisch oder lassen sich als deren Resultante interpretieren; und ebenso wenig hat die vaginale Tätigkeit der Sekretion, des Aufnehmens und der orgastischen Kontraktionen primär etwas mit dem oralen Saugen (oder dem analen «Zurückhalten») zu tun. Der zweite Einwand richtet sich gegen die libidotheoretische Interpretation der in Frage stehenden Geschehen.

Nehmen wir an, die Analyse einer Impotenz habe u.a. als pathogenes Moment die «unbewußte Gleichsetzung» des Geschlechtsaktes mit dem die Frau erniedrigenden Miktionsakt er-[31]geben: was heißt das eigentlich? Psychologisch, d.h. von der Erlebnis- oder der immanenten – nicht notwendig bewußten – Sinnseite her gesehen doch wohl dies, daß für die gelebte Aktion des Impotenten (nicht unbedingt für das Erleben der Aktion) der Koitus, insbesondere die Ejakulation die «Bedeutung» des Urinierens hat. Keineswegs handelt es sich dabei um eine bewußt erlebte, begrifflich thematisierte, vielmehr um jene «vitale», der Organfunktion involvierte, deren Qualität und Zielrichtung mitbestimmende Bedeutung, die mit dem – bewußten oder unbewußten – Phantasieren im engsten Zusammen-

---

17 Das schließt keineswegs aus, daß es neben den durch Steigerung der an den im Ganzen ungestörten Funktionen fragmentarisch mitbeteiligten Faktoren entstandenen «abnormen» Erscheinungen in der Pathologie auch wirkliche Neubildungen gibt, die weder als Zerfall normaler Funktionskomplexe noch als Hypertrophien einzelner, an sich «normaler» Züge zu deuten sind. Dazu gehören wohl manche psychotische Phänomene. Es wäre dogmatisch und verfehlt, von vornherein nur die eine oder andere Möglichkeit zuzugestehen.

18 V. von Weizsäcker: Der Gestaltkreis, S. 66. Leipzig 1940.

hang zu stehen scheint[19] und jedenfalls durch es von der primären Organfixierung auf andere Funktionen «verschoben» oder «in» sie «hineingetragen» wird. Was das physiologische Korrelat der Bedeutung ist, wissen wir nicht; vielleicht hat die Ablaufsrhythmik der Funktionen damit etwa zu tun. Möglicherweise sind den verschiedenen Bedeutungsgehalten auch differente Energiequanten «zugeordnet». Wäre das der Fall, dann gewänne die libidotheoretische Interpretation ein Fundament, denn die Psychoanalyse pflegt das, was wir die vitalen, mehr oder minder organgebundenen Funktionsbedeutungen nennen, als «Libidobesetzungen» zu charakterisieren. Auch so freilich wären die – von der seelischen Seite zugänglichen, erlebbaren – Bedeutungen und Bedeutungswandlungen nie aus den energetischen Verhältnissen «abzuleiten» oder gar zu «verstehen»; es bliebe bei der «gesetzmäßigen» Zuordnung der beiden Sachverhaltsreihen. Allein in Wirklichkeit sind uns diese Beziehungen völlig dunkel. Was die Psychoanalyse der Libido zumutet, kann sie nicht leisten. Schon ihre *qualitative* Bestimmung als psychische Energie der Sexualtriebe widerspricht dem Wesen des Energiebegriffes. Die qualitative Bestimmung wird indessen noch weiter differenziert in orale, anale, urethrale, genitale, narzißtische, aktive, passive Libido, derart, daß sie diese Qualitäten bei der «Verschiebung» von den primären auf die sekundären Organfunktions-«besetzungen» – wobei etwa nach Rank bei der Verschiebung der oralsadistischen Libido auf das Genitale die Hand die Vermittlerrolle spielen soll – in schlechthin rätselhafter Weise gleichsam mit sich nimmt und z. B. der Ejakulation die Bedeutung eines unbewußten Miktions- und Defäkationsaktes, der Vagina die eines saugenden Mundes usw. verleiht. So muß es denknotwendig [32] sein, wenn anders man die Libidobesetzungen und -verschiebungen nicht als bequeme, leere Redensarten nehmen, sondern sich eine greifbare Vorstellung davon machen will, was sie eigentlich besagen. Es bedarf keines näheren Beweises, daß solcherart der libidinösen Energie untragbare Fähigkeiten aufgebürdet wer-

19 Daraus wird verständlich, warum die vitalen Bedeutungen so leicht mit den anschaulichen «Vorstellungsinhalten» und den unanschaulichen idealen Bedeutungseinheiten verwechselt werden, mit denen sie auch zumeist verbunden sind (wenigstens dann, wenn die Funktionen erlebt werden).

den; man bewegt sich hier in gänzlich hypothetisch-spekulativen Bereichen.

Demgegenüber betrachten wir unter dem psychologischen Aspekt die Genitalität in ihrem Kern als einen Komplex von primären, irreduzibeln Bewegungsimpulsen und Organsensationen, die von mehr oder weniger typischen Wünschen, Phantasien, Gefühlen usw. begleitet werden.[20] Sie bildet den konzentriertesten Ausdruck der Geschlechtlichkeit und unterliegt nicht einer Genese in dem Sinne, daß sie die Resultante von prägenitalen Aufbaufaktoren wäre. Prägenitale Elemente können sekundär beteiligt sein in der Form von Bedeutungsgehalten, die sich wahrscheinlich über zumeist frühinfantile unbewußte Phantasien an die genitale Funktion fixieren und ihren – auch physiologischen – Ablaufsrhythmus zu beeinflussen, vor allem zu stören vermögen.[21] Im übrigen ist es uns nicht um eine detaillierte Analyse der Genitalität zu tun; wir möchten vielmehr ein in seiner Beziehung zu ihr ungeklärtes Phänomen, die sog. Zärtlichkeit herausgreifen, da ihr hinsichtlich der Perversion eine wichtige Rolle zukommen dürfte.

---

20 Bezüglich der genaueren Analyse vgl. W. Reich: Die Funktion des Orgasmus, S. 150f.

21 Daß aus den störenden sekundären Bedeutungen («Libidobesetzungen») einer Funktion nicht auf ihren primären Sinn geschlossen werden kann, ist von einzelnen Analytikern, etwa Fenichel, erkannt worden, obwohl eine Reihe genuin-analytischer Konzeptionen auf diesem Fehlschluß beruhen (z. B. das Sehen als sexueller Partialtrieb usw.). Zu den wenigen, den Fehlschluß durchschauenden Analytikern hat sich neuerdings Loewenstein gesellt, wenn er schreibt: «So z. B. unterstreicht man bei der Untersuchung einer hysterischen Lähmung die Wirkung sexueller Faktoren auf die gewöhnliche Muskeltätigkeit des Arms. Sind diese pathogenen sexuellen Elemente durch die analytische Behandlung beseitigt, so erfüllt der Arm seine Funktionen wieder, und man vergißt, davon zu sprechen, als ob es sich von selbst verstünde, welchen Anteil die vitalen Selbsterhaltungskräfte bei dieser nun wieder hergestellten Muskeltätigkeit haben». Vgl. R. Loewenstein: Von den vitalen oder somatischen Trieben. Internat. Z. Psychoanal. u. Imago 25 (1940), S. 184.

Das Problem der Zärtlichkeit

Die in wenig orientierten Kreisen auch heute noch gelegentlich umgehende Meinung unterschiebt der Psychoanalyse die These, sie [33] rate den Patienten als «Heilmittel» den Koitus an. Dagegen hat sich FREUD früh verwahrt. Zwar gehört die «Genußfähigkeit» – REICH würde von der «orgastischen Potenz» sprechen – mit zu den therapeutischen Zielen der Analyse; allein darin ist die «zärtliche Komponente» einbegriffen und ihre Vereinigung mit der «sinnlichen» oder «grobsinnlichen» Strömung am selben Liebesobjekt das eigentlich Erwünschte; in diese Richtung weist schließlich auch der Ausdruck «Psychosexualität».[1] Die Spaltung der Geschlechtlichkeit in eine sinnliche und zärtliche Komponente und ihre Befriedigung an zwei sich ausschließenden Objekten charakterisierte FREUD als allgemeinste Erniedrigung des Liebeslebens, die eine sehr weit verbreitete Form der psychischen Impotenz kennzeichnet.[2] Trotzdem läßt sich nicht verkennen, daß die sinnliche, zum Orgasmus führende Seite der Sexualität in der Psychoanalyse seit je – und nicht erst seit REICH – die weit intensivere Beachtung erfahren hat. Man kann dafür nicht die Empirie verantwortlich machen; es mag schon sein, daß alle neurotischen Menschen mehr oder minder feine Störungen des orgastischen Erlebens zeigen und daß sich diese zunächst aufdrängen – das ist kein Grund, die sicher ebenso häufigen Störungen des zärtlichen

---

1 Vgl. L. ANDREAS-SALOMÉ: Psychosexualität. Z. Sexualwissensch. 4 (1917/18), S. 1ff., 49ff.

2 S. FREUD: Beiträge zur Psychologie des Liebeslebens. II. Über die allgemeinste Erniedrigung des Liebeslebens. Sammlung kl. Schriften zur Neurosenlehre. 4. Folge, S. 213ff. Leipzig und Wien 1918; vgl. dazu auch L. EIDELBERG: Zur Erniedrigung des Liebesobjektes. Internat. Z. Psychoanal. 20 (1934), S. 549ff.

Verhaltens zu übersehen oder in ihrem Gewicht zu unterschätzen. Gewiß sind sie weniger von der Moral belastet, ihre Diskussion verlangt einen geringeren Mut, sie vertragen sich leichter mit den «idealen» Forderungen. Deshalb setzt sich ein Versuch, dem Wesen und der Rolle der Zärtlichkeit gerecht zu werden, auch leicht dem Verdacht aus, im Dienste von «idealen», der «Sinnlichkeit» feindlichen Bestrebungen zu stehen, zumal wenn er sich gegen die übliche analytische Deutung der zärtlichen Gefühle wendet. Allein wie immer wird dieses psychologisierende Argument keine sachliche Entscheidung bringen können.

a) Kritik der psychoanalytischen Deutung

Wie z. B. die «Schönheit» soll auch die Zärtlichkeit nach Freud eine «zielgehemmte», d. h. von der genitalen und schließlich or-[34] gastischen Erregung abgelenkte, umgewandelte geschlechtliche Regung sein.[1] Die Beobachtungsgrundlagen für diese These sind leicht zu erraten. Vor allem in der Pubertät pflegen sich die sexual-genitalen Erregungen in der Regel vorerst noch nicht in den entsprechen-

---

1 Rank bezeichnet sie als «gehemmte Aggression»: Grundzüge einer Genetischen Psychologie, S. 76; und Hermann bringt sie mit dem «Anklammerungstrieb» in Zusammenhang: «Der Anklammerungstrieb kann sich zu streichelnder Zärtlichkeit mildern oder in aggressives Eingreifen verrohen». Vgl. I. Hermann: Zur Triebbesetzung von Ich und Über-Ich. Internat. Z. Psychoanal. u. Imago 25 (1940), S. 132. Hinsichtlich der Rankschen These ist zu sagen, daß die Beziehung zwischen der Zärtlichkeit und der gehemmten Aggression die gleiche sein wird wie zwischen jener und der verdrängten Genitalität: an die Stelle der gehemmten Aggression *können* zärtliche Aktionen treten, diese sind aber keineswegs das «Umwandlungsprodukt» der ersteren, zumal beiden Impulsarten ein entgegengesetzter Sinn eignet. Und was die Ableitung Hermanns betrifft, so wäre sie gewiß denkbar; nur sieht man nicht recht ein, warum sich nicht auch bei den Affen eine Zärtlichkeit aus dem Anklammerungstrieb entwickelt hat – davon abgesehen, daß zärtliches Berühren und Sichanklammern immerhin zwei Handlungen mit verschiedener Intention und Bewegungsgestalt sind; derart, daß zum letzteren prinzipiell neue Momente hinzukommen müssen, damit aus ihm ein Streicheln «entsteht».

den «grobsinnlichen» Aktionen zu entäußern; es bleibt bei den Liebkosungen. Ist es bereits zum genitalen Durchbruch gekommen, dann bilden die zärtlichen Berührungen und Worte das den Koitus einleitende Vorstadium – zum mindesten empfindet «man» einen solchen Ablauf als das vom Gefühl «Geforderte» und die direkte, die zärtlichen Präliminarien überspringende Kopulation als «grob» und «rücksichtslos». Jedoch beginnen hier vor allem bei den Männern bereits die Differenzen in den Anschauungen und noch mehr im Verhalten, die sich nach vollzogenem Koitus zuspitzen und Anlaß der Klagen von seiten der Frauen werden, welche das brüske, zärtlichkeitslose Abwenden schlecht vertragen. Freilich scheint es die FREUDsche Deutung, wenigstens bezüglich der männlichen Sexualität, zu stützen; denn nachdem die gestaute Spannung im Orgasmus gelöst worden ist, stehen keine Impulse mehr zur Verfügung, die gehemmt und in Zärtlichkeit verwandelt werden könnten. Dementsprechend empfinden manche Männer die entgegengesetzten Wünsche der Frauen als «sentimental», ihnen nachzugeben als «unmännlich». Wer diese Meinung nicht ohne weiteres akzeptiert, wird geneigt sein, darin eine ideologische Rechtfertigung der gestörten Zärtlichkeit zu vermuten. Allein das soll uns nicht weiter beschäftigen. Wir fragen statt dessen nach dem einsichtigen Motiv der Hemmung der genitalen Regungen in allen jenen Fällen, in denen die ungestörte [35] Orgasmusfähigkeit schon erreicht ist und trotzdem das Bedürfnis gespürt wird, vor die genitale Vereinigung eine zärtliche Phase einzuschieben.[2] Die Antwort liegt nahe: sie dient der Spannungssteigerung und orgastischen Lusterhöhung, involviert als solche bereits eine Reihe lustvoller Erlebnisse (die sog. «Vorlustakte») und intensiviert die – leibliche und seelische – Bereitschaft des Partners. Aber handelt es sich hier wirklich um ein Abgelenktwerden jener selben Impulse, die dann adäquater im Orgasmus befriedigt werden? Da die Phänomene «vor» und «nach» der Hemmung qualitativ verschieden sind, kann sich die Behauptung ihrer zugrun-

---

2 Weil wir nur die Fälle des ungestörten orgastischen Erlebens im Auge haben, dürfen wir nach dem *einsichtigen* Motiv der Hemmung fragen; in der Regel wirken als verdrängende Kräfte ja nicht vernünftige Gründe, sondern Ängste, Schuldgefühle, Verbote usw.

deliegenden «Einheitlichkeit» nur auf das zeitliche Nacheinander stützen. Und da ist es doch nun merkwürdig, daß FREUD die Kennzeichen zur Charakterisierung ihrer Einheitlichkeit ausschließlich den späteren Erlebnisqualitäten entnimmt und die vorangehenden als Resultat ihres Gehemmtwordenseins interpretiert, die früheren zärtlichen Strebungen für das gleichsam rückläufige Produkt der späteren sinnlichen hält. Logisch sowohl wie gemäß der – allerdings nicht durchwegs gültigen – Regel, daß das post hoc ein propter hoc ist, läge die umgekehrte Folgerung näher, wonach die sinnlichen aus den zärtlichen Regungen «entstanden» wären. Wir würden freilich auch diese Behauptung als unbeweisbar ablehnen; was sich hinsichtlich der in Frage stehenden Erlebnisse tatsächlich beobachten läßt, ist ein gleichzeitiges Vorkommen und ein wechselndes, kein konstantes einsinniges Nacheinander. Das Beispiel illustriert an einem einzelnen Fall die Art der Schlußfolgerung, auf der sich FREUDS Lehre von der infantilen Sexualität zum größeren Teile aufbaut: faktisch lieferte die Geschlechtlichkeit der Erwachsenen die Kriterien, die dann auf die vergleichbaren Erscheinungen der Kindheit derart zurückprojiziert worden sind, daß die letzteren zugleich wiederum als Frühstadien der späten, reifen Sexualität fungieren konnten. Damit wird keineswegs die Existenz der frühkindlichen Sexualität, oder vielmehr der damit gemeinten Tatbestände[3] und deren bestimmende Kraft [36] für die Gestaltung der reifen Geschlechtlichkeit bestritten; es soll lediglich die prinzipielle Fragwürdigkeit eines Verfahrens,

3 Wir gehen hier auf den Problemkomplex der infantilen Sexualität nicht näher ein; vgl. J. K. FRIEDJUNG: Die kindliche Sexualität und ihre Bedeutung für Erziehung und ärztliche Praxis. Berlin 1923; A. HOMBURGER: Vorlesungen über Psychopathologie des Kindesalters, S. 627ff. Berlin 1926; CH. BÜHLER: Zum Problem der sexuellen Entwicklung. Z. Kinderheilk. 51 (1931), S. 612ff.; hier und bei FRIEDJUNG weitere Literaturangaben; J. K. FRIEDJUNG: Zum Problem der Sexualentwicklung. Z. Kinderheilk. 52 (1931/32), S. 292ff.; CH. BÜHLER: Zum Problem der Sexualentwicklung. Ebenda, S. 295ff.; TH. HELLER: Über sexuelle Konstitutionen. Z. Kinderforsch. 40 (1932), S. 72ff.; J. K. FRIEDJUNG: Über sexuelle Konstitutionen. Ebenda, S. 489ff.; TH. HELLER: Erwiderung. Ebenda, S. 493ff.; TH. GÖTT: Physiologie und Pathologie der Sexualität. Mschr. Kinderheilk. 51 (1932), S. 321ff.; J. K. FRIEDJUNG: Die Physiologie und Pathologie der kindlichen Sexualität. Ebenda, S. 343ff.

das aus den nachfolgenden Stadien auf den Charakter der vorangehenden schließt, nochmals betont werden. Der zwingende Grund für die Unhaltbarkeit der FREUDschen Deutung der Zärtlichkeit ergibt sich aber aus folgender Überlegung: wenn sie zielgehemmte sinnliche Sexualität wäre, dann müßte sie sich zunächst notwendig in ihrer ungehemmten, das Ziel erreichenden Form manifestieren oder in dieser Richtung mindestens fragmentarische Ansätze zeigen, um überhaupt gehemmt, vom primären Ziel abgelenkt werden zu können. Was wir jedoch an ersten Spuren der frühinfantilen Geschlechtlichkeit wirklich festzustellen vermögen und was an dazugehörigen Phänomenen den breitesten Raum im kindlichen Dasein einnimmt, sind Regungen der Zärtlichkeit, nicht genitale Impulse.[4] Das hat FREUD ausdrücklich betont (ohne freilich die Konsequenz zu ziehen), später außer FERENCZI[5] auch BÁLINT[6] mit Recht unterstrichen. Damit [37] fällt die Konstruktion FREUDs vollends zusammen, die sich ja ohnehin nur auf eine rätselhafte Fähigkeit der Libido, die verschiedensten Erlebnisse und Erlebniswandlungen aus sich zu produzieren, zu stützen vermochte.

---

4 Eine gegenteilige Ansicht vertritt MÜLLER-BRAUNSCHWEIG. Danach soll die Genitalität, in die prägenitale, zumal orale Sexualität eingelagert, im ersten Lebensjahr auftreten und sich nicht nur in der Säuglingsonanie manifestieren, sondern bereits objektgerichtet (bei beiden Geschlechtern an die Mutter fixiert) sein. Etwa vom zweiten Jahre an gebe sie dann aus verschiedenen Gründen ihre libidinöse Energie in der Hauptsache an die Extragenitalität ab, bis sie sich erneut etabliere. «Die Genitalität erfährt nach einer ersten, im Verhältnis zu den anderen Komponenten relativ intensiven Frühblüte, eine Art Zaudern und Zurücktreten hinter den extragenitalen Triebtendenzen». MÜLLER-BRAUNSCHWEIG belegt diese These weder mit empirischen Beobachtungen noch sind seine theoretischen Überlegungen irgendwie zwingend; und auch die «biologische Parallele zu der Annahme einer ersten postnatalen Frühblüte der genitalen Komponente» beruht auf einem vagen analogischen Denken. Vgl. C. MÜLLER-BRAUNSCHWEIG: Die erste Objektbesetzung des Mädchens in ihrer Bedeutung für Penisneid und Weiblichkeit. Internat. Z. Psychoanal. 22 (1936), S. 138ff.

5 S. FERENCZI: Sprachverwirrung zwischen den Erwachsenen und dem Kind, a.a.O., S. 520ff.

6 M. BÁLINT: Zur Kritik der Lehre von den prägenitalen Libidoorganisationen. Internat. Z. Psychoanal. 21 (1935), S. 539ff.

Man pflegt gelegentlich die Unterscheidung der zärtlichen und sinnlichen Strömungen im sexuellen Verhalten mit der Differenzierung zwischen einer «seelischen», bzw. «geistigen» und «körperlichen» («physischen») «Liebe» zu parallelisieren oder zu identifizieren. Indessen hat die Zärtlichkeit – sowohl in ihren frühesten wie in den späten Manifestationen – offenbar weder mit der «Seele» noch mit dem «Geiste» etwas zu tun;[7] im Gegenteil ist sie in einem eminenten Verstande «sinnlich», wenn man den Ausdruck wörtlich und nicht in seiner populären, mehr oder weniger auf die Genitalität eingeengten Bedeutung nimmt. Denn ein wesentliches Merkmal der zärtlichen Regung besteht in der möglichst ausgedehnten leiblichen Kontaktgewinnung mit dem Objekt, ihr Daseinsmedium ist der eigene und fremde Leib, wobei gewöhnlich bestimmte Leibstellen (FREUDS erogene Zonen) eine Bevorzugung erfahren. Diese Diffusität der infantilen Sexualität hat wohl FREUD mit der Charakterisierung als «polymorph-perverse» in erster Linie treffen wollen. Sie konstituiert in ihrer Auswirkung zwei fundamentale Züge der kindlichen Liebe: einerseits umgreift sie, wie auch SCHWARZ[8] betont, das *ganze Objekt*,[9] andererseits schafft sie das «*Atmosphärische*», jene schwer zu fassenden Phänomene der «Wärme», des «Geborgenseins», des «Geliebtwerdens», deren Entbehrung die tiefsten Ängste und Sehn-

---

7 Wir wollen damit nicht bestreiten, daß die Zärtlichkeit ichgerechter, in diesem Sinne «seelischer» sein kann und den zentralen Liebesregungen daher ein adäquateres Ausdrucksmedium bietet als die Genitalität. Vgl. dazu E. MICHAËLIS: Die Menschheitsproblematik der FREUDschen Psychoanalyse, S. 38ff. Leipzig 1925.

8 Sexualität und Persönlichkeit, S. 28.

9 VON GEBSATTEL (Über Fetischismus, a.a.O., S. 14ff.) hat das «Problem des Ganzen und des Teils innerhalb der Sphäre des erotischen Verhaltens» zum Angelpunkt des Verständnisses des Fetischismus gemacht und dabei in der zentralen liebenden Haltung den Garanten zur Bewahrung des Ganzen der fremden Person gesehen. Das geschieht durchaus zu Recht. Wenn wir vorwiegend der Zärtlichkeit diese Rolle überantworten, so wollen wir damit jene Haltung keineswegs ausschließen; vielmehr soll so einerseits die Ganzheit des (eigenen und fremden) Leibes akzentuiert und andererseits ein besseres Verständnis des frühkindlichen Zerfalls der Ganzheit ermöglicht werden. Bereits dem kleinen Kinde jene Haltung zu unterstellen, dürfte auf Schwierigkeiten stoßen.

süchte des Kindes auslöst, die sicher sehr viel nachhaltiger als die [38] Kastrationsfurcht und ihre prägenitalen Vorstufen sein «Lebensgefühl» untergraben. Es ist verständlich, daß sich FREUD zunächst an diese «lokalisierten», greifbaren Erlebnisse hielt und das Gewicht der Angst vor dem «Liebesverlust» nur zögernd und auch dann noch in nicht ganz angemessener Weise anerkannte. Dieses Atmosphärische ist vermutlich dem «Seelischen» gleichgesetzt worden.

b) *Der Objektbezug der Zärtlichkeit*

Die These, daß der mehr oder minder über den ganzen Leib ausgebreiteten Zärtlichkeit das «ganze» Objekt zugeordnet sei, impliziert eine Voraussetzung, die einer in der Psychoanalyse vorherrschenden Anschauung widerstreitet. Danach soll die Libido zunächst autoerotisch und narzißtisch sein, während die hier vertretene Ansicht den primären Objektbezug mindestens der zärtlichen Strebungen involviert. Tatsächlich läßt sich die Lehre von einer ursprünglichen Autoerotik, auf die dann der Narzißmus und die Objektliebe folgen sollten, aus allgemeinen Gründen nicht halten[1] und auch aus den analytischen Beobachtungen keineswegs zwingend ableiten, wie es am entschiedensten BÁLINT gezeigt hat, der die Konsequenz zog und jene Lehrstücke preisgab. Eigentlich hätte es auch MÜLLER-BRAUNSCHWEIG gemäß seiner vorhin angemerkten Behauptung einer objektgerichteten Genitalität im ersten Lebensjahr tun müssen; er scheint indessen dem Problem ausgewichen zu sein. BÁLINT[2] zieht

1 Die allgemeinen Gründe können hier nicht auseinandergesetzt werden; sie decken sich mit der alten, auf DESCARTES zurückgehenden These, daß der Mensch zunächst welt- und umweltlos sei, aus welcher dann auch das (freilich nicht grundlose) Bedürfnis entsprang, die «Realität der Außenwelt» zu «beweisen». Mit Recht hat STRAUS einmal betont, daß auch die Psychoanalyse nicht über die «solipsistische Anthropologie» hinausgekommen sei und dafür auf die Libidotheorie, die Aufteilung des Trieblebens in selbständige Partialtriebe und deren Lokalisation in erogenen Zonen hingewiesen. Vgl. E. STRAUS: Vom Sinn der Sinne, S. 59. Berlin 1935.

2 M. BÁLINT: Das Endziel der psychoanalytischen Behandlung. Internat. Z. Psychoanal. 21 (1935), S. 41.

zur Begründung seines Vorgehens eine Stelle Freuds an, die besagt, daß einige Partialtriebe, z.B. der Sadismus, von vornherein ein Objekt besitzen. «Andere, die deutlicher an bestimmte erogene Körperzonen geknüpft sind, haben es nur im Anfang, solange sie sich noch an die nicht sexuellen Funktionen anlehnen, und geben es auf, wenn sie sich von diesen loslösen». Das ist bei der Oralerotik der Fall: «Der orale Trieb wird autoerotisch, wie es die analen und die anderen [39] erogenen Triebe von vornherein sind».[3] Das ließe immerhin die Interpretation offen, daß der orale Objektbezug primär eben nicht zur Sexualität gehört, von ihr nur einen – an sich objektlosen – Zuschuß erhält; er wäre seinerzeit den «Ichtrieben» subsumiert worden. Allein abgesehen davon, daß er im späteren Triebdualismus keinen Platz mehr gefunden hätte,[4] könnten dann das Beißen, das Einverleiben usw., die notwendig einen Gegenstand voraussetzen, nicht als primitive Manifestationen auch der oralen Erotik beansprucht worden sein. Faktisch hat demnach die (wenigstens auch sexuelle) Oralität als ein unbestrittenes Stück der Lehre von den Libidoorganisationsstufen der primären Autoerotik stets widersprochen. Es besteht indessen gar kein Zweifel, daß die Zärtlichkeit in allen ihren Äußerungsformen objektbezogen, «daß das Kind, wie es Ferenczi öfters hervorgehoben hat, von Uranfang an in einer libidinösen Objektrelation lebt und ohne diese Objektrelation lebensunfähig ist; nur ist diese Relation *passiv*. Es liebt nicht, sondern *es wird geliebt*».[5] Die mögliche – als Einwand denkbare – Frage, ob ein Objektbezug nicht ein «Ich» und die Subjekt-Objekt-Spaltung voraussetze, hat Müller-Braunschweig treffend beantwortet: es handelt sich nicht darum, «wann das Kind zum Bewußtsein der Außenwelt und zum Bewußtsein des Unterschiedes zwischen seinem Ich und der Außenwelt gelangt, sondern darum, wann es, ganz unabhängig von der

3 S. Freud: Vorlesungen zur Einführung in die Psychoanalyse. Taschenbuchausgabe, S. 343, Leipzig/Wien/Zürich 1922.

4 Die Zerstückelung und Verschlingung der Nahrung wäre wohl als Auswirkung der Aggressivität und damit des Todestriebes zu deuten; daß aber der Effekt gerade der Erhaltung des Lebewesens dient, verträgt sich doch wohl schlecht damit.

5 M. Bálint, a.a.O., S. 41.

Frage seines Subjekt-Objekt*erlebens*, erstmalig – vom Beobachter aus gesehen – als reales Wesen mit einem anderen von ihm durch den äußeren Raum getrennten realen Wesen in eine triebhafte Beziehung tritt. Und das ist der Fall in der oralen Beziehung zum Mutterobjekt. Ob es die Mutterbrust und die Mutter als Objekte *erlebt* oder nicht, ist gleichgültig dafür, daß es ganz in Richtung auf ein reales Objekt und in Abhängigkeit von einem realen Objekt lebt».[6] [40] Damit erledigt sich auch die weitere Frage, in welcher Art dem Säugling die «Ganzheit» des Objekts (Mutter oder Pflegeperson) gegeben sei, zumal er doch zunächst vor allem die nährende Brust – realiter ein bloßer Teil des Gegenstandes[7] – wahrnehme: am ehesten dürften die jeweils im Vordergrund stehenden Objektteile ohne scharfe Grenzen dem Ganzen als dem tragenden Hintergrund eingeordnet sein. Dieser Hintergrund als «diffuse Ganzheitsqualität» wird in wechselnder Weise, je nachdem in welchem sinnlichen Medium (visuell, taktil usw.) die aktuelle Zuwendung erfolgt, durch seine hervortretenden Teile repräsentiert, ohne daß eine ausdrückliche Gliederung in Teile und Ganzes schon vollzogen worden wäre.[8] Jedenfalls ist die

---

6 A. a. O., S. 166. Umso unverständlicher und für die Vieldeutigkeit des betreffenden Begriffes bezeichnend ist es, wenn MÜLLER-BRAUNSCHWEIG (S. 141) den prägenitalen Objektbeziehungen eine «narzißtische Natur» zuschreibt, «denn sie haben den Charakter des Einverleibens und Inbesitzhaltens des Objektes». Die den Narzißmus konstituierende libidinöse Besetzung des eigenen Leibes und Iches kennt aber weder ein Einverleiben noch ein einzuverleibendes – somit notwendig anderes – Objekt.

7 ISAKOWER hat gewisse Störungen des Einschlaferlebens, die sich als merkwürdige orale und manuelle Phänomene realisieren, als «regressive Wiederbelebungen» früher Ichhaltungen gedeutet und dabei behauptet, «nicht die Mutter als Person, nur die Brust ist in diesem Stadium Objekt». Wir halten die These nicht für berechtigt, weil sie bereits die Unterscheidung zwischen der Mutter als Person und ihrer Brust voraussetzt. Wäre zunächst tatsächlich nur die Brust Gegenstand triebhaft-wahrnehmender Zuwendung, dann fiele sie für das «Erleben» des Säuglings mit der «ganzen Mutter» zusammen, sie wäre zwar realiter, aber nicht für den Säugling ein Teil von ihr. Vgl. O. ISAKOWER: Beitrag zur Pathopsychologie der Einschlafphänomene. Internat. Z. Psychoanal. 22 (1936), S. 474.

8 Es wäre daher wahrscheinlich adäquater, statt von der diffusen Ganzheit des gegebenen Objekts von dessen «Totalität» zu sprechen, um damit die *vor* der

ABRAHAMsche Idee von «Partiallieben» als normale Entwicklungsstufen der Objektliebe sicher verfehlt; offenbar handelt es sich dabei – wie seine zugrundeliegenden Fälle zeigen – bereits um schwere Destruktionsprodukte.[9] Die Tatsache z.B., daß der Säugling bereits sehr früh auf das Lächeln und die Stimme der Mutter (und anderer Pflegepersonen) mit Lächeln reagiert, dürfte für die ganzheitliche, diffuse Orientierung seiner Wahrnehmungen sprechen.[10]

Gliederung in Ganzes und Teil liegende Weise der ersten Gegenstandswahrnehmung anzudeuten. Denn Ganzes und Teil sind wechselseitig sich bedingende Sachverhalte, weshalb ein Ganzes stets ein gegliedertes Ganzes und der Teil Teil eines Ganzen ist, also in dieses als Hintergrund eingebettet oder darauf bezogen bleibt.

9 K. ABRAHAM: Versuch einer Entwicklungsgeschichte der Libido auf Grund der Psychoanalyse seelischer Störungen, S. 76ff. Leipzig/Wien/Zürich 1924.

10 Man muß sich klar sein, daß alle Aussagen über die frühesten Gegenstände der Wahrnehmung und der triebhaften Zuwendung Vermutungen bleiben, die am wenigsten durch Erinnerungen, am ehesten durch direkte Beobachtungen und wirklichkeitsangemessene Überlegungen hinsichtlich der realen Situationen, in denen der Säugling faktisch lebt, begründet werden können. Die Ausführungen FENICHELS zu diesem Thema leiden offensichtlich unter der Tendenz, den primären Narzißmus um jeden Preis zu retten. So argumentiert er etwa gegen die Annahme einer ursprünglichen (passiven) Objektliebe mit der Wendung, es gehe ihr ein Stadium der Objektlosigkeit voraus, «in dem der Säugling zwar objektiv auf ein Empfangen von seiten eines Objektes angewiesen ist, diese Tatsache aber subjektiv in ihm noch nicht repräsentiert war, da es keine ‚Objektbesetzungen' gab, sondern nur Zustände störender Spannung oder befriedigender Entspannung». Vgl. O. FENICHEL: Frühe Entwicklungsstadien des Ichs. Imago 23 (1937), S. 256. Abgesehen davon, daß man gern hören möchte, woher FENICHEL so sicher weiß, was im Säugling «subjektiv» vor sich geht und was nicht, kommt es, wie MÜLLER-BRAUNSCHWEIG betonte, hier nicht so sehr auf das (ohnehin verschlossene) Erleben als vielmehr auf die «objektive» Situation in ihrer wahrscheinlichen Wirkung auf den Säugling an. Vgl. im übrigen die treffende Kritik von M. BÁLINT: Frühe Entwicklungsstadien des Ichs. Primäre Objektliebe. Imago 23 (1937), S. 286ff. BÜHLER meint, daß es wenigstens beim Zweimonatskind eine Auffassung der gegenständlichen Momente überhaupt noch nicht gibt. «Was es gibt, ist vielmehr eine unspezifische umstimmende Wirkung auf den Zustand des Kindes, die vermittelt und ausgelöst wird durch die Vorgänge, die in den Augenbewegungen des Partners manifest werden. Solche Wirkung löst der Blick des Menschen auch beim Erwachse-

[41] BÁLINT neigte vorerst der Meinung zu, die primitive, an keine erogene Zone gebundene Objektbeziehung sei immer passiver Art, schränkte sie dann aber später selber im Anschluß an HERMANNS Darlegungen[11] mit dem Hinweis auf die aktiven Momente, die sich im Saugen, Betasten, Anklammern usw. des Säuglings manifestieren, ein.[12] Die Entwicklung der aktiven Objektliebe ist der eine, der Narzißmus der andere, nie voll befriedigende Ausweg, mit der Unerfüllbarkeit des Wunsches nach rest- und bedingungslosem Geliebtwerden fertig zu werden. Es wird sich kaum generell und auch nicht im Einzelfall sicher entscheiden lassen, ob das früheste Zärtlichkeitsbedürfnis genuin maßlos ist, wie es FREUD von der kindlichen Liebe behauptet;[13] oder ob geringe, unvermeidliche Versagungen bereits [42] ausreichen, es reaktiv zu verstärken und aggressive «Rache»-Impulse auszulösen. Die aktiven Elemente der Zärtlichkeit sind gewiß als ursprünglich anzusehen; dagegen spricht nicht, was FREUD sagt: «es ist leicht zu beobachten, daß auf jedem Gebiet des seelischen Erlebens, nicht nur auf dem der Sexualität, ein passiv empfangener Eindruck beim Kind die Tendenz zu einer aktiven Reaktion hervorruft. Es versucht das selbst zu machen, was vorhin an oder mit ihm gemacht worden ist».[14] Dunkel bleibt nur wiederum das Ausmaß der reaktiven Intensivierung der aktiven Zärtlichkeiten. Diese Abschätzungs- und Gewichtsfragen sind deshalb von Belang, weil die Beantwortung des Problems, wann Impulse der Objektbemächtigung, des Streichelns, Drückens usw. als sadistische, also

---

nen noch aus. Wir nehmen ihn nicht einfach wahr, sondern werden vom Blick des anderen Menschen in unserer Innerlichkeit angerührt. Beim Säugling ist es nun überhaupt noch so, daß er anfangs nicht Gegenständliches auffaßt, sondern daß nur in seinem Zustand sich Eindrücke auswirken». Vgl. CH. BÜHLER: Die Reaktionen des Säuglings auf das menschliche Gesicht. Z. Psychol. 132 (1934), S. 9. Dazu neuerdings F. STIRNIMANN: Psychologie des neugeborenen Kindes. Zürich und Leipzig 1940.

11 I. HERMANN: Sich-Anklammern – Auf-Suche-Gehen. Internat. Z. Psychoanal. 22 (1936), S. 349ff.

12 M. BÁLINT: Frühe Entwicklungsstadien des Ichs, a. a. O., S. 278.

13 S. FREUD: Über die weibliche Sexualität. Internat. Z. Psychoanal. 17 (1931), S. 322.

14 A. a. O., S. 326.

als perverse anzusprechen sind, an der Fähigkeit abzunehmen ist, ob und wie weit sie sich dem zärtlichen Verhalten einordnen lassen; und umgekehrt kann das passive Erleiden des Bemächtigtwerdens usw. solange nicht im strengen Sinne ein masochistisches heißen, als es das Maß des Zärtlichkeitsbedürfnisses nicht übersteigt. Damit im Zusammenhang steht nun die Bewahrung der Ganzheit des Objekts. Das aktive sowohl wie das passive Zärtlichkeitsbedürfnis kennt zwar – allgemeine und individuelle – bevorzugte Zonen seines Tätigseins und Empfangens; allein gerade als Zonen bleiben sie eingebettet in das Ganze des fremden und eigenen Leibes, sie werden nicht isoliert, unterliegen dem Wechsel, der den Ganzheitscharakter unterstreicht. Die Zärtlichkeit, der eigene Leib als ihr gegliedertes Ausdrucksmedium und der fremde Leib als ihr Betätigungsfeld, ist das Tragende der Objektrelation, zugleich das Gegengewicht gegen die perversen Deformationen. Wenn man die Bewahrung der in der Zärtlichkeit fundierten Ganzheit des eigenen und fremden Leibes als «Norm» des Objektbezuges charakterisiert, dann wird verständlich, warum die in den Perversionen realisierten Fixierungen, d.h. Aufsplitterungen und Isolierungen der zärtlichen und genitalen Impulse und erogenen Zonen Verletzungen einer Norm darstellen – einer Norm, die zunächst mit sozialen und idealen Forderungen gar nichts zu tun hat, sondern eine der Zärtlichkeit und ihren Objektrelationen ursprünglich eignende Tendenz bildet. Wir betrachten daher als ein wesentliches Merkmal aller perversen Gestaltungen die Störung der Zärtlichkeit, und das besagt in eins: die Zerstörung der leiblichen Ganzheit. Gegen die Richtigkeit dieser These scheinen freilich gewisse Erfahrungen zu sprechen.

[43] Wir wissen z.B. von den homosexuellen Beziehungen, daß sie sich manchmal in ausgesprochenen Zärtlichkeitsbezeugungen abspielen oder gar erschöpfen; desgleichen von den zärtlichen Behandlungen, die die Fetischisten ihren Gegenständen angedeihen lassen. Allein das Übertriebene, Maßlose (und bei Fetischisten überdies objektiv Sinnlose) solcher Zärtlichkeitsbekundungen legt den Verdacht nahe, es handle sich hier in der Hauptsache um überkompensatorische Reaktionsphänomene, die im Dienste der Destruktions- und Angstbewältigung stehen. Darüber hinaus verweisen sie auf einen bislang noch nicht zur Sprache gekommenen Zug. Bálint hat

wiederholt[15] den spezifischen Charakter des Lusterlebnisses, das die aktiven und passiven Zärtlichkeiten gewähren, unterstrichen; er spricht von einem «stillen, ruhigen Wohlbehagen», welches das «Vorlustniveau» nicht übersteige und von der orgastischen Endlust deutlich verschieden sei. Von den von ihm festgestellten Differenzen interessiert uns hier vor allem die, daß die Vorlust endlos fortgesetzt werden könne, während die orgastische Lust in einen Schlußakt ausläuft. Er macht außerdem darauf aufmerksam, daß – was auch SADGER beobachtete[16] – die «echten Perversen» in ihren Handlungen «nur eine ungeheuer große Erregung», keine Befriedigung erfahren; «die endliche Erlösung wird erst in der darauf folgenden genitalen Onanie oder im Koitus gefunden».[17] Gelegentlich kommt es wohl auch vor, daß die perverse Aktion (oder Phantasie) allein den genitalen Orgasmus auszulösen vermag; aber in der Regel wird eine manuelle (oder koitale) Nachhilfe nötig sein. Schließlich meint BÁLINT, Perversionen können «nur aus Vorlustmechanismen gebildet werden».[18] Diese Vermutung liegt nahe, sie bedarf aber der genaueren Interpretation; denn offenbar mangelt den perversen Erregungen gerade jenes die – kindliche und spätere – Vorlust charakterisierende «stille, ruhige Wohlbehagen», sie sind im Gegenteil durch ein zwangsmäßiges, süchtiges, das ganze Dasein durchsetzendes Moment ausgezeichnet; und auch die begleitenden Phantasien zeigen einen entsprechenden, des Abschlusses ermangelnden Charakter, wie VON GEBSATTEL dargelegt hat.[19]

---

15 Vgl. besonders M. BÁLINT: Eros und Aphrodite. Internat. Z. Psychoanal. 22 (1936), S. 453 ff.

16 J. SADGER: Genitale und extragenitale Libido. Internat. Z. Psychoanal. 15 (1929), S. 185 Anm.

17 A. a. O., S. 454. Vgl. dazu auch L. EIDELBERG: Zur Theorie und Klinik der Perversion. Jahrbücher Psychiatr. u. Neurol. 50 (1933), S. 273.

18 A. a. O., S. 456.

19 Süchtiges Verhalten usw., S. 125.

c) *Die zärtliche und die masturbatorische Berührung*

[44] Man darf es als die herrschende, von der Psychoanalyse geteilte Meinung bezeichnen, daß die orgastische Endlust der Kindheit fehlt. Die Vorlust eignet bereits, «wenngleich in verjüngtem Maße», dem infantilen Sexualtrieb; «die Endlust ist neu, also wahrscheinlich an Bedingungen geknüpft, die erst mit der Pubertät eingetreten sind».[1] Freilich spricht FREUD auch von einer «Art von Orgasmus», in die das Wonnesaugen des Säuglings auslaufen könne.[2] Sicher trifft jene Anschauung das Richtige; orgasmusähnliche oder -verwandte Zustände (ihre Symptome sind das «Starrwerden» des Blickes, die Absorbation der Aufmerksamkeit usw.), die sich den autoerotischen Betätigungen der Kinder anschließen, müssen wohl als vorwiegend exogen bedingte oder dann pathologische Ausnahmen bewertet werden. Immerhin scheinen sie sich zumal bei den Manipulationen an den Genitalien doch nicht allzu selten einzustellen und die Besonderheit dieser autoerotischen Aktionen zu dokumentieren. Es ist nun merkwürdig, daß die infantilen Spielereien an den Geschlechtsorganen *generell* – also abgesehen von den genannten Fällen, hinsichtlich derer es plausibel erscheint – als Onanie bezeichnet[3] und

---

1 Drei Abhandlungen zur Sexualtheorie, S. 75.

2 A. a. O., S. 45.

3 FRIEDJUNG hat das ausdrücklich getan; er schreibt, er rechne «auch das scheinbar affektlose Herumspielen der Kinder mit ihren Genitalien, wenn es gewohnheitsmäßig geschieht und nach Wiederholung verlangt, zu der Onanie. Die Fälle, in denen das Spiel bis zum Orgasmus getrieben wird, sind die selteneren». J. K. FRIEDJUNG: Über Onanie im Kindesalter. Z. Kinderforsch. 31 (1926), S. 291. Dagegen hat BOENHEIM mit Recht betont, daß, obgleich sich aus der «spielerischen Entdeckung des Körpers» und der darin erfolgenden Bekanntschaft mit dem Genitale eine Onanie entstehen könne, nicht «jede spielerische Beschäftigung in dieser Gegend Onanie genannt werden darf». Vgl. C. BOENHEIM: Kinderpsychotherapie in der Praxis, S. 72. Berlin 1932. SCHWARZ (Sexualität und Persönlichkeit, S. 25) spricht von «zwei grundverschiedenen Typen» onanierender Säuglinge, nennt also auch das spielerische Manipulieren «Onanie». Vgl. ferner W. VILLINGER: Über Onanie im Kindesalter. Z. Kinderforsch. 31 (1926), S. 111 ff., und seine Auseinandersetzung mit FRIEDJUNG: Erwiderung auf vorstehende Arbeit «Über Onanie im Kindesalter» von J. K. FRIEDJUNG. Ebenda, S. 293 ff.

der Pubertätsonanie gleichgesetzt werden (oder mindestens wird diese als «Wiederkehr» der in der zweiten Phase der infantilen Masturbation auftretenden Form angesprochen). Der vermutliche Erlebnisgehalt, die Ablaufsrhythmik der beiden genitalen Betätigungen und die [45] Stellungnahme des Subjektes dazu[4] würden nicht einmal ihre terminologische, an den äußeren Merkmalen orientierte, geschweige denn auf das Wesen zielende Identifizierung rechtfertigen. Das läßt sich am besten in einem kurzen Vergleich der eigentlichen Onanie mit jener Erscheinung zeigen, die ihr wie gesagt gemeinhin auch zugerechnet wird, tatsächlich aber etwas anderes ist und wohl den wirklichen, in das Erwachsenenleben hineinragenden Rest der infantilen «Masturbationen» darstellt: das «gedankenlose Spielen» mit den Genitalien etwa vor dem Einschlafen. Meistens befinden sich die Geschlechtsorgane überhaupt nicht in erregtem Zustande, es tritt weder eine Spannungssteigerung noch -lösung ein, die dabei erlebte Lust ist diffus, kaum merklich, das «stille, ruhige Wohlbehagen» BÁLINTS. Das «Spiel» kann «endlos» fortgesetzt werden, löst keine Schuldgefühle und Mißstimmungen aus, die begleitenden Phantasien können einen erotisch-sexuellen oder selbsterhöhenden Inhalt haben, drehen sich indessen ebenso oft um alltägliche Sorgen usw. Das Phänomen ist sehr verbreitet, fehlt wahrscheinlich überhaupt bei keinem Menschen und wird von den onanistischen Akten stets scharf unterschieden, ungeachtet der Tatsache, daß es mit wechselnder Häufigkeit in die letzteren ausmünden kann. Manche Handlungen, die als «Onanieäquivalente» gedeutet zu werden pflegen, z.B. das stereotype Reiben einer Hautstelle oder das Um-den-Fingerwickeln einer Haarsträhne während der Lektüre usw., haben mit der eigentlichen Masturbation gar nichts zu tun, sondern sind den Spielereien am Genitale gleichgeordnete oder sie ersetzende Bewegungsvollzüge (was selbstverständlich nicht ausschließt, daß sie in besonderen Fällen auch «echte» Onanieäquivalente sein können). Wir sehen in ihnen wie in den überwiegenden sog. infantilen «Masturbationen» primäre oder sekundäre, reaktiv entstandene auto-

4 Dieser Unterschied bezieht sich genau genommen auf das sogleich zu erwähnende Tun der Erwachsenen.

erotische, am eigenen Leib vollzogene Zärtlichkeitsbezeugungen, die freilich oft des spezifischen Zärtlichkeitssinnes entleert sind.[5] Im Kindesalter er-[46]halten sie «Onaniebedeutung», d.h. den Charakter des Verbotenen, mit Schuldgefühlen und Angst Beladenen erst zufolge der Drohungen und Bestrafungen von seiten der Pflegepersonen. Diese sekundär erworbenen Eigentümlichkeiten, nicht der ursprüngliche Erlebnis- und Bedeutungsgehalt stiften den inneren Zusammenhang mit der Pubertätsonanie.

d) *Die Verkoppelung der zärtlichen und genitalen Impulse*

Wir sagten, die geschilderten genital-autoerotischen Zärtlichkeitsbezeugungen könnten mit wechselnder Häufigkeit in echte masturbatorische Akte ausmünden. In analoger Weise pflegen beim Erwachsenen die auf ein fremdes Objekt gerichteten Zärtlichkeiten oft in genitale Handlungen «überzugehen». Was heißt dieses «Übergehen»? Handelt es sich um einen Intensivierungsprozeß oder um das Durchbrechen der «Zielgehemmtheit»? Beides kann *auch* eine Rolle spielen, aber das Wesentliche liegt nicht darin. Daß das Erleben der Zärtlichkeit häufig «eine Fortsetzung in sexueller Erregung findet», schreibt SCHULTZ-HENCKE treffend, «beweist nichts für ihren sexuellen Charakter. Denn es gibt im Lebendigen eine Menge von regelhaft aufeinanderfolgenden Erscheinungen, die dennoch nicht wesensgleich sind. Wenn jemand beim Hören eines Tones eine Farbvorstellung hat, so ist damit sein Tonerlebnis noch nicht iden-

---

5 Man würde diese Bemühung, zwei Typen von genitalen Manipulationen zu unterscheiden, durchaus mißverstehen, wenn man ihr die Absicht supponieren wollte, die infantile Sexualität zu leugnen oder wenigstens durch das Unterstreichen «harmloserer» Phänomene in ihrer Bedeutung einzuschränken. Die Existenz der infantilen Sexualität bildet heute gewiß kein Problem mehr; worum es geht, ist, die unleugbaren, den meisten Entdeckungen innewohnenden Übertreibungen, die der Psychoanalyse im Hinblick auf die Deutung der frühkindlichen Erscheinungen unterlaufen sind, auf das wirklichkeitsadäquate Maß zurückzudrängen.

tisch mit dem der Farbe».[1] Und ähnlich meint HORNEY: «Affection and tenderness may be aim-inhibited sexuality; they may be the forerunner of sexual desires; and a sexual relationship may pass into a merely affectionate one. The desire to control others and to run their lives may be a mitigated and, as it were, a rationalized form of sadistic trends, though the sexual origin and nature of the latter are dubitable. But there is no evidence for the generalization that therefore all trends toward affection or power are aim-inhibited instinctual drives. It is not proved that affection may not grow out of various non-libidinal sources».[2] Wenn sich also die FREUDsche Ableitung der Zärtlichkeit nicht halten läßt, wie wir bereits zu zeigen versuchten, dann muß das Problem ihrer Verkoppelung mit der Genitalität anders [47] gelöst werden.[3] Aber besteht hier überhaupt

---

1 Der gehemmte Mensch, S. 32. SCHULTZ-HENCKE gebraucht hier den Ausdruck «sexuell» im engen, genital akzentuierten Sinne; vgl. auch H. SCHULTZ-HENCKE: Einführung in die Psychoanalyse, S. 41ff. Jena 1927; *derselbe*: Schicksal und Neurose, S. 46. Jena 1931.

2 New Ways in Psychoanalysis, S. 53.

3 HORKHEIMER hat die These vertreten, daß die Verbindung von Sexualität und Zärtlichkeit keine «urwüchsige», sondern eine «historisch gewordene» sei; vgl. M. HORKHEIMER: Theoretische Entwürfe über Autorität und Familie. Allgemeiner Teil. In: Studien über Autorität und Familie, S. 14. Paris 1936. Das läßt sich mit der Geschichte entnommenen Argumenten kaum entscheiden; denn wenn sich etwa zeigen sollte, daß in den frühgeschichtlichen Phasen «der Menschheit» und in den sog. primitiven Gesellschaften die genital-sexuellen Handlungen ohne vorangehende, begleitende oder nachfolgende Zärtlichkeiten vollzogen zu werden pflegen, so kann diese Trennung stets als Ergebnis eines bereits eingetretenen Störungsprozesses gedeutet werden. Wenn der Begriff der «Urwüchsigkeit» lediglich einen zeitlichen Sinn haben soll, dann bleibt es grundsätzlich fraglich, ob sie sich der historischen Forschung erschließt, da sich «hinter» den frühesten geschichtlichen Dokumenten immer eine dunkle «Vorgeschichte» auftut. Und wenn der Ausdruck einen strukturellen Zusammenhang intendiert, dann stellen alle seine historischen Gestaltungen Abwandlungen dar, in denen die wirkliche ursprüngliche Relation schon verzerrt sein mag. Auch das vergleichende Studium der Tiere kann den Rückschluß auf die entsprechenden menschlichen Verhältnisse nicht sichern, wie wir früher andeuteten. Wer die Verbindung von Zärtlichkeit und Sexualität für historisch entstanden hält, vermag auf zahlreiche Beispiele für die «Grobheit» des Begattungsaktes bei Tieren

ein Problem? Ist es nicht einfach so, daß zu den bereits vorhandenen zärtlichen Objektzuwendungen und Betätigungen am eigenen Leib spätestens in der Pubertät, möglicherweise schon während der Kindheit genitale Impulse und Sensationen als etwas Neues hinzutreten und sich langsam ausbreiten wie andere Antriebe und Bewegungsvollzüge auch? Die Häufigkeit der Störungen muß an der Richtigkeit dieser Vorstellung Zweifel erwecken. Fragen wir daher zunächst nach den Gründen der Störungen, in der Erwartung, damit zugleich etwas über das ungestörte Geschehen zu erfahren.

[48] Die der genitalen orgastischen Potenz zugeordnete Endlust werde, sagt Bálint, «stillschweigend als eine entwickeltere, etwas kompliziertere... erwachsene Form der Lust aufgefaßt, nicht aber wesentlich von der Vorlust unterschieden». Demgegenüber meint der Autor, es handle sich eher um «zwar verwandte, doch voneinander wesentlich verschiedene Arten des Lusterlebens».[4] Daß es so ist, unterliegt gewiß keinem Zweifel. Freilich kann etwa auf den Juckanfall bei pruriginösen Reizzuständen hingewiesen werden, der eine dramatische Steigerung des Kratzens bildet und eine Ähnlichkeit mit dem Orgasmus zeigt, wie denn die genitalen Erregungssensa-

---

hinzuweisen. Wer umgekehrt für ihre strukturell ursprüngliche Beziehung eintritt, kann etwa an das sog. «Schnäbeln» der Tauben und Papageien erinnern, das oft die Kopulation einleitet und wahrscheinlich das Überbleibsel der Fütterung und damit sozusagen eine abgewandelte «passagère Wiederholung» der Atzung der Jungen bildet. Das wäre also eine «ornithologische Parallele» zur Vorbildlichkeit der Mutter-Kind-Relation in bezug auf die menschlichen Liebesbindungen, deren zärtliche Seite sich ja kaum zufällig in kindlichen Ausdrücken und Verhaltensweisen zu manifestieren pflegt. Man könnte in der Tat versucht sein, das Problem der Verkoppelung der genitalen Sexualität mit der Zärtlichkeit auf die etwas paradoxe Formel zu bringen: es gehe darum, in die geschlechtliche Partnerschaft das Mutter-Kind-Verhältnis auf eine reife, unsentimentale Weise bewahrend einzuordnen. Im Hinblick auf die Bedeutung der zärtlichen Strömungen als tragendes Element darf an den sog. Hospitalismus erinnert werden, d.h. an die alte, von von Pfaundler bestätigte Beobachtung, dergemäß Kinder, die der mütterlichen Zärtlichkeiten entbehren, oft kränklich bleiben. Vgl. dazu H. Christoffel: Einige fötale und frühstkindliche Verhaltensweisen. Internat. Z. Psychoanal. u. Imago 24 (1939), S. 453ff.

4 A.a.O., S. 453f.

tionen öfters mit dem Erlebnis des Juckens verglichen wurden. «Die innige Verwandtschaft des Pruritus mit den sexuellen Empfindungsqualitäten ist schon früh beobachtet und beschrieben worden. Wer den akuten Juckanfall und das Verhalten des Patienten dabei nach dieser Richtung hin einmal genau beobachtet hat, wird sich dem Eindruck dieses Parallelismus nicht entziehen können. Die Ablaufkurven beider Mechanismen haben eine täuschende Ähnlichkeit, und es ist kein Zufall, wenn der Volksmund die sexuellen Sensationen in der Genitalsphäre und auch sonst als Kitzel oder Jucken bezeichnet».[5] So lasse sich auch die orgastische Endlust als dramatisierte Intensivierung der Vorlust deuten. Allein man würde bei dieser Analogisierung übersehen, daß zwar der Juckanfall, bzw. der Kratzparoxysmus eine Steigerung des einfachen Juckreizes, bzw. des abwehrenden Kratzens darstellt, daß jedoch dieselbe Relation zwischen Vorlusterlebnis, bzw. zärtlicher Berührung und orgastischer Endlust, bzw. genitaler Aktion nicht besteht, auch wenn während der letzteren – was der Fall sein kann – eine Intensivierung der zärtlichen Handlungen einhergeht. Sehr viel augenfälliger als beim Vergleich der beiden Lustarten dokumentiert sich der prinzipielle Unterschied in der Verhaltensdynamik.[6] Was die aktiven Zärtlichkeitsbezeugungen betrifft, so sind ihre bevorzugten Organe die Hände und der Mund, seltener andere Leibteile, kaum je das Genitale. Die Bewegungen werden mehr oder minder rhythmisch wiederholt, sie können verschnellert und verstärkt werden, zeigen indessen nicht [49] eine regelmäßige immanente Steigerung mit Akme und Abfall. Daher verliert sich auch das Ich, verstanden als erlebtes Zentrum der Bewegungsvollzüge, nicht in ihnen, es verbleibt an seiner gewohnten «Stelle» in der Nasenwurzel[7] oder verschiebt sich gegen

---

5 W. Th. Sack: Psyche und Haut. Handbuch der Haut- und Geschlechtskrankheiten, hrsg. von J. Jadassohn, Band 4, Teil 2, S. 1336. Berlin 1933.

6 Vgl. dazu H. von Hattingberg: Über die Liebe, S. 126f., 258. München 1936.

7 Vgl. zur leiblichen «Lokalisierung» des erlebten Ichs – das mit dem «transzendentalen» oder dem «metaphysischen Ich» so wenig etwas zu tun hat wie jene «Lokalisierung» mit den Lokalisierungen der psychischen Funktionen im Gehirn – E. Straus: Die Formen des Räumlichen. Nervenarzt 3 (1930), S. 649.

den Mund oder nach der Brust. Davon ist die «Leibgestalt» (VON GEBSATTEL[8]) des genitalen Aktes völlig verschieden.[9] Die viel weniger variabeln Bewegungen konzentrieren sich auf das Becken, in das auch das Ich mehr oder minder «lokalisiert» wird. In einem bestimmten Augenblick des Bewegungsablaufes, etwa bei Beginn der orgastischen Phase, pflegt es zu «verlöschen», d.h. in die «Pathik» der motorischen Intensivierung hereingerissen zu werden, aus der es dann mit dem Verebben der Bewegungsvollzüge und der Spannungslösung am ursprünglichen «Ort» wiederkehrt. Die zwei hier nur in ihren groben, für beide Geschlechter vermutlich typischen, von der Begleitmotorik absehenden und individuell wandlungsfähigen Zügen geschilderten Leibgestalten sind offenbar dermaßen voneinander verschieden, daß ihre Koordination tatsächlich eine nicht ohne weiteres gelingende Aufgabe darstellt. Es kommt hinzu, daß ihnen jeweils noch eine «passive» Seite zugeordnet ist, insofern das zärtlichkeitsausübende Subjekt in der Regel zugleich Zärtlichkeiten von seiten des Partners empfängt und die genitale Handlung von der entsprechenden Aktion des Andern mitgesteuert wird. Auch hier gelingt die Einung mit dem Partner in einer «zweieinheitlichen Liebesgestalt» des Leibes (VON GEBSATTEL) meist nicht von Anfang an. Die Differenzen der beiden Bewegungstypen gleichen sich nicht etwa dadurch aus, daß im Ganzen des partnerischen Leibes auch das Genitale Gegenstand der zärtlichen Berührung wird oder andere erogene Zonen, z.B. die Brüste, die Funktion der orgastischen Erregung und Lösung übernehmen. Denn wenn die gegenseitigen zärtlichen Bestreichungen in mutuelle Onanie «übergehen» oder die autoerotische Reizung der Brustwarzen in die Mammillarmasturbation «ausmündet», dann verwandelt sich weder im einen noch im [50] andern Fall die zärtliche Bewegungstypik in die genital-orgastische; sondern jene bringt diese in Gang, wird von ihr abgelöst, wobei das «Ineinanderfließen» der Endphase der einen und der Beginn der an-

8 Süchtiges Verhalten usw., a.a.O., S.146ff.

9 Hinsichtlich der diesbezüglichen Verhältnisse beim masturbatorischen Akt – die freilich bei den verschiedenen Praktiken nicht dieselben sein werden – vgl. die ausgezeichneten Darlegungen VON GEBSATTELS, a.a.O., S.143ff.

dern den Eindruck des «gleitenden Übergangs» erweckt. Allerdings stellt sich hier ein Problem, auf das wir bald zurückkommen.

Das zweite, mit dem unterschiedlichen motorischen Ablauf zusammenhängende Moment, welches die Harmonisierung der beiden Leibgestalten erschwert oder stört, liegt im differenten Charakter der Vor- und Endlust. Wir meinen damit weniger die qualitative und lokalisierte Verschiedenheit als vielmehr die erlebte Dramatik der orgastischen Lust. Sicher läßt sie sich als extreme Steigerung der Vorlust «denken»; allein die «Denkbarkeit» wird von der Erfahrung nicht bestätigt. Die Intensität der mit der Zärtlichkeit verbundenen Lusterlebnisse ist vergleichsweise begrenzt; es fehlt ihnen das «Abstürzen» von der erreichten Gradstufe, sie verebben ohne vorangehenden Aufstieg (entsprechend wie ihre zugeordnete Motorik). Aus diesem Grunde muß man BÁLINTS Meinung, die perversen Erregungen würden aus den «Vorlustmechanismen» gebildet, in der so ausgesprochenen Ausschließlichkeit bestreiten; es treten stets frustrane genitale Erregungen hinzu,[10] die nicht in den Vorlustbereich gehören. Mit der schwebenden, heiteren, schwingend-unbeschwerten Art der zärtlichen Lust verglichen wirkt die an seelischen Inhalten zwar arme, aber in ihrer Wucht und Plötzlichkeit erschütternde orgastische Lust beim ersten Auftreten stets überraschend, befremdend, oft

---

10 KOLNAI meint, «daß die perverse Lust als Ganzes (also die Orgasmuslust beim unnormalen Erleben inbegriffen) von der normalsexuellen Lust *in sich, strukturell verschieden* sei. Denn es fehlt jener eigentümliche Rhythmus der normalen Begattung, welcher das Wollusterleben parallel mit dessen Steigerung stufenweise in das Vereinigungs- und schließlich Befriedigungserleben umleitet. Es fehlt der perversen Lust an jener in gewissem Sinne ,reinigenden' Selbstaufhebung der Wollust, die der normale Akt, etwa vermöge der anatomisch-psychischen ,Vollständigkeit' der sexuellen Situation, mit sich führt. Die perverse ,Befriedigung' ist weniger eine Überleitung der genußvollen Erregung in die sozusagen ,sichschenkende' Entladung und mehr nur ein Sich-Überschlagen, ein Platzen der auf die Spitze gesteigerten Geilheit als solcher… *,Abstrakte Wollust' gegenüber Vereinigungserlebnis* ist ein wichtiges Merkmal der Perversität im Gegensatz zum normalen Verkehr». Vgl. A. KOLNAI: Sexualethik, S. 240f. Paderborn 1930. Die moralische Absicht des Autors sollte die sachliche Würdigung seiner Thesen nicht verhindern.

unheimlich und angsterregend. An sie knüpfen sich eigentlich auch die Schuldgefühle mit ihren mannigfachen Folgen, die dann bei der Störung des Zusammenwirkens der zärtlichen und genitalen [51] Strebungen eine Rolle spielen. Mit den herausgestellten entzweienden Momenten ist der in Frage stehende Sachverhalt nicht erschöpft; wir begnügen uns jedoch damit und kehren zur unterschiedlichen Ablaufsform der beiden Bewegungen zurück.

Vergegenwärtigt man sich das Leibbewußtsein eines Jugendlichen, der an sich die Veränderungen der genitalen Erregung und den ersten Orgasmus – sei es während eines masturbatorischen Aktes oder anläßlich einer spontanen Pollution – erfährt, dann ergibt sich eine gewisse Akzentuierung und Isolierung der genitalen Sphäre innerhalb des Ganzen seines Leiberlebens als selbstverständliche Konsequenz. In der gleichen Richtung wirken das Wachstum der Schambehaarung und bei Mädchen die Menstruation. Eine entschiedene Verschärfung gewinnt diese Akzentuierung schließlich durch die Onanie, die ein «Zerteiltsein des leiblichen Daseins» mit sich bringt – einen Prozeß, den von Gebsattel mit Recht als für jene «eminent bedeutsam» bezeichnet. Wir sehen «den Leib zerteilt in einen bewußtseinsnahen und in einen bewußtseinsfernen Teil, in einen die sexuelle Auslösung herbeiführenden, manipulierenden Teil und in einen Leibteil, der den Gegenstand bildet dieser Manipulationen». «Der Geschlechtsleib bleibt hier Gegenstand; Gegenstand gewisser Maßnahmen, Gegenstand des Selbstgenusses, Beziehungspunkt also einer reflektierten Grundhaltung, die toto coelo vom Leibverhältnis des Liebenden verschieden ist. Dieser hat den Leib, das Ausdrucksorgan seiner Hingabe, nicht sich gegenüber; er läßt ihn vielmehr hinter sich. Er wird, der Liebende, in der Erregung seiner Hingabe vom eigenen Leib dem anderen entgegengetragen bis zur Verschmelzung mit ihm, die eine Art Aufhebung der eigenen Leibgrenze bedeutet. Hier im Onanie-Akt hingegen kommt es nicht zu dieser Selbstvergessenheit des Leibes». «Zwei einander widersprechende Bewegungstendenzen werden im onanistischen Akt zur Einheit eines zielstrebigen *Tuns* zusammengefaßt, doch bedeutet gerade diese Zusammenfassung von vital gegensätzlichen Bewegungstendenzen in einem zweckhaften Tun die Zerstörung der Lebensgestalt des Liebesleibes, also jener besonderen und spezifischen Ausdruckseinheit, welche die Bewegungsabfolge des erotisch affizierten und in die geschlechtliche Ekstase einmündenden Leibes zur Einheit einer Gesamtform zusammenordnet».[11] Wir hatten vorhin bestritten, daß im – autoerotischen und mutuellen – onanistischen Akt die zärtliche Bewegung in die genitale gleitend übergehe; daran müssen [52] wir festhalten. Allein es ist nun doch eine Korrektur anzubringen. Offenbar ist die masturbatorische mit der zärtlichen Motorik nicht identisch, aber zwischen beiden gibt es zufolge ihrer *gegenseitigen Durchdringung* alle Stadien des Überganges.[12] Versucht man die Unterschiede zu fassen, so wird weder die Ausschließlichkeit des Genitales (oder seiner Äquivalente) als des berührten Objektes noch die genitale Erregung als Voraussetzung oder Zweck für den onanistischen Akt[13] als spezifisch angesehen werden können; denn wie wir bereits bemerkten, widersetzt sich die Betastung der Geschlechtsorgane nicht dem Sinn der zärtlichen Bewegung, und auch die begleitende genitale Erregung braucht sie nicht notwendig zu stören. Indessen weist jene Ausschließlichkeit doch auf einen wesentlichen Punkt hin, zumal wenn man sie einerseits mit der eingeengten Abzweckung des masturbatorischen Aktes auf die orgastische Lösung und andererseits mit der Verarmung des Bewegungsvollzuges auf die Friktion in Zusammenhang bringt. Die onanistische Bewegung ist in sich vergleichsweise härter, automatisierter, weil in der Rhythmik an den genitalen Erregungsablauf gebunden; es fehlt ihr das freie Spielerische, dafür eignet ihr sozusagen ein Leistungscharakter. Und darin dokumentiert sich die entscheidende Differenz des primären vitalen Bedeutungsgehaltes: der immanente, gelebte

11 Süchtiges Verhalten usw., a.a.O., S.146.

12 Wir unterscheiden also die Übergangsstadien zwischen zwei prinzipiell differenten Zuständen oder Bewegungen, die auf Grund ihrer wechselseitigen Integration zustandekommen, von den gleitenden Erscheinungsreihen, die zwei extreme Manifestationen ein und desselben Dinges, Wesens oder Bewegungstypus verbinden – eine Unterscheidung, die sich für das Normproblem als wichtig erweisen wird.

13 Wir berücksichtigen hier nur jene onanistischen Praktiken, bei denen die Hand die aktive Rolle spielt; die den Koitus nachahmenden Formen nähern sich dem genitalen Bewegungsvollzug noch mehr.

Sinn des zärtlichen Tuns zielt auf das Bewahren des – fremden und eigenen – Leibes in seiner Ganzheit,[14] die onanistische Handlung zerstört sie. Der diese zentral charakterisierende Zug ist ihr destruktives Moment oder ihre «antierotische Intention», wie es VON GEBSATTEL formuliert.[15]

Wenn es sich so verhält, dann bleibt die Konsequenz, den onanistischen Akt als solchen – gleichgültig ob er Symptom der Ent-[53]wicklungs- oder der Notonanie[16] oder einer süchtigen, chronischen Masturbation[17] ist – pervers zu nennen, unausweichlich, falls unsere frühere Bestimmung zutrifft, dergemäß ein wesentliches Merkmal aller Perversionen in der Störung der Zärtlichkeit und der Zerstörung der leiblichen Ganzheit liegen soll. Tatsächlich sind wir dieser Meinung und glauben, daß VON HATTINGBERG im Recht war, als er die Onanie einmal die «Urperversion» nannte.[18] Allein das trifft offenbar nicht nur auf den eigentlichen masturbatorischen Akt, sondern auch auf den sog. onanistischen Koitus zu, in welchem die Frau gleichsam als anonymes Anhängsel der Vagina mitgenommen wird und diese lediglich der «physiologischen» Entspannung dient. Daraus folgt ferner, daß die «alte Frage», warum die Genitalität keine Perversion sei, sich keineswegs – wie BÁLINT meint[19] – mit dem Hinweis auf ihre Fähigkeit zur orgastischen Endlust erledigt. Sie begründet zwar unter anderem ihre Sonderstellung unter den «Partialtrieben» (wozu als gewichtigerer Faktor die Tatsache kommt, daß die Genitalien und nicht die übrigen erogenen Zonen die primären Ausdrucksorgane der Genitalität bilden); indessen wissen wir, daß bei manchen Frauen (seltener bei Männern) die Masturbation anderer Leibstellen (Brustwarzen usw.) den Orgasmus auslösen kann (der

14 Tatsächlich zielt sie nicht nur auf die Bewahrung der Leibganzheit, sondern der Person; aber wir haben uns vorgenommen, von dieser Seite des Sachverhaltes, deren Erörterung den Einbezug des Liebens erfordern würde, abzusehen.

15 A. a. O., S. 155.

16 Vgl. dazu O. SCHWARZ: Sexualität und Persönlichkeit, S. 35 ff.

17 Vgl. M. NACHMANSOHN: Über chronische Masturbation. Z. Neur. 98 (1925), S. 27 ff.

18 Über die Liebe, S. 44.

19 A. a. O., S. 455.

freilich auch in diesen Fällen mehr oder minder genital lokalisiert bleibt). Dieses Moment stellt also kein ausreichendes Argument wider die Möglichkeit einer genitalen Perversion dar; was gegen ihre Annahme skeptisch machen mag, ist das gleiche Bedenken, das sich gegen die Kennzeichnung der (genitalen) Onanie als Perversion richtet: die statistische «Normalität» der letzteren wie die große Verbreitung des onanistischen Koitus, die sich im Dirnenverkehr, in der zynischen isolierenden Gleichsetzung der weiblichen Scheiden unter Abstraktion ihrer jeweiligen Trägerinnen usw.[20] dokumentiert. Wir kommen auf die Bedeutung dieses Faktums noch zurück, möchten ihm einstweilen insoweit Rechnung tragen, daß wir im Hinblick auf die beiden genitalen Betätigungen nur dann von Perversionen sprechen wollen, wenn sie zwangsmäßig und exklusiv ausgeübt werden; [54] handelt es sich um bloße Übergangserscheinungen (Entwicklungs- und Notonanie usw.), so bezeichnen wir sie als «Perversionsfragmente».

Darin darf man nun allerdings weder eine bloß terminologische Angelegenheit noch eine Konzession an die Häufigkeit als normativen Maßstab vermuten. Zum Wesen der Perversion gehört vielmehr außer der gestörten Zärtlichkeit und der destruierten Leibganzheit der Süchtigkeits- und Zwangscharakter. Dieser stellt indessen kein jenen gleichgeordnetes Merkmal dar, sondern ist die Reaktion auf die destruktiven Impulse und dient der Bewältigung der darin wurzelnden Angst und Schuldgefühle. Wie bei den Neurosen die Symptome sind bei den Perversionen ebenfalls die sekundären (und tertiären) Gebilde: das zwangsmäßige, getriebene, süchtige Verhalten das Laute und Auffällige, während das Primäre – gestörte Zärtlichkeit und zerstörte Leibganzheit – im Hintergrund bleibt; jedoch sollte man das Wesen einer komplexen Erscheinung nicht mit seinen ursprünglichen Zügen (und Bedingungen) identifizieren und die sekundären Merkmale ausschließen. Es wäre denkbar, daß in den frühkindlichen

20 Dazu muß man gewiß auch die «Lehrbücher» der «Liebestechnik» von der Art der «vollkommenen Ehe» VAN DE VELDES rechnen, von welcher VON GEBSATTEL (a.a.O., S. 154 Anm.) treffend sagt, sie sei «nichts als die Anleitung für eine Onanie zu zweien».

zärtlichen Betätigungen sowohl einzelne erogene Zonen wie gewisse Leibstellen des Objekts prävalieren und schließlich die Herrschaft ganz an sich reißen, etwa auf Grund einer besonders intensiven Lustgewährung. Damit würde dann die (eigene und fremde) Leibganzheit, für deren Bewahrung wir die zärtlichen Strebungen verantwortlich machten, auch ohne den Einbruch genitaler Impulse bereits zerstört sein. Es ist schwer zu sagen, ob das tatsächlich vorkommt, ob z. B. ein primäres, unstillbares süchtiges Ludeln die leibliche Ganzheit aufzusplittern vermag. Wahrscheinlicher scheint es zu sein, daß es sich in solchen Fällen doch schon um (als sekundäre Reaktionen auf vorangegangene Enttäuschungen entstandene) Störungsphänomene handelt; insbesondere dürfte das bei den eigentlichen infantilen Masturbationen zutreffen, die der Abgewöhnung hartnäckig widerstehen und den Eindruck erwecken, als eigne den darin erfahrenen Lustsensationen ein in der Intensität und Qualität ausgezeichneter Charakter, der zu orgasmusähnlichen Zuständen führt.[21] Diese Erlebnisse sind – zumal wenn sie von [55] seiten der Pflegepersonen geweckt und unterhalten und zugleich verboten werden – wohl geeignet, eine frühzeitige Zersplitterung des eigenen Leiberlebens zu bewirken. Daß sie oft oder gar mit durchschnittlicher Häufigkeit auftreten, wird man bestreiten müssen. Aber wo sie vorkommen, hat man ein gutes Recht, von infantilen Perversionen zu reden, da die destruktiven Impulse kaum je fehlen werden.

e) Exkurs über das sog. Lustprinzip

In diesem Zusammenhang bedarf nun ein Punkt einer kurzen Diskussion, der in der Psychoanalyse die Funktion eines unerschütterlichen, ihr ganzes Denken beherrschenden Dogmas ausübt: das sog.

---

21 Stellen sich solche orgasmusähnliche Zustände bei extragenitalen Betätigungen ein, etwa während des Wonnesaugens, so wird man stets an sekundäre Erregungsverschiebungen denken müssen. Ob es auch einen ursprünglichen «alimentären» Orgasmus (Radó) gibt, läßt sich wohl kaum sicher entscheiden; wäre es der Fall, dann bliebe es fraglich, ob seine Identifizierung mit dem genitalen ohne weiteres erlaubt ist.

Lustprinzip[1] als eines die seelischen Vorgänge primär führenden Faktums.[2] Es soll später durch das Realitätsprinzip zwar nicht eigentlich abgelöst oder ersetzt, sondern eingeschränkt und gesichert werden: «In Wirklichkeit», schreibt FREUD, «bedeutet die Ersetzung des Lustprinzips durch das Realitätsprinzip keine Absetzung des Lustprinzips, sondern nur eine Sicherung desselben. Eine momentane, in ihren Folgen unsichere Lust wird aufgegeben, aber nur darum, um auf dem neuen Wege eine später kommende, gesicherte zu gewinnen».[3] Den naheliegenden Einwand, «daß eine solche Organisation, die dem Lustprinzip frönt und die Realität der Außenwelt vernachlässigt, sich nicht die kürzeste Zeit am Leben erhalten könnte, so daß sie überhaupt nicht hätte entstehen können», versucht FREUD mit dem nicht sehr überzeugenden Argument zu widerlegen, «daß der Säugling, wenn man nur die Mutterpflege hinzunimmt, ein solches psychisches System nahezu realisiert. Er halluziniert wahrscheinlich die Erfüllung seiner inneren Bedürfnisse, verrät seine Unlust bei steigendem Reiz und ausbleibender Befriedigung durch die motorische Abfuhr des Schreiens und Zappelns und erlebt darauf die halluzinierte Befriedigung».[4] Es bleibt unter solchen Umständen [56] freilich rätselhaft, warum sich der Säugling nicht z.B. mit der halluzinierten Milch begnügt, sondern offenbar frühzeitig darauf beharrt, reale zu erhalten. Dem Lustprinzip einen – zeitlichen oder strukturellen – Primat vor dem Realitätsprinzip zuzuschreiben, scheint uns durch die Tatbestände nicht gerechtfertigt zu sein; vielmehr kommt darin ebenso wie in der These vom primären Narzißmus die solipsistisch konzipierte Anthropologie zum Ausdruck. Aber das enthebt nicht von der Überlegung zweier Möglichkeiten. Einerseits könnte das

---

1 FENICHEL nennt es einmal «die erste und sicherste Orientierung für die Verhaltungsweisen der Menschen»: Über Angstabwehr, insbesondere durch Libidinisierung, a.a.O., S.489.

2 S. FREUD: Formulierungen über die zwei Prinzipien des psychischen Geschehens. Sammlung kl. Schriften zur Neurosenlehre. 3. Folge, S.271ff. Leipzig und Wien 1913; P. FEDERN: Lust-Unlustprinzip und Realitätsprinzip. Internat. Z. Psychoanal. 2 (1914), S.492ff.

3 A.a.O., S.276.

4 A.a.O., S.272f. Anm.

Lustprinzip die Realitätszuwendungen mitsteuern; und andererseits fragt es sich, ob die unleugbare Störungsfähigkeit der Realitätsbeziehungen nicht eine spezifische Eigentümlichkeit des menschlichen In-der-Welt-seins darstellt, die dann in der FREUDschen Behauptung eine nicht ganz angemessene Explikation erfahren hätte.

Was die erste These betrifft, so dürfte sie mindestens im Hinblick auf den Menschen nicht zu bestreiten sein. Die Frage ist lediglich, ob sich dessen Verhalten primär ausschließlich oder doch vorwiegend nach dem Lustprinzip[5] und nur indirekt auch nach dem Realitätsprinzip orientiert. Sie mit der Psychoanalyse zu bejahen, setzt einen dem Verdacht aus, Anhänger des Hedonismus zu sein. Als explizite Weltanschauung hat diese Lehre an Ansehen selbst bei jenen eingebüßt, die ihr in der praktischen Lebensführung zu folgen pflegen; man bekennt sich als «differenzierter» Mensch nicht mehr gern zu ihr, fühlt sich darin in «schlechter Gesellschaft». Die öffentliche Abneigung und Distanzierung wird dann sachlich zu rechtfertigen versucht, etwa mit der Behauptung SCHELERS: «Faktisch ist *kein* Streben dem Menschen ursprünglich *fremder* und keines ist *‚später'*» als das nach Lust. «Eine seltene (im Grunde pathologische) Verirrung und Perversion des Strebens ..., in der alle Dinge, Güter, Menschen usw. nur als wertindifferente mögliche ‚Lusterreger' gegeben sind, mache man doch nicht zu einem ‚Grundgesetz' menschlichen Strebens!»;[6] oder BINSWANGERS: «der wirkliche Mensch, erst recht der primitive, strebt ja nie nach Lust überhaupt, sondern nach einem bestimmten Etwas, dessen Besitz oder Erlebnis ihm Lust [57] gewährt».[7] Oder derjenigen von GROOS: «das bewußte Streben nach

---

5 Es unterliegt keinem Zweifel, daß die Konzeption des Lustprinzips und die daran orientierte Unterscheidung der Vor- und Endlust die Entwicklung einer wirklichkeitsadäquateren Psychologie der Befriedigung verhindert haben. Daß es sich auch bei der sexuellen Befriedigung keineswegs nur um isolierte Lustsensationen handelt, hat FREUD wohl gesehen. Vgl. E. MICHAËLIS, a.a.O., S. 32ff.

6 M. SCHELER: Der Formalismus in der Ethik und die materiale Wertethik. 3. Aufl., S. 31. Halle a. S. 1927.

7 L. BINSWANGER: Freuds Auffassung des Menschen im Lichte der Anthropologie. Nederl. Tijdschrift voor Psychologie 4 (1936), S. 282.

purer Lust oder jedenfalls um der Lust willen ist nicht nur ethisch bedenklich, sondern vor allem schon psychologisch eine unrichtige Auffassung, weil sie nicht die Regel, sondern die Ausnahme zur Norm macht».[8] Trotz dieses naheliegenden Verdachtes, auf Kosten der psychologischen Redlichkeit einem moralischen Bildungsanspruch oder -scheinanspruch zu genügen, halten wir die Einwände für richtig: das isolierte Streben nach der Lust um der Lust willen, unter Vernachlässigung des lustspendenden wertdifferenten Gegenstandes, ist zwar tatsächlich die Regel, aber dessen ungeachtet «normwidrig». Darin manifestiert sich – und damit bejahen wir auch die zweite vorhin der Überlegung anheim gegebene These – eine prinzipielle Gestörtheit des menschlichen Realitätsbezuges. Es ist so, als habe innerhalb der Geschlechtlichkeit die Gerichtetheit auf den Partner ihren Primat dem onanistischen Impuls abgetreten.

Daß im Wesen der Triebe der Objektbezug involviert ist, daß sie, anders gesagt, als die die um- und mitweltlichen Relationen ursprünglich stiftenden und tragenden Faktoren zu gelten haben, kann hier nicht gezeigt werden. Dem Hinweis auf die tierischen Verhältnisse, bei denen die umweltskonstituierende Rolle der triebhaften Bewegungen und Wahrnehmungen zu Tage liegt, eignet bezüglich des Menschen kein zwingendes Gewicht. Allein es wird darin doch ein Zug in reiner Ausbildung sichtbar, der sich abgewandelt, getrübt oder gestört im Menschen – wenn man will – als restliche «Natürlichkeit» durchgehalten hat, ohne die er nicht zu leben vermöchte. Wir sehen davon ab und fragen, ob sich das Lustprinzip nicht auch am tierischen Verhalten feststellen oder daraus erschließen läßt. Brun hat es positiv behauptet;[9] und ebenso meint Lorenz (dem schwerlich an einer «biologischen» Bestätigung der Freudschen Triebtheorie etwas liegen dürfte): das, was ein Tier zur Auslösung einer bestimmten Instinkthandlung veranlasse, seien u.a. «ohne Zweifel» «jene subjektiven Lustgefühle, die mit dem Einwirken der auslösenden Reize und dem Ablaufe der Instinkthandlung selbst

8 H. Groos: Willensfreiheit oder Schicksal? S. 212f. München 1939.

9 R. Brun: Selektionstheorie und Lustprinzip. Internat. Z. Psychoanal. 9 (1923), S. 183ff.; *derselbe*: Experimentelle Beiträge zur Dynamik und Ökonomie des Triebkonflikts. Imago 12 (1926), S. 147ff.

einhergehen. Diese an exterozeptive und propriozeptive Wahrnehmungen gebundene ‚Sinnenlust' ist ganz sicher der eigentliche, dem Subjekte [58] gegebene Zweck allen Verhaltens, das nach der Auslösung einer Instinkthandlung strebt».[10] Vielleicht wäre hier eine vorsichtigere Zurückhaltung doch am Platze; aber mag es nun so sein wie LORENZ supponiert und mögen die Ameisen die ihnen gefährlichen Symphilen ausschließlich um ihres sie «berauschenden» Exsudates, also um des reinen Lustprinzips willen beherbergen und pflegen, wie es BRUN darstellt (wobei es sich nicht zufällig um ein Phänomen handeln wird, das den Eindruck des «Krankhaften» erweckt): jenen Ablösungs- und Verselbständigungsprozeß des Luststrebens, für den die Onanie paradigmatisch ist, scheint es im Tierreich nur in Ansätzen zu geben.[11]

Dieser Ablösungs- und Verselbständigungsprozeß erfährt nun offenbar in den Perversionen eine Intensivierung und Verfestigung. Die Umgehung des «Fortpflanzungszweckes» in den perversen Handlungen hat gewiß zu ihrer moralischen Bewertung als «Laster» beigetragen; indessen ist für ihr Wesen die Störung der Partnerbeziehung entscheidender, wie es VON GEBSATTEL mit Recht betont hat: die «Aufhebung der Gestalteinheit, das Zerteiltbleiben des Leibganzen in einen Geschlechtspol und einen an ihm operierenden Bewußtseinspol vollzieht sich in der Wegwendung vom fremdgeschlechtlichen Partner, die das Mitweltverhältnis des Onaniekranken bestimmt. Überall, wo diese Wegwendung sich sexuell auswirkt, wird sie in Onanie-Akten aktuell – so im Fetischismus, im Gebiet der sado-masochistischen Neigungen, bei Exhibitionisten,[12]

---

10 K. LORENZ: Über den Begriff der Instinkthandlung. Folia Biotheoretica. Ser. B, Nr. 2 (1937), S. 29f.

11 Dazu gehören wohl auch die bei Tieren (Affen, Hunden usw.) beobachtbaren onanistischen Akte, deren einwandfreie Deutung doch vielleicht nicht ganz gesichert ist.

12 Was den Anteil des Partners bei den Exhibitionisten betrifft, so hat RIESE (a. a. O., S. 30) ihn bei einem bestimmten Typus für charakteristisch erklärt. Allein dieser Anteil erschöpft sich in einem den Exhibitionsakt provozierenden Verhalten, womit die Anonymität des Partners, d. h. die Gestörtheit der partnerischen Beziehung offenbar nicht aufgehoben ist. Und dasselbe gilt für die Fälle, deren Exhibitionen von Fetischismen ausgelöst werden, wie denn

Voyeurs[13] [59] und Homosexuellen».[14] Und in ähnlichem Sinne schreibt außer SCHWARZ[15] auch KOLNAI: «Selbst wo der Perverse, in der eigenen Wollust oder aus anderen Gründen, auch auf die Erregung des Partners Bezug nimmt, handelt es sich um ‚gegenseitige Erregung an und miteinander', nicht jedoch um eigentliche Vereinigungsbewegung im Lusterleben. Diese fordert den wirklichen

---

überhaupt fetischistische Fixierungen spezifische Partnerbeziehungen lediglich vortäuschen. In dieser Hinsicht ist es recht bezeichnend, daß HIRSCHFELD (Sexualpathologie, 3. Teil, S. 60f.) das Verhalten einer Frau als «naiven Unverstand... einem selbst verhältnismäßig harmlosen Fetischismus ihres Gatten» gegenüber charakterisiert, der von ihr verlangte, sie solle zum ehelichen Verkehr Barchentwäsche anziehen. «An sich» ist das gewiß harmlos; indessen bewies die einfache Frau mehr Feingefühl und psychologischen Scharfsinn als der Begutachter, wenn sie sich dem Ansinnen mit dem Argument widersetzte, der Mann meine mit der Annäherung «doch nur das Zeug, aber nicht mich».

13 STRAUS hat die Beziehung des Voyeurs zum belauschten Objekt als «Objektivation» bestimmt und gemeint, sein Zuschauen sei «als solches von den Blicken, in denen Liebende sich begegnen, so verschieden wie das zarte liebkosende Streicheln von dem ärztlichen Palpieren». So gewiß das Belauschen des Voyeurs etwas anderes ist als das Sichanblicken der Liebenden, so unrichtig scheint uns die Behauptung STRAUS' zu sein, die Objektivation sei «das zweite wesentliche perverse Moment des Voyeurs neben der Distanzhaltung». Denn zur Objektivierung gehört zwar die Distanzierung, die sachliche Interessiertheit und das emotionale Unbeteiligtsein, aber gerade das mangelt dem Voyeur. Vielmehr sucht er die Belauschung von Liebespaaren offensichtlich zum Zwecke des Sicherregens auf; und überdies impliziert seine heimliche Anwesenheit in einer Situation, deren Wesen durch eine Drittperson gestört wird, unverkennbar ein destruktives, das Alleinsein des Paares verletzendes und enthüllendes Moment. Die akzentuierte Nichtachtung der fremden privaten Sphäre und der Ausfall des (Vor-sich-selbst-)Sichschämens anläßlich ihres Durchbrechens scheint uns für den Voyeur wesentlich zu sein; das unterscheidet sein Tun auch von der ursprünglichen naiven sexuellen Neugier des Kindes. Daß indessen das Voyeurtum als Perversion gleitend in die sexuelle Neugier der Erwachsenen übergeht, läßt sich nicht bestreiten. Vgl. E. STRAUS: Die Scham als historiologisches Problem. Schweiz. Arch. Neur. 31 (1933), S. 340f.

14 A. a. O., S. 154.

15 Jede Störung der Sexualität sei «Ausdruck der Unfähigkeit der Annäherung an das andere Geschlecht»: Sexualpathologie, S. 75.

Geschlechtsakt zwischen Mann und Weib, der allein eine echte unmittelbare Vereinigungsbewegung verkörpern kann. In diesem Sinne nur sind männliches und weibliches Genitale in ihrem Zusammenstreben die eigentlichen ‚Geschlechtsorgane', nicht als wäre der normale Sexualtrieb ein gegenseitiger Fetischismus der Genitalien. Das teilweise Abrücken der Perversion von der Genitalzone (nebst entsprechendem Einbeziehen anderer Körperregionen in den zentraleren Kreis der orgastischen oder doch vorgeschrittenen Wollust) drückt also ein Abrücken vom Partner selbst in dem Sinne aus, daß die Lust *an* einem ‚Teil' oder auch einem ‚Aspekt' des Partners an die Stelle der Lust *in* der Vereinigung getreten ist. Man sieht hier, daß die Perversität schlechthin eine tiefe innere Beziehung birgt speziell zu der einsamen (onanistischen) Phantasielust».[16]

[60] Es war unsere Absicht, aus der Analyse der Störung der Vereinheitlichung der zärtlichen und sinnlichen (genitalen) Strebungen etwas über ihr störungsfreies Zusammenspiel zu erfahren. Die Erwartung hat sich nicht erfüllt, wir haben über die Bedingungen des Gelingens jener Gestaltung nichts eruieren können und müssen uns eingestehen, daß es jedenfalls aus den negativen (d.h. störenden) Faktoren nicht verständlich wird. Die Ubiquität der onanistischen Leibzerteilung als Folge der in den masturbatorischen Akten involvierten destruktiven Impulse hat im Gegenteil den Eindruck des Erstaunlichen des Vereinigens der beiden Strebungskomplexe erhöht. Dieser Eindruck verstärkt sich wenn möglich noch, wenn wir nun die Problematik des Ödipuskomplexes in die Diskussion mithereinnehmen. Danach soll – wir berücksichtigen hier nur eine Seite – der Knabe die Mutter und das Mädchen den Vater auch genital begehren, also ein Inzestverhältnis anstreben. Man darf heute wohl vermuten, daß sich die mit den Dingen Vertrauten die Forderung Freuds zu eigen gemacht haben, «daß, wer im Liebesleben wirklich frei und damit auch glücklich werden soll, den Respekt vor dem Weibe überwunden, sich mit der Vorstellung des Inzests mit Mutter oder Schwester befreundet haben muß»;[17] daß, anders gesagt, die Erörterung des Ödi-

16 A.a.O., S.242.

17 Beiträge zur Psychologie des Liebeslebens. II. Über die allgemeinste Erniedrigung des Liebeslebens, a.a.O., S.222.

puskomplexes nicht mehr allzu sehr unter affektiven Widerständen leidet, vielmehr einer ruhigen sachlichen Beurteilung zugänglich ist. Aber diese Haltung darf man im umgekehrten Sinne auch von den Analytikern verlangen, deren Überwindung des Inzesttabus den fraglichen Komplex gelegentlich zu einem unerschütterlichen Dogma gemacht zu haben scheint. Wir beschränken uns in der Hauptsache auf die Relationen des kleinen Knaben zur Mutter, zumal Freud vor allem aus ihnen einige Störungen der männlichen Sexualität hergeleitet hat.

f) Zur Frage der ödipalen und präödipalen Mutterbindung

Die diffuse, totale, «ganzheitliche» Weise, in welcher dem Säugling die Mutter in den ersten Lebensmonaten vermutlich gegeben ist, läßt ihre spezifisch weibliche Akzentuierung als sehr unwahrscheinlich erscheinen. Es sind geschlechtsindifferente, der mann-weiblichen Differenzierung vorausgehende, also in gewissem Sinne «allgemeinmenschliche» Züge der leiblichen sowohl wie der atmo-[61]sphärischen Wärme, Weichheit, des Bergenden usw. – auch dann, wenn realiter die nährende Brust als ausgezeichnetes feminines Merkmal den wesentlichen Gehalt des Mütterlichen zunächst bestimmen sollte. Falls genitale objektgerichtete Sensationen eine Rolle spielen, wie Müller-Braunschweig meint (was wir wie gesagt für so gut wie ausgeschlossen halten), so könnten sie sich gewiß nur in einem Sichandrängen an den mütterlichen Leib oder im Versuche, die Hand der Mutter etwa über den Umweg des Gereinigtwerdens als «masturbierendes» Organ zu benutzen, äußern; kaum in phallischen Impulsen des Eindringens, denn dazu fehlen die notwendigen wissensmäßigen Voraussetzungen hinsichtlich der genitalen Beschaffenheit des weiblichen Leibes. Der Rekurs auf ein «instinktives», phylogenetisch fundiertes «Wissen» ist selbstverständlich immer möglich, aber stets vom Rang einer spekulativ-phantastischen Ausrede. Wann die ersten Ansätze zur mann-weiblichen, bzw. väterlich-mütterlichen Unterscheidung in der kindlichen Mitwelt auftreten, wird schwer zu eruieren sein. Nehmen wir – hypothetisch – an, es geschehe irgendwann im Verlaufe des ersten Lebensjahres, dann orientieren sie sich wiederum vorerst schwerlich an den genitalen Differenzen; vielmehr werden die leicht wahrnehmbaren, auffälligen Merkmale im Vordergrund stehen: Unterschiede der Stimme, des Aussehens, des Berührens, des Sichbewegens usw., vermutlich vor allem auch solche der Weichheit und Härte, wie es SCHULTZ-HENCKE betont hat.[1] Das Bemerken der genitalen Verschiedenheiten wird regelmäßig (wenigstens später) hinzutreten und aus den bekannten, vorwiegend milieubedingten Gründen eine (positive, negative oder ambivalente) Betonung erfahren. Daß die elterlichen Geschlechtsorgane zwar ein bevorzugtes Objekt der visuellen kindlichen Neugier, jedoch nicht der zärtlichen oder gar der genitalen Berührungsimpulse bilden, ist wahrscheinlich. Die Psychoanalyse behauptet freilich das Gegenteil; aber wenn man das einschlägige Beobachtungsmaterial nachprüft, dann zeigt sich, daß es sich zum größten Teil um nachträgliche, in das Kind zurückprojizierte «Genitalisierungen» von (im erweiterten Sinne) sexuellen, nicht genitalen Sachverhalten handelt. Bezeichnend dafür sind etwa die aus den infantilen «Koitustheorien» gezogenen Konsequenzen. Wie das Bemerken der genitalen Differenzen gehört auch das Beobachten des elterlichen Geschlechtsverkehres sicher zu den regelmäßigen Vorkommnissen im kindlichen Leben. Mag dabei, wie es FREUD vermutet, eine genitale Erregung auf irgendeinem Wege [62] bewirkt werden[2] – der entscheidende Charakter des zwischen den Eltern sich vollziehenden Geschehens ist für die Wahrnehmung und das Verständnis des Kindes kein genitaler, sondern ein «analer», «urethraler» oder «sadistischer» (je nach der Koitustheorie).[3] Trotz

---

1 Über Homosexualität, a.a.O., S. 302 ff.; ferner: Der gehemmte Mensch, S. 212 ff.

2 Daß sich diese Vermutung vor allem auf die Verhältnisse der Erwachsenen stützt, bei denen die Beobachtung eines geschlechtlichen Vorganges eine genitale Erregung zu induzieren pflegt, darf nicht übersehen werden. Auch bei den Kindern kann etwa das Ansehen sich begattender Hunde genital erregend wirken, muß es aber keineswegs.

3 Die übliche terminologische Kennzeichnung jener infantilen Auffassung, die den elterlichen Geschlechtsverkehr als «Ringen», «Kämpfen» usw. versteht, als «sadistische» Koitustheorie, ist bereits unpräzis-tendenziös und nur zum Teil in gewissem Sinne zutreffend, nämlich für die Fälle, in denen das «Ringen» die besondere Bedeutung des Schmerzzufügens und -erleidens erhält.

dieser zutreffenden Interpretation des kindlichen Aspektes wird ihm nun dessenungeachtet ein anderer, genitaler Sinn nach Maßgabe der richtigen, d.h. erwachsenen Koitusauffassung unterschoben; denn ohne eine solche Supposition wäre die Postulierung des Inzestkomplexes – der in der Psychoanalyse *nicht*, wie es die richtige Folgerung aus den infantilen Koitustheorien wäre, als analer, urethraler usw., sondern wiederum den Erwachsenenverhältnissen entsprechend als genitaler verstanden wird – als eines typischen Tatbestandes unbegreiflich. Die genuine analytische Auslegung der bisexuellen Anlage, dergemäß das Kind «männliche» und «weibliche», bzw. «aktive» und «passive» genitale Impulse[4] auf Vater und Mutter, insbesondere auf deren Geschlechtsorgane richtet, entspricht nicht dem durchschnittlichen Sachverhalt, sondern muß wie die genital getönte Zuwendung überhaupt als pathologischer und vermutlich vorwiegend exogen bedingter Ausnahmefall betrachtet werden. Wir müssen SCHULTZ-HENCKE zustimmen, wenn er schreibt, im Gegensatz zu der eben charakterisierten Auffassung «zeigt die genauere Durchforschung der jeweiligen sexuellen Erlebnisse, bzw. der Erinnerungen an sie, daß sexuelle Erregung ursprünglich richtungslos auftritt und an das Erleben vom menschlichen Körper überhaupt anknüpft, ganz abgesehen von dessen spezieller genitaler Charakterisierung. Das Kind hat also gewissermaßen zunächst eine amorphe Sexualität, auch dann, wenn sie sich auf Objekte bezieht; amorph, d.h. richtungslos hinsichtlich irgendwelcher sekundärer Geschlechtsmerkmale, seien sie nun weiblich oder männlich».[5]

[63] Im Hinblick auf die Beziehungen des kleinen Knaben zur Mutter – das gilt übrigens auch für das weibliche Kind – ergibt sich daraus, daß sie gewiß sexuell in jenem Sinne einer den ganzen eigenen Leib als Ausdrucksmedium und den mütterlichen Leib als Gegenstandsgebiet umfassenden Zärtlichkeit einschließlich ihrer sehr gewichtigen atmosphärischen Elemente sind. Nicht zu bezweifeln ist, daß der mütterliche Leib von einer gewissen Phase an zu-

4 Wir vernachlässigen dabei die u.E. ohnehin haltlose, von FREUD auch den Mädchen zugeschriebene Unterstellung einer «phallischen Phase» als eines regelmäßigen Entwicklungsstadiums.

5 Über Homosexualität, a.a.O., S. 301.

gleich als «weiblicher» gegen den väterlich-«männlichen» unterschieden erlebt wird. Aber so wenig den genitalen Impulsen des Knaben im ganzen der auf die Mutter gerichteten Zärtlichkeit eine typische oder gar regelmäßig unterstrichene Bedeutung zukommt, so wenig sind es die genitalen Züge des mütterlichen (und väterlichen) Leibes, die heraustreten. Für das kindliche Erleben wichtiger sind z.B. die Zartheitsdifferenzen der elterlichen Gesichter (kratzende Bartstoppeln beim Vater usw.), die der Konfliktssphäre weitgehend entrückt sind. Daher hat von Gebsattel durchaus recht, wenn er sagt, der positiven sexuellen Zuwendung zur Mutter – er gebraucht den Ausdruck «sexuell» im üblichen engen, genital zentrierten Verstande – eigne «eine sinnwidrige und damit destruktive Bedeutung». Die Sonderstellung der Mutter innerhalb der dem Manne zugänglichen weiblichen Welt ist «keineswegs sexueller Natur. Im Gegenteil, alles was über die infantile Sexualität des Menschen und über seine Inzestwünsche gesagt wurde, vermag nicht die Tatsache aus der Welt zu schaffen, daß der Mensch das andersgeschlechtliche Wesen primär nicht durch seine Sexualität hindurch erlebt. So beherrscht die Mutter als weibliche Hauptfigur der ersten Lebensjahre die präsexuelle Periode des Menschen. Weit davon entfernt, für die Beziehung von Mutter und Sohn selbstverständlich zu sein, bedeuten auf die Mutter bezogene Inzestwünsche schon eine Deformierung des ursprünglichen Verhältnisses zwischen beiden. Erst der Widerstand gegen das Hinauswachsen über den mütterlichen Lebenskreis – diese Forderung der erwachenden Sexualität – führt zu einer Sexualisierung des Mutter-Sohn-Verhältnisses. So erscheinen alle Inzestphantasien, -wünsche und -handlungen als der Ausdruck einer gehemmten Werdensbewegung».[6] Trotzdem hat Freud richtig gesehen, wenn er das Bild der Mutter und zumal die Mutterfixierung als entscheidenden Faktor für die Wahl der späteren Liebesobjekte des Mannes und insbesondere für die Störungen in dieser Sphäre verantwortlich macht; das gesteht auch von Gebsattel bezüglich des [64] Don Juanismus zu. Allein die Störung etwa in der Vereinheitlichung der zärtlichen und sinnlichen Strömungen hinsichtlich des

6 A.a.O., S.172.

gleichen Objekts wurzelt nicht in der inzestuösen Mutterfixierung, sondern in der bestimmenden, die (negativ bewerteten) genitalen Impulse ausschließenden oder hemmenden Kraft der zärtlichen (extragenitalen) Mutterbindung, die sich gegenüber allen als Liebespartnerinnen in Betracht kommenden Frauen durchhält und die verpönten genitalen Regungen den «bloß sexuell» begehrten «Dirnentypen» reserviert. Nun sprach FREUD anfänglich selbst von der «infantilen Fixierung der Zärtlichkeit an die Mutter»;[7] aber bei der etwa in die Jahre der Vorpubertät verlegten Erwerbung des Wissens um die elterlichen Geschlechtsbeziehungen und die Existenz der Dirnen soll sich dann der Knabe mit «zynischer Korrektheit» sagen, «daß der Unterschied zwischen der Mutter und der Hure doch nicht so groß sei, daß sie im Grunde das nämliche tun. Die aufklärenden Mitteilungen haben nämlich die Erinnerungsspuren seiner frühinfantilen Eindrücke und Wünsche in ihm geweckt und von diesen aus gewisse seelische Regungen bei ihm wieder zur Aktivität gebracht. Er beginnt die Mutter selbst in dem neu gewonnenen Sinne zu begehren und den Vater als Nebenbuhler, der diesem Wunsche im Wege steht, von neuem zu hassen».[8] Unversehens haben sich also bei der Erweckung der «Erinnerungsspuren» auch solche sinnlicher Strebungen untergeschoben, von denen bei der Fixierung der Zärtlichkeit gar nicht die Rede war und die nach FREUD erst um die Pubertät auftreten sollten. Dieselbe unausgesprochene Supposition findet sich in der zweiten grundlegenden Arbeit, in der FREUD die Entstehung der psychischen Impotenz aufklärte. Zu den älteren zärtlichen Fixierungen an die primären kindlichen Objekte trete «im Lebensalter der Pubertät ... nun die mächtige ‚sinnliche' Strömung hinzu, die ihre Ziele nicht mehr verkennt. Sie versäumt es anscheinend niemals, die früheren Wege zu gehen und nun mit weit stärkeren Libidobeträgen die Objekte der primären infantilen Wahl zu besetzen. Aber da sie dort auf die unterdessen aufgerichteten Hürden der Inzestschranke stößt, wird sie das Bestreben äußern, von diesen real ungeeigneten Objekten möglichst bald den Übergang zu anderen,

---

7 Beiträge zur Psychologie des Liebeslebens. I. Über einen besonderen Typus der Objektwahl beim Manne, a.a.O., S.205.

8 A.a.O., S.208.

fremden», nach dem Vorbild der infantilen gewählten Objekten zu finden.[9] Daraus müßte man den Eindruck gewinnen, es [65] handle sich um eine regressive sinnliche Besetzung der primär ausschließlich zärtlich begehrten frühen Objekte; desgleichen, wenn bei hinzutretender realer Versagung die genitalen Impulse, die Bilder der ersten Sexualobjekte «verstärkend», sich in der Phantasietätigkeit und Pubertätsonanie entäußern und die Inzestschranke die diesen Objekten zugewendete (sinnliche) Libido ins Unbewußte verdrängt. Indessen kann der Eindruck nicht richtig sein; einmal würde man die Errichtung der Inzestschranke nicht verstehen, die ja nur gegen die sinnlich-genitalen, nicht die zärtlichen Regungen nötig ist; und zum andern bildet die als zum mindesten *auch* auf genitalen Impulsen beruhende Realität des Ödipuskomplexes ein zentrales Lehrstück der Psychoanalyse. Immerhin mag es von einer gewissen symptomatischen Bedeutung sein, daß in den beiden zugezogenen frühen Abhandlungen FREUDS die Beziehungen zwischen den zärtlichen und sinnlichen, der Mutter geltenden Strebungen des Kindes in einer merkwürdigen Unklarheit verblieben. Man wird diesen Sachverhalt[10] mit der auch sonst sich dokumentierenden Tendenz in Zusammenhang bringen müssen, «harmlose», konfliktfreie Erscheinungen des kindlichen Daseins zu genitalisieren; so z.B. die Angst vor dem Liebesverlust, vor dem Alleingelassenwerden und der Einbuße der übrigen «atmosphärischen» bergenden Momente als Kastrationsangst zu deuten, oder in der Mutterleibssehnsucht und in den Wiedergeburtsphantasien einen verstellten Ausdruck der verpönten Inzestwünsche als tiefste Wurzel zu sehen.

Wenn es nun die zärtliche, nicht die genital-inzestuöse Mutterbindung ist, die die Störungen der späteren männlichen Objektwahlen bedingt, dann möchte man gerne wissen, warum sie sich in vielen Fällen in unterschiedlichem Maße durchhält und wie die ungestörten Entwicklungen verlaufen. Was den letztgenannten Punkt betrifft, so haben wir schon früher eingestehen müssen, über die Bedingungen des Gelingens der Vereinheitlichung der zärtlichen mit

---

9 Über die allgemeinste Erniedrigung des Liebeslebens, a.a.O., S. 216.

10 Vgl. dazu auch die Darlegungen von MICHAËLIS, a.a.O., S. 63f. u.a.

den genitalen Strebungen nichts sagen zu können. Vermutlich sind dafür Faktoren verantwortlich zu machen, die keine frühinfantilen Vorläufer besitzen, sondern autonome Reifungsprozesse konstituieren. Nicht viel besser steht es mit der Aussicht, die Gründe der störenden zärtlichen Mutterfixierung zu erklären. Außer der Verzärtelung spielt vielleicht die zumal vom väterlichen Verhalten ausgehende Hemmung der Zärtlichkeit eine Rolle, die eine gewisse Entwertung ihrer Entäußerung als «unmännlich» mit sich bringt und dann entweder zu ihrer generellen Verdrängung führt oder ihre [66] auf die Mutter beschränkte Betätigung, mit reaktiven aggressiven Elementen durchsetzt, verstärkt.

Das Mädchen unterliegt in der Regel nicht der gleichen Behandlung; damit mag es zusammenhängen, daß im späteren Leben den weiblichen Zärtlichkeitsbedürfnissen und -entäußerungen nach jeder Richtung ein größerer Raum reserviert bleibt; desgleichen, daß die Frigidität als ein der männlichen Impotenz analoges Phänomen zumeist nicht eigentlich in der Spaltung der zärtlichen und sinnlichen Strebungen beruht, sondern in einem isolierten Ausfall der vaginalen Erregungs- und Orgasmusfähigkeit. Sodann muß doch wohl die Möglichkeit zugestanden werden, daß der kleine Knabe genitale Handlungen, sei es an der Mutter, sei es an Schwestern versucht. Sicher ist es falsch, wenn die Psychoanalyse solchen Versuchen erstens eine «phallische Aktivität», und zweitens ein akzentuiertes Gerichtetsein auf die Mutter, bzw. das mütterliche Genitale unterstellt. Beides mag als abnormer oder pathologischer Ausnahmefall vorkommen.[11] Wo es sich um durchschnittliche Manifestationen handelt, sind sie als bereits störende Elemente in die tragende Zärtlichkeit eingekeilt; es fehlt dem genitalen Tun die Wucht und Schwere, die ihm erst mit dem Erwachen einer wirklichen Aktivität und der orgastischen Potenz zuwächst. Man darf die koitusähnlichen

---

11 So scheint es bei der Fetischbildung zu sein, deren frühester Antrieb nach FREUD auf das aus Kastrationsangst erfolgende Festhalten am Glauben an den mütterlichen Penis zurückgeht. Vgl. S. FREUD: Fetischismus. Internat. Z. Psychoanal. 13 (1927), S. 373ff.; ferner die bestätigenden Beobachtungen an einem kleinen Knaben von A. S. LORAND: Fetischismus in statu nascendi. Ebenda 16 (1930), S. 87ff.

Handlungen oder selbst vollzogene Geschlechtsakte im Kindesalter nicht ohne weiteres als Ausdruck entsprechender genitaler Impulse deuten;[12] viel näher liegt die Vermutung eines imitatorischen Motivs, im Anschluß an Beobachtungen etwa des elterlichen Geschlechtsverkehrs. Allein die Art und Weise, wie dann die Eltern und die Erwachsenen überhaupt auf diese – wie wir meinen – vorwiegend spielerischen Vorgänge[13] zu reagieren pflegen, verleiht ihnen nachträglich eine große, das überraschte Kind erschütternde Bedeutung. Solche Vorkommnisse [67] sind wahrscheinlich nicht selten, verbinden sich mit mutuellen Betastungen der Spielgefährten. Selbst wenn sie für das infantile Alter als typisch gelten können, wird damit der extragenitale, wesentlich zärtliche Charakter der frühen Mutterbindung nicht tangiert; wo in sie genitale, auf das mütterliche Geschlechtsorgan gerichtete Impulse und Wünsche in einem andern als flüchtig-spielerischen Sinne eingehen, handelt es sich gewiß um Deformationen. Diese sowohl wie die Nachwirkungen jener durch die umweltlichen Reaktionen dramatisierten, ursprünglich spielerisch-gewichtslosen und dann in ihrer Bedeutung verwandelten Ereignisse sind fähig, die zärtliche Fixierung an die Mutter reaktiv zu intensivieren[14] und als Bedingung einer späteren zärtlich-liebenden

---

12 Vgl. dazu die treffenden Überlegungen, die SCHWARZ an das «Sexualspiel» knüpft: Persönlichkeit und Sexualität, S. 32f.

13 Die Psychoanalyse hat bei der Beurteilung der frühkindlichen Geschehnisse ihren vorwiegend spielerischen, zum großen Teil in der Phantasie abrollenden Charakter keineswegs übersehen, aber ihr primäres Gewicht dennoch zumeist falsch, d.h. nach Maßgabe von «realen» Vorgängen und der diesen bei Erwachsenen zugeordneten Antrieben eingeschätzt.

14 Die intensivierende Wirkung hängt vor allem mit den Schuldgefühlen zusammen, die sich an die in ihrem Sinn rückläufig zu destruktiven Akten verwandelten (ursprünglich wohl zum Teil spielerisch-harmlosen) genitalen Betätigungen knüpfen. Wie zahlreiche Erfahrungen zeigen, bilden die Schuldgefühle einen eminent fixierenden Faktor, und das trifft auch auf jene zu, die sich mit prägenitalen, oralen und analen Aggressionen verbinden. Daß genitale Regungen die zärtliche Beziehung zur Mutter trüben, hat ODIER für das kleine Mädchen betont und damit die stärkere Sexualhemmung (Schamhaftigkeit) des Weibes in Zusammenhang gebracht. Vgl. J. CH. ODIER: Mutterbindung des Weibes. Internat. Z. Psychoanal. 18 (1932), S. 448. Indessen ist nicht einzusehen, warum das nicht ebenso für den kleinen Knaben gelten sollte.

Objektwahl den Ausschluß des angst- und schuldgefühlbeladenen genitalen Begehrens zu erzwingen.

Die zärtliche Mutterbindung gilt auch für das kleine Mädchen. Die Psychoanalyse hat sich im letzten Jahrzehnt um die Klärung seiner – mit dem Knaben verglichen – erschwerten Aufgabe bemüht; denn es muß im Hinblick auf die spätere normale, d.h. heterosexuelle Liebeswahl das mütterlich-weibliche Objekt – das auch seine präödipale Phase beherrscht – gegen das väterlich-männliche tauschen. Die an der Diskussion beteiligten Autoren haben eine Reihe von Motiven verantwortlich gemacht: Enttäuschung an der Mutter, Entdeckung ihrer Penislosigkeit, Haß als Rache für die ihr unterstellte Verantwortung bezüglich des Penismangels des Mädchens usw. Wir wollen diese Momente und ihr mögliches Gewicht wie überhaupt den ganzen Problemkomplex nicht diskutieren, sondern uns mit dem Hinweis begnügen, daß sie zum Teil auf einer fragwürdigen Voraussetzung beruhen: der nämlich, daß die dem Vater geltenden Wünsche des Mädchens vor allem genitaler Art seien.[15] Sie sind es in Wirklichkeit durchschnittlich so wenig wie die [68] des Knaben hinsichtlich der Mutter. Wahrscheinlich spielt das Verhalten des Vaters gegenüber seiner Tochter eine viel entscheidendere Rolle als ihre autochthonen Wünsche; er ist in der Regel nicht oder weniger zärtlichkeitsfeindlich als gegenüber dem Sohne, während das Mädchen durch die Mutter (aus deren mehr oder minder wirksamen Rivalitätsstellung heraus) öfters Zurückweisungen erfährt. Und was die vermeintliche Erleichterung der Aufgabe für den kleinen Knaben betrifft, der sein präödipales (mütterliches) Objekt behalten könne und normalerweise behalte, so ist auch das nicht richtig. Denn die

---

15 FREUD und die ihm folgenden Analytiker nehmen überdies an, daß auch die Strebungen des Mädchens bezüglich der Mutter genital, und zwar «phallisch» («männlich») seien, gemäß der supponierten, für beide Geschlechter gültigen phallischen Phase, die sich beim Mädchen auf die Klitorismasturbation stützen soll. Wir halten das für unbewiesene, in einigen Fällen vielleicht realisierte Konstruktionen. Damit ist nicht gesagt, daß die davon abweichenden Anschauungen, wie sie vom Kreise um M. KLEIN vertreten werden, begründeter wären. Vgl. dazu E. JONES: Über die Frühstadien der weiblichen Sexualentwicklung. Internat. Z. Psychoanal. 21 (1935), S. 331ff.

Störungen des späteren Lebens zeigen deutlich genug, daß «mütterlich» und «weiblich» für das geschlechtliche Handeln keineswegs identische Sachverhalte decken. Uns scheinen die älteren analytischen Anschauungen, in denen den Pubertätsprozessen für gewisse Gestaltungen eine wesentliche Bedeutung zugestanden worden waren,[16] den faktischen Verhältnissen näher gekommen zu sein als die neueren Bestrebungen, die entscheidenden Ereignisse, zumal auch die auf genitalem Gebiet, in immer frühere Stadien zu verlegen. Die Verifizierbarkeit dieser Thesen steht in einem umgekehrten Verhältnis zur Bereitschaft jener Phasen, Gefäß für Projektionen «stilgerechter» analytischer Phantasien zu sein.[17] Das Problem, die zärtlichen und die genitalen Strebungen im gleichen Objekt konvergieren zu können, stellt sich für beide Geschlechter im allgemeinen – nicht ausschließlich – in seiner vollen Wucht erst in der Pubertät.

Es wird aufgefallen sein, daß wir öfters bei der Erörterung von frühkindlichen Erscheinungen ein «typisches» oder «durchschnitt-[69]liches» Vorkommen von «abnormen» oder «pathologischen» Fällen unterschieden. Diese vorsichtig einschränkenden Formulierungen zeigen in Wirklichkeit eine empfindliche Lücke in den empirischen Beobachtungsgrundlagen an. Wir wissen nicht, wie häufig z.B. aggressive Wünsche und Impulse des Kindes gegen die Mutter auftreten, vermögen in den positiven Fällen nicht mit Sicherheit zu entscheiden, ob sie ursprünglich oder reaktiv sind, ob sie ihre Intensität vor allem den reaktiven Zuschüssen verdanken, ob sie als sekundäre Phänomene unvermeidlich, weil mit notwendigen Versagungen und Enttäuschungen (Brustentwöhnung usw.) zusammenhängend sind.

---

16 Vgl. E. Kretschmer: Die typischen psychogenen Komplexe als Wirkung juveniler Entwicklungshemmungen. Z. Neur. 127 (1930), S. 660ff.

17 Das gilt vor allem für die Arbeiten M. Kleins. Wenn man die methodisch wichtigen Stellen ihrer zusammenfassenden Darstellung: Die Psychoanalyse des Kindes, Wien 1932, sorgfältig prüft, dann zeigt es sich, daß sie die Spiele der Kinder sogleich sexuell deutet und darauf weiter «konstruiert», ohne sich je zu fragen, welches die wirklich eruierbaren kindlichen Anteile an den Phantasien und realen Vorkommnissen und welches ihre eigenen Zutaten sind. Vgl. zur Kritik R. Wälder: Zur Frage der psychischen Konflikte im frühen Lebensalter. Internat. Z. Psychoanal. 22 (1936), S. 513ff.

Wir besitzen hinsichtlich der Häufigkeit der ersten genitalen Regungen ein durchaus ungenügendes Bild. Das von der Psychoanalyse beigebrachte unmittelbare Beobachtungsmaterial ist doch sehr beschränkt und wie die aus den Erwachsenenanalysen erschlossenen Befunde stets dem Verdacht einer ungewollten tendenziösen Verbiegung ausgesetzt. Dazu kommt der Eindruck, daß es sich vorwiegend um abnorme oder pathologische, jedenfalls exzeptionelle Manifestationen handelt, die allzu schnell verallgemeinert werden – gewiß ein alter, aber nie zwingend widerlegter Einwand. Alle diese Mängel lassen sich nicht durch Überlegungen ausgleichen; wohl aber kann ein Punkt auf diese Weise geklärt werden: die Frage nämlich, ob es hier sinnvoll sei, das Kriterium der «Norm» eines Verhaltens aus der überwiegenden Häufigkeit seines Auftretens zu entnehmen.

g) Das Problem der Norm

Den Fall gesetzt, der genital-inzestuöse Gehalt gehöre als ein konstitutiver Anteil zum Ödipuskomplex, dessen wesentliche, für das spätere Leben vorbildliche Bedeutung erschöpfe sich nicht in den zärtlichen Strömungen, er bilde in seinem ganzen, unverkürzten Umfang eine übliche, dem Kinde kaum je ersparte Entwicklungsphase:[1] ist es dann berechtigt, die Genitalität für ein normgemäßes Element innerhalb der kind-elterlichen Beziehung zu halten? Vermutlich würden eine Anzahl Analytiker die Frage verneinen und zur Begründung auf die Tabuierung des Inzests, also auf ein (vorwiegend) sozial bedingtes Moment hinweisen. Allein tatsächlich ist ja der Inzest nicht in allen menschlichen Verbänden verboten, weshalb [70] der Rekurs auf die soziale Konvention nicht ausreicht, wenn anders die Bestimmung der Norm nicht grundsätzlich von den gesellschaftlichen und geschichtsbildenden Mächten abhängig gemacht wird. Das würden jene Analytiker wohl tun und infolgedessen z.B. die «Normwidrig-

---

1 Daß eine entgegengesetzte Auffassung keineswegs notwendig auf affektiv-unsachlichen Widerständen beruhen muß, zeigt die überzeugende Kritik, die Horney am Ödipuskomplex geübt hat: New Ways in Psychoanalysis, S. 79 ff.

keit» der Übertragung im Patient-Arzt-Verhältnis nicht mehr ohne weiteres zugestehen können. Faktisch ist aber die Übertragung nicht minder normwidrig wie die inzestuöse Bindung des Kindes an die Eltern. Dafür spricht zunächst, daß die adäquate Realisierung der Wünsche in beiden Fällen als Zerstörung der spezifischen zwischenmenschlichen Relationen empfunden würde. Offenbar deshalb, weil es doch wohl in der «Natur» oder im «Wesen» der Kind-Eltern- und Patient-Arzt-Beziehung liegt, nicht genital-sexuell zu sein; die gesellschaftlich-geschichtlichen Wertungs- und Gestaltungsprozesse können sich daran halten oder sie verneinen, aber nicht auslöschen. Es gehört zu den prinzipiellen Irrtümern der Psychoanalyse, das primäre Wesen der unterschiedlichen zwischenmenschlichen Relationen und ihre darin wurzelnden Normen verkannt zu haben; aber dieser Irrtum dokumentiert zugleich ihren wirklichkeitsnahen Blick, denn tatsächlich, d.h. in den realisierten mitmenschlichen Beziehungen werden jene Normen ständig von störenden, normwidrigen Faktoren bedroht und oft genug verletzt. Das hängt mit dem Charakter der sozialen Verhältnisse zusammen, dem nicht die zwingende Kraft z.B. der organischen Prozesse eignet. Allein entscheidend bleibt die Einsicht, daß jene die mitmenschlichen Relationen ordnenden Normen primär weder gesellschaftliche, historisch entstandene Forderungen noch ethische Ideale sind, die dem sozialen und geschichtlichen Wandel unterliegen, sondern in der «sozialen Natur» des Menschen selbst gründen.[2] Daß sie in [71] erster Linie von sexuellen Regungen gestört und in ihrem spezifischen Bedeutungsgehalt

---

2 Daß an dieser «sozialen Natur» des Menschen auch solche Züge konstitutiv beteiligt sind, die mit den gesellschaftlichen Beziehungen im engeren Sinne der jeweiligen geschichtlich entstandenen Gemeinschaftsformen nichts zu tun haben, sondern ihrerseits «natürlichen», zumal generativen Verhältnissen entspringen, läßt sich nicht verkennen. Wenn die Psychoanalyse so großes Gewicht auf die «biologische» Fundierung der Psychologie legt und den Menschen nicht aus dem Zusammenhang der Tierreihe herauslösen möchte, dann hätte sie gerade in dieser Hinsicht Anlaß genug, die Zulänglichkeit der libidinösen Basis der zwischenmenschlichen Relationen zu beanstanden. Denn es unterliegt keinem Zweifel, daß die die tierischen Vergesellschaftungsformen stiftenden und tragenden Kräfte sich – auf ihre ganze Breite hin gesehen – nur zum geringeren Teil aus der Sexualität nähren. Wir

auf diese hin nivelliert werden, ließe sich aus der besonderen Stellung der Geschlechtlichkeit innerhalb jener sozialen Natur verständlich machen, mag aber hier auf sich beruhen. Daraus werden Recht und Grenzen der analytischen Interpretationen der mitmenschlichen Verhältnisse ersichtlich, die in der Hauptsache als Sublimierungen[3] und Reaktionsbildungen zielgehemmter libidinöser Strebungen gedeutet werden. Solche zielgehemmten Impulse können wie im Falle der Zärtlichkeit eine Bedingung des Auftretens und Bestehens asexueller (oder «desexualisierter») zwischenmenschlicher Relationen darstellen; allein sie konstituieren weder ihren positiven, wesens- und normgemäßen Gehalt, noch läßt sich dieser aus jener Bedingung als libidinöses «Umwandlungsprodukt» herleiten. Die Freundschaft beispielsweise ist keineswegs sublimierte Homosexualität, was nicht ausschließt, daß zielgehemmte homosexuelle Impulse gelegentlich an einer Freundschaft mitbeteiligt sein können, obwohl man sich fragen darf, ob sie – selbst in ihrer sublimierten

---

möchten indessen auch hier keineswegs die tierischen kurzweg auf die menschlichen Verhältnisse übertragen; allein man darf sich fragen, ob sich die selbst in den tierischen Sozietäten feststellbaren ursprünglichen Spezifizierungen tatsächlich beim Menschen von Grund aus zu Modifikationen sexueller Vergesellschaftungen nivelliert haben. Wir müssen es bestreiten, sind im Gegenteil der Meinung, daß sich die primär asexuellen zwischenmenschlichen Beziehungsformen noch viel weitgehender differenziert haben, und zwar vor allem dank der Mitwirkung der spezifisch humanen – wenn man will: «unnatürlichen» – sozialen Gliederungen (Beruf usw.). Dieser Differenzierungsprozeß scheint aber zugleich eine merkwürdige «Brüchigkeit» oder «Zerfallsbereitschaft» der ausgegliederten Gebilde in der Richtung auf die «natürlich-sexuelle» Basis mit sich gebracht zu haben, die gleichsam den verbleibenden Rest der mitmenschlichen Auflösungsprodukte darstellt. Im übrigen sind die eigentümlichen, aus «natürlichen» (generativen) und spezifisch human-sozialen («politischen») Anteilen aufgebauten «Rollen», in denen der Mensch lebt, sowohl in ihrer psychologischen Relevanz wie in ihrer Beziehung zur «Substanz» des Menschen, noch wenig untersucht worden. Vgl. K. LÖWITH: Das Individuum in der Rolle des Mitmenschen. München 1928; L. BINSWANGER: Über Ideenflucht, S. 178ff. Zürich 1933.

3 Wir verwenden hier den Ausdruck «Sublimierung» lediglich als Hinweis auf den gemeinten Sachverhalt, ohne damit zugleich die implizierte analytische Deutung zu übernehmen.

Form – nicht vorwiegend störend (vor allem sentimentalisierend) wirken und die Freundschaft in ein homosexuelles Verhältnis abzudrängen drohen. Auch hier sollte die Psychoanalyse sich einmal über die der Libido zugeschriebenen geheimnisvollen Fähigkeiten zur Produktion der mannigfachsten seelischen Qualitäten Gedanken machen.

[72] Was wir für die Normgemäßheit und Normwidrigkeit der mitmenschlichen Beziehungen soeben kurz entwickelt haben, behält seine volle Gültigkeit hinsichtlich der Perversionen: sie würden ihren normwidrigen Charakter auch dann nicht einbüßen, wenn sie das tatsächliche Verhalten aller Menschen in einer das von FREUD unterstellte Ausmaß weit überragenden Ubiquität beherrschen sollten. Gesetzt, es gehöre zum Wesen der genitalen Impulse, auf ein anderes Geschlechtsorgan gerichtet zu sein – wir formulieren den Sachverhalt absichtlich unpräzis, so als ob es eine isolierte Genitalität und ein Gerichtetsein auf ein isoliertes Genitale gäbe – dann müßte daraus folgen, daß der Ausfall jenes Gerichtetseins oder die Preisgabe des (genitalen) Bezugsobjektes normwidrig ist. Da nun faktisch der Begriff der Genitalität in der Psychoanalyse u.a. als ein (aktives, männliches, phallisches) Eindringen-wollen, bzw. als (passives, weibliches, vaginales) Empfangen-wollen bestimmt wird, so bleibt die Konsequenz unausweichlich, alle masturbatorischen genitalen Betätigungen als normwidrig zu erklären, wenigstens mit Rücksicht auf ihren realen Vollzug (unter Ausschluß der begleitenden Phantasien). Allein tatsächlich sind die genitalen Impulse stets und notwendig Impulse eines sie tragenden Wesens, bleiben in dieses eingeordnet; so zwar, daß es sich gegebenenfalls in ihnen gleichsam zuspitzt und konzentriert. Und ebenso ist auf der Objektseite das Geschlechtsorgan realiter immer im Ganzen des Leibes eingebettet, obwohl auch es eine der Genitalität korrelative akzentuierte Zuwendung erfahren kann. Ob und bei welchem Grade man diese doppelseitige Akzentuierung normwidrig heißen will,[4] muß im

4 Damit im Zusammenhang steht das Phänomen des Obszönen, dessen Wesen SCHWARZ (Sexualität und Persönlichkeit, S. 30) m. E. zutreffend bestimmt. Er sagt, in der obszönen Handlung werde nicht etwas Verbotenes einfach übertreten, «sondern etwas Gebotenes entwürdigt, und zwar wirkt

Unterschied zu den masturbatorischen Akten dem individuellen Ermessen überlassen [73] werden. Daß ihr eine Tendenz zur Normwidrigkeit innewohnt, ist kaum zu bestreiten: offenbar deshalb, weil in die Akzentuierung sehr leicht destruktive, die Ganzheit des eigenen und fremden Leibes aufsplitternde Antriebe einfließen. Außerdem realisiert sich in der Genitalität auch gemäß der Psychoanalyse nie die volle sexuelle Objektzuwendung; Genitalität und «aktive Objektliebe» sind nicht identisch, wie es BÁLINT mit Recht formuliert,[5] wofür u. a. die Liebesunfähigkeit genital und orgastisch potenter Männer spricht. Wenn es sich aber so verhält, daß auf Grund des unaufhebbaren Eingeordnetseins der Genitalität in ein Ganzes von gegenstandsgerichteten extra- oder (tendenziöser gesagt) prägenitalen, zärtlichen Impulsen, Strebungen, Wünschen – deren Entäußerungsmedium der ganze Leib (mit bevorzugten erogenen Zonen) bildet – nur der ganze, zwar ebenfalls in seiner sexuellen Bedeutung unterschiedlich akzentuierte Leib des Partners das adäquate Objekt der Geschlechtsbeziehung sein kann,[6] dann muß die Bewahrung der

---

das Obszöne dadurch entwürdigend, daß nur ein Teil beachtet wird, wo das Ganze Beachtung verlangt». «Man könnte vielleicht direkt sagen, daß die Freude an dem Obszönen in diesem Reiz der Zerstückelung gelegen ist». Die dem Obszönen als Gegenstandsqualität zugeordnete Haltung ist die Lüsternheit. Daher hat SCHWARZ weiterhin recht, wenn er fortfährt: «Das Lüsterne ist dem Obszönen nahe verwandt. Auch hier steht das Teilmoment im Vordergrund: nicht das Nackte, sondern das Entblößte macht lüstern». In beiden Erscheinungen werden die genital-sexuellen Charaktere nicht nur im Ganzen akzentuiert, sondern aus diesem – sei es wahrnehmungsmäßig oder durch isolierende Darstellung – herausgelöst, was eine in der Phantasie vollzogene vorgängige Zerstörung des Ganzen voraussetzt. In ihr liegt der Grund dafür, daß manche Perversionen mit dem Obszönen und Lüsternen verbunden sind.

5 Zur Kritik der Lehre von den prägenitalen Libidoorganisationen, a. a. O., S. 538.

6 Wir sehen hier wiederum ausdrücklich davon ab, daß sowohl der Träger der genitalen und extragenitalen Impulse wie das Objekt Personen sind, deren Wesen bei einer vollständigen Charakterisierung der Geschlechtsbeziehung nicht übersehen werden dürfte. Erst die Personalität ermöglicht und fundiert das Lieben im prägnanten Sinne. Aber es scheint uns nicht unwichtig zu sein, die Norm der Geschlechtsbeziehung auch ohne Rücksicht auf deren Einbettung in die liebende Gesamthaltung bestimmen zu können – oder wenigstens eine Seite ihrer Norm.

beiden korrelativen Ganzheiten als immanente Norm der Geschlechtlichkeit gelten. Sie schließt Betonungen von Impulsgruppen und Leibzonen innerhalb ihrer nicht aus, indessen dürfen sie nicht zur Zerstückelung der Ganzheit führen, die unter Umständen bereits aus fragmentarischen Handlungsvollzügen resultiert. Die so verstandene Norm hat weder mit sozialen Forderungen noch mit moralischen Idealen etwas zu tun; vielmehr stellt sie das konstitutive «Gesetz» der vollen sexuellen Beziehung dar – oder fügen wir gleich vorsichtig hinzu: das *potentielle* konstitutive Gesetz, denn es wird bald zu zeigen sein, daß ihm eine eigentümliche Machtlosigkeit eignet, die seine Realisierung den mannigfachsten Störungen aussetzt.

Zu einer reifen Geschlechtsbeziehung gehören zweifellos die genitalen Impulse und der Geschlechtsakt. Daher war die Psychoanalyse im Recht, als sie die Erreichung der Genitalität, bzw. der orgastischen Potenz zum Kriterium der Reife machte. Allein sie – vor allem Reich – hat diese eine Seite überbetont und das tragende [74] Fundament der Zärtlichkeit in seinem Gewicht einerseits unterschätzt, andererseits in seinem Gehalt teils verkannt, was sich sowohl in der terminologischen Kennzeichnung als Prägenitalität wie in der Herleitung aus zielgehemmten (genitalen) Impulsen dokumentiert. Sie unterlag gewissermaßen einem Genitalfetischismus, der Wendung Freuds entsprechend, daß das «Normalvorbild des Fetisch» der Penis, bzw. die Klitoris sei.[7] Indessen muß man zugestehen, daß die Analyse auch hier ihren Erfahrungen folgte. Gewiß kann man sich fragen, ob es berechtigt sei, z.B. bei der psychischen Impotenz vor allem nach den störenden Faktoren der sinnlichen Strömungen zu suchen und deren Entzweiung von den zärtlichen allein aus dem besonderen Schicksal jener herzuleiten. Aber einmal ist die Genitalität die spätere, daher für die Reife kennzeichnendere Funktion als die Zärtlichkeit; ihre Störungen sind auffallender, lauter, sie verletzen zumal das männliche Selbstwertgefühl in unvergleichlich gröberer Weise – Verkümmerungen der zärtlichen Strömungen pflegen fast ausschließlich von den Frauen als solche empfunden zu werden. Und zum andern gilt eine ubiquitäre Potenz, also die Fähigkeit, mit jedem beliebigen Objekt zu jeder Zeit den Koitus vollziehen zu

7 Fetischismus, a.a.O., S. 378.

können, im allgemeinen als das «Normale» oder doch als «Ideal». Das setzt die Isolierung der Genitalität bereits voraus, nur so wird ihre ständige Funktionsbereitschaft garantiert; wäre sie an die zärtlichen Regungen gebunden, müßte sie deren langsameres Aufkeimen und ihre Objektbeschränkung mitmachen. Denn es unterliegt keiner Frage, daß die Zärtlichkeit in noch höherem Maße als die Genitalität selegierend wirkt. Gerade das – erwünschte und unterstellte – isolierte Funktionieren der letzteren sozusagen ohne Ansehung des Objekts muß jedoch hinsichtlich seiner Normgemäßheit Zweifel erwecken, auch wenn, wie KOLNAI meint, der Sexualität eine prinzipielle «Abgehobenheit» oder «Fremdheit» innerhalb der Person eignen sollte.[8] Jedenfalls dürfte SCHWARZ doch etwas Richtiges treffen mit seiner These: «Wahllosigkeit des Geschlechtsverkehrs ist ..., wo immer sie auftritt, ein Zeichen einer sexuellen und das heißt für uns ja soviel wie allgemein menschlichen Unreife; sie ist der Jugend noch durchaus angemessen, in vorgerückten Jahren dagegen ist sie nichts anderes als ein Symptom einer mehr weniger stark verzögerten Entwicklung».[9] Freilich müssen wir bestreiten, daß sie der Jugend «angemessen» sei, desgleichen die andere Behauptung von [75] SCHWARZ, dergemäß «der Geschlechtstrieb an sich ... keine Spezifität, sondern nur einen Drang nach Befriedigung eines Bedürfnisses» kenne, «in Wahrheit blind» sei.[10] Abgesehen davon, daß er die Richtigkeit seiner These[11] selbst mit dem Hinweis widerlegt, daß «die physische Sexualität immer in schlechthin unauflösbarer Weise in das Ganze der Person eingelassen ist, und erst von diesem übergeordneten Ganzen Art und Grad der sexuellen Empfänglichkeit bei dem einen und der

---

8 A.a.O., S.72ff.

9 Sexualität und Persönlichkeit, S.102.

10 A.a.O., S.170.

11 Für die menschlichen Verhältnisse nicht beweisend, aber immerhin bemerkenswert ist es, daß der «Geschlechtstrieb» auch bei den Tieren – oder bei manchen Tieren – eine Auswahl unter den Begattungspartnern trifft, was bereits DARWIN mit seiner Theorie der Zuchtwahl betont hat. Vgl. dazu W. WUNDER: Gattenwahlversuche bei Stichlingen und Bitterlingen. Verhandl. der Deutschen Zoolog. Gesellschaft 1934, S.152ff., ferner die eindrücklichen Beobachtungsschilderungen von K. LORENZ: Durch Domestikation verursachte Störungen arteigenen Verhaltens. Z. angew. Psychol. 59 (1940), S.28f.

Wirksamkeit bei dem anderen Partner geregelt wird», spricht der lebensgeschichtliche Zusammenhang zwischen der zärtlichen (prägenitalen) und genital-sexuellen Objektwahl dagegen, der trotz aller Bruchstellen faktisch besteht. Aus diesem Grunde kann von einer Angemessenheit des wahllosen Geschlechtsverkehrs an die jugendliche Phase nicht die Rede sein, was nicht ausschließt, daß er in ihr realiter die Regel darstellt; aber er ist dann bereits das Resultat einer Entdifferenzierung, Ausdruck jenes Auseinandertretens der zärtlichen und sinnlichen Strömungen, also Störungssymptom. Denn auch wenn man den Einbruch der genitalen Impulse als ein durchschnittlich erst in der Pubertät dramatisch auftretendes Ereignis betrachtet, läßt sich der wesentliche Einfluß der prägenitalen Tendenzen auf Wahl, Zuwendungsart und Gestaltung des genital akzentuierten Objektes nicht verleugnen; das bleibt eine unverlierbare Einsicht Freuds. Allein bei der Beurteilung dieser Dinge spielen moralische und weltanschauliche Faktoren gewiß eine wichtige Rolle. Wenn Schwarz z.B. – wie es Schilder nannte – «sehr strikt» die Anschauung vertritt: «Die einzige Form der normalen Geschlechtsbetätigung ist der befruchtende eheliche Koitus», und meint, daß «das weder Ausdruck einer irgendwelchen Motiven entspringenden Überzeugung» sei noch «eine Ansicht, die man teilen kann oder nicht», es sich vielmehr um eine «objektive Erkenntnis» handle, «die sich wie jede wissenschaftliche Erkenntnis auf ein exakt beobachtetes Tatsachenmaterial stützt»,[12] dann sind in diesem Norm-[76]begriff Elemente enthalten, die sich der sozusagen nackten «sozialen Natur» des Menschen und seiner Geschlechtlichkeit – die es konkret allerdings nicht gibt – nicht mehr entnehmen lassen; sie wurzeln bereits in einer historischen Gestalt dieser sozialen Natur.[13] Was wir als Normgemäßheit des sexuellen Verhaltens zu bestimmen versuchen, will sich davon fernhalten.

Wir nannten vorhin die Norm zurückhaltend ein potentielles konstitutives Gesetz der Geschlechtlichkeit sowohl hinsichtlich

---

12 Sexualpathologie, S. 52.

13 Und außerdem in der fragwürdigen Transponierung des biologischen Zusammenhangs zwischen Geschlechtlichkeit und Fortpflanzung in die seelisch-geistige Sphäre.

ihres handlungsmäßigen Vollzuges wie ihres Gegenstandsbezuges und supponierten ihr eine eigentümliche «Machtlosigkeit». Damit sollte ihre gleichsam intermediäre Stellung zwischen der organischen Gesetzlichkeit und den moralisch-rechtlichen Sollensgesetzen angedeutet werden. Mit der determinierenden Kraft der organischen Bildungsgesetze verglichen eignet der Norm des geschlechtlichen, zärtlich-genitalen Handelns ein geringes Wirkgewicht; in bezug auf das «ideale» Sollen ist sie aber wahrscheinlich doch mächtiger, d.h. als realisierender Faktor wirksamer. Eigentlich bedürften diese Probleme einer eingehenden Diskussion. Wir müssen darauf verzichten und dürfen es tun; denn es kommt hier vor allem darauf an, mit der Einsicht in den schwebenden Charakter der Norm einerseits ihren Mißbrauch zu moralischen Forderungen und andererseits ihre Hypostasierung zu einem zwingenden Geschehensgesetz abzuwehren. Die erste Gefahr liegt offenbar näher als die zweite. Jedoch darf auch nicht verkannt werden, daß die etwa mit der ubiquitären Pubertätsonanie gegebene Normverletzung eben eine solche ist, also ein Verfehlen des der reifen Geschlechtlichkeit immanenten konstitutiven Sinnes (wobei die Reife lediglich das entfaltet hat, was in den unreifen Stadien bereits angelegt war). Normgemäßheit und Durchschnittlichkeit sind nicht identisch;[14] ebenso wenig hat der hier intendierte Normbegriff etwas mit dem konstruierten Idealtypus zu tun. Er setzt keinen «exemplarischen» Menschen voraus, sondern meint eine – freilich schlechthin gültige, in jedem menschlichen Individuum präformierte – Möglichkeit des sexuellen Verhaltens [77] und (damit des darin sich bekundenden) Menschseins. Wir fanden die Pubertätsonanie normwidrig, weil in ihr erstens das genitale Tun von der Zärtlichkeit isoliert ist,[15] zweitens damit zusam-

---

14 Die Durchschnittlichkeit ist dort als Maßstab am Platz, wo nach der «normalen» *Häufigkeit* eines Tuns gefragt wird, etwa des Vollzugs und der Dauer des Geschlechtsaktes. Diese «Norm» ermöglicht naturgemäß nur eine sehr vage Beurteilung des Einzelfalles. Vgl. H. von Müller: Über den Begriff der Norm im Geschlechtlichen. Z. Sexualwissensch. 17 (1930/31), S. 179ff.

15 Freilich kann sich die Onanie mit der zärtlichen Betastung des eigenen Leibes verbinden, aber wohl nur bei eigentlicher Selbstverliebtheit. Dieser Fall bedürfte einer besonderen Analyse.

menhängend die Ganzheit des eigenen Leibes gemäß der involvierten Bedeutung des Bewegungsvollzuges – also nicht notwendig im bewußten Erleben präsent – aufgesplittert wird, und drittens, weil der bereits in den genitalen Impulsen als solchen primär vorhandene Bezug auf ein Objekt realiter ausfällt und lediglich in den begleitenden Phantasien noch besteht. Trotzdem sträubten wir uns dagegen, sie eine Perversion zu nennen. Der hindernde Grund lag nicht in ihrer Häufigkeit, sondern im Mangel ihres süchtigen Charakters. Sie kann diesen annehmen, dann ist sie zur «echten» Perversion geworden. Sowohl der durchschnittlichen Entwicklungs- wie der Notonanie – und ebenso der infantilen Masturbation – fehlt das süchtige Moment, wie SCHWARZ[16] und VON GEBSATTEL betonen. Letzterer meint, die genannten Formen hätten «mit der Onanie als Sucht, man könnte sagen als ‚Laster', nichts zu tun», sie seien von dieser «strukturell» verschieden. Allein er schränkt dann die scharfe Trennung doch wiederum mit Recht ein, sagt, es handle sich nur um «Grenzmöglichkeiten», und fügt bei: «In einer auffallenden Weise äußert sich nämlich sogar in der völlig blinden Entwicklungsonanie das Inadäquate der Funktionsauslösung und entsprechend das Hingeordnetsein der somatischen Sexualfunktion auf den Partner und auf die vollwertige Sexualhandlung als ein sie begleitendes Schuldgefühl».[17] Dieses die Pubertätsonanie häufig – nicht durchwegs – begleitende Schuldgefühl hat die Psychoanalyse auf die mit den Akten verbundenen unbewußten Inzestphantasien zurückgeführt. VON GEBSATTEL bestreitet, daß es eines solchen Rekurses bedürfe; er findet die destruktive Tendenz, die sich in der Zerstörung der Liebesgestalt des Leibes dokumentiere, ausreichend zur Erklärung des Phänomens.[18] Wir möchten das von der Analyse verantwortlich gemachte Motiv nicht generell ausschließen; seine Wirksamkeit hängt von bestimmten Bedingungen ab, in denen die von der Analyse unterstellten Voraussetzungen (inzestuöse Objektwahl im prägnanten Sinne, erneutes Lebendigwerden der Fixierung in der Onanie) realisiert sein müssen – daß sie das [78] durchgängig sind, konnten wir

16 Sexualpathologie, S. 82.

17 Süchtiges Verhalten usw., S. 141.

18 A. a. O., S. 153 Anm.

nicht zugestehen. Sicher spielen auch allgemeinere Faktoren eine Rolle; die ambivalenten Bewertungen der genital-sexuellen Manifestationen ineins mit ihrem das Ich entmächtigenden Drangcharakter sind geeignet, das gegen die eigenen Gewissensforderungen erfolgende «Sichverlieren» als moralische Niederlage und Freiheitseinbuße zu empfinden, selbst wenn keine Beziehungen zum Inzestkomplex bestehen. Sodann scheinen ursprüngliche strukturelle – nicht lebensgeschichtlich entstandene – Zusammenhänge zwischen orgastischer Lust, Angst, Ohnmacht, Grauen, Schmerz, Schuld zu existieren, die im beginnenden orgastischen Erleben in unterschiedlichen Formen durchbrechen und erst allmählich bewältigt werden können; es ist deshalb wahrscheinlich nicht zufällig, daß sich die Selbstvorwürfe und Schuldgefühle der Jugendlichen zumeist an den Orgasmus knüpfen und durch Vermeidung der Ejakulation unter Umständen unterdrückt zu werden vermögen. Kurzum, es handelt sich hier um einen vielseitigen Phänomenkomplex, der sich nicht auf ein einziges wesentliches Moment reduzieren läßt. Trotzdem sind wir geneigt, mit von Gebsattel der destruktiven Tendenz ein großes Gewicht zuzubilligen, die vor allem bei der Verwandlung der durchschnittlichen zur süchtig-perversen Onanie den entscheidenden Anteil hat und überhaupt in der Hauptsache die Verfehlungen der immanenten Normen der Handlungen bewirkt.

h) Die Rolle der destruktiven Impulse in der Perversion

Den destruktiven Impulsen eignet eine unübersehbare Zahl von differenten Entäußerungsweisen. Die Vernichtung von Leben und die Zertrümmerung der Dinge sind nur ihre gröbsten Manifestationen. Die leiseste Form ist vielleicht eine flüchtig auftauchende Wunschphantasie, ein blasses Entwerten oder der kaum merklich verstärkte Druck der Hand – dazwischen breiten sich eine Fülle von Erscheinungen aus, die eine Phänomenologie der Destruktion zu ordnen hätte.[1] Gewiß läßt sich nicht allen ihr Charakter von außen [79] an-

1 Einer besonderen Untersuchung bedürfte der Zusammenhang zwischen Destruktion und Schmerz, zumal im Hinblick auf die Probleme des Masochis-

sehen, zumal sich ja der destruktive Anteil im Verhalten meist auf Impulsfragmente beschränkt; mit der Häufigkeit dieser Impulsfragmente verglichen sind «reine» oder vorwiegend zerstörende Handlungen selten. Die Frage, ob die Aggression einen «Urtrieb» bildet, soll hier nicht diskutiert werden.[2] FREUD hat es in gewissem Sinne behauptet, insofern die Destruktion die psychische Repräsentanz des «biologischen» Todestriebes verkörpert. Wir wollen nur anmerken, daß das Ziel der Destruktion: die Objektzerstörung, einschließlich aller ihrer Derivate, wohl als Resultat den Tod zeitigen kann, es aber nicht notwendig muß; daher dürfen Tod und Zerstörung keineswegs

---

mus. Uns scheint hier die von FREUD zeitweise vertretene Anschauung der Wirklichkeit am nächsten zu kommen, dergemäß es sich um eine sekundäre Wendung des «Sadismus» gegen die eigene Person handelt. Nur würden wir nicht von «Sadismus» reden, weil es fraglich ist, ob vor jener Wendung die destruktiven Impulse bereits eine genital-sexuelle Tönung erworben haben, womit sie erst im eigentlichen Sinne zu sadistischen werden. Allein man muß auch an die Möglichkeit denken, daß der Schmerz als Lebensstörung gleichsam ein zur Erfüllung mit destruktiven Bedeutungsgehalten bereites «Gefäß» darstellt, von vornherein als Selbstzerstörung erlebt wird ohne Resultat entsprechender aggressiver Regungen zu sein. Wenn nun genitale (kastrative) und prägenitale Bestrafungsängste hinzutreten und sich mit den genitalen Erregungen verkoppeln, ist damit der Grundzug des Masochismus realisiert. Ob das wesentliche Moment in der Angst vor und der unlustvollen Wahrnehmung der abgebremsten sexuellen Erregungssteigerung liegt, wie REICH (Charakteranalyse, S. 262ff.) meint, dürfte noch nicht entschieden sein; es wird von EIDELBERG bestritten. Vgl. L. EIDELBERG: Beiträge zum Studium des Masochismus. Internat. Z. Psychoanal. 20 (1934), S. 350. Desgleichen scheint uns die These VON GEBSATTELS (Süchtiges Verhalten usw., S. 128), wonach «der Schmerz nicht in der Unmittelbarkeit seines Gegebenseins Inhalt des grausamen Selbstgenusses ist, sondern nur als reflexive Tatsache», nicht durchwegs zu gelten. Indessen sollen diese Probleme nicht näher diskutiert werden. Vgl. neuerdings zum ganzen Problemkomplex des Masochismus TH. REIK: Masochism in Modern Man. New York and Toronto 1941.

2 Wir verwenden die Ausdrücke «Aggression», «Aggressivität», «Destruktion» gleichbedeutend und lassen dahingestellt, ob es nicht ratsamer wäre, die Aggression als eine primäre Antriebsqualität und -richtung (vorausgesetzt, eine solche Auffassung ließe sich vertreten) von der reaktiven Destruktion zu unterscheiden.

identifiziert werden hinsichtlich ihres handlungsmäßigen Bewirktwerdens. Ebenso wenig sollte die mit der Nahrungsaufnahme unter Umständen einhergehende Zerkleinerung (und also Zerstörung) der Substanzen ohne weiteres der Bedeutung gleichgesetzt werden, die sich im eigentlichen destruktiven Tun realisiert,[3] obwohl vom [80] Gegenstand her gesehen in beiden Fällen derselbe Vorgang abläuft. Das wesentliche Moment der Destruktion liegt in ihrem spezifischen immanenten Sinngehalt, der sich in zahlreichen Gestalten – Formen der Zerstörung – zu konkretisieren vermag und (wie früher schon betont) nicht immer zugleich vom zerstörenden Subjekt bewußt erlebt oder intendiert zu werden braucht.[4] Uns scheint die Aggression kein selbständiger, primärer Trieb zu sein (die Widerlegung der gegenteiligen Behauptung versparen wir für eine andere Gelegenheit),

---

3 Das geschieht durchwegs in der Psychoanalyse, vgl. z.B. O. Fenichel: Zur Kritik des Todestriebes. Imago 21 (1935), S. 462. Fenichel sagt zwar hier, im oralen «Uranfang der Destruktion», der von libidinöser Erregung noch nicht zu trennen sei, werde subjektiv gewiß nicht die Objektvernichtung, sondern «Beendigung der unangenehmen Situation» angestrebt. Wenn diese – wohl zutreffende – Unterscheidung schon gemacht wird, dann hätte es nahe gelegen, zwischen «objektiver Gegenstandsvernichtung» ohne und mit entsprechender immanenter Handlungsbedeutung zu differenzieren. Neuerdings hat Loewenstein (Von den vitalen oder somatischen Trieben, a.a.O., S. 187f.) unter Ablehnung der Todes- und Ichtrieblehre die unglücklichen «Selbsterhaltungstriebe» – in einer angeblich mit dem voranalytischen Sinn des Ausdrucks nicht identischen Bedeutung – wieder in die Psychoanalyse einzuführen versucht und die Aggression ihnen subsumiert. In solchen Konzeptionen (wie übrigens bereits in Freuds Triebbegriff) gehen die verschiedensten Aspekte – Sinn- und Erlebnisgehalt, «subjektive» und «objektive» Gegenstandsgegebenheit, gelebte Intention und «objektives Resultat» des Verhaltens, «psychologische» und «biologische» Betrachtung – derart durcheinander, daß alle Voraussetzungen für eine klare Diskussion fehlen. Indessen spiegelt sich darin auf eine adäquate Weise der chaotische Zustand der psychoanalytischen Trieblehre.

4 Schwarz (Sexualpathologie, S. 226) spricht mit Recht davon – er nennt es ein «Grundgesetz» –, «daß für die Bewertung eines Sexualverhaltens nicht die Handlungen selbst, sondern nur die Bedeutungen … maßgebend sind». Aber er faßt diese Bedeutungen zu eng, wenn er sie auf das «Verliehenwerden» von seiten der Patienten reduziert: sie können sich und andere bezüglich des Sinnes, den sie ihrem Tun beilegen, täuschen.

sondern eine allen Trieben eignende «negative» Möglichkeit ihres Objektbezuges, beim Widerstand der Gegenstände hinsichtlich der Befriedigung der ursprünglichen Triebbedürfnisse in die Objektzerstörung «umzuschlagen».[5] Daraus wird die Ubiquität der destruktiven Impulsfragmente sowohl wie die Mannig-[81]faltigkeit ihrer Ausdrucksmedien verständlich. Der letztgenannte Sachverhalt schließt eine bevorzugte, obzwar unspezifische Zuordnung der Aggression zu bestimmten Organfunktionen[6] nicht aus; so ist es unverkennbar und ein gültiger analytischer Befund, daß sie sich zunächst der oralen Tätigkeiten bedient. Ein später Abkömmling davon verkörpert sich in der verbalen Aggression, die in der Häufigkeit der manuellen und instrumentalen Aggression ungefähr die Waage halten dürfte. Ob man das destruktive Impulsgebiet als primäres oder sekundär-reaktives betrachtet, bleibt in bezug auf die Einschätzung

---

5 Diese Auffassung berührt sich mit derjenigen REICHS, der schreibt: «Die Versagung der Sexualbefriedigung hat die Aggressivität hervorgetrieben, die nunmehr durch Mischung mit verdrängten Sexualtrieben sexuelle Färbung annahm. Erst jetzt verdiente sie die Bezeichnung ‚Sadismus'». Vgl. W. REICH: Über die Quellen der neurotischen Angst. Internat. Z. Psychoanal. 12 (1926), S. 427; ferner den Abschnitt über die «Abhängigkeit des Destruktionstriebes von der Libidostauung» in: Die Funktion des Orgasmus, S. 152ff. Dementsprechend hat REICH dann (Charakteranalyse, S. 235) den oralen, analen und phallischen Sadismus als Resultate der Mischung mit den zugeordneten libidinösen Lustversagungen gedeutet. Uns scheint daran lediglich die generelle libidotheoretische Interpretation der der Versagung unterliegenden Bedürfnisse und die exklusive Bindung der Aggressivität an die «Libidostauung» irrig zu sein. Übrigens spielt bei den kleinen Knaben die urethrale Aggression eine nicht unbedeutende Rolle; vgl. dazu H. CHRISTOFFEL: Harntriebäußerungen, insbesondere Enuresis; Urophilie und Uropolemie. Internat. Z. Psychoanal. 21 (1935), S. 374ff.

6 Wie früher schon kurz erwähnt wurde, hat HERMANN (Zur Triebbesetzung von Ich und Über-Ich, a.a.O., S. 132) gemeint, daß zwischen der Aggression und dem Anklammerungstrieb «nicht nur eine innige zeitliche Verknüpftheit ..., sondern auch ein genetischer Zusammenhang zwischen (primärem) Anklammerungstrieb und (sekundärer) regressiv verstärkter und verzerrter Anklammerung, das heißt eben der Aggression» bestehe. Das ist schon denkbar, aber es wäre dann nur *eine* Quelle der aggressiven Impulse, die neben den andern keinen Vorzug verdient. Im übrigen hat STIRNIMANN, a.a.O., S. 87, beim Neugeborenen nie eine Umklammerung der Mutter beobachtet.

seines Gewichtes gleichgültig; denn auch sekundäre Erlebnisse und Haltungen können eine eminente Intensität und Wirkfähigkeit erlangen. Bedenkt man nun, daß nicht nur die umweltlichen, leblosen Dinge dem Menschen ihren «passiven» Widerstand entgegensetzen, daß das in erhöhtem Maße und in größerer Qualitätsfülle die – zudem aktiven, von eigenen Bedürfnissen getriebenen – Mitmenschen tun, dann versteht sich die ständige Anwesenheit (oder wenigstens «Sprungbereitschaft») der aggressiven Impulsfragmente von selbst: sie ist ein unausweichliches Schicksal. Und da den sexuellen (zärtlichen und genitalen) Strebungen ein wesentlicher Anteil in den mitmenschlichen Bezügen zukommt, müssen sie notwendig von destruktiven Impulsen durchsetzt sein.

Es läßt sich nicht mit der wünschenswerten Stringenz aufzeigen, aber es scheint so zu sein, daß der Aggressivität kein spezifisches Befriedigungsmoment eignet;[7] sie erschöpft sich in mehr [82] oder minder explosiven Entspannungsaktionen. Man möchte es mit ihrer «Negativität», genauer: mit dem Mangel einer ihr primär zugeordneten Gegenstandsqualität in Zusammenhang bringen. Jedenfalls dürften die positiven – z.B. sexuell-genitalen – lustvollen Sensationen, die sich an die destruktiven Impulse knüpfen können, stets anderer Herkunft sein. Dagegen sind mit ihnen regelmäßig Erlebnisse der Furcht, der Angst, der Schuld verbunden, in denen offenbar die möglichen Reaktionen des Objekts gleichsam gefühlsmäßig erwartet und antizipatorisch beantwortet werden (von den Gewissens-

---

7 EIDELBERG hat die Handlungen, «die mit Aggressionslust verbunden sind und der Befriedigung von Aggressionstriebgemischen dienen», durch drei Eigenschaften ausgezeichnet gefunden: «1) Sie bedeuten eine Befriedigung nur für das Subjekt; 2) das Objekt versucht sie zu verhindern und leistet Widerstand; 3) sie können aktive und passive Triebziele anstreben». Im Unterschied dazu sollen die mit Sexuallust verbundenen und der Befriedigung von Sexualtriebgemischen dienenden motorischen Abfuhrreaktionen durch folgende Merkmale charakterisiert sein: «1) Sie bedeuten gleichzeitig eine Befriedigung sowohl für das Subjekt als auch für das Objekt (Saugen, Koitieren); 2) sie können aktive und passive Triebziele anstreben; 3) sie werden fortgesetzt, ergänzt, begünstigt und abgeschlossen durch Handlungen, die das Objekt am Subjekt vornimmt». Vgl. L. EIDELBERG: Triebschicksal und Triebabwehr. Internat. Z. Psychoanal. u. Imago 25 (1940), S. 289.

regungen abgesehen). Denn daß eine Aggression einer Gegenaggression ruft, ist die nächstliegende Vermutung. Jene an die Aggressionsfragmente gebundenen Erlebnisse pflegen aber in der Regel nicht voll durchzubrechen, sie bleiben ihrerseits, von der Verdrängung und den geschlechtlichen Regungen niedergehalten, im Impulsstadium stecken, mindern die Befriedigung, zwingen zu unausgesetzten – wenn auch leisen – Hemmungsaktionen. Das bewirkt, wir sagten es bereits, den Zwangs- und Suchtcharakter der perversen Handlungen mit. Die Sucht, meint von Gebsattel treffend, bezeichnet «nicht eine neue Perversion des Geschlechtslebens, sondern den Ablaufsmodus der Perversion».[8] Er bringt sie, wovon wir hier absehen, in einen Zusammenhang mit der Lebensgeschichte des perversen Individuums, und findet, daß sie «nur mehr eine negative Beziehung zum Werden der Persönlichkeit besitzt».[9] Freilich schließt das nicht aus, daß auch dem Perversen wie dem chronischen Masturbanten eine Entspannung und in diesem Sinne eine «Befriedigung» möglich ist, die ihn zeit- oder periodenweise vom Zwange befreit; allein von einer «beglückenden Lösung», wie sie den normgemäßen, der Liebeshaltung eingeordneten Orgasmus charakterisiert, dürfte kaum die Rede sein. Unter diesem Gesichtspunkt muß nun noch einmal der onanistische Akt betrachtet werden.

Man pflegt die Minderung der von ihm gewährten Befriedigung mit der Einschränkung der Vorlustquellen in Beziehung zu setzen. Wesentlicher scheint uns einerseits die von von Gebsattel herausge-[83]stellte negative Relation zur Lebensgeschichte, und andererseits, damit verknüpft, das darin implizierte destruktive Element zu sein. Die Hand ist zwar das bevorzugte Ausdrucksorgan sowohl der Zärtlichkeit wie der (motorischen) Aggression; deshalb können sich in ihren Betätigungen Bedeutungsumschläge des zärtlichen und des destruktiven Tuns besonders leicht vollziehen, die sich nach außen kaum manifestieren – Bedeutungsumschläge, keineswegs gleitende Übergänge, denn der zärtliche und der aggressive Sinn sind einander diametral entgegengesetzt, sodaß sich beide Bedeutungen – wenn überhaupt – nur in einem gleichzeitigen Nebeneinander, nicht in

8 Süchtiges Verhalten usw., a.a.O., S.156.

9 A.a.O., S.158.

einem Ineinanderübergehen zu realisieren vermögen. Wenn man sich nun die Rhythmik des üblichen masturbatorischen (männlichen und weiblichen) Bewegungsvollzuges vergegenwärtigt und nach seinem Geeignetsein zur Aufnahme zärtlicher oder aggressiver Sinnerfüllungen fragt, so besteht wohl kein Zweifel darüber, daß er den letzteren sehr viel angemessener ist, ja zu ihnen gleichsam provoziert, falls ihm nicht von Anfang an auch eine destruktive Bedeutung innewohnt, wofür u.a. die von von Gebsattel aufgewiesene «Zerteilung» des Leibes spricht. Wie wir schon sagten und wie die seitherigen Darlegungen es weiterhin belegt haben dürften, schließen wir uns der Anschauung von Gebsattels, Schwarz' und Straus' an,[10] derzufolge [84] das Wesen der sexuellen Perversion in der Zer-

---

10 Um der Klarheit willen soll unser zumal von dem Strausschen etwas abweichender Standpunkt nochmals in der Kommentierung eines Zitates präzisiert werden. «Das erotische Erlebnis», sagt er (Geschehnis und Erlebnis, S.116), «erweist sich, wo immer wir es im menschlichen Dasein antreffen, als sinnhaft, als bedeutungsdurchtränkt. Nur im Bereich des Sinnes sind Perversionen möglich als der Verneinung des wertadäquaten erotischen Verhaltens. Die tatsächliche Verneinung, die Entstellung erlebt der Perverse als jene zentrale Berührung, die bei ihm die leiblichen Vorgänge der sexuellen Erregung und des Orgasmus in Funktion setzt. Die Perversionen sind also überhaupt nur zu verstehen als *reaktive* Bildungen, als Umkehrung einer an den Erlebnissinn gebundenen Erotik. Die Lehre von den Partialtrieben, die Deutung der Perversion als ursprüngliches Ziel der Partialtriebe ist eine der großen Fehlleistungen der Psychoanalyse. Die Psychoanalyse kann die Perversionen nicht erfassen, weil sie auch die normale Erotik in das bloße Triebhafte umdeutet». Von der Beurteilung der Psychoanalyse abgesehen, deren Bedeutung für die Theorie der Perversionen man mit einer solchen generellen Ablehnung keineswegs gerecht wird (vor allem das Gewicht der frühkindlichen Entstehungsgeschichte der Perversionen verkennt), ist gegen Straus einmal zu sagen, daß der Sinn der Erlebnisse nicht nur in ihrer thematischen, idealen Sinnerfüllung liegt, diese kommt vielmehr zum ursprünglichen immanenten Verhaltenssinn hinzu. Anders formuliert: auch den «Geschehnissen» eignet bereits eine Bedeutung, und an sie knüpft die perverse Deformation primär an. Das impliziert zum andern den Ansatz der normwidrigen Zerstörung in einer Sphäre, welche die Entwertung oder Wertverneinung fundiert; die letztere tritt also ebenfalls als zusätzliches Moment hinzu. Nicht sie bewirkt zentral die perverse sexuelle Erregung, sondern die destruktiven (sinnhaltigen) Impulse.

störung der der geschlechtlichen Handlung innewohnenden Norm besteht. Wir haben zu zeigen versucht, daß diese Norm im Ansatz – nämlich als Objektbezogenheit – bereits in der isolierten Genitalität wirksam ist, erst recht in den (prägenitalen) zärtlichen Strebungen und in der liebenden Haltung (von welcher wir indessen durchwegs abstrahierten). Der süchtige Zwangscharakter der Perversion schien uns eine sekundäre Reaktion auf die destruktiven Impulse zu sein und der Bewältigung der damit verknüpften Furcht-, Angst- und Schulderlebnisse zu dienen. In abortiver Form verwirklicht sich dieser Sachverhalt im durchschnittlichen onanistischen Akt, weshalb wir ihn ein Perversionsfragment nannten. Die Häufigkeit der Masturbation stellt also einen speziellen Fall der oben behaupteten Ubiquität des Durchsetztseins der Geschlechtlichkeit mit destruktiven Impulsfragmenten dar – ein Durchsetztsein, das zwar ganz oder zum größten Teil reaktiv, aber unausweichlich entstanden ist. Warum gehören dann die ausgebildeten Perversionen trotzdem zu den Seltenheiten des menschlichen Lebens? Und trifft nicht doch Freud die Wahrheit, wenn er die «normale» Sexualität als ein Resultat primärer perverser Partialtriebe erklärt? Die Beantwortung der ersten Frage wird zugleich verständlich machen, warum jener irreführende Eindruck entstehen konnte, auf dem Freuds These beruht.

Die destruktive Durchsetzung der Geschlechtlichkeit, d.h. das Mitwirken von aggressiven Impulsen in den zunächst zärtlichen, später auch genitalen Wünschen, Strebungen und Handlungen kann in verschiedenen Lebensphasen mit unterschiedlicher Intensität und wechselndem Erfolg beginnen. Das hängt in erster Linie von den mit- und umweltlichen Faktoren, in zweiter Linie wohl von den konstitutionellen Verhältnissen ab, worunter wir hier den ursprünglichen Intensitätsgrad der zärtlichen, leiblich «lokalisierten» und der genitalen Bedürfnisse verstehen; daß solche Bedürfnisse im Einzelfalle einmal fehlen können, ist als Möglichkeit ebenso zuzugestehen wie ihre qualitative Variationsbreite. Die konstitutionellen Verhältnisse lassen sich, da sie uns stets nur in ihrer lebensgeschichtlichen Formung zugänglich sind, nie direkt konstatieren, lediglich (unsicher) erschließen. Wir sehen davon ab. Ebenso schwer sind die Intensitätsabstufungen jenes destruktiven Durchsetzungsprozesses zu er-[85] kennen, obwohl sie vermutlich oft den Ausschlag geben, ob sich ein

Leben noch im «Durchschnitt» hält oder nach der pathologischen Linie entgleitet. Feststellen oder mindestens mit einiger Wahrscheinlichkeit erraten läßt sich in der Analyse die deformierende Wirkung, die die zerstörerischen Impulse in den einzelnen, qualitativ differenzierbaren Strebungsbereichen hinterlassen haben. Und darauf kommt es an. Eine orale Aggressivität des Kleinkindes etwa legt die Vermutung nahe, daß sein orales Zärtlichkeitsbedürfnis erhebliche Versagungen erlitten hat. Demzufolge wird aller Wahrscheinlichkeit nach jener Anteil, den die Mundzone an die spätere, mit der Genitalität verkoppelte Zärtlichkeit (über die hier nicht zu berücksichtigenden Zwischenglieder in der Lebensgeschichte) liefert, von destruktiven Impulsen durchbrochen werden und sich z.B. im Beißen des Partners oder im Ausstoßen obszöner Wörter während des Koitus äußern. Es genügt uns, nur den ganz groben, die Abwandlungen und Reaktionsbildungen vernachlässigenden Zusammenhang als Möglichkeit dafür zu illustrieren, wie sich ein frühkindlicher Zerstörungsimpuls in die spätere Geschlechtlichkeit einbaut. Nehmen wir nun an, die orale Zone erweise sich zur Entäußerung der Aggression als besonders günstig – das kann verschiedene Gründe haben: Erstmaligkeit, relative Duldung von seiten der Mitwelt usw. – dann werden auch die übrigen, auf den andern (analen, oralen usw.) Bedürfnisgebieten durch Versagungen in entsprechender Weise reaktiv entstandenen und verstärkten destruktiven Impulse jenen Weg einschlagen und die Mundsphäre zu einem bevorzugten Ausdrucksorgan vor allem der aggressiven Objektbeziehungen machen. Da diese indessen nie rein vorkommen, sondern stets mit positiven, also zärtlichen Regungen verbunden sind, so kann der Mund betont auch den letzteren zur Entäußerung dienen. Treten schließlich zu der oraldestruktiv akzentuierten Objektzuwendung genitale Erregungen hinzu, so mag sich das Ganze der geschlechtlichen Handlung in einem Koitus manifestieren, dessen Gelingen an das schmerzhafte Beißen des Partners geknüpft ist. In der analytischen Terminologie formuliert handelt es sich dann um eine partiell an die oralsadistische Phase fixierte «Liebe». Obwohl also das eigentlich destruktive Element einen prägenitalen Ursprung besitzt und sich auch als Störung der oralen Zärtlichkeit beschreiben ließe, drängt erst die Verkoppelung mit der Genitalität das Verhalten in die Richtung einer sexuellen Perversion. Das muß zumal gegenüber SCHWARZ betont werden, der aus der überwiegend prägenitalen («erotischen») Determination der Perversionen den irrigen Schluß [86] zog, ihr Wesen bestehe u.a. darin, «daß ein unspezifisches Erleben im sexuellen Erleben und Handeln seinen inadäquaten Ausdruck findet».[11] Unter dem «unspezifischen Erleben» versteht er das der Definität und Spezifität ermangelnde, fast formal zu nennende In-Beziehung-treten, also das anonyme Gerichtetsein, welches sich in der Wahl der Sexualität als seines Mediums sozusagen irrt. Der Kern wahrscheinlich aller Perversionen sei «gar nicht in einer Anomalie des Sexualtriebes, sondern in einer Mißbildung der mitmenschlichen Kontaktfunktion gelegen»,[12] die Sexualpathologie «keine Triebpathologie, sondern Pathologie der Zuwendung zum anderen».[13] Daher deutet er z.B. den Lustmord als eine «ganz äußerliche Kombination zwischen Mordlust und Sexualaffekt», bestreitet das Recht der Formulierung, «daß bei einem echten Lustmord der Mordinstinkt sich der Sexualität als eines inadäquaten Ausdrucksmittels bediene».[14] SCHWARZ übersieht hier aber zunächst die – auch bei Tieren (Brunstkämpfe) zu beobachtende – Tatsache, daß vorerst spezifische Erregungen (z.B. Wut) mit zunehmender Intensität gelegentlich sich auszubreiten neigen, d.h. weitere Erregungsqualitäten aktualisieren und dann einen Zirkel des wechselseitigen Sichsteigerns bilden. Wahrscheinlich spielt dieser dynamische Automatismus zwischen Zerstörungssucht (die freilich mit einem fragwürdigen «Mordinstinkt» nichts zu tun hat; sie ist ihrerseits bereits das Resultat einer Lebensgeschichte) und genitalsexueller Erregung vor allem im Vollzug des Lustmordes doch öfters eine Rolle. Und sodann trifft es nicht zu, daß das Kontaktsuchen in den sexuellen Perversionen ein unspezifisches sei;[15] vielmehr ist es von vornherein auch ein akzentuiert geschlechtliches, genauer:

11 Sexualpathologie, S. 267.

12 A.a.O., S. 239.

13 A.a.O., S. 266.

14 A.a.O., S. 263.

15 Der von SCHWARZ, a.a.O., S. 239, erwähnte Fall von Lustmord, den er zu begutachten hatte, beweist jedenfalls seine Behauptung nicht, daß es sich um ein unspezifisches Kontaktstreben gehandelt hat.

prägenitales, allerdings gestörtes, es bewahrt diese Spezifität – die sich nicht auf den Partner bezieht – und unterstreicht sie noch mit dem Hinzutreten der genitalen Impulse und Erregungen. Gewiß kann sich einmal ein indifferentes Kontaktbedürfnis gleichsam in seinem Ausdrucksmittel vergreifen und die Sexualität wählen, so wie beispielsweise die Onanie gelegentlich der Abfuhr einer unspezifischen Aufregung dienen mag. Allein man würde den Fehler der Psychoanalyse in umgekehrter [87] Richtung wiederholen, wollte man aus solchen sekundären Verwendungsmöglichkeiten genitalsexueller Akte auf deren primär unspezifische Natur schließen (wozu SCHWARZ im Anschluß an die ADLERsche Individualpsychologie etwas tendiert); die Psychoanalyse hatte z.B. aus dem Sehen einen Partialtrieb gemacht, weil es auch Quelle sexueller Erregungen sein kann. Schließlich stimmt es nur bedingt, daß – da die Perversen dasselbe Sexualziel (den Orgasmus) wie die Normalen haben und die Art der Sexualbetätigung zum Teil die gleiche ist wie bei den Gesunden – «der einzige Unterschied, und damit auch das eigentliche Wesen der Perversion ... nur noch in der Art der Reizquellen liegen» könne, «durch die die sexuelle Spannung hervorgerufen wird».[16] Manche dieser Reizquellen können ebenso den nicht-perversen Menschen erregen; allein er ist an sie nicht ausschließlich gebunden, wohl jedoch der Perverse: für ihn hat sich die Erregungsmöglichkeit auf jene eingeschränkt. Und dieser Einschränkungsprozeß ist – von den einfachen Koppelungserlebnissen (SCHULTZ-HENCKE) abgesehen – das Resultat einer vorgängigen Destruktion. Wir meinen also, daß die innigen Durchdringungen destruktiver und genitaler Erlebniskomplexe (einschließlich der zärtlich-prägenitalen, akzentuiert geschlechtlichen und unspezifischen Anteile) zum Wesen der sexuellen Perversion gehören.

Wir haben früher auf die zahlreichen, qualitativ verschiedenen Entäußerungsmöglichkeiten der Aggression hingewiesen. Theoretisch läßt sich nun diese phänomenale Mannigfaltigkeit wenigstens teilweise zugleich als quantitative Abstufung deuten. Man könnte etwa versucht sein, die Reihe destruktiver Manifestationen, die von

---

16 A.a.O., S. 231.

der wertenden Verurteilung über verbale Herabwürdigungen, phantasierte Schädigungen und Zerstückelungen, leichte Schmerzzufügungen bis zu den groben Besudelungen und Vernichtungsaktionen führt, als zugeordnete qualitative Glieder einer wachsenden Aggressionsintensität zu interpretieren. Daß damit etwas Richtiges getroffen würde, ist nicht zu bezweifeln. Allein da sich die intensiven Unterschiede der seelischen Geschehen als solche faktisch nicht messen lassen, muß sich ihr Erkennen mit Eindrucksschätzungen begnügen, deren Sicherheit hinter dem Erkennen der qualitativ differenzierten Phänomene zurückbleibt. Wer trotzdem den quantitativen Abstufungen im psychologischen und psychopathologischen Bereich das größere Gewicht beilegt, muß daran ein besonderes – unter Umständen tendenziöses – Interesse haben. Es kann ihm z.B. darum gehen, die abnormen und pathologischen Abwandlungen als nur [88] graduell von den «normalen» Verhältnissen verschieden nachzuweisen, jene als einseitige «Steigerungen» der letzteren zu verstehen. Das ist die in der Psychoanalyse herrschende Auffassung,[17] die auch sonst ab und zu vertreten wird, z.B. von Gelb.[18] Dagegen hat Schwarz als ein die gesamte Sexualpathologie bestimmendes Prinzip die These gestellt: «Niemals ergibt im Seelischen eine einfache quantitative Übersteigerung des Normalen ein pathologisches Verhalten; sondern immer handelt es sich um eine qualitative Deformation».[19] Wir möchten hier nicht auf eine grundsätzliche Diskussion

---

17 Allerdings sagt Freud einmal ausdrücklich: «Mögen uns auch die ätiologischen Faktoren, welche für einen bestimmten Erfolg maßgebend sind, vollständig bekannt sein, wir kennen sie doch nur nach ihrer qualitativen Eigenart und nicht nach ihrer relativen Stärke.» S. Freud: Über die Psychogenese eines Falles von weiblicher Homosexualität. Sammlung kl. Schriften usw. 5. Folge, S. 188. Leipzig/Wien/Zürich 1922. Das Lustprinzip, die sog. ökonomische Betrachtung und ein gutes Stück der Libidotheorie bilden indessen sozusagen eine ständige Demonstration gegen diese These.

18 A. Gelb: Zur medizinischen Psychologie und philosophischen Anthropologie. Acta Psychologica 3 (1937), S. 206: «Wir erkennen in der Pathologie manche Gesetzlichkeit besser als beim Gesunden. Was hier nur annähernd oder viel weniger deutlich ist, erscheint unter pathologischen Verhältnissen wie unter einer Lupe».

19 Sexualpathologie, S. 268.

des Problems eintreten, uns weder auf die eine noch die andere Meinung festlegen, vielmehr beide Möglichkeiten offen lassen, denen zufolge die pathologischen Gestaltungen in den einen Fällen quantitative Vergröberungen «normaler», d.h. durchschnittlicher Züge, in andern qualitative Deformationen darstellen. Im Hinblick auf unser spezielles Thema läßt sich jedenfalls nicht bestreiten, daß destruktive Impulse in rudimentären, leisen Formen in keinem durchschnittlichen, in diesem Sinne gesunden oder normalen geschlechtlichen Verhalten je völlig fehlen; das Leben bietet dem Ideal eines aggressionsfreien mitmenschlichen Bezuges keine Realisationsmöglichkeit. Daher kann man jene in das durchschnittliche sexuelle Erleben unvermeidbar eingelagerten Zerstörungsansätze «sadistische» nennen[20] und in ihnen die «Keimformen» des ausgebildeten Sadismus sehen. Man braucht zur Rechtfertigung eines solchen Vorgehens nicht einmal die Voraussetzung einer die beiden Endglieder durch gleitende Übergangsformen verbindenden Reihe von Intensitätsstufen zu machen, son-[89]dern mag sich auf das Ausmaß der das sexuelle Verhalten durchsetzenden destruktiven Impulse und ihre qualitativen Konkretionen berufen, bezüglich derer es in der Tat dem Belieben des Einzelnen überlassen bleibt, wo er die Grenze zwischen den durchschnittlichen sexuell-aggressiven und den eigentlich sadistischen Phänomenen ziehen will. Jedoch – und darin liegt das entscheidende Argument gegen Freud – besagt das keineswegs, daß die Norm, d.h. der ursprüngliche immanente Sinn der zärtlichen sowohl wie der genitalen Strebungen mit dem destruktiven Sinn identisch sei oder sich daraus ableiten ließe, daß die normale, durchschnittliche Sexualität die Resultante primär perverser Antriebe bilde; vielmehr hält sich in dieser die Norm mit all den deformierenden Abstrichen und Zerstörungsrudimenten durch, die ihr noch ein durchschnittliches In-Erscheinung-treten gestatten, während sie in den Perversionen fast ganz zersetzt und verschüttet ist. Es sind demnach lediglich differente «Mischungsverhältnisse» normgemäßer

20 Es muß ihnen aber eine destruktive Bedeutung wirklich eignen; das Halten des Partners hat keineswegs notwendig diesen Sinn, so wenig wie die genitale Aktivität. Und außerdem sollte, wie wir früher ausführten, die Aggression die genitale Erregung mindestens steigern.

und normwidriger Anteile, die das normale und perverse Tun unterscheiden.[21] Aber für beide Gestaltungskomplexe bleibt die Norm als immanenter potentieller Sinn des geschlechtlichen, zärtlich-genitalen Verhaltens die notwendige Voraussetzung – auch ihrer Zerstörung; ihr eignet demnach vor der letzteren insofern ein Primat, als die Destruktion ohne deformierbaren Gegenstand (Norm) nicht sein könnte was sie ist. FREUDS Versuch, die normale Sexualität grundsätzlich aus der perversen, also die Norm aus der Normzerstörung zu erklären, gleicht dem Unterfangen, die Ordnung aus der Unordnung abzuleiten. Es müßte, um ihm einen haltbaren Sinn zu sichern, gezeigt werden, daß das Chaos nicht bloß eine Möglichkeit des Kosmos – nämlich die seines Zerfalls – darstellt, sondern daß auch umgekehrt der Kosmos eine im Chaos angelegte Möglichkeit bildet, deren Realisierung sich *ohne* zusätzliche neue, nicht-chaotische Momente vollziehen könnte. Die menschliche Sexualität scheint uns diese Möglichkeit nicht zu verwirklichen.

[90] Wenn es so ist, daß das geschlechtliche Verhalten des Menschen zwischen die beiden Pole der Norm und ihrer Zerstörung eingespannt ist und jede konkrete Gestalt in unterschiedlichem Maße an den zwei Grenzmöglichkeiten teil hat – oder, wie es VON GEBSATTEL formuliert, das Geschlechtsleben überall von der Möglichkeit bedroht wird, «eine destruktive Wendung gegen das Sinngefüge seiner generellen Intention zu nehmen»[22] – dann stellt sich die Frage, welche normgemäßen «materialen» Faktoren ein die Destruktion ausgleichendes oder aufhebendes Gegengewicht zu bilden vermögen. Es können nur die sein, die zugleich von der Deformation als ihr

---

21 Unpräzis kann man diese «Mischungsverhältnisse» auch als quantitative Graduierungen bezeichnen. Nur muß man dann beachten, daß es sich um zwei Quantitätsreihen, nämlich der normgemäßen und normwidrigen Elemente handelt, nicht um eine einzige, deren Endglieder die «reine» Norm und die «reine» Destruktion wären. Selbst wenn es zwischen den normgemäßen und den normwidrigen Faktoren als solchen gleitende Übergänge (nicht Mischungsverhältnisse) gäbe – was wesensmäßig ausgeschlossen ist –, würde das ihre qualitative Differenz nicht tangieren: Rot und Blau sind trotz aller – ihrerseits artlich verschiedenen – Zwischenstufen grundsätzlich differente Farbqualitäten. (Der Vergleich trifft allerdings nicht genau zu.)

22 Süchtiges Verhalten usw., S.116.

«Material» angenagt werden, also die zärtlichen und genitalen Strebungen (von der personalen liebenden Haltung abgesehen). Aus den früher erörterten Gründen müssen wir unter den isolierbaren Zügen – die liebende Gesamthaltung bleibt in diesem Sinne unfaßbar – den zärtlichen, die leibliche Ganzheit bewahrenden Impulsen die größte Bedeutung zubilligen.[23] Auch sie bedienen sich zwar, wie wir gesehen haben, bevorzugter Organe zur Entäußerung und akzentuieren besondere Zonen in der leiblichen Erscheinung des Partners, die geeignete Ansatzmöglichkeiten zur isolierend-destruktiven Aufsplitterung bieten. Vor allem gilt dies jedoch von der Genitalität und der ihr zugeordneten fremden Genitalzone. Wir sprachen von einem Genitalfetischismus der Psychoanalyse, in Übereinstimmung mit von Gebsattel, der jene «Affektperspektive» Freuds, «durch welche das Genitale zum herausgehobenen Gegenstand libidinösen Interesses und als Liebesziel bestimmt wird, bereits fetischistischer Herkunft» nennt.[24] Allein es darf nicht verkannt werden, daß dieser Genitalfetischismus den durchschnittlichen Verhältnissen entspricht, in diesem Verstande also «normal» ist und als Genitalfetischismus nur imponiert unter dem Aspekt der Norm als des das ganze sexuelle Verhalten potentiell beherrschenden Sinngesetzes. Dank der Rolle, welche die Genitalität innerhalb der auf den – an sie vorwiegend gebundenen – Orgasmus hingeordneten reifen Sexualität spielt, wird in den Perversionen den auf das Genitale gerichteten destruktiven Phantasien und Wünschen eine erhöhte Bedeutung zukommen; vorausgesetzt, daß sie schon frühzeitig, also in der prägenital-zärt-[91]lichen Phase diese Richtung betont einschlagen. Das können sie tun, ohne daß man dem Kinde eine autochthone genitale Impulsivität supponieren müßte; und dementsprechend werden auch die reaktiven Kastrationsängste – also die den auf die elterlichen Geschlechtsorgane bezogenen Aggressionsphantasien korrelativen affektiven Erwartungserlebnisse – eine akzentuierte Bedeutung gewinnen. Vor

---

23 Im Gegensatz dazu meint Reich (Über die Quellen der neurotischen Angst, a.a.O., S. 431), daß die «genitale Objektliebe … der mächtigste Gegner des Destruktionstriebes» sei, was nur dann stimmen würde, wenn jene nicht im genitalfetischistischen Sinne verstanden wird.

24 Über Fetischismus, a.a.O., S. 8.

allem FENICHEL hat darauf den Finger gelegt.[25] Allein wahrscheinlich dient der aktive und passive Kastrationskomplex öfters den nicht genital orientierten Zerstörungsimpulsen als progressives, d.h. von der späteren Genitalität her genommenes Darstellungsmittel; und außerdem ist der aktive Anteil für die Entstehung der Perversion wichtiger als der passive Angstanteil, dessen Verarbeitungsart allerdings die Perversionsform mitbestimmt. Ob z.B. der Fetisch stets zuletzt, wie wir von FREUD hörten, den mütterlichen Penis symbolisiert, können wir nicht entscheiden; aber es besteht kein Zweifel, daß sich darin noch andere Bedeutungen verdichten.[26] VON GEBSATTEL hat überzeugend gezeigt, daß sich in ihm eine spezifische Liebeswirklichkeit präsentiert, in welcher die vorgängige Zerstückelung[27] des Leibganzen über die isolierende Heraushebung eines Teiles (des mütterlichen Gliedes) wieder zu einer Art phantastisch-emotionaler Ganzheit geworden ist. Vorübergehend, etwa während der sexuellen Erregung betont bewertete und anziehende, die Erregung steigernde Züge und Zonen des partnerischen Leibes (generell z.B. die sekundären Geschlechtsmerkmale) können wohl solange nicht als Fetischfragmente bezeichnet werden, als sie nicht herausgelöst, sondern im Leibganzen eingebettet wirken und der «Teilanziehung» nicht eine «Teilabstoßung» (HIRSCHFELD[28]) zugeordnet ist. Die letztere darf vielleicht als Symptom einer an der Wurzel der durchschnittlichen Teilanziehung liegenden Destruktion genommen werden, da die überwiegend ungestörte zärtlich-genitale Zuwendung den Liebenden befähigt, auch mit solchen Leibstellen in intimen Kontakt zu treten, die gemeinhin von der Scham- und Ekelschranke eingehüllt werden [92] – und zwar ohne sie wie im perversen Tun

---

25 Vgl. O. FENICHEL: Zur Psychologie des Transvestitismus. Internat. Z. Psychoanal. 16 (1930), S. 34; *derselbe*: Über Angstabwehr, insbesondere durch Libidinisierung, a.a.O., S. 487ff.

26 M. BÁLINT: Ein Beitrag zum Fetischismus. Internat. Z. Psychoanal. 23 (1937), S. 413f.; J. MEINERTZ: Analyse eines eigenartigen Falles von Fetischismus mit Verstümmelungsphantasien. Z. Neur. 117 (1928), S. 19ff., bes. 39ff.

27 Vgl. dazu P. SCHILDER: Das Zerstückelungsmotiv. Allg. ärztl. Z. Psychother. 1 (1928), S. 23ff.

28 Sexualpathologie, 3. Teil, S. 2ff.

zu zerstören, vielmehr löst die zärtliche Bewegung sie gleichsam auf. Daher ist es kaum zulässig, die von den Gesunden ausgeübten sog. perversen Praktiken (Cunnilingus, Fellatio usw.) im strengen Sinne als pervers zu bezeichnen,[29] solange sie sich in das Ganze des zärtlichen Kontaktsuchens (und in den auf den Orgasmus hin orientierten Geschlechtsakt) einfügen, also nicht exklusiv und zwangsmäßig intendiert werden – noch anders formuliert: nicht Ausdruck einer Selbst- oder Fremderniedrigung sind.[30] Freilich lassen sich auch hier wiederum wie vorhin bei den Teilanziehungen im Einzelfalle die Grenzen schwer und nur willkürlich ziehen, jenseits derer die perverse Handlung beginnt, weil in alle diese Akte destruktive Impulse besonders leicht einfließen können. Noch am ehesten sind sie bei den frühkindlichen Betätigungen vor Errichtung der Scham- und Ekelschranken auszuschließen; und es war deshalb ein entschiedener Fehlgriff FREUDS, auf Grund grober äußerlicher Ähnlichkeiten die Erscheinungen terminologisch zu identifizieren.[31]

---

29 Das gilt ebenso für andere (z.B. «homosexuelle» und «exhibitionistische») «perverse» Akte, die mit den entsprechenden Perversionen nichts zu tun zu haben brauchen, sondern etwa als spielerische oder im Rausch erfolgende Entäusserungen lediglich die prinzipielle Gestörtheit der menschlichen Sexualität dokumentieren.

30 Vgl. dazu O. SCHWARZ: Sexualpathologie, S. 226.

31 Nicht minder in der Sache verfehlt und überdies auffällig tendenziös sind die Behauptungen SADGERS (Die Lehre von den Geschlechtsverirrungen, S. 79 f.): «In allergrößtem Maßstab … sind des Weibes Perversionen zu schauen bei der Krankenpflege und vor allem in der – Mutterliebe … Darum bleibt ein jedes richtige Weib, dem das Schicksal Kindersegen versagt hat, unzufrieden, weil ihm damit die Möglichkeit vorenthalten wird, seine wichtigsten Perversionen in natürlicher Weise ausleben zu dürfen». Die Mutter könne ihrem Gatten «nach bürgerlichem Gesetz» absolut treu sein, «doch mit ihrem Kinde betrügt sie ihn fast stets, will sagen: sie lebt nunmehr an diesem ihre Sinnlichkeit aus. Gemeinhin wird die genitale Sexualität ihr gleichgültig oder ist doch mindestens nicht mehr die Hauptsache, sobald sie das Glück der infantilen Perversitäten genießen kann mit ihrer Uro- und Koprophilie, der Befriedigung ihrer Schaulust und Hauterotik». Man braucht die Mütterlichkeit weder zu sentimentalisieren noch die Komplexität ihrer Wurzeln zu verkennen und zu übersehen, daß alles menschliche Geschehen seine positiv und negativ bewertbaren Seiten hat, und darf doch

[93] Schon wiederholt haben wir auf die unterschiedlichen Grade und Manifestationsweisen der Aggression hingewiesen. Wir möchten nun glauben, daß die Art und Intensität ihrer Konkretion innerhalb der lebensgeschichtlich und qualitativ-leiblich differenzierten sexuellen (zärtlichen) Regungen einschließlich ihrer Verkoppelung mit der Genitalität die durchgängige Struktur aller Perversionen bestimmt. Allerdings spielt dabei auch die Form, wie die destruktiven Impulse und deren Folgen (Angst, Schuldgefühle usw.) jeweils im Ganzen des geschlechtlichen Verhaltens verarbeitet werden, eine wichtige perversionsgestaltende Rolle. Das mehr minder dauernd oder periodisch wirksame süchtig-zwangsmäßige Element fehlt nie. Wir wollen indessen auf die einzelnen Formen nicht eingehen; sie sind – von den konstitutionellen Faktoren abgesehen – nur aus der individuellen Lebensgeschichte zu verstehen, bezüglich deren Aufhellung die Psychoanalyse das Entscheidende geleistet hat. Das muß zumal gegenüber STRAUS und SCHWARZ betont werden, die – offenbar in der Reaktion wider den analytischen Irrtum, die allgemeinen Erlebnisgehalte aus ihren erstmaligen Konkretionen abzuleiten[32] – das Gewicht zu einseitig auf die konstitutiven Auf-

---

der Meinung sein, daß diese Thesen SADGERS einen grotesken Unsinn darstellen, der sich nur psychologisierend deuten ließe; überdies verrät sich darin eine völlige Auflösung des Sinnes für das Wesentliche der Perversionen. Gewiß kann SADGER nicht kurzweg als repräsentativ für die analytische Anschauung gelten; aber in der Verwechslung der möglichen störenden Faktoren der Mütterlichkeit mit deren spezifischen Zügen ist er typisch; vgl. auch H. DEUTSCH: Mütterlichkeit und Sexualität. Imago 19 (1933), S. 5ff.

32 Umgekehrt behauptet jetzt SCHWARZ (Sexualpathologie, S. 78), geliebt werde zwar die konkrete Mutter, aber gehaßt das in ihr «verkörperte Prinzip der Mütterlichkeit». In Wirklichkeit realisieren sich aber vor allem die emotionalen Stellungnahmen zu allgemeinen Erlebnisgehalten und «Prinzipien» zunächst – und zumal in der Kindheit – stets anläßlich ihrer Konkretionen, als welche sie allein *erlebt* und nicht bloß gedanklich erfaßt werden können. Der grundsätzliche Fehler der Psychoanalyse war es wie gesagt, die generellen Charaktere und Prinzipien aus ihren erstmalig erlebten Konkretionen ableiten zu wollen (z.B. das Wesen des Unheimlichen aus dem erlebten Eindruck des «kastrierten» weiblichen Genitales, bei dessen Anblick das Kind zum erstenmal das Unheimliche erfahren haben mag), was in gewissem Sinne auf eine Psychologisierung der Allgemeinbegriffe hinausläuft.

bauelemente der Perversionen verlegten und daraus allein ihre verschiedenen Gestalten begreifen wollten. Gewiß sind sie wesentlich, immer nachweisbar und ergeben einen in allen Abwandlungen sich durchhaltenden, obzwar auf verschiedene Weisen erscheinenden Sinn, den STRAUS treffend als Deformierung der Norm charakterisierte (wiewohl das Wort «Deformierung» nicht glücklich gewählt ist, wie BINSWANGER monierte). Aber wie diese Aufbauelemente im Einzelfalle zusammen wirken und die jeweilige Perversion determinieren, hängt von den biographischen Schicksalen ab. Das zu unterstreichen ist umso nötiger, [94] als es dem vorliegenden Beitrag vorwiegend um die Herausstellung jener Aufbauelemente zu tun war, die gleichsam das «Material» der lebensgeschichtlichen Prozesse bilden.[33] In der Verfolgung der gleichen, also nicht historisch interessierten Richtung muß schließlich ein Problem erörtert werden, das uns für die anthropologische Bedeutung der Perversion in erhöhtem Maße relevant zu sein scheint.

Wenn man die geschlechtlichen Verirrungen unter dem Gesichtspunkt der in ihnen investierten Aggression überblickt, dann kann es nicht entgehen, daß sie sich in greifbarer motorischer Form eigentlich nur in den sadistischen und allenfalls noch in den masochistischen Erscheinungen zeigt. Aber selbst in ihnen sind die nach außen tretenden grob-destruktiven Akte relativ selten, verglichen mit den die sexuellen Handlungen auslösenden und begleitenden, von entsprechenden Inhalten erfüllten Phantasien. Neben diesen phantastischen Beschmutzungs-, Erniedrigungs-, Quälszenen usw. sind es Entwertungen, in denen sich die Normverletzung dokumentiert, Pervertierungen des Wertfühlens, des Vorziehens und Nachsetzens. Zumal SCHELER hat auf sie hingewiesen,[34] jedoch ausdrücklich erklärt, daß das Primäre immer die Perversion des Triebes, nicht die des sinnlichen Gefühles sei; «nur langsam *folgt* das Gefühl dem pervertierten Triebe».[35] «Der letzte Grund aller Werttäuschungen sind

---

33 Man darf die ungenaue Formulierung nicht etwa so mißverstehen, als werde das Material von außerhalb seiner geschehenden Prozessen gestaltet; vielmehr ist es Träger der lebensgeschichtlichen Abläufe.

34 M. SCHELER: Wesen und Formen der Sympathie, S. 233f. Bonn 1923.

35 M. SCHELER: Der Formalismus in der Ethik, S. 159, Anm. 2.

die Perversionen des Strebens... Keineswegs ist die Werttäuschung die Ursache der Perversion».[36] SCHELER hat die Zusammenhänge richtig beurteilt: die Entwertungsakte stellen derivative Manifestationen der Zerstörungsimpulse – wie wir statt der «pervertierten Triebe» lieber sagen möchten – dar. Allein auch die Entwertungen sind nicht das in den Perversionen vorherrschende Medium der Destruktionen, sondern wie gesagt die Phantasien. Ihre Rolle ist immer gesehen, indessen als konstitutiver Faktor erst von VON GEBSATTEL voll gewürdigt worden.[37] Dabei kommt es uns nicht auf die besonderen Inhalte und deren Entstehungsgeschichte an, vielmehr auf die Stellung des Phantasierens im Aufbau der Handlungen und der ihnen zugeordneten Welt, hier speziell der geschlechtlichen Mitwelt. Offenbar handelt es sich um ein allgemeines psychologisches und anthropologisches [95] Problem, das jedoch nicht zufällig im sexuellen Bereich eine akzentuierte Bedeutung erlangt. Nicht nur die Perversionen unterliegen der von den Phantasien ausgehenden wirkenden Macht, dasselbe gilt von den geschlechtlichen Störungen überhaupt (Impotenz, Frigidität); sie sind in gewissem Sinne durch die Fixierung des orgastischen Bewegungsablaufes an bestimmte phantasiemäßige Bedingungen verursacht (die ihre jeweils besondere Geschichte haben und zu andern Störungsfaktoren hinzutreten). Und schließlich dokumentiert sich das Phantasieren auch innerhalb des normalen (durchschnittlichen) Geschlechtslebens in den erotischen Wachträumen, als Begleitphänomen der Masturbation und in dem, was FREUD die «Überschätzung des Sexualobjektes» nennt, womit freilich dessen eigentümlicher Charakter verkannt wird. Zwar imponiert das Faktum von der nüchternen, alltäglichen Welt her gesehen zweifellos als realitätsinadäquate Überschätzung; jedoch fragt es sich, ob man ihm unter diesem reduktiven Aspekt gerecht werden kann oder ob man nicht zunächst seinen besonderen Sinn verstehen sollte, ohne an es einen fremden Maßstab anzulegen. So betrachtet stellt sich die Sexualobjektüberschätzung als die spezifische Liebeswirklichkeit oder -welt dar, in welcher der Liebende mit seinem Partner

36 A. a. O., S. 370, Anm. 1.
37 Süchtiges Verhalten usw., S. 121ff., 164ff.

lebt und die von den Außenstehenden naturgemäß als Phantasmagorie beurteilt werden muß; man kann, wenn man will, sie als Resultat zielgehemmter, eben in phantastischen Produktionen sich auswirkender genitaler Impulse deuten – eine Erklärung, die wahrscheinlich kennzeichnender für eine bestimmte Tendenz als für ein angemessenes Verständnis des fraglichen Phänomens sein dürfte. Jedenfalls hat mit der Einführung des Begriffs der Liebeswirklichkeit oder -welt durch von Gebsattel[38] die Sexualpathologie mit einem Ruck ein anderes Niveau erreicht, und man wird ohne ihn auch in der anthropologischen Interpretation des Liebens kaum mehr auskommen; einen Vorstoß in dieser Richtung hat Schwarz[39] gemacht.

Allerdings bedürfte es, um den Begriff der Liebeswelt zu legitimieren, einer umfassenden Analyse des Weltlichkeitscharakters der Welt und der Weisen des In-der-Welt-seins, in welchen die konstitutive Rolle der Phantasie und der damit zusammenhängenden Triebimpulse auch hinsichtlich der alltäglich-wachen Existenz aufzuweisen wäre. Dazu ist hier nicht der Ort. Flüchtig angedeutet verhält es sich wohl so, daß die Liebeswelt (ähnlich wie der Tagtraum, das [96] Spiel, der Wahn) «zwischen» der alltäglichen Welt und der des nächtlichen Träumens zu liegen kommt, die bezüglich des Anteils an phantastischen Elementen als die beiden Pole gelten können. Viel zu wenig, meint von Gebsattel, sei der Tatsache Rechnung getragen worden, «daß die Liebeswelt des Menschen weitgehend Schöpfung ist seiner Phantasietätigkeit».[40] Allein man darf nicht übersehen, daß diese Schöpfung nicht nur von «realen» Anhaltspunkten des erscheinenden Partners ausgeht, sondern von dessen alltäglicher «Realität» auch immer wieder berührt, korrigiert, sozusagen gestört wird – im Unterschied zum paranoischen Liebeswahn. Uns scheint von Gebsattel den Realitätsbezug etwas unterschätzt zu haben, wenn er sagt, die echt sadistische Handlung habe, «obwohl sie an einem wirklich der objektiven Mitwelt angehörigen Partner sich auswirkt, doch ihrem Wesen nach gar nichts mit der Wirklichkeit dieses

38 Über Fetischismus, a.a.O., S. 10ff.

39 Sexualität und Persönlichkeit, S. 137ff.

40 Süchtiges Verhalten usw., S. 164.

anderen zu tun»; sie bezeichne «eben einen Einbruch süchtigen Phantasierens in die Wirklichkeit der Mitwelt», verhalte «sich zu dieser aber nur zum Schein, ohne ihren reinen Phantasiecharakter einzubüßen».[41] Und ähnlich schreibt SCHWARZ, das sado-masochistische Erleben spiele sich «zur Gänze oder, besser gesagt, in seinen wesentlichen Zügen in einer irrealen Sphäre ab, die sich mit dem Aufhören des Anfalles scharf und unvereinbar von den Erlebnissen in der anfallsfreien Zeit inmitten der Realwelt abhebt».[42] Er hat dann daraus die generelle Konsequenz gezogen, indem er vom Perversen schlechthin behauptet, er befinde sich dauernd oder anfallsweise «in einer anderen ‚Welt', in der erst die Objekte oder die Form der Beziehung zu ihnen die spezifische Qualität ‚sexuell' gewinnen können... Der Perverse ist also im vollsten Wortsinn ver-rückt aus der Welt der Alltäglichkeit in die der Perversion. Es ist also nicht nur sein Sexualtrieb per-vertiert, sondern die ganze Art des In-der-Welt-seins dieser Menschen».[43] In der prinzipiellen Intention wird damit zweifellos ein richtiger Sachverhalt getroffen; aber sie verkennt das Ausmaß der in den Perversionen wirksamen «weltschöpferischen» Phantasietätigkeit, wenn sie generalisiert, was für den Fetischismus und vermutlich auch für die Homosexualität und den Narzißmus (im engen Sinne des Automonosexualismus ROHLEDERS und HIRSCHFELDS) gelten mag. In diesen Gestalten gelingt es der positiven Zärtlichkeitsphantasie, vorwiegend reaktiv eine Liebeswirklichkeit aufzubauen, [97] während es in den übrigen Perversionen wahrscheinlich nur zu Ansätzen – gleichsam «Weltfragmenten» – kommt, die die zerstörte Liebeswelt nicht zu ersetzen vermögen. Nicht alles Phantasieren ist aufbauend; dient es wie im Sadismus und Masochismus in der Hauptsache der Darstellung destruktiver Impulse, so ist ihm als Korrelat nicht eine positive Privatwelt, sondern die Zertrümmerung der realen Mitweltbezüge zugeordnet, die, damit sie zerstört werden können, zugleich auch immer noch bestehen müssen. Indessen soll nicht verschwiegen werden, daß mit diesen Andeutungen die

41 A.a.O., S.123.

42 Sexualpathologie, S.241.

43 A.a.O., S.263.

Probleme keineswegs gelöst, nicht einmal genügend klar umrissen sind. Es geht hier nicht um Einzelanalysen der verschiedenen perversen Welten, vielmehr um die Frage ihres Ermöglichungsgrundes. Und im Hinblick darauf scheint uns ein innerer Zusammenhang zu bestehen zwischen der Rolle der Phantasie, der Destruktion und der relativ leichten Ablösbarkeit der Gegenstände von den zugeordneten Trieben.

Schluß

Das letztgenannte Moment hat bereits Freud als allgemeinste Entstehungsbedingung der sexuellen Abirrungen namhaft gemacht. Wir haben gesehen, daß es nicht eine spezifische Eigentümlichkeit des Menschen repräsentiert, sondern auch bei den Tieren vorkommt und im übrigen der primären Objektgerichtetheit der Triebe nicht widerspricht, denn diese kann ohne Objektfixierung bestehen. Trotzdem dürfte sich darin wie auch in den an sich verfehlten Annahmen eines ursprünglichen objektlosen Narzißmus und eines dem Realitätsprinzip vorausgehenden Lustprinzips ein bedeutsamer anthropologischer Grundzug in entstellter Weise manifestieren. Zwar bleibt die zumal von Heidegger mit aller Entschiedenheit vertretene These, daß zum Dasein des Menschen notwendig das In-der-Welt-sein gehört, die Weltlichkeit als transzendentales Konstituens der Welt im innersten Wesen der menschlichen Existenz verwurzelt ist, bestehen. Allein durch diese transzendentale Konstitution geht ein radikaler «Riß», dessen Charakter hier nicht näher bestimmt werden kann; er bedingt die Notwendigkeit des Transzendierens, des «Übersteigens» zur Welt, das nicht nötig wäre, wenn die Weltnähe nicht zugleich eine Weltferne in sich schlösse. Anders gesagt: das In-der-Welt-sein des Menschen ist prinzipiell «gestört»; zwischen ihm und der Welt klafft ein Abgrund, der ständig überbrückt wird und der z.B. das seltsame Bedürfnis motiviert hat, die «Realität» der «Außenwelt» zu «beweisen». Was das In-der-Welt-sein – gegenständlich-[98] psychologisch, nicht transzendental betrachtet – trägt, sind u.a. die Triebe. Bezüglich ihrer bedeutet jener Riß eine relative Loslösung von den ihnen korrelaten Gegenständen der Um- und Mitwelt; daher bieten ihnen diese nicht mehr die adäquate Erfüllung, es bleibt im Objektkontakt ein Befriedigungsmangel übrig, eine chronische Leere zwischen Triebbedürfnis und Bedürfniserfüllung, also – mit SCHELER zu reden – ein Triebüberschuß. Dieser Triebüberschuß wirkt sich einerseits im Phantasieren[1] und andererseits in Zerstörungsimpulsen aus, welche, wie wir wahrscheinlich zu machen versuchten, die allen Trieben eignende reaktive Entäußerungsform auf Versagungen darstellen. Die Phantasie, zugleich als transzendentales «Vermögen» verstanden, breitet sich in ihrer «kosmogonischen» Tätigkeit in jenem «inneren Raume» aus, der durch den Riß im In-der-Welt-sein «entstanden» ist. So unzulänglich diese Andeutungen ausfallen müssen – sie auszuarbeiten und zu begründen verbietet sich in der vorliegenden Abhandlung –: sie dürften vielleicht trotzdem einen Weg zum Verständnis der Perversionen eröffnen, das in ihnen eine besondere Gestalt des in der Not existierenden Menschseins sehen möchte. Nennen wir dessen normgemäße positive Möglichkeit die Menschlichkeit, dann zeigt sich, daß zu ihrem Wesen die Un-menschlichkeit als partikulare Verfehlung der Realisierung jener Möglichkeit gehört; zwischen beiden Polen liegt seine Wirklichkeit. Der Riß «im» Menschen, im Hinblick auf die Welt als zu transzendierende abgründige Ferne sich manifestierend, wirkt sich in der Selbstwerdung als Hemmnis aus, die eigene Möglichkeit faktisch zu erreichen. Damit ist immer zugleich eine vergrabene Not und eine Schuld gesetzt – Schuld nicht im moralischen Sinne, sondern als ursprünglicher Zug im menschlichen Sein begriffen. «Aus der Flucht geboren vor einer verborgenen Daseinsnot», sagt VON GEBSATTEL von den sexuellen Süchten und Perversionen, «enthalten sie andererseits eine Wendung der Persönlichkeit gegen die Norm der erotischen Mitweltverhältnisse».[2] Sie bringen im geschlechtlichen Bereich diesen anthropologischen Sachverhalt zum Ausdruck, der ineins den letzten Grund ihrer Möglichkeit enthält.

---

1 Voraussetzung dafür ist die hier nicht zu begründende These, daß die Phantasmen als «immanente», den Gegenständen ähnliche korrelative «Bilder» zum Wesen des Triebes gehören.

2 Süchtiges Verhalten usw., S. 132.

Freud hat einmal durchblicken lassen, welche Überwindungen ihn die Erforschung der Perversionen gekostet haben mag: «Es war», [99] schreibt er, «ein heißer Nachmittag im Sommer gewesen, ich hatte in den Abendstunden meine Vorlesung über den Zusammenhang der Hysterie mit den Perversionen gehalten, und alles, was ich zu sagen wußte, mißfiel mir so gründlich, kam mir jedes Wertes entkleidet vor. Ich war müde, ohne Spur von Vergnügen an meiner schweren Arbeit, sehnte mich weg von diesem Wühlen im menschlichen Schmutze, nach meinen Kindern und dann nach den Schönheiten Italiens».[3] Man kann es verstehen, daß die Beschäftigung mit den geschlechtlichen Verirrungen auf die Dauer wenig Neigung zur Hochschätzung des Menschen übrig und eine vielleicht anfänglich bestehende «innere Idealität» schließlich verdrängen läßt, wie es Michaëlis bei Freud glaubt konstatieren zu können.[4] Wir haben gelegentlich auf Tatbestände hingewiesen, deren «genitalisierende», vergröbernde, entharmlosende Charakterisierung durch Freud uns sachlich nicht gerechtfertigt schien, auch wenn man die üblichen darauf bezogenen Verschleierungen und «Idealisierungen» in Rechnung stellte. Wahrscheinlich ist ein Motiv dafür in der Enttäuschung gegeben, die die unerbittliche Durchforschung der menschlichen Wirklichkeit mit sich brachte; ein anderes im Willen zur Redlichkeit, der sich gegen die unausrottbare Neigung zur selbsttäuschenden Schönfärberei durchzusetzen hatte. Indessen bedarf es nicht erst einer Betrachtung der Perversionen, um einzusehen, daß das anthropologische Studium Wunschphantasien und Sehnsüchten eine geringe Befriedigungsmöglichkeit bietet. Sollte aber umgekehrt Menschenhaß und -verachtung Platz greifen wollen – Leidenschaften, die den nüchternen, klaren, stillen Blick nicht minder trüben – dann mag man sich rechtzeitig daran erinnern, daß im Grunde aller Verirrungen eine Not wirkt. Und zuletzt käme man wohl in Verlegenheit, wenn man die legitime Instanz namhaft machen müßte, an die sich die Klagen und Anklagen richten könnten.

---

3 S. Freud: Die Traumdeutung. 5. Aufl., S. 319. Leipzig und Wien 1919.

4 A.a.O., S. 43ff., 72ff.

Die Bedeutung der Sexualität im menschlichen Leben

Die Bedeutung der Sexualität im menschlichen Leben

Undatierte Originalhandschrift (Fragment) aus dem Nachlass (Signatur HKA 12), verfasst ca. 1947–1950.

FREUD hat einmal die hohe «Einschätzung der Sexualität» ausdrücklich als einen der «Grundpfeiler der psychoanalytischen Theorie» bezeichnet.[1] Sie trug seiner Lehre auch den populärsten Vorwurf, den des «Pansexualismus» ein. Was es damit auf sich hat, wird später zu klären sein; zunächst aber ist es nötig, sich einen Augenblick die – man darf ohne Übertreibung sagen – *ungeheure Diskrepanz* vor Augen zu halten, die zwischen der sowohl das alltägliche wie festliche Leben aller Völker beherrschenden *faktischen Bewertung der Geschlechtlichkeit* einschliesslich ihrer Dokumentationen in den Bräuchen, Moralvorschriften, Mythen, Religionen, Liedern, Dichtungen usw. und *der Rolle, die ihr bis auf* FREUD *von der Psychologie zugebilligt* wurde, bestand. Das nach der christlich-theologischen Anthropologie entscheidende, Sein und Wesen des Menschen radikal verändernde Ereignis, der Sündenfall, knüpft sich an die Sexualität und nährt bis auf den heutigen Tag das Schuldbewusstsein der Abendländer. Die Dichtungen, in denen das «Liebesmotiv» ausfällt oder in den Hintergrund tritt, verschwinden fast völlig unter der Masse derer, in welcher es im Zentrum steht; und nicht anders verhält es sich bei ihren zeitgenössischen Surrogaten, den Filmen. Die Sprache hat die Zweigeschlechtlichkeit, die uns nur im Bereich des Lebendigen begegnet, mit grossartiger Unbekümmertheit auf die leblosen Dinge und ihre Wirkungszusammenhänge ausgedehnt. Von den sog. Primitiven wissen wir bei aller kritischen Zurückhaltung, mit der wir die einschlägigen Zeugnisse aufnehmen müssen, mit

1 S. FREUD: Psychoanalyse, in: Handwörterbuch der Sexualwissenschaften, hrsg. von M. MARCUSE, 2. Aufl., S. 614. Bonn 1925.

welcher überwältigenden Macht und Breite die Sexualität ihr Dasein durchsetzt. Aber weder die Psychologien noch die grossen Philosophien – von der SCHOPENHAUERS abgesehen – spiegeln diese Tatsachen adäquat wider; manche würden kaum die Vermutung aufkommen lassen, dass es so etwas wie die Geschlechtlichkeit überhaupt gibt. Hier brachte FREUD die wesentliche Wendung; und es fragt sich nun, ob er nicht, wie es den Bahnbrechern oft geschieht, einer Überschätzung seiner Entdeckung erlag.

Die Rede von der «Bewertung» oder «Einschätzung» der Sexualität ist doppelsinnig. Sie kann entweder deren «Ort» in der «Rangordnung der Werte», bzw. der Güter bezeichnen oder das Wirkungsgewicht zum Ausdruck bringen, das ihr unter den Antrieben des menschlichen Erlebens und Verhaltens zukommt. Der alltägliche Sprachgebrauch unterscheidet in der Regel nicht zwischen diesen beiden Bedeutungen, und auch FREUD hat es nicht getan, obwohl ihre Berücksichtigung manches Missverständnis vielleicht hätte verhindern können. Uns scheint ihre Auseinanderhaltung eine notwendige Voraussetzung der sachlichen Klärung der Problematik zu sein. Denn es liegt auf der Hand, dass die faktische, Erleben und Tun der Menschen mitbestimmende Wirksamkeit der Sexualität sich weder in ihrer Bewertung im Sinne einer (subjektiven oder vermeintlich «objektiven») Rangzuordnung angemessen dokumentieren muss noch umgekehrt aus dieser jene sich mit Sicherheit erschliessen lässt. Im Gegenteil hat man Gründe genug, von vornherein mit sehr erheblichen Divergenzen zwischen den beiden Taxationen zu rechnen. Darüber hinaus empfiehlt es sich, eine weitere Differenzierung zwischen der bewussten, öffentlich vertretenen Bewertung der Geschlechtlichkeit und jener durchzuführen, die sich als sozusagen heimliche Hierarchie der Lebensgüter nur im wirklichen Handeln verrät. Auch da wird man häufig auf Unausgeglichenheiten stossen, wenngleich es verfehlt wäre, sie durchwegs mit – absichtlichen oder «unbewussten» – Unaufrichtigkeiten zu identifizieren; es kann ein Mensch dem sexuellen Erleben innerhalb seines privaten Wertsystems mit unbezweifelbarer Ehrlichkeit einen geringen Platz zuweisen und ihm dennoch einen breiten Raum in seinem Dasein gewähren. Wer sich hier nicht zu gewissen subtileren Unterscheidungen verstehen kann, wird den tatsächlichen Verhältnissen schwerlich gerecht. Wir beschäftigen uns vorerst mit den (subjektiven) Bewertungen der Sexualität und versuchen dann später, einen möglichst adäquaten Eindruck ihres Wirkungsgewichtes zu gewinnen.

«Unzweifelhaft», schreibt FREUD einmal, «ist die geschlechtliche Liebe einer der Hauptinhalte des Lebens und die Vereinigung seelischer und körperlicher Befriedigung im Liebesgenuss geradezu einer der Höhepunkte desselben. Alle Menschen bis auf wenige verschrobene Fanatiker wissen das und richten ihr Leben danach ein; nur in der Wissenschaft ziert man sich, es zuzugestehen».[2] Hier hat FREUD offenbar die Taxation der Geschlechtlichkeit als Lebensgut im Auge; und er meint, dass «alle Menschen» – wenige «verschrobene Fanatiker» ausgenommen – in ihr einen der «Hauptinhalte», ja einen «Höhepunkt» ihres Daseins sehen. Betrachtet man FREUDS Behauptung mit einer Art Pedanterie, so wird man sich sagen müssen, dass die Höhepunkte des Lebens nicht notwendig die Steigerung seines Hauptinhaltes implizieren, sondern dass zwischen beiden ein Gegensatz bestehen kann – dann nämlich, wenn der Hauptinhalt Breite, Häufigkeit und Intensität des lebenerfüllenden Tätigseins bezeichnet. Die Höhepunkte realisieren die davon abgehobenen seltenen Augenblicke. In diesem Sinne bildet der sog. Liebesgenuss weder einen Hauptinhalt noch einen Höhepunkt des Daseins, weil er einerseits hinsichtlich des ersteren fraglos durch die Arbeit und das Ruhen (bei den Tieren durch die an die Stelle der Arbeit tretende Nahrungssuche) weit in den Schatten gestellt, und andererseits bezüglich des letzteren zu häufig wiederholt wird. FREUDS These bedarf daher einer präzisierenden Interpretation, wenn man sich nicht mit der darin formulierten *ungefähren* Meinung begnügen will. Und mit welchem Recht, das ist die andere Frage, nimmt FREUD seine Behauptung für fast «alle Menschen» in Anspruch?

Aussagen, die alle konkreten Fälle einer Spezies, eines Objektes, Typus, Geschehens usw. treffen sollen, stützen sich in der Regel nicht auf die faktische Untersuchung aller zugehörigen Exemplare und können es nicht tun; sondern sie gründen entweder in – nicht

---

2 S. FREUD: Weitere Ratschläge zur Technik der Psychoanalyse. III. Bemerkungen über die Übertragungsliebe. Sammlung kleiner Schriften zur Neurosenlehre, 4. Folge, S. 467f. Leipzig und Wien 1918.

notwendig «apriorischen» – Wesenseinsichten oder in zahlenmässig unbestimmten Erfahrungseindrücken oder in der vagen Verbindung beider Erkenntnisquellen. Wesenseinsichten lassen ihrem Sinne nach keine Ausnahmen zu; wenn etwa die Sterblichkeit zum Wesen des Menschen gehört, dann sind ihr alle Einzelnen unterworfen. Ohne Zweifel liegt dieser Fall in dem zur Diskussion stehenden Beispiel nicht vor; vielmehr handelt es sich um ein empirisches Häufigkeitsurteil über die durchschnittliche Wertung der Sexualität, dem sich eine beliebige – gewöhnlich kleine («wenige verschrobene Fanatiker») – Anzahl von Ausnahmen entzieht. Es legitimiert sich 1. in der Selbsterkenntnis, 2. in der stets begrenzten Erfahrung an Mitmenschen und sozialen Erscheinungen, und 3. in den literarischen Zeugnissen, die Selbsterkenntnisse weiterer Menschen oder entsprechende Feststellungen anderer Beobachter enthalten. Auf diese drei Quellen stützt sich wohl FREUDS These, und zu ihrer Nachprüfung stehen uns auch keine weiteren zur Verfügung. Sie sind Bedenken ausgesetzt.[3]

Was zunächst die Selbsterkenntnis angeht, so wird gewiss der Einwand nicht ausbleiben, dass eine Aussage über die Verbreitung einer bestimmten Einschätzung der Geschlechtlichkeit eigentlich nur insoweit von Interesse sei, als sich daraus ein Rückschluss auf die subjektive Bewertung des Urteilenden und seine Neigung, seinen privaten Aspekt verabsolutierend zu einem allgemeinmenschlichen zu erweitern, ziehen lasse. Wer überall die Sexualität am Werke und die Menschen an ihrer hohen Taxation teilnehmen sehe, der verrate eben lediglich das Überschwemmtsein seines eigenen Lebens von sexuellen Wünschen und Impulsen. Dagegen lässt sich prinzipiell nichts erwidern, man muss den – moralisch triumphierenden – Einwand ruhig auf sich laden, zumal auch der Appell an die Redlichkeit nicht verfangen würde. Dass es im übrigen einen sexuellen «Symbolisierungszwang» nicht nur als vorübergehendes Stadium (etwa in

3 LÖWENFELD hat seinerzeit in der Polemik gegen STEKELS Behauptung, dass in irgendeiner Phase auf diese oder jene – unter Umständen «larvierte» oder unbewusste – Weise «alle» Menschen masturbiert hätten, auf solche methodische Bedenken mit Recht hingewiesen; vgl. L. LÖWENFELD: Über Onanie. Sexual-Probleme 9 (1913), S. 515 ff.

der erzwungenen Abstinenz bei Gefangenen), sondern als eine Art pseudowissenschaftlicher Weltbetrachtung gibt, die in allem Begegnenden Genitalien und genitale Vorgänge sinnbildlich dargestellt wähnt, ist nicht zu bestreiten; GRODDECK hat dafür einen Beleg geliefert.[4] Davon abgesehen jedoch eignet der subjektiven Wahrhaftigkeit sowohl hinsichtlich der Selbsterkenntnis wie der Fremderfahrung in der Tat eine entscheidende Relevanz; und zwar deshalb, weil die Geschlechtlichkeit zu jenem Bereich gehört, in welchem das ausdrückliche Lügen, das stillschweigende Vertuschen und das gutgläubige Sichtäuschen (einschliesslich der Zwischenformen dieser Verbergungsweisen) von den Menschen vielleicht am häufigsten praktiziert wird. Daher bildet der Wille zur Redlichkeit eine unabdingliche Voraussetzung des Versuches, die Bedeutung der Sexualität in unserem Dasein zu erkennen; desgleichen eine gewisse psychologische Begabung, Verstellungen und Trübungen im Erleben und Handeln zu durchschauen. Ohne diese Begabung bleibt auch die Ausweitung der literarischen Dokumente, Lieder, Bräuche, Rechtsverstösse, Formen und Anlässe gesellschaftlichen Lebens usw., die Rückschlüsse auf die allgemein herrschende Schätzung der Sexualität erlauben, unergiebig.

Um einen erfolgversprechenden Zugang zur Klärung des Themas zu finden, empfiehlt es sich, den sehr komplexen Sachverhalt «Sexualität» in seine Ingredienzien aufzusplittern[5] und sich zu Beginn an die gleichsam handgreiflichen Fakten zu halten, an deren Zugehörigkeit zur Sexualität niemand zweifelt, also an die Geschlechtsorgane. Wie werden sie bewertet? Wir dürfen auf die Frage keine «allgemeinmenschlich» gültige Antwort erwarten, denn wie bei allen

---

4 G. GRODDECK: Der Symbolisierungszwang. Imago 8 (1922), S. 67ff.; *derselbe:* Der Mensch als Symbol. Wien 1933.

5 Gegen ein solches Vorgehen mögen sich gerade im zur Diskussion stehenden Bereich, in welchem die leiblichen Vorgänge mit den zartesten mitmenschlichen Erlebnissen und Haltungen ein lebendiges Ganzes bilden können, schwere berechtigte Bedenken erheben. Aber für das präzise Erkennen bleibt uns keine andere Möglichkeit als die etwas rohe Zergliederung der Phänomene in die einzelnen, abstraktiv voneinander getrennten «Elemente».

Wertungen spielen auch hier die Lebensphase, die augenblickliche Stimmung und Situation, biographische, erzieherische, soziale, historische, volksmässige u.a. Faktoren eine erhebliche Rolle. Beschränken wir uns auf den erwachsenen zivilisierten «Durchschnittseuropäer», so wird man – bei vollem Bewusstsein für die irreale Konstruktivität eines solchen Phantoms – sagen dürfen, dass er zunächst weder die männlichen noch die weiblichen Genitalien als «schön» empfindet. Das hat auch FREUD festgestellt; «es ist bemerkenswert», schreibt er, «dass die Genitalien selbst, deren Anblick immer erregend wirkt, doch fast nie als schön beurteilt werden, dagegen scheint der Charakter der Schönheit an gewissen sekundären Geschlechtsmerkmalen zu haften».[6] Gegen FREUD hat nun freilich WITTELS das folgende Bedenken geäussert: «Sollte dieser grosse Mann hier nicht besonders zeitgebunden sein und moralische Anschauungen, die sich seit 1870 sehr verändert haben, in seine Analyse haben einfliessen lassen? Warum sollten wir die Genitalien nicht schön finden können? Ich glaube, dass die Natur überall schön ist, wo man sie ‚sonnenhaft' betrachtet. Gerade von FREUD haben wir gelernt, uns so etwas zu getrauen».[7] Ob WITTELS' Bemühungen um ein «sonnenhaftes» Sehen der Natur erfolgreich gewesen sind, entzieht sich unserer Kenntnis; wenn man seine Auslassungen über die «Schönheit» liest, glaubt man einigen Grund zur Skepsis zu haben. Aber darin hat er recht, dass die Natur überall «schön», oder genauer: vollkommen wäre, wenn wir ihr nicht mit vorwiegend moralisch bedingten Geschmackseinschränkungen begegnen würden – und das im Hinblick auf die Genitalien nicht erst seit 1870. Vermutlich beeindruckt uns die Nähe und die partielle Gemeinschaft mit den Erektionsorganen doch zu sehr, als dass wir davon abstrahieren könnten; und auch die zärtliche Zuwendung zu ihnen vermag sie nicht mit einem Schönheitsschimmer zu überstrahlen. Nicht also ein ästhetischer noch ein mo-

---

6 S. FREUD: Das Unbehagen in der Kultur, S. 36. Wien 1930; vgl. auch: Drei Abhandlungen zur Sexualtheorie. 5. Aufl., S. 23 Anm. Leipzig und Wien 1922; Beiträge zur Psychologie des Liebeslebens. II. Über die allgemeinste Erniedrigung des Liebeslebens, in: Sammlung kl. Schriften usw., 4. Folge, S. 227.

7 F. WITTELS: Goethe und Freud. Die psychonalytische Bewegung 2 (1930), S. 465.

ralischer, wohl jedoch ein – sagen wir – «vitaler» Wert zeichnet die Genitalien aus, der sich vor allem dann geltend macht, wenn eine darauf bezügliche Verletzung oder Funktionsstörung sie ins Zentrum des bewussten Erlebens ihres Trägers rückt. Jeder weiss, dass die Menschen in diesem Punkte ganz besonders «empfindlich» und zu depressiv-hypochondrischen Reaktionen geneigt zu sein pflegen. «Die Erfahrung», sagt LEWINGER mit Recht, «zeigt immer wieder, dass ein genitaler Defekt beim Erwachsenen viel tiefer in das Seelenleben einzugreifen pflegt als anderweitige körperliche Missbildungen, die zunächst viel mehr in die Augen fallen. Hierin unterscheiden sich die beiden Geschlechter nicht voneinander».[8] Allein auch ausserhalb der Störungssphäre wird zumal dem menschlichen Geschlechtsorgan eine erhebliche Wichtigkeit beigemessen.

Wer unbefangen den Gesprächen in den Männergesellschaften zuhört, dem wird sich immer wieder die Gelegenheit zur Feststellung bieten, welcher Hochschätzung sich die Gliedgrösse erfreut. Je undifferenzierter, primitiver die Teilnehmer sind, desto ungehemmter und gröber sind die Zoten und phantastischen Übertreibungen, in denen sich jene Taxation – unterstützt von entsprechend gerichteten Wünschen und Aufschneidereien – bezeugt. In den sog. kultivierteren Kreisen begnügt man sich meistens mit feineren Andeutungen, wenigstens solange die Alkoholisierung die Schamschranken nicht eingerissen hat. Die negative Bestätigung dieses Sachverhaltes liefern jene Männer, die sich – gleichgültig, ob begründet oder nicht – im Besitze eines zu kleinen Penis wähnen: daran kann sich ein ausserordentlich zäher und weitreichender Minderwertigkeitskomplex knüpfen, der allerdings stets noch andere Wurzeln hat. Die Träger von grossen Gliedern geniessen in der männlichen Welt ein ähnliches, vom Neide nicht zu minderndes, mehr oder weniger öffentliches Ansehen wie die Athleten, Schläger, Boxer; und daran partizipieren auch die Frauen, obzwar sie sich in der Entäusserung der Hochschätzung in der Regel eine grössere Zurückhaltung auferlegen – es bedarf, um ihr ungehindert zum Durchbruch zu verhelfen,

---

8 E. LEWINGER: Über die Objektivierungstendenz in der Sexualität. Zeitschr. f. d. ges. Neurol. (1931), S. 299.

oft etwa erst eines schizophrenen Perönlichkeitszerfalls. Gelegentlich können uns freilich die drastischen Obszönitäten, derer auch manches ungestörte weibliche Wesen fähig ist, einiges Erstaunen erwecken. WEININGER ist es gewesen, der in diesem Zusammenhange wohl den extremsten Standpunkt vertreten hat; er schreibt: «Man hat es entweder nicht sehen oder nicht sagen wollen, man hat sich aber auch kaum noch eine ganz richtige Vorstellung davon gebildet, was das Zeugungsglied des Mannes für das Weib, als Frau wie schon als Jungfrau, psychologisch bedeutet, wie es das ganze Leben der Frau, wenn auch völlig im Unbewussten, zu oberst beherrscht. Ich meine keineswegs, dass die Frau den Geschlechtsteil des Mannes schön oder auch nur hübsch findet. Sie empfindet ihn vielmehr ähnlich wie der Mensch das Medusenhaupt, der Vogel die Schlange; er übt auf sie eine hypnotisierende, bannende, faszinierende Wirkung. Sie empfindet ihn als das Gewisse, das Etwas, wofür sie gar keinen Namen hat: er ist ihr Schicksal, er ist das, wovon es für sie kein Entrinnen gibt. Nur darum scheut sie sich davor, den Mann nackt zu sehen, und gibt ihm nie ein Bedürfnis danach zu erkennen: weil sie fühlt, dass sie in demselben Augenblick verloren wäre. Der Phallus ist das, was die Frau absolut und endgültig unfrei macht. Es ist also gerade jener Teil, welcher den Körper des Mannes recht eigentlich verunziert, welcher allein den nackten Mann hässlich macht…, derselbe, der die Frauen am tiefsten aufregt und am heftigsten erregt, und zwar gerade dann, wenn er wohl das Unangenehmste überhaupt vorstellt, im erigierten Zustande. Und hierin liegt der letzte und entscheidendste Beweis dafür, dass die Frauen von der Liebe nicht die Schönheit wollen, sondern – etwas anderes».[9]

Wir möchten die zitierten Sätze nicht etwa als einen Beitrag zur Psychologie der weiblichen Geschlechtlichkeit betrachtet wissen, denn in dieser Hinsicht liegt die groteske masslose Übertreibung auf offener Hand; vielmehr sind sie uns ein Dokument für eine weit verbreitete männliche Neigung, die ambivalente Überschätzung des Gliedes den Frauen zu supponieren und so auf magisch-phallische

9 O. WEININGER: Geschlecht und Charakter. 22. Aufl., S. 332. Wien und Leipzig 1921.

Weise Macht über sie zu gewinnen.[10] MAYREDER hat diesen uneingestandenen projizierten Penisstolz treffend für WEININGERS These von der «Seelenlosigkeit» des Weibes verantwortlich gemacht: «In dem WEININGER selbst dem männlichsten Weibe... die Seele abspricht, sie dem weiblichsten Manne aber zuspricht, bindet er die Seele an das primärste Geschlechtsabzeichen und erhebt wider Willen den Phallus zum Träger der Seele».[11] Die von WEININGER den Frauen imputierte hohe Bewertung des männlichen Gliedes scheint indessen auch von andern Autoren geteilt zu werden. Wie weit sie in der psychoanalytischen Auffassung der Weiblichkeit mitwirkt, werden wir später zeigen; hier mag sie noch ein weiteres Zitat belegen. Aus der Sexualpathologie wissen wir, schreibt LEWINGER, «dass jeder einzelne Körperteil sexuell anreizend wirken kann, die Reizqualität ist jedoch hierbei an die Heraushebung eines Körperabschnittes aus dem Gesamthabitus gebunden. In der normalen Sexualbeziehung des Erwachsenen ist für die Frau das männliche Genitale dieser aus dem Gesamthabitus herausgehobene objektivierte Sexualgegenstand, der Penis ist ‚ihr Schicksal', wie es WEININGER ausdrückt. Ob wir vom Manne aus betrachtet den objektivierten Geschlechtszeichen des weiblichen Körpers, besonders also den Brüsten und den spezifischen Fettpolstern eine gleiche Rolle wie dem männlichen Genitale zuerkennen können, scheint fraglich. Diese aus dem Gesamthabitus herausgehobenen Körperabschnitte besitzen zwar für einen grossen Teil der männlichen Individuen den entsprechenden Reizcharakter, die weibliche Scheide bildet jedoch trotz ihrer negativen Objektivierung, wenn wir es so ausdrücken wollen, vielleicht die grössere Reizquelle; viele Männer werden durch diesen Körperteil des Weibes zu besonderer sinnlicher Begierde gereizt werden, hinter der die Schönheit des Gesamtkörpers zurücktritt... Immerhin ist es auch wahrscheinlich,

10 Bei einzelnen Exhibitionisten scheint der Glaube, durch Entblössung des erigierten Gliedes die weiblichen Opfer auf magische Weise gleichsam zu faszinieren und so zum Geschlechtsverkehr zwingen zu können, ein mitwirkendes Motiv ihres Tuns zu sein. Vgl. auch M. HIRSCHFELD: Sexualpathologie. 3. Teil, S. 49ff. Bonn 1920.

11 R. MAYREDER: Zur Kritik der Weiblichkeit. 3. Aufl., S. 33. Jena und Leipzig 1910.

dass für den Mann neben den sexuell orientierten Körperteilen als solchen das gesamte Verhalten des erotisch gereizten weiblichen Körpers die adäquate Hauptreizquelle darstellt».[12] Wir bestreiten nicht das unter den weiblichen Wesen allgemein verbreitete Vorkommen der Hochschätzung des männlichen Gliedes, wohl aber – von besonderen Fällen abgesehen – den ihnen von WEININGER unterstellten Grad der Hochschätzung; STEKEL, dem man schwerlich eine Missachtung der Genitalität wird vorwerfen können, hat sicher recht mit seiner Feststellung: «Die Legende Weiningers, dass alle Frauen vor dem grossen Phallus in Anbetung niedersinken, gilt für eine grosse Reihe von Frauen und gerade für die Blüte ihres Geschlechtes nicht».[13]

Es drängt sich nun die Frage nach den Gründen der hohen Bewertung der Gliedgrösse auf. Wahrscheinlich spielt die Tatsache mit, dass der Grösse überhaupt in allen ihren Konkretionen eine primitive, unmittelbar imponierende Qualität eignet.[14] Wichtiger aber dürfte die an sie geknüpfte Vermutung der Trägerschaft einer besonderen Kraft und Macht sein, die sich hier nach der Richtung einer ausgeprägten «Potenz» und «Männlichkeit» spezifiziert. Die phallische Grösse gilt gleichsam als der sichtbare stellvertretende Garant der vitalen männlichen Mächtigkeit und – dieses Moment sollte nicht übersehen werden – der stammerhaltenden Zeugungskraft. Ohne Frage geniesst die Potenz – als blosse Leistungsfähigkeit, den

12 A.a.O., S.294f.

13 W. STEKEL: Die Geschlechtskälte der Frau. 3. Aufl., S.265. Berlin und Wien 1927.

14 Vergleiche etwa die körperlichen Volumen- und Oberflächenvergrösserungen der sog. Droh- und Imponierstellungen bei Tieren (Sichaufrichten bei Hunden, Vögeln, Eidechsen, Spreizen des Gefieders bei Vögeln, der Flossen und Kiemen bei Fischen usw.), die Schätzung des «grossgewachsenen» Mannes u.a. Das schliesst keineswegs aus, dass eine abnorme Gliedgrösse gelegentlich auch umgekehrt negativ bewertet werden kann und dann die Funktion einer «Organminderwertigkeit» spielt; vgl. den Fall von C. P. OBERNDORF: Die Rolle einer organischen Überwertigkeit bei einer Neurose. Internat. Zeitschr. f. Psychoanalyse 8 (1922), S.307ff.; dasselbe betont E. LEWINGER, a.a.O., S.302f. Alle diese Wertungen bleiben weitgehend umweltabhängig.

Geschlechtsakt zu vollziehen, verstanden – ein ausserordentliches Ansehen. Demgemäss wirkt «die Wahrnehmung der Impotenz, des eigenen Unvermögens zu lieben, infolge seelischer oder körperlicher Störungen, ... im hohen Grade herabsetzend auf das Selbstgefühl ein».[15] Daher lügen die Männer in keiner Lebenslage «so konsequent wie beim Verschleiern der Potenzstörung».[16] Es ist verlockend, bei der Hochschätzung der Potenz überdies an ein verschüttetes Nachwirken jener dunkeln Faktoren zu denken, die sich in den alten und primitiven Phalluskulten manifestiert haben, rücksichtlich derer gewiss die Annahme verfehlt wäre, es handle sich dabei lediglich um die rauschhafte Verehrung der banalen Geschlechtsbegierde und -lust. Zweifellos war dort der Phallus das Symbol des zeugenden unvergänglichen Lebens, und nur als Sinnbild dieser den Tod überwindenden Gegenmacht vermochte er als Grabmal zu dienen.[17] Andererseits hält uns eine berechtigte Skepsis davor zurück, einem in unserer Alltäglichkeit heimischen Phänomen, welcher das Phallische bloss noch als – allenfalls dämonisierende – Obszönität vertraut ist, jene Aura eines uns fremd gewordenen Erlebens zu verleihen.[18]

---

15 S. Freud: Zur Einführung des Narzissmus, in: Sammlung kl. Schriften usw., 4. Folge, S. 107.

16 E. Bergler: Die psychische Impotenz des Mannes, S. 9. Bern 1937.

17 Vgl. L. Curtius: Phallosgrabmal im Museum von Smyrna, in: Die Wissenschaft am Scheideweg von Leben und Geist, Festschrift Ludwig Klages, hrsg. von H. Prinzhorn, S. 19ff. Leipzig 1932. Wem die Anstössigkeit eines solchen Totengedenkens eine unüberwindliche Verständnisschranke ist, der mag die Tatsache bedenken, dass auch wir unsere Gräber mit faktisch geschlechtlichen Symbolen des Lebens zu schmücken pflegen: Blumen sind ja die pflanzlichen Sexualorgane, obzwar ihre blühende Schönheit das Bewusstsein ihres Geschlechtscharakters zumeist völlig ersetzt oder gewichtslos gemacht hat. Wie weit es gleichsam untergründig noch immer mitspielt und bei der Entstehung des Brauches mitgewirkt haben mag, lässt sich kaum feststellen. So denkt auch bei der Blumengabe zur Feier des Geburtstages niemand (mehr?) an das zeugende Element des (symbolischen) Geschenkes.

18 Die modernen Versuche, etwa derjenige Withmans, dem Phalluskult in dichterischen Preisungen zu neuem Leben zu verhelfen, hätten sich vermutlich auch dann nicht durchgesetzt, wenn die Antriebe dazu weniger fatal gewesen wären; vgl. W. Schöne: Walt Withman und seine Phalluspoesie. Sexual-Probleme 7 (1911), S. 185ff., 261ff., 319ff.

Näher liegt es, die im männlichen Genitale investierte Lustmöglichkeit als einen weiteren Faktor seiner Hochschätzung in Betracht zu ziehen. Eine entsprechende Erwartung scheinen auch manche Frauen mit seiner Grösse zu verbinden, obwohl die Erfahrung sie gelegentlich vom schmerzhaften Gegenteil überzeugen mag. Wir gelangen damit von der Bewertung der Geschlechtsteile als einer künstlich isolierten Leibzone in den Bereich ihrer organisch-vitalen Funktion, d.h. zur eigentlichen Sexualität,[19] verdeutlichen uns aber noch einmal das Gewicht der leibhaft erscheinenden Sexualität an einer besonderen Bedingung ihrer Manifestation.

«Der Stolz auf die Gestaltung der Genitalien», schreibt FREUD, «ist bei unseren Frauen ein ganz besonderes Stück ihrer Eitelkeit; Affektionen derselben, welche für geeignet gehalten werden, Abneigung oder selbst Ekel einzuflössen, wirken in ganz unglaublicher Weise kränkend, das Selbstgefühl herabsetzend, machen reizbar, empfindlich und misstrauisch. Die abnorme Sekretion der Scheidenschleimhaut wird als ekelerregend angesehen».[20] Die Richtigkeit der Feststellung FREUDS ist nicht zu bestreiten. Dennoch wird man den damit getroffenen Sachverhalt mit dem männlichen Penisstolz nicht auf die gleiche Stufe stellen können. Während dieser nämlich trotz aller reaktiven Verzerrungen und Übersteigerungen, die auf seine infantilen Wurzeln hinweisen, bis zu einem gewissen Grade als ein naiv-primitives Phänomen des demonstrativen Besitzerstolzes imponiert, scheint die auf das Genitale bezogene weibliche Zufriedenheit – denn eher um eine solche als um Stolz oder Eitelkeit handelt es

19 Darunter verstehen wir in der Folge die Gesamtheit der in den Geschlechtsorganen lokalisierten Impulse und Empfindungen einschliesslich der von ihrem Träger auf sie bezogenen Wünsche, Phantasien und Bedeutungsgehalte. Die Sexualität ist also ein «psychophysisch indifferenter», d.h. leibliche und seelische Momente in ihrer der reflektierenden Scheidung noch vorausliegenden Einheit umfassender Begriff, der von der Psychoanalyse geprägt wurde, die sich freilich mehr für seine aus den Störungen rekonstruierte «Genese» interessierte (FERENCZI, RANK, REICH, KEMPER u.a.). Sie, die Genitalität, bildet den Kern der Sexualität, zu der jedoch noch andere Faktorenkomplexe, z.B. die Zärtlichkeit und der Fortpflanzungswille gehören.

20 S. FREUD: Bruchstück einer Hysterie-Analyse, in: Sammlung kl. Schriften usw., 2. Folge, 2. Aufl., S. 75. Leipzig und Wien 1912.

sich – als bewusstes Erleben stets erst sekundär, zufolge einer Störung geweckt zu werden. Auch so, in ihrer reaktiven Dokumentation, behält sie noch den ihr im latenten gleichsam vor-bewussten Stadium eignenden Zug des Selbstverständlichen, Insichruhenden; es fehlt ihr das demonstrative Element des Stolzes und der Eitelkeit. Man meint diese Eigenart aus der relativen Verborgenheit der weiblichen Scham ohne weiteres verstehen zu können, die sich zu selbstdarstellerischen Zwecken nicht eignet – im Gegensatz zum Phallus, der schon auf Grund seiner die geschlossene Leibesoberfläche durchbrechenden Abgesetztheit den Träger zur herausfordernden Eitelkeit drängt. Damit stimmt es gut überein, dass die – wenn wir uns des abkürzenden Ausdrucks bedienen dürfen – genitale Zufriedenheit der Frauen von Anfang an sozusagen ein «Echophänomen» ist, d. h. sie bleibt einerseits abhängig vom sexuellen Begehrt- und Bestätigtwerden von seiten des Mannes, andererseits von da her störungsfähig und verletzbar. Dem widerspricht ihr in sich ruhender Charakter keineswegs, vielmehr gehört es zum Wesen der passiven Zufriedenheit, zwar offen und abhängig von äusseren Einflüssen zu sein, sie aber nicht zu provozieren. Sie als Resultat eines resignierten Sichabfindens mit dem «Kastriertsein» unter Voraussetzung einer generellen «phallischen Genitalorganisation» (FREUD) und des Penisneides zu deuten, scheint uns verfehlt zu sein. Derartige Faktoren spielen wohl nur dort eine Rolle, wo Mädchen und Frauen gegen ihre Weiblichkeit protestieren und ihre Wünsche nach dem Besitz eines Phallus nicht überwunden haben; bezeichnenderweise zeigen ihre überkompensatorischen «männlichen» Demonstrationen denn auch die laute Aufdringlichkeit. Die genuine weibliche, mitweltbezogene Eitelkeit ist nicht genital zentriert, «phallisch»,[21] sondern stützt sich auf die

21 Ob die Lendenschnüre, Bemalungen und Tantanierungen der Genitalgegend u. a. bei den Frauen der Naturvölker dagegen sprechen, scheint uns trotz VON REITZENSTEIN nicht sicher zu sein, der schreibt, «dass primitive Völker gerade jene Körpergegend, der die Geschlechtsteile angehören, durch allerlei Schmuck verzieren und so direkt auf diese Teile *hinweisen*, ohne sie im geringsten zu verhüllen. Die Absicht zu gefallen und anzulocken ist also zunächst massgebend für die primitiven Schmuckstücke» (F. FRH. VON REITZENSTEIN: Das Weib bei den Naturvölkern. Neue durchges. u. erw. Aufl.,

sichtbaren sekundären Geschlechtsmerkmale; wir kommen darauf später zurück.

Das weibliche Genitale als solches verspricht seiner Trägerin sowohl wie dem sie begehrenden Manne weder eine geringere Lustmöglichkeit noch Fruchtbarkeit denn das männliche; trotzdem ermangelt es der diesem bereitwillig zugestandenen Hochschätzung.[22] Müssen wir daraus nicht den Schluss ziehen, dass das sie bedingende wesentliche Moment doch in der Sichtbarkeit liegt? Oder macht sie, genauer: die sichtbare erektive und schwellende Beweglichkeit,[23] den Phallus lediglich symbolfähig – nämlich fähig zur erscheinenden sinnbildlichen Darstellung der rauschhaften Wollust und der ge-

---

S. 151. Berlin o. J.). VON REITZENSTEIN selbst nennt für die nach ihm sekundär entstandene Verdeckung der Genitalien noch zwei andere Motive: die Furcht der Frauen, zufolge der magischen gefährlichen Wirkung der Körperausflüsse, hier des Menstrualblutes, vom Manne verabscheut zu werden, und Schutz vor lästigen, in die Genitalorgane eindringenden Tieren (z. B. Zecken). Wie ferner die bei verschiedenen Stämmen festgestellten künstlichen Umgestaltungen der Genitalien (Durchbohrungen, Verlängerung der Klitoris und Labia minora, a. a. O., S. 128 ff.) zu deuten sind, bleibt ebenfalls dunkel; aus den Berichten geht nicht einmal hervor, ob es sich bei den jeweiligen Stämmen um generelle oder individuelle Vorkommnisse handelt. Im letzteren Falle liegt die Vermutung nahe, dass die fraglichen Prozeduren zum Zwecke der Reizsteigerung vorgenommen worden sind. Im übrigen lassen die erwähnten Verhältnisse die Möglichkeit offen, dass vereinzelte genitale Entblössungen stattfinden, etwa als Symptome abnormer oder pathologischer Zustände, bei «unzivilisierten» so gut wie bei «zivilisierten» Frauen.

22 Mehr oder weniger stilisierte Nachbildungen der Vulva als Fruchtbarkeitssymbole sind zwar auch bekannt (z. B. aus Indien), aber sehr viel seltener als die phallischen Darstellungen. Dass sich etwa in gewissen Formen unserer Backwerke Anklänge an jene weiblichen Gestaltungen erhalten haben, tritt kaum mehr in unser Bewusstsein. Dagegen können die häufigen, an Hauswänden, Gartenmauern, Bedürfnisanstalten usw. angebrachten, das weibliche Genitale in primitiver Vereinfachung darstellenden Zeichnungen wohl als Symbol für das entsprechende intensive Interesse der männlichen Jugend beansprucht werden.

23 Man muss daran denken, dass die spontane Bewegungsfähigkeit, die sich in der Erektion und Vergrösserung des männlichen Gliedes sehr viel auffälliger dokumentiert denn im Anschwellen der Vulva, als ein Wesensmerkmal des Lebens gilt, das sich hier mit einem zweiten: der zeugenden Potenz verbindet.

heimnisvollen lebenerzeugenden Macht, die die eigentlichen Quellen der hohen Bewertung der Genitalität und der Geschlechtlichkeit überhaupt sind? Wir vermögen die Frage nicht begründet zu entscheiden, entnehmen ihr aber den Anstoss zur endgültigen Preisgabe der ohnehin nur gewaltsam durchzuführenden Scheidung der somatischen Genitalität von der ihr einwohnenden vitalen Impulsivität. Hier steht nun ihre Fähigkeit, dem Menschen die intensivsten Lusterlebnisse zu gewähren, im Vordergrund; und sie liefert ohne jeden Zweifel zur durchschnittlichen Hochschätzung der Sexualität den Hauptbeitrag.[24]

Die Intensität der genital-orgastischen Wollust sagt weder über deren seelische Tiefe noch Nachhaltigkeit etwas aus. Zur Erkenntnis ihrer psychologischen Relevanz lässt sich davon aber nicht abstrahieren. «Mag», schreibt SCHILDER einmal mit Recht, «die Wollust der geschlechtlichen Vereinigung bei dem Halbidioten und dem Genius gleich erscheinen, der eine erlebt doch darin eine ärmliche Welt, für den anderen strömt die Fülle des Universums ein».[25] Und ähnlich meint WÄLDER, «dass das orgastische Erlebnis des psychisch reichen, differenzierteren Menschen ein ungleich intensiveres und von ganz anderer Qualität sein» könne «als das orgastische Erlebnis des ärmeren, leereren Menschen. Denn beim reicheren Menschen, der ein reicher differenziertes System von Aufgaben in sich hat, können beim Orgasmus in der glücklichen Liebesbeziehung daher auch viel mehr Bedeutungen zusammenklingen, kann der Akt gleichzeitige Lösung nach mehr Seiten hin bedeuten».[26] Dennoch darf man im Hinblick auf die Rolle der orgastischen Lust als Faktor der üblichen Taxation der Sexualität von ihrem sehr unterschiedlichen individuellen Sinn-

---

24 Das trifft fraglos auch auf die sog. Naturvölker zu, obwohl bei ihnen die im Geschlechtsakt bezeugte Fruchtbarkeit eine unvergleichlich wichtigere Rolle spielt als bei uns. Trotzdem dürfte es vielleicht nicht ganz richtig sein, wenn die Ethnologen jene an den – zumal männlichen – Genitalien angebrachten Instrumente nur unter dem Aspekt der sexuellen Reiz- und Lusterhöhung sehen.

25 P. SCHILDER: Seele und Leben, S. 101. Berlin 1923.

26 R. WÄLDER: Das Prinzip der mehrfachen Funktion. Internat. Zeitschr. f. Psychoanalyse 16 (1930), S. 292f.

gehalt zugunsten der isolierten Intensität absehen. Denn jene Schätzung orientiert sich vor allem an der letzteren und erweist sich in bestimmter Richtung als weitgehend unabhängig von der Bedeutungsfülle der Lust. Je undifferenzierter, ärmer die Innerlichkeit eines Menschen ist, desto mehr engen sich seine Erlebnismöglichkeiten auf die ein, welche an die nackte vitale Existenz gekoppelt sind; und zu ihnen gehören das Essen und die genitalen Erregungen. Auf sie als die einzigen inselhaften Lebensgüter konzentrieren sich notwendigerweise die wenigen dumpfen Wertungsakte. Daher erschöpft sich das leere und öde Dasein der schweren Idiotien fast ganz im Essen, Defäzieren und Onanieren. Umgekehrt kann ein differenziertes, über ausgebreitete reiche Erlebnis- und Handlungsmöglichkeiten verfügendes Individuum zur Geringschätzung der «animalischen», «ungeistigen» Sexualität neigen – nämlich dann, wenn diese wie so oft für ihn sehr konfliktbeladen ist und an der sekundären seelischen Differenzierung beteiligt war. Nicht immer hält ihn jene weise, überlegene Einsicht GOETHES von der ressentimententsprungenen Abwertung zurück, der einmal zu RIEMER geäussert hat: «Nur die ungebildete Seite an uns ist es, von der her wir glücklich sind. Jeder Mensch hat so eine».[27] Wir stossen damit auf einen wichtigen, zunächst als paradox erscheinenden Sachverhalt, darin bestehend, dass die von Leiden und Qualen begleitete, mithin negativ taxierte Konflikthaltigkeit der Sexualität nichtsdestoweniger zu ihrer psychologischen Bedeutsamkeit in ungewöhnlichem Masse beiträgt und die Stellungnahme zur sinnlichen Wollust zwiespältig macht. Das zeigt sich zumal auch im Impotenzerlebnis.

Wenn wir, schreibt FREUD, nach den «Abschattungen» der psychischen Impotenz «ausschauen, dann können wir uns der Einsicht nicht verschliessen, dass das Liebesverhalten des Mannes in unserer heutigen Kulturwelt überhaupt den Typus der psychischen Impotenz an sich trägt. Die zärtliche und die sinnliche Strömung sind bei den wenigsten unter den Gebildeten gehörig miteinander verschmolzen; fast immer fühlt sich der Mann in seiner sexuellen Betätigung durch

---

27 F. W. RIEMER: Mitteilungen über Goethe, hrsg. von A. POLLMER, S. 288. Leipzig 1921.

den Respekt vor dem Weibe beengt und entwickelt seine volle Potenz erst, wenn er ein erniedrigtes Sexualobjekt vor sich hat … Einen vollen sexuellen Genuss gewährt es ihm nur, wenn er sich ohne Rücksicht der Befriedigung hingeben darf, was er z. B. bei seinem gesitteten Weibe nicht wagt. Daher rührt dann sein Bedürfnis nach einem erniedrigten Sexualobjekt, einem Weibe, das ethisch minderwertig ist, dem er ästhetische Bedenken nicht zuzutrauen braucht, das ihn nicht in seinen anderen Liebesbeziehungen kennt und beurteilen kann. Einem solchen Weibe widmet er am liebsten seine sexuelle Kraft, auch wenn seine Zärtlichkeit durchaus einem höherstehenden gehört».[28] Die so verstandene psychische Impotenz, in welcher also die zärtlichen und sinnlichen (genitalen) Strebungen auf verschiedene Partnerinnen verteilt sind, charakterisiert das «Liebesleben des Kulturmenschen».[29] Damit übereinstimmend hat später auch Jung den «Typus der psychischen Impotenz» als den in der heutigen Kulturwelt herrschenden bezeichnet und von einem «Zeitalter der Impotenz» gesprochen, da der Mann mehr als je seine Bequemlichkeit liebe und für Fensterkletterei und Duelle keine Energie mehr übrig habe.[30] Allein diese weite Verbreitung der psychogenen Impotenz hat den Betroffenen kaum eine Milderung der dadurch bewirkten Selbstwerteinbussen gebracht, die sowohl vom groben Versagen des Geschlechtsaktes und den mannigfachen feineren Varianten wie von der Divergenz der zärtlichen und sinnlichen Regungen ausgelöst werden. Vor allem an der letzteren dokumentiert sich das Faktum, dass der ungestörte, voll befriedigende Koitus ausser seines Lustgehaltes für die differenzierteren Menschen zugleich einen leiblich-vitalen Ausdruck der erfüllten mitmenschlichen Gesamtbeziehung darstellt. Daher erleben sie so oft die Impotenz mehr oder minder deutlich als ein die geschlechtliche Sphäre überragendes Scheitern ihrer Mitmenschlichkeit überhaupt und versuchen vor dem entsprechenden Eingeständnis mittels der Abwertung der

---

28 S. Freud: Beiträge zur Psychologie des Liebeslebens. II. Über die allgemeinste Erniedrigung des Liebeslebens, in: Sammlung kl. Schriften usw., 4. Folge, S. 221.

29 A. a. O., S. 220.

30 C. G. Jung: Die Frau in Europa, S. 20. Zürich 1929.

Sexualität zu flüchten. Nicht zuletzt die Frauen empfinden das genitale Versagen der Männer weit häufiger als – wirkliches oder vermeintliches – Zeichen des mangelnden Geliebtwerdens denn als eigene Lusteinbusse,[31] mit der sie sich daher der verbreiteten Frigidität und der zugeordneten, freilich durchaus irrigen Meinung, dergemäss der Orgasmusmangel für die («anständige») Frau «normal» sei, leichter abfinden können. Das hängt mit der anders akzentuierten Stellung der Sexualität im Ganzen der weiblichen Persönlichkeit zusammen.

Während man für den – wenigstens differenzierten – Mann eine gewisse innere Distanzierung zur eigenen Geschlechtlichkeit wohl als charakteristisch ansprechen darf und sie irgendwie mit der schon erwähnten Abgehobenheit seiner Genitalien in Beziehung bringen möchte,[32] scheinen bei der Frau in der Regel – es gibt davon allerdings Ausnahmen – die Sexualität und die Menschlichkeit weitgehend zusammenzufallen oder sich doch vergleichsweise in breiteren Zonen zu überschneiden. Sie identifiziert ihr (ohnehin leiblich betontes) Ich oder ihre Persönlichkeit unbedenklicher mit ihrer Weiblichkeit, ohne dass dadurch wie im analogen Falle des Mannes der Eindruck der «Primitivität» entstände; die Sexualität bildet einen integrierenden Bestand ihres Menschseins, bleibt in ihm eingelagert und eingeschlossen wie die Geschlechtsorgane im Leibe. Diesen Sachverhalt hat SIMMEL sehr gut folgendermassen formuliert: «Für den Mann ist die Geschlechtlichkeit sozusagen ein Tun, für die Frau ein Sein. Aber dennoch oder vielmehr gerade damit ist jene Bedeutsamkeit des Geschlechts*unterschiedes* für sie, genau angesehen, nur eine sekundäre Tatsache; sie ruht in ihrem Weibtum als in einer absoluten Wesenssubstanz».[33] Daher erleiden die Frauen das geflissentliche oder unterlaufende Übersehen, Bagatellisieren, Missachten

31 Das hat FERENCZI übersehen, vgl. S. FERENCZI: Wirkung der Potenzverkürzung des Mannes auf das Weib, in: Bausteine zur Psychoanalyse, Band 2, S. 287ff. Leipzig/Zürich/Wien 1927; ferner W. KEMPER: Die Störungen der Liebesfähigkeit beim Weibe, S. 41f. Leipzig 1942.

32 Auch KOLNAI spricht davon, dass der Sexualität in der Ganzheit der Person trotz aller gegenseitigen Durchdringung etwas «Fremdes», «Abgehobenes» eigne; A. KOLNAI: Sexualethik, S. 20, 54 Anm., S. 72ff. Paderborn 1930.

33 G. SIMMEL: Philosophische Kultur. 3. Aufl., S. 70. Potsdam 1923.

oder Abschätzen ihrer geschlechtlichen Reize und ihrer Geschlechtlichkeit überhaupt von seiten des Mannes fast immer zugleich als Degradierung ihrer Menschlichkeit und als Selbstwerteinbusse, auch wenn sie von der ihnen durch den Kameraden ehrlich bezeugten Verehrung ihrer «asexuellen» Persönlichkeit oder Leistung noch so sehr überzeugt sein mögen. Nur ausgesprochen reife, überlegene, mütterliche, sodann resignierte ältere Frauen und jene, die ihre Weiblichkeit selber ablehnen oder mit ihr entzweit sind, ertragen die Geringschätzung ihrer erotischen Qualitäten ohne nachteilige Folgen. STEINBERG schreibt sicher mit Recht: «Selbst durch die Tiefe ihrer Innerlichkeit ausgezeichnete Frauen möchten rein als Frauen schon auf Grund ihrer weiblichen Reize gefallen. Es fehlt ihnen etwas, wenn sie nur als Menschen geschätzt werden. Dass sie kein Glück bei Männern hat, das macht noch der feinsinnigsten Frau innerlich zu schaffen, gerade weil sie Frau geblieben ist. Hierbei handelt es sich ganz und gar nicht um das seelische Verlangen, andern etwas zu sein. Die wesentlichen seelisch-geistigen Qualitäten stehen ja überhaupt nicht in Frage. Das sogenannte Glück bei Männern verdanken die Frauen lediglich ihrer äusseren Erscheinung und ihrem Scharm. Dass ihnen das Fehlen dieses Glücks schmerzlich ist, obgleich es nicht das mindeste für ihr eigentliches Menschentum besagt, darin eben erweist sich der rein triebhafte Charakter jener Strebungen».[34] Unter jenem Aspekt müssen auch die spezifischen sexuellen Reizwirkungen gesehen werden, die die Mädchen und Frauen auf die männlichen Partner auszuüben vermögen. Wenn etwa

---

34 W. STEINBERG: Soziale Seelenhaltungen, S. 62f. München 1932. Was uns an STEINBERGS Ausführungen freilich verfehlt zu sein scheint, ist dies, dass er den Frauen die für den differenzierten Mann charakteristische innere Abgrenzung der Geschlechtlichkeit von der – irgendwie als asexuell gedachten – Person oder Menschlichkeit unterstellt und dann von einem «rein» triebhaften, mithin «rein» weiblichen Geltungsbedürfnis spricht. Damit verkennt man jedoch gerade die für das Wesen der Weiblichkeit u. E. ursprüngliche konstitutive Einheit der Geschlechtlichkeit und Menschlichkeit, also auch des «triebhaften» und des «seelischen» Geltungsverlangens – eine Einheit, die allerdings bei zahllosen Frauen aus bestimmten lebensgeschichtlichen Gründen sekundär verloren gegangen sein mag und nur noch als ersehntes Ziel besteht.

Giese meint: «Die Frau will nicht nur Mutter, sondern auch erektionsbewirkendes Objekt im Liebesspiel sein»;[35] oder Rotter berichtet: «Von Mädchen in der Pubertät kann man … erfahren, dass sie ganz bewusst im geheimen allerhand Versuche anstellen, um bei den Männern Erektion zu erwecken und diese dann zu beobachten»,[36] so erleben die weiblichen Wesen dies gewiss als einen Machtbeweis über die Männer. Aber man darf ihn nicht zu einseitig auf das Konto der Sexualität oder gar, wie Rotter es tut, der Genitalität buchen, die behauptet, die meisten Frauen reagierten wahrscheinlich darum «so ausserordentlich narzisstisch auf die Impotenz des Mannes», weil «die beim Liebespartner auftretende Impotenz vom Weibe als eigene Impotenz», d.h. als Unfähigkeit, ihren phantasierten Penis zur Erektion bringen zu können, aufgefasst werde. Vielmehr erfährt die Frau ihre geschlechtlichen Reizwirkungen als – gewiss sexuell akzentuierte – Bestätigung ihres gesamten Daseins und dementsprechend das genitale Versagen des Partners als Werteinbusse ihrer Menschlichkeit. Wahrscheinlich wird das Verhalten der meisten jener weiblichen Wesen, die ihren «sex appeal» mit betonter Aufdringlichkeit zur Schau tragen, als Reaktion ihrer verletzten Persönlichkeit zu deuten sein.[37]

Aus dieser verschiedenen Stellung der Geschlechtlichkeit im Ganzen der Person – die hinsichtlich des einzelnen konkreten Mannes und der einzelnen konkreten Frau freilich nur als Akzentuierungsdifferenzen, nicht als radikale Unterschiede taxiert werden dür-

---

35 F. Giese: Sexualbewusstsein, in: Handwörterbuch der Sexualwissenschaft, S. 702.

36 L. Rotter: Zur Psychologie der weiblichen Sexualität. Internat. Zeitschr. f. Psychoanalyse 20 (1934), S. 272. Entsprechende Beobachtungen an kleinen Mädchen will Hermann aus einigen analysierten Fällen erschlossen haben; vgl. I. Hermann: Zum Triebleben der Primaten. Imago 19 (1933), S. 121f. Desgleichen schreibt K. Landauer: Die Ich-Organisation in der Pubertät. Zeitschr. f. psychoanalytische Pädagogik 9 (1935), S. 385: «Zahlreiche Frauen finden ihre höchste Lust in der Erregung des Mannes, in der Erektion, die sie bewirken».

37 Wie aus der Verkennung dieses Sachverhaltes charakteristische Missdeutungen der Weiblichkeit von seiten des Mannes entstehen, wird später zu zeigen sein.

fen – lassen sich gewisse, scheinbar paradoxe Gegensätzlichkeiten in den mann-weiblichen Schätzungen der sexuellen Manifestationen verstehen.[38] Zweifellos billigt in der Regel der Mann der eigenen Genitalität (und den um sie gruppierten Erlebnissen) innerhalb der seine faktische Lebenspraxis bestimmenden subjektiven Wert- oder Güterrangordnung eine höhere Stellung zu als die Frau der ihren. Zugleich tritt diese Wertung oft lärmend hervor, es eignet ihr etwas im Augenblick Stossendes, man möchte sagen: analog der Sichtbarkeit der phallischen Erregung Herausspringendes. Aber wenn der beunruhigende Drang befriedigt und vorüber ist, neigt der Einzelne zur Entwertung der Geschlechtlichkeit als solcher sowohl wie der weiblichen Partnerschaft – das letztere deshalb, weil «seine Männlichkeit (im sexuellen Sinne) ... viel durchgehender mit der Beziehung zu der Frau verbunden» ist «als die Weiblichkeit der Frau mit der zum Manne» (Simmel).[39] Es handelt sich hier nicht bloss um das einfache Absinken der subjektiven Relevanz eines Bedürfnisses nach seiner Stillung, wie wir es auch bei Hunger und Durst feststellen können. Vielmehr tritt zusätzlich eine ausgeprägte reaktive Abwertungstendenz oder wenigstens eine (das Erlebnis bagatellisierende und die Partnerin verletzende) Gleichgültigkeit hinzu. Ob zum Verständnis dieses Verhaltens die üblichen lebensgeschichtlichen Faktoren ausreichen, welche die Belastung der Sexualität mit Schuldgefühlen, Scham, Ekel u. a. bewirken und die Geschlechtshandlungen zu einer Art «moralischer Niederlage» machen, für die sich der Mann in der Weise der nachträglichen Abschätzung gleichsam rächt, muss bezweifelt werden. Denn obwohl die Mädchen in ähnlichen sozialen, sexualitätsfeindlichen Situationen aufwachsen, ja von der Ablehnung der Geschlechtlichkeit in der Regel noch härter betroffen werden, entgehen sie zumeist jenem Schicksal. Zwar ragt die Genitalität im durchschnittlichen weiblichen Werterleben nicht im gleichen Masse und mit derselben Heftigkeit hervor wie im männlichen; allein sie behauptet sich darin, in das gesamte Leibbewusstsein als

38 Auf andere Differenzen hat E. W. J. Meyer: Zum Sinn und Wesen der Geschlechter, S. 114ff. Bonn 1925, hingewiesen; vgl. ferner A. Kronfeld: Psychotherapie, S. 80f. Berlin 1924.

39 A. a. O., S. 70.

unauffälliges Element eingelagert, ruhiger, stetiger, weshalb sie auch kaum je zum Träger einer dem primitiven Penisstolz ähnlichen Eitelkeit wird. Man darf vielleicht sagen, die vergleichsweise weniger genital akzentuierte Sexualität nehme in der weiblichen Rangordnung der Lebensgüter eine höhere, zentralere, bedeutsamere, gewichtigere Stelle ein als beim Mann; da sie jedoch zugleich näher ihrem eigentlichen Wesen liegt, tritt sie nicht als ein Isoliertes aus ihm heraus, sondern bestimmt mit leiser Beharrlichkeit ihr Gebaren und Erleben.[40] In dieser mann-weiblichen Differenz der Bewertung der Geschlechtlichkeit spiegelt sich deren von SIMMEL gesehene unterschiedliche Position im Ganzen der männlichen und der weiblichen Menschlichkeit. «Dass die Frau», schreibt er, «in der tiefsten Identität von Sein und Weibsein lebt, in der Absolutheit des *in sich* bestimmten Geschlechtlichen, das für seine Charakterwesentlichkeit der Relation zum anderen Geschlecht nicht bedarf, das macht ihr freilich ... in der singulären historischen Erscheinung auch diese Relation, gleichsam den soziologischen Ort ihres metaphysischen Wesens, besonders wichtig; während für den Mann, dessen spezifische Geschlechtlichkeit sich nur an dieser Relation aktualisiert, sie eben nur ein Lebenselement unter anderen ist, kein character indelebilis wie dort – so dass die Beziehung zur Frau trotz ihrer, für seine Geschlechtlichkeit entscheidenen Bedeutung doch im ganzen nicht jene vitale Wichtigkeit für ihn besitzt. Offenbar ist das typische Verhalten dieses: die Erfüllung des sexuellen Begehrens hat die Intention, den Mann aus der Beziehung zu lösen, die Frau an die Beziehung zu binden. Es ist allgemeine Erfahrung, dass die Frau den Mann um so mehr liebt, wenn sie sich ihm hingegeben hat, ja dass ihre wirkliche, tiefgründige Liebe oft erst damit entsteht – oft dadurch

---

40 In dieser zentralen Stellung der weiblichen Sexualität muss wohl ein wesentliches Motiv für die soziale Diskreditierung der «alten Jumpfer» gesehen werden: im Ausfall ihrer erotischen Bestätigung scheint sich zugleich ein Mangel ihres menschlichen Wertes zu dokumentieren. Demgegenüber fällt es dem Junggesellen leicht, sein sexuell bestimmtes mitmenschliches Versagen sowohl hinsichtlich seines Selbstwertbewusstseins wie des gesellschaftlichen Ansehens durch andere geschlechtsindifferente Leistungen und Werte auszugleichen.

noch unterstützt, dass die Schwangerschaft schützende Anlehnung fordert. Ebenso allgemein aber ist die Erfahrung, dass der Mann von der Frau, die sich ihm hingegeben hat, sehr bald nichts mehr wissen will – was dann zu einer der ethisch widerwärtigsten Erscheinungen führt: dass er die Frau um ihrer Hingabe willen *verachtet*, um sie mit besserem Rechte zu verlassen und durch diese Verachtung den Ärger über die eigene Schwäche oder das eigne Unrecht abzureagieren. Das allgemeine Schema aber ist auch hier, dass für den Mann die sexuelle Frage eine Relationsfrage ist, also überhaupt verschwindet, sobald er, weil der motivierende Trieb gestillt ist, an der Relation kein Interesse mehr hat, sein Absolutes ist mit seinem Geschlechtlichsein nicht verbunden. Für die Frau ist dieses eine Wesensfrage, die ihre Absolutheit sekundär auch in die aus ihr hervorgegangene Relation hineinträgt».[41] Darauf werden wir später zurückkommen. Hier begnügen wir uns mit dem Hinweis, dass das, was Simmel mit dem unterschiedlichen «metaphysischen» Charakter der männlichen und weiblichen Geschlechtlichkeit in Zusammenhang bringen möchte, vielleicht von der leiblich-vitalen Konsequenz her verständlich wird, die sich als Möglichkeit an die weibliche Hingabe knüpft: von der Mütterlichkeit. Simmel selbst meint, dass «sich die Selbständigkeit des Geschlechtlichen an der Frau in dem von aller weiteren Beziehung zum Manne unabhängigen Verlaufe der Schwangerschaft» «am extensivsten» zeige.[42] Gesetzt aber, das Wesen der Weiblichkeit oder der weiblichen Menschlichkeit findet in der Mütterlichkeit seine tiefste und höchste Erfüllung, dann rückt von ihr aus die mit ihr in Beziehung stehende Sexualität in die Wesensmitte der Frau. Und die Exzentrizität der Geschlechtlichkeit im Manne, damit seine in den «Geist» verlegte eigentliche Wesenheit wäre die Folge der Unfähigkeit seines Leibes, den «biologischen Sinn» des Zeugungsaktes zu realisieren.[43]

---

41 A.a.O., S. 71.

42 A.a.O., S. 71.

43 Damit sollen nicht etwa andere – vielleicht wesentlichere – Möglichkeiten der Sinnerfüllung des Geschlechtsaktes geleugnet werden, aber dass seine Loslösung von der potentiellen Zeugung gegen die ihn «objektiv» umgreifende «naturhafte Ordnung» verstösst, ist nicht zu bezweifeln.

Der Versuch, die Bedeutung der Sexualität im menschlichen Leben derweise möglichst präzis herauszuarbeiten, dass man den Gesamtkomplex künstlich in seine Komponenten und deren Bewertung aufsplittert, stösst immer wieder auf einen im Phänomen selbst gelegenen Widerstand. Das zeigt auch das orgastische Lusterleben.[44] Dessen Intensität ist von der Art, dass es den Menschen in seiner Totalität erschüttert und ihn, ähnlich wie der Schwindel, der heftige Angstanfall, der unerträgliche Schmerz, die Ohnmacht, für Augenblicke entmächtigt, d. h. seine Individualität gleichsam auslöscht. Im Unterschied zu den erwähnten Entmächtigungserlebnissen, denen sich der sie Erfahrende weitgehend ausgeliefert fühlt, führt er aber den Orgasmus in der Regel absichtlich herbei, versetzt sich, anders gesagt, willentlich in den Freiheitsverlust. Das mag vielleicht ein Grund der eigentümlichen und befremdlichen Tatsache sein, dass der Einzelne sich im Hinblick auf die Mitmenschen der orgastischen Entmächtigung oder Entindividualisierung irgendwie schämt,[45] sie zu verbergen sucht, obwohl er weiss, dass es die häufigste, allen Menschen eignende, mithin allgemeinmenschliche Form des nivellierenden Persönlichkeitsverlustes darstellt. Wahrscheinlich spielt dabei auch eine dumpfe Furcht mit, in diesem Zustande Angriffen wehrlos ausgesetzt zu sein. Davon zu unterscheiden ist die Angst vor der genitalen Erregungszunahme und vor dem Orgasmus oder «Lustangst» (REICH[46]), die ebenfalls kein einheitliches Phänomen sein dürfte. Ob Angst und Wollust als «gegenpolare», also ursprünglich zusammengehörige Zustände anzusehen sind, wie KLAGES meint;[47] oder ob sich an den orgastischen «Anfallcharakter» (KEMPER[48]) *sekun-*

---

44 Vgl. W. REICH: Die Funktion des Orgasmus. Leipzig/Wien/Zürich 1927.

45 In diesem Sinne darf man wohl die Bevorzugung der Dunkelheit zur Ausführung des Geschlechtsaktes und den häufigen Augenschluss bei eintretendem Orgasmus deuten. Manche Menschen empfinden es als ausgesprochene Störung, vom Partner in diesem Augenblicke angesehen zu werden.

46 W. REICH, a.a.O., S. 43ff.; *derselbe*: Charakteranalyse, S. 262ff. Wien 1933; *derselbe*: Orgasmusreflex, Muskelhaltung und Körperausdruck, S. 45f. Oslo/Kopenhagen 1937.

47 L. KLAGES: Der Geist als Widersacher der Seele. Band 2, S. 603ff. Leipzig 1929.

48 A.a.O., S. 135ff.

där differente, mehr gefühls- und stimmungsmässige als anschaulich verdeutlichte Erwartungen des «Platzens», «Abstürzens», «Versinkens», «Vergehens», «Ohnmächtigwerdens» anschliessen, die alle eine Art «Sterben» zum Mitklingen bringen, lässt sich kaum entscheiden. Und ob im letzteren Falle die Todesangst eine «maskierte» Orgasmusangst sei und deshalb «die Vorstellung von der vollen sexuellen Befriedigung so oft bei manchen neurotischen Menschen mit der Vorstellung zu sterben verknüpft» auftritt, wie REICH behauptet;[49] oder ob sich darin tief verschüttete «Berührungen» von Zeugung und Tod, Wollust und Schmerz dokumentieren, die auch in der partikularen Ausdrucksgemeinschaft (Stöhnen usw.) in Erscheinung treten und bei Frauen die Geburtswehen gelegentlich an orgastische Erschütterungen gemahnen mögen,[50] muss ebenfalls dahingestellt bleiben. Jedenfalls erweist sich die sexuelle «Endlust» (FREUD) zumal bei jugendlichen Individuen häufig genug mit Erlebniselementen belastet, die ihren unbeschwerten Genuss verhindern und sie zu einem ambivalenten Geschehen stempeln; mit zunehmendem Alter gewöhnen sich indessen die meisten Menschen an sie und streben eindeutig nach ihr. Das alles zwingt uns dazu, den Akzent von der scheinbar so «narzisstischen» genitalen Lust in ihren Vor- und Endformen immer entschiedener auf ihre mitmenschliche Kontaktbedeutung zu verlegen und in der Geschlechtlichkeit eine wesentliche Gestalt, man darf sagen: einen Brennpunkt der Problematik der Mitmenschlichkeit schlechthin zu sehen. Erst unter diesem Aspekt wird ihre Bewertung überhaupt verständlich, der man mit «libidoökonomischen» Abschätzungen von Lustquanten schwerlich beikommt. Doch bedarf es zu ihrer Explikation des Rückgriffs auf die Rolle, die die Sexualität im frühen Kindesalter spielt. Ihr wenden wir uns jetzt zu.

Die Frage, mit welcher *durschnittlichen*, «normalen» Regelmässigkeit, Häufigkeit und Intensität genitale Impulse und Betätigungen in den ersten fünf oder sechs Lebensjahren bei beiden Geschlechtern *spontan* auftreten, ist noch keineswegs mit ausreichender empiri-

---

49 W. REICH: Psychischer Kontakt und Vegetative Strömung, S. 44; ferner S. 39ff. Kopenhagen/Prag/Zürich 1935.

50 R. BILZ: Lebensgesetze der Liebe, S. 34ff. Leipzig 1943.

scher Begründung entschieden.[51] Die in dieser Richtung am weitesten gehenden positiven Behauptungen sind, wie man weiss, von der Psychoanalyse vetreten worden. Aber sie stützen sich nur zum kleinsten Teile auf an Kindern gemachte wirkliche Beobachtungen,[52] die ausserdem – zumal auch in den Kinderanalysen – in der Regel sogleich «gedeutet», d.h. im Sinne einer Bestätigung der vorausgesetzten Theorie dieser eingeordnet werden und aus deren Mitteilung meistens nicht ersichtlich wird, wie weit es sich um spontane, um mehr oder minder provozierte, also exogen bedingte und um «abnorme» Phänomene handelt. Das weitaus überwiegende, die Lehre von der «infantilen Sexualität» belegende Material stammt aus den Kindheitserinnerungen analysierter Erwachsener und ihrer Deutung. Nun hat zwar FREUD frühzeitig auf die nachträglich erfolgende, zumal von Neurotikern vollzogene «Sexualisierung» der «erinnerten» infantilen Erlebnisse hingewiesen;[53] und ANNA FREUD erklärte später ausdrücklich: «Die Genitalzone erscheint uns erst im Rückblick so unendlich bedeutungsvoller» als die oralen und analen Triebbedürfnisse, «wenn wir sie vom erwachsenen Geschlechtsleben aus betrachten».[54] Allein es unterliegt keinem Zweifel, dass die damit und sonst gelegentlich von Analytikern namhaft gemachten Täuschungsquellen[55] dann doch faktisch viel zu sehr vernachlässigt worden sind. Da es uns indessen hier darum geht, die von den Kleinkindern erfahrenen und übernommenen Bewertungen der sexuellen, um die Genitalien herum gelagerten – nicht mit den an ihnen sich abspielenden Vorgängen zusammenfallenden – Sachverhalte zu eruieren,

---

51 Vgl. die ausgezeichnete, vorsichtige Erörterung dieser Fragen bei H. SCHULTZ-HENCKE: Der gehemmte Mensch, S. 34ff. Leipzig 1940.

52 Einige neuere Literaturangaben, aus denen auch das weitere einschlägige Schrifttum ersichtlich wird, finden sich bei H. KUNZ: Zur Theorie der Perversion. Monatsschrift f. Psychiatrie 105 (1942), S. 35f. [In diesem Band, S. 197f.]

53 S. FREUD: Bemerkungen über einen Fall von Zwangsneurose, in: Sammlung kl. Schriften usw., 3. Folge, S. 165 Anm. Leipzig und Wien 1913.

54 A. FREUD: Einführung der Psychoanalyse für Pädagogen. 2. Aufl., S. 52f. Bern 1935.

55 Vgl. namentlich R. WÄLDER: Zur Frage der psychischen Konflikte im frühen Lebensalter. Internat. Zeitschr. f. Psychoanalyse 22 (1936), S. 524ff.

dürfen wir vom ungeklärten Problem der frühinfantilen sexuell-genitalen Spontaneität abstrahieren. Demgemäss besteht die Aufgabe vor allem darin, die in den Kindern geweckten Rückwirkungen zu erkennen, welche vom durchschnittlichen Verhalten der Erwachsenen zu den Manifestationen der Geschlechtlichkeit ausgelöst werden. Dass diese Rückwirkungen, den erheblichen individuellen und sozialen Differenzen im Benehmen der letzteren entsprechend, ausserordentlich verschieden sein können, versteht sich von selbst. Trotzdem darf man einen durchgehenden Zug annehmen: das Kind wird von dem in Frage stehenden Bereich den Eindruck des irgendwie «Geheimnisvollen» erhalten.

Am häufigsten trägt dieses Geheimnisvolle ausserdem den Ton des Verbotenen. Auch wenn die – etwa psychoanalytisch orientierten – Eltern und Erzieher sich noch so sehr bemühen, der Begegnung des Kindes mit der geschlechtlichen Sphäre eine harmlose Naivität und offene Vertrautheit zu bewahren und in dieser Absicht zur äussersten Preisgabe «gesellschaftlicher Vorurteile» u.ä. bereit sind, kommt irgendwann eine Grenze der Offenheit; beispielsweise werden sie sie schwerlich als Zuschauer des elterlichen Verkehrs dulden können. Nehmen wir an, sie trügen keine Scheu, sich den Kindern nackt zu zeigen, dann werden die letzteren doch unvermeidlich bei andern Menschen die Erfahrung machen müssen, dass sich diese hierin entschieden anders gebaren als ihre Eltern – davon ganz abgesehen, dass die kleinen Kinder wenigstens in unsern Kreisen in bestimmten Phasen, wie es scheint, spontan sich der genitalen Entblössungen zu schämen beginnen, wenngleich anfänglich oft noch spielerisch und zum Durchbrechen der schwachen Schamschranken geneigt.[56] Auf

56 Die Spontaneität der Scham als eines ursprünglichen irreduzibeln Phänomens, in welchem sich eine bestimmte Weise des Verhaltens zur Mitwelt manifestiert, schliesst ihre reaktive Auslösung keineswegs aus. Und ebensowenig spricht dagegen die Tatsache, dass die Auswahl der von der Scham betroffenen Leibzonen und -funktionen sehr weitgehend – wenn nicht ausschliesslich – von historisch-sozialen Faktoren bestimmt wird, wie sich z.B. aus den Wandlungen der Moden in der partikularen Entblössung des weiblichen Körpers ohne weiteres ergibt. Dass gerade die Geschlechtsorgane (die «Scham») zum ausgezeichneten und bevorzugten Objekt des Sichschämens geworden sind, hängt sicher mit der (partiellen) Organgemeinschaft

alle Fälle tritt über kurz oder lang auch innerhalb des tolerantesten familiären Milieus der unausweichliche Augenblick ein, in welchem sich ihnen so oder so die Geschlechtlichkeit in einen Schleier zu hüllen beginnt, der zu lüften mit Gefahren und daher mit Befürchtungen, Ängsten u.a. verbunden ist. Die meisten Eltern und Erzieherpersonen sind aber in Wirklichkeit wenigstens gegenüber den Kleinkindern, wie jeder weiss, mehr oder minder sexualfeindlich gesinnt, in der Praxis noch öfters und intensiver als in der Theorie. Sie werden die häufigen masturbatorischen und masturbationsähnlichen Betätigungen, die gegenseitigen Besichtigungen und Betastungen unter den Gespielen, das neugierige Aufsuchen und Anschauen sexueller Szenen, etwa sich begattender Haustiere usw., nicht oder nur widerwillig dulden; und diesen Widerwillen merken die scharfsinnigen Kleinen leicht an der elterlichen Verlegenheit, einer flüchtigen Verstimmung, am raschen Fortdrängen usw. Ein allzu weitgehendes Gewährenlassen brächte auch ohne Zweifel die Gefahr gröberer Entgleisungen (Koitusversuche zwischen den Kindern, Verführungen von seiten Erwachsener) mit sich, deren nachteilige Wirkungen im übrigen gelegentlich überschätzt werden mögen. Tatsächlich ist es also so, dass in unsern durchschnittlichen Lebenskreisen das Kleinkind mit einer kaum entrinnbaren Notwendigkeit zur Überzeugung gedrängt wird, es handle sich bei der Geschlechtlichkeit um ein unheimlich-geheimnisvolles, ihm verbotenes, angst- und furchtbeladenes Faktum – und zwar auch dann, wenn es im Zusammenhang mit darauf bezüglichen Aktionen weder bestraft noch auf entsprechende Fragen mit ausweichenden Antworten abgespeist wird: es genügt bereits die irgendwie ablehnende, etwa im Schweigen sich dokumentierende elterliche Atmosphäre. Dort aber, wo eine extreme Sexualtoleranz der Erwachsenen – resultiere sie aus bestimmten Erziehungsprinzipien, aus einer antibürgerlichen proleta-

---

der Ausscheidungsfunktionen zusammen, zu deren Ordnung die Ekelschranke dient. Aus diesen Gründen bedeutet es auch keinen Einwand gegen die Spontaneität der bei den kleinen Kindern auftretenden Schamreaktionen, wenn man darauf hinweist, dass sie die Verhüllung der Genitalzone in den Fällen, in denen sie dazu von den Eltern nicht ausdrücklich angehalten worden sind, von der weiteren Umwelt übernommen haben.

rischen Haltung, aus einer Verwahrlosung oder was immer – jenen Umhüllungsprozess zu verhindern vermag, fällt aus dem kontrastierenden Zusammenprall mit der weiteren Umwelt ein Zwielicht auf die Sexualität zurück. Und das führt zum selben Ergebnis wie Verbot und Verheimlichung: einer faszinierenden, zugleich anziehenden und abstossenden Bedeutungsverleihung. Die Vermutung liegt gewiss nahe, dass die Verheimlichung letzten Endes einen von der gesellschaftlichen Tradition übernommenen und gestalteten Ausdruck des in der Geschlechtlichkeit investierten Geheimnisses der Zeugung und des Lebensursprungs darstellt; und man kann sich sagen, dieses Geheimnis würde ab und zu im Bewusstsein des Kleinkindes spontan durchbrechen und der Sexualität den beunruhigenden Charakter einer abgründigen Rätselhaftigkeit verleihen, auch wenn die Mitwelt dazu keinen Anlass böte. Allein dieser Möglichkeit, die vielleicht eher zur Erklärung der ambivalenten Einstellung der Primitiven zu den geschlechtlichen Manifestationen beizuziehen wäre, kommt hinsichtlich der Kinder keine aufweisbare Relevanz zu.

Rätselhaftigkeit, Geheimnisaura, Verbot, Furcht, Angst haben für das kleine Kind keineswegs etwa nur eine positive Schätzung der sexuellen Sphäre zur Folge, aus der sich leichter eine selbstverständliche Vertrautheit und Fraglosigkeit als schliessliche Dauerhaltung entwickeln könnte. Jedoch trägt gerade der Mangel an Eindeutigkeit, Klarheit und Geradlinigkeit, den es in den Beziehungen der Erwachsenen zur Geschlechtlichkeit spürt, sehr wesentlich zur Bedeutungssteigerung bei. Denn die Zwiespältigkeit verhindert oder erschwert zum mindesten die Angleichung des sexuellen Sektors an das Niveau der übrigen Mit- und Umweltbereiche, die von der frühinfantilen Wissbegierde bestrichen werden; und obzwar in der Latenzphase jener wieder in den Hintergrund tritt oder völlig versinkt (verdrängt wird), bewirkt das irritierende, beunruhigende Fasziniertwerden durch ihn eine Art Überhellung, die an erster Stelle – darüber kann im Hinblick auf das konkret-anschauliche, gleichsam handgreifliche Erleben, Bewerten und Denken des Kleinkindes kein Zweifel bestehen – sowohl die eigene genitale Leibbeschaffenheit wie die der Eltern, Geschwister, Gespielen usw. trifft. Hier spielen eine Reihe weiterer, von Fall zu Fall wechselnder, aber durchwegs in die gleiche Richtung weisender Faktoren mit. Die eigentümliche Veränderung, die der Knabe an seinem erektilen Glied beobachtet, wird auf ihn umso weniger ohne Eindruck bleiben, als sich damit spezifische Lustsensationen verknüpfen, gleichgültig, wie oft sich die Erektionen wiederholen mögen. Das kleine Mädchen ist in diesem Punkte allerdings benachteiligt, da die gelegentlichen, freilich in der Regel offenbar ebenfalls lustvollen Schwellungen der Vulva weniger in die Augen springen. Der dadurch möglicherweise bedingte Ausfall an «Bedeutungsgewicht» gleicht sich aber insofern aus, als es selten von der Erfahrung völlig verschont bleiben wird, an einem männlichen Wesen den ihm mangelnden Penisbesitz feststellen zu können. Zumeist – keineswegs ausnahmslos[57] – wird es sich demzufolge verkürzt fühlen und mit entsprechenden aggressiven Neidregungen, Wünschen des Auch-haben-wollens, Hoffnungen u.ä. reagieren, kurzum einen Anteil dessen entwickeln, was die Psychoanalyse als «weiblichen Kastrationskomplex» zusammenfasst. Ist ihm vorher durch Respektpersonen für seine genitalen Berührungen und Spielereien mit «Krankwerden» u.a. gedroht worden, so liegt der «Schluss» nahe genug, die in Aussicht gestellte Nachwirkung sei bereits eingetreten; und nichts hindert es daran, weitere Einbussen, Bestrafungen, «Verletzungen» zu befürchten, womit der Angstgehalt des genannten Kastrationskomplexes realisiert wird.[58] Ihm entgeht auch der kleine Knabe nicht, wenn er, von einer ähnlichen Vorgeschichte belastet, ein weibliches Genitale zu Gesicht bekommt; überrascht er gar die ältere Schwester oder die Mutter beim Wechsel der Menstruationsbinde oder drängt sich ihm auf andere Weise eine dunkle Beziehung zwischen den blutigen Manifestationen des weiblichen Lebens und der besonderen genitalen Gestaltung auf, dann kann er sich dem be-

---

57 Schultz-Hencke hat z.B. mit Recht darauf hingewiesen, dass die auffallende Fettpolsterung der grossen Labien beim kleinen Mädchen eindrucksmässig unter bestimmten Umständen zu einer Höherschätzung der weiblichen Genitalzone führen und den Knaben in die sonst typische weibliche Neidsituation drängen kann; H. Schultz-hencke: Einführung in die Psychoanalyse, S. 307. Jena 1927. Weitere, in derselben Richtung wirkende Faktoren werden später erwähnt.

58 Auf den weiblichen Kastrationskomplex treten wir in der zweiten Abhandlung näher ein. * [Vgl. Anhang 1 B, Anm. 1, S. 394.]

drohlichen Rückschluss auf sein eigenes leibliches Schicksal schwerlich entziehen. Der Versuch, auf den phallischen Besitz ein ausgeprägtes Selbstwert- und Überlegenheitsbewusstsein gegenüber der Spielkameradin zu begründen, wird ihm einige Mühe bereiten und nur mit Hilfe gewisser Wirklichkeitsverleugnungen erfolgreich sein. Alle diese von der Psychoanalyse aufgedeckten Sachverhalte gibt es ohne Frage im kindlichen Dasein bald in dieser, bald in jener speziellen Form mit grosser Regelmässigkeit; allein man darf sie trotzdem nicht zu organisch verwurzelten «Entwicklungsgesetzen» verabsolutieren, denn sie erweisen sich sehr weitgehend als von zufälligen Umweltsituationen und mitmenschlichen Begegnungen abhängig. Das gilt ebenso hinsichtlich jenes beiden Geschlechtern gemeinsamen Faktors, der erheblich zur Akzentuierung der genitalen Leibzone beiträgt: der Reinlichkeitsgewöhnung. Dem kleinen Kind muss sich die eminente Wichtigkeit der darin verlangten Funktionsbeherrschung und ihrer Organe mit einer unausweichlichen Notwendigkeit einprägen, wenn es immer wieder erfährt, in welchem Umfange die Zufriedenheit der Erwachsenen mit ihm von diesem geforderten Können abhängt: wie es im positiven Falle gelobt und beschenkt, beim Versagen aber ausgeschimpft, verachtet oder gar bestraft wird. Der so oft direkt beobachtete Stolz des Knaben auf seine Fähigkeit, den Urinstrahl möglichst weit und hoch dirigieren zu können (und daran partizipiert auch das ausführende Organ), dokumentiert sich nicht allein in entsprechenden Rivalitätsspielen, sondern gelangt ebenso in den bekannten Scherzfragen der Halbwüchsigen und Erwachsenen nach dem Geschlechtsunterschied zum Ausdruck, worin die Abwertung der Frau zufolge ihres diesbezüglichen Unvermögens unverhüllt zu Tage tritt. Und dass die Nachbarschaft der genitalen mit der analen Zone der Sexualität den Makel des «Ekelhaften» und «Schmutzigen» aufzudrücken, jedoch nicht eindeutig unter Ausschaltung der positiven Qualitäten zu bestimmen vermochte, bedarf keines besonderen Beweises.[59] Aber reichen diese Momente zur Legitimation des von der Psychoanalyse dem Kastrationskomplex supponierten nachhaltigen Gewichtes aus?

---

59 Vgl. L. Andreas-Salomé: «Anal» und «Sexual». Imago 4 (1915/16), S. 249 ff.

Obwohl FREUD[60] und auch NUNBERG[61] sich ausdrücklich dahin erklärt haben, den Kastrationskomplex[62] auf den genitalen Bereich zu beschränken, besteht kein Zweifel darüber, dass jener die ihm in der analytischen Praxis und Theorie zugesprochene Bedeutung vorwiegend den «prägenitalen Vorstufen» verdankt, als welche die Geburt,[63] der Brustentzug[64] und die Defäkation beansprucht worden sind.[65] Der Einbezug dieser prägenitalen Vorstufen in den genitalen Kastrationskomplex stützt sich einerseits auf unterstellte situative Gestaltähnlichkeiten (Verlust eines «eigenen Organs»), andererseits auf den ihnen gemeinsamen Affektgehalt: angstauslösende oder -bewirkende Ereignisse zu sein. Wir sind der Meinung, dass einzig der letztere als relationsstiftender Faktor in Betracht kommen kann, nicht aber jene situativen Gestaltähnlichkeiten. Wie das Geborenwerden vom Kinde erfahren oder «erlebt» wird, wissen wir nicht. Dass es gegenstandslose Angst – vielleicht ähnlich der Erstickungsangst – erleidet, dafür besteht einige Wahrscheinlichkeit; äusserst

60 S. FREUD: Die infantile Genitalorganisation. Internat. Zeitschr. f. Psychoanalyse 9 (1923), S. 170 Anm.

61 H. NUNBERG: Allgemeine Neurosenlehre auf psychoanalytischer Grundlage, S. 50. Bern-Berlin 1932.

62 Wir lassen hier die aktiven Anteile des Kastrationskomplexes, d. h. die vor allem gegen die elterlichen Genitalien gerichteten aggressiv-destruktiven Phantasien, Wünsche und Impulse des Kleinkindes ausser Betracht. Vgl. H. SCHULTZ-HENCKE: Kastrationskomplex, in: Handwörterbuch der Sexualwissenschaft, S. 338f. Die älteren zum Thema gehörigen Arbeiten von J. SADGER: Über den Kastrationskomplex. Fortschritte der Medizin 33 (1915/16), S. 290ff., 301ff.; *derselbe*: Neue Studien zur Kastration. Ebenda 37 (1920), S. 466ff., 491ff.; *derselbe*: Die Lehre von den Geschlechtsverirrungen (Psychopathia sexualis) auf psychoanalytischer Grundlage, S. 56ff. Leipzig und Wien 1921, sind heute nur noch als Belege einer extrem orthodox-konstruktiven Betrachtungsweise von beschränktem Interesse.

63 F. ALEXANDER: Kastrationskomplex und Charakter. Internat. Zeitschr. f. Psychoanalyse 8 (1922), S. 121ff., bes. 132f., 148ff.

64 A. STÄRCKE: Der Kastrationskomplex. Internat. Zeitschr. f. Psychoanalyse 7 (1921), S. 9ff. STÄRCKE nennt den Verlust der lustspendenden Brustwarze die «orale Urkastration».

65 So definiert JONES die Kastrationsangst kurzweg als «die Angst, einen wertvollen Körperteil einzubüssen». E. JONES: Über analerotische Charakterzüge. Internat. Zeitschr. f. ärztl. Psychoanalyse 5 (1919), S. 75.

fragwürdig indessen scheint uns die Deutung zu sein, welche das Kind die Geburt als einen «Objektverlust» – nämlich als Verlust des mütterlichen Körpers – erleben lässt. Es fehlen zu einer solchen Interpretation alle notwendigen Voraussetzungen, da der totale Milieuwechsel (intrauterines – extrauterines Dasein) eine von der Gegenstandseinbusse gänzlich verschiedene Verlustsituation realisiert. Ähnliche, wenngleich weniger gewichtige Bedenken erheben sich dagegen, dem Säugling den Brustentzug als erlebten Verlust eines ihm gehörenden Gegenstandes zu supponieren. Denn ob er die Brustwarze als einen eigenen Leibteil «auffasst», ist nicht nur nicht erwiesen, sondern sehr unwahrscheinlich; der rhythmische Wechsel zwischen dem oral-saugenden «Haben» der Mamilla und ihrem gewaltsamen, «von aussen» bewirkten Entzug spricht entschieden dagegen. Wohl jedoch darf die Darmentleerung in jener besonderen Form, die dem den Kot mehr oder weniger «gewollt» (etwa aus Trotz) zurückhaltenden Kleinkind als von den Erwachsenen erwünschte und erwartete «Hergabe» eines eigenen Körperteils, bzw. -inhalts erscheinen muss, als situatives «Vorbild» der möglichen genitalen Kastration gelten, obzwar auch hier die dem Kinde schwerlich entgehenden Unterschiede nicht unterschätzt werden sollten. Die Gewöhnung an die Defäkation und der in ihr verwirklichte «Verlust» des Darminhaltes dürfte die Kotabsetzung für das frühinfantile konkret-anschauliche Erleben in einer andern Eindrucks-, Gestalt- und Bedeutungsqualität zeigen als die bloss angedrohte Verletzung oder Entfernung des Gliedes, selbst wenn diese für den Knaben durch Beobachtungen an weiblichen Wesen eine bedrängende Wirklichkeitsnähe gewinnen sollte. Daher sind wir geneigt, trotz gewisser Ähnlichkeiten den Entleerungsakt nur insofern als anales Paradigma des Kastrationskomplexes gelten zu lassen, als auch jener sich mit Furcht und Angst verknüpfen, mithin zu einer Angstsituation verwandeln kann, etwa infolge der erlittenen Bestrafungen bei Inkontinenz oder Renitenz. Nicht zufällig hält die Furcht und die Scham, sich mit Kot zu beschmutzen, bis ins hohe Alter an und macht den in (für die Defäkation) ungünstigen Situationen auftretenden (Harn- und) Stuhldrang zu einer ausserordentlich peinvollen Angelegenheit. Desgleichen vermag der Brustentzug zu einer Angstsituation zu werden, wenn er zur Einleitung oder zum Ausdruck des Alleingelassenwerdens und des Liebesverlustes (Freud), bzw. der Furcht davor wird. Die Reihe dieser mit der Geburt beginnenden Angst- und Furchtsituationen nun dadurch zu genitalisieren, dass man sie terminologisch unter den Aspekt des Kastrationskomplexes zwängt und ihnen als seinen prägenitalen, noch unentwickelten Vorstufen ihr eigenständiges Gewicht nimmt, besteht umso weniger ein sachlicher Grund, als der wesentliche Gehalt der auf die Geschlechtsorgane bezogenen Befürchtungen und Ängste offenbar eben in der *Angstbedeutung,* nicht in der Genitalität (Organbesitz, Impulse, Lustsensationen) als solcher liegt. Da jedoch die mehr oder weniger an Leibzonen, bzw. ihre Funktionen gebundenen Angstsituationen vor Beginn der Latenzphase im Genitale kulminieren und die früheren Befürchtungen ihren Objektbezug einschliesslich des entsprechenden Vorstellungsinhaltes einzubüssen pflegen (wodurch sie zu gegenstandslosen Ängsten werden[66]), scheint sich vor allem für die unter dem Druck von späteren Sexualstörungen erfolgende rückblickende «Erinnerung» die gesamte prägenitale oder präsexuelle Angst in den genitalen Erlebnissen und Bezügen zu verdichten und diese zu ihrem alleinigen Träger zu verwandeln, zumal zwischen beiden ohnehin, wie schon angedeutet, eine besonders enge primäre Koppelung bestehen dürfte. Soweit die – zwar ambivalente, aber deshalb keineswegs geringere – Hochschätzung der Geschlechtlichkeit durch die mit ihr verknüpften Befürchtungen und Ängste bedingt wird, muss ein erheblicher Anteil davon ursprünglich den präsexuellen Situationen

66 Wir lassen die ungeschlichtete Frage, wie Furcht und Angst prinzipiell und anthropologisch voneinander zu unterscheiden und welches ihre Beziehungen seien, unerörtert. Hinsichtlich der empirischen psychologischen Beobachtung scheint uns die zumal von Schultz-Hencke vertretene Auffassung die grösste Wahrscheinlichkeit zu besitzen, dergemäss eine ursprünglich objektbezogene Furcht vor etwas mit dem Gegenstands- und Vorstellungsverlust sich zur objekt- und inhaltslosen Angst «verwandeln» kann, die sich sekundär dann wieder an Gegenstände, Vorstellungen und Situationen knüpft. Dergleichen dürfte indessen nur möglich sein, weil es neben der Furcht vor etwas auch eine primäre inhaltslose Angst «gibt». In der Lebensgeschichte verbinden sich aber die beiden Phänomene zumeist so innig miteinander, dass eine nachträgliche Differenzierung kaum je mit einiger Sicherheit gelingt. Dem tragen wir Rechnung und sprechen im Text absichtlich von Furcht- und Angstsituationen.

gutgeschrieben werden: die Sexualität übernimmt gleichsam ihr Erbe an verschüttetem Ansehen und büsst dafür mit der Zwiespältigkeit ihres resultierenden Wertes, ähnlich wie sich in der Onanie die Schuld- und Minderwertigkeitsgefühle heterogener Herkunft anzusammeln pflegen.

Wenn es sich so verhält – und wir neigen zu dieser Auffassung, obwohl sich die psychologische Gewichtszuteilung, d. h. die Einschätzung der Wirksamkeit der Erlebnisse nur eindrucksmässig, nicht mit zwingenden sachlichen Gründen vollziehen lässt –, dann liegt die Frage nahe, ob die durchschnittlich herrschende Taxation der Sexualität nicht dank der sie mitnährenden frühinfantilen prägenitalen Quellen einer Überschätzung gleichkommt, worauf vor allem Horney hingewiesen hat.[67] Hier spielen dann vor allem bei den weiblichen Wesen auch jene in der Pubertät entstehenden, aus aufgegriffenen geheimnisvoll-vagen Andeutungen, Romanlektüre, Theater- und Filmimpressionen usw. zusammenschiessenden phantastisch-romantischen Erwartungen und Träumereien eine verhängnisvolle Rolle – Erwartungen und Träumereien, die zwar die künftigen Geschlechtsbeziehungen in eine faszinierende dunkle Glut von leidenschaftlichem Rausch und berückendem Zauber hüllen, die aber notwendig an der Wirklichkeit des Alltags zerstäuben und nach der ernüchternden Erfahrung eine nachhaltige schwere Enttäuschung

67 Vgl. K. Horney: Das neurotische Liebesbedürfnis. Zentralbl. f. Psychotherapie 10 (1938), S. 69 ff.; *dieselbe*: The Neurotic Personality of Our Time, S. 102 ff. New York 1937; *dieselbe*: New Ways in Psychoanalysis, S. 114 f. New York 1939. Übrigens ist der Begriff der «Überschätzung» nicht eindeutiger als der der Schätzung. Er kann etwa die subjektive Meinung bezeichnen, derzufolge die sexuelle Befriedigung als Bedingung oder als Inhalt eines glücklichen Lebens zu hoch veranschlagt wird, was selbstverständlich eine bestimmte Überzeugung hinsichtlich dessen, was als «glückliches Leben» zu gelten hat, voraussetzt. In diesem Sinne meint Horney, dass zumal manche Frauen zur Überschätzung der «Liebe» neigen. Oder man will mit dem Ausdruck betonen, dass den sexuellen Antrieben und Motiven im menschlichen Verhalten und Erleben eine zu grosse Rolle zugebilligt, m. a. W. das geschlechtliche Agieren als Maske andersartiger Tendenzen verkannt werde. So wirft die Individualpsychologie der Psychoanalyse, aber auch den Neurotikern eine Überschätzung der Sexualität vor. Vgl. z. B. E. Wexberg: Individualpsychologie. 2. Aufl., S. 254. Leipzig 1931.

hinterlassen müssen.[68] Sie werden in der Regel nicht völlig preisgegeben und an der Realität vernünftig korrigiert, sondern weben in der Stille am verschleierten Bild eines Liebesglücks, das vielleicht doch noch einmal kommen könnte – falls die Enttäuschung[69] nicht zur rächenden Erniedrigung und Unterjochung der wahllos konsumierten Geschlechtspartner führt. Und darin realisiert sich als ein weite-

---

68 Erleichtert wird dieser Weg durch die der Phantasie als wesenhaftes, obwohl in seinen Auswirkungen weitgehend unerhellt bleibendes Ingrediens der menschlichen Existenz eignende Relevanz, die eine scharfe Trennung der «realen» und der «irrealen» imaginativen Welt letzten Endes verunmöglicht oder jedenfalls sehr erschwert. Und im erotischen Bereich sind es wiederum die Mädchen und Frauen, denen eine nüchterne Scheidung vergleichsweise mehr Mühe bereiten dürfte als den Männern; deshalb vermögen sie z. B. eine schauspielerische Leistung oder eine Dichtung so selten in ihrem künstlerischen Gehalt, ohne «moralische» Bewertung, d. h. ohne Versuch eines Rück- und Einbezuges in die (eigene) Lebenspraxis – die wie gesagt erheblich von «irrealen» Elementen durchsetzt ist – zu beurteilen.

69 E. Harding: Der Weg der Frau, S. 286ff. Zürich 1935, hat als einen bestimmten Mädchentypus eine weitere Entstehungsweise der weiblichen Enttäuschung an der Sexualität geschildert. Von diesen Mädchen schreibt sie, sie seien «körperlich sehr reif, noch ehe sie das zwanzigste Lebensjahr erreicht haben. Durch das ‚kindlich-harmlose' Küssen werden sie in Erregung gebracht; ihre Natur lässt ihnen nun keine Ruhe, bis sie sich – so unreif ihr Gefühl auch sein mag – mit der geliebten Person körperlich vereinigt haben. Natürlich kann ein solcher Akt für sie keinen tieferen gefühlsmässigen Sinn haben, und so endet er mit der Enttäuschung. Gerade diese Umarmung, auf die sie alle Erwartungen gesetzt, in der sie den ‚Himmel selbst' zu erleben gehofft hatten, gerade sie erweist sich in Wahrheit als schal und zerstört alle Illusionen. Der Schluss, der daraus gezogen wird, ist der: dass die Sexualität nicht etwas so Grosses sei, wie man gedacht hatte; vielmehr erscheint sie als eine ganz triviale, unwichtige Angelegenheit. In nüchternen Augenblicken mag sich das Mädchen sogar eingestehen, dass sie ein wenig Ekel davor empfindet; denn ein Mädchen leidet mehr als ein Jüngling an dieser Art Entzauberung. Für eine Frau ist die Sexualität viel enger mit dem Gefühlsleben verknüpft, ist in tieferem Sinne als für den Mann ein Teil ihrer selbst. Wenn man deshalb einem Mädchen zumutet, sich von ihrer eigenen Sexualität abzutrennen und sie als etwas Losgelöstes, als eine unwichtige Einzelheit zu betrachten, so verlangt das von ihr eine Fühllosigkeit, die ihre Weiblichkeit ganz besonders zerstörerisch beeinflusst. Auch bei einem jungen Mann ist es tief bedauerlich, wenn er zu dieser Einstellung kommt, aber sie scheint doch

rer, in derselben Richtung wirkender Faktor die unbestreitbare Tatsache, dass sexuelle Erfolge von beiden Geschlechtern oft genug nicht in erster Linie aus einem sexuellen Lustbedürfnis oder der Sehnsucht nach dem leiblichen mitmenschlichen Kontakt, sondern aus einem (manchmal destruktiven) Beherrschungs- und Bemächtigungsdrang gesucht werden.[70] Man sollte sich diesem zumal von ADLER beton-

---

nicht seine speziell männlichen Werte in der Weise zu zerrütten, wie sie die weiblichen Werte bei der Frau zerstört. Nach einem solch enttäuschenden Erlebnis kann ein Mädchen wohl den Sinn für die Heiligkeit der Liebe verlieren. Sie fühlt, dass das sexuelle Geschehen nicht viel bedeutet, da aber den Männern so sehr daran liegt, warum soll sie es verweigern, zumal sie durch ihr Einwilligen deren Neigung gewinnen und erhalten kann. Durch solche Einstellung verliert sie allerdings unfehlbar und völlig den Kontakt mit der Tiefe ihres eigenen Wesens. Das Sexuelle kann niemals gleichgültig und oberflächlich werden für eine Frau, die Verbindung hat mit dem weiblichen Prinzip in sich, dem Eros. Nur unter Verdrängung und Missachtung ihrer Gefühle kann sie die Umarmung eines Mannes dulden, der sie im Tiefsten nichts angeht, und wenn sie sie duldet, dann gibt sie sich nicht mehr als Frau, sondern sie erlebt ihre Sexualität in männlicher Form. Indessen ist die Mehrzahl der Mädchen, die sich in solcher Weise hingeben, in Wirklichkeit ganz ungeweckt, ihre Gefühle schlafen noch». Mit dieser letzten zutreffenden Feststellung HARDINGS wird aber ihr Ausgangspunkt korrigiert; denn tatsächlich handelt es sich bei der von ihr skizzierten Enttäuschungsgeschichte weit seltener um Mädchen, die aus eigenen (spontanen oder exogen ausgelösten) Antrieben zum Geschlechtsverkehr drängen – bei ihnen besteht eine gewisse Chance einer von Anfang an herrschenden vollen orgastischen Erlebnisfähigkeit oder wenigstens die der Neugierbefriedigung, welche auch von der Enttäuschung bewahren kann. Sehr viel häufiger erliegen diesem Schicksal jene Mädchen, die ohne eigenes, in der sexuellen Erregung verwurzeltes Entgegenkommen den Wünschen des Partners nachgeben, sei es, weil sie ihn lieben und ihn bei Verweigerung der Hingabe zu verlieren fürchten, oder weil er mit einem Abbruch der Beziehung droht, oder weil er in ihnen hohe, an den Sexualakt gebundene Glückserwartungen zu erwecken vermag, oder weil sie glauben, für den Mann sei der Verkehr «nötig» usw. Tritt zu diesen Motiven noch ein rücksichtsloses Benehmen des befriedigten Partners hinzu, dann bleibt die Enttäuschung des Mädchens fast unvermeidlich, zumal die Mehrzahl der weiblichen Wesen bei den ersten Umarmungen in der Regel «orgastisch impotent» (REICH) sind.

70 Vgl. M. SCHMIDEBERG: Einige unbewusste Mechanismen im pathologischen Sexualleben und ihre Beziehung zur normalen Sexualbetätigung. Internat. Zeitschr. f. Psychoanalyse 18 (1932), S. 54ff.

ten Faktum nicht deshalb verschliessen, weil er, es verabsolutierend, die Geschlechtlichkeit zu einem Darstellungsmittel des «Obenseins», einem «Jargon» des Geltungsbedürfnisses simplifiziert und ihren eigenständigen Gehalt entleert hat.[71] Uns scheint die Individualpsychologie die Funktion der geschlechtlichen Betätigung lediglich als Maske des Machtverlangens und der Selbstwertmehrung sehr übertrieben, die Psychoanalyse umgekehrt die Häufigkeit, mit der das sexuell akzentuierte Agieren zusätzlich diese Rolle spielt, unterschätzt zu haben. Davon abgesehen wird man indessen die Bedeutung der geschlechtlichen Eroberung je nachdem, ob sie von Männern oder von Frauen durchgeführt werden, differenzieren müssen. Wir sind allgemein dazu bereit, das «sexuelle Heldentum» als ein genuines Attribut der Männlichkeit anzuerkennen oder es wenigstens minder negativ zu bewerten als das entsprechende weibliche Verhalten. Gewiss dokumentiert sich darin u.a. auch die unterschiedliche soziale Machtstellung der Geschlechter, die der Frau gemäss der noch keineswegs restlos verschwundenen «doppelten Moral» nicht das gleiche «Recht» zur sexuellen Freizügigkeit einräumt wie dem Manne.[72] Allein es scheint sich darin überdies doch eine richtige Einsicht niedergeschlagen und im Medium einer – an sich ungerechten – verschiedenen moralischen Wertung entäussert zu haben. Die nymphomanen oder sonstwie isolierten Formen der weiblichen genitalen Erregung und die Wahllosigkeit des ihnen entspringenden Geschlechtsverkehrs erweckt nämlich den Eindruck eines tiefergreifenden Gestörtseins der Menschlichkeit der Frau[73] als

---

71 Als instruktives Beispiel dafür vgl. E. WEXBERG: Die Überschätzung der Sexualität. Zeitschr. f. Sexualwissenschaft 1 (1914/15), S. 450ff.

72 Der ideologische Charakter der noch heute gelegentlich zur «Rechtfertigung» angeführten Behauptung einer «polygamen Anlage» des Mannes bedarf sowenig des Beweises wie die Haltlosigkeit einer den Frauen generell unterstellten «schwächeren» sexuellen Triebhaftigkeit; zur Kritik jener These [vgl.] etwa E. W. J. MEYER, a. a. O., S. 135ff.

73 Darin ist sicher auch eine Wurzel für die sich durchhaltende soziale und moralische Verwerfung der weiblichen Prostitution zu sehen, obwohl dieser zu Unrecht eine gesteigerte Sexualität als Antrieb unterstellt wird; denn wie man weiss, liegen die entscheidenden, sie bedingenden Faktoren ausserhalb der weiblichen Geschlechtlichkeit in wirtschaftlichen, gesellschaftlichen

die analogen männlichen Erscheinungen; und zwar, glauben wir, deshalb, weil eben die weibliche Sexualität ursprünglich unlösbarer in das Ganze des Menschseins eingelagert ist. Die isolierte genitale Drangbefriedigung der Frau verrät einen höheren Grad der ruinösen Enttäuschung und der zerfallenen Zwiespältigkeit ihres Wesens als beim Manne, dessen Sexualität von Hause aus ein gewisses Ausgestanztsein eignet, obwohl man diese Eigentümlichkeit weder als «natürlichen» noch gar als erwünschten Zustand ansprechen kann. Jedenfalls ermöglicht die mehr oder weniger herausgehobene genitale Betätigung es beiden Geschlechtern, sie in den Dienst des Machtverlangens zu stellen, womit der Sexualität zugleich eine Werterhöhung aus einem extrasexuellen Bereich zuwächst, deren Gewichtigkeit nicht zu gering erachtet werden sollte. Denn so leibfern ungreifbar und atmosphärisch die Stillung des komplexen Machtbedürfnisses in der Regel sein mag, so realisiert es trotzdem einen beträchtlichen Anteil des menschlichen Strebens. Freilich spielt auch im sexuellen Eroberungswunsch das genital akzentuierte Lustverlangen noch eine nicht zu leugnende Rolle, obwohl es zumal bei den nymphomanisch erregbaren, aber orgastisch frigiden Frauen unbefriedigt bleibt; es ist keineswegs so, als sei die dem Bemächtigungsdrang vorgespannte geschlechtliche Kontaktsuche *nur* oder «nichts als» verkleideter Machttrieb – alles Gebaren wird aus mannigfachen Quellen gespeist und dient in der Regel verschiedenen Absichten. Wenn sich nun das genitale Lustbedürfnis aus irgendwelchen Gründen – z. B. als Folge einer enttäuschten und gestörten Mitmenschlichkeit oder weil sich darin extragenitale destruktive Impulse verbergen – zunehmend ver-

---

u. a. Umständen, nicht zuletzt auch in der männlichen Sexualität. Die Fähigkeit der Frau, den Geschlechtsakt sozusagen immer, d. h. ohne entsprechenden Erregungszustand vollziehen zu können, bildet zwar die Voraussetzung ihrer Prostitution; aber gerade in der Realisierung dieser Fähigkeit manifestiert sich die extremste Spaltung der Weiblichkeit, insofern die Isolierung des angebotenen Genitales soweit geht, dass die Preisgabe nicht einmal mehr von einer sexuellen Erregung, geschweige denn einer sympathetischen Regung begleitet wird. Paradoxerweise wirkt sich also die – wenn man so sagen darf – physiologische Sexualpotenz der Frau für ihre Weiblichkeit fatal aus. Zur zwiespältigen Bewertung der Prostitution und ihren Gründen vgl. H. SCHULTZ-HENCKE: Der gehemmte Mensch, S. 175 ff.

selbständigt und einen grossen Anteil des übrigen Wunschlebens auf sich konzentriert und absorbiert, dann tritt fast notwendig eine Entdifferenzierung des letzteren und der Innerlichkeit überhaupt ein. Die Mächtigkeit des leiblichen Erregungsprozesses übertönt die Feinheiten der leibferneren Erlebnisbereiche und reisst die dem Menschen ehemals offenen Weltbezüge weitgehend an sich. So kann sich sekundär eine ursprünglich nicht bestehende Leere und Erlebnisarmut ausbreiten, die in der immer erneut absichtlich erweckten sexuellen Erregung einen erfüllenden Ausgleich sucht, womit deren inselähnliche Isoliertheit wiederum verstärkt wird: die süchtige Genitalität steht als ein überragendes und überschätztes Gut im Zentrum eines in sich geschlossenen, schwer durchbrechbaren Kreisgeschehens.

Damit haben wir gewiss einen extremen Fall skizziert, der zumal unter den weiblichen Wesen eine seltene Ausnahme darstellt (wir trugen dem insofern Rechnung, als wir hinsichtlich ihrer ausdrücklich vom nymphomanischen Erregungstypus sprachen). Allein es fragt sich, ob er in den milderen Ausprägungsgraden nicht die im Sinne der durchschnittlichen Häufigkeit «normale», «typische» Gestalt der männlichen Sexualität realisiert, die vielleicht als «radikal gestört» und mithin im Vergleich zu dem, wie sie als integrales Ingrediens der totalen Menschlichkeit idealiter sein sollte, als «abnorm» gedeutet werden muss. Eine nicht ganz verstummende Stimme – vielleicht eine blosse Sehnsucht – will uns einreden, dass mit dem Herausfallen der Geschlechtlichkeit aus dem Ganzen des Menschseins irgendetwas Queres, Schiefes, dem Wesen oder wenigstens der Idee des Menschen Widersprechendes gesetzt sei, worauf auch der Sündenfallmythos hinzuweisen scheint. Wir wollen uns an diesem Gedanken oder Wunschbild nicht durch die Erfahrung irre machen lassen, die uns keine Zeiten und keine Völker kennen lernen lässt, bei denen es viel anders gewesen wäre. Wohl aber nehmen wir die immerhin nicht zu übersehenden Einzelnen, deren Leben ein ungestörtes, harmonisches Eingeordnetsein der Sexualität in ihre Menschlichkeit zeigt – mag es das Resultat einer ungewöhnlichen Reife oder eines gütigen Schicksals sein – für das Recht jener Idee in Anspruch. Doch davon abgesehen: kommt in der der Geschlechtlichkeit von der Psychoanalyse zugebilligten Rolle im menschlichen

Dasein nicht die *tatsächliche Bedeutung* der – zwar «gestörten» – Sexualität zum *adäquaten Ausdruck*? Spiegeln sich in ihrer Begriffskonzeption, in welcher einerseits der sexuelle Bereich über die Genitalität hinaus «erweitert», andererseits zugleich die letztere zum ausgestanzten Träger der mitmenschlichen Bezüge (Kastrationskomplex, vorwiegend inzestuös gemeinter Ödipuskomplex) gemacht worden ist – und dies mit einer Ausschliesslichkeit, die von einer Art «Genitalfetischismus» zu sprechen zwingt – spiegeln sich darin nicht die faktischen Verhältnisse, die wir bezüglich der durchschnittlichen Taxation der genital-sexuellen Leistungen und Erlebnisse feststellen können und müssen? In der Tat darf man in der psychoanalytischen Sexual- und Genitaltheorie gewissermassen das zur Lehre objektivierte «Symptom» der Funktion sehen, die der Geschlechtlichkeit im heutigen Menschen eignet. Aber diese Funktion ist ihrerseits wiederum Hinweis auf die umgreifendere mitmenschliche Problematik schlechthin. Es scheint uns *prinzipiell* durchaus richtig zu sein, wenn ADLER die sexuellen Störungen als «Jargon» oder «Ausdruck», jedenfalls als Anzeichen des lädierten «Gemeinschaftsgefühls» deutet, oder wenn JUNG sie dem Ganzen der zwischenmenschlichen Beziehungsschwierigkeiten einordnet. Indessen verkennt und unterschätzt zumal ADLER die ausgezeichnete, vorbildliche Stellung der Geschlechtlichkeit innerhalb der Formen der Gemeinschaft und der gemeinschaftsstiftenden Faktoren.

Um diese Sonderstellung zu verstehen, muss man sich die triviale Tatsache vergegenwärtigen, dass der mannweibliche Dimorphismus nächst der Menschlichkeit des Menschseins die umfassendste Bestimmung des einzelnen menschlichen Individuums (und der Lebewesen überhaupt) beinhaltet. Dass jeder entweder männlichen oder weiblichen Geschlechts ist und es dauernd bleibt, während alle übrigen die Mitmenschlichkeit konstituierenden Züge oder «Rollen» – Vater-Mutter, Sohn-Tochter, Bruder-Schwester, Lehrer-Schüler, Herr-Knecht, Freund, Kamerad, Kollege usw. – sich wandeln und verschwinden können: diese Ubiquität der sexuellen Prägung wird schwerlich ohne Folgen sein. Dazu kommt das weitere Faktum, dass sich neben der Mutter-Kind-Beziehung in der geschlechtlichen Sphäre (im weitesten, die Zärtlichkeit einschliessenden Sinne verstanden) der intimste zwischenmenschliche Kontakt verwirklicht; und deshalb allein bereits birgt er zugleich erhebliche Reibungs- und Konfliktmöglichkeiten in sich. Dabei ist wohl zu beachten, dass es sich beim geschlechtlichen Geprägtsein nicht bloss um eine ruhende Gestalt des Leibes (und des Körpers) handelt, von der allenfalls «Reizwirkungen» mannigfachster Art und Intensität auf den Andern ausgehen; vielmehr impliziert die beim Menschen fast ständig ansprechbare Sexualität eine Fülle von spontanen und reaktiven partnerbezogenen Impulsen, Wünschen, Bedürfnissen, Handlungen, die häufig auf die Unbereitschaft und damit auf den Widerstand des Mitmenschen stossen müssen. Denn trotz der dauernden Aktualisierbarkeit verlaufen die autonomen genitalen Erregungsphasen eines Paares nicht immer synchron. Daher hat FREUD in einer bestimmten Hinsicht recht, wenn er – wie übrigens auch SIMMEL[74] – dem sexuellen Verhalten eine «Vorbildlichkeit» für das mitmenschliche Benehmen schlechthin zuschreibt – nämlich bezüglich seiner Störungsfähigkeit und abgesehen von den frühkindlichen päsexuellen Kontaktformen. Denn auch jene Beziehungsschwierigkeiten und -trübungen, die ursprünglich sowohl in einem aussergeschlechtlichen Bereich (z.B. dem der sozialen Rangordnung oder der Zusammenarbeit) entstanden sind wie sich darin zunächst geäussert haben, greifen beinahe ausnahmslos in die sexuelle Sphäre über und spitzen sich hier oft genug zu, eben weil sie die innigste und konflikthaltigste Weise der Mitmenschlichkeit bildet. Mit gutem Grund hat FREUD die weite Resonanz und den geringen Widerstand, den ADLERS Lehre bei der «grossen Menge» gefunden hat, neben ihrer Simplizität damit erklärt, dass sie «das auf Allen lastende Problem der Sexualität mit einem Hieb beseitigt» habe.[75] Die Sexualität registriert, gleichsam einem Seismographen ähnlich, die leisesten Störungen des menschlichen Zusammenlebens, wenn sie nicht primär in ihr ansetzen, was sehr häufig der Fall ist. So eignet der Geschlechtlichkeit als solcher – nicht zuletzt zufolge ihrer ausserordentlich leichten Ansprechbarkeit und Störbarkeit – eine Tendenz zur isolierenden

---

74 A.a.O., S.124.

75 S. FREUD: Neue Folge der Vorlesungen zur Einführung in die Psychoanalyse, S.198. Wien 1933.

Akzentuierung sowohl ihrer Erlebnisgehalte wie ihrer leiblichen Ausdrucksorgane, und zwar vor allem, wenngleich nicht nur der männlichen Sexualität. Sie drängt sich sozusagen dem Fühlen und der anschaulich-gedanklichen Reflexion auf, nicht allein wegen ihres intensiven Lustcharakters und der biologischen Relevanz ihrer Funktion, sondern ebenso und in erster Linie deshalb, weil sich in ihr neben den Glücksmöglichkeiten auch die gesamten mitmenschlichen Schwierigkeiten zu sammeln und zu verdichten pflegen. Daran knüpfen sich keineswegs nur positive Wertungen, jedoch hängt, wie wir schon zu zeigen versucht haben, die wertmässige Gewichtigkeit oder Bedeutsamkeit eines leibseelischen Geschehens nicht bloss von den bejahenden Taxationen ab – im Gegenteil: die ambivalente, zustimmende und ablehnende Schätzung trägt zur Erhöhung der Phänomenrelevanz ganz erheblich bei, wie jeder z. B. von der zugleich lockenden und abstossenden Wirkung des Verbotenen weiss. Demgemäss versteht sich eigentlich die Tatsache von selbst, dass und warum sich die Menschen über ihre eigene Wertung der Sexualität dermassen im Unklaren sind und rücksichtlich ihrer so häufig ein unredliches Verhalten zeigen: in den seltensten Fällen ist faktisch die Schätzung eindeutig positiv oder negativ.

Die Geschlechtlichkeit realisiert u. a. also einen wichtigen Sektor der Mitmenschlichkeit. Ineins damit nimmt sie an jenem äusserst komplexen Sachverhalt teil, den man das «Selbstwertgefühl» oder das «Selbstwertbewusstsein», gelegentlich auch kürzer das emphatisch verstandene «Selbstbewusstein» nennt. Seinen strukturellen Aufbau, die Entstehungsgeschichte und seine Typen zu analysieren, ist hier nicht der Ort.[76] Indessen liegt es auf offener Hand,

---

76 Vgl. etwa H. Lotze: Mikrokosmos. 6. Aufl., hrsg. v. R. Schmidt, Band 2, S. 326 ff. Leipzig 1923; E. Voigtländer: Über die Typen des Selbstgefühls. Leipzig 1910; A. Storch: Zur Psychologie und Pathologie des Selbstwerterlebens. Arch. f. d. ges. Psychol. 37 (1918), S. 116 ff.; E. Stern: Beiträge zur Psychologie und Psychopathologie des Selbstwerterlebens. Zeitschr. f. Pathopsychol. 3 (1919), S. 500 ff.; A. Vierkandt: Gesellschaftslehre, S. 60 ff. Stuttgart 1923; K. Weinmann: Über das Selbstwertgefühl und seine Störungen. Internat. Zeitschr. f. Individualpsychol. 4 (1926), S. 69 ff.; Ph. Lersch: Der Aufbau des Charakters. 2. Aufl., S. 75 ff., 172 ff. Leipzig 1942.

dass das erfahrene Geliebt-, Geschätzt- und Anerkanntwerden in all den verschiedenen Arten von seiten der Mitmenschen es nicht weniger beeinflusst als deren abträgliches – übersehendes, vorbeigehendes, ablehnendes, verachtendes usw. – Benehmen. Es scheint uns nicht zweifelhaft zu sein, dass das Selbstwertbewusstsein des Einzelnen zumeist sehr viel tiefgreifender und nachhaltiger von den Fremdschätzungen geprägt wird als von der jeweils eigenen Idealgemässheit oder -ungemässheit. Bereits SENECA hat die grösste Bedeutung des mitmenschlichen «Zuschauers» in diesem Zusammenhang gesehen,[77] die dann später von VON GEBSATTEL in subtiler Weise zergliedert worden ist.[78] Unter den Werten bzw. den werthaltigen Eigenschaften, als deren Träger die Person fungiert, steht nun die Geschlechtlichkeit aus den oben erwähnten Gründen in der Regel im Vordergrund – und wo sie es nicht tut oder nicht tun sollte, etwa bei der Qualifikation der Vertrauenswürdigkeit oder der Arbeitsfähigkeit eines Stellenbewerbers, wirkt sie oft aus dem verschleierten Hintergrung mit. Daher kann es nicht verwundern, wenn sich das Selbstwerterleben in weitem, obzwar individuell wechselndem Umfange aus den um die Sexualität gruppierten fremden und eigenen Taxationen nährt und dass sich vor allem die Selbstwerteinbussen (der sog. Minderwertigkeitskomplex) davon abhängig erweisen. Es spricht sicher vieles für die Behauptung MARCINOWSKIS, «die ursprüngliche Bewertung einer Persönlichkeit bemesse sich unwillkürlich nach erotischen Gesichtspunkten».[79] Wahrscheinlich gibt es keine sich zu einem Minderwertigkeitskomplex auswachsenden und zusammenballenden «ästhetischen» (leibbezüglichen) und moralischen Selbstvorwürfe, an denen nicht mehr oder minder verdrängte sexuelle Faktoren (besonders häufig masturbatorische Handlungen) beteiligt sind und nachwirken würden. Andererseits ist es frappant, wie manchmal Menschen (zumal Frauen), deren bisheriges Verhalten

---

77 L. A. SENECA: Philosophische Schriften. Übertragen von O. APELT, Band 4, S. 145, 189. Leipzig 1924.

78 V. E. VON GEBSATTEL: Der Einzelne und der Zuschauer. Zeitschr. f. Pathopsychol. 2 (1913), S. 36ff.

79 J. MARCINOWSKI: Die erotischen Quellen der Minderwertigkeitsgefühle. Zeitschr. f. Sexualwissenschaft 4 (1917/18), S. 317.

scheu, unfrei, gehemmt, gedrückt war und deren Persönlichkeit gleichsam verkümmert blieb, beinahe über Nacht auch in ihrer leiblichen Erscheinung «aufblühen» und, ihre latenten Möglichkeiten entfaltend, sich gelöst, selbstsicher, frei geben, nachdem sie von einem liebenden Blick getroffen worden sind. Die Erfahrung des Geliebtwerdens umgreift wie das Lieben die ganze Existenz und realisiert erst die Geburtsstunde der eigentlichen Menschlichkeit des Menschen. Dass sich nun das Erwachen des reflektierenden Selbstbewusstseins, die Selbstfindung in der Pubertät als unlösbar gebunden erweist an den vollen Durchbruch der Geschlechtlichkeit, rücksichtlich dessen alle ihre kindlichen Manifestationen doch den Eindruck des flüchtigen, unzeitgemässen Vorauseilens behalten: dieses an sich triviale «biologische» Faktum ist zugleich von einer eminenten anthropologischen Relevanz. Denn es zeigt sich darin, dass jenes konstitutive Ingrediens des menschlichen Wesens und Seins, welches dem sexuellen Dimorphismus und der Leiblichkeit überhaupt wahrscheinlich am fernsten gerückt sein dürfte und die innerste Innerlichkeit ausmacht: der Geist im engen prägnanten Sinne – dass das Aufbrechen der Geistigkeit und das In-Gang-kommen ihrer spezifischen Problematik sich im Zusammenstoss mit der sich aufdrängenden Geschlechtlichkeit ereignet, soweit jene später auch in ihrer immanenten eigentümlichen Bewegung vom Ursprung abkommen mag.[80] Das dem Geiste schlechthin Andere, Fremde, Entgegenstehende, von dem er sich zu Unrecht das Moment des «Schöpferischen» geborgt hat: die «irrationale», zeugende, naturhafte, un-persönliche und in diesem Verstande un-menschliche Sexualität verleiblicht die grosse Gegenmacht der Vernunft, der ebenfalls etwas jetzt zwar im Sinne des «Allgemeinmenschlichen» «Un-persönliches» oder «Über-persönliches» eignet. Eingespannt in die beiden «apersonalen» Mächte erwächst dem Einzelnen vor allem in der Konfrontation sowohl mit der eigenen wie mit der fremden mit-

80 Dass die geistige Problematik zumeist – nicht immer – anlässlich der Konfrontation des jugendlichen Menschen mit der sich aufdrängenden Geschlechtlichkeit durchbricht, besagt selbstverständlich nicht, sie sei daraus im Sinne einer «Herleitung» der Geistigkeit, etwa aus gehemmter sexueller Triebenergie (Libido), «entstanden».

menschlichen Geschlechtlichkeit die Aufgabe, sie in der Selbstfindung zu einer gestalteten personalen Einheit zusammenzubilden, die über dem Niveau des faktischen ontisch untrennbaren Zusammenseins liegt. Im Selbstwertbewusstsein reflektieren sich die Schwankungen und Stufen des Gelingens jener Aufgabe, deren Bewältigung offenbar deshalb so schwer fällt, weil ausser dem Tode die Sexualität (einschliesslich der an sie geknüpften erschütternden Ereignisse der orgastischen Lust, der Angst, des Grauens, des Schmerzes u.a.) das persönlichkeitsfremdeste Geschehen darstellt, welches zugleich die unabweisbare Forderung nach der personalen Durchgestaltung – man könnte in diesem speziellen Falle sagen: der aneignenden Verinnerlichung des Leibes – enthält. Unter diesem Aspekt müssen die mannigfachen Dokumentationen der Geschlechtlichkeit gesehen werden, denn nur so, scheint uns, lässt sich ihre hohe, obzwar zwiespältige Bewertung einigermassen verstehen. Das isolierte Heraustreten der Sexualität und ihrer Taxation ist, von den jeweiligen individuellen lebensgeschichtlichen Faktoren abgesehen, das Symptom des Scheiterns oder doch des ungenügenden Gelingens der bezeichneten Aufgabe, die Sexualität zum Medium der liebenden Zuwendung zum Partner zu machen und die eigene, geschlechtlich akzentuierte Leiblichkeit als Begegnungsort von «Ich» und «Du», «Subjekt» und mitmenschlichem «Objekt» in den Prozess der Selbstwerdung aufzunehmen und einzuschmelzen.[81] Demgemäss muss letzten Endes die unbestreitbare durchschnittliche Hochschätzung der Geschlechtlichkeit in allen ihren Bekundungen bis zur extremsten, an sich absurden Veräusserlichung und Isolierung etwa in der Grösse des männlichen Gliedes als Zeichen und als Folge

81 In einer bestimmten Hinsicht hat Kolnai (a.a.O., S.65 Anm.) recht, wenn er sagt, dass «keineswegs die entsprechenden Körperorgane des anderen Geschlechtes erotisch vorzugsweise geschätzt, ... vielmehr das andere Geschlecht in seinem ganzen Wesen (mit den verschiedensten Sonderbetonungen) begehrt» werde. Nur übersieht er die der menschlichen Sexualität – infolge ihrer radikalen «Gestörtheit» – einwohnende Tendenz zum sich selbst isolierenden Heraustreten aus der personalen Ganzheit, die auch die leiblichen Geschlechtsmerkmale ergreift und eine gewisse «fetischistische Teilanziehung» (Hirschfeld) zum fast «normalen» Tatbestand macht.

der Ubiquität des Zerfallenseins der Menschen mit ihrer Sexualität begriffen werden. Und die Banalisierung und Bagatellisierung der Geschlechtlichkeit, die sich im mehr oder weniger zur alltäglichen Gewohnheit gewordenen mechanisierten Vollzug der Kohabitation und in ihrer gesellschaftlich-rechtlichen Regelung als «ethische Pflicht» manifestiert, hat den dem klaren Wissen des Einzelnen als Erlebnis zwar verborgenen, jedoch im faktischen Tun gelebten Sinn, das persönlichkeitssprengende zeugende Geschehen seiner überwältigenden Ursprünglichkeit und Elementarität zu berauben und es schliesslich zu einer Angelegenheit der rezeptierten «Technik des Liebesverkehrs» zu verwandeln. Da aber die technische Beherrschung eines Verhaltens oder Geschehens sich dann am leichtesten bewerkstelligen lässt, wenn sie sich auf einen begrenzten übersehbaren Bereich beschränkt, deshalb musste sich die Geschlechtlichkeit weitgehend auf die genitale Funktion einengen, sodass das, was man euphemistisch den «Liebesverkehr» nennt und was in der Tat die intimste Weise der totalen mitmenschlichen Begegnungsgestalt sein könnte, zu einer Technik der lokalisierten, möglichst schmerz- und risikolosen ein- oder gegenseitigen Lustbefriedigung geworden ist. Daher vermag auch der «sexuelle Erfolg», der sich unter Absehen vom qualitativen erfüllten Erlebnis- und Sinngehalt auf die Zählbarkeit der Akte und Eroberungen beschränkt, so leicht zum Mittel des Egoismus, des Machtverlangens zu werden: Beherrschung einer Organfunktion und Bemächtigung des entsprechenden befriedigungversprechenden Objektes sind einander zugeordnet.

Wenn die in der Genitalität konzentrierte Schätzung der Sexualität nicht allein aus der Beschränkung auf sie als isolierter Sachverhalt verstanden werden kann – weil ihr nicht unbeträchtliche Wertungszuschüsse aus prä- oder extragenitalen Faktoren zufliessen, die sich zufolge bestimmter, vorwiegend umweltsbedingter Entwicklungen gleichsam aus die Geschlechtsorgane ablagern, und weil sich ein wesentlicher Bereich der mitmenschlichen Kommunikationsmöglichkeiten einschliesslich der ihnen innewohnenden Schwierigkeiten und Störungen im sexuellen Kontakt als Ausdrucksmedium der liebenden Zuwendung verdichten – dann trifft dies gewiss auch auf die übrigen sekundären und tertiären Geschlechtsmerkmale zu, die zumeist als erregende «Reiz»-quellen fungieren. An sie, z.B. an das weibliche Haar und an die Brüste, knüpfen sich oft sog. «ästhetische» Wertungen, d.h. man sieht in ihnen Kristallisationspunkte der geschlechtlich akzentuierten «Schönheit». Dass es sich hierbei indessen um flüchtige, veränderliche, den kollektiven Geschmackswandlungen (Moden) unterworfene Taxationen handelt, weiss jeder; ihr sexueller Erregungsreiz aber hält sich im Gegensatz dazu – von individuellen Abweichungen und Fixierungen abgesehen – mit grosser Hartnäckigkeit durch. Trotzdem werden auch die sekundären und tertiären Geschlechtsmerkmale weder von ihren Trägern noch von den Partnern *nur* positiv geschätzt. Wenn etwa ein Mädchen aus irgendwelchen Gründen gegen seine eigene Weiblichkeit feindlich gesinnt ist, sie ablehnt und lieber ein Knabe sein möchte, dann kann es versuchen, das Wachstum der Brüste mittels Einbindens zu verhindern oder doch ihre durch die Kleidung verhüllte Sichtbarkeit zu mindern, weil sie ihm als Exponent seiner verworfenen Geschlechtlichkeit erscheinen; in extremen Fällen kommt es zu gegen die Brüste gerichteten Verstümmelungsversuchen.[82] Freilich bleiben das seltene Ausnahmen; in der Regel sind die weiblichen Wesen gemäss der üblichen Schätzung des Busens zumal von seiten der Männer im Gegenteil darum besorgt, ihn innerhalb der von der Gesellschaft geduldeten Entblössungsgrenzen den fremden Blicken möglichst anziehend zu präsentieren und eventuelle Mängel mit Hilfe der von der Schönheitspflege und -industrie zur Verfügung gestellten Mittel zu korrigieren. Dieser an sich allgemein bekannte triviale Sachverhalt gewinnt eine gewisse Bedeutung als auffälliges Beispiel für die herrschende hohe, obzwar wie gesagt gegebenenfalls zwiespältige Bewertung der extragenitalen leiblichen Geschlechtszeichen, in denen sich sozusagen der «erotische Kurs» eines Menschen manifestiert. Auch hinsichtlich ihrer wäre es sicher verfehlt, ihre Rolle auf den nackten sexuellen «Reizwert» zu reduzieren; sie müssen vielmehr in das Ganze des Selbstwertbewusstseins eingeordnet werden, welches durch das von der geschlechtlich akzentuierten Leibgestaltung mitbestimmte Geliebtwerden zweifellos die durchschnittlich wesentlichste Bestätigung erfährt. Zufolge einer abscheuerregenden leib-

82 Vgl. K. Landauer, a.a.O., S. 384f., 395f.

lichen Entstellung oder Unansehnlichkeit nie geliebt worden zu sein, gehört gewiss zu den bittersten und quälendsten Eingeständnissen eines Menschen, wogegen der Adel oder die «Schönheit» der Seele nur einen fragwürdigen Ersatz und Ausgleich gewährt. Allein wie beim Impotenzerlebnis tritt das volle Gewicht der sekundären und tertiären Geschlechtsmerkmale als Ingredienzien des Selbstwertbewusstseins oft erst anlässlich der Wahrnehmung eines ihnen eignenden Mangels hervor, der sich ihrem Träger nach einer davon motivierten erlittenen Abweisung oder Zurücksetzung aufdrängen mag. Die sich daran manchmal anschliessenden erstaunlich nachhaltigen und tiefgreifenden Erschütterungen erwachsen vermutlich immer auf einem durch die frühkindliche Lebensgeschichte vorbereiteten Boden: die späteren an den männlichen oder weiblichen Leibprägungen angreifenden Kränkungen sind «Neuauflagen» älterer, übrigens nicht notwendig im sexuellen Bereich vorgefallener Selbstwertminderungen.

Man muss sich nun fragen, ob die eigene sowohl wie die fremde Taxation eines sekundären oder tertiären Sexualmerkmals in der Gesamtbewertung der Geschlechtlichkeit nicht von grösserem Gewicht sein kann als die Schätzung der Genitalität; und da besteht kein Zweifel, dass das oft genug der Fall ist. Um an das bereits erwähnte Beispiel des weiblichen Busens anzuknüpfen, so darf man wohl behaupten, dass die Ubiquität und Intensität seiner spezifischen sexuellen Erregungswirkung auf die Männer zwar hinter der des mehr oder weniger unverhüllten Genitales zurückbleiben mag; dass aber die zusätzlichen – «ästhetischen» – Eindrucksqualitäten, ineins mit seinen einem subtileren Raffinement zugänglichen Abstufungen der Sicht- und Darbietungsmöglichkeiten es vermocht haben, ihm eine entschiedener ausgebreitetere Anziehungskraft auf die männlichen Partner und, rückwirkend, auch eine erheblichere Bedeutung im Leibbewusstsein seiner Trägerinnen zu sichern, als sie dem Schambereich eignet. Freilich liesse sich dagegen einwenden, diese Bevorzugung verdanke der Busen nicht seiner genuinen erotischen Reizqualität, sie sei vielmehr die Folge einer unbewussten hinweisenden Funktion, auf Grund derer etwa an der Fülle die latente geschlechtliche «Leidenschaftlichkeit» einer Frau abzulesen sei. So meinte einmal LÖWENFELD: «Üppigkeit der Formen, speziell der

Brüste, dürfte …, wenn dieselbe nicht auf Fettleibigkeit beruht, als ein Hinweis auf lebhaftere sexuelle Neigungen im allgemeinen wenigstens betrachtet werden. Man kann sich ja vorstellen, dass die Natur bei weiblichen Wesen, die zum Säugegeschäft durch ihre Brustdrüsenentwicklung besonders geeigenschaftet sind, auch die innere Sekretion des Sexualapparates jene Stoffe, welche für die Stärke des Sexualtriebes von Bedeutung sind, in reichlicherem Masse produziert, als bei Personen mit dürftiger Entwickelung der Brustdrüsen».[83] Löwenfeld bringt damit in der Tat eine «unter dem Volke» umgehende Meinung zum Ausdruck, deren Haltbarkeit oder Hinfälligkeit kaum nachzuprüfen ist, u. a. schon deshalb nicht, weil die sog. «Stärke» des Sexualtriebes ja keineswegs eine den hormonalen Prozessen zugeordnete einfache Konstante darstellt. Davon abgesehen jedoch zwingt der schlichte Erlebnisbefund dazu, den weiblichen Brüsten generell eine unmittelbare sexuelle Erregungswirkung auf die Männer (in gewissen Situationen übrigens auch auf die – nicht etwa nur lesbischen – Frauen selbst) zuzuschreiben, die je nach Grösse, Gestalt, Konsistenz derselben freilich ausserordentlich variabel bleibt und als extreme, ins Negative umschlagende Möglichkeit das «antifetischistische» Abgestossenwerden in sich schliesst. Hinsichtlich der Schätzung der Brüste von seiten der Frauen selbst kommt dann naturgemäss ihrer Rolle als erogene Zone, d. h. als Quelle sexueller Empfindungen, die durch Betastungen, Liebkosungen, Friktionen der Mamillen usw. ausgelöst werden, eine wesentliche Bedeutung zu, ohne dass man genötigt wäre, sie als Surrogate des fehlenden Phallus anzusehen, also ihnen «phallische Qualitäten» zu supponieren (gelegentlich mögen ihnen solche in den Phantasien einzelner Mädchen und Frauen anhaften). Wir bemerkten vorhin, dass der sexuelle Reizwert des Busens sich gegen die eine Weile auch bei uns die Mode, genauer: das Wunschbild des weiblichen Leibbewusstseins beherrschende Tendenz, die Fülle durch eine mehr mädchenhafte Schlankheit zu verdrängen, durchzusetzen vermochte,[84] obzwar die

---

83 L. Löwenfeld: Jungfräulichkeit und Sexualität. Sexual-Probleme 10 (1914), S. 309f.

84 Das zeigt also die Konstanz des erotischen Reizwertes dieses sekundären weiblichen Geschlechtsmerkmales auch dort, wo die herrschende Ge-

Gegenbewegung – die Rückkehr zur fraulichen Üppigkeit – bislang auf sich warten liess. Ob dafür mehr die vorwiegende Geschmacksrichtung der Männer oder die hinter der Schönheitsindustrie wirksamen anonymen Mächte verantwortlich zu machen sind, lässt sich schwer entscheiden. Jedenfalls darf man bei aller Anerkennung des Gewichtes der erotischen Motive in der Gestaltung der Mode und ihrer Wandlungen[85] die andern – sozialen, wirtschaftlichen, politischen, hygienischen u.a. – Faktoren nicht unterschätzen. Dafür scheint ein weiteres hierher gehöriges Beispiel zu zeugen.

Der Bart galt lange Zeit als hoch taxiertes sekundäres männliches Geschlechtsmerkmal.[86] Offenbar sah man in ihm mehr oder weniger unbewusst ein Symbol der sexuellen Potenz. Sein Wachstumsbeginn in der Pubertät (mithin sein hormonales Bedingtsein) ineins mit dem der Schambehaarung, vielleicht auch die ähnlichen Erscheinungen bei maskulinen Tieren, die – wie etwa Ziegenbock und Löwe – seit alters Sinnbilder der zeugenden Männlichkeit oder mindestens der männlichen Kraft schlechthin waren, haben vermutlich das korrelative Zuordnungsverhältnis zwischen dem Grad der Geschlechtlichkeit und dem der Behaarung, insbesondere des Bartes in der Meinung der Menschen gestiftet. Wenn heute manche Männer die frühzeitige Glatzenbildung mit künstlichen Mitteln aufzuhalten versuchen, so treiben sie dazu nicht immer nur «ästhetische» Sorgen; vielmehr spielt sicher oft eine unterschwellige Furcht vor dem Nachlassen der Potenz mit, dem sie auf unklare magische Weise durch erneute Anregung des Haarwuchses glauben steuern zu können.

---

schmacksrichtung gegen dessen übersteigerte Ausprägung gerichtet ist. Man darf vielleicht sagen, dass der üppige, die sekundären Charaktere der Weiblichkeit akzentuiert darbietende Leib in der Regel das spezifisch sexuelle Begehren der Männer intensiver zu erwecken vermag als der schlanke; dass der letztere aber trotzdem vorwiegend das europäische Schönheitsideal bestimmt hat. Darin dokumentiert sich eine unleugbare gewisse Divergenz auch zwischen der *erotisch* determinierten «Schönheit» und der «grobsinnlichen» Anziehung, die zur Bevorzugung der vollen Formen tendiert.

85 Vgl. dazu etwa A. Elster: Die Erotik in den Motiven der Mode. Sexual-Probleme 10 (1914), S. 31ff.

86 Vgl. O. Scheuer: Das menschliche Haar und seine Beziehungen zur Sexualsphäre. Sexual-Probleme 8 (1912), S. 161ff.

Wiederum sei die Frage nach dem sachlichen Rechtsgrund der supponierten Relation dahingestellt: der Glaube als solcher, dass starker Haarwuchs eine entsprechende Geschlechtspotenz-Sinnlichkeit verrate, besteht; und er dokumentiert sie auch in bald offener, bald verhüllter Form in Märchen, Mythen, Volksbräuchen u.a. Trotzdem konnte der Bart als Symbol der Virilität dem Druck der bartfeindlichen Mode nicht widerstehen; aber er hat den Zusammenhang mit der sexuellen Sphäre im Negativen noch insofern bewahrt, als er jetzt bei einzelnen Männern als Verbergungsmittel besonders schwulstiger «sinnlicher» Lippen zu dienen scheint.

Ein einigermassen adäquates Urteil über die durchschnittlich herrschende Einschätzung der menschlichen Sexualität in allen ihren direkten und verborgenen Bekundungen zu gewinnen, stösst nicht zuletzt deshalb auf kaum zu überwindende Schwierigkeiten, weil hier, wie bereits bemerkt, erhebliche traditionsbedingte gesellschaftliche Differenzen bestehen.[87] Kreise, die noch unter einem massgebenden Einfluss einer bestimmten leibfeindlich-prüden Kirchengläubigkeit – die ja nicht mit dem Christentum schlechthin identifiziert werden darf[88] – leben, taxieren die Geschlechtlichkeit selbstverständlich anders als jene Schichten, die einer mehr oder weniger «heidnischen», jedenfalls der offiziellen christlichen Sittlichkeit entfremdeten Daseinsauffassung huldigen.[89] Menschen, die zur notdürftigen Existenzerhaltung täglich schwere ermüdende Arbeit leisten müssen, verfügen in der Regel über die geringere Kraft und Lust zur sexuellen Betätigung als solche, denen ihr Wohlstand einen gewissen müssiggängerischen Luxus und damit die Möglichkeit des die Langeweile ausfüllenden geschlechtlichen Raffinements erlaubt; während diesen das phantasierende und handelnde Auskosten immer neuer Varianten zum zentralen süchtigen Lebensinhalt

87 Vgl. H. Ellis: Geschlecht und Gesellschaft. 1. Teil, 2. Aufl., S. 121ff. Leipzig 1922; *derselbe*: Die neue Einschätzung des Obszönen. Die psychoanalyt. Bewegung 4 (1932), S. 119ff.

88 Vgl. Vom Wert des Leibes in Antike, Christentum und Anthropologie der Gegenwart, [hrsg. vom Deuschen Institut für wissenschaftliche Pädagogik Münster in Westfalen.] Salzburg/Leipzig 1936.

89 Vgl. M. Weber: Die Ideale der Geschlechtergemeinschaft. 2. Aufl., Berlin 1930.

werden kann, bleibt für jene der sexuelle Genuss unter Umständen ein peripheres, nebenher erledigtes, die trübe Eintönigkeit des lastenden Alltags in keiner Hinsicht auflockerndes Ereignis; oder häufiger dient er dem blossen Ausgleich[90] ohne wesentlichen Gehalt. Allein auch hier gibt es zahllose individuelle Abwandlungen, welche die gesellschaftlich bedingten Wertungen durchbrechen und diesen kaum die Gültigkeit einer die soziale Schicht charakterisierenden Regel belassen. So mag etwa die genitale Befriedigung in einem von der monotonen sinnleeren Fabrikarbeit verzehrten Dasein fast die einzige Abwechslung bieten und daher zum zentralen Ziel des gegen jene abgehobenen Glücksstrebens geworden sein – im Resultat nicht unterschieden von der süchtigen Lustsuche des «dekadenten» übersättigten «Genussmenschen». Trotzdem gewinnt man den Eindruck, dass die hohe Einschätzung der Geschlechtlichkeit in der faktischen Lebensführung der Einzelnen, die ökonomischen, sozialen und kulturellen Differenzen in weitem Umfange übergreift, zumal wenn man sich durch die absichtlichen und unbewussten Fremd- und Selbsttäuschungen nicht beirren lässt. Ausser den von jenen bewirkten Schwankungen des Wertens gibt es noch solche, die in den jeweiligen aktuellen Zuständlichkeiten und in den Lebensphasen wurzeln.

Wie bei allen vitalen, bewusst erlebten Mängelzuständen neigt der Mensch auch in der sexuellen Bedürftigkeit im allgemeinen dazu, mit der wachsenden, das Unbefriedigtsein kennzeichnenden Spannung die Wichtigkeit der Bedürfnissättigung sowohl wie der ihr dienenden Objekte zu unterschätzen. Zwar sinkt, worauf Freud, Katz u.a. hingewiesen haben, mit der zunehmenden Impulsintensität und Unruhe das Anspruchsniveau an die Qualitäten der stillungversprechenden Gegenstände, was für die Geschlechtlichkeit nicht weniger als für Hunger und Durst gilt. Damit verbindet sich zugleich eine Verarmung der Um- und Mitwelt an differenzierten gegenständlichen Gehalten, weil die erlittene Bedürftigkeit die motorisch-sensorischen Bezüge zum Begegnenden auf den ihr zugeordneten Bezirk einengt und ineins die Innerlichkeit mehr oder weniger absorbiert, um die eine Regung kreisen lässt. Das aber bewirkt gerade die isolierte Wertübersteigerung, die dann nach der Triebbefriedigung

---

90 Vgl. L. Franzen-Hellersberg: Die jugendliche Arbeiterin, S. 86ff. Tübingen 1932.

wieder korrigiert, d.h. auf das durchschnittliche Niveau reduziert wird. Je häufiger nun der Einzelne von – sei es mehr endogen oder exogen bedingten – sexuellen Erregungszuständen beunruhigt zu werden pflegt, die nicht sogleich irgendwie abreagiert werden können, desto leichter drängt sich ihm in der Regel eine übertriebene Bewertung der geschlechtlichen Sphäre auf. In der Regel: denn unter bestimmten Umständen, etwa wenn das quälende Moment der Erregungen überwiegt oder wenn diese sich schlecht mit den moralischen Idealen und Forderungen vertragen, schlägt die Taxation ins Gegenteil um. Da jedoch sowohl die (vorwiegend) spontan durchbrechenden sexuellen Bedürftigkeiten wie die sie erweckenden Situationen nach Zahl und Intensität bei den verschiedenen Menschen eine ausserordentlich weite Variationsbreite zeigen – SCHULTZ-HENCKE z.B. lässt sie für die spontane männliche Sexualität «zwischen dreimaliger Erregung täglich und einer um alle vier Wochen auftretenden» Begehrlichkeit schwanken[91] – so wechseln auch, wenngleich nicht im selben Ausmasse, die zugeordneten Wertungen. Dass, von den individuellen Wandlungen abgesehen, die Schätzungen der geschlechtlichen Erlebnisse in der Pubertät und in der daran anschliessenden Reifeperiode generell einen Höhepunkt einhalten, versteht sich ebenso von selbst wie das langsame Absinken ihres Ranges mit dem altersbedingten Aussetzen der somatischen Genitalfunktionen. Auch hier dokumentiert sich übrigens die zentralere, inniger mit der ganzen Persönlichkeit verflochtene Stellung der weiblichen Sexualität; denn offenbar bezieht sich die depressive Angst mancher Frauen vor dem Klimakterium (die direkt hormonal bewirkten Störungen sollen hier ausser Betracht bleiben) nicht allein auf den Verlust ihres sexuellen Reizwertes, vielmehr erleiden sie damit zugleich eine Einbusse des ihre Menschlichkeit mittreffenden Geliebtwerdens. Im Gegensatz zu diesen phasenspezifischen Taxationen der Geschlechtlichkeit, die mit der noch aktualisierungsfähigen oder doch ehemals erfahrenen sexuellen Spontaneität in Beziehung stehen, vermögen wir den die Kindheit beherrschenden Einschätzungen der genitalen Geschehnisse in der Hauptsache nur eine sekundäre, d.h. von der Um- und Mitwelt bedingte Relevanz

91 Der gehemmte Mensch, S.170.

zuzubilligen, die deswegen freilich keineswegs gering sein muss. Den masturbatorischen und masturbationsähnlichen Lusterlebnissen wie den spielerisch-nachahmenden Koitusversuchen würde wahrscheinlich von den Kindern selbst ein bescheidener Wert zugeschrieben, wenn sie sie ungestört erfahren könnten – vorausgesetzt, sie seien nicht bereits zu kompensatorischen Ersatzphänomenen geworden. Weil sie aber die Erwachsenen zu den üblichen, mehr oder weniger drastischen Abwehrmassnahmen veranlassen, wächst ihnen daraus für das Bewusstsein der Kinder eine gesteigerte Bedeutung zu, ähnlich wie durch die Reinlichkeitsgewöhnung die analen Vorgänge unter Umständen ein nachhaltiges, das Gebaren mitbestimmendes Gewicht zu gewinnen vermögen, das ihnen von Hause aus – etwa auf Grund ihrer «analerotischen» Qualitäten – nicht notwendig eignen müsste.

Überblickt man die bislang für die allgemeine Taxation der Geschlechtlichkeit geltend gemachten Faktoren, so wird man feststellen müssen, dass jenes Moment, an das in diesem Zusammenhang zuerst gedacht zu werden pflegt, noch gar nicht berücksichtigt worden ist: die sog. «Stärke» des Sexualtriebes.[92] Die Neigung, darin eine relativ konstante oder doch in autonomen Rhythmen wechselnde, den hormonalen Prozessen zugeordnete und von diesen eindeutig bedingte Grösse zu sehen,[93] dürfte noch immer auch wissenschaftliche Kreise – nicht bloss die «Laien» – weithin beherrschen. Gewiss liegt dieser Meinung etwas Richtiges zugrunde. Jeder Mensch verfügt über ein wahrscheinlich erbmässig fixiertes Mass an «Lebenskraft», an spontaner vitaler Aktivität, das individuell ausserordentlich differiert – man glaubt es gelegentlich in der unterschiedlichen Beweglichkeit und Umweltzuwendung der kleinen, noch «ungezähmten» Kinder unmittelbar spüren, wenngleich nicht messen zu können. Diese vitale Aktivität äussert sich auf zwei Weisen: einerseits im gesamten motorischen, insbesondere gegenstandsgerichteten Verhalten, andererseits in der ge- und erlebten Innerlichkeit, die von den dumpf-drängenden Spannungszuständen und Stimmungen über das

---

92 Vgl. L. Löwenfeld: Über die sexuelle Konstitution und andere Sexualprobleme, S. 64ff. Wiesbaden 1911.

93 Über diese Zusammenhänge vgl. O. Kanders: Keimdrüse, Sexualität und Zentralnervensystem, S. 57ff. Berlin 1928.

Phantasieren und Planen bis zum bestimmten Wahrnehmen, Denken und Wollen reicht. Da nun manche dem inneren Geschehen zugezählten Abläufe von mehr oder weniger deutlichen motorischen Erscheinungen «begleitet» werden, sodass die sichere Zuordnung zur psychischen oder somatischen Sphäre unter Umständen schwer fällt oder unmöglich ist (z.B. bei der genitalen Erregung), schreiben wir jener der vitalen Spontaneität als zugrundeliegend gedachten «Energie» mit einem gewissen wahrscheinlichen Recht einen psychophysisch neutralen Charakter zu. Jedoch manifestiert sie sich – von relativ seltenen Phasen vager, gegenstandsloser getriebener Unruhe und Betätigungslust vielleicht abgesehen – nicht als «reine», d.h. qualitätslose Energie; vielmehr investiert sie sich (fast) stets in so oder so gearteten inneren und äusseren Aktionen. Daher bleibt die quantifizierende, von den Aspekten der des Objektbezuges und der organgebundenen Entäusserung und der daraus erschliessbaren Spezifität abstrahierende Betrachtung der Vitalität eine zwar mögliche, aber weder verifizierbare noch belangvolle Denkbarkeit. Das gilt auch hinsichtlich der viel zu groben Trennung in «psychische» und «somatische» (hormonale, nervöse, elektrische) Energie. Trotzdem kann man mit der Psychoanalyse die «seelische Seite» jener Energie, die sich in den sexuellen Impulsen (Wünschen, Gefühlen, Phantasien, Handlungen usw.) verströmt, als «Libido» bezeichnen und sie von der restlichen, unbestimmt gelassenen Vitalität abgrenzen; oder man kann die Libido, also die psychosexuelle Energie[94] als die ursprüngliche Qualität aller vitalen Kräfte hinstellen und die die asexuellen Aktionen nährenden Antriebe als sekundäre «desexualisierte Sublimierungen» deuten; oder man kann JUNG folgen und die gesamte psychische Energie «Libido» nennen;[95] oder man mag sich

94 Vgl. L. ANDREAS-SALOMÉ: Psychosexualität. Zeitschr. f. Sexualwissenschaft 4 (1917/18), S.1ff., 49ff.

95 Vgl. etwa W. REICH: Trieb- und Libidobegriff von Forel bis Jung. Zeitschr. f. Sexualwissenschaft 9 (1922/23), S.17ff., 44ff., 75ff.; H. HARTMANN: Die Grundlagen der Psychoanalyse, S.122ff. Leipzig 1927; C.G. JUNG: Über die Energetik der Seele und andere psychologische Abhandlungen, S.9ff. Zürich, Leipzig und Stuttgart 1928; S. BERNFELD und S. FEITELBERG: Über psychische Energie, Libido und deren Messbarkeit. Imago 16 (1930), S.66ff.

den neueren, nach der Loslösung von der Psychoanalyse entwickelten Anschauungen Reichs anschliessen und in der letzten Endes ihrem «Wesen» nach elektrischen «vegetativen Energie» das rätselerratende Wort zu besitzen meinen.[96] Alle diese hypothetischen Beliebigkeiten lassen sich deshalb nicht nachprüfen und bleiben notwendig leere Denkkonstruktionen, weil sich sowohl die Qualitäten wie die Quantitäten der seelischen Energie vor ihren jeweiligen Manifestationen in den konkreten spezifizierten Erlebnissen und Verhaltensweisen unserem Erkennen grundsätzlich entziehen. So scheint uns jene Annahme am unbelastetsten zu sein, welche die totale, einem Menschen einwohnende Vitalität in der psychophysischen Indifferenz belässt und sie lediglich nach Massgabe der beobachtbaren Dokumentationen von Fall zu Fall ihrer Art und Intensität nach bestimmt. Danach entäussert sich ein gewisser Anteil der gesamten Vitalität in den mannigfachen geschlechtlichen Betätigungen, ein zweiter in der Hungerstillung, ein dritter in der Arbeit usw., ohne dass dem einen oder andern Aktivitätsbereich ein prinzipieller Vorrang zugebilligt werden könnte. Es ist nun eigentlich selbstverständlich und wird von der Erfahrung bestätigt, dass sich zufolge der begrenzten Fülle der dem Einzelnen verfügbaren «Lebenskraft» deren Bekundungen nicht in allen Daseinssphären gleichmässig auszubreiten vermögen.

---

96 Vgl. die früher zitierten Arbeiten Reichs aus seiner «sexualökonomischen» Phase, ferner W. Reich: Der Orgasmus als elektrophysiologische Entladung. Zeitschr. f. politische Psychologie u. Sexualökonomie 1 (1934), S. 29 ff.; *derselbe*: Der Urgegensatz des vegetativen Lebens. Ebenda, S. 125 ff.; *derselbe*: Die vegetative Urform des Libido-Angst-Gegensatzes. Ebenda, S. 207 ff.; *derselbe*: Experimentelle Ergebnisse über die elektrische Funktion von Sexualität und Angst. Kopenhagen/Prag/Zürich 1937. Für Reich scheint sich die psychosomatische «vegetative Energie» nur in sexueller, insbesondere genital-orgastischer Erregung, Angst und Wut qualitativ manifestieren zu können, was eine willkürliche Beschränkung darstellt, so gut wie die spätere psychoanalytische Aufteilung der psychischen Energie in «Libido» und «Destrudo», bzw. «Mortitudo». Dass sich *alle* psychophysiologischen Prozesse physikalisch als elektrische Vorgänge interpretieren lassen, dürfte wahrscheinlich sein, tangiert aber ihre spezifischen Differenzen nicht. Man kann von ihnen absehen, darf dann aber konsequenterweise nicht wie Reich behaupten, die «muskuläre Motorik im allgemeinen» sei ein «biologisches Grundphänomen der Sexualität» (Experimentelle Ergebnisse usw., S. 15).

Einen individuell unterschiedlichen und überdies innerhalb des einzelnen Lebens phasisch wechselnden Anteil der vitalen Gesamtenergie verausgabt wie gesagt jeder in der sexuellen Aktivität im weitesten Sinne (also von den leisesten Wünschen und flüchtigsten Regungen bis zu den scheinbar bloss körperlichen Vollzügen genitaler Betätigung reichend). Ob es sich bei diesem Anteil um ein von Anfang an qualitativ ausgezeichnetes, mithin libidinöses – so wie FREUD den Begriff versteht – bestimmtes Energiequantum handelt; oder ob er sich jeweils erst von den Entäusserungsorganen und Bezugsobjekten her spezifiziert, wissen wir nicht. Da für die erste Vermutung weder irgendwelche empirischen Anhaltspunkte noch Denknotwendigkeiten sprechen und die Tatbestände, zu deren Erklärung sie konzipiert worden ist, mit Hilfe der zweiten Annahme adäquater, den beobachtbaren Phänomenen näher bleibend, ohne den gleichen Aufwand an spekulativen Suppositionen zu erfordern, interpretiert werden können, geben wir ihr den Vorzug, wenngleich auch ihr hypothetischer Charakter nicht verkannt werden darf. Denn da uns, um es zu wiederholen, die psychische oder vielmehr psychophysisch indifferente, vitale Energie nur in ihren zahlreichen qualitativen Manifestationen einigermassen fassbar ist, vermögen wir ihren Zustand jenseits dieser Konkretionen nicht zu eruieren. Jedenfalls realisiert sich das, was wir im Alltag die «starke Vitalität» eines Menschen zu nennen pflegen, sowohl in einer unermüdlichen umfassenden Arbeit wie im Überstehen von Krankheiten, in der zähen Beharrlichkeit anstrengender sportlicher Leistungen wie im Ertragen geschlechtlicher Exzesse usw.; und nichts zeugt dagegen, dass all das von einer einheitlichen, (von der Qualifikation abgesehen) primär neutralen Energie genährt werde. Was nun insbesondere die sexuelle Vitalität angeht, so wird ihr Mass aus der Häufigkeit und Intensität des Auftretens des Bedürfnisses nach geschlechtlicher Betätigung, also was man ausserhalb der Psychoanalyse als «Libido» bezeichnet, erschlossen, wozu beim Manne noch die Leistungsfrequenz genitaler Akte tritt. Und eben im Hinblick darauf hat sich die Meinung gebildet, es lasse sich daran die Stärke des Geschlechtstriebes als eine feststehende, hormonal determinierte kompakte Grösse ablesen. Wenn man etwa die von ELLIS zusammengetragenen Diskussionen über die Streitfrage liest,[97] ob «der» männliche oder weibliche Begattungstrieb «stärker», «der» Mann oder «die» Frau «sinnlicher», «leidenschaftlicher» sei, er oder sie die «intensivere» Wollust erlebe, so können uns heute bestenfalls noch die psychologischen, moralischen und sozialen Motive einer solchen Fragestellung, nicht mehr sie selbst interessieren, da über deren Gegenstandslosigkeit kein Zweifel besteht. Ein solches Motiv ist sicher die Furcht mancher Männer, den Ansprüchen ihrer Frauen nicht gewachsen zu sein, was sie gelegentlich, wie LÖWENFELD berichtet,[98] dazu bewogen hat, sich beim Arzte nach der voraussichtlichen Stärke der in der Ehe geweckten sexuellen Bedürfnisse ihrer noch jungfräulichen Partnerinnen zu erkundigen. Die Unterstellung einer genuinen weiblichen «Unersättlichkeit» vermochte dann die fatale Rückwirkung des Ungenügens wohl von vornherein zu mildern. Wie haltlos dergleichen das Ausmass «der» femininen Geschlechtlichkeit fixierenden Thesen sind, ergibt die in gewissem Sinne diametral entgegengesetzte Auffassung, derzufolge der (freilich häufige) Orgasmusausfall «der» Frauen sozusagen ein phylogenetisches Erbstück sei:[99] für ein weitgehend lebensgeschichtlich-sozial bedingtes und von der herrschenden Moral als «normal» sanktioniertes Phänomen berief man sich schlicht auf die allen Einflüssen gegenüber geduldige «Natur». Auch LÖWENFELD scheint übrigens die Rolle des gesellschaftlichen Faktors in der unterschiedlichen Ausprägung der weiblichen Geschlechtsbedürfnisse schief gesehen zu haben. Er schreibt: «Hohe Bildung und gute Intelligenz können sich zwar ... mit sehr erheblicher sexueller Begehrlichkeit vergesellschaften, allein es ist doch nicht in Abrede zu stellen, dass im grossen und ganzen die weiblichen Angehörigen der gebildeten und intelligenteren Klasse weniger sexuelle Bedürfnisse besitzen oder diese Bedürfnisse besser zu beherrschen verstehen als die Frauen der unteren Volksschichten».[100] Man gewinnt den Ein-

---

97 H. ELLIS: Das Geschlechtsgefühl. Deutsche Ausgabe von J. E. KÖTSCHER, 3. Aufl., S. 258ff., 333ff. Leipzig 1922; vgl. auch L. LÖWENFELD: Über die sexuelle Konstitution, S. 69f., 163.

98 Jungfräulichkeit und Sexualität, a. a. O., S. 305f.

99 R. ELKAN: Über die Orgasmus-Unfähigkeit der Frau. Arch. f. Frauenkunde 19 (1933), S. 32ff.

100 A. a. O., S. 315f.; ferner: Über die sexuelle Konstitution, S. 73f.

druck, als postuliere Löwenfeld hier eine irgendwie organisch fundierte Koppelung zwischen Intelligenz- und sexuellem Bedürftigkeitsgrad bei den Frauen, während in Wirklichkeit die Verhältnisse zumeist so liegen, dass in den höheren Bildungsschichten die sexualitätsfeindliche Gesinnung und Atmosphäre intensiver ist und wenigstens das weibliche Geschlecht unter einem härteren Verdrängungsdruck aufwachsen lässt oder liess. Von entscheidender Wichtigkeit aber – und das gilt auch bezüglich der männlichen Sexualität – scheint uns dieses zu sein: die Geschlechtlichkeit der Menschen unterliegt generell einer dermassen tiefgreifenden sozialen und personal-lebensgeschichtlichen Gestaltung, dass das Hervorbrechen ihrer ursprünglichen, durch keine sekundären Momente gehemmten oder verstärkten Intensität zu den seltenen Ausnahmen gezählt werden muss, deren Feststellung wahrscheinlich nie ganz einwandfrei gelingen dürfte. Gewiss wird man als extreme Möglichkeiten sowohl eine fast völlige «Asexualität»[101] wie aussergewöhnliche, in einer primären konstitutionellen Bedürfnisstärke unmittelbar verwurzelte Leistungen zugestehen. Allein die meisten scheinbar hyperpotenten süchtigen Masslosigkeiten sind – von schweren Idiotien, psychotisch und organisch bedingten Störungen u. a. abgesehen – so gut neurotische Entwicklungsresultate wie die genitalen Verdrängungsfolgen; in ihnen entäussert sich keineswegs nur die libidinöse Triebenergie, vielmehr spielen die extrasexuellen Zuschüsse (Aggressivität, Machtbedürfnisse, Hass, Entwertungen usw.) als die geschlechtliche Aktivität sekundär steigernde Faktoren eine nicht zu unterschätzende Rolle. Der Rückschluss von den satyriasischen und nymphomanen Erscheinungen auf eine entsprechende ursprüngliche Stärke des Geschlechtstriebes[102] ist daher nicht minder verfehlt wie

---

101 Das Wort soll sowohl die fehlende Libido (im Sinne des dranghaften Bedürfnisses nach sexueller Betätigung) wie den erektiven, ejakulativen und orgastischen Potenzmangel umfassen; vgl. L. Löwenfeld: Über die sexuelle Konstitution, S. 83 ff.

102 Die früher erwähnte relative Isoliertheit der männlichen Genitalität im Ganzen der Person lässt vielleicht eine auf sie beschränkte ausserordentliche genuine, nicht neurotisch, bzw. lebensgeschichtlich bedingte Stärke von satyriasischem Ausmass eher zu als die direkt von entsprechenden konsti-

die eindeutige Zuordnung der letzteren zur Häufigkeit der ausgeführten Sexualakte (oder gar – in statistischen Untersuchungen über soziale, klimatische, volks- und rassenmässige Differenzen der Geschlechtlichkeit – zur Zahl der Eheschliessungen, Kinder, Sexualdelikte usw.). Ein Koitus mag vom Manne ohne das mindeste spontane Bedürfnis dazu vollzogen werden, etwa aus Langeweile oder um den Wunsch der Frau zu erfüllen; in noch erhöhtem Masse geschieht dergleichen von weiblicher Seite. Ferner kann sich das willentliche, z.B. durch die Situation geweckte Verlangen nach der orgastischen Lust ohne einen zugrundeliegenden Antrieb geltend machen, sodass die nötige libidinöse und erektive Erregung erst mehr oder weniger mühsam – durch körperliche Reizungen, Phantasien usw. – erzeugt werden muss. Das führt uns auf ein weiteres, das Erkennen der konstitutionellen, primären Impulsstärke – die sich als Grenzbegriff sicher nicht leugnen lässt – erheblich erschwerendes Moment.

Die menschliche Sexualität hat jene zeitliche Gestaltung, die man bei den Tieren als Brunstphasen bezeichnet, offenbar weitgehend verloren oder vielleicht überhaupt nie besessen. Ob gewisse Erscheinungen, z.B. die bei einzelnen Frauen vor oder während der Menstruation auftretenden gesteigerten Erregungszustände als letzte Reste einer «ehemals» bestandenen Brunstperiodik gedeutet werden können, sei dahingestellt. Jedenfalls ist heute unsere Geschlechtlichkeit wenigstens in den Jahrzehnten der Reife sozusagen dauernd ansprechbar (von vorübergehenden Erschöpfungs- und Ermüdungszuständen u.a. abgesehen). Wie bei den andern organischen Funktionen erhöht die faktische Betätigung zweifellos auch die Leistungsfähigkeit sowohl als die «Lust» (libidinöses Bedürfnis) der sexuellen Aktivität, wie es etwa jene Frauen belegen, die erst nach der Eheschliessung, bzw. nach der Aufnahme eines regelmässigen Geschlechtsverkehrs langsam ihre jungfräuliche Latenz gegen das wach gewordene genitale Verlangen und die orgastische Potenz eintauschen. Der ständigen Aktualisierungsbereitschaft kommen nun

---

tutionellen Intensitätsgraden des sexuellen Verlangens genährten nymphomanischen Zustände bei Frauen. Diese sind möglicherweise doch immer Symptom eines umfassenden Gestörtseins der Weiblichkeit und nicht Ausdruck einer ursprünglichen genitalen Bedürftigkeit und Erregbarkeit.

die um- und mitweltlichen Situationen, die eine ausserordentliche Mannigfaltigkeit erotischer Reiz- und «Verführungs»quellen enthalten, in weitem Umfange entgegen. Daher lässt sich in vielen Fällen nicht eindeutig entscheiden, ob ein sexueller Akt ausschliesslich oder vorwiegend einem spontanen Antrieb entsprungen oder durch einen exogenen Anlass ausgelöst worden ist; denn sicher darf das geschlechtliche Tun als solches nicht kurzweg als Dokumentation einer entsprechenden ursprünglichen, konstitutionell fixierten Impulsintensität gedeutet werden. Nimmt man alle diese ihre Erfassung komplizierenden Faktoren zusammen, dann hat man Grund genug, gegen die umlaufenden pauschalen, meist übertreibenden Schätzungen der «angeborenen» Stärke des Sexualtriebes skeptisch zu sein. Dass die zumal mit der Psychopathia sexualis sich beschäftigenden Forscher,[103] desgleichen die Reformer und Revolutionäre der Geschlechtsmoral eher dazu neigen, der Sexualität die Würde und Wucht einer «elementaren Naturgewalt» zu verleihen, versteht sich leicht; denn die wenigstens jenen sich aufdrängenden Erfahrungen an den süchtigen, perversen Formen der Geschlechtlichkeit können in der Tat und mit Recht den Eindruck eines übermächtigen, die Menschen unwiderstehlich ergreifenden Geschehens erwecken. Der Fehler liegt dann darin, die von mehreren extragenitalen Impulsquellen genährte Antriebsenergie dieser zumeist aus den individuellen Lebensgeschichten resultierenden Verhaltensweisen unbesehen auf «die» genuine Stärke «des» Sexualtriebes zu übertragen. Was den

---

103 LÖWENFELD (a.a.O., S.67) hat es für kaum bezweifelbar angesehen, «dass die persönlichen Erfahrungen der einzelnen Autoren hinsichtlich ihrer eigenen Vita sexualis für ihre Ansichten über die natürliche Stärke des Geschlechtstriebes von wesentlichem Einfluss waren». Das mag gelegentlich auch mitgespielt haben, zumal eine irgendwie auffällige eigene Geschlechtlichkeit die Wahl des wissenschaftlichen und praktischen Interessengebietes mitmotivieren kann; vgl. das Selbstbekenntnis eines Facharztes für Sexualleiden bei J. DÜCK: Aus dem Geschlechtsleben unserer Zeit. Sexual-Probleme 10 (1914), S. 745ff. Indessen sollte man einem Forscher soviel Selbstkritik und Zurückhaltung zutrauen dürfen, eine private Eigentümlichkeit in diesem der Korrektur zugänglichen Bereich nicht zu einer vermeintlich allgemeingültigen Behauptung aufzubauschen.

letzteren als ein das Handeln und Erleben in Gang bringendes und richtendes Agens betrifft, so wird man seine *generelle* Gewichtigkeit in intensiver wie in extensiver Hinsicht geringer einschätzen müssen als die des Hungers und wahrscheinlich auch des (im weitesten Sinne verstandenen) Machtverlangens. Anders formuliert: bezüglich der zeitlichen Ausgedehntheit sowohl wie der Intensität entspringen die das alltägliche Dasein in seinen mannigfaltigen Erscheinungen – Fühlen, Wünschen, Phantasieren, Planen, Vorstellen, Denken, Wahrnehmen, Wollen, Tun usw. – bewegenden Impulse bei der Mehrzahl der Menschen sicher nicht der Sexualität, sondern jenen Bedürfnissen, die sich um Hunger und Durst einerseits, das gesellschaftliche Ansehen andererseits gruppieren. Mit Vorbedacht sprechen wir von sich um die beiden Komplexe «gruppierenden» Bedürfnissen; denn nur in den seltenen Ausnahmezuständen (z. B. Hungersnöten) brechen die in der menschlichen «animalischen Natur» als deren Ingredienzien fundierten «Urtriebe» gleichsam nackt und mit elementarer Gewalt hervor. Triebpsychologien verkennen zumeist das Faktum, dass der Mensch – mit den Tieren verglichen – ein «mittelbares» Wesen ist. Das dokumentiert sich u. a. darin, dass jene «Urtriebe» – Hunger (und Durst), Machttrieb, Sexualität mögen als ungefähre hinweisende Bezeichnungen genügen – die ausgebreitetste Wirksamkeit in ihren *sekundären, lebensgeschichtlich und sozial bedingten Gestaltungen* entfalten. Was ihnen an drängender Wucht fehlt, ersetzen sie durch die unauffälligere Zähigkeit ihrer stetigen, aus vielen Quellen zusammenfliessenden Kraft. Die Leidenschaften und Laster, die zahlreichen Genussbedürfnisse, die Ansprüche auf eine «gesellschaftliche Position», die kleinen Sehnsüchte usw. verdanken ihre die Lebenspraxis weitgehend beherrschende Mächtigkeit keineswegs je *einzelnen*, noch so intensiven primären Antrieben genitaler, nutritiver oder sonstiger Herkunft; sondern gerade die Verwurzelung in den differenten Impulsbereichen und die Konvergenz der an ihrer Entstehung beteiligten Aufbaufaktoren heterogenen Ursprungs begründen ihre zähe Wirksamkeit. Versucht man nun den jeweiligen Anteil der drei «Urtriebe» einschliesslich der zugehörigen Strebungskomplexe an den den Ablauf einer üblichen Tagestätigkeit bestimmenden Agentien abzuschätzen, so scheint uns wie gesagt die Geschlechtlichkeit an dritter Stelle zu rangieren.[104] Trotzdem eignet ihr und nicht dem Hunger noch dem Machttrieb die grösste *psychologische* Bedeutung,[105] sofern man diese am Grad der Belastung mit innerer Problematik bemisst.[106] Aber das liegt keineswegs an der – gedanklich supponierbaren – ursprünglichen Impulsintensität der sexuellen Bedürfnisse, über deren «durchschnittliche Grösse» beim Menschen, etwa am Vergleich mit der Dringlichkeit der Hunger- und Durststillung gewonnen, sich schlechterdings nichts ausmachen lässt, da stets nur die ihrerseits nach Lebensphasen, vitalem Zustand u.a. schwankenden individuellen Differenzen das Verhalten antriebsmässig mitbestimmen. Bei den Fällen, in denen dem geschlechtlichen Tun aus «unwiderstehlicher Gewalt» oder aus unbeherrschbarem Zwang nachgegeben wird, handelt es sich – von organischen Ursachen abgesehen – wohl meistens um überdeterminierte Impulse; d.h. es strömen in sie unbewusste extrasexuelle Ingredienzien (Aggressivität, Angst usw.) ein, die den Antriebsdruck zusätzlich verstärken. Im übrigen spielt die sexuelle Impulsintensität als solche, welches immer ihre hypothetische durchschnittliche Grösse sein möchte, in der Gesamtschätzung der Geschlechtlichkeit

104 Die geistigen Intentionen, moralischen Motive u.a. bleiben ausser Betracht, es stehen hier lediglich die vitalen Triebimpulse zur Diskussion.

105 Das soll hier lediglich im Hinblick auf die drei Triebsphären behauptet werden; ob die These auch bei Berücksichtigung der biologischen und personalen Gesamtsituation des Menschen ihre Gültigkeit behält, mag auf sich beruhen.

106 Obzwar man über die Aktualisierungsbreite und -häufigkeit der das «alltägliche» Verhalten der Tiere nährenden Impulsgruppen noch ungenügend orientiert ist, kann hinsichtlich der eindeutigen Vorherrschaft des Hungers und der die Rangordnung tragenden Antriebe über die zum Kreis der Geschlechtlichkeit gehörenden Erscheinungen kein Zweifel bestehen. Daraus folgt freilich keineswegs notwendig, dass es auch beim Menschen so sein muss; seine «biologische Sonderstellung» könnte sich u.a. in der gegenüber den übrigen Lebewesen irgendwie verschobenen Position seiner Sexualität dokumentieren. Tatsächlich trifft das aber wenigstens bezüglich der aufgeworfenen Fragen nicht zu; trotz des Verlustes der Brunstphasen vermochte die menschliche Geschlechtlichkeit die Wirksamkeit der beiden andern Urtriebskomplexe als tragende Faktoren der durchschnittlichen Daseinsführung nicht in erheblichem Masse zu verdrängen. Die «Konsequenzen» manifestieren sich vorwiegend im Bereich der Innerlichkeit.

die geringste Rolle. Denn einerseits wirkt sie sich stets nur nach Massgabe der jeweiligen exogenen fördernden und hemmenden Faktoren aus; und andererseits ist ihre motvierende, zugleich als bewusst erstrebtes Handlungsziel gegebene Kraft sehr viel grösser denn als «reine» vis a tergo. Das dokumentieren etwa jene Menschen, bei denen die libidinöse Bedürftigkeit im Verlauf ihres Lebens aus irgendwelchen Gründen ausgefallen ist oder die infolge genitaler Verletzungen den Geschlechtsakt nicht mehr vollziehen können: manche von ihnen halten trotzdem an der herrschenden hohen Taxation des Sexualgenusses fest oder neigen gar aus der erzwungenen Entbehrung zu seiner Überschätzung. Doch müssen wir die Frage der Problembelastung der Geschlechtlichkeit noch etwas genauer diskutieren.

Wir haben schon eingangs auf die Möglichkeit einer Diskrepanz zwischen der tatsächlichen Rolle der Sexualität als Erlebens- und Verhaltensantrieb und ihrer subjektiven Taxation, bzw. ihrem Ort innerhalb der Rangordnung der Werte und Güter hingewiesen. Man konnte ferner im Unklaren darüber sein, welchem Wertbereich sie zu subsumieren sei: dem moralischen, ethischen, ästhetischen, sozialen, ökonomischen oder sonst einem. Offenbar gelingt es nicht, sie eindeutig hier oder dort unterzubringen, sie hat zu allen irgendeine Beziehung, ihren Kern müsste man als den sog. «vitalen» Werten zugehörig charakterisieren. Allein die faktische durchschnittliche Relevanz der Geschlechtlichkeit braucht weder in ihrer herrschenden Bewertung noch in ihrem Wirkgewicht adäquat zum Ausdruck zu kommen, auch dann nicht, wenn beide – Wert und Wirkgewicht – sehr hoch angesetzt werden. Und zwar deshalb, weil sich der wesentliche Gehalt jener Relevanz in einer andern, von der Taxation und der Antriebsintensität unterschiedenen Dimension realisiert: wir deuteten sie vorhin als Belastung mit innerer Problematizität an. Ob man diese positiv oder negativ einschätzt, ändert an ihrem Bestehen nichts; sie vermag eine Bedeutsamkeit im Sinne der tiefen Beunruhigung, der Nötigung zur ständigen Auseinandersetzung zu erlangen, ohne dass sie das Handeln in erheblichem Masse und mit elementarer Wucht determiniert. Muss die von Freud der Sexualität zugesprochene Wichtigkeit nicht in erster Linie nach dieser Richtung hin begriffen werden? Und beruht seine eigene Interpretation des

Tatbestandes, dergemäss es sich um eine mehr oder minder verborgene Ubiquität der libidinösen Strebungen handeln soll, nicht zu einem guten Teil auf einem kausal-genetischen Missverständnis?

Wenn man mit einiger Aufmerksamkeit, aber unvoreingenommen die dem Erholungs- und Luxusbedürfnis der Menschen dienenden sozialen Veranstaltungen und Einrichtungen daraufhin durchmustert, welche Rolle darin das erotische Element – es mag mehr auf die Erregung entsprechender Wünsche oder auf deren Befriedigung abgezweckt sein – spielt, dann kann dessen Allgegenwart schlechterdings keinem Zweifel unterliegen. Bereits SCHOPENHAUER nannte den Geschlechtstrieb einmal den unsichtbaren «Mittelpunkt alles Tuns und Treibens», den «heftigsten aller Triebe und Wünsche»; er hat wiederholt auf seine eminente Wirksamkeit hingewiesen. Gewiss lässt sich seine Einschätzung – oder Überschätzung – als nur begrenzt gültiges «Selbstbekenntnis» deuten; und man darf auch nicht übersehen, dass seine Willensmetaphysik ihm diesen Aspekt aufdrängen musste. Trotzdem bleibt das unleugbare Faktum bestehen: die Sexualität nimmt eine zentrale Stelle im menschlichen Dasein ein. Welches sind die Gründe dafür, wenn sie – wie wir darzutun versuchten – weder als Antriebsquelle des Handelns noch als hochbewertetes Motivationsziel des Luststrebens in dem ihr von der Psychoanalyse zugebilligten Ausmasse in Betracht kommt?

«Man hat», schreibt VON WEIZSÄCKER, «der Psychoanalyse vorwerfen wollen, sie leite ‚alles' aus Sexuellem ab, aber man hat dabei vergessen wollen, dass beim Menschen ‚alles' einmal aus der sexuellen Vereinigung entstanden ist».[107] Offenbar will VON WEIZSÄCKER mit dieser – übrigens auch für die meisten andern Lebewesen gültigen – Konstatierung die der Geschlechtlichkeit von seiten der Psychoanalyse supponierte Relevanz verteidigen. Indessen ist sie so zutreffend wie nichtssagend, darin ähnlich der These, dass alles mit allem «zusammenhänge». Mit ihr liesse sich in der Tat eine Art «Pansexualismus» – also jener an die Psychoanalyse adressierte und von ihr mit Recht zurückgewiesene Vorwurf – «beweisen». Das

---

107 V. VON WEIZSÄCKER: Körpergeschehen und Neurose. Internat. Zeitschr. f. Psychoanalyse 19 (1933), S. 43.

Argument hat freilich kein grösseres Gewicht als etwa folgende Behauptung: da ein höherer Organismus in der Regel aus der Verschmelzung der männlichen und weiblichen Gamete «hervorgeht», «besteht» er «im Grunde» aus dem Vereinigungsprodukt von Ei und Spermatozoon. Dergleichen an sich ja zweifellos irgendwie richtige Feststellungen bleiben dennoch ohne einen greifbaren, belangvollen Erkenntnisgehalt, weil sie die lange Reihe der den Anfangs- mit dem Endpunkt verbindenden Zwischenglieder überspringen: und auf sie kommt es bei den genetischen Erklärungen gerade an. Die morphologischen Merkmale des ausgewachsenen Lebewesens sind faktisch nicht mehr dieselben wie die der Gameten, obwohl sie in gewissem Sinne aus deren Kopulation «entstanden» sind. Ebensowenig kann man die seelischen Impulsqualitäten des Menschen deshalb generell als sexuelle kennzeichnen, weil sie letzten Endes einem genitalen Akt ihre «Entstehung» verdanken – wobei VON WEIZSÄCKER vermutlich die die Vereinigung herbeiführende sexuelle Aktivität sich in den somatischen Verschmelzungsprozess der Keimzellen transformieren und dann wieder als psychische, bzw. psychosomatische Energie in den Nachkommen hervortreten lässt. Die libidotheoretisch interpretierten genetischen Konstruktionen der Psychoanalyse begnügen sich nun allerdings nicht mit diesem vagen Prinzip; wir werden darauf noch zu sprechen kommen, möchten vorerst aber eine andere Seite des Sachverhaltes ins Licht rücken.

Ob es legitim ist, von einem Fortpflanzungs- oder Arterhaltungs-«trieb» und nicht vielmehr von einem entsprechenden «Wunsch» und «Willen» zu reden, sei dahingestellt; jedenfalls treten die weitaus meisten geschlechtlichen Impulse entweder ohne eine Zeugungsintention auf, oder die Möglichkeit der Konzeption wird als Störung erfahren und abgelehnt. Der phänomenale Erlebnisbefund gibt also sicher kein Recht zur Identifikation der Sexualität mit dem Fortpflanzungs-«trieb». Dennoch wurde sie – man möchte sagen: selbstverständlich – nicht völlig grundlos vollzogen, denn objektiv besteht zwischen beiden ein in der «Natur» fundierter wesensmässiger Zusammenhang,[108] so fatal und unerwünscht er dem sub-

108 Ob die Sexualität eine «Folge» der Fortpflanzung oder diese umgekehrt eine «Funktion» jener ist, wie REICH meint – vgl. W. REICH: Fortpflanzung eine

jektiven Erleben der Einzelnen immer sein mag. Wenn man nun auch ohne weiteres zugestehen kann und muss, dass die durch eine Zeugungsabsicht mitmotivierten Geschlechtsakte in den vom Luststreben veranlassten verschwinden wie Tropfen im Meere – in dieser Beziehung jenen vielleicht die Waage haltend, die Ausdruck der liebenden, den Partner in seiner gesamten Menschlichkeit umgreifenden Haltung sind –, so lässt sich die naturhafte Beziehung zwischen der Geschlechtlichkeit und der Zeugung für das Erleben nicht spurlos auslöschen oder auf das blosse Wissen um die Relation reduzieren. Den meisten Menschen bleibt wohl der Koitus die einzige Möglichkeit der Berührung und der Teilhabe mit dem schöpferischen Element, in welchem sich das Wesen des Lebendigen gleichsam zu seiner reinsten Gestalt verdichtet. SCHOPENHAUER bezeichnete den Generationsakt als «Konzentration» und «Brennpunkt» des «Willens zum Leben»; «in diesem Akt also spricht das innere Wesen der Welt sich am deutlichsten aus»; er sei «der Kern, das Kompendium, die Quintessenz der Welt».[109] Diese unleugbare Tatsache darf, scheint uns, nicht übersehen werden, wenn man die Rolle der Sexualität im menschlichen Dasein verstehen will. Wir haben bereits anlässlich der Erörterung der Motive der Hochschätzung des Penis auf dessen mögliche symbolische Trägerschaft hingewiesen, uns aber zugleich dagegen gesträubt ihr solcherart einen verklärenden archaischen Glanz zu verleihen. Es liegt uns auch hier fern, das Gewicht und die Häufigkeit des «nackten» libidinös-orgastischen Lustbedürfnisses als Motiv der sexuellen Aktivität zu mindern oder es mittels der Supposition eines «tieferen», gar «metaphysisch» verwurzelten Verlangens seiner «Trivialität» zu berauben, um es einer «höheren», «idealistischen» Anschauung vom Menschen erträglicher, akzeptabler zu machen. Dass jedoch für viele Jugendliche der Orgasmus zunächst von einer bald mehr, bald weniger ausgeprägten angstbeladenen Unheimlichkeitsstimmung umhüllt zu sein pflegt, und dass sich von

---

Funktion der Sexualität. Zeitschr. f. politische Psychologie u. Sexualökonomie 3 (1936), S. 24ff. – darf hier unerörtert bleiben. Wir möchten glauben, dass es sich um gleichursprüngliche, daher nicht aufeinander reduzierbare Sachverhalte handelt.

109 A. SCHOPENHAUER: Die Welt als Wille und Vorstellung. 2. Band, 4. Buch, Kap. 45 (ed. O. WEISS, Band 2, S. 707. Leipzig 1919).

da her – die frühkindlichen Zuschüsse abgerechnet – das keineswegs nur positiv bewertete Geheimnis des Zeugens auf die Geschlechtlichkeit ausbreitet, lässt sich nicht bezweifeln. Daher wird sie insbesondere in ihrer das Individuum gleichsam sprengenden Manifestation der rauschhaften Wollust zur Trägerin einer ursprünglichen lebenschaffenden Seinsmächtigkeit, die – von den Griechen als eine Erscheinung des Göttlichen erfahren[110] – in der späteren, zur banalen Gewohnheit des Lustgenusses entleerten sexuellen Tätigkeit völlig verschüttet sein mag oder allenfalls noch in verzerrter Form als phallischer Besitzstolz nachschwingt. Die so oft erschütternde nachhaltige Wirkung des Impotenzerlebnisses wie die phallischen Vorbilder mancher Gebrauchsgegenstände, primitiver Kunstgebilde, Kulte usw. scheinen uns nicht ausreichend verständlich zu sein, wenn man die Geschlechtlichkeit und die im männlichen Gliede symbolisierte «Potenz» nur genital-libidinös und nicht umfassender im Sinne jener zeugenden, vom Schauer des verhüllten Anfänglichen umwitterten Seinsmächtigkeit interpretiert,[111] die das elementarste Phänomen des Lebens darstellt. An ihm hat freilich die Frau faktisch keinen geringeren Anteil als der Mann; dass ihre Rolle bei der Zeugung in den Hintergrund tritt und auf das sie auszeichnende Gebären verschoben erscheint, hängt vermutlich mit der grösseren Verborgenheit und (vermeintlichen) Passivität ihrer generativen Aktpartizipation zusammen. Diese in der Genitalität als latente Möglichkeit angelegte lebenschaffende Seinsmächtigkeit ist der naturhafte Kern, um den sich andere, mehr der sozialen Sphäre angehörende Machtelemente ansammeln, von denen zum Teil bereits die Rede war.

Warum – um auf das Problem nochmals zurückzukommen – der Orgasmus zumal von jugendlichen Menschen oft nicht bloss als intensive, das ganze Dasein ergreifende und aufwühlende reine Lust erlebt, sondern zugleich als in unbestimmter Weise bedrohliches, unheimliches, von Furcht und Schuldgefühlen beladenes Geschehnis

---

110 Vgl. W. F. OTTO: Dionysos, S. 152ff. Frankfurt a. M. 1933.

111 Dass die Furcht vor realer Nachkommenschaft die Mitwirkung des vagen Erlebens der möglichen zeugenden Seinsmächtigkeit zu lähmen vermag, spricht sowenig gegen deren (unbewusste) Faktizität wie das resignierte Sichabfinden mancher Menschen mit ihrer Unfruchtbarkeit oder der gänzliche Mangel des Fortpflanzungswillens.

erlitten wird, lässt sich schwer eruieren. Sicher spielen lebensgeschichtliche und soziale Faktoren mit, bei frigiden Frauen z. B. die unbewusste Identifikation der orgastischen Entspannung mit dem «Platzen», «Verlöschen», «Sterben» u. a., welche dann die Hingabe an das überwältigende Ereignis verhindert und eine angstvolle Abwehr der sexuellen Erregungssteigerung und des – dennoch erwünschten – Orgasmus bewirkt. Dass ferner aggressiv-destruktive Racheimpulse in die Erwartung der orgastischen Lösung einfliessen und sie mit Gewissensängsten und Depressionen belasten können, ist nicht zu leugnen, auch nicht eine gelegentliche dumpfe Verschmelzung von Todes- und Orgasmussehnsucht, etwa in aussichtslosen Liebesbeziehungen. Aber dass diese Gestaltungen ausschliesslich durch die jeweilige individuelle, vor allem frühkindliche Lebensgeschichte, ja letzten Endes allein durch die gesellschaftlich-moralische Situation bedingt seien, wie REICH glaubt, scheint uns unwahrscheinlich, jedenfalls nicht erwiesen zu sein. Wie der Schwindel, die Ohnmacht, der Schmerz, der akute schwere Angstanfall und andere Existenzerschütterungen mit tiefer leiblicher Resonanz hat auch der Orgasmus die Eigentümlichkeit, das Ich, die Person, das Selbstsein des Menschen in einem Wirbel aufzulösen, zu entmächtigen, einem anonymen Geschehen vorübergehend auszuliefern. Zwar zeichnet er sich unter den erwähnten Erschütterungen durch seinen Lustgehalt aus, der ihn immer wieder zum Strebensziel und zur häufigsten Realisierungsmöglichkeit des – bei aller sekundären süchtigen Deformation – doch wohl ursprünglichen Verlangens der Menschen nach dem rauschhaften, die Individualität preisgebenden zeitweisen Versinken im strömenden Leben macht. Jedoch tritt dieses Verlangen keineswegs eindeutig, mit elementarer Stosskraft auf (nicht einmal in den Fällen von Rauschsucht, die der Selbstflucht dienen), eben weil die Person – wenn man lieber will: die Selbstbehauptungstendenz oder der Selbsterhaltungs-«trieb» – sich ihm, seiner anonymisierenden, entdifferenzierenden und nivellierenden Gewalt widersetzt. Darin dokumentiert sich wahrscheinlich ein Urgegensatz des menschlichen Lebens,[112] der gewiss von bestimmten sozialen

112 Vgl. auch B. GÖTZ: Sexualität, Erkenntnis, Tod. Zeitschr. f. Sexualwissenschaft 17 (1930/31), S. 486 ff.

Situationen und lebensgeschichtlichen Schicksalen verschärft, durch andere gemildert oder ganz überwunden werden kann, sich jedoch nicht darauf als seinen vermeintlichen «Entstehungs»-bedingungen reduzieren lässt. Indessen mag man sich zu dieser Frage stellen wie man will: unberührt davon bleibt die häufige tatsächliche zwiespältige Position des Orgasmus auch in den Fällen sowohl seiner entschieden positiven Bewertung wie der ebenso eindeutigen Verfluchung; hier drängt er sich als verworfenes, sündiges Ereignis dem Asketen auf und beunruhigt in der Regel dauernd sein Denken, dort rückt er als beglückender Genuss in einen hohen Rang, wenn nicht ins Zentrum des Daseins, das ihm als selbstbewusste Individualität dennoch wie einer seiner «Würde» und Wachheit feindlichen dunkeln Macht widerstrebt. In diesem Zusammenhang wird nochmals das Lustproblem akut.

Wenn man den sog. «Mann von der Strasse» nach den Gründen der üblichen Hochschätzung des sexuellen Erlebens fragen würde, so würde er im ersten Anlauf zur Antwort zweifellos nicht Gründe, sondern einen *einzigen Grund* angeben: nämlich die an jenes Erleben – zumal an seine orgastische Endphase – gekoppelte intensive Lust. Sie möglichst oft zu geniessen scheint ihm das selbstverständliche Strebensziel der Menschen und für das Begreifen ihres diesbezüglichen Verhaltens völlig ausreichend zu sein. Die bisherigen Darlegungen haben es freilich vermocht, an der Zulänglichkeit dieser Antwort Zweifel zu erwecken; allein trotzdem wird von ihr ein unleugbares Faktum getroffen, das im FREUDschen Postulat eines das psychische Geschehen beherrschenden «Lustprinzips» gleichsam eine grundsätzliche theoretische Rechtfertigung erfahren hat. Dass es sich dabei wirklich um ein ursprüngliches, autonomes, die seelischen Abläufe (oder «Mechanismen») determinierendes «Gesetz» handle, ist von SCHELER, BINSWANGER u.a. mit Recht bestritten worden.[113] Bereits ARISTOTELES hat die «Lust» mit dem «gelingenden Leben» – und ihre in gewissem Sinne höchste Stufe: die «Glückseligkeit» mit dem «vollendeten» Leben – in Zusammenhang gebracht

113 Zur Kritik des Lustprinzips vgl. K. BÜHLER: Die Krise der Psychologie, S. 179ff. Jena 1927; H. KUNZ, a.a.O., S. 55ff. [In diesem Band, S. 220ff.]; *derselbe*: Die anthropologische Bedeutung der Phantasie. Band 1, S. 102ff. Basel 1946.

und als dessen «Telos» bestimmt.[114] Jedoch darf diese teleologische Interpretation nicht im modernen Sinne eines bewussten, zweckhaften Lustverlangens, in welchem die Lust als solche, als aus dem Ganzen herausgebrochener isolierter Sachverhalt erstrebt und bewirkt wird, missverstanden werden. Vielmehr ist sie, oder genauer: sind die Lüste – denn es gibt realiter nur eine artliche Mannigfaltigkeit von Lusterlebnissen, und zwar nach Massgabe der verschiedenen Tätigkeiten, wie ARISTOTELES, den BÜHLERschen Begriff der «Funktionslust» in der Sache vorwegnehmend, klar gesehen hat – Zeugnisse, sozusagen (obwohl nicht ganz korrekt) Begleitsymptome der Aktionen und der Stufen ihres Gelingens, bzw. ihrer Vollendung (Telos); derweise, dass diese zugleich mit der jeweiligen Lust zusammenfällt. Erst die neuere Gefühlspsychologie hat «die» Lust und ihren Gegenspieler: «die» Unlust, von der Handlung losgelöst und sie zu «Zuständen» verselbständigt. Wir werden auf das sehr begrenzte Recht dieses Vorgehens bald zu sprechen kommen, möchten aber zunächst die Notwendigkeit unterstreichen, die erwähnte Trennung wieder rückgängig zu machen, d. h. den ganzen Lust-Unlustkomplex erneut an die Lebenstätigkeiten zu binden und darin als eine ihrer «Seite» zu verankern. Nicht zuletzt das Problem der sexuellen Befriedigung wird sich nur unter diesem Aspekt adäquat klären lassen. Freilich täuscht die handgreifliche Drastik und Intensität der orgastischen Spannungslösung leicht über das Faktum hinweg, dass mit ihr ineins – was FREUDS Begriff der «Endlust» anzudeuten scheint – die geschlechtliche Handlung an ihr Ziel gelangt und dass in *dessen Erreichung, also in der Handlungsvollendung* der eigentliche Befriedigungscharakter oder das terminierende Erfüllungserlebnis des Aktionssinnes liegt. Die Entspannungslust *nur* als Begleitmoment anzusehen, wäre nicht richtig, sowenig wie umgekehrt in ihr den alleinigen oder wesentlichsten Faktor der Befriedigung anzuerkennen; vielmehr vollendet sich, wie ARISTOTELES es unübertrefflich formuliert, die Handlung in der Lust. Daher, sagt er, hat es «seinen guten Grund, dass man auch nach der Lust strebt, da aus ihr einem jeden für das Leben … die Vollendung erwächst».[115] Die «Lustprämie» (FREUD)

---

114 ARISTOTELES: Nikomachische Ethik. Übersetzt von E. ROLFES. 2. Aufl., S. 214 ff. Leipzig 1911.

115 A. a. O., S. 217.

ist für das bewusste Erleben des Agierenden das deutlichste Anzeichen der immanenten Sinnerfülltheit seines Tuns und gewiss auch ein Antrieb, das Handeln zu beenden; aber in der Entspannungslust erschöpft sich nicht sein voller Bedeutungsgehalt – und das zeigt sich nun unverkennbar gerade in den fragmentarischen und surrogativen Sexualaktionen, die zum Orgasmus führen.

Träfe es zu, dass die Endlust als solche den «Sinn», den «Zweck» oder das «Ziel», kurzum die zentrale Erfüllung und Befriedigung der geschlechtlichen Handlungen verkörperte, dann wäre nicht einzusehen, warum sich eigentlich die Menschen nicht mit der Masturbation begnügen. Sicher sind die zusätzlichen Reize und Lustsensationen, die sich aus dem mannigfachen Kontakt mit einem Partner im «normalen» und perversen sexuellen Tun ergeben, nicht zu unterschätzen; es mag darin eine unbestimmte Quantität der Erregungsenergie «abgeleitet» und «befriedigt» werden. Allein zur Intensivierung der orgastischen Entspannung als solcher leisten sie keinen gewichtigen Beitrag, sie gelingt der Masturbation nicht weniger gut. Dass trotzdem den irgendwie objektbezogenen, also partnerischen Geschlechtshandlungen der Vorzug gegeben wird, hat seinen Grund zum geringsten Teil in jenen zusätzlichen Lusterlebnissen; vielmehr liegt es an all den Momenten, die in den Sexualakt als dem Brennpunkt der gesamthaften mitmenschlichen, obzwar geschlechtlich akzentuierten Zuwendung eingehen und das volle Erfüllungserlebnis ausmachen, welches dem onanistischen Akt fehlt – deshalb dessen «Leere» bedingt – oder ihm höchstens aus der begleitenden phantasierten Handlung fragmentarisch zuwächst. Diese Momente herauszustellen, ist hier nicht der Ort; es könnte nur im Zusammenhang einer Analyse der als «Lieben» bezeichneten Gesamthaltung geschehen. Dann erst liesse es sich auch begründen, was wir jetzt lediglich behaupten können: dass nämlich jene Faktoren den primären immanenten Sinn des geschlechtlichen Handelns konstituieren und das partikulare reale Fundament der sexuellen Normen und Ideale liefern, nicht etwa umgekehrt bloss von diesen gefordert werden und nur als moralische Postulate existent sind. Anders gesagt: in der Dimension der ursprünglichen, ungestörten Aktionen auch des Menschen herrscht das «Lustprinzip» nicht oder lediglich im vorhin präzisierten aristotelischen Verstande, als *ein* Determinationsfaktor unter anderen. Aber dennoch hat Freud mit seiner Aufstellung das faktische sexuelle Verhalten in weitem Umfange getroffen, insofern nämlich, als die meisten menschlichen Geschlechtshandlungen ohne Frage um des Genusses der mit ihnen verknüpften Lust willen vollzogen werden. Das zuzugestehen mag einem unangenehm sein, zumal sich daran der Verdacht der Parteinahme für den Hedonismus knüpfen könnte, der seit der Antike bei den geistigen Menschen in schlechtem Ansehen steht. Allein das ändert nichts an der menschlichen Wirklichkeit: und sie zeugt zwingend für die Herrschaft des Lustprinzips wenigstens innerhalb des sexuellen Bereichs.

Die frühere Darstellung, dass der die sexuelle Spannung und Entspannung begleitenden Lust die vordergründlichste – und wohl auch gewichtigste – Rolle im Faktorenkomplex, der die Hochschätzung der Geschlechtlichkeit motiviert, zufällt, trifft sicher eine banale Selbstverständlichkeit. Wir haben zu zeigen versucht, warum sich diese Hochschätzung trotzdem nicht eindeutig, sozusagen mit gutem Gewissen durchzusetzen vermochte, sondern gleichsam nur im Zwielicht der heimlichen Öffentlichkeit oder öffentlichen Heimlichkeit ihre unleugbare Macht entfaltet.

Psychologische Aspekte
der menschlichen Sexualität

Psychologische Aspekte der menschlichen Sexualität

Originalhandschrift aus dem Nachlass (Signatur: HK A 14), datiert auf den 15. Juni 1967. Dazu die Abschrift mit der Schreibmaschine aus der Hand des Autors (Signatur: HK A 15).

Die Abhandlung *Psychologische Aspekte der menschlichen Sexualität* ist 1968 als Veröffentlichung für das *Jahrbuch für Psychologie, Psychotherapie und medizinische Anthropologie* angekündigt worden, später aber nicht erschienen.

Die Wiedergabe in diesem Band basiert auf der Abschrift A 15. Hinweise auf Abweichungen in der Originalhandschrift A 14 finden sich im Anhang 1B (S. 397f.).

Unter den Motiven, die seinerzeit ADLERS Individualpsychologie bei der «grossen Menge... hoch willkommmen» machte, nannte FREUD auch die Tatsache, dass sie «das auf Allen lastende Problem der Sexualität mit einem Hieb beseitigt» habe.[1] Das schrieb FREUD 1932. Wenn nun – was sich immerhin vermuten lässt – der Lastcharakter der Sexualität mit ihrer gesellschaftlichen Tabuierung zusammenhängen sollte, dann müsste er sich seither gemindert haben oder vollends verschwunden sein. Denn dass der sexuelle Bereich in den letzten Jahrzehnten in unterschiedlichen Weisen zum öffentlichen Thema geworden ist, lässt sich gewiss nicht leugnen. Die diesen Sachverhalt zeitigenden Faktoren sind mannigfacher Art. Als FREUD von dem uns Alle belastenden Problem sprach, dachte er wohl in erster Linie an die mit der Geschlechtlichkeit verknüpfte mitmenschliche Konflikthaftigkeit und noch nicht an die Notwendigkeit der Geburtenregelung, ohne deren künftige Verwirklichung schwerste Hungersnöte drohen. Die Aufgabe ihrer Vermeidung stellt vielleicht schon heute eine grössere Belastung dar als jene Konflikthaftigkeit. Gleichwohl waren diese und ihre Folgen, genauer: ihre psychopathologische oder neurosenpsychologische Analyse zweifellos ebenfalls an der wissenschaftlichen und das heisst auch öffentlichen Thematisierung der Sexualität beteiligt. Von der allgemeinen Psychologie kann man das freilich nicht behaupten: aus ihren Darstellungen lässt sich zwar heute in der Regel entnehmen, dass der Mensch eine «geistige», «ganzheitliche Person», noch nicht aber, dass er überdies ein männliches oder weibliches Lebewesen ist. Es mag ein Zufall

1 S. FREUD: Gesammelte Werke XV, S.153. London 1949.

sein, wenn in dem die «Motivation» behandelnden Band des grossen zwölfbändigen «Handbuchs der Psychologie» das vorgesehene Kapitel über die Sexualität unters Eis geriet, obwohl doch bereits sogar auch ein aus Experimenten mit Ratten und Affen gewonnenes und durch – zum Teil gleichfalls von Zoologen inaugurierte – Umfragen in der Intimsphäre ergänztes statistisches Material vorliegt, das nach dem gegenwärtig herrschenden Dogma allein den Anspruch auf «empirische Wissenschaftlichkeit» erheben dürfe. Indessen könnte dem erwähnten Zufall auch eine gewissermassen verräterische Bedeutung eignen – verräterisch nämlich für die Verlegenheit der allgemeinen Psychologie gegenüber der menschlichen Geschlechtlichkeit, von der sie nach wie vor nicht viel mehr zu sagen weiss, als dass es sich bei ihr um einen «Geschlechtstrieb», «Fortpflanzungs-» oder «Arterhaltungsinstinkt» handeln solle. Davon abgesehen wird man aber in der zumal seit FREUD aufgekommenen, heute betont auch soziologisch orientierten Erforschung der Sexualität die Dokumentation einer – mit früheren Epochen verglichen – gesteigerten Souveränität und Redlichkeit in der Auseinandersetzung mit der menschlichen Wirklichkeit anerkennen dürfen.

Anders liegt der Fall vermutlich bei jenen Manifestationen der «öffentlich» gewordenen Geschlechtlichkeit, die sich in den Illustrierten, Filmen,[2] «Gesellschaftsspielen» u.a. niedergeschlagen haben. Wenn man den darin vordergründigen Sachverhalt auf die Darbietung der mehr oder weniger verhüllten Nacktheit und die damit verknüpften Absichten reduziert, kann gewiss der Eindruck einer gegenüber vergangenen Zeiten ausgedehnteren – moralisch gesprochen – «Unanständigkeit» und «Schamlosigkeit» entstehen. Allein das könnte doch in erster Linie auf der aus der gegenwärtigen Bevölkerungszunahme resultierenden «Vermassung» beruhen, das prozentuale Verhältnis der entsprechenden Erscheinungen etwa in den Badestuben der mittelalterlichen Städte also ungefähr gleich geblieben sein.[3] Die als «Unanständigkeit» und «Schamlosigkeit» verworfenen Verhaltensweisen lassen indessen auch anderen Deutungen

2 Vgl. G. WOLFFRAM: Der Sex-Appeal. München/Icking 1958.
3 Vgl. G. R. TAYLOR: Wandlungen der Sexualität, S. 26. Düsseldorf/Köln 1957.

Raum: als Zeichen des unbefangenen Bejahens und Geniessens der im sexuellen Tun enthaltenen Lustquellen, als Symptome einer die Geschlechtlichkeit verharmlosenden und bagatellisierenden Tendenz usw. Ob dabei die den wissenschaftlichen Bemühungen nachgesagte Redlichkeit ebenfalls eine Rolle spielt, muss man wohl bezweifeln. Es mag sein, dass jene die Sexualität belastende Problematik schon jetzt für manche und dereinst für «alle» Menschen eine abgestandene und abgetane Angelegenheit ist und wird; und zwar deshalb, weil sie ein geschichtliches, unter bestimmten religiösen, moralischen, rechtlichen, gesellschaftlichen und wirtschaftlichen Bedingungen entstandenes Phänomen sein könnte, welches zufolge ihrer Wandlungen wieder verschwindet. Dann wäre der Versuch, die psychologische Bedeutung der Geschlechtlichkeit zu erfassen, bereits halbwegs ein historisches Unterfangen, das vielleicht nur einer romantisierenden Verklärung nachhängt.

Zur Kennzeichnung der psychologischen Aspekte der Sexualität bedient man sich gemeinhin der vorhin zitierten Ausdrücke «Geschlechtstrieb», «Fortpflanzungstrieb», «Arterhaltungsinstinkt» u. a. Gelegentlich hört man auch etwas pathetisch von einem «Urtrieb» oder einer «Urgewalt» sprechen. So nennt HEYER den Sexus ein «ewiges Mysterium»;[4] und RÖHRICHT meint, in der Antike sei das Geschlechtliche «eine letzte Grösse, ein gewaltiges Urprinzip, das sich aller Kritik und Zügelung widersetzt, den Menschen willenlos macht und ihn beherrscht, wie nur ein Gott beherrschen kann. Es ist ein Symbol für die Macht, die den Menschen ins Leben stösst, ohne ihn zu fragen... Indem das Geschlechtliche in den sexuellen Kulten absolut gesetzt wird, versteht sich der Mensch von ihm her und allein von ihm her. Es ist in seiner unbändigen Zeugungskraft Bürge der Unsterblichkeit».[5] Dergleichen überschwänglichen Bekundungen gegenüber scheint uns eine nüchterne Sachlichkeit am Platz zu sein, und sie verpflichtet uns zunächst dazu, zwischen Begriffen und der in ihnen gemeinten oder also begriffenen Sachverhalten zu

---

4 G. R. HEYER: Der Sexus als Urphänomen. Jahrb. f. Psychol., Psychother. u. med. Anthropologie 11 (1964), S. 124.

5 R. RÖHRICHT: Liebe jenseits von Trieb und Moral. Jahrb. f. Psychol., Psychother. u. med. Anthropologie 11 (1964), S. 104.

unterscheiden. Es werde, sagt BOCHNIK, meist übersehen, «dass die Rede vom menschlichen Geschlechtstrieb als einer biologischen Erscheinung bereits hoch abstrakt ist. In der Wirklichkeit findet man nämlich Sexualität immer nur eng vermischt und oft bis zur Unkenntlichkeit verwoben mit persönlichen, sozialen, kulturellen Gegebenheiten».[6] Diese Formulierung BOCHNIKS dürfte noch immer allzu abstrakt sein; denn «in der Wirklichkeit», d.h. hier in der nicht von uns hervorgebrachten Welt des erfahrbaren, begegnenden Seienden sind uns innerhalb des menschlichen Bereichs einzig und allein singuläre, konkrete, daseiende, obzwar keineswegs isolierte, sondern stets in die mannigfachsten Bezüge eingeordnete Menschen gegeben. Das ist freilich eine Trivialität. Aber wenn wir hinzufügen, dass zu den einzelnen wirklichen Menschen offensichtlich auch ihnen immanente «Möglichkeiten» – Möglichkeiten des Verhaltens, des Erlebens und solche, die, sich realisierend, in Geschehen umschlagen – gehören, dann zeigt sich die weniger triviale Kehrseite der Trivialität. Denn welcher Art sind diese Möglichkeiten und in welchem Verhältnis stehen sie zur Faktizität des existenten Einzelnen?

Möglichkeiten als solche sind streng genommen niemals gegeben und erfahrbar, sondern stets nur denkend zu erschliessen. Die Erschliessbarkeit sagt nichts darüber aus, ob es sich um bloss erdachte oder um verwirklichungsfähige sog. Realmöglichkeiten handelt. Und den letzteren als Konstituentien des Menschseins lässt sich nicht von vornherein ansehen, ob ihre Aktualisierung ein inneres oder (und) äusseres willentliches Tun verlangt; oder ob sie sich in der Weise eines Geschehens von sich aus, ohne unser aktives Eingreifen, verwirklichen. Diese in der Denkbarkeit begründete Nivellierung der Möglichkeiten bildet gleichsam die Einbruchsstelle der ausschweifenden Phantastik in das anthropologische Erkennen – eine Phantastik, die sich überdies gegen jegliche Kritik mit der alt-ehrwürdigen These abgedichtet hat, dass lediglich das in sich widerspruchsfreie Denkbare «möglich» sei. Man darf diese durch beliebige Beispiele widerlegbare Behauptung den vollendet gelungenen Versuch

---

6 H.-J. BOCHNIK: Ärztliche und soziale Aspekte des heutigen sexuellen Lebens, in: Sexualität heute, ed. K. SALLER, S. 147. München 1967.

nennen, auf logisch korrektem Wege die Täuschung zum Prinzip und verbindlichen Maßstab der Erkenntnis zu machen und so den kognitiven Primat der Denkbarkeit gegen das Erfahren zu sichern. Davon lebt seit den Eleaten bis zum heutigen Tage alle Spekulation. Zu ihr rechnen wir in gewissem Sinne auch noch HUSSERLS «Wesensschau», insofern sie einen Anspruch auf apriorische Gültigkeit erhebt und den idealen Wesenheiten einen Vorrang vor den von ihnen vermeintlich bestimmten Konkretionen unterstellt. HUSSERL hat nicht zufällig den «alten Rationalisten» zugestimmt, denen gemäss «eine Unendlichkeit von Möglichkeiten» – z.B. unendliche mögliche Welten – der «Wirklichkeit» vorhergehe;[7] aber er musste sich von seinem Schüler FINK sagen lassen, die Rede von «mehreren möglichen Welten» sei eine «Gedankenlosigkeit», möge «sie auch bei Philosophen von hohem Rang vorkommen».[8] Wenn wir jetzt die erkenntnismässige Verbindlichkeit des Denkenkönnens und der von ihm entworfenen Möglichkeiten (wozu auch die reduktiv erschlossenen apriorischen Bedingungen der Möglichkeit eines Faktums gehören) kompromisslos ablehnen, so folgt daraus keine Verwerfung der das Menschsein mitkonstituierenden existenziellen Realmöglichkeiten. Vielmehr ergibt sich die Forderung, die letztern nur aus ihren *erfahrbaren Verwirklichungen* und nie aus der reinen Denkbarkeit zu erschliessen. Damit wäre gegen die Phantastik wenigstens ein Damm errichtet, obgleich kein undurchlässiger. Allein warum sollen wir die Möglichkeiten – sozusagen die Lieblingskinder der Philosophen – nicht radikal preisgeben? Wir können und dürfen es nicht tun, und zwar aus zwei Gründen:

Einmal gehören, wie schon bemerkt, zum Menschsein jedes Einzelnen, oder genauer: zum von jedem Einzelnen verwirklichten Menschsein ihm von Anbeginn an einwohnende Potentialitäten, die wir selbst als solche so wenig hervorgebracht haben wie unser In-der-Welt-sein. Beurteilt man HEIDEGGERS These, wonach das Dasein «primär Möglichsein» ist,[9] nicht wie er vom Seinsverständnis her, also existenzial-ontologisch, so mag man ihr Recht bezweifeln und

7 E. HUSSERL: Husserliana v, S.56. Haag 1952.
8 E. FINK: Alles und Nichts, S.215. Den Haag 1959.
9 M. HEIDEGGER: Sein und Zeit, 1. Hälfte, S.143. Halle a.d.S.1927.

kann darauf hinweisen, dass alle Möglichkeiten an Seiendes, zum mindesten an sie denkende Menschen gebunden sind. Wäre indessen unsere eigene faktische Existenz nicht von Möglichkeiten durchsetzt, bliebe es unbegreiflich, weshalb wir uns selbst «verwirklichen» oder «verfehlen» können, unser Leben «führen» und «gestalten» müssen. Dies wiederum legitimiert allerdings das oft genug hochfahrende und wahllose Gerede von «Daseinsentwürfen» keineswegs, das den illusionären Eindruck einer unbegrenzten Aktualisierungsfreiheit erweckt.

Der zweite Grund, weswegen wir die Möglichkeiten berücksichtigen müssen, ist der, dass sehr viele, vielleicht die meisten anthropologisch-psychologischen Aussagen nicht «alle» Menschen in ihrer jeweiligen «Wirklichkeit» treffen, sondern ihre «Allgemeingültigkeit» nur unter Einbezug der zum Menschsein gehörenden Virtualitäten einigermassen vertreten können. Den sog. Allgemeinbegriffen selbst als unentbehrlichen Denkgebilden eignet durchwegs wie den erdachten Possibilitäten eine uneigenständige ideale Seinsweise, die sich freilich gedanklich verabsolutieren lässt; und das gilt auch von den Wesensbegriffen, die ebenfalls unerlässlich sind. Nur müssen sie im Bereich der Dinge und des Lebendigen primär aus empirisch-gegebenen singulären konkreten Daten gewonnen, ideiert oder abstrahiert werden und auf ihren ohnehin verfehlten absoluten Aprioritätsanspruch verzichten; eine sekundäre quasi-apriorische, für notwendige Korrekturen jederzeit offene Verwendung bleibt ihnen unbenommen. In einem noch zu präzisierenden Sinne dürfte auch den Möglichkeiten ein genereller Charakter zukommen.

Die Unterscheidung zwischen den am Menschsein beteiligten und den lediglich erdachten, unter Umständen zu Unrecht in es projizierten Möglichkeiten scheint uns wichtig zu sein, ungeachtet sie sich also allein von den feststellbaren Verwirklichungen her vollziehen lässt. Diese Verwirklichungen sind nicht einheitlich, sie bleiben aber alle gleich den Möglichkeiten an die faktische Existenz der einzelnen Menschen gebunden. Das soll nun an der Sexualität dargelegt werden.

Kant hat einmal die Tatsache, dass alle Organismen in zwei Geschlechtern vorkommen, einen «Abgrund» für das Denken genannt. Was Kant damit gemeint haben mag – ob etwa ein Eingeständnis der Aussichtslosigkeit, dem Faktum bzw. seiner Erkenntnis mit der Frage nach den «Bedingungen der Möglichkeit» gerecht werden zu können –, lassen wir unerörtert. Wir sehen in der Zweigeschlechtlichkeit, die in einem Individuum vereinigt oder auf zwei Träger verteilt sein kann, eine Grundbestimmtheit der lebendigen Natur[10] und ineins eine radikale Differenz gegenüber den leblosen Dingen, obgleich unsere Sprachen manchen von ihnen ebenfalls ein männliches oder weibliches Geschlecht zusprechen. Übrigens sollte dies allein schon ein ausreichendes Motiv sein, dort der «Weisheit der Sprache» zu misstrauen, wo sie als Medium der begrifflichen Erfassung des Seienden beansprucht wird und nicht der religiösen und dichterischen Evokation dient. Falls SCHELSKY mit seiner Behauptung recht haben sollte, dergemäss «die Welt jedes einzelnen heute zu etwa neunundneunzig Prozent aus Papier besteht» und «nicht die persönliche Erfahrung, sondern die vermittelte Information… zur unmittelbaren Wirklichkeit des modernen Menschen» geworden ist, «in der er mit seinen Wünschen und Gefühlen, seinen Sensationen und Leiden lebt» –:[11] auch damit haben sich weder die Natur noch der nicht zuletzt dank seiner Geschlechtlichkeit ihr zugehörige Mensch in Papier und Sprache verwandelt. Mag er dereinst das Geschlecht der zu zeugenden Kinder willentlich bestimmen können: die Geschlechtlichkeit überhaupt und seine eigene kann er jedenfalls sowenig hervorbringen wie seine Sterblichkeit. Die Allgemeingültigkeit des Urteils bezüglich seiner unleugbaren Naturzugehörigkeit rechtfertigt sich nicht aus einer zugrundeliegend gedachten «generellen» Sexualität, sondern aus der allen singulären Individuen ursprünglich eignenden Geschlechtlichkeit.

Der chromosomal und bei den höheren animalischen Lebewesen überdies hormonal determinierte Sexualdimorphismus – er zeigt vor allem bei den Tieren, viel weniger bei den Pflanzen eine unübersehbare gestaltliche Vielfalt und im Ausprägungsgrad eine Variabilität vom anscheinenden Fehlen jeder äussern Eigenschaft bis zu drastischen Unterschieden – umfasst jeweils den ganzen Organismus.

---

10 Die Formen ungeschlechtlicher Vermehrung implizieren keinen Einwand dagegen.

11 H. SCHELSKY: Auf der Suche nach Wirklichkeit, S. 316. Düsseldorf/Köln 1965.

Trotzdem bestehen zumal bei uns selber offensichtliche Differenzen in der Lokalisierung und Akzentuierung der einschlägigen Kennzeichen, die sich in der Abstufung primärer, sekundärer und tertiärer Geschlechtsmerkmale manifestieren. Die Sexualorgane erlauben uns ein rascheres und sichereres Ansprechen eines Individuums als männliches oder weibliches als die Betrachtung seiner Hände. Indessen gewinnt die in morphologische, anatomische und physiologische Eigentümlichkeiten gegliederte Sexualität erst dann eine psychologische Relevanz, wenn sie sich zufolge organischer (endogener) Prozesse oder (und) unter umweltlichen bzw. mitmenschlichen Einflüssen in bestimmten Erlebnisqualitäten, Verhaltensantrieben und Aktionen bekundet. Ist das der Fall, dann verwandelt sich die bislang visierte somatische Sexualität in das zurück, was VON GEBSATTEL den «Geschlechtsleib» genannt hat.[12] Ich darf es mir im Hinblick auf PLÜGGES Forschungen[13] ersparen, die Legitimität des den sexuellen Bezirk weithin übersteigenden Leiblichkeitsaspektes darzutun. Die vorige Wendung von der «Zurückverwandlung» der somatischen Sexualität in den Geschlechtsleib wurde mit Bedacht gewählt: sie will besagen, dass die Geschlechtlichkeit zunächst stets im Medium des eigenen und fremden Leibes erlebt wird, was allerdings die vorerst verborgene faktische Gleichzeitigkeit der somatischen Sexualität keineswegs ausschliesst. Genau genommen stellt diese zwar einen durch sekundäre Vergegenständlichungen (z. B. physiologische Experimente) gewonnenen Tatbestand dar, die nach der primären, im Alltag gelebten und erfahrenen leibhaften Geschlechtlichkeit einsetzen. Aber beide, die Vergegenständlichungen und der Leiblichkeitsaspekt beziehen sich auf die ihnen vorgängige naturhafte Faktizität des in sich geschlechtlich bestimmten einzelnen Menschen. Die psychologische Fragestellung beschränkt sich auf den Geschlechtsleib als Entäusserungsfeld der in ihm lokalisierten sexuellen Erlebnisse, der entsprechenden Handlungsgestalten und Weltbezüge. Es wäre jedoch verfehlt, daraus eine Irrelevanz der dem Geschlechtsleib zuge-

12 V. E. VON GEBSATTEL: Prolegomena zu einer medizinischen Anthropologie, S. 314ff. Berlin/Göttingen/Heidelberg 1954.

13 H. PLÜGGE: Der Mensch und sein Leib. Tübingen 1967.

ordneten anatomisch-physiologischen Korrelate abzuleiten; denn es spricht manches dafür, dass den letzteren das grössere ontische Wirkungsgewicht eignet als jenem.

Wenn der eigene und fremde Geschlechtsleib von sich aus eine Verhaltens- und Erscheinungseinheit von unterschiedlich akzentuierten Merkmalen bildet und die Sexualität sich ursprünglich, d.h. im alltäglichen Dasein in ihm manifestiert, dann liegt die Vermutung nahe, dass daraus auch ein übliches vorwissenschaftliches Verständnis des «Sexuellen» resultiert. Das ist in der Tat so; und zwar bestimmt es sich von jenem Zug des Geschlechtsleibes her, welcher dessen Spezifität zentral konstituiert: von den äusseren Genitalien. Von ihnen bzw. von den in ihnen verdichteten Aktionen einschliesslich der damit verknüpften Erlebnisse auszugehen scheint uns nach wie vor der einzige legitime Weg einer Wesenserfassung zu sein. Dem widerstreitet FREUDS Vorgehen: er hat auf Grund der Einführung des ontogenetischen Gesichtspunktes und mittels der gedanklichen Konstruktion einer psychophysischen Energie, der sog. Libido, eine «Erweiterung» des populären Begriffes vorgenommen, die in der Sache freilich deshalb gerechtfertigt war, weil am genital-sexuellen Gebaren oft genug prä- und extragenitale Antriebe und Absichten beteiligt sind, obwohl sie als solche primär nichts mit jenem zu tun haben und deshalb auch in andern Handlungen auftreten. Dass der genetische Aspekt als erster Zugang zum Wesen der Fakten trotzdem prinzipiell verfehlt bleibt, würde auf drastische Weise evident, wenn jemand etwa versuchen wollte, eine Systematik der Gefässpflanzen von den Keimblättern oder eine Morphologie der Säugetiere von ihren Eiern her zu entwerfen. Und nicht weniger abwegig ist es, zur Erreichung des erwähnten Zieles an fragmentarischen Verwirklichungen z.B. des Erlebens und Verhaltens mit Erkenntnisbemühungen anzusetzen. Folgen wir dem im alltäglich-vorwissenschaftlichen Verständnis enthaltenen Verweis, dann dürfte sich das Wesen des Sexuellen als eine auf die vorwiegend genitale Vereinigung mit einem in der Regel andersgeschlechtlichen Partner gerichtete, ihrerseits ebenfalls genital betonte Drangzuständlichkeit umschreiben lassen, der eine spezifische Lusttönung eignet und die zu einer entsprechenden, d.h. sowohl den Bewegungsimpulsen wie dem partnerischen Bezug angemessenen Entäusserung tendiert. Beteiligt sind daran also

1. ein – spontan entstehender oder exogen erweckter – innerer lustvoller Drangzustand, 2. eine Leibzone, in der er sich akzentuiert bekundet, 3. ein spezifisch charakterisierter Gegenstand, auf den sich der Drangzustand richtet, und 4. ein diesen beseitigender und ihn gleichsam mit dem Objekt verknüpfender Handlungsvollzug. Gelegentlich tritt zusätzlich eine bewusste Zeugungs- oder Fortpflanzungsabsicht hinzu; jedoch gehört sie keineswegs zum genuinen Bestand der Sexualität, obwohl die letztere auf Grund der mit ihr verbundenen Zeugungsmöglichkeit im üblichen Verständnis unter deren Aspekt gerückt und als Fortpflanzungs- oder Arterhaltungstrieb missdeutet wird.

Die vier herausgestellten Züge kennzeichnen wohl die vollständige, sozusagen reife, als Erlebnis- und Verhaltenskomplex verstandene Geschlechtlichkeit. Das sagt über die Häufigkeit ihrer Realisierung durch die einzelnen Menschen und das unterschiedliche Wirkungsgewicht der mitspielenden Faktoren nichts aus. So wird etwa das Streben nach dem Vor- und (orgastischen) Endlustgewinn (FREUD) einschliesslich der Beseitigung des drängenden Erregungszustandes viel häufiger sexuelle Aktionen motivieren als der Wunsch nach Kinder oder auch nur nach der Vereinigung mit einem Partner. Das belegt die weite Verbreitung der masturbatorischen und spielerisch-abnormen Praktiken, in denen übrigens die Rolle der phantasierenden Szenengestaltung nicht unterschätzt werden sollte. Man mag diese Erscheinungen vorübergehend auftretende oder mehr minder habituell gewordene Ersatz- und Stümmelformen nennen, ohne damit irgendwelche Wertungen zu verknüpfen. Sie wie die im engeren und eigentlichen Sinne perversen Phänomene bezeugen die umfängliche Variabilität und Plastizität der menschlichen Geschlechtlichkeit, die sich zwar in Gewohnheitsbildungen und in die Frühkindheit zurückweisenden Abwegigkeiten fixieren kann, aber an der kaum mehr angeborene, im genauen Verstande instinktive Verhaltenseinschlüsse partizipieren. Deshalb können sich die auf das sexuelle Erleben und Agieren bezogenen generellen Aussagen – im Unterschied zu den den Geschlechtsdimorphismus betreffenden – nicht auf zum Menschsein gehörende faktische Bestände, sondern nur auf darin enthaltene Möglichkeiten stützen.

Die somatische Doppelgeschlechtlichkeit beanspruchen wir aus zwei Gründen als Zeugnis der Natur «im» Menschen: einmal, weil sie sich in (fast) allen Lebewesen durchhält; und zum andern, weil wir selber die eigene entsprechende Bestimmtheit nicht hervorgebracht haben. Von da her drängen sich Probleme auf. Man kann nach Übereinstimmungen und Unterschieden zwischen dem sexuellen Gehaben der Menschen und dem der Tiere suchen.[14] Oder es stellt sich die Frage, ob zwischen der gemeinten Natur und der normativ verstandenen «Natürlichkeit» des menschlichen Geschlechtsgebarens fundierte, einsichtige oder bloss ideologische Beziehungen bestehen. Wir greifen aus dem ersten Komplex lediglich den einen offensichtlichen Zug heraus: das Fehlen der ausgeprägten Brunstperioden beim Menschen, die allenfalls noch in Spuren angedeutet sein mögen. Freilich gibt es Störungen oder Unregelmässigkeiten in diesem Bereich auch bei in der Wildnis lebenden Tieren, weshalb die gelegentlich geäusserte Vermutung, der zur Diskussion stehende Ausfall könnte mit der sog. Selbstdomestikation des Menschen zusammenhängen, eine vage Möglichkeit bleibt. Indessen impliziert die Kehrseite der mangelnden Brunstrhythmik: nämlich die ständige, gewissermassen anonyme Ansprechbarkeit der sexuellen Bedürfnisse, schwerwiegende Konsequenzen, insofern dadurch die Konfliktmöglichkeiten erheblich gesteigert werden. Wahrscheinlich wäre das noch mehr der Fall, wenn jene Ansprechbarkeit dank der darin beschlossenen exogenen Erweckbarkeit der geschlechtlichen Regungen nicht zugleich die konflikthaltigen Anlässe auch wiederum eindämmen würde; aber die für das ungestörte Zusammenleben nachteiligen Auswirkungen der fehlenden, auf endogene Perioden eingeengten Synchronizität der menschlichen Erregungsphasen sind dadurch doch nicht ganz beseitigt worden. Sie haben die wohl ohnehin bestehende Notwendigkeit einer *normativen Ordnung* des menschlichen sexuellen Handelns bestärkt, und damit stossen wir auf das zweite vorhin erwähnte Problem.

Soweit wir in die Vorgeschichte und Geschichte der Sozietäten zurückblicken können, hat es immer religiös, moralisch, gesell-

---

14 C. S. Ford und F. A. Beach: Das Sexualverhalten von Mensch und Tier. Deutsche Übersetzung von W. Schoene. Berlin 1954.

schaftlich, institutionell und wirtschaftlich fundierte Vorschriften bezüglich des sexuellen Verhaltens wenigstens bei den Erwachsenen gegeben. Auch bei den sog. Primitiven ist die Promiskuität auf begrenzte Phasen (Feste u. a.) beschränkt. Da sich nun damit vergleichbare Erscheinungen bei manchen, zumal sozial lebenden Tieren ebenfalls konstatieren lassen, liegt es nahe, auf «biologische Wurzeln» der humanen Normen zu schliessen und diesen demgemäss eine Art «Natürlichkeit» einzuräumen. Wenn mit diesem vieldeutigen und verführerischen Wort die Meinung verknüpft wird, den fraglichen Regelungen eigne wie den sog. «ewigen Naturgesetzen» eine unveränderliche, den historischen Wandlungen entrückte Geltung, so müssten wir das bestreiten: sie sind und bleiben von ihrem Ursprung her von Menschen geschaffene geschichtliche und daher alles andere als die Vergänglichkeit überdauernde Gebilde.[15] Das schmälert ihre Unerlässlichkeit keineswegs; denn es lässt sich nicht leugnen, dass den sexuellen Impulsen auf Grund ihrer leichten Erregbarkeit – nicht zuletzt macht die Reklame davon Gebrauch – eine eminente, die institutionalisierten und die freien mitmenschlichen Ordnungen auflockernde, störende und sprengende Wirkung einwohnt. Zu diesen Ordnungen gehören auch die von MEAD, SCHELSKY, BRÄUTIGAM u. a.[16] analysierten Geschlechtsrollen.

---

15 Vgl. K. SALLER, a.a.O., S. 37ff.; H. SCHELSKY: Soziologie der Sexualität, S. 48ff. Hamburg 1955; dazu W. HOCHHEIMER: Aufklärung und Gegenaufklärung in der Sexualanthropologie. Psyche 10 (1956/57), S. 763ff.; H. SCHELSKY: Verdunkelung oder Gegenaufklärung in der Soziologie der Sexualität. L. c., S. 837ff.; W. HOCHHEIMER: Viel Lärm um Normen der Sexualität. L. c., S. 856ff.; D. S. BALLEY: Mann und Frau im christlichen Denken. Übers. von G. H. MÜLLER, Stuttgart 1963; S. KEIL: Sexualität, S. 15ff. Stuttgart-Berlin 1966.

16 M. MEAD: Mann und Weib. Deutsch von A. HOLLER. Zürich 1955; H. SCHELSKY: Soziologie der Sexualität, S. 16ff.; W. BRÄUTIGAM: Vom Werden und Verhalten in der Geschlechtsrolle, in: Werden und Handeln, hrsg. von E. WIESENHÜTTER, Stuttgart 1963. S. 349ff.; *derselbe*: Körperliche, seelische und soziale Einflüsse auf die Geschlechtszugehörigkeit des Menschen. Der Internist 5 (1964), S. 171ff.; *derselbe*: Körperliche Faktoren bei der sexuellen Partnerwahl und ihre Bedeutung für die Homosexualität. Studium Generale 19 (1966), S. 303ff.; H. VÖLKEL: Geschlechtserleben und Geschlechtsverhalten. Jahrb. f. Psychol., Psychother. u. med. Anthropologie 11 (1964), S. 125ff.

Von ihnen wird man trotz MEADS gegenteiliger Behauptung annehmen müssen, dass sie in erster Linie und zumeist von der somatischen Sexualität bestimmt werden. Aber dass nun frühkindlich-lebensgeschichtliche und soziale Einflüsse fähig sind, ihr Wirkgewicht anscheinend zu brechen und ein der körperlichen Geschlechtlichkeit und der ihr in der Regel zugeordneten Rolle entgegengesetztes Gebaren zu zeitigen, verdient doch Beachtung. Wir kennen entsprechende Erscheinungen auch von einigen Vogelarten, z. B. Tauben und Kolkraben, die sich also etwa «männlich» verhalten, obwohl sie Weibchen sind, und zwar zumeist schwächeren rangniedrigeren Partnern gegenüber. Das «beweist» gewiss nichts für uns selber – die wunderliche Meinung, vergleichbare Vorkommnisse bei Tieren und Menschen seien für die einen oder andern irgendwie «bezeichnend» oder gar «beweisend», belegt nur die noch immer nicht restlos ausgetriebene Macht des magischen Analogiedenkens. Im vorliegenden Zusammenhang nehmen wir die angeführte Beobachtung als Beispiel dafür in Anspruch, dass primär sexuelle Fakten bei Menschen und Tieren von Antrieben anderer Herkunft – hier die zum Umkreis der sozialen Macht- und Geltungsbedürfnisse gehörenden – überspielt und in deren Dienst gestellt werden können, womit übrigens lediglich der haltbare Kern der masslosen Übertreibungen ADLERS bewahrt wird. Es sollte nicht übersehen werden, dass die grosszügige öffentliche Darbietung halbverhüllter weiblicher Nacktheit zwar an die männliche Sexualität adressiert ist, aber zum geringeren Teil sexuellen Motiven entspringt. Dies illustriert das Eingefügtsein der menschlichen Geschlechtlichkeit in die personale, wenngleich die Zwiespältigkeit nicht ausschliessende Ganzheit des Einzelnen.[17]

Die im Geschlechtsdimorphismus sich manifestierende Naturhaftigkeit des Menschen bezieht sich scheinbar auf einen ruhenden

---

17 Vgl. O. SCHWARZ: Sexualität und Persönlichkeit. Wien/Leipzig/Bern 1934; V. E. VON GEBSATTEL: Allgemeine und medizinische Anthropologie des Geschlechtslebens, in: Die Sexualität des Menschen, hrsg. von H. GIESE, 1ff. Stuttgart 1955; H. GIESE: Die Sexualität im Aufbau der Persönlichkeit. Praxis Psychother. 8 (1963), S. 158ff.; P. RICOEUR: Sexualität. Olten und München 1963; E. FRIED: Konfliktsituationen in Liebe und Sexualität. Übers. von H. W. A. SCHOELLER. München 1967.

Bestand, in Wirklichkeit jedoch realisiert er sich allein als in sich bewegter, sich zeitigender Lebensablauf – das unveränderliche «Sein» gibt es nur als «Gedankending», nie als eigenständiges Seiendes. Demgemäss erfährt der Einzelne seine eigene Sexualität als Bezirk des «in» ihm *geschehenden* Menschseins. Sie konkretisiert sich vor allem in den endogen-autonom auftretenden leibseelisch-einheitlichen Drangzuständen, gelegentlich auch in Phantasien, die beide manchmal nicht nur nicht absichtlich hervorgebracht werden, sondern sich gegen das sie abwehrende Ich durchsetzen, nicht anders wie Hunger, Durst, Schmerz, Müdigkeit, Schlaf und andere pathische Ereignisse. Gewiss unterliegen sie ebenfalls mehr oder weniger von tradierten Vorbildern geleiteten Prägungen und willentlichen Gestaltungen; doch gilt auch von ihnen das, was BRÄUTIGAM von den kulturell institutionalisierten Geschlechtsrollen bemerkt hat: sie «sind nicht gewaltsame sinnlose Entfremdungen des Menschen, sondern selbst überzeugender Ausdruck von sich immer wieder kulturell enthüllenden Wesensakzenten, die in den Geschlechtern selbst liegen».[18] Dies wiederum schliesst Unterschiede in der Reichweite und Nachhaltigkeit des intentionalen Eingreifens in die pathischen Geschehen des Lebensablaufs nicht aus. Wie der eine Schmerzen leichter aushält als der andere, so bestehen individuelle Differenzen in der Beherrschbarkeit der Entäusserungen sexueller Regungen, die allerdings zum geringsten Anteil auf der fragwürdigen «Willenskraft», vielmehr auf Haltungsidealen, Ängsten, Hemmungen u.a. beruhen. Davon abgesehen eignet indessen der Geschlechtlichkeit im Hinblick auf die ichzentrierten und so gut wie immer wertenden Stellungnahmen eine unverkennbare Sonderstellung innerhalb der im angedeuteten Sinne naturhaften Bereiche des Menschen.

Müdigkeit und Schlaf etwa werden, wenn sie uns zur Unzeit zu übermannen drohen, als Störungen unserer Interessen und Unternehmungen negativ, sonst jedoch positiv taxiert und kaum jemals als «fremde» Ereignisse verworfen. Das gleiche lässt sich von der genitalen Erregung sagen, die dank ihres intensiven spezifischen Lust- und trotz des zur Lösung drängenden Spannungscharakters in der

---

18 Körperliche, seelische und soziale Einflüsse usw., a.a.O., S.176.

Regel bejaht wird. Allein das ist bei Erwachsenen und zumal bei Jugendlichen nicht durchwegs so. Gleichgültig, ob bei diesen Ausnahmen stets Einflüsse einer sexualitätsfeindlichen Familienatmosphäre u.ä. mitgespielt haben mögen oder nicht: das Faktum als solches ungeachtet seiner Häufigkeit oder Seltenheit wirft ein Licht auf das durch eine latente oder manifeste Ambivalenz ausgezeichnete Verhältnis zwischen dem reflektierenden Ich und der ihm zugehörigen Geschlechtlichkeit. Das zeigt sich nicht zuletzt in der rauschhaften orgastischen Steigerung, in welcher das Ich seine die eigene Innerlichkeit sonst in begrenztem Umfange beherrschende Position für Augenblicke einbüsst und sich – bei Frauen anscheinend häufiger als bei Männern – dem Anheimfallen an das es überwältigende Geschehen zu widersetzen versucht. Oft genug sind damit (bewusste oder verdrängte) Angst- und Schulderlebnisse verknüpft, von denen ebenfalls nicht sicher auszumachen ist, ob sie irgendwie ursprünglich oder erst zufolge erzieherischer Einwirkungen seit früher Kindheit mit der sexuellen Sphäre zusammenhängen. Das geschieht bei den übrigen leibseelischen Erleidnissen kaum jemals – kein Mensch ängstigt sich unmittelbar vor dem Müdewerden und Einschlafen oder fühlt sich schuldig, wenn er ihnen nachgibt –,[19] ausgenommen beim Versagen in der willentlichen Kontrolle der Defäkation und Miktion. Nun bezieht sich die Reinlichkeitsgewöhnung in erster Linie auf diese beiden Ausscheidungsvorgänge, weshalb man ihre Rolle als Ansatzstellen des frühzeitigen Erlernens der muskulären Beherrschung und als eigenleibliche Gegenspieler des Ich und seines Machterwerbs ebenfalls als erziehungsbedingter Zusammenhang deuten könnte. Bedenkt man jedoch, dass bei manchen Tieren akute Furcht Kot- und Urinabgänge auszulösen vermag, so wird man eine nicht nur lebensgeschichtlich entstandene, sondern primäre Verknüpfung zwischen den Exkretionsvorgängen und den Angsterlebnissen auch beim Menschen nicht ohne weiteres von der Hand weisen können, selbst wenn lediglich eine physiologisch fassbare Relation bestehen sollte. Die partielle Organgemeinschaft zwischen der anal-

19 Die mit dem Krankwerden auftretende ängstliche Besorgnis dürfte sekundär auf Grund des Wissens um den lebenbedrohlichen Charakter des Krankseins bedingt sein.

urethralen und der genitalen Zone liesse im Zusammenhang der Reinlichkeitserziehung den Einbezug der Sexualität in den affektiven Furcht-, Ekel-, Scham- und Schuldkomplex begreiflich erscheinen. Befremdlich bleibt hier allenfalls die Relevanz der Schuldgefühle: wie kann ihre häufige Verbindung mit der Geschlechtlichkeit interpretiert werden? Ist sie ein Resultat der biblischen Tradition, in welcher – mit CULLMANN zu reden – der «beunruhigende ewig-menschliche Zusammenhang zwischen Geschlechtlichkeit und Sünde... kaum je einen tieferen Ausdruck und eine tiefere Deutung... als in der Erzählung vom Sündenfall» erfahren habe?[20] Handelt es sich wirklich um einen «ewig-menschlichen» und nicht vielmehr um einen geschichtlich bedingten, deshalb wieder auflösbaren Bezug?

Das letztere dürfte in der Überzeugung NIETZSCHES eingeschlossen sein, die er folgendermassen formuliert: «Die Heraufkunft des christlichen Gottes ... hat ... das Maximum des Schuldgefühls auf Erden zur Erscheinung gebracht. Angenommen, dass wir nachgerade in die *umgekehrte* Bewegung eingetreten sind, so dürfte man mit keiner kleinen Wahrscheinlichkeit aus dem unaufhaltsamen Niedergang des Glaubens an den christlichen Gott ableiten, dass es jetzt bereits auch schon einen erheblichen Niedergang des menschlichen Schuldbewusstseins gäbe; ja die Aussicht ist nicht abzuweisen, dass der vollkommene und endgültige Sieg des Atheismus die Menschheit von diesem ganzen Gefühl, Schulden gegen ihren Anfang, ihre causa prima zu haben, lösen dürfte. Atheismus und eine Art *zweiter Unschuld* gehören zu einander».[21] Es liegt nahe, die kaum zu leugnende Zunahme des sei es gleichgültigen, sei es prinzipiellen Atheismus und die sich verbreiternde Publizität der sexuellen Sphäre als zwei Parallelentwicklungen oder als einen sich wechselseitig fördernden Prozess im sich verselbständigenden, von den tradierten Bindungen lösenden Selbstverständnis des Menschen zu sehen. Aber wie immer es sich damit verhalten mag: eine sachhaltig-anthropologische, d.h. nicht-spekulative und nicht-mythologische Antwort

---

20 O. CULLMANN: Vorträge und Aufsätze 1925–1962, hrsg. von K. FRÖHLICH, S. 96. Tübingen/Zürich 1966.

21 F. NIETZSCHE: Werke, Grossoktav-Ausgabe, Band VII, S. 388. Leipzig 1910.

auf die Frage nach dem Grund oder den Gründen des vielleicht bestehenden inneren Zusammenhangs zwischen Geschlechtlichkeit und Schuldbewusstsein lässt sich daraus so wenig gewinnen wie aus der biblischen Deutung.

Die bisherige Erörterung bezog sich auf die mit Schuldgefühlen, Ängsten und andern abwehrenden Emotionen verknüpften Stellungnahmen des Ich zur je eigenen genital akzentuierten Sexualität. Das ist nicht zufällig, denn wir wissen aus breiter Erfahrung, dass gerade die masturbatorische Aktivität vor allem bei Jugendlichen intensive Selbstvorwürfe zeitigt, die bei den partnerischen sexuellen Tätigkeiten ausbleiben oder jedenfalls nicht die Regel sind, wenn sie nicht von vornherein unter milieubedingtem Verbotsdruck stehen. Indessen wissen wir aus der von der Psychoanalyse erhellten Entstehungsgeschichte der psychogenen Störungen der leibseelischen Genitalfunktionen, dass zumeist unbewusste nicht-sexuelle Regungen und Phantasien – Aggressionen, Ängste, Neid, Ekel, Scham, Verachtung und Erniedrigung des Partners u.a. – auch in den «normalen» geschlechtlichen Handlungen häufig mitspielen.[22] Unter ihnen kommt vielleicht den rücksichtslosen aggressiven oder sog. sadistischen Impulsen das grösste Gewicht zu; und da vor allem sie (oft maskierte) Gewissensbisse erwecken, wird man ihren Tribut an die Belastung der Sexualität mit Schuldgefühlen in Rechnung stellen müssen. Das führt uns auf den wohl wesentlichsten psychologischen Aspekt der menschlichen Geschlechtlichkeit, dem wir trotzdem aus naheliegenden Gründen nur einige flüchtige Bemerkungen widmen können: auf ihre Verknüpfung mit der liebenden Bejahung des Partners.

Mit Bedacht wählen wir den blassen, nichts präjudizierenden Ausdruck «Verknüpfung». Dies lässt sowohl eine genetische Interpretation des Zusammenhangs zwischen den akzentuiert genitalen, «grob sinnlichen» (wie FREUD sie oft nannte) Antrieben und Wünschen und der liebenden Haltung als auch eine andere Realbezüge beanspruchende Deutung zu. Man kann sich fragen, ob es heute noch

---

22 Vgl. M. SCHMIDEBERG: Einige unbewusste Mechanismen im pathologischen Sexualleben und ihre Beziehung zur normalen Sexualbetätigung. Internat. Zeitschr. f. Psychoanalyse 18 (1932), S. 51ff.

einen Sinn hat, darüber zu streiten, ob die Verliebtheit und die zärtlichen Gefühle stets aus der Hemmung oder Unterdrückung der genitalen Strebungen als deren «Sublimierung» «entstehen»; oder ob beide Erlebnis- und Verhaltensbereiche ihren je eigenen irreduzibeln «Ursprung» besitzen. Die erste Auffassung vermag auf unleugbare Fakten hinzuweisen, z. B. darauf, dass die Verliebtheit mit der Aufnahme der sexuellen Kontakte zu weichen pflegt und diese oft genug die Zärtlichkeiten mindern. Überdies widersetzt sie sich der in sexualfeindlichen Kreisen üblichen Verschleierungstendenz, welche die in Wirklichkeit auf Lustgewinn abzielenden Aktionen mit einem verklärenden Glanz aufzuwerten versucht. Allein der generelle Gültigkeitsanspruch der Herleitung der zärtlichen aus zielgehemmten grobsinnlichen Regungen scheitert daran,[23] dass die letztern zumal im frühen Kindesalter den erstern keineswegs vorausgehen, die Zeitfolge vielmehr sicher umgekehrt ist, wie FREUD selbst betont hat. Ausserdem spricht manches dafür, dass die kindlichen Zärtlichkeitswünsche zunächst und vorwiegend passiver Art sind, d. h. sich in der vagen Erwartung von Zärtlichkeitsbezeugungen manifestieren, weshalb gemäss der fraglichen Hypothese noch ein «Umschlag» der Aktivität in Passivität hätte stattfinden müssen. Im übrigen hat BÁLINT, Anregungen FERENCZIS weiterführend, eine überzeugende Kritik des Themas vorgelegt,[24] ohne damit durchgedrungen zu sein. Da sich also die Frage nach dem genetischen Zusammenhang zwischen den genital-sexuellen und den zärtlichen Strebungen von der Beobachtung her anscheinend nicht eindeutig beantworten lässt und auch BÁLINTS Behauptung, dass «natürlich … jede menschliche Beziehung eine libidinöse» sei,[25] kein Licht darauf wirft, begnügen wir uns mit der Vergegenwärtigung des häufigen und doch wohl kaum zufälligen Zusammengehens der beiden zur Diskussion stehenden Sachverhalte.

Allerdings deckt sich die Zärtlichkeit nicht mit der liebenden Bejahung des Andern, die dessen ganze singuläre Existenz umfasst

---

23 Vgl. H. KUNZ: Die Aggressivität und die Zärtlichkeit, S. 83ff. Bern 1946. [In diesem Band, S. 75ff.]

24 M. BÁLINT: Die Urformen der Liebe und die Technik der Psychoanalyse, S. 72ff., 139ff. Bern und Stuttgart 1966.

25 A. a. O., S. 266.

und eben deshalb auch den Geschlechtsleib einschliessen kann. Die zärtlichen Regungen bilden die häufigsten erlebten Bekundungen, aber so wenig wie die sexuellen Antriebe oder die illusionären Idealisierungen des Partners den Kern jener liebenden Haltung, an der eine Entscheidung wesentlichen Anteil hat, obzwar auch sie keineswegs ihr lebenslanges Durchhalten sichert. Schon die Unstetigkeit und das altersbedingte Erlöschen der genitalen Impulse zeigen, dass sie nicht die verlässliche und vertrauende Bindung an den Andern zu tragen vermögen. Diese beruht sicher auch nicht allein auf der sozusagen punktuellen, also ebenfalls intermittierenden Entscheidung. Vermutlich sind an der partnerischen Bindung eine Mehrzahl von Faktoren beteiligt. Bedenkt man, dass bei verschiedenen Vogelarten in den frühesten Lebensphasen sogenannte – uns vorerst freilich völlig undurchsichtige – «Prägungen» (LORENZ) stattfinden,[26] die dauernde Partnerbeziehungen auch ohne sexuelle Aktivitäten stiften, dann wird man damit rechnen müssen, dass entsprechende *vitale* «bindende Kräfte» im menschlichen Bereich ebenfalls wirksam sein können, obzwar sie nicht Prägungen entspringen.[27] Uns scheint es jedenfalls nichtssagend zu sein, alle mitmenschlichen Relationen «libidinös» zu nennen und dem Wort eine im weitesten Sinne «sexuelle» Bedeutung zu belassen, obwohl gerade den ausgeprägtesten geschlechtlichen Regungen und Handlungen die tragende Konstanz fehlt. Indessen stellt das häufige Mitspielen mehrerer qualitativ unterscheidbarer – genitaler, zärtlicher und liebender – Antriebe und Absichten im einheitlichen sexuellen Verhalten keine Ausnahme dar. Vielmehr sind wahrscheinlich die meisten menschlichen Aktio-

---

26 Vgl. F. SCHUTZ: Sexuelle Prägung bei Anatiden. Zeitschr. Tierpsychol. 22 (1965), S. 50ff.; *derselbe*: Homosexualität und Prägung. Psychol. Forsch. 28 (1965), S. 439ff.; *derselbe*: Homosexualität bei Tieren. Studium Generale 19 (1966), S. 273ff.

27 Im Hinblick auf die frühere Bemerkung (S. 363) mag es zur Verhütung von Missverständnissen am Platz sein, den Sinn des Vergleichs menschlicher mit tierlichen Verhaltensweisen zu präzisieren: die letztern sollen lediglich dazu anregen, nach entsprechenden ähnlichen Sachverhalten, die im humanen Bereich verborgen sein könnten, zu suchen. Mögliche phylogenetische Implikationen bleiben unberücksichtigt, womit das Recht dieses Aspektes selbstverständlich nicht bestritten wird.

nen «überdeterminiert» (wie FREUD es für die neurotischen Symptome nachgewiesen hat) und deshalb mehrdeutig – STRINDBERG hat sich im Vorwort zu «Fräulein Julie» der «Mannigfaltigkeit der Motive ... als einer zeitgemässen» gerühmt.[28] D.h. es beteiligen sich daran zum mindesten im lebensgeschichtlichen Aspekt jeweils mehrere, zumeist unbewusste, also nicht erlebte und reflexiv unmittelbar zugängliche Impulse und Intentionen, ungeachtet eine der letztern als die wirkmächtigste ausschlaggebend bleibt und Gestalt und Sinn der Handlung bestimmt. Raubt dies nun, auf unser Thema bezogen, der Sexualität ihren Eigenbestand?

Das hat VON WEIZSÄCKER behauptet. Er schreibt: «Die Sexualität ist das, was man aus ihr macht, sonst nichts».[29] Die These muss mit der andern zusammen verstanden werden, derzufolge jemand das ist, «wofür er sich entscheidet».[30] Wenn sich aber jemand etwa dazu «entscheidet», ein geschlechtsloses Wesen oder ein Engel zu werden, können ihn auch die intensivsten Willensanstrengungen und der unbedingteste Freiheitsenthusiasmus schwerlich dazu verwandeln – es reicht auf diesem Wege nicht einmal zu einem «Wahn», den VON WEIZSÄCKER wahrscheinlich mit tiefsinnigem Recht als «Merkmal», vielleicht als «ein Oberbegriff des Daseins im Gestaltkreis» beansprucht hat.[31] Wohl jedoch eröffnen dergleichen hochgemute, sich auf die vermeintlich «absolute» oder sich «absolut» setzende Entscheidungsfreiheit stützende Bekundungen den sinngebenden Denkakten einen unbegrenzten «metaphysischen» Entfaltungsraum, und davon hat auch die menschliche Sexualität profitiert.[32] Gewiss sind die ihr zugedachten Sinngehalte ebenso fragwürdig und unverbindlich wie die der Menschheit und ihrer Geschichte unterstellten, deren Glaubwürdigkeit sich nicht auf die wechselnden Inhalte, sondern allein auf die für viele Menschen unerlässliche Notwendigkeit

---

28 Zit. nach M. KESTING: Vermessung des Labyrinths, S. 130. Frankfurt a.M. 1965.

29 V. VON WEIZSÄCKER: Pathosophie, S. 323. Göttingen 1956.

30 A.a.O., S. 307.

31 A.a.O., S. 27.

32 Vgl. J. EVOLA: Metaphysik des Sexus. Übers. von M. SCHON und H. MAIER. Stuttgart 1962.

zu solchen Sinnverleihungen berufen kann – VALÉRY hat freilich einmal gesagt: «Wir leben recht bequem, jeder in seiner Sinnlosigkeit, wie der Fisch im Wasser».[33] Aber es bleibt die Frage, weshalb gerade die Geschlechtlichkeit, dieses das Menschsein bedrängendste sprachlose Zeugnis unserer irdischen Naturzugehörigkeit, zu oft so abstrusen Deutungen verleitet?

Blicken wir auf andere vitale, die leibliche Resonanz mehr oder weniger einschliessende Antriebe, also etwa auf Hunger, Durst, Macht- und Geltungsbedürfnisse, so wird auch ihnen eine den Erfahrungsbezirk transzendierende Relevanz zugebilligt. Vor allem gilt das für die Phänomene der Macht, denen als «göttliche Allmacht» und als «Wille zur Macht» ein theologischer und ein metaphysischer Rang zugeschrieben worden ist. Diese an sich nicht-sexuellen Impulse wirken ab und zu auch innerhalb des sexuellen Verhaltens in verschiedenen Gestalten mit. Indessen eignen dem letzteren noch besondere Züge – der orgastisch-ekstatische, das personale Individualitätsbewusstsein für Augenblicke sprengende Rauschcharakter, das ichentmächtigende, wie einer fernen Vergangenheit anheimfallende Hingezogensein zum einen Menschen, die eminente Rolle der auch an der Schöpfung religiöser und metaphysischer Gebilde beteiligten Imagination:[34] diese die menschliche Sexualität auszeichnenden Züge verführen in ihrer dem rationalen Denken schwer fassbaren fremden Unbegreiflichkeit zu geheimnisträchtigen deutenden Einfällen. Und schliesslich hat sich die dunkle Nähe der Liebe und Geschlechtlichkeit zum Tode dem dichtenden und spekulativen Grübeln immer wieder aufgedrängt.[35] Dieser Eindruck der Nähe scheint unterschiedlich motiviert zu sein. Man kann auf eine erlebnismässige Ähnlichkeit zwischen dem erlittenen Verlust des Ichbewusstseins im Orgasmus und Einschlafen einerseits und dem vermuteten entsprechenden Geschehen im Sterben andererseits hinweisen. Oder man rekurriert auf die dem unmittelbaren Erleben entrückte zeugende, der sexuellen Aktivität einwohnende Potenz als

---

33 Zit. nach M. KESTING, a.a.O., S.167.

34 Der Phantasie eignet allerdings auch im Bereich der Macht- und Geltungsbedürfnisse eine erhebliche Relevanz als eine ihrer Manifestationsweise.

35 Vgl. M. PRAZ: Liebe, Tod und Teufel. Übers. von L. RÜDIGER. München 1963.

der *seinsmässigen*, nicht bloss erdachten Voraussetzung des Sterbenkönnens der einzelnen Menschen. Ohne Zeugung, heisst das, gäbe es auch keinen Tod. Da dieser für unsere Erfahrung an individuierte Lebewesen gebunden ist, und zwar als radikaler Verlust ihrer spezifischen ursprünglichen Seinsweise, erweist sich «unsterbliches Leben» als reine Denkbarkeit, der jedenfalls im Bereich der mehrzelligen Lebewesen kein aufzeigbares Faktum entspricht. Demzufolge gehört die Sterblichkeit zum Wesen der Lebendigkeit als ein sie ontisch mitkonstituierendes Ingrediens, auch wenn ihr «Umschlag» (HEIDEGGER) in den sich ereignenden wirklichen Tod durch ungezählte Generationen von «potentiell unsterblichen» Einzellern hinausgezögert werden kann. Die von der christlichen Theologie aufgeworfene Frage nach dem «Ursprung» des Todes und die von PAULUS erteilte Antwort, dergemäss er der «Sünde Sold», d.h. durch den «Fall» Adams in das «zuvor» unsterbliche Leben der Menschen gekommen sei, sind gleichfalls pure Denkbarkeiten ohne Anhalt im erfahrbaren Bereich. Jedoch verweisen sie uns nochmals auf das Schuldthema.

Schuldgefühle werden durch mannigfache äussere und innere Handlungen und Unterlassungen geweckt. Im Zentrum stehen die aggressiven und destruktiven Regungen und Akte, die als solche über das Töten in eine ausgezeichnete Beziehung zum Tode treten, obgleich nur eine Minderzahl ihn herbeiführen. Wenn wir nun unterstellen, dass das anscheinend zum Menschen gehörende Schuldig*sein* in der immanenten Sterblichkeit und im Wissen um die vernichtende Macht des Todes gründet – HEIDEGGER bestimmt das Schuldigsein als «Grundsein einer Nichtigkeit» –, dann mehrt die lebenzeugende Sexualität zugleich das Sterbenmüssen und das in ihm verborgene nichtige Schuldigsein. Zeugung bzw. Geburt, sich zeitigender Lebensablauf und Tod bilden die je singuläre einheitliche Grundbewegung des Menschseins, die von der Reflexivität umgriffen, aber keineswegs hervorgebracht oder getragen wird. Sofern der faktische Tod das Ende jedes in sich zeitlichen Daseins verwirklicht und dieses damit ineins gleichsam in der «Zeitlosigkeit» verschwinden lässt, ermöglichen das antizipierende Wissen um ihn und die Sterblichkeit dem Denken das spekulative Entwerfen von das Ende transzendierenden «jenseitigen», «ewigen» oder «überzeitlichen» Gebilden. Ein solcher Versuch der anthropologischen, auf die ursprüngliche Natur des Menschen[36] sich beschränkenden Interpretation der religiösen und metaphysischen Transzendenzen verzichtet zwar auf die prinzipiell unerfahrbaren Gehalte; aber auch er muss die Antwort auf die Frage nach der «Herkunft» der Geschlechtlichkeit, der Zeugung und des Todes schuldig bleiben.

36 Die hier angesprochene «ursprüngliche» Natur des Menschen meint nicht nur den reduzierten Gegenstand der Naturwissenschaften, sondern das ganze, in sich «geschichtliche» Menschsein.

Anhang

Anhang I
Textkritische Anmerkungen

A Zur Textbasis und Textgestaltung

1. Neuauflagen

Zur Herrichtung der in diesem Band gesammelten Neuauflagen der bereits früher erschienenen Schriften hat der Herausgeber Kunz' Handexemplare als Grundlagentexte beigezogen und die darin vom Autor eigenhändig eingetragenen Ergänzungen und Berichtigungen bei der Gestaltung des Lesetextes berücksichtigt. Konnten zusätzlich originale Manuskripte und Schreibmaschinenabschriften zum Textvergleich herangezogen werden, so wurde – wenn nicht anders vermerkt – auf die stilistischen und sinnmodifizierenden Abweichungen im Anhangskapitel *Textkritische Revisionen* (I B, S. 380ff.) hingewiesen. Die Präsentation der Neuauflagen hält sich im übrigen an ein durchgängiges Gestaltungsprinzip: Hinweise auf Veränderungen der ursprünglichen Druckfassungen sollten den im historischen Gewand der Erstpublikation dargebotenen Text nicht durch umständliche Verfahren und Erklärungen rezeptionstechnisch erschweren. Konsequenterweise erscheinen daher alle dokumentierten Abweichungen, Ergänzungen und Berichtigungen in Begleitung von Asterisken, die in den *Textkritischen Revisonen* kommentiert werden. Zeigte die Originalhandschrift im Vergleich mit der Erstausgabe nur geringfügige stilistische Abweichungen, so haben wir auf eine Heraushebung verzichtet und der bereits gedruckten Version den Vorzug gegeben.

Zu den Präferenzen des Herausgebers gehörte auch, das «historische Gewand» der Schriften wo immer möglich zu bewahren. Deshalb wurde darauf verzichtet, die Zitate im Haupttext an neuere Ausgaben anzugleichen; Belege zu Parallelstellen in neueren Editionen finden sich ggf. in einem dem *Anhang* beigegebenen *Literaturverzeichnis* (Anh. III, S. 433ff.). Ebenso wurden die von Kunz präzis und konsequent durchgehaltenen Gepflogenheiten bei der Darstellung der Zitate übernommen.

In der Absicht, den «ungestörten Lesefluss» der originalen Schriften des Autors zu bewahren, hat der Herausgeber die editorischen Vermerke zu Textabweichungen in Kunz' Handexemplaren – abgesehen von einigen deutlich markierten Zusätzen und Streichungen – aus dem Haupttext ausgegliedert und im

Anhang kommentiert. Um das Auffinden der in der Literatur erfolgten Hinweise auf frühere Auflagen der Kunz-Schriften zu erleichtern, haben wir im laufenden Lesetext die Seitenzahlen der jeweiligen Erstdrucke (in eckiger Klammer) beigefügt.

Offensichtliche Druckfehler wurden stillschweigend korrigiert, vier fehlerhafte Angaben in den Literaturvermerken revidiert.

2. *Erstpublikationen und Transkriptionen von Originaltexten aus dem Nachlass*

Als Textbasis für die bislang nicht publizierten Schriften dienten dem Herausgeber die handschriftlich verfassten Originaltexte aus dem Hans-Kunz-Archiv der Zentralbibliothek Solothurn. Lag eine von Kunz eigenhändig verfasste Schreibmaschinenabschrift vor, hielt sich der Herausgeber an die vom Autor selbst transkribierten, meist nur geringfügig veränderten Fassungen. Die in Vergleichsmanuskripten vorgefundenen textlichen Änderungen (stilistische Abweichungen, Ergänzungen, Streichungen, Auslassungen, Unklarheiten in der Leseart u.a.) sind im Haupttext mit Sonderzeichen hervorgehoben und in *Anhang* 1B mit Kommentaren versehen. Anliegen des Herausgebers ist, die kritische Prüfung der bibliographierten Dokumente im Kunz-Archiv Solothurn und damit eine mit den Quellen korrespondierende Forschung zu erleichtern, weshalb ein Nachweis der Originalpaginierung der zu Konvoluten zusammengefassten Autographen den *Textkritischen Revisionen* beigegeben ist.

In der Meinung, damit Spuren von Überlegungen und Korrekturen, die Kunz während des Schaffensprozesses begleitet haben, nicht zu verwischen, schien es ggf. angezeigt, den «Hintergrundtext» gestrichener Passagen im Anhangsteil wiederzugeben. Obwohl Wiederholungen nicht zu vermeiden waren, wurde die gültige Diktion der später vom Autor verworfenen Version vergleichend zur Seite gestellt.

3. *Grundsätzliches*

Bei der Bearbeitung aller Texte wurde konservativ verfahren, d.h. die Schreibweisen des Autors als stilistische Eigentümlichkeiten beibehalten, auch wenn diese nicht mehr den heute gängigen Regeln entsprechen. Einzig die von Kunz häufig zusammengeschriebene adverbiale Wendung «vorallem» wurde einheitlich der Rechtschreiberegel angepasst (= «vor allem»). Finden sich bei Erstauflagen Abweichungen vom Original ohne sonstige Annotationen in den Handexemplaren, hielt sich der Herausgeber an die Schreibweise der Publikation. Von daher erklärt sich die uneinheitliche und von den Handschriften abweichende Orthographie – so beispielsweise die Setzung der Gross- und Kleinbuchstaben bei

Wortanschlüssen nach Doppelpunkten. Die Fussnotenziffern – in den Originalhandschriften bei Kunz durchgängig vor die Interpunktionszeichen gesetzt – erscheinen aus drucktechnischen Gründen in umgekehrter Reihenfolge. Worttrennungen sind den modernen Regeln angepasst.

Genaue und vollständige Angaben zu den Basistexten, Quellenvorlagen und Materialien der in diesem Band vereinigten Schriften finden sich in den *Textkritischen Revisionen*, Kurzkommentare zu den einzelnen Abhandlungen auf der Rückseite des Titelblattes, die Erklärung der verwendeten Siglen und Abkürzungen auf den letzten Seiten des Bandes (S. 453f.).

B Quellen und Textkritische Revisionen

In der Reihenfolge der wiedergegebenen Werktitel enthalten die *Textkritischen Revisionen* folgende Informationen:

1. Angaben *zu den* im wissenschaftlichen Nachlass des Autors zugänglichen *Quellentexten und Manuskripten*, die zur Erstellung des vorliegenden Bandes beigezogen wurden. Bezeichnet sind die Grundlagentexte unter der Kurzform ihrer dreistufigen Signatur im *Hans-Kunz-Archiv der Zentralbibliothek Solothurn*. Verwiesen wird dabei auch auf den im Archiv zugänglichen unveröffentlichten Band des Herausgebers: *Das Werk von Hans Kunz. Vollständige Bibliographie mit Kommentaren und Inventar des archivierten wissenschaftlichen Nachlasses* (Abk.: WKat).
2. – Kommentierte *Textkritische Revisionen zu Anmerkungen*. Sie sind im Haupttext *mit Asterisken* bezeichnet.
   – Hinweise auf *Abweichungen*, ggf. auch auf *Besonderheiten der Quellentexte*, die im Haupttext nicht erwähnt sind.
   – *Nachweise der Originalpaginierung* und – sofern im Haupttext angegeben – *Nachweise der Seitenkonkordanz in publizierten Schriften*.

Es gelten Folgende Symbole und Abkürzungen*:

CA + Nr.	Signatur des Handexemplars
A + Zahl	Signatur der Autographen
< >	Im Original durchgestrichen
|	Ende der Anmerkung
√	Nachweis der Seitenzahlen in den Originalmanuskripten

Abkürzungen: *n. = nach, korr. = korrigiert, Abs. = Absatz, neuer Abschnitt*

Darstellungstechniken*:

1. Anmerkungen, im Haupttext mit Asterisken vermerkt, erfolgen nach dem Muster:
   Anm. 1, 1 bedeutet: **Anmerkung 1**, Seite 1
2. Stellenangaben zu Textabweichungen, die nicht im Haupttext markiert sind, erfolgen nach dem Muster:
   1, 1 … | bedeutet (Reihenfolge): **Seite 1**, Zeile 1, … (= Quellenvermerk), | (= Ende der Anmerkung)

* Vgl. auch *Siglen und Sonderzeichen* auf den letzten Seiten des Bandes (S. 453 f.)

3. Nachweise der Originalpaginierungen:
Zeichen: √ Muster: Es √8 gilt *bedeutet: Nach* Es *erfolgt der Wechsel zu Seite* 8, *beginnend mit dem Wort* gilt

DIE AGGRESSIVITÄT UND DIE ZÄRTLICHKEIT. ZWEI PSYCHOLOGISCHE STUDIEN

I. ZU DEN MANUSKRIPTEN UND QUELLENTEXTEN

Signatur:

CA02	Das mit Ergänzungen und Korrekturen versehene undatierte Handexemplar der Schrift *Die Aggressivität und die Zärtlichkeit* (Bern 1946: Verlag A. Francke) aus Hans Kunz' Privatbibliothek. [Vgl. WKat, Kap. 6/V, 178 und Kap. 1/I, 3]
A5 (I–III)	Die dem Handexemplar beigegebenen Notizblätter des Autors mit Annotationen in Form von Ergänzungen und weiteren Literaturhinweisen zu den Anmerkungen [Vgl. WKat, Kap. 6/I, 115]: I: Ein beidseitig beschriftetes Blatt (A5-Format) mit Zitathinweisen und zusätzlichen Anmerkungen, Überschrift: *Ergänzungen.* II: Ein einseitig beschriftetes Blatt (A5-Format) mit Zitathinweisen und Anmerkungen, Überschrift: *Mütterlichkeit/Aggressivität.* III: Ein beidseitig beschriftetes Notizblatt mit kommentierten Zitathinweisen.
A6	*Vorwort* zu einer geplanten Neuauflage der beiden Studien in drei Fassungen (3 Seiten). Autograph, unpubliziert, verfasst ca. 1971. Vgl. Beilage 2 (S. 403 ff.) [Vgl. WKat, Kap. 6/I, 115 und Kap. 5, 110 f.]
A7	*Personen- und Sachregister* zur Erstpublikation *Die Aggressivität und die Zärtlichkeit* (6 Schreibmaschinen-Seiten) aus der Hand von H. Balmer (Basel), verfasst für die in den frühen 70er Jahren geplante Neupublikation. [Vgl. WKat, Kap. 6/I, 115]
ohne Signatur	*Begleittext (1945)* zur Erstpublikation *Die Aggressivität und die Zärtlichkeit.* Druckanzeige (Werbeprospekt) des Verlagshauses A. Francke, Bern. Vgl. Beilage 1 (S. 401 f.). [Vgl. WKat, Kap. 1/II, 7]
ohne Signatur	*Mitteilungen zum Symposium «Aggression und Anpassung»* vom 14.10.1964 am Ausbildungszentrum für Psychoanalyse und Psychosomatische Medizin, Frankfurt a. M., in: Psyche 18 (1964/65), Heft 2, Mitteilungen S. 160. [Vgl. WKat, Kap. 1/II, 7]

Abgesehen von *A7* und *Mitteilungen zum Symposium*, die keine Originaltexte von Kunz enthalten, sind bei der Erstellung dieses Bandes alle Quellen im Haupttext oder als Beilagen in Anhang IIB berücksichtigt worden.

Die Originalhandschrift für den Erstdruck von *Die Aggressivität und die Zärtlichkeit* und das Skriptum des im Juni 1942 in der Basler Psychologischen Arbeitsgemeinschaft gehaltenen Vortrags über *Die Rolle der Aggressivität im menschlichen Leben* (vgl. *Vorbemerkungen*, S. 3) sind im Archiv nicht zu finden. Kunz hat alle Originalmanuskripte zu jenen gedruckten Schriften, die vor dem Wechsel seines Domizils von Binningen nach Riehen (Ende Juli 1946) erschienen sind, nicht aufbewahrt (vgl. WKat 6/VI, 181 und 187). Für allfällige Revisionen benutzte er die bereits vorliegenden Ausgaben als Handexemplare. Diese enthalten (wie auch im Falle von CA02) Ergänzungen und Korrekturen. Zusätze zu den Anmerkungen notierte Kunz auf losen, dem Druckformat von CA02 angepassten Zetteln, die er als Einlagen dem persönlichen Handexemplar beifügte (A5, I–III). Die letzten Aufzeichnungen aus A5 stammen aus den frühen 50er Jahren, was vermuten lässt, dass Kunz eine Revision und Weiterverarbeitung der im Spätherbst 1945 erschienenen Schrift offen hielt und weshalb er die vom Verlagsleiter C. Lang ausgegangene Initiative, die schon bald vergriffene Schrift neu aufzulegen, nicht unterstützen konnte. Die anhaltende Nachfrage im Buchhandel und das Drängen vieler Schüler haben dazu beigetragen, dass sich Kunz erst zwanzig Jahre später mit Vorbereitungen zu einer Zweitauflage der beiden Studien befasst hat. An deren Stelle erschien dann 1969 der Essay *Zur Problematik der Aggression* (in diesem Band, S. 101). Zur Heraushebung neuer begrifflicher Nuancen und zur Aktualisierung der Auseinandersetzung mit aktuellen Forschungsergebnissen bedurfte es für Kunz wohl einer neuen und gesonderten Darstellung des Themas. Abgesehen von *zwei Briefen des Verlegers C. Lang* (vgl. WKat 9/II, 248) und einem *Personen- und Sachregister zur Erstpublikation (A7)*, finden wir unter dem Titel *Vorwort (A6)* drei mit Bleistift durchgestrichene Fassungen eines Textes, die das Vorhaben einer Neuauflage der beiden psychologischen Studien von 1945 dokumentieren. Obwohl Kunz keine dieser drei Fassungen für den Druck freigegeben hat, erscheinen sie hier als Textbeilagen im Gefolge von ergänzenden Kommentaren des Herausgebers in Anhang II (S. 403 ff.).

2. TEXTKRITISCHE REVISIONEN

Anmerkungen aus dem Haupttext (Asterisken):*

Anm. 1, 24 In A5/I *Gerö-Zitat unter dem Vermerk* Zu S. 28 f.: *Vom Herausgeber als Fussnoten-Verweis interpretiert und am Ende des Abschnittes (S. 29 im Erstdruck) eingesetzt.*

Anm. 2, 36 *Kunz' Kritik an Kretschmers «physiologischer Begründung» einer «Triebnatur» der Aggressivität, die sich auch auf Experimente von Hess beruft, ist vom Herausgeber an dieser Stelle eingesetzt* *worden. Die als Fussnote wiedergegebene Ergänzung aus dem Jahre 1949 erscheint in* A5/I *unter der Überschrift* Reaktivität der Ag. *ohne Hinweis auf die Seitenzahl. Obwohl der physiologische Begründungszusammenhang neue Fragen aufwirft, die an dieser Stelle nicht ausdrücklich thematisiert werden, wirken sich Kunz' kritische Bedenken auch auf die hier einsetzenden Erörterungen zum Problem des «Triebbegriffs» aus. Die zu dessen präziseren Bestimmung herangezogene physiologisch-reduktive Erklärung enthält im Anschluss an die psychologische Kritik zusätzliche Einwände gegen spekulative Momente. Um das Spezifische des Triebbegriffs herauszustellen, orientiert sich Kunz an den Merkmalen der Paradigmen Hunger, Durst und Sexualität und hält sich konsequent daran, die erfahrbaren phänomenalen Differenzen abstrahierend herauszustellen, die sich beim Vergleich der triebhaft-vitalen Bedürfnisse mit dem reaktiven Wesen des aggressiven Gebarens ergeben. Die Spontaneität im prozessualen Geschehen verweist u. a. auf eine ursprüngliche um- und mitweltliche Gerichtetheit der Erlebens- und Verhaltensweisen, bezieht sich also nicht primär auf objektivierte Basalfunktionen im physiologischen Prozess. Der empirischen Forschung ist der Konnex zwischen den qualitativen Verhalten und deren somatischem Korrelat allenfalls als Wechselwirkung, nicht als Parallelismus zugänglich. Die Statuierung einer «Triebnatur», die sich auf primär von Reizen ausgelöste aktionsspezifische Handlungen beruft, bleibt grundsätzlich spekulativ: sie nivelliert Sachverhalte, die auf verschiedenen Ebenen liegen. Ebenso verfehlt wäre es, die von Kunz als reaktiv charakterisierten Erlebens- und Verhaltensweisen mit den erworbenen gleichzusetzen. Die Begriffspaare «spontan-reaktiv» und «angeboren-erworben» sind nicht identisch. Die beiden Gegensatzpaare erschliessen unterschiedliche Erfahrungsbereiche.*

Anm. 3, 49 In A5/I *mit Hinweis* Zu S. 55, Anm.

Anm. 4, 50 In A5/I *vor dem Text des Zitats* Zu S. 56, Anm. 3.

Anm. 5, 52 In A5/I *Verweis auf Platon mit dem Vermerk* Zu S. 58. *Vom Herausgeber als Fussnote gesetzt.*

Anm. 6, 57 In A5/II *Zitate unter der Überschrift* Aggressivität/Mütterlichkeit. *Vom Herausgeber als Fussnote gesetzt. Auf dem Notizblatt gibt Kunz zum Buch von Reiwald die Angabe des Verlags* (Europa-Verlag) *und die Angaben weiterer Fundorte von Stellen:* S. 81–106. Die Wandlungen der Aggression in unserer Gesellschaft (1. Sublimierung in der Arbeit usw., 2. Wendung gegen sich selbst als Verinnerlichung, 3. Projektion in Teufel, fremde Völker etc.), S. 107–123: Der Staat als Träger der Aggression.

Anm.7, 62 In A5/I *mit Hinweis* S. *(ohne Stellenangabe). Aus thematischen Gründen führen wir die Beobachtung Reiks hier an.*

Anm.8, 74 In A5/III *ohne Stellenangabe. Vom Herausgeber als Veranschaulichung dieser Textpassage gedeutet.*

Anm.9, 75 In A5/I *unter der Überschrift* Lächeln *(ohne Stellenangabe). Als Fussnoten-Anmerkung den Aussagen über das Lächeln beigegeben.*

Anm.10, 88 In A5/I *mit dem Hinweis* Zu S.96. *Vom Herausgeber als Fussnote gesetzt.*

Textabweichungen vom Erstdruck CA02:

26, 8 Halluzieren *statt* Halluzinieren | **31**, 27 *Punkt n.* Zuwartens | **34**, 9 Der Grund *statt* Den Grund | **34**, 27/28 einigermassem starken *statt* eingermassen starkem | **37**, 37 spekulativen Argumente *statt* spekulative Argumente | **51**, Anm.61 *unvollständige Literaturangabe zu* K. LEWIN | **52**, Anm.62 *unvollständige Literaturangabe zu* W. REICH | **55**, 20 Oder, um an einem *statt* Oder, um es an einem (es *fehlt*) | **62**, 4 besonders unerwachsen, infantil imponieren und *statt* besonders unerwachsen oder infantil imponieren und |

ZUR PROBLEMATIK DER AGGRESSION

I. ZU DEN MANUSKRIPTEN UND QUELLENTEXTEN

Signatur:

CA38 Kunz' Handexemplar in Form eines zweiteiligen, in Text- und Bibliograhieteil gegliederten Separatdrucks aus *A. Mischerlich*s Sammelband *Bis hierher und nicht weiter. Ist die menschliche Aggression unbefriedbar? (München 1969: R. Piper).* Das auf den 14.10.1969 datierte Exemplar enthält keine Annotationen. Ein unveränderter Nachdruck von *Mitscherlich*s Sammelband erschien unter dem Titel *Aggression und Anpassung (hrsg. von Margartete Mitscherlich, München 1992, Serie Piper 1557).* [Vgl. WKat, Kap. 6/v, 177 und Kap.1/I, 6]

A8 Die zehn paginierte Blätter umfassende Originalhandschrift, datiert auf den 27. März 1965. [Vgl. WKat, Kap. 6/I, 115]

Im Nachlass fehlt die vom Autor selbst verfertigte und der Redaktion zur Vorbereitung des Druckes eingereichte 10-seitige Schreibmaschinenabschrift von A8 (=Abschr. A8). Die auf den Rändern des Originalmanuskriptes A8 eingetragenen Zahlen bezeichnen die Seitennummern der Abschrift.

A 8 ist die Ausarbeitung eines Vortrags zum Symposium *Aggression und Anpassung*, das am 14. Oktober 1964 zur Eröffnung des Instituts und Ausbildungszentrums für Psychoanalyse und Psychosomatische Medizin in Frankfurt a. M. stattfand (vgl. Psyche 18 [1964/1965], sub «Mitteilungen», S. 160). An der Podiumsdiskussion zum Tagungsthema haben ausser Hans Kunz teilgenommen: Paula Heimann (London), Piet C. Kuiper (Amsterdam), Konrad Lorenz (Seewiesen), Alexander Mitscherlich (Heidelberg), Fritz Morgenthaler (Zürich), Paul Parin (Zürich), Fritz Redlich (Yale), René Spitz (Genf) und Herbert Winnik (Jerusalem).

Anmerkungen und Zitathinweise der Erstveröffentlichung – in A. Mitscherlichs Sammelband dem bibliographischen Anhang beigegeben – erscheinen in diesem Band als Fussnotenverweise im Haupttext.

2. TEXTKRITISCHE REVISIONEN

Anmerkungen aus dem Haupttext (Asterisken):*

Anm. 1, 112 *Der in A 8 unkorrigierte Satz* Ebenso wenig … beobachten. *fehlt in der Publikation.*

Textabweichungen in A 8:

101, Titelüberschrift <Aggression und Anpassung>, *ersetzt durch* Zur Problematik der Aggression | **103**, 6ff. … zuschreibt. <Falls sie, ähnlich wie Hunger und Durst und die sexuellen Antriebe, deren periodische Manifestationen beim Menschen allerdings längst nicht mehr die gleiche Prägnanz zeigt wie die Brunstphasen vieler Tiere, von Zeit zu Zeit ohne zureichende auslösende Situationen zur Entäusserung drängt und, falls sie daran aus irgendwelchen Gründen gehindert wird, eine Intensitätszunahme erfährt, dann … bestehen>. Von vornherein lässt sich … richtet. *statt* … zuschreibt. Von vornherein …| **103**, 14 *vor* Herr *zusätzlich* <in adäquater Weise> | **103**, 21 Gefährdung des Daseins kommen *statt* Gefährdung des Daseins oder zum Tod kommen. | **104**, 5 Unvermeidbarkeit des Befriedigtwerdens *statt* Unvermeidbarkeit der Befriedigung | **104**, 6f. «spontanen» *und* «reaktiven» (*mit Anführungs- und Schlusszeichen*) | **104**, 13 aggredi *nicht unterstrichen (kursiv)* | **105**, 10 Gebarens *statt* Verhaltens | **105**, 12 … und daher in guten Treuen *statt* … und daher durchaus | **105**, 13 – häufigen – *fehlt* | **105**, 24f. *n.* Seienden *fehlt* und mit den Mitteln ihrer aktiven Realisierung | **105**, 35 *nach* Glauben *zusätzlich* usw. | **106**, 4 *nur* zum Objekt aggressiver Regungen zu werden vermag, …| **106**, 5 *Satzumstellung* … Aktualisierungsmöglichkeit zusammen, ungeachtet einerseits gewisse Affektzustände (Ärger, Wut, Hass, Furcht u.a.) und andererseits besondere Situationen … ihr Durchbrechen leichter bewirken als ausgeglichene Stimmungen und vertraute Lagen. | **106**, 14 … scheinen frühzeitige Manifestationen entsprechender Äusserungen, z. B. das «Beissen» des Kleinkindes, zu zeugen | **106**, 18 *kürzer:* … Sinne des potentiell «freien» willentlichen Hervorbringens, aber verweist gerade nicht auf eine endogene, dem Organismus einwohnende Rhythmik ihres

Auftretens. | **106**, 24f. *ohne Gedankenstriche:* ... der Sexualität als dem einen die Aggressivität als dem andern psychologisch fassbaren Triebkomplex gegenüberstellte | **106/107** 1 jedoch *statt* zur sachhaltigen Begründung | **107**, 17f. *ohne* und Äusserungen | **107**, 23 *verändert:* so ist etwa an das «zerstörerische» Verhalten kleiner Kinder, an die in Märchen, Mythen, Tag- und Nachtträume erscheinenden Zerstückelungsmotive ...| **108**, 27 vorerst *statt* zunächst | **109**, 16 Ursprung besitzt *statt* Ursprung hat | **109**, 31f. *ohne Einschub:* Verstimmung lässt sich oft genug | **110**, 9 alle *und* nur *nicht unterstrichen (kursiv)* | **110**, 14f. Die zweite Stelle *statt* Den zweiten Rang | **110**, 15 anderen Antrieben *statt* andern Antrieben | **110**, 22 *ohne* rundweg | **110**, 27f. ... unbewussten Sinn eines surrogativen «Kastrierens» besitzt *statt* «unbewussten Sinn» eines surrogativ-symbolischen «Kastrierens» besitzt | **110**, 28f. *ohne Einschub:* Sie scheinen uns | **110**, 31f. *nach* absehen, *fehlt* trotz der radikalen «Verdorbenheit» der «menschlichen Natur» | **111**, 2 ungeachtet die dafür *statt* nicht beachtend, dass die dafür ... | **111**, 6 dessen Tod *statt (korr.)* deren Tod | **111**, 17 *ohne* (intentionalen) | **111**, 24 seiner Herbeiführung, *ohne Anführungs- und Schlusszeichen* | **111**, 25 unterstellt *statt* supponiert | **111**, 26 Sexualität *statt* Geschlechtlichkeit | **111**, 30f. aber er überragt es an geschehender *statt* jedoch überragt er es an geschehender | **112**, 2 einwohnenden *statt* innewohnenden | **113**, 2 mannigfaltigen *statt* mannigfachen | **113**, 11 ihrem grossen Ansehen *statt* ihrem Ansehen | **113**, 11ff. *Der Satz* Allerdings ist gerade ... völlig ausgefallen. *fehlt* | **113**, 21 unterlegten *statt (korr.)* unterlegte | **114**, 3 unterstellen *statt* unterschieben | **114**, 12f. *nach* «Sterbenkönnen» *fehlt* im Sinne eines «Vermögens» | **114**, 20 und Verhaltens *statt* und Gebarens | **114**, 21 erstaunlich *statt* verwunderlich | **114**, 23 (neuer Abs. in A8) *beginnt mit einer Textvariante zur gleichen Thematik, die später verworfen wird* <Einer dem aggressiven Gebaren der Tiere eignen sollende reaktions- oder aktionsspezifische endogene Energie hat auch Lorenz in früheren Arbeiten und vor allem in seiner «Naturgeschichte der Aggression» statuiert (K. Lorenz: Über das Töten von Artgenossen, S. 23, Dortmund o. J.). Darin handelt ein besonderes, obzwar auffallend kurzes Kapitel ausdrücklich von der «Spontaneität der Aggression» (Das sogenannte Böse, S. 77ff.). «Die völlig irrige Lehrmeinung, dass tierisches wie menschliches Verhalten überwiegend *re*aktiv und, woferne es überhaupt angeborene Elemente enthalten sollte, doch durchwegs auf Lernen veränderlich sei», führt Lorenz auf ein «Missverständnis an sich richtiger demokratischer Prinzipien» zurück (a. a. O., S. 81). Wir haben für die «reaktive (teleologische) Missdeutung des Geschehens» andere geistesgeschichtliche und methodische Motive in Anspruch genommen (vgl. H. Kunz: Über den Sinn und die Grenzen des psychologischen Erkennens, S. 69ff., Stuttgart 1957), doch lassen wir diesen Punkt auf sich beruhen. Dagegen möchten wir sowohl seiner Verwerfung der zitierten Lehrmeinung wie seiner Distanzierung gegenüber der Auffassung, dergemäss die Anerkennung eines spontanen tierischen Verhaltens notwendig «die Domäne vitalistisch eingestellter», das heisst stets ein «wenig mystischer, Naturbetrachter» sein müsse (Das sog. Böse, S. 81), vorbehaltlos zustimmen.> *[vgl. Anm. 2, S. 36: Gleichsetzung der Begriffe «angeboren» und «spontan», «erworben»* *und «reaktiv»]* | **114**, 31 Unter diesen *statt (korr.)* Unter jenen | **115**, 1 wiederholt *statt* mehrfach | **115**, 13 f. freilich ebenfalls *statt* freilich auch | **115**, 16 äusseren *statt* äusserlichen | **115**, 21 als so wie LORENZ *statt* als wie LORENZ | **115**, 31 «los» zu werden *statt* «los»zuwerden | **116**, 9 Entäusserungen ein *statt* Entäusserungen inne | **116**, 24 *nur* auch *statt* wohl auch | **117**, 14 (auch in CA 38) *vor* Beim *Gedankenstrich (Absatz für Aufzählung):* – Beim | **117**, 27 Aggressionen im Verhalten der Tiere *statt* Aggressionen bei Tieren | **118**, 10 (in CA 38) Reaktion *statt mit kursiv gedruckter Vorsilbe: Re*aktion | **118**, 15 f. Verständnis der reaktiven Missdeutung des spontanen Geschehens auf geistesgeschichtliche ... *statt* Verständnis der Missdeutung des spontanen Geschehens als reaktives auf geistesgeschichtliche ... | **118**, 20 beteiligt sind *statt* stets beteiligt sind | **118**, 29 Grenzen *statt* Schranken | **118**, 30 beschränkte *statt* begrenzte | **118**, 32 der Zerstörung *statt* der möglichen Zerstörung | **119**, 6 stellen zu wollen *statt* stellen zu können und zu wollen | **119**, 13 ff. *ohne Zusatz in Klammer* (wobei wir ... unberücksichtigt lassen) | **119**, 32 einwohnende Verhängnis. *statt* innewohnende Verhängnis verwurzelt. | **119**, 33 die verbreitete, gleichwohl aber *statt* die weit verbreitete, aber | **120**, 5 *küzer:* zwischen dem Denken und der dem Menschen ... | **120**, 8 f. *Einschub kürzer:* – wie FREUD gezeigt hat – | **120**, 17 f. aggressiv-destruktiven Phänomene *statt* aggressiv-destruktiven Erscheinungen | **120**, 19 f. Manifestationen des Bösen <, der jenseits biologischer und psychologischer Schranken jeder sich ihrer Grenzen bewussten Forschung liegt.> *statt* Bekundungen «des Bösen». |

Weitere Besonderheiten der Originalhandschrift A 8:

121, am rechten Seitenrand (unter der letzten Zeile) *steht das Datum* 27. März 1965.

Worte nach Doppelpunkten (sofern es sich nicht um Substantive handelt) sind in A 8 – anders als im Erstdruck – klein geschrieben.

Im Anhang von *Mitscherlichs* Sammelband *Bis hierher und nicht weiter* ist sub «Personalia» (S. 280) eine Abhandlung *Die Wahnhaftigkeit des Menschen und die Gewissheit des Todes* (1970) aufgeführt (S. 284), die nie erschienen ist. Vgl. dazu HK A128/129, WKat, S. 137.

Nachweis der Originalpaginierung:

- A 8 (10 A4-Seiten, mit Anmerkungen des Autors auf der Rückseite): **104**, 27 *n.* Unter √2 der | **106**, 19 *n.* endogene, √3 dem Organismus | **108**, 27 *n.* Gründen √4 zunächst (*im Original* vorerst *statt* zunächst) | **110**, 22 *n.* anzusprechen. √5 Schliesslich | **112**, 17 *n.* Abwandlungen. √6 Sie hat | **114**, 11 *n.* ausgeliefert. √7 Die Umdeutung | **115**, 16 *n.* von √8 der äusserlichen | **117**, 14 *n.* Beim √9 zweiten Fall | **119**, 16 *n.* keineswegs √10 aber für den Menschen |
- Die auf den ausgesparten Rändern von A 8 mit Bleistift vermerkten Ziffern bezeichnen die Seitenzahlen in Abschrift A 8 (10 Schreibmaschinen-Seiten): **105**, 1 *n.* Lebewesen √2 selbst | **106**, 32 *n.* umweltlicher Fak- √3 toren – eine |

108, 22 *n.* kaum √4 mehr zweifeln. | **110**, 19 *n.* aggressive und √5 destruktive | **112**, 10 *n.* und √6 enthält | **114**, 9 *n.* nicht umgekehrt, √7 bleiben | **116**, 3 *n.* andern √8 Partnern | **117**, 30 *n.* Herkunft beruhen. √9 *Abs.* Ohne das Auftreten | **119**, 27 *n.* grundsätzlich die √10 reaktions-auslösenden Faktoren |

AGGRESSIVES GRUPPENVERHALTEN

1. ZU DEN MANUSKRIPTEN UND QUELLENTEXTEN

Signatur:

A10 Autograph eines Vortrags. Acht paginierte Blätter, datiert auf den 21.1.1970, mit Ergänzungen vom 13./14.2.1970. [Vgl. WKat, Kap. 6/1, 116]

Die Handschrift A10 mit der Titelüberschrift *Aggressives Gruppenverhalten* ist der Text eines Vortrags, den der Autor im Wintersemester 1970 anlässlich einer Ringveranstaltung in C.F. Graumanns psychologischem Institut der Universität Heidelberg gehalten hat (Ich verdanke die Mitteilung Herrn Prof. Dr. Rudolf Schenkel, der gem. mit Hans Kunz in den Jahren 1967–1974 Seminarveranstaltungen zur vergleichenden psychologischen und biologischen Verhaltensforschung an der Universität Basel leitete).

Eine 12-seitige Schreibmaschinenabschrift von A10 (= Abschr. A10), die dem Autor vermutlich als Vorlage zum Referat diente, ist nicht erhalten.

2. TEXTKRITISCHE REVISIONEN

*Anmerkungen aus dem Haupttext (Asterisken *):*

Anm. 1, 132 A10 *Hier folgt – in einer später verworfenen Fassung – ein neuer Abschnitt mit Vergleichen zu aggressiven und nutritiven Verhaltensweisen, insbesondere ihrer Formen der Kultivierung. In der definitiven Fassung (vgl. S. 135 ff.) wird der Gedankengang später in gestraffter Form wiederholt:* <Vergleichen wir jetzt das aggressive Gebaren einerseits mit dem Essen als Prototyp eines triebhaften Verhaltens, andererseits mit der Nahrungszubereitung und dem Schreiben als erlernte willentliche Handlungen, so dürfte jenes diesen beiden entschieden näher stehen als dem Essen. Angeboren sind vermutlich bei uns das Beissen und das verängstigte abwehrende Zuschlagen mit den Händen, wobei die orale Organgemeinschaft des nutritiven und destruktiven Agierens nicht übersehen werden sollte. «Die aggressive Verhaltenstendenz», schreibt Bergius, «kann ein angeborenes Schema zur Grundlage

haben – das reflexartige Zuschlagen, Stossen oder Beissen, ist beim Menschen aber fast stets durch Lernprozesse erworben» (R. Bergius: Werden Aggressionen umgelernt? Die Schulwarte 22 (1969), S. 87 f.). Freilich kann man darauf hinweisen, dass das Aufnehmen und Zerkauen der Speisen ebenfalls erlernt und geübt werden muss, ähnlich wie bei manchen Tierarten der Beutefang. Aber der wesentliche Unterschied im menschlichen Bereich besteht darin, dass keine eindeutigen Befunde für das spontane endogen-autonome, periodisch wiederkehrende Auftreten aggressiv-destruktiver Regungen sprechen, die wie der Hunger zu quälenden ruhlosen Drangzuständen führen. Wenn solche Drangzustände aggressiv gestimmt sind – und das kommt häufig vor –, wird eine genaue Analyse in den meisten Fällen ihre gelegentlich weit zurückreichende biographisch-situative Entstehungsgeschichte, d. h. ihre Herkunft aus vorgängigen gestauten und verdrängten Aggressionsimpulsen, die später in inadäquaten Situationen und gegenüber Ersatzobjekten, daher sinnlos und unverständlich durchbrechen können, aufzuzeigen oder wenigstens wahrscheinlich zu machen vermögen.>

Anm. 2, 136 In A10 *Anmerkung 14 vom Autor später eingefügt. Am Seitenrand steht das Datum* 13./14.2.1970.

Anm. 3, 137 Zu A10 *Aus der anschliessenden Bemerkung* Ob es berechtigt ist..., bleibe unerörtert. *kommt die u. E. für Kunz nie revidierte These zur Geltung, wonach die in der Introspektion erlebte endogene Entstehung eines Bedürfnisses noch keine Aussagen über ein physiologisch fundiertes «Angeboren-sein» – sei es reflexologisch (ev. reaktiv) oder spontan-endogen – impliziert.*

Anm. 4, 140 In A10 *n. Schlusswort* besitzen *folgt* ; und deshalb überlasse ich jetzt das Wort Herrn Kollegen Schenkel.

Nicht im Haupttext vermerkte Textabweichungen in A10:

125, 1 <die Beantwortung> *anstelle* eine Beantwortung | **125**, 7 *vor* manifestiert *zusätzlich* <etwa eine Gruppenseele> | **128**, 11 gehört <wohl eindeutig> zu *statt* gehört zu | **130**, 10f. wenngleich es nicht durchstimmende vagen Lusterlebnisse *statt* wenngleich nicht es durchstimmende, vage Lusterlebnisse | **132**, 23 <christlichen> *statt* biblischen | **132**, 29 Dass sich bei diesen auf Gott *statt* Da es sich bei diesen auf Gott | **138**, 22 <Gegenstande> *statt* Seienden |

Weitere Besonderheiten des Textes:

140, am rechten Rand auf Höhe der letzten Zeile *ist eingetragen das Datum* 21.1.70.

Nachweis der Originalpaginierung:

- A10 (8 A4-Seiten, Anmerkungen in Fussnoten auf der Rückseite): **126**, 27 *n.* grossartig √2 in ihrer Unbestimmtheit | **128**, 14 *n.* Objekte – bezogen, √3 der zum Teil | **130**, 10 *n.* kursiv: *organgebundenen,* √4 wenngleich nicht | **132**, 5 *n.* wer über erhebliche √5 Geld- und Machtmittel | **133**, 12 *n.* nichts zu tun √6 zu haben | **137**, 13 *n.* zwischen √7 Aussen- und Leibreizen» | **139**, 32 *n.* oder fremde √8 feindliche |
- Die auf den ausgesparten Rändern von A10 mit Bleistift vermerkten Ziffern bezeichnen die Seitenzahlen in Abschrift A10 (12 Schreibmaschinen-Seiten): **126**, 14 *n.* Abgrenzung der √2 Individuen | **128**, 9 *n.* Hungergeschehen. √3 *(neuer Abs.)* Das Essen | **128**, 24 *n.* berücksichtigen. √4 *(neuer Abs.)* Die Zubereitung | **129**, 29 *n.* «Mythologie». √5 *(neuer Abs.)* Was sodann | **131**, 7 *n.* Abbruchs im √6 aggressiven | **132**, 14 *n.* eine mit √7 dem Denken | **133**, 22 *n.* wir unsern √8 Rang | **134**, 29 *n.* Gefangenen- √9 lagern | **137**, 6 *n.* behalten. √10 *(neuer Abs.)* Wem es Freude bereitet | **138**, 12 *n.* Hindern wir die √11 Mitmenschen | **139**, 21 *n.* mehrheitlich um tri-√12 viale Erscheinungen |

DER MENSCH ALS ZERSTÖRER DER NATUR

1. ZU DEN MANUSKRIPTEN UND QUELLENTEXTEN

Signatur:

A11 — Originalhandschrift. Sieben paginierte Blätter, datiert auf den 27.11.1968. [Vgl. WKat, Kap. 6/1, 116]

Die Originalhandschrift A11 mit dem Titel *Der Mensch als Zerstörer der Natur* ist – auf Grund der spärlich enthaltenen Literaturhinweise und Anmerkungen – vermutlich ein Vortragsmanuskript. Bei welchem Anlass der Text vorgetragen wurde, ist nicht bekannt. Die am Rande des Manuskripts mit Bleistift eingetragenen Zahlen verweisen auf eine neun Seiten umfassende Schreibmaschinenabschrift (= Abschrift A11), die nicht vorliegt.

2. TEXTKRITISCHE REVISIONEN

Zusätze in A11:

153, letzte Zeile (am rechten Rand auf gleicher Zeilenhöhe) *n.* offene Frage. *ist eingetragen das Datum* 28.11.1968.

Präzisierungen in A11:

Streichungen und Einschübe:

Folgende – vermutlich erst vor dem Abfassen der Nachschrift eingetragenen – sprachlichen Wendungen sind korrigiert worden:
144, 12 seltenen *später eingefügt* | **144**, 21 das Wort Todes-«eintritt», das den Eindruck erweckt *korr. zu* das Wort Todes-«eintritt», welches die Meinung erweckt | **145**, 20 *später* Verhaltensweisen *statt* Verhalten | **146**, 8 *statt* zu verharmlosen und zu verklären *zuerst nur* zu verharmlosen | **146**, 12 – die beiden ihr Leben durchwaltende *korr. zu* – zwei hervorragende ihr Leben durchwaltende | **148**, 9 *zuerst Umstellung des Nebensatzes* dass der Vollzug der Willens- und Denkakte in der Regel von einem Freiheitsbewusstsein begleitet ist (sind) – die letzteren wenigstens von ihrem beliebigen wählbaren Inhalten her gesehen. | **148**, 26 begleitende Emotionen *statt zuerst* begleitenden Emotionen | **148**, 30 *statt* endogen-spontanen Charakter *zuerst nur* spontanen Charakter | **150**, 2 privat-lebensgeschichtlich bedingt sein *statt zuerst* privatgeschichtlich-lebensgeschichtlich bedingt sein | **151**, 4 verborgen *später eingefügt* | **153**, 29 *zuerst* weit *statt* unermesslich |

Nachweis der Originalpaginierung:

- A11 (7 A4-Seiten, Anmerkungen in Fussnoten, Texteinschübe und andere Hinweise stehen auf den nicht paginierten Rückseiten der einzelnen Blätter): **145**, 7 *n.* bei den √2 Tieren | **146**, 29 *n.* Notwendigkeiten √3 an jenen | **148**, 18 *n.* nach dem √4 Verzicht | **150**, 9 *n.* folgenden √5 Konsequenz | **152**, 6 *n.* jeden Tag. √6 *(neuer Abs.)* Es wäre freilich | **153**, 23 *n.* steuern, √7 wenn die kritische |
- Die auf den ausgesparten Rändern von A11 mit Bleistift vermerkten Ziffern bezeichnen die Seitenzahlen in Abschrift A11 (9 Seiten): **144**, 14 *n.* dass der, √2 sich ereignende Tod | **145**, 25 *n.* Beide Fälle rechtfertigen √3 die Annahme | **147**, 1 *n.* weitesten √4 Raum | **148**, 11 *n.* einem Frei- √5 heitsbewusstsein | **149**, 19 *n.* abgeführt werden. √6 Zwischen | **150**, 29 *n.* für uns selber √7 nicht mehr | **152**, 6 *n.* jeden Tag. √8 *(neuer Abs.)* Es wäre freilich | **153**, 14 *n.* jetzt √9 fragwürdig. |

ZUR THEORIE DER PERVERSION

I. ZU DEN MANUSKRIPTEN UND QUELLENTEXTEN

Signatur:

CA27 — Kunz' Handexemplar des in der *Monatsschrift für Psychiatrie und Neurologie (Vol. 105, 1942, S. 1–103)* erschienenen Beitrags in Form eines Separatdruckes, datiert auf den 4. 3. 1942. [Vgl. WKat, Kap. 6/v, 177 und Kap. 1/1, 3]

ZA Zweitauflage unter dem leicht veränderten Titel *Zur Theorie der Perversionen,* in: *H. Giese (Hrsg.): Die sexuelle Perversion. Frankfurt a. M. 1967: Akademische Verlagsanstalt.* [Vgl. WKat, Kap. 1/I, 3]

CA 27 enthält – abgesehen von der Datierung und einem vom Autor berichtigten Druckfehler – keine weiteren Annotationen. Zur Herrichtung dieses Bandes konnten auch die vereinzelten, im Nachlass verbliebenen Druckfahnen zur Erstauflage (A16, vgl. WKat 6/I, 116) unberücksichtigt bleiben, da sie keine Eintragungen enthalten. Die sorgfältig redigierte Neuerscheinung von Kunz' Abhandlung (ZA) in *Hans Giese*s Sammelband *Die sexuelle Perversion* enthält – abgesehen von zwei neuen Druckfehlern – keine textlichen Veränderungen. Im Vergleich zur ersten Auflage weist der Neudruck eine redaktionelle Besonderheit auf: Zur genaueren Kennzeichnung der Fussnotenvermerke werden verschiedene Symbole verwendet: Ziffern stehen für Zitationsangaben, Asterisken für Anmerkungen zum Haupttext. Weder der *Giese*sche Sammelband noch Sonderabdrucke der Beiträge befinden sich in Kunz' Privatbibliothek. Die Originalhandschrift *Zur Theorie der Perversion* und die dem Verlag als Druckvorlage eingereichte Abschrift sind nicht erhalten (vgl. in diesem Band: Anmerkungen zu *Die Aggressivität und die Zärtlichkeit, Anhang IB,* S. 382; ferner: WKat, Kap. 6/V, 181ff.). In der Erstauflage hat der Autor die Grundlinien der Schrift skizziert und als Kommentar dreisprachig («Zusammenfassung», «Summary», «Résumé») dem Zeitschriftenbeitrag beigegeben. In diesem Band findet sich der Abdruck der deutschen Version in *Anhang II* (Beilage 3, S. 425f.).

2. TEXTKRITISCHE REVISIONEN

Zu CA 27:

Die Interpunktion in den Fussnotenvermerken wurde stellenweise verändert. Die in CA 27 *innerhalb* einer Klammer stehenden Satzzeichen sind – der sonst üblichen Schreibweise des Autors folgend – weggelassen worden.

Berichtigung:

204, Anm. 10, Zeile 21 *Fehlerhafte Literaturangabe zu M. Bálint in der Erstpublikation (S. 40f.): Es heisst* Imago 23 (1937). *statt* Imago 23 (1927).

3. SEITENVERGLEICHE ZUR 2. AUFLAGE

H. Giese (Hrsg.): Die sexuelle Perversion, S. 232–325 («Akademische Reihe», Auswahl repräsentativer Texte. Akademische Verlagsanstalt, Frankfurt a. M. 1967). Sub **ZA**: Seitenzahl in Gieses Sammelband:

ZA	Seite, Zeile nach…	
232	157	
233	158, 5	Einfluss auf
234	159, 13	vorhanden seien.
235	160, 20	Wertung
236	162, 10	Exhibitionist
237	163, 25	Auffassung der
238	164, 27	drastischen
239	166, 2	vernichtet werden.
240	167, 10	STRAUS
241	168, 16	unterscheidet
242	169, 9	aus. [15] Die
243	170, 24	Verhaltens-
244	171, 22	«aggres-
245	173, 3	Phänomene
246	174, 9	Fetischisten beneh-
247	175, 15	ursprüngliche
248	176, 28	schreibt
249	177, 28	gewisses An-
250	179, 2	Ungebundenheit der ge-
251	180, 17	lichen und den
252	181, 8	Motive.
253	182, 31	Ganzen.
254	184, 4	Formel für den
255	185, 13	schon ge-
256	187, 10	Erregung ver-
257	188, 19	interpretierte
258	189, 26	Sinne eines
259	191, 2	-harmlose oder
260	192, 2	man von den
261	193, 11	erlebbaren –
262	194, 14	um eine de-
263	196, 1	unterschätzen.
264	197, 11	Abwenden schlecht
265	198, 19	zurückprojiziert worden
266	200, 12	Impulse.[4]
267	199, 19	schafft sie das
268	202, 6	loslösen». Das
269	203, 7	Damit erledigt
270	204, 7	sprechen[10].
271	205, 18	Tendenz zu einer
272	206, 36	verweisen sie
273	208, 8	Säuglings

ZA	Seite, Zeile nach…	
274	209, 15	dabei erlebte
275	210, 16	«Zielgehemmtheit»?
276	211, 13	gelöst werden[3].
277	213, 9	als Kitzel
278	214, 12	geschilderten Leibge-
279	215, 18	schwebenden,
280	216, 31	dieser Selbstver-
281	218, 2	Leibes in seiner Ganz-
282	219, 9	Abstraktion ihrer
283	220, 16	zu orgasmus-
284	221, 17	und ausbleiben-
285	222, 24	Lust überhaupt,
286	224, 3	der Auslösung
287	225, 1	und Homo-
288	226, 18	jener Gestaltung
289	227, 22	einem Sichan-
290	228, 25	«urethraler»
291	230, 3	Knaben
292	231, 9	etwa in die
293	232, 16	FREUDS die Be-
294	233, 25	Beides mag
295	234, 20	und als
296	236, 4	prozessen für ge-
297	237, 11	ob es hier
298	238, 21	Normen pri-
299	239, 10	sie konstituie-
300	241, 1	Akten dem in-
301	242, 9	vorsichtig hinzu:
302	243, 13	wo immer
303	244, 21	noch «eine
304	245, 24	eine – freilich
305	246, 33	dass sie das
306	247, 31	lässt sich
307	249, 6	Fällen derselbe
308	250, 7	unspezifische Zuord-
309	251, 16	explosiven
310	252, 31	keineswegs gleitende
311	254, 5	wir indessen
312	255, 12	Impulsen durch-
313	256, 15	und Sexual-
314	257, 23	dieser Einschrän-
315	258, 20	gestellt: «Niemals

316	**260**, 1	perverse Tun un-	**321**	**266**, 2	SCHELER
317	**261**, 6	Auch sie	**322**	**267**, 10	anthropologischen Inter-
318	**262**, 11	eine spezi-	**323**	**268**, 15	des In-der-Welt-seins
319	**263**, 16	identifizieren.[31]	**324**	**269**, 23	durch diese trans-
320	**264**, 19	die konstitutiven	**325**	**270**, 28	erotischen Mit-

DIE BEDEUTUNG DER SEXUALITÄT IM MENSCHLICHEN LEBEN

1. ZU DEN MANUSKRIPTEN UND QUELLENTEXTEN

Signatur:

A12 Die Originalhandschrift, die 27 paginierte Blätter umfasst (Nummernfolge: 1–16, Einschübe: 16a, 16b, 17–25). Es handelt sich um ein undatiertes Fragment, geschrieben ca. 1947–1950). [Vgl. WKat, Kap. 6/1, 116]

A13 *Die Rolle der Sexualität.* Textfragment, zwei paginierte Blätter umfassend (Nummernfolge: R1, R2), undatiert, geschrieben ca. 1940. [Vgl. WKat, Kap. 6/1, 116]

Sowohl von der Handschrift *Die Bedeutung der Sexualität im menschlichen Leben* (A12) als auch vom Textfragment *Die Rolle der Sexualität* (A13) gibt es keine vom Autor verfassten Abschriften. Kunz liess die Studie A12 absichtlich im Status des offen konzipierten Fragments. Auf Grund der Eingangsthematik ist wahrscheinlich, dass die bereits zehn Jahre früher begonnene Arbeit *Die Rolle der Sexualität* (A13), unter dem neuen, anthropologisch geweiteten Titel *Die Bedeutung der Sexualität im menschlichen Leben* (A12) wieder aufgegriffen wurde. Fragment A13, worin – ähnlich wie in der hier vorgelegten Nachlass-Schrift – am Leitfaden der Taxation und der Einschätzung des Wirkungsgewichtes der Sexualität Aussagegehalte FREUDS und psychoanalytische Fragestellungen aufgegriffen werden, liegt als Textbeilage dem *Anhang II* (Beilage 4, S. 428) bei.

2. TEXTREVISIONEN UND NACHWEIS DER ORIGINALSEITEN

Anmerkungen aus dem Haupttext (Asterisken):*

Anm. 1, S. 304 (Anm. 58) *Es könnte sich bei der hier angekündigten* zweiten Abhandlung *um die geplante Studie* <Die psychoanalytische Auffassung der Weiblichkeit.> *handeln, denn auf der Rückseite von* A12 (S. 10) *steht die durchgestrichene gleichlautende Titelüberschrift samt folgendem ersten Satz:* <Was Psychologen, Philosophen und Ärzte im Laufe der Jahrhunderte zu einer «Psychologie der Frau» zu-

sammengetragen haben, gehört in der klaffenden Diskrepanz zwischen wissenschaftlichem Anspruch und sachlicher Erkenntnis zu den peinlichsten und fatalsten literarischen Erzeugnissen.> *Sowohl* A12 *wie auch andere Schriften zum Thema der Sexualität enthalten keine weiteren Hinweise auf die hier angezeigte* zweite Abhandlung. *Neben weiteren Anmerkungen steht auf der Rückseite 11 von* A12 *ebenfalls die Titelüberschrift einer 1949 im Francke-Verlag angekündigten, später aber nicht erschienenen Schrift:* <Die gegenwärtigen philosophischen Anthropologien>, *darunter (unterstrichen):* <Einleitung>, *samt dem Satzanfang:* <Die Frage nach dem Wesen des Menschen, ...>. *Daraus entnehmen wir, dass Kunz die vorliegende Studie* Die Bedeutung der Sexualität im menschlichen Leben *gegen Ende der 40er Jahren verfasst haben muss.*

Zusätzliche Anmerkung zu A12:

282, 5 *Der Autor zitiert hier aus Weiningers 22. Aufl. von «Geschlecht und Charakter», ohne die gesperrt und fett gedruckten Textteile hervorzuheben. Auch der neue Absatz bei Weininger* (**282**, 20 *n.* unfrei macht.) *wird nicht markiert.* | **286**, 23 *das Wort* demonstrativen *im Original gestrichen* | **287**, Anm. 21, Zeile 13 Tiere *statt* Tieren | **310**, Anm. 69, Zeile 25 *n.* Frau zerstört. *folgt in Hardings Buch* (*vor* Nach) *ein neuer Absatz.* | **344**, 15 unbewusste zusätzliche extrasexuelle Faktoren *statt* unbewusste extrasexuelle Ingredienzien

Nachweis der Originalpaginierung:

– A12 (27 A4-Seiten, Anmerkungen in Fussnoten und Texteinschübe stehen auf den entsprechenden nicht paginierten Rückseiten):
277, 12 *n.* ihr einen der √2 «Hauptinhalte» | **279**, 26 *n.* auf die Frage √3 keine «allgemeinmenschlich» | **282**, 19 *n.* dass sie in √4 demselben Augenblick | **285**, 17 *n.* Phallische √5 bloss noch als | **289**, 19 *n.* ein ungleich √6 intensiveres | **291**, 27 *n.* leiblich-vitalen Ausdruck √7 der erfüllten | **298**, 23 *n.* REICH[46]), √8 die ebenfalls kein | **301**, 23 *n.* ihre Eltern – √9 davon ganz abgesehen | **304**, 2 *n.* umso weniger √10 ohne Eindruck bleiben | **307**, 14 *n.* Wohl jedoch darf die √11 Darmentleerung | **312**, 19 *n.* dem Manne.[72] √12 Allein es scheint | **315**, 12 *n.* psychoanalytischen √13 Sexual- und Genitaltheorie | **318**, 1 *n.* Geschätzt- und √14 Anerkanntwerden | **320**, 16 *n.* Sexualität und ihrer √15 Taxation | **322**, 27 *n.* in denen √16 sich sozusagen | **323**, 16 *n.* Selbstwertminderung. √16a *(neuer Abs.)* Man muss sich nun | **326**, 1 *n.* Wiederum sei √16b die Frage nach | **326**, 10 *n.* dienen scheint. √16 (Forts.) *(neuer Abs.)* Ein einigermassen adäquates | **327**, 31 *n.* erlittene Bedürftigkeit √17 die motorisch-sensorischen | **329**, 28 *n.* zu können. √18 Diese vitale Aktivität | **332**, 7 *n.* mithin √19 libidinöses | **334**, 15 *n.* gelingen dürfte. √20 Gewiss wird man | **337**, 5 *n.* Machtverlangens. √21

Anders formuliert: | **339**, 23 *n.* charakterisieren. √22 Allein die faktische | **342**, 2 *n.* durch √23 eine Zeugungsabsicht | **344**, 13 *n.* frühkindliche √24 Lebensgeschichte | **346**, 20 *n.* «Seite» zu √25 verankern |

PSYCHOLOGISCHE ASPEKTE DER MENSCHLICHEN SEXUALITÄT

1. ZU DEN MANUSKRIPTEN UND QUELLENTEXTEN

Signatur:

A14 Die auf den 15.6.67 datierte und 12 paginierte Blätter umfassende Originalhandschrift. [Vgl. WKat, Kap. 6/1, 116]

A15 Eine vom Autor verfasste 16-seitige, geringfügig veränderte Abschrift von A14 mit der Schreibmaschine. [Vgl. WKat, Kap. 6/1, 116]

Die Abhandlung *Psychologische Aspekte der menschlichen Sexualität* ist – obwohl 1967 in einer Voranzeige des Alber-Verlags (Freiburg i. Br.) als Beitrag zum *Jahrbuch für Psychologie, Psychotherapie und medizinische Anthropologie* angekündigt – nie erschienen. Auch in der vom damaligen Assistenten des Psychologischen Instituts der Universität Basel H. Balmer verfassten Kunz-Bibliographie ist der Titel dieser im Nachlass verbliebenen Schrift aufgeführt.

Der Autor hat in der Abschrift an mehreren Stellen, wo Aufzählungen die Veranschaulichung des Erfahrungsgehaltes unterstützen, das beiordnende «oder» dem (aufzählenden) «und» vorgezogen. Sprachliche Veränderungen treten ebenfalls häufig in Gestalt zusätzlicher attributiver Wendungen auf, die ebenso die Veranschaulichung präzisieren. Der in A14 ursprünglich gesetzte Titel *Die psychologische Bedeutung der Sexualität* könnte nahelegen, dass der Autor mit dem vorliegenden Beitrag eine Neufassung der älteren Abhandlung (*Textfragment A12: Die Bedeutung der Sexualität im Menschen*) intendiert hat.

2. TEXTKRITISCHE REVISIONEN

Besonderheiten der Handschrift A14:

Titelüberschrift *ursprünglich* <Die psychologische Bedeutung der Sexualität> | **351**, 8 <gar in ihre Bagatellisierung umgeschlagen sein.> *statt* vollends verschwunden sein. | **356**, 36 *n.* Denken genannt. *folgt* <Wir verstehen diese Kennzeichnung als Eingeständnis der Aussichtslosigkeit, die «Bedingungen der Möglichkeit» des Faktums anders als mit phantastischen oder mythologischen Spekulationen «aufzuklären».> | **357**, 12 *n.* Evokation dient. *folgt* <Wenn der Geschlechtsdimorphismus einen Grundbestand der lebendigen Natur verwirklicht, dann nimmt der Mensch daran offensichtlich auch teil.> | **357**, 27 *Abs. n.* Geschlechtlichkeit. *folgt*

<Diese in morphologischen, anatomischen und physiologischen Merkmalen integrierte Sexualität gewinnt erst dann eine psychologische Relevanz, wenn sie sich zufolge organischer Reifungsvorgänge oder unter exogenen Einflüssen in bestimmten Erlebnisqualitäten und Verhaltensantrieben bzw. Aktionen manifestiert. Das geschieht nicht bei jedem Menschen, z. B. bei denen nicht, die kurz nach ihrer Geburt sterben.> | **358**, 16 *n.* Leiblichkeitsaspekt darzutun, *mit Zusatz* <das hiesse Eulen nach Heidelberg tragen.> | **373 (Textende)**, *auf Höhe der letzten Zeile am rechten Seitenrand: Eintrag Datum* 15.6.67 |

Abweichungen in A14 und A15:

351, 1 A14 *Wortumstellung* Unter den Motiven, die ADLERS Individualpsychologie seinerzeit ... | **352**, 5 A14 ebenfalls *statt* gleichfalls | **353**, 7 A14 alle *nicht zw. Anführungszeichen* | **354**, 9 A14 Bereichs *statt* Bereiches | **354**, 10 A15 isolierte Menschen gegeben. *statt* isolierte, sondern stets in die mannigfachsten Bezüge eingeordnete Menschen gegeben. | **354**, 12 A14 wenn wir nun hinzufügen *statt* wenn wir hinzufügen | **354**, 18 A14 des singulären existenten Menschen? *statt* des existenten Einzelnen? | **354**, 23 A14 letztern *statt* letzteren | **354**, 31 A14 *mit Adv. und ohne Anführungs- und Schlusszeichen* widerspruchsfrei Denkbare möglich sei. *statt* widerspruchsfreie Denkbare «möglich» sei. | **355**, 11 A14 Wirklichkeit *statt* «Wirklichkeit» | **355**, 18 A14 folgt daraus noch keine Verwerfung *statt* folgt daraus keine Verwerfung | **355**, 25 A14 *kürzer:* wir können und dürfen es nicht, und zwar aus zwei Gründen: | **356**, 4 A14 *nur* oder «verwirklichen» können, *statt* «verwirklichen» oder «verfehlen» können, | **356**, 10 *In* A15 *wird nicht deutlich, ob mit* Der zweite Grund ... *ein neuer Abs. beginnt.* | **356**, 15 A14 Möglichkeiten *statt* Virtualitäten | **356**, 17 *In* A14 ... Seinsweise; und das gilt ... *anstelle von* in A15 ... Seinsweise, die sich freilich gedanklich verabsolutieren lässt; und das gilt ... | **356**, 22 A15 absoluten *fehlt* | **357**, 7/8 A14 unsere Sprache ... zuspricht *statt* unsere Sprachen ... zusprechen | **358**, 1 A14 *ohne* selber | **358**, 21 A14 *n.* somatische Sexualität *folgt* gewissermassen in das zurück, | **359**, 2 A14 letztern *statt* letzteren | **359**, 13 A14 Erlebnissen *statt* Erlebnisse | **359**, 14 A15 *nicht korrigierter Schreibfehler:* legimite *statt* legitime | **359**, 21 A14 *Wortumstellung* solche mit jenem primär nichts zu tun haben ... | **359**, 37 A14 zugeordneten *statt* angemessenen, A15 zugeordneten *korr. zu* angemessenen | **360**, 18 A14 (Freud) *fehlt* | **361**, 4 A14 selber auch *statt nur* selber, *in* A15 <auch> | **361**, 14 A14 *Satzabweichung:* Freilich gibt es auch Störungen der Brunstphasen bei in der Wildnis lebenden Tieren, <etwa bei den Mantelpavianen,> weshalb die gelegentlich geäusserte Vermutung, ... | **361**, 28 A14 *n.* Synchronizität *fehlt* der menschlichen Erregungsphasen | **361**, 30 A15 *ohne* menschlichen | **362**, 2 A14 *ohne* bezüglich | **362**, 7 A14 und ihnen *statt* und diesen | **362**, 18 A14 *ohne Artikel* und freien mitmenschlichen | **362**, 20 A14 zählen *statt* gehören | **363**, 17 A14 sexuelle Fakten *statt* primär sexuelle Fakten | **364**, 6 A14 leibseelisch einheitlichen *statt* leibseelisch-einheitlichen | **364**, 28 A14 Sinn *statt* Sinne | **364**, 31 A14 bewertet *statt* taxiert | **365**, 16 A15 *ohne* seit früher Kindheit |

365, 18 A14 so gut wie niemals *statt* kaum jemals | **365**, 31 A14 von der Hand weisen dürfen *statt* von der Hand weisen können | **365**, Fussnote 19 A14 lebensbedrohlichen *statt* lebenbedrohlichen | **366**, 4 A14 Sonderstellung *statt* Relevanz | **366**, 13 A14 dürfte jedenfalls *statt nur* dürfte | **366**, Fussnote 21 A15 Grossoktav-Ausgabe, VII, *statt* Grossokatav-Ausgabe, Band VII, | **367**, 7 A14 Genitalität *statt* genital akzentuierte Sexualität. | **367**, 9 A14 zumal *statt* vor allem | **367**, 16 A14 *Reihenfolge der Aufzählung:* Ängste, Aggressionen, Neid, ... *statt* Aggressionen, Ängste, Neid, ... | **367**, 18 A14 *ohne Fussnote 22 n.* mitspielen | **367**, 20 A14 *ohne* (oft maskierte) | **369**, 15 A14 Partnerbezüge *statt* Partnerbeziehungen | **369**, 22 A14 Strebungen *statt* Regungen und Handlungen | **370**, 2 A14 – STRINDBERG wollte sich im Vorwort zu «Frau Julie» der «Mannigfaltigkeit der Motive ... als einer zeitgemässen» rühmen. | **370**, 11 A14 sagt *statt* schreibt *und* Sexualität ist, *statt (Zitatkorr.)* Sexualität ist das, | **370**, 21 A14 öffnen *statt* eröffnen *und* hochgemute *fehlt* | **371**, 1 A14 *ohne* einmal | **371**, 15 A15 Gestaltungen *statt* Gestalten | **371**, 21 A14 – *statt* : | **371**, 22 A14 *Wortumstellung:* ... dem rationalen Denken fremden, schwer fassbaren Unbegreiflichkeit ... | **371**, 28 A14 erfahrenen *statt* erlittenen | **371**, Anm. 34 A14 *Satzende nach* Relevanz *ohne Zusatz* als eine ihrer Manifestationsweise. | **372**, 3 A14 *n.* Tod. *folgt* <Dass die paulinische Exegese des biblischen Schöpfungsmythos den zeitlichen Wirkungszusammenhang umgekehrt und den «Ursprung» des Todes in den adamitischen «Sündenfall» verlegt hat, versteht sich aus der radikalen Nichtanerkennung der Natur durch den Theologen.> | **372**, 6 A14 mehrzelliger Organismen *statt* mehrzelliger Lebewesen | **372**, 36 A14 *n.* «jenseitigen» *kein Komma* | **373**, 3 A15 die Antwort nach der «Herkunft» *statt* die Antwort auf die Frage nach der «Herkunft» ... |

Nachweis der Originalpaginierung:

- A15 (18 A4-Seiten):
  352, 17 *n.* Dokumentation einer √2 – mit früheren | **353**, 24 *n.* ein Gott √3 beherrschen kann | **354**, 36 *n.* vollendet gelungenen √4 Versuch | **356**, 9 *n.* erweckt. √5 *(neuer Abs.)* Der zweite Grund | **357**, 16 *n.* zur unmittelbaren √6 Wirklichkeit | **358**, 22 *n.* Genau genommen stellt √7 diese zwar | **359**, 33 *n.* Regel anders- √8 geschlechtlichen Partner | **361**, 4 *n.* weil wir selber √9 die eigene entsprechende | **362**, 14 *n.* andere als √10 die Vergänglichkeit | **363**, 27 *n.* Einzelnen.[17] √11 *(Neuer Abs.)* Die im Geschlechtsdimorphismus | **364**, 32 *n.* «fremde» Ereignisse √12 verworfen. | **366**, 6 *n.* biblischen √13 Tradition | **367**, 14 *n.* psychogenen √14 Störungen | **368**, 22 *n.* durchgedrungen zu √15 sein. | **369**, 26 *n.* Vielmehr sind √16 wahrscheinlich | **371**, 8 *n.* weniger √17 einschliessende Antriebe | **372**, 15 *n.* unsterbliche Leben der √18 Menschen |
- A14 (12 A4-Seiten, Anmerkungen und Ergänzungen auf der Rückseite). Die mit Bleistift eingetragenen Zahlen an den Rändern der Originalhandschrift verweisen auf die Seitennumerierung von A15:

352, 31 *n.* mittelalterliche Städte √2 also ungefähr | **355**, 1 *n.* Täuschung zum Prinzip √3 und verbindlichen Maßstab | **356**, 36 *n.* vorkommen, √4 einen «Abgrund» | **358**, 21 *n.* somatischen Sexualität √5 keineswegs ausschliesst. | **360**, 15 *n.* durch die √6 einzelnen Menschen | **362**, 4 *n.* Phasen (Feste u. a.) √7 beschränkt. | **364**, 14 *n.* Geschlechterrollen bemerkt √8 hat: | **365**, 33 *n.* Die partielle Organgemeinschaft √9 zwischen der anal- | **367**, 29 *n.* zwischen √10 den akzentuiert genitalen | **369**, 23 *n.* un-terscheidbarer – √11 genitaler, zärtlicher | **371**, 31 *n.* Oder man rekurriert √12 auf die dem unmittelbaren Erleben |

Anhang II
Hinweise des Herausgebers mit Textbeilagen aus dem Nachlass von Hans Kunz

DIE AGGRESSIVITÄT UND DIE ZÄRTLICHKEIT. ZWEI PSYCHOLOGISCHE STUDIEN

KUNZ' Studie *Die Rolle der Aggressivität im menschlichen Leben* ist die für den «Druck nicht unerheblich erweiterte» Ausgestaltung eines im Juni 1942 in der Basler Psychologischen Arbeitsgemeinschaft gehaltenen Vortrags (vgl. S. 3). Im Ensemble mit einer zweiten Studie *Die Zärtlichkeit* ist sie im letzten Quartal des Jahres 1945 bei A. Francke in Bern erschienen.[1] Ein auf der Verlagsanzeige der Publikation abgedruckter Begleittext[2] des Autors skizziert die Kernaussagen zu den beiden Phänomenkomplexen und betont den auf die psychologische Sphäre begrenzten Erkenntnisanspruch dieser Analysen. Auch die Kritik der zu spekulativen Erklärungsversuchen und zur Verkürzung der Empirie tendierenden Aggressionstriebtheorien wird angedeutet:

[BEILAGE 1: Begleittext zur Erstpublikation von *Die Aggressivität und die Zärtlichkeit*]

Die erste Studie über «Die Rolle der Aggressivität im menschlichen Leben» sucht zu zeigen, dass die Allgegenwärtigkeit der aggressiven und destruktiven Regungen, die sich von den heimlichen Phantasien über die leisen Äusserungen etwa im ironischen Unterton einer Antwort bis zu den gröbsten Objektzertrümmerungen und lebenvernichtenden Aktionen ausbreiten, nicht zureichend verstanden werden kann, wenn man sie auf einen dem Hunger und der Geschlechtlichkeit vergleichbaren «Aggressionstrieb» zurückführt. Vielmehr gilt es einzusehen, dass die aggressiven Impulse reaktiver Natur sind und immer dort auftreten können, wo irgendein – seinerseits ursprüngliches oder sekundäres – Streben (Triebbedürfnis, Wunsch usw.) auf einen hartnäckigen, seine Befriedigung versagenden Widerstand stösst. Solche Versagungen sind bereits in der frühesten Kindheit unvermeidlich, ohne dass die daran an-

1 Im Druck ist das Erscheinungsjahr 1946 angegeben. Eine erste Besprechung der unter dem Titel *Die Aggressivität und die Zärtlichkeit* veröffentlichten Schrift erfolgte aber bereits in der Neujahrsausgabe der Basler Nationalzeitung von 1946 (sub m. b.: «Vom Büchertisch», 3. 1. 1946).

2 Vgl. Anhang 1B, S. 381f.

knüpfenden aggressiv-destruktiven Regungen stets entäussert werden könnten. Sie stauen sich daher an, verbinden sich mit Strafbefürchtungen, Ängsten, Schuldgefühlen, Selbstvorwürfen u.a., heften sich als ständige, das charakterliche Gefüge gleichsam durchsetzende Bereitschaft zum Ausbruch an jedes Verhalten und bewirken unter bestimmten Umständen jene Explosionen, die den täuschenden Eindruck einer ursprünglichen Triebgewalt erwecken, weil das auslösende Moment in keinem angemessenen Verhältnis zur Drastik der Äusserung steht. Der psychologische Irrtum gründet im Übersehen der verschütteten Vorgeschichte, die sich aus den zahllosen kleinen, im Leben eines jeden Menschen in unterschiedlichen Ausmassen sich ansammelnden Aggressionshemmungen bildet. Als eine primäre, der Aggressivität in der Stille widerstehende Gegenmacht wird in der zweiten Studie «Die Zärtlichkeit» analysiert, deren Sinn auf eine Bewahrung des Begegnenden zielt. Die beiden Abhandlungen dienen ausschliesslich dem psychologischen Erkenntnisbemühen und verzichten absichtlich sowohl auf eine philosophisch-anthropologische Deutung wie auf moralisch-praktische Auswertungen.

KUNZ' Verzicht auf die «praktischen Auswertungen» seiner phänomenologisch-psychologisch orientierten Studien ist nicht bloss Ausdruck eines Bekenntnisses. Allein der Blick auf die im Begleittext exponierte Weite der von ihm erschlossenen Wirksphären und Ausdrucksgestalten der aggressiv-destruktiven und der zärtlichen Impulse müsste genügen, um gegen jeden Versuch misstrauisch zu sein, sie unter einer einheitlichen Formel zu verrechnen. KUNZ weiss um die gestiegene Macht der Verführung zu anthropologischen Fehlschlüssen, wenn der Fokus eingeengt bleibt auf die Merkmalszüge jener Manifestationsformen, die – weil sie sich im gesellschaftlichen Leben als besonders belastend erweisen – meist bedenkenlos und zu Unrecht für die einzig relevanten gehalten werden. Es gilt, die «leisen Äusserungen», die sich in den aggressiven und zärtlichen Ausdrucksgestalten dokumentieren, ebenso zu berücksichtigen. Mag – wie VON GEBSATTEL unterstellt – «die Welle der Zerstörung, die über Europa hinging, dem Forscher die Frage nahe gebracht haben, was für Antriebe im Menschen solchen destruktiven Aktionen entsprechen»:[3] für einen den Phänomengehalten so vorbehaltlos zugewandten Forscher wie KUNZ gab es keinen Weg, die emotionale Betroffenheit mit dem Angebot rationalistischer Erklärungsmodelle oder zukunftsweisender Programme zu beschwichtigen. Es lag ihm fern, aus dem Blickfeld theoretischer Substruktionen dem auf zeitgeschichtliche Forderungen sich berufenden «Modethema» der Aggressivität die Stützen zu liefern und ihm neue ideologische Impulse zu geben. Die Intention der Untersuchung folgt der umgekehrten Perspektive: KUNZ hält fest, dass es einer an der unverkürzten Erfahrung orientierten phänomenologischen, die sachimmanenten Grundzüge der befragten beiden Impulskomplexe herausarbeitenden Analyse notwendig bedarf, um den Blick auf eine die Realverhältnisse treffende Einschätzung der möglichen Wirksphären der von der Aggressivität und der Zärtlichkeit erschlossenen um- und mitweltlichen Bezüge

3 Nervenarzt 1948, 19.Jg., S.338.

freizugeben. Auf Grund dieser sachlichen Intention wird auch KUNZ' Hinweis auf die Grenzen seiner Kritik der metapsychologischen und biologistischen Konzeptionen – etwa FREUDS Reduktion der Aggressivität auf einen Todestrieb, respektive die psychoanalytische Fundierung der Zärtlichkeit in der gehemmten ubiquitären Sexualität – verständlich, denn diese Kritik wäre nach seiner Überzeugung nur auf dem Boden einer umfassenden Anthropologie ausreichend zu begründen. Dessenungeachtet erhellen die auf «psychologische Studien» begrenzten empirischen Deskriptionen die notwendigen Momente für die Kritik jener Interpretationen, die der Nivellierung unterschiedlicher Phänomengehalte Vorschub leisten. Eine «Treue zur Wirklichkeit des Menschen» bekundet sich für Boss gerade darin, dass KUNZ «in nachahmungswürdiger Weise» sich fern halte «von der selbsttrügerischen Tendenz, [...] für die Psychologie ein ‚biologisches Fundament' schaffen zu wollen».[4]

Die Skepsis, ob den phänomenologischen Forschungen auch inskünftig noch ein Platz im Felde der angewandten Psychologie eingeräumt werde, mag dafür ausschlaggebend gewesen sein, dass KUNZ dem Wunsch des Verlegers und einer breiten Schülerschaft nach einer Neuauflage der bald vergriffenen Schrift zu Beginn der siebziger Jahre nur zögernd zustimmte. Eine Nachlass-Handschrift aus jener Zeit, die drei durchgestrichene Fassungen zu einem *Vorwort zur zweiten Auflage* enthält,[5] dokumentiert KUNZ' Beweggründe, auf eine Revision der Schrift dann doch zu verzichten. Nicht etwa die Hinfälligkeit des sachlichen Austrags der seinen beiden Studien zugrundegelegten Betrachtungsweise bringen die drei Fassungen zur Sprache, sondern das resignative Eingeständnis der mangelnden wissenschaftlichen Resonanz jeder phänomenologisch orientierten Erfahrung:

[BEILAGE 2: *Vorwort* in drei durchgestrichenen Fassungen zu einer geplanten Zweitauflage von *Die Aggressivität und die Zärtlichkeit.* HK A6: Handschriftliches Manuskript aus den frühen siebziger Jahren]

1. Fassung:
Diese kleine Schrift war 1946 zum ersten Mal erschienen. Seit einigen Jahren ist sie vergriffen. Da sie noch gelegentlich verlangt wird, bat mich der Leiter des Verlags, Herr Dr. C. Lang, sie für eine zweite Auflage zu erweitern. Ab und zu tritt auch ein älterer Schüler mit einem entsprechenden Wunsch an mich heran. Obwohl ich versprochen habe, dem Verlangen entgegenzukommen, wird die Neigung zunehmend geringer, das gegebene Wort einzulösen. Der Grund dafür ist einfach genug: mir scheint das Bemühen, phänomenologische Psychologie so zu betreiben, wie ich es an den beiden Sachverhalten versucht habe, veraltet, um nicht zu sagen sinnlos geworden zu sein. Darin wurde ich noch bestärkt, als ich vor einiger Zeit in einem Vortrag über die «Informationskrise» von HELMUT ARNTZ («herausgegriffen», Märzheft 1970) den folgenden Passus las: «Wer die Fülle der Publikationen auf seinem Fachgebiet ganz ernst nimmt, wer sich mit wissenschaftlicher Akribie vornimmt, erst über einen Gegen-

4 Schweizerische Zeitschr. f. Psychologie, Bd. V, 1946, S. 146.

5 Vgl. zu A6, S. 381

stand zu schreiben, wenn er alles bereits darüber Veröffentlichte in sich aufgenommen hat, der wird sein Leben lang verlesen, ohne doch je das bereits Vorhandene erschöpfen, geschweige denn mit dem Neuhinzukommenden Schritt halten zu können, und er wird nie mehr eine Zeile schreiben. Wollen wir das wünschen?»

2. Fassung:
Diese kleine Schrift ist 1946 zum ersten Mal erschienen und seit einigen Jahren vergriffen. Indessen wird sie in den Buchhandlungen nach wie vor gelegentlich verlangt. Vielleicht lässt sich daraus der Schluss ziehen, dass das Interesse an phänomenologisch-psychologischen Analysen, wie ich sie an den beiden im Titel genannten Erlebnis- und Verhaltensbereichen durchzuführen versuchte, noch nicht ganz erloschen sein dürfte. Es wach zu erhalten wäre am Ende ein legitimes Motiv der Neuherausgabe der Schrift. Allein ich muss gestehen, in dieser Beziehung nahezu hoffnungslos zu sein: die gegenwärtig herrschende Psychologie hat sich zu einem guten Teil, obzwar unausgesprochen, in den Dienst der auf die Manipulation der Menschen abzielenden, mehr oder weniger gewalttätigen politischen, wirtschaftlichen und gesellschaftlichen Aktionen gestellt, weshalb in ihr kaum mehr ein anerkannter Platz für die betrachtende Erfassung des erfahrbaren unverkürzten menschlichen Erlebens und Gebarens bleibt. Dass sie sich dabei als «empirisch» und «realistisch» versteht und ausgibt, gehört vermutlich in das Kapitel der ideologischen Verschleierungen.

Als zweiten Rechtfertigungsgrund, die Broschüre nochmals auf den Büchermarkt zu bringen, könnte man die Aktualität ihrer ersten Abhandlung anführen: die Aggressivität ist zu einem «Modethema» geworden. Dass sie dies werden konnte, hängt zweifellos mit unserer prekären weltpolitischen Situation zusammen. Für die psychologische Forschung bleibt aber sie sowohl wie die modische Aktualität sachlich belanglos. Deshalb ergab sich lediglich die Frage, ob in einer zweiten Auflage der Schrift die seit 1946 erschienene einschlägige Literatur berücksichtigt werden müsse oder nicht. Ich habe darauf verzichtet und berufe mich dafür auf die trefflichen Worte von Helmut Arntz («herausgegriffen», Märzheft 1970): «Wer die Fülle der Publikationen auf seinem Fachgebiet ganz ernst nimmt, wer sich mit wissenschaftlicher Akribie vornimmt, erst über einen Gegenstand zu schreiben, wenn er alles darüber Veröffentlichte in sich aufgenommen hat, der wird sein Leben lang verlesen, ohne doch je das bereits Vorhandene erschöpfen, geschweige denn mit dem Neuhinzukommenden Schritt halten zu können, und er wird nie mehr eine Zeile schreiben. Wollen wir das wünschen?»

3. Fassung:
Die vorliegende kleine Schrift ist 1946 zum ersten Mal erschienen und seit einigen Jahren vergriffen. Sie wird indessen in den Buchhandlungen nach wie vor gelegentlich verlangt. Ich möchte daraus den – vielleicht verfehlten – Schluss ziehen, dass das Interesse an phänomenologisch-psychologischen Analysen, wie ich sie an den beiden im Titel genannten Erlebnis- und Verhaltensbereichen durchzuführen versuchte, noch nicht ganz erloschen ist. Es weiterhin wach zu erhalten wäre am Ende ein legitimes Motiv der erneuten Herausgabe der Broschüre. Allein solche Analysen finden in der gegenwärtig herrschenden und vermutlich auch in der künftigen Psychologie kaum mehr einen anerkannten Platz. Da sie ihre «Wissenschaftlichkeit» an der Verwendung experimenteller Methoden und der mathematischen Bearbeitung der von diesen gezeigten Daten bemisst und ausserdem nur den Letztern einen «empirischen» – in der Regel zugleich als «naturwissenschaftlich» bezeichneten – Charakter einräumt, verwirft sie die betrachtende Erfassung des unmittelbar erfahrbaren und dann begrifflich verallgemeinerten unverkürzten menschlichen Erlebens und Gebarens als «unwissenschaftlich» oder «spekulativ».

| Damit wird jedoch beharrlich übersehen, dass es unbestrittene naturwissenschaftliche Disziplinen gibt, in denen das Experiment keine oder lediglich eine sekundäre Rolle spielt. Weil der Nutzen dieser Disziplinen im Hinblick auf die Naturbeherrschung und -zerstörungen wegfällt, mag ihr soziales Ansehen heute gering sein. Allein das mindert ihren Erkenntnisgehalt nicht. Und was die Mathematisierung betrifft, so zeigt uns die Erfahrung neben den Erscheinungsqualitäten des Begegnenden zwar in der Natur auch zähl-, wäg- und messbare Dinge und Prozesse, keineswegs aber Zahlen, Gewichts- und Masseinheiten. Diese sind vielmehr primär nicht-empirische, von unserm Denken erzeugte Gebilde, die wir an die erfahrbaren Gegebenheiten herantragen und von denen sich nur einige ihrer Merkmale – eben die zähl-, wäg- und messbaren – ihnen fügen. Die der Mathematisierung «gefügigen» Merkmale verdanken ihre Bevorzugung vor allem dem praktischen und nicht dem kognitiven Interesse, d.h. sie ermöglichen eine quantifizierend-umfassende Ordnung und Beherrschung der Merkmalsträger. Es scheint, als habe das Zählen, Wägen, Messen und Rechnen in der Erkenntnis der physikalischen, also leblosen Natur die weitreichendsten Erfolge gezeitigt, worin immer sie begründet sein mögen. Das lässt sich bezüglich des menschlichen Erlebens und Verhaltens kaum behaupten: hier bleibt der Eindruck bestehen, dass das Gezählte, Gewogene, Gemessene und Berechnete daran zugleich das Irrelevante ist. Und in jedem Fall handelt es sich dabei sowenig um empirische Gegebenheiten wie bei den Axiomen, die der Mathematisierung zugrundeliegen. Mit alledem wird die Legitimität der experimentellen Methodik in den Naturwissenschaften und in der Psychologie nicht, sondern nur ihr Anspruch bestritten, die ganze Wirklichkeit erfassen zu können und die einzige wissenschaftliche Erkenntnisweise zu sein. |°

° Anstelle der zwischen |...| eingefügten Textpassage heisst es in einer ersten Version: <Damit übersieht sie jedoch – sei es aus Unkenntnis oder zufolge welcher Motive immer – einige Sachverhalte:

1. gibt es noch immer eine Reihe naturwissenschaftlicher Disziplinen, in denen Experimente und mathematische Formulierungen überhaupt keine oder lediglich eine beiläufige Rolle spielen. Weil die in diesen Disziplinen enthaltenen Erkenntnisse für die Naturbeherrschung keinen belangvollen Ertrag abgeworfen haben, mag ihr soziales Ansehen heute gering geworden sein. Das berührt aber die Tatsache nicht, dass die von ihnen erschlossenen Bezirke der ursprünglichen Natur umfangreicher und mannigfaltiger sind als ihre den experimentellen Bedingungen unterwerfbaren Bestände. Viele der in der Natur zunächst verborgenen Fakten sind indessen erst dank künstlicher Versuchsanordnungen zugänglich und erkennbar geworden, und das allein schon würde deren Geringschätzung oder Verwerfung sinnlos machen. Vielmehr geht es lediglich darum, neben den experimentellen auch den nicht-experimentellen Erfahrungsweisen die wissenschaftliche Relevanz zu bewahren und nicht dem Wahn zu huldigen, dass zur «Wirklichkeit» der Natur und des Menschen nur das gehört, was sich messen und zählen lässt.

2. Wenn also der kognitive Zugang zur aussermenschlichen Natur auch auf nicht-experimentelle Methoden angewiesen bleibt, dann ist nicht einzusehen, weshalb dieses Vorgehen im Hinblick auf den Menschen verfehlt sein soll – gleichgültig, ob er noch als «Naturwesen» angesehen wird oder ob man ihn etwa auf Grund seiner von ihm hervorgebrachten Kultur und Geschichte als aus der Natur «Ausgebrochenen» anspricht.>

Die Aggressivität ist – gewiss nicht aus erfreulichen Gründen – ein «zeitgemässes» Thema geworden. Das bezeugen die in den letzten zweieinhalb Jahrzehnten erschienenen sie behandelnden zahlreichen Schriften. Deshalb stellte sich die Frage, ob es nicht angebracht gewesen wäre, auf sie zu verweisen und sich mit den darin geäusserten Auffassungen auseinanderzusetzen. Ich habe darauf verzichtet, nachdem ich einen mit die «Informationskrise» überschriebenen Vortrag von Helmut Arntz («herausgegriffen», Märzheft 1970) gelesen hatte. Darin steht der folgende ins Schwarze treffende Passus: «Wer die Fülle der Publikationen auf seinem Fachgebiet ganz ernst nimmt, wer sich mit wissenschaftlicher Akribie vornimmt, erst über einen Gegenstand zu schreiben, wenn er alles bereits darüber Veröffentlichte in sich aufgenommen hat, der wird sein Leben lang verlesen, ohne doch je das bereits Vorhandene erschöpfen, geschweige denn mit dem Neuhinzukommenden Schritt halten zu können, und er wird nie mehr eine Zeile schreiben. Wollen wir das wünschen?» Ich weiss nicht, ob das so abwegig wäre.

Die in diesen *Vorworten* angedeuteten unerfüllbaren Forderungen, die Kunz' Desillusionierung motiviert haben, sind nicht die einzigen Vorbehalte, die ihn bewogen haben, die Arbeit für eine revidierte Neuauflage zurückzustellen. In einer eigenständigen Abhandlung zum Thema der ersten Studie – 1969 unter dem Titel *Zur Problematik der Aggression* erschienen (vgl. in diesem Band, S.101) – hatte Kunz sich bereits mit neueren Interpretationen auseinandergesetzt und einen wesentlichen Beitrag geleistet, das kritische Potential der von ihm in den vierziger Jahren entwickelten Leitbegriffe zu überprüfen.[6] Aus dem Duktus der Analyse dieser Spätschrift gewinnt man den Eindruck, als hätte Kunz die Wesensbestimmung der Aggressivität sogar dezidierter aus dem Begriffspaar reaktiv-spontan entwickelt als noch in *Die Aggressivität und die Zärtlichkeit*. In der späten Abhandlung sind neue Akzente gesetzt: am Leitfaden der Rolle der Ratio, die sich in den volitiven Komponenten der intentional-gesteuerten Vitalität dokumentiert, werden die anthropologischen Voraussetzungen der aggressiv-destruktiven Ausdrucksgehalte deziser artikuliert. Ebenso präsentiert Kunz eine kritische Revision in Gestalt einer neu formulierten qualitativ genaueren Bestimmung der Gerichtetheit der von den Aggressionen erschlossenen Selbst-, Mit- und Umweltbezüge, die ihm offensichtlich die Einsicht in das Ungenügen bislang zugänglicher phänomenologischer Deskriptionen abgenötigt hat.[7] Diese neuen Akzente erweitern den Horizont der Interpretation, tangieren aber nicht die zentralen Sachverhalte der frühen Studie. Ohne Einschränkung des Gültigkeits-

---

6 Weil die Auseinandersetzung überwiegend das evolutionstheoretische und vergleichend-verhaltensphysiologische Schrifttum einbezieht, müsste ferner auch Kunz' umfangreiche – bislang unveröffentlichte – Abhandlung *Beobachtung und Spekulation in der Anwendung vergleichend-verhaltensphysiologischer Aspekte auf den Menschen* aus den sechziger Jahren erwähnt werden. Die Handschrift HK A106 und die Transkription sind im Hans-Kunz-Archiv der Zentralbibliothek Solothurn zugänglich. Die Veröffentlichung ist für einen späteren Band von Kunz' *Gesammelten Schriften* vorgesehen.

7 Genaueres dazu in den Anmerkungen *Zur Problematik der Aggression* (vgl. S. 419f.). Im Hinblick auf die hier geltend gemachte «kritische Revision» beziehen wir uns auf die

anspruches hält KUNZ an den Kernaussagen der frühen Aggressionsschrift fest. Deshalb muss nach wie vor von ihr ausgegangen werden, wenn man ein basales Verständnis für die Reichweite seiner Analysen gewinnen will.[8] Damit ist aber nicht das allein leitende Motiv für eine Neuausgabe der Schrift von 1945 angezeigt. Deren Legitimation kann sich ebenso auf die Rezeptionsgeschichte der beiden Studien berufen und wäre auch aufgrund von Fragen, die KUNZ' persönliche Forschungsperspektiven nicht bestimmt haben, zu entscheiden.

Wer immer sich mit der Rezeptionsgeschichte der beiden Studien befasst und – angesichts der ins Unermessliche gestiegenen Zahl der Publikationen – wenigstens einige repräsentative Texte zur Aggressivität heranzieht, wird feststellen, dass KUNZ' erste Studie sich nicht im Sinne einer kritischen Revision der Grundpositionen und Problemansätze in der modernen Aggressionsforschung ausgewirkt hat. Ebenso ist eine sachliche Erwiderung ausgeblieben.[9] Die fehlende Resonanz ist – angesichts des viel schreibenden und wenig lesenden Zeitalters – für die allgemeine Gegebenheit der Rezeption wissenschaftlicher Abhandlungen nicht aussergewöhnlich. Merkwürdig bleibt sie dennoch, weil KUNZ in seiner Analyse nuanciert die Kritik jener Begriffe vorträgt, die nach wie vor als Grundbegriffe die Richtungen der modernen Aggressionsforschung bestimmen und positionieren.[10] Wenn vom sachlichen, nicht ideologischen Gesichtspunkt aus

---

kursiv gedruckte Stelle (vgl. S. 104), wo KUNZ die Aggressivität als ein «gegen die phänomenale und funktionale Integrität der fremden Objekte (und des Aggressionsträgers)» gerichtetes spezifisches Verhalten bestimmt.

8 Die aus dem Textvergleich sich ergebenden sachlichen Gesichtspunkte relativieren KUNZ' Einwände und Bedenken gegen eine Neuauflage, lassen aber doch eher – wenn auch unausgesprochen – seine fehlende Bereitschaft erkennen, die in seinen neueren Abhandlungen bereits vollzogenen Revisionen der einschlägigen Themen zu wiederholen.

9 So wird beispielsweise in den beiden umfangreichsten Abhandlungen zum Thema – *Das sogenannte Böse* (K. LORENZ) und *Anatomie der menschlichen Destruktivität* (E. FROMM) – KUNZ' Schrift mit keinem Wort erwähnt. In den umfangreicheren Rezensionen finden wir, abgesehen von wenigen Vorbehalten, die einzelne Passagen der Analyse aufgreifen, keine grundsätzlichen Einwände. So widerspricht etwa BOSS (Schweiz. Zeitschr. f. Psychol. v, 1946, S. 147) der von KUNZ geäusserten These einer unterschiedlichen Genese von Wut und Hass, derzufolge der Hass nur aus «den erlittenen Erfüllungsversagungen einer artlich bestimmten Gruppe von Impulsen, Strebungen, Wünschen, Gefühlen» entspringe, die «man als ‚Liebe' im weitesten [...] Verstande zusammenzufassen pflegt», während die Wuthaltung sich dagegen aus der Hemmung aller Impulse entwickeln könne (vgl. in diesem Band, S. 51f.). BOSS räumt dann aber ein, dass mit dieser Unterscheidung, im Gegensatz zur laxen Terminologie der Umgangssprache, KUNZ doch eine faktische Differenz entdeckt haben könnte.

10 Gedacht sei etwa an die Basisbegriffe in den reiz-reaktionsmechanistischen, triebenergetischen, physiologisch-neurologischen, evolutionstheoretischen und soziologischen Deutungen der Aggressivität oder an die – von der Umgangssprache evozierte – phänomenale Indifferenz in der ungeklärten Gleichsetzung aggressiver mit expansiven Tendenzen.

beurteilt werden müsste, was künftig den Stempel des geschichtlich Relevanten tragen soll, so wäre selbst die einhellige Taxation jener Rezensenten noch zweideutig, die KUNZ' Studien vor rund fünfzig Jahren einen epochalen Rang innerhalb der problemgeschichtlichen Darstellung der Aggressivität und der Zärtlichkeit zugebilligt haben.[11] Die übereinstimmenden Urteile der Rezensenten, wonach durch KUNZ' Analysen eine geschichtliche Zäsur geschaffen worden sei, müssten aus heutiger Perspektive in doppelter Hinsicht neu abgewogen werden: Ist den beiden Studien lediglich die Reminiszenz zu sichern auf Grund des ihnen zugestandenen Ranges, einschneidende Etappen zu sein innerhalb einer Problemgeschichte psychologischer Einzeldarstellungen? Oder: erfasst die in KUNZ' Beiträgen vollzogene Kritik noch immer die spekulativen Momente in den Voraussetzungen der modernen Forschung so tiefgreifend, dass sie zukunftsweisend geblieben ist? In Anbetracht ausgebliebener Einwände auf die KUNZ-Kritik behält das bereits 1946 in der offenen Schwebe formulierte Urteil von WYRSCH[12] unvermindert Aktualität: «Wer in Zukunft über die Aggressivität und Zärtlichkeit mitreden will, wird diese Studien nicht übergehen dürfen». KUNZ' These aufgreifend, dergemäss die aggressiven und destruktiven Impulse «in ihrem Ursprung reaktive, obzwar rücksichtlich ihrer Erlebnisqualität irreduzible Verhaltensweisen» sind, meint WYRSCH, dass «dabei einiges den überkommenen Ansichten» widerspreche und «möglicherweise Widerspruch» erwecken werde. Doch wären nach KUNZ' Untersuchungen «neue Beobachtungen und Gesichtspunkte anzuführen, wenn man weiterhin die Triebnatur der Aggressivität behaupten will». In *Zur Problematik der Aggressivität* hat KUNZ solche Beobachtungen selbst eingeräumt, aber überzeugend gezeigt, dass den von LORENZ zur Annahme einer Triebnatur der Aggression beigebrachten Beispielen die sachliche Grundlage fehlt. Sind aber – um die zweite Forderung von WYRSCH festzuhalten – neue ernstzunehmende Gesichtspunkte hinzugekommen? Das wird auch vom heutigen Standpunkt aus in Frage gestellt werden müssen. Die unlängst von THOMÄ und KÄCHELE im Hinblick auf aggressionstheoretische Aussagegehalte der Psychoanalyse gemachte Feststellung stimmt mit unserer Einschätzung überein: «Dass die phänomenologischen Analysen von Kunz der Vergessenheit anheim gefallen sind, ist eines der vielen Symptome des Mangels an interdisziplinärem Austausch».[13] Gilt das nicht insbesondere auch für das Thema der zweiten Studie? Die moderne Psychologie bietet uns kaum greifbare Literatur an, die den von KUNZ mit «Zärtlichkeit» umschrie-

---

11 Stellvertretend sei auf das Urteil von J. WYRSCH (Monatsschr. f. Psychiatrie und Neurologie 112, 1946, S. 120) hingewiesen: «Selten oder noch nie sind die beiden Begriffe mit solcher Schärfe der Anschauung und des Gedankens untersucht worden wie hier».

12 ebd., S. 120.

13 H. THOMÄ / H. KÄCHELE: Lehrbuch der psychoanalytischen Therapie, Band 1: Grundlagen. 2. überarb. Aufl., Berlin/Heidelberg/New York 1996, S. 158. Die beiden Autoren unterstreichen drei Kernthesen der KUNZschen Untersuchung (S. 158 f.): 1. die Ablehnung

benen und als primär-eigenständig ausgelegten Impulskomplex in ähnlicher Weise thematisiert, weshalb der hier versuchte Abriss zur Rezeptionsgeschichte der beiden Studien sich einseitig am Aggressionsthema orientieren muss. Zur Aktualisierung einer bisher als obsolet behandelten Frage sei dennoch am Rande auf einen zentralen Ausschnitt der Zärtlichkeitsanalyse hingewiesen: Wenn es zutrifft, dass die Zärtlichkeit ursprünglich eine von der Geschlechtlichkeit abweichende Objektrelation ausweist und genetisch weder aus einem primären Narzissmus, noch aus anderen Besetzungen libidinöser Selbstbezüge herzuleiten ist, sie – wie KUNZ geltend macht – in einer nicht auf andere Strebungen zurückführbaren Weise die bewahrende Zuwendung zum Begegnenden verwirklicht und daher in der Bedeutung eines eigenständigen vital-emotionalen Ingrediens zu einem wesentlichen Teil die *Sachlichkeit* fundiert, dann wäre die Frage nach ihrem gegenstandskonstitutiven Gewicht in den erfahrenden Erkenntnisakten nicht nur in der Begrenzung auf erkenntnistheoretische Aspekte zu thematisieren.

Die Charakterisierung der phänomenalen Erlebnisqualitäten und der strukturellen Merkmalszüge der Aggressivität und der Zärtlichkeit vollzieht sich bei KUNZ am Leitfaden zweier Betrachtungsmomente mit unterschiedlichem Gewicht: einem deskriptiven und einem genetischen. Nicht zuletzt im Blick auf eine – in den Studien zwar nicht durchgeführte – anthropologische (und ontologische) Deutung der beiden Phänomenbereiche sind wir auf eine diese zuerst einmal umgrenzende – wenn man will: «gegenstands-phänomenologische» – Deskription angewiesen.[14] Zur adäquaten Beschreibung des spezifischen Wesens der in ihren Erlebnisqualitäten irreduziblen Verhaltensweisen der Aggressivität und der Zärtlichkeit bedarf es der Kritik jener begrifflich laxen Nivellierungstendenzen, die einer strengen Umgrenzung phänomenal differierender Ausdrucksgestalten und von deren Bedeutungsgehalten ausser Geltung setzen. Nur auf dem Hintergrund dieser beschreibenden Diskursebene wird verständlich, warum KUNZ

---

eines Aggressionstriebs und die Koppelung der Aggressivität an die spontane Aktivität (in diesem Band, S. 36f.), 2. die Unspezifität der Aggression sowohl im Erleben wie in den Manifestationsformen (in diesem Band, S. 27) und 3. die nur auf Grund ihrer reaktiven Natur verständliche Sprungbereitschaft der Aggressionen (in diesem Band, S. 42f.).

14 So betont KUNZ (Anthropologische Bedeutung der Phantasie, Bd. II, Basel 1946., S. 4f.), dass «[...] eine philosophische Anthropologie, die sich der Berücksichtigung der ontisch-gegenständlichen [...] Empirie entschlagen und auf die Erkenntnis und Explikation der apriorischen Strukturen [...] beschränken will, ein zwar als Idee denkbares, jedoch nicht rein, das heisst ohne Anleihen bei der Selbst- und Fremderfahrung zu realisierendes Unternehmen darstellt. Es bleibt uns lediglich die Möglichkeit, im Medium des von der breitesten Erfahrung bereitgestellten, kritisch zu verwertenden Wissens in einer nie restlos zu erfüllenden Intention auf die das Menschsein schlechthin konstituierenden apriorischen Ingredienzien durchzustossen, ohne damit an ein Ende und zu sicheren, unbezweifelbaren Ergebnissen zu gelangen».

von einer radikalen Gegensätzlichkeit der beiden in der Vitalität fundierten Impulskomplexe[15] sprechen kann und weshalb er sie unter dem einheitsstiftenden Aspekt des Vergleichs expliziert. Innerhalb der mannigfaltigen Bedürfniswelten der lebendigen Seienden sind die betont aggressiven und zärtlichen Handlungen rücksichtlich ihrer immanenten Ziel- und Objektbezüge auf zwei divergente Endstadien, deren widerpartiges Verhältnis nicht extremer sein könnte, gerichtet. KUNZ spricht von einer das begegnende Seiende *bewahrenden Tendenz* der primären Zärtlichkeit als einer «in der Stille widerstehenden *Gegenmacht*» zur *deformierend-zerstörerischen* Aggressivität, die ihrerseits gleichsam wie ein «Myzel in den Menschen eingelagert» ist (S. 45/S. 67). Zwar zeitigen auch die expansiven und nutritiven Bedürfnisse und die mechanischen Bewegungsabläufe der «teleoklin» strukturierten Lebewesen eine Objektdeformation (rsp. -zerstörung), doch kann diese nicht Kriterium für den Nachweis einer aggressiv-destruktiven Handlung sein. So kritisiert KUNZ beispielsweise die vom umgangssprachlichen Sinn evozierte Gleichsetzung der expansiven mit der aggressiven Tendenz.[16]

Eignet der expansiven Spontaneität gegenüber der nutritiven und sexuellen ein vergleichsweise unspezifischer Charakter, mithin «komplexe Phänomene» umfassend wie etwa «das einfache Bewegungsbedürfnis, die grobmotorische Dingbewältigung, die Tendenz zur Beherrschung der Mitmenschen, das magische Machtbedürfnis, Geltungsverlangen, Geltungssucht, den Anspruch auf Würde, das Verlangen nach Geachtetwerden, Ruhm u. a.», «in denen die spontane Aktivität selbstverständlich lediglich ein konstitutives Element ausmacht» (S. 21f.), so bedarf es doch zu ihrer realen wie surrogativ-phantastischen «Erfüllung» – KUNZ spricht in diesem Zusammenhang auch von «expansiver Daseinsbereicherung» (S. 21) – der spezifischen Objektkreise aus dem Medium konkret gegebener oder anschaulich-bildhafter Erscheinungsqualitäten. Die aggressiv-destruktiven Strebungen knüpfen zwar auch an letztere an, doch im Gegensatz zu allen primären vitalen Bedürfnissen fehlt ihnen zur Erreichung des Ziels – auf Grund des ihnen eignenden deformierenden, auf Missachtung der Eigenart des Seienden tendierenden (nichtenden) Charakters – das spezifische Korrelat in Gestalt fixierbarer, sie «erfüllender» oder «sättigender» Objektqualitäten.[17] Nicht allein die situativ

---

15 Die vitale Verwurzelung erschliesst sich aus dem Tatbestand, dass die beiden Impulsgruppen nicht auf den humanen Bezirk begrenzt sind. KUNZ zieht in den beiden Studien Beobachtungen aus dem Verhaltensbereich der Tiere heran. Wohl sollen sie den Blick für vitale Züge der Aggressivität und der Zärtlichkeit schärfen, keineswegs aber zu Deutungen verleiten, die biologische Parallelen bei Mensch und Tier als Fundamente statuieren. KUNZ bestreitet jeglichen Erkenntnisgewinn «biologischer Parallelen» im Bereich des Psychischen. Auch deren kritische Auswertung wäre nicht höher einzuschätzen «als die vermeintliche ‚Evidenz' des Analogiezaubers» (S. 178).

16 Vgl. KUNZ' Kritik an SCHULTZ-HENCKE, S. 21.

17 Von daher wird auch verständlich, weshalb KUNZ die Existenz eines «lustgetönten» Aggressionserlebnisses bestreitet. Der täuschende Eindruck entsteht, wenn – was zwar

bedingte Unausweichlichkeit, dass das Leben auf Widerstände stösst, macht die ständige (auch unberechenbare) Sprungbereitschaft der reaktiven aggressiven Handlungen verständlich: sie gründet auch als Möglichkeit in der ubiquitären unspezifischen Zielhaftigkeit der aggressiv-destruktiven Impulse, in der Möglichkeit, sich radikal abgelöst von positiv erfüllungsverheissenden, konkret weltgebundenen und bildhaft-phantasierten «physiognomischen Gegenstandsbesetzungen» zu realisieren.

Aus dem Duktus der Analysen wird deutlich, dass KUNZ den Interpretationsanspruch der in empirischen Befunden verwurzelten phänomenologisch-psychologischen Deskription begrenzt. Orientiert sich deren strenge Durchführung am Ziel, die aus der Vergegenständlichung (nicht Verdinglichung) abstraktiv gewonnenen Wesens- und Merkmalszüge von den differenten Erscheinungsbedingungen der Erlebnis- und Verhaltensweisen abzuheben, so steht sie in erster Linie im Dienste der Korrektur jener spekulativen Tendenzen, die in Gestalt begrifflicher Verselbständigungen heterogene Sachverhalte mittels genetischer Erklärungen und theoriebildender (auch ontologischer) Deutungsansätze zu vereinheitlichen suchen. Wie subtil KUNZ die Wesensunterschiede der bedeutungshaltigen Gegenstandsbezüge, in denen der besondere «Sinn» der Impulsarten und -ziele bestimmt wird, herauskristallisiert, imponiert zweifellos ebenso wie die Brisanz der positiv herausgearbeiteten Befunde. Doch ist nicht zu übersehen, dass die hier apostrophierten Erkenntnisse sich KUNZ' umsichtiger Skepsis gegenüber allen Deutungsversuchen verdanken, die die Spezifität der an der Empirie ausweisbaren, heterogenen und unterschiedlich motivierten Objektbezüge verschleiern – ungeachtet, ob diese auf Grund von Ähnlichkeiten äusserlich sich gleichender Antriebsquellen oder in Folge eines Festhaltens der genetisch-reduktiven Betrachtungsweise (etwa der Reduktion der Aggressivität auf eine «triebspezifische» Energetik) evoziert worden sind oder in Gestalt metaphysischer (metapsychologischer) Verklärungen die Behauptung verfestigen, dass bestimmten Charakteren des sinnlich-emotionalen Lebens eine konstitutive Bedeutung für unser Gesamtverhalten und -erleben eingeräumt werden müsse.[18] Keineswegs reichen aber die

---

eher selten eintritt – die Ziele eines zuerst auf Widerstände stossenden (nicht aggressiven) Bedürfnisses auf Umwegen einer sekundär aktivierten Aggressionshandlung erreicht werden.

18 Auf Grund der an vorgezeichnete empirische Befunde – im HEIDEGGERschen Sinne an ontische Strukturen, d.h. existenzielle Vollzüge – sich haltenden Deskription der Aggressivität und der Zärtlichkeit, die KUNZ' Zurückhaltung hinsichtlich einer radikaleren anthropologischen Fundierung motiviert, wäre BOSS' Kritik verständlich, wenn dieser den «Mangel» betont, «der sich in der von Kunz ausdrücklich gewollten Beschränkung seiner Arbeit auf eine ‚psychologische Studie' gar nicht vermeiden lässt». Aus der gleichen Perspektive versteht sich BOSS' Einwand gegen die von KUNZ vorgebrachten Differenzen der Zärtlichkeit und der Sexualität: «Nicht ganz zu folgen vermögen wir Kunz allerdings, wenn er […] die Sexualität der Zärtlichkeit geradezu

von der Deskription zur Geltung gebrachten unterschiedlichen Formmerkmale der Erlebnis- und Verhaltensweisen aus, sie – im elementenpsychologischen Sinne – als feste dingliche Qualitäten zu klassifizieren oder sie auf Grund ihrer wesensmässigen Züge etwa ontologisch als Formen emotionaler Sinngesetzlichkeiten zu hypostasieren. Als isolierte, aus dem Ganzen der Lebenszusammenhänge abstrahierte und aus dem Schicksalsgefüge der Lebensgeschichte herausgelöste ontische Entitäten gibt es «die» Aggressivität und «die» Zärtlichkeit nicht.

Das bereits angesprochene zweite – genetische – Betrachtungsmoment thematisiert das Problem der lebensgeschichtlichen Dimension und der Verlaufsgestalten der beiden Phänomenkomplexe. Das Gewicht genetisch bedingter Faktoren lässt sich nur am Leitfaden der begrifflich-deskriptiv herausgehobenen Wesenszüge abschätzen. Ungeachtet der grundsätzlichen Kritik der theoretischen

---

entgegensetzt und diese Gegensätzlichkeit mit dem grossen Unterschied im beiderseitigen Bewegungsrhythmus begründen will. Wir möchten darin eine nicht glückliche gedankliche Isolierung sowohl der Zärtlichkeit wie der Sexualität aus dem Gesamt der menschlichen Liebe sehen, während wir beide zwar für zwei gewiss autonome und gleich ursprüngliche Manifestationsweisen, aber eben nur für zwei Manifestationsweisen der einen und gleichen menschlichen Liebe halten» (Schweiz. Zeitschr. f. Psychol., Bd. v, 1946. S. 147f.). Abgesehen davon, dass die empirisch-deskriptiven Unterscheidungen grundsätzlich das nicht zu leisten vermögen, woraufhin Boss tendiert, zeigen Kunz' Analysen doch unmissverständlich, dass sie keineswegs ein elementenpsychologisches Isolieren implizieren, welches das gleichzeitige Ineinandergreifen und Wechselverhältnis der beiden gedanklich unterschiedenen, in einheitlichen Lebensvollzügen eingebetteten – nach Boss' Formulierung «geradezu entgegengesetzten» – Phänomenkomplexe ausschlösse. Um Boss' kritische Perspektive weiter zu verfolgen, bedürfte es der bestimmenden Klärung eines umgreifenden Begriffs der «Liebe», der freilich die empirische Betrachtungsebene sprengen müsste. Offensichtlich meldet sich hier Kunz' Skepsis, den vieldeutigen Liebesbegriff im Sinne einer apriorischen Funktion (sei es als Existenzial, sei es als Erlebnis- oder Verhaltenskategorie) zu ontologisieren und in fundamentaler Bedeutung einer Anthropologie zu statuieren. Im Zusammenhang mit der Sexualität bemerkt Kunz schon früher (in diesem Band, S. 185): «Wir verwenden mit Absicht den Ausdruck ‚geschlechtliches' oder ‚sexuelles' Verhalten, und es mag aufgefallen sein, dass bislang nirgends von ‚Liebe' die Rede war, obgleich der populäre und wissenschaftliche Sprachgebrauch das vieldeutige Phänomen in die nächste Nähe zur Sexualität rückt, gelegentlich es ihr kurzweg gleichsetzt. Wir möchten diese – sagen wir – Ungenauigkeit vermeiden, keineswegs in der ‚idealistischen' Bestrebung, die ‚Reinheit' der ‚Liebe' vor der Vermengung mit der ‚niederen' Sexualität zu bewahren, vielmehr aus dem einfachen Grunde, weil in die liebende Haltung eine Reihe zusätzlicher Züge eingehen, die zwar mit der Geschlechtlichkeit nicht etwa nichts zu tun haben, wohl aber primär, irreduzibel sind und ihren eigenen Ursprung besitzen. Ihre Berücksichtigung müsste die Erörterungen sehr komplizieren, [...] zumal jede thematische Betrachtung des sexuellen Verhaltens es ohnehin aus dem menschlichen Gesamtkomplex mehr oder minder willkürlich herauslösen und damit verzerren muss – eine Einsicht, die um ihrer Trivialität willen nicht vernachlässigt werden sollte».

Reduktion der vital-emotionalen Bedürfnisse gewinnt man – was für einen Autor, der der «phänomenologischen Bewegung» zugerechnet wird, eher ungewöhnlich ist – den Eindruck, dass die von KUNZ breit angelegte Auseinandersetzung mit den theoretischen Ansätzen der Psychoanalyse sich entschieden dagegen verwahrt, die empirischen Befunde der aus der biographischen Kontinuität resultierenden Erscheinungsbedingungen der Erlebens- und Verhaltensweisen zu ignorieren oder preiszugeben. KUNZ' entschiedene Kritik der klassischen Begriffswelt der Psychoanalyse tangiert die fragwürdigen Suppositionen und die Enge, in die sich die Psychoanalyse – trotz ihrer Offenheit für die grundsätzliche Mehrdeutigkeit des Verhaltens – hineintreiben lässt, bedingt durch den Versuch, die lebensgeschichtliche Kontinuität am Leitfaden einheitlicher («triebgeschichtlicher») Grundzüge, d.h. mit einer Systematik genetischer Faktoren zu erschliessen. Die qualitative Ungleichheit der in den Früh- und Spätstadien verwirklichten Ausdrucksgestalten der Verhaltensweisen wird übersehen und deren an die Zeitigung gebundener Bedeutungswandel missachtet. Die massgebende terminologische Konsequenz, die ebenso grundlegend die Kritik der auf die Entwicklungslinien aggressiver und zärtlicher Ausdrucksgestalten sich abstützenden psychoanalytischen Aussagen leitet, formuliert KUNZ 1942 in der Schrift *Zur Theorie der Perversion* an Paradigmen von Entwicklungsstadien die sachlichen Differenzen zwischen den von der Psychoanalyse geltend gemachten infantilen perversen Partialtrieben und den Erscheinungsformen ausgebildeter Perversionen (vgl. in diesem Band, S.179f.): «Besteht» ein einsichtiger sachlicher Grund, «die Frühstadien des späteren Zustandes mit dem diesem vorbehaltenen Begriff zu belegen? Offenbar nicht. Freilich lässt sich sagen, die phänomenale Ähnlichkeit zwischen einer Perversion und dem zugeordneten Partialtrieb oder dem Gesamtkomplex der infantilen Sexualität» liesse sich als «Argument noch zwingender machen, wenn die zahllos gleitenden, die beiden extremen Zustände verbindenden Zwischenstadien mitberücksichtigt würden, im Hinblick auf welche es tatsächlich ohne Willkür ausgeschlossen wäre, zu entscheiden, was noch [...] als infantiler Partialtrieb und was bereits [...] als Perversion zu bezeichnen sei. Allein daraus ergibt sich als die einzig sinnvolle Konsequenz die grundsätzliche Unmöglichkeit, die Genese als Kriterium der wesensmässigen und begrifflichen Differenzierung zu benützen; die umgekehrte Folgerung, den Entwicklungszusammenhang als Rechtsgrund der terminologischen Fixierungen zu beanspruchen, müsste zu einer sinn- und haltlosen, auch die gröbsten Unterschiede eliminierenden Bezeichnung führen. Dem Umstande, dass die genetische Relation faktisch nirgends als Prinzip der Begriffsbildung konsequent realisiert, dass es vielmehr durch die Berücksichtigung erscheinungsmässiger Ähnlichkeiten und Unähnlichkeiten der genetisch zusammenhängenden Zustände und Glieder jeweils eingeschränkt wird, verdanken wir die Bewahrung vor einem Begriffschaos. Ob man die Ähnlichkeit zwischen den kindlichen und den perversen Sexualbetätigungen Erwachsener für gross genug hält, sie einem gemeinsamen Begriff zu subsumieren, hängt von der Fähigkeit des phänomenologisch differenzierenden psychologischen Erkennens, von der

Neigung zu entsprechenden terminologischen Unterscheidungen und schliesslich sicher auch von der Willkür des Einzelnen ab». Aber «keineswegs wird damit die von FREUD aufgewiesene genetische Relation zwischen den beiden Sachverhalten bestritten». Die behaupteten genetischen Relationen ermangeln allerdings dann des empirischen Aufweises und bleiben durchwegs spekulativ, wenn die Psychoanalyse voraussetzt, dass die Bedeutungswandlungen der aggressiven und der zärtlichen Regungen sich aus energetischen Verhältnissen primärer Triebkomplexe herleiten lassen und ihre heterogenen vitalen Funktionsbedeutungen aus dem Schema erklärt, wonach sie als Resultanten aus ursprünglich «tieferschichtigen» Impulsquellen hervorgegangen sein sollen. Die Vorstellung, die aus dem Auseinanderhervorgehen der genetischen Relationsglieder eine immanente «energetische Verwandlungskunst» qualitativ unterschiedlicher Motive unterstellt, bleibt – weil sie sich faktisch grundsätzlich nicht nachweisen lässt – unverbindliche Spekulation. Ebenso unbeachtet stabilisieren derartige grenzenlose Interpretationsansprüche das windschiefe Verhältnis inkohärenter Begriffe: die qualitative Bestimmung der Triebe als psychische Energie wird mit dem quantitativen Wesen des Energiebegriffes verglichen. Die skurrilen Folgen solcher «Verwandlungsmythologien» veranschaulichend, gibt KUNZ im Zusammenhang mit der ADLER-Kritik folgendes Beispiel (S. 38): «Etwas ganz anderes ist es, wenn das Sehen oder das übrige Wahrnehmen zur Erregungsquelle sexueller Wünsche, Regungen, Impulse wird oder wenn diese umgekehrt das Verlangen nach dem Anschauen, Hören, Betasten usw. ent-sprechender erregender Objekte erwecken und unterhalten. Wollte man aus diesen Relationen auf einen sexuellen Triebcharakter der Sinnesfunktionen rückschliessen, so müsste man analog auch etwa das *Hören* von plätscherndem dursterregendem Wasser ein *Dürsten* nennen».

Im Zusammenhang mit der Frage der Aktualisierung von Aggressivität und Zärtlichkeit, die aus der Enge bisheriger strukturell-genetischer Deutungsperspektiven herausführen könnte, bedarf es für KUNZ des Rückgriffs auf zwei Momente, die selbst wiederum *wesensunterscheidende* Züge des Erlebens und Verhaltens betreffen: Spontaneität und Reaktivität. Bezogen auf die logische Ebene steht dieses Begriffspaar weder im disjunktiven Verhältnis, noch bildet es das kategoriale Instrumentarium, woraus sich die Anfangs- und Endglieder eines kausal-ursächlichen (infiniten) Regresses zeitlicher Erscheinungsfolgen von Erlebnissen und Geschehnissen bestimmen lassen. Die häufig unbemerkte Gleichsetzung (Spontaneität = Angeborensein, Reaktivität = Erworbensein) ist fernzuhalten. Spontanes Verhalten ist keine metaphysische (metapsychologische) Bestimmung, die auf den Sachverhalt einer «ersten (anfänglichen) Bewegung» verweist. Als – meist zielgerichtete – Aktivität ist es der Ermöglichungsgrund für das Reagieren-können und -müssen, das den Lebensvollzügen – und gerade nur diesen – schlechthin eignet. «Reaktivität ohne vorangehende mögliche spontane Aktivität» gibt es nicht, «eine These, die zwar nicht logisch notwendig zu sein braucht [...] wohl jedoch durch die Erfahrung uns aufgezwungen wird. Zum Wesen alles Lebendigen gehört spontane Aktivität, [...] sie bildet den ermöglichenden Grund der Reaktivität, die sich auf jene zurückführen lässt, nicht umgekehrt» (S. 18). Auf der Basis von KUNZ' Nachweis des genuinen Unterschieds, demgemäss die aggressiv-destruktiven Gebarensweisen durch Reaktivität charakterisiert sind, während es sich bei den mit «Zärtlichkeit» umschriebenen Impulsen um primäre Bedürfnisse handelt, lassen sich allerdings die – nur der phänomenologischen Deskription sich erschliessenden – radikal entgegengesetzten Ziel- und Objektbezüge der beiden Antriebskomplexe weder herleiten noch verstehen. Die Einsicht, dass die Möglichkeit zu re-agieren eine dem handelnden Subjekt immanente zielgerichtete aktive Spontaneität voraussetzt, öffnet den Blick zugleich für die sachlich unzulässige Ausweitung jener theoretischen Erklärungsversuche, die in einseitiger Dependenzrichtung die Entstehungsbedingungen der Aggressionen auf unterstellte lernbedingte («subjektfreie») oder ursprünglich spontan-triebhafte dispositionelle Anlagen zurückführen. Ferner evoziert die missverständliche Verwendung des Begriffspaares «spontan-reaktiv» jene Stilisierungen, die in den «naturgeschichtlichen» Prozess ein ontisch vorgezeichnetes Gegensatzverhältnis hineinverlegen und sich dazu anbieten, auf «naturalistischer» Basis Gesellschaftsideologien zu legitimieren. Eine solche Stilisierung, deren moralisch-politischer Hintergrund kaum zu übersehen ist, hat sich später zumal in LORENZ' «Naturgeschichte der Aggression» ausgewirkt, wenn er schreibt, dass «gerade die Einsicht, dass der Aggressionstrieb ein echter primär arterhaltender Instinkt ist», uns «seine volle Gefährlichkeit erkennen» lässt. «Die Spontaneität des Instinktes ist es, die ihn so gefährlich macht. Wäre er nur eine *Re*aktion auf bestimmte Aussenbedingungen, was viele Soziologen und Psychologen annahmen, dann wäre die Lage der Menschheit nicht ganz so gefährlich, wie sie tatsächlich ist. Dann könnte man grundsätzlich die reaktions-auslösenden Faktoren erforschen und ausschalten».[19] Abgesehen von der unbestreitbaren Tatsache, dass die «reaktions-auslösenden Faktoren» der Aggressionen meist in der irreversiblen lebensgeschichtlichen Vergangenheit ihres Trägers verwurzelt sind und daher LORENZ' sorglos vorgetragene Rationalisierung, sie «ausschalten» zu können, Anstoss erwecken muss, erweist sich auch die Voraussetzung, die den Grad der Wirkmächtigkeit und Unberechenbarkeit der vitalen Bedürfnisse – die «Gefährlichkeit» der Aggressionen bei LORENZ – aus dem disjunktiven Gegensatz einer spontanen oder reaktiven Herkunft meint ableiten zu können, als haltlos. Weil – wie KUNZ zeigt – die Erfahrungen uns nahelegen, dass die Aggressionen nur reaktiv in der Koppelung mit selbst nicht-aggressiven, spontanen oder sekundär-reaktiv entstandenen Bedürfnissen auftreten, wird man deren unvermeidlich auf Widerstände stossendes tendenzielles «Anspruchsniveau» und nicht allein die Wirkungsweise der umweltlichen (reizauslösenden) Faktoren zu berücksichtigen haben, um die Entstehungspotentiale der Aggression realistisch einzuschätzen. So berechtigt der Aggressivität hin-

19 K. LORENZ: Das sogenannte Böse. Zur Naturgeschichte der Aggression (3. Aufl., München 1963), S. 55.

sichtlich ihres vitalen (mithin angeborenen) Charakters und ihrer irreduziblen Erlebensweise eine «Ursprünglichkeit» zugebilligt werden muss, so verfehlt wäre es, von ihrer re-aktiven Aktualisierung und den ihr Auftreten bedingenden genetischen Relationen abzusehen, um ihren *primären* Bedürfnischarakter zu behaupten. Die in KUNZ' Studien vorgetragene Kritik an den opponierenden aggressionstheoretischen Grundlagen orientiert sich in erster Linie an deren genetischen Implikationen. Trifft zu – wie uns dies beispielsweise lerntheoretische Verhaltensxperimente zur Aggressionsenthemmung nahelegen – dass (erlernte) Auslösereize die Verlaufsgestalt (nicht die Entstehung!) aggressiver Handlungsvollzüge in erheblichem Masse beeinflussen, so wird man – gesetzt, das Dogma eines reizreaktionsmechanistischen Determinismus sei ausser Kurs – einer selbst sich Schranken auferlegenden Erforschung der erworbenen Faktoren das partielle Recht nicht absprechen dürfen: Die an reizbedingten Faktoren gewonnenen empirischen Analysen vermögen allenfalls auf den Zeitpunkt der Auslösung und auf die Verlaufsgestalten aggressiver Handlungen ein Licht zu werfen. Deren Ausdrucksbedeutung und Aktualisierungspotentiale bleiben jedoch ebenso ungeklärt, wie ihre gerichtete Aktivität. Konsequenterweise steht bei KUNZ die Kritik jener Deutungskonzepte, die auf triebtheoretischer Grundlage die Einbindung der Aggressivität in die aktive Spontaneität betonen, im Vordergrund. Da sich die an den Paradigmen der nutritiven Bedürfnisse und der Sexualität aufweisbaren spontanen Triebmerkmale am reaktiven Wesen der aggressiven Gebarensweisen nicht aufzeigen lassen, wird verständlich, weshalb KUNZ den Schwierigkeiten nicht ausweicht, die mit dem Begriffspaar «spontan-reaktiv» angezeigten Probleme zu konkretisieren. Die Kritik an den Defiziten der «klassischen Aggressionstrieb-Theorien» ist eben nuancierter vorzutragen als in Gestalt einer blossen Wiederholung der allseits bekannten und gängigen Formeln, die sonst das Feld der Bewertung der metapsychologischen und ethologischen Implikationen bestimmen.

Aus der Sicht seiner früher entwickelten Forschungsbeiträge scheint es nicht zufällig, weshalb KUNZ mit Nachdruck betont, die beiden hier vorliegenden Studien ausschliesslich in den Dienst der psychologischen Erkenntnis gestellt und auf eine anthropologische Deutung der Aggressivität und der Zärtlichkeit verzichtet zu haben (vgl. Beilage 1, S. 401f.). Die Begrenzung seines Erkenntnisanspruches überrascht, da die zentralen Leitmotive von KUNZ' frühen Schriften zu anthropologischen Fragestellungen gravitieren: die – auch im Sinne der Würdigung und Weiterführung ihrer Entdeckungen intendierte – psychologische Aneignung und philosophische Kritik der «latenten Anthropologie» der Psychoanalyse (v. a. FREUD,[20] SCHULTZ-HENCKE[21]) und der KLAGESschen Persönlichkeits-

---

20 Vgl. dazu: Die existenzielle Bedeutung der Psychoanalyse in ihrer Konsequenz für deren Kritik (Nervenarzt 3, 1930); neu in: HANS KUNZ: Grundfragen der psychoanalytischen Anthropologie, hrsg. von H. BALMER (Göttingen 1975); ferner: Die Psychoanalyse als Symptom einer Wandlung im Selbstverständnis des Menschen (Zentralbl. für Psycho-

forschung[22] sowie der Versuch, die Grundlagen für eine der Erfahrung stets verpflichtete philosophisch-anthropologische Betrachtungsweise psychologischer und psychopathologischer Phänomene freizulegen,[23] bestimmen die Forschungsansätze in KUNZ' frühen Publikationen. In diese eingezeichnet sind die Wege einer intensiven Auseinandersetzung mit HEIDEGGERS Daseinsanalytik von *Sein und Zeit* und mit der in dessen Kantbuch und Metaphysik-Schrift wiederholten grundsätzlichen Kritik der philosophischen Anthropologie. Die Frage, «warum der Grund der Möglichkeit der Verneinung die Rolle mitbedingt hat, die der Aggressivität im menschlichen Leben faktisch eignet» (S. 30), stellt KUNZ im Vorblick auf die von ihm entdeckte und im 2. Teil seines Phantasiebuchs[24] entwickelte anthropologische Kernthese, die die radikale Endlichkeit des Menschen aus dem Todesursprung des Geistes bezeugt: ein Beleg dafür, dass KUNZ – trotz seines Verzichts, die Studien zu Aggressivität und Zärtlichkeit aus einer umfassenden Analyse der condition humaine zu entfalten – die Fragen mit anthropologischer Dimension nicht ausblenden wollte. Die beiden Phänomenkomplexe sind – vor allem auf Grund der Möglichkeit ihrer willkürlichen Aktualisierung – als

ther. 4, 1931); ferner: Die philosophische Bedeutung der Psychoanalyse (unveröffentlichte Manuskripte, HK A196 – HK A203, ca. 1933–1940, WKat, 150ff.).

21 Der gehemmte Mensch. Bemerkungen zu dem gleichnamigen Buche von H. Schultz-Hencke (Nervenarzt 14, 1941).

22 Vgl. Die Metaphysik von Ludwig Klages und ihre Bedeutung für die Persönlichkeitsforschung (Zentralbl. f. Psychother. 3, 1930); neu in: Martin Heidegger und Ludwig Klages, hrsg. von H. BALMER. (München/Zürich 1976); ferner in: Die Psychologie des 20. Jahrhunderts, Band 1: Tendenzen – Schulen – Entwicklungslinien, hrsg. von H. BALMER. München/Zürich 1977.

23 Vgl. die von BINSWANGER und KUHN (National Zeitung Basel, 24. 5. 1964) als «epochemachend» eingestufte Abhandlung «Die Grenze der psychopathologischen Wahninterpretationen» (Zeitschr. f. d. ges. Neur. u. Psychiatrie 135, 1931); ferner: Die anthropologische Betrachtungsweise in der Psychopathologie (Zeitschr. f. d. ges. Neur. u. Psychiatrie 172, 1941); ferner: Beiträge zur philosophisch-anthropologischen Interpretation psychotischer Phänomene. Unveröffentlichte Manuskripte (ca. 1935), HK A 144–HK A 148, WKat, S. 140f.

24 Die anthropologische Bedeutung der Phantasie, Band 2, Basel 1946 (2. Kap.: Die Verneinung, das Nichts, der Tod und der Ursprung des Seins, S. 37ff., ferner 4. Kap.: Der Mensch als das verneinende Wesen, S. 151ff.). HEIDEGGER hat in einem Brief an KUNZ (7. Mai 1947, HK BB III), dessen «anthropologisch» gewendete Frage nach dem Ursprung des Seins folgendermassen kommentiert: «So wissen Sie, klarer als die meisten Heutigen, wie fragwürdig alles ist, was um den Namen ‚philosophische Anthropologie' kreist, und setzen sich dennoch eine solche als Ziel. Doch damit ist schon eine Entscheidung über den Ursprung des *Seins* zum Menschen gefallen und zwar in einem Bereich, der als eben dessen Ursprung zwar genannt ist, von uns aber noch als dunkel und rätselhaft erst einmal erkannt werden muss. Wenn es mir noch vergönnt ist, einiges deutlicher mitzuteilen über die Wege, die ich seit der Skizze ‚Vom Wesen des Grundes' versucht habe, werden Sie erkennen, dass Sie sich in jenem genannten Bereich bewegen».

Bekundungen und Ausdruck der immanenten Endlichkeit des Menschen zu verstehen.[25]

Dass «der überwiegende Anteil der menschlichen Aggressivität nicht in motorischen Aktionen, sondern im denkenden, vorstellenden und phantasierenden Tun investiert wird» und «sich die Aggression und Destruktion der Verneinung als eines Entäusserungsmittels bedienen» kann (S. 29), wie andererseits die zärtlichen Haltungen sich an die Bejahung des Begegnenden knüpfen, darf nicht zum Schluss führen, es liege eine «vitale Vorzeichnung» der logischen Bedeutung der verneinenden und bejahenden Urteilsakte vor. Letztere «sind keine Derivate» der Aggressionen und der Zärtlichkeit, realisieren «vielmehr [...] eine eigentümliche irreduzible Fähigkeit des Menschen» (S. 29). KUNZ' Kritik richtet sich hier gegen FREUDS Verwechslung des Wesens der Negation «mit ihren möglichen, die gegenständliche Richtung mitbestimmenden vitalen Anlässen». So ist die Negation bei FREUD dem Destruktionstrieb zugeordnet und «als Beispiel für die ‚Entstehung einer intellektuellen Funktion aus dem Spiel der primären Triebregungen'» sowie «‚als Ersatz der Verdrängung'» umgedeutet (S. 30). Im Bereich des Humanums lässt sich die Wirkung eines Destruktionstriebes auf Grund der faktischen Negativität des Geistes nur in «Bilderbuchmanier auf das Raubtier projizieren» (PLESSNER[26]). Im Blick auf KUNZ' anthropologische Grundthese[27] aus dem Phantasiebuch von 1946, die er in seinem siebenteiligen unveröffentlichten Werk *Die Endlichkeit des Menschen*[28] (ca. 1949–1970) zu bewähren versucht hat, erschliessen sich die einzig dem Menschen innewohnenden Möglichkeiten, sowohl Verneiner als auch (bejahender) Vernehmer des begegnenden Seienden zu sein. Wenn das menschliche Dasein in doppelter Bedeutung endlich ist, nicht nur weil es – wie dies für alles Lebendige zutrifft – durch den Tod begrenzt ist, sondern darüber hinaus um sein Ende *weiss*, so wird dieses «nichtende» Geschehen die radikal entgegengesetzten Weltbezüge der Aggressivität und der Zärtlichkeit verständlich machen: die – im Gegensatz zu jener der Tiere – masslose, weil volitiv gesteuerte Destruktivität und die Sorge um die Bewahrung der Integrität des dem zeitlichen Zerfall ausgesetzten innerweltlich begegnenden Seienden.

---

25 Aus guten Gründen hat HERZOG in seiner Gesamtdarstellung von KUNZ' Anthropologie eine «generelle Berechtigung» abgeleitet, die Aggressivität, die Zärtlichkeit und die Geschlechtlichkeit «unter dem Gesichtswinkel der These vom Todesursprung des Geistes darzustellen» (M. HERZOG: Tod und Bewusstsein, Bern/Frankfurt/New York 1983, S. 171 ff.).

26 Gesammelte Schriften VIII (Frankfurt 1983), S. 333.

27 Die These behauptet, dass sich im geschehenden Denken der virtuelle Tod bekundet.

28 Vgl. J. SINGER: Zur Frage nach der Endlichkeit des Menschen. Anmerkungen zu einem Opus postumum von Hans Kunz, in: H. KUNZ: Erwartung, Bildwelt und Phantasie (Frauenfeld/Stuttgart/Wien 2001), S. 25 ff.

LITERATUR ZUR REZEPTION VON «DIE AGGRESSIVITÄT UND DIE ZÄRTLICHKEIT»

Rezensionen

m. b.	National Zeitung Basel, 3. Januar 1946, S. 2 (sub «Vom Büchertisch»).
G. Bally	Neue Zürcher Zeitung vom 14. III. 1946, Nr. 439.
V. E. Frh. von Gebsattel	Nervenarzt 19, Jahrgang 1948, S. 338 f.
M. Boss	Zeitschrift für Psychologie und ihre Anwendungen, Band V, 1946, S. 146 ff.
J. Wyrsch	Monatsschrift für Psychiatrie und Neurologie, Band 112, 1946, S. 120.

Weiterführende Literatur

M. Herzog	Tod und Bewusstsein. Versuch einer Darstellung der These vom Todesursprung des Geistes in der philosophischen Anthropologie von Hans Kunz (Europäische Hochschulschriften, Reihe XX, Vol. 113, Bern/Frankfurt/New York 1983).
H. Thomä/H. Kächele	Lehrbuch der psychoanalytischen Therapie, Band 1: Grundlagen (2. überarb. Auflage, Berlin/Heidelberg/New York 1996).

ZUR PROBLEMATIK DER AGGRESSION

Die Abhandlung *Zur Problematik der Aggression* geht auf einen Vortrag zurück, den KUNZ am 14. Oktober 1964 anlässlich des Symposiums *Aggression und Anpassung* zur Eröffnung des Sigmund-Freud-Instituts, des Ausbildungszentrums für Psychoanalyse und psychosomatische Medizin in Frankfurt a. M., gehalten hat. Die ausgearbeitete handschriftliche Fassung für den Druck in MITSCHERLICHS Sammelband *Bis hierher und nicht weiter. Ist die menschliche Aggression unbefriedbar?* (München 1969) ist datiert auf den 27. März 1965 (vgl. WKat, S. 115).

Im Rückblick auf die zentralen Begriffe, die schon zwanzig Jahre früher seine erste Aggressivitätsstudie bestimmt haben, setzt KUNZ in der Abhandlung *Zur Problematik der Aggression* neue Akzente eines Fragens, die sich im Wesentlichen auf die wirkungsgeschichtliche Applikation der neueren psychoanalytischen und verhaltens-physiologischen Forschungen zum Thema beziehen. Ohne *prinzipiell* eine spontan-endogene Aggressivität und Destruktivität leugnen zu wollen,[1] hält KUNZ an deren reaktivem Charakter fest und stützt seine in der

1 KUNZ erwägt die Möglichkeit im Hinblick auf die von LORENZ beigebrachte Beobachtung eines Verhaltens bei einem Cichlidenpaar (K. LORENZ: Über das Töten von Artgenossen, Dortmund o. J., S. 13 f.; ferner *ders.*: Das sogenannte Böse, Deutscher Taschenbuchverlag München. 3. Aufl. 1975, S. 59 ff.)

frühen Studie gegebene These, dass die beiden Impulse zwar als konstitutive Ingredienzien zur «affektiven Natur» des Menschen gehören, aber nur auf reaktive Weise sich aktualisieren. Das Attribut einer «in jedem Menschen schlummernden» Aggressivität (S. 103) impliziert KUNZ' Meinung, dass sie ein «konstitutives» Ingrediens im Verhaltensganzen ist und es daher verfehlt wäre, die Aggressionen – wie etwa REICH – aus gehemmten Regungen abzuleiten. Ähnliche Vorbehalte äussert KUNZ auch gegenüber der «Aggressions-Frustrations-Hypothese» von DOLLARD und MILL, die den reaktiven Charakter in einer die Empirie übergreifenden Behauptung verfestigt, dergemäss «*alle* Aggressionen *nur* aus Frustrationen resultieren» (S. 110).

Die destruktiven Angriffs- und Zerstörungshandlungen um ihrer selbst willen, d. h. die humane Möglichkeit, die – wenn nicht endogen, so doch unmotiviert scheinenden Drangzuständen entspringenden – Aggressionen mittels der willkürlichen Spontaneität zu aktualisieren, lässt ihre «von FREUD zunächst lange verkannte und später um so entschiedener unterstrichene Ubiquität begreiflich erscheinen» (S. 110). Lässt sich aber die endogene spontan-willentliche Aktivität auf die Genese der Aggressionen übertragen im Sinne des Parallelismus, als wären die willkürlichen Aggressionen dann selbst in der Endogenität verwurzelte Impulsqualitäten sui generis? Grösseres Gewicht als in der frühen Aggressionsschrift wächst der Frage nach den Motiven zu, die FREUD und andere Analytiker, wie später auch einige Vertreter der vergleichenden Verhaltensphysiologie bewogen haben, beharrlich den Aggressionen eine gleichursprüngliche Endogenität wie etwa der Sexualität zuzubilligen. KUNZ nennt zwei Motive, die er – weil beide spekulativer Art sind – kritisch erörtert: 1. Der das Leben beendende faktische Tod wird in FREUDS Konzeption eines «Todestriebes» zu einem teleoklinen Aktus des Lebendigen umgedeutet. Obwohl die geschehende Mächtigkeit des faktischen Todes das seelische und geistige Erleben umfasst und zerstörende Akte zu töten vermögen, folgt daraus keineswegs, dass eine immanente triebmässig oder intentional gerichtete Tendenz auf den Tod auch dessen «Herbeiführung» zu bewirken vermag (S. 111). 2. Es ist nur eine simplifikatorische Tendenz, das empirisch Offenstehende oder Unzugängliche am Leitfaden gedanklicher Möglichkeiten zu entwerfen, d. h. sämtliche Aktivitäten und Geschehen im menschlichen Erleben auf Modellvorstellungen einer psychophysischen Energetik zu reduzieren. Obschon mit den – ursprünglich nur an quantitativen Daten begründbaren – psychophysischen Energiemodellen eine diskursive Klarheit auf der logischen Verständigungsebene gewonnen wird, bleiben diese dennoch unverbindliche Konstrukte: rücksichtlich der vorliegenden qualitativ sachhaltigen Erfahrungen laufen sie auf eine gedankliche Verdoppelung hinaus und bringen stets die Gefahr mit sich, die «abgebildeten» Tatbestände zu verdrängen oder zu nivellieren (S. 113). Diese Kritik erreicht auch die von LORENZ geltend gemachten Beispiele, welche die Endogenität der Aggressionen und ihre hemmungsbedingten Stauungen – im Sinne physiologisch fassbarer aktions- oder reaktionsspezifischer Energien – aus angeblich aufweisbaren rhythmischen Wiederholungen der Latenz- und

Appetenzphasen einerseits und aus der Schwellenerniedrigung der Auslösereize andererseits belegen sollen. Die Konsequenz dieser Kritik wiederholt die in der frühen Schrift nur angetönte anthropologische Taxation der Aggressivität: «Vielleicht wirkt in der LORENZschen These die weitverbreitete, aber verfehlte Meinung nach, dergemäss nur oder doch vorwiegend das ‚Irrationale', ‚Elementare', ‚Urtümliche' die grösste Gefährdung berge und zeitige. Allein schon die Existenz der Atombombe widerlegt diesen Irrtum und wäre Anlass genug, den – freilich verborgenen – Beziehungen zwischen dem Denken, der Rationalität und der dem Menschen immanenten Destruktivität nachzusinnen» (S.120).

Überraschend mag anmuten, dass KUNZ deziser noch als in der frühen Aggressionsstudie das phänomenale Wesen der vitalen und intentionalen aggressiv-destruktiven Sinnbezüge bestimmt. Im Vordergrund steht dabei nicht das Gewinnen einer von der intersubjektiven Verständigung geforderten logischen Definition. Vielmehr wird die sachliche Schwierigkeit bedacht, das Spezifische der vitalen wie der intentionalen Sinnbezüge zu sehen, das uns überhaupt gestattet, die aggressiv-destruktiven Ausdrucksgehalte in Abgrenzung zu anderen expansiven Strebungen ansprechen und diagnostizieren zu können. Zumal aggressive Aktionen zur Durchsetzung expansiver Ziele häufig unvermeidbar sind, besteht die Gefahr, die Bedeutungsunterschiede zu nivellieren. Es wäre in derartigen Fällen verfehlt, das ganze, die expansiven Komponenten einschliessende Verhalten rundweg als aggressiv-destruktives anzusprechen (S.110). KUNZ sieht die Spezifität des aggressiven Erlebens und Verhaltens darin, dass dieses sich – «äussere es sich in Handlungen oder beim Menschen lediglich in Phantasien und Plänen – *betont gegen die phänomenale und funktionale Integrität der fremden Objekte (und des Aggressionsträgers) richtet*» (S.104). Die Interpretation der frühen Aggressionsstudie, in der KUNZ von einem möglichen Umschlagen eines aggressiven in ein destruktives Verhalten spricht, erfährt durch diese phänomenologische Wesensbeschreibung eine – ebenso anthropologisch motivierte – Wende: in der neuen Abhandlung spricht er von einem graduellen Unterschied zwischen Aggressivität und Destruktivität, wobei die Destruktivität den Sinn des Aggressiven fundiert: «In der Zerstörung eines Lebewesens oder Dinges kommt es gleichsam an den Tag, worum es der Aggression letzten Endes geht. Und daran zeigt sich zugleich ihre Gegensätzlichkeit zur Anpassung: Während diese eine detaillierte Kenntnis der massgebenden Eigenschaften des Begegnenden verlangt, genügt jener das Vertrautsein mit der Zerstörbarkeit des Seienden und mit den Mitteln ihrer aktiven Realisierung» (S.105).

LITERATUR ZUR REZEPTION VON «ZUR PROBLEMATIK DER AGGRESSION»

Rezension

Dirk S. Hülst in: Psyche xx, 1966. S. 316f.

AGGRESSIVES GRUPPENVERHALTEN

Die bislang unveröffentlichte Abhandlung *Aggressives Gruppenverhalten* aus KUNZ' nachgelassenen Schriften ist die revidierte Fassung eines Vortrags, den KUNZ auf Einladung von C. F. GRAUMANN im Rahmen einer Sonderveranstaltung unter dem gleichnamigen Titel im Wintersemester 1970 am psychologischen Institut der Universität Heidelberg gehalten hat (vgl. HKA10, ferner: WKat, S.116).

Dieser letzte, ins Spätwerk des Autors gehörende Beitrag zum Thema der Aggressivität hat die Form eines stilistisch prägnanten Votums, das die Hauptakzente seiner Aggressionsanalyse und die Kritik der spekulativen Voraussetzungen verschiedener Deutungsperspektiven in sachlich dichter Reihenfolge präsentiert. Aus den Merkmalszügen genetischer und deskriptiver Momente, die aus den Paradigmen der nutritiven und sexuellen Bedürfnisse gewonnen werden, wiederholt KUNZ seine Kritik an der klassischen Aggressionstrieb-Theorie. Die die Kernfrage nach der spontan-endogenen oder reaktiven Herkunft der Aggressionen tangierenden Befunde rücken ins Zentrum der Analyse: a) das *Fehlen einer rhythmischen Wiederholung* von Latenz- und Appetenzphasen bei der Aktualisierung der aggressiven Impulse, b) die *Unspezifität der Aggressionen*, die sich aus dem Fehlen umgrenzter Zielkorrelate und eines den Aggressionen ermangelnden leiblichen Ausdrucksorgans ergibt, c) die *Kritik* an den simplifikatorischen Tendenzen *reiz-reaktionsmechanistischer Interpretationen* und deren Motivationsgrundlagen Von dieser Kritik nicht betroffen sind die Hinweise auf neuere experimentelle neurologisch-histologische Befunde zur Aggressionsforschung (W. R. HESS, E. VON HOLST u. a.): in Form offener Fragen expliziert KUNZ ihr Gewicht für eine mögliche Revision der psychologischen Begriffsbildungen.

Ähnlich, noch pointierter als in der Abhandlung *Zur Problematik der Aggression*, berühren KUNZ' phänomenologische Erkenntnisse hier auch die Sphären der anthropologischen Taxation, welche wesentlich die an die «Geistträgerschaft» des Menschen gebundene volitive Steuerbarkeit der aggressiven Handlungen thematisiert und deren «immanente Masslosigkeit» (S.131) verständlich macht.

KUNZ hat sein Votum zum *aggressiven Gruppenverhalten* mitten im Umfeld der 68er-Studentenunruhen vorgetragen. Der durch viele Jahre gemeinsamer Seminar-kollegien freundschaftlich mit ihm verbundene Biologe RUDOLF SCHENKEL – selbst Redner an jener Heidelberger Veranstaltung – berichtet, dass KUNZ' Vortrag die Hörerschaft so zur Aufmerksamkeit angeregt habe, dass störende Proteste ausgeblieben seien.

DER MENSCH ALS ZERSTÖRER DER NATUR

Der Mensch als Zerstörer der Natur, eine auf den 27.11.1968 datierte Studie aus dem Nachlass, ist vermutlich die Vorlage eines Vortrags, über dessen Entstehungsgeschichte wir nichts genaueres wissen. KUNZ hat die Studie zu einer Zeit verfasst, in der das Thema der «ökologischen Krise» noch nicht das öffentliche Bewusstsein beherrschte und jene politische Brisanz hatte wie zwei Dezennien später.

Wer jemals in persönlicher Beziehung zu HANS KUNZ gestanden hat, erinnert sich an dessen – keineswegs als «moralische Entrüstung» zu charakterisierenden – Fundus eines originären emotionalen Betroffenseins angesichts der zunehmend massloser werdenden Naturzerstörungen durch den Menschen. KUNZ' autobiographische Aufzeichnungen[1] wie sein botanisches Werk,[2] das sich zahlreichen Begehungen weiter Gebiete – auch der europäischen hochalpinen Gebirgswelt – verdankt, dokumentieren die Affinität zum Thema: die existenzielle Relevanz einer vernehmenden Offenheit für die Eigenständigkeit der Natur. Die in den sechziger Jahren bei KUNZ im Zentrum stehenden Versuche einer Wesensbestimmung des erfahrenden Erkennens verweisen durchgängig auf die Eigenständigkeit des Seienden,[3] die – obzwar gedanklich erschlossen – die Quelle aller Erfahrung ist, sich dennoch ontologisch weder aus einer «kategorialen Formung» noch aus ihrer «existenzialen» Verfasstheit von Verweisungs- und Bedeutungsgefügen hinreichend explizieren lässt. Die Fragen, die KUNZ gegenüber der von HEIDEGGER behaupteten Hinfälligkeit des Realitätsproblems innerhalb des recht verstandenen Daseins (Sein und Zeit, GA Bd.2, S.273f.) aufwirft, unterstreichen mit aller Entschiedenheit, «dass eine wie immer gemeinte – erkenntnistheoretische, auf die intentionalen Akte rekurrierende, existenzial-ontologische – transzendentale Begründung weder das eigenständige All des Seienden noch die unser alltägliches Dasein tragende Gewissheit seines Unabhängigseins überhaupt je berührt, geschweige denn ihnen einen verlässlichen Boden liefern kann».[4] Die Versperrungen durch transzendentale Befunde, auf deren metaphysikgeschichtliche Voraussetzungen am deutlichsten LÖWITH hingewiesen hat,[5] tangieren – wie KUNZ wiederholt betont – auch in basaler Bedeutung die Wesensbestimmung des alltäglichen und wissenschaftlichen Erfahrens. Angewiesen auf eigenständig begegnendes Seiendes und verweisend auf die darin verwurzelten, sich uns in Fragmenten

---

1 Vgl. H. KUNZ: Selbstdarstellung, in: H. KUNZ: Erwartung, Bildwelt und Phantasie, hrsg. von J. SINGER, Frauenfeld/Stuttgart/Wien 2001, S.83ff.

2 Vgl. M. MOOR: Das botanische Werk von Hans Kunz, ebd., S.47ff.

3 Das Wort versteht KUNZ im Sinne des unabhängigen Seiendseins, nicht als vorhandene Dinglichkeit.

4 H. KUNZ: Die eine Welt und die Weisen des In-der-Welt-seins, Psyche 16 (1963), S.554.

5 Vgl. K. LÖWITH: Gott, Mensch und Welt in der Metaphysik von Descartes bis zu Nietzsche (Sämtliche Schriften, Band 9. Stuttgart 1989).

gebenden Merkmalszüge, verwirklicht das Erfahren eine – die Aktivität nicht ausschliessende – vernehmende, nicht produktiv-reproduktive Leistung. Die Einengung des Erfahrens auf jene Merkmale, die, in den Dienst einer sprichwörtlichen Ver*wert*barkeit gestellt, zur Realisierung der Ziele erkenntnisfremder Beherrschungstendenzen und der sie produktiv leitenden pragmatisch-technischen Phantasie beitragen, könnte – wie KUNZ zeigt – das fragende Forschen in die Richtung jener anthropologischen Konstituentien treiben, aus deren Hintergrund ein Verständnis für die Abgründe der masslosen Naturzerstörung zu gewinnen wäre.

In der Analyse der Wesenszüge unserer Bedürfniswelten zeigt sich jene Unbeirrbarkeit, die für KUNZ typisch ist: eine nüchterne, nicht moralische Appelle oder technische Lösungen anbietende Einschätzung des Wirkungsgewichtes der in der menschlichen Natur verankerten emotional-vitalen und rationalen Grundzüge, die den bewahrenden Zugang zur Natur bedingen und den Vollzug des weltvernehmenden erfahrenden Erkennens ermöglichen.

ZUR THEORIE DER PERVERSION

Die Abhandlung *Zur Theorie der Perversion*, die KUNZ zum 60. Geburtstag des Schweizer Psychiaters LUDWIG BINSWANGER geschrieben hat, erschien erstmals 1942 in der *Monatsschrift für Psychiatrie und Neurologie* (Vol. 105, 1942. S. 1–103). HANS GIESE, Herausgeber der bei Enke (Stuttgart) veröffentlichten Handbücher der medizinischen Sexualforschung *Die Sexualität des Menschen* und *Psychopathologie der Sexualität*, hat KUNZ' Abhandlung 1967 in einen Sammelband repräsentativer Texte zur sexuellen Perversion neu aufgenommen (Die sexuelle Perversion, hrsg. von Hans GIESE, Akademische Verlagsgesellschaft Frankfurt a. M. 1967).

Der deskriptiv-phänomenologische und genetische Interpretationsansatz, der für die beiden Studien *Die Aggressivität und die Zärtlichkeit* leitend war, findet sich in der Abhandlung *Zur Theorie der Perversion* von 1942 – sozusagen «linientreu» – vorgezeichnet. Die Möglichkeiten und Grenzen der phänomenologischen und der genetischen Forschungsrichtung gegeneinander abwägend, konkretisiert KUNZ nachdrücklich die Kritik an der nivellierenden Begrifflichkeit der Perversionstheorien als Folge einer sachlich ungenügenden Differenzierung, die auf spekulativem Wege versucht, das unbestrittene lebensgeschichtliche Zusammenwirken der Erlebnis- und Verhaltenskomplexe aus der Sicht einer genetisch hypostasierten Sexualentwicklung zu vereinheitlichen. Damit wird die heterogene Struktur und Herkunft der sexuellen und das Sexualleben begleitenden Antriebsqualitäten, die sich der deskriptiven Analyse der phänomenalen Wesenszüge erschliesst, verkannt. BRÄUTIGAM schreibt: «Zwar stehen die perversen Entwicklungen der Erwachsenen in einem geschichtlichen Zusammenhang mit der

Persönlichkeit im ganzen, und die zärtlichen und (reaktiv) destruktiven Impulse der Kindheit sind an dem Aufbau der sexuellen Lebenszusammenhänge beteiligt. Aber nur noch in einem sehr weiten Sinne könne hier noch von Sexualität bei Kindern gesprochen werden. KUNZ weist [...] auf die grundsätzliche Verschiedenheit genetischer Zusammenhänge und der gegenwärtigen Tatbestände in ihrem jeweiligen eigenen Gehalt hin. Er betont sehr zu Recht die grundsätzliche Unmöglichkeit, die Genese als Kriterium der wesensmässigen ‚und begrifflichen Differenzierung zu benützen'».[1] Wie später in den beiden Studien zur Aggressivität und Zärtlichkeit steht für KUNZ die phänomenologische Kritik in der vertieften Auseinandersetzung mit der Psychoanalyse FREUDS und seiner Schüler im Vordergrund. Bezüglich einer phänomenologischen Ordnung der Destruktivität ist beachtenswert, dass KUNZ – im Gegensatz zur Aggressionsschrift von 1945 – im Zuge der Analyse «der Rolle der destruktiven Impulse in der Perversion» (vgl. S. 248, Anm. 2) erwägt, ob es nicht «ratsam wäre, die Aggression als eine primäre Antriebsqualität und -richtung [...] von der reaktiven Destruktion zu unterscheiden».[2]

Im Anschluss an die Erstpublikation (sub *Zusammenfassung*) gibt KUNZ einen kurzen thematischen Abriss zu seiner Studie:

[BEILAGE 3: *Zusammenfassung* der Schrift *Zur Theorie der Perversion*. In: Monatsschrift für Psychiatrie und Neurologie, Vol. 105 (1942), S. 99ff.][3]

Die Arbeit gibt einen Beitrag zur Theorie der Struktur der Perversion, der sich einerseits den Untersuchungen von v. GEBSATTEL, SCHWARZ und STRAUS anschliesst, andererseits sich aber ausdrücklicher mit der psychoanalytischen Auffassung der Geschlechtsverirrungen auseinandersetzt. Sie versucht zunächst zu zeigen, dass die von FREUD vollzogene Umdeutung oder Ausweitung des Begriffs der Perversion zu den sog. perversen Partialtrieben, die in ihrer Gesamtheit die ursprüngliche, generelle, auch im Kleinkinde sich manifestierende Anlage der menschlichen Sexualität bilden und aus der sich sowohl das spätere «normale» (gesunde) wie das abnorme geschlechtliche Verhalten und Erleben entwickeln sollen, sich nicht halten lässt. Und zwar aus zwei Gründen: einmal kann aus dem genetischen (lebensgeschichtlichen) Zusammenhang über das Wesen der zusammenhängenden Tatbestände prinzipiell nichts ausgemacht werden; und sodann ergibt ein Vergleich der perversen Erscheinungen bei Erwachsenen mit den ihnen durchschnittlich «entsprechenden» beim Kleinkinde ihre völlige phänomenale Verschiedenheit. Gleichwohl ist der Psychoanalyse der entscheidende und gültige Nachweis der in die frühe Kinderzeit zurückreichenden Entstehungsgeschichte der

---

1 W. BRÄUTIGAM: Die Problemlage in historischer Sicht, in: Psychopathologie der Sexualität (Kapitel 4: Die ärztliche Beurteilung), hrsg. von H. GIESE. Stuttgart 1962, S. 505.

2 Im Vorblick auf eine Analyse der Aggressivität hält KUNZ allerdings wenig später die gegenteilige Behauptung fest: «Uns scheint die Aggression kein selbständiger, primärer Trieb zu sein» (S. 249).

3 Vgl. auch die Versionen in englischer und französischer Sprache («Summary» und «Résumé», ebd. S. 101ff.).

Perversionen zu danken; nur sind die an ihrem Aufbau beteiligten Konstituentien nicht bereits pervers zu nennende Faktoren, sondern – im weitesten Sinne – sexuelle Erlebens- und Verhaltenselemente vorwiegend zärtlicher (prägenitaler) Natur und vor allem destruktive Impulse, die reaktiv aus den erfahrenen Störungen (Versagungen) jener entstanden sind. Das Problem der Zärtlichkeit erfährt eine eingehende Erörterung; vor allem werden die Schwierigkeiten der Vereinheitlichung der zärtlichen und genitalen Strebungen aufgezeigt, die sich zumal aus ihrer verschiedenen motorischen Ablaufsrhythmik ergeben. Der Genitalität – ein ursprüngliches Impulsgebiet, das sich nicht aus prägenitalen (oralen, analen, urethralen) Elementen aufbaut, sondern durch solche nur sekundär gestört werden kann – scheint eine Tendenz zur Aufsplitterung des Objekts innezuwohnen, die sich zum Ansatz von destruktiven Impulsen besonders eignet. Demgegenüber liegt in der Zärtlichkeit ein sowohl die partnerische wie die eigene leibliche Ganzheit bewahrender Sinn. Auch der Genitalität kommt ein primärer Objektbezug zu, der zwar brüchiger ist als jener der Zärtlichkeit und dessen Hinfälligkeit sich zumal in der Masturbation dokumentiert. Als wesentliches Merkmal aller Perversionen hat die Störung der Zärtlichkeit zu gelten, die regelmässig zu der gestörten, normwidrigen, d.h. des primären Gegenstandsbezuges verlustig gegangenen Genitalität hinzutritt oder sie fundiert. Die Norm der Geschlechtlichkeit bestimmen wir als deren immanentes potentielles Gesetz, dessen Wirkkraft, verglichen mit den organischen Bildungsgesetzen, gering zu sein scheint und dessen Realisierung ausserdem durch die destruktiven Impulse weitgehend verhindert wird, sodass die menschliche Sexualität als Ganze den Eindruck eines radikal gestörten Phänomenkomplexes erweckt. Daraus wird verständlich, warum Freud zur Meinung kommen konnte, sie sei aus perversen Partialtrieben aufgebaut, die normale Entwicklung sei bloss eine besondere Resultantenbildung. In Wirklichkeit aber stellen auch die durchschnittlichen, in diesem Sinne gesunden Gestaltungen ein Ganzes von normgemässen und deformierenden Faktoren dar, die nicht auseinander abzuleiten sind, sondern die beiden Grenzmöglichkeiten bilden, in die das Dasein des Menschen eingespannt bleibt.

Wie Kommentare zur Rezeption der vorliegenden Studie belegen, ist nicht nur von psychoanalytischer Seite her der Einwand erhoben worden, dass Kunz – im Blick auf ihre anthropologisch-existenzielle Bedeutung,[4] die sich freilich von moralischen oder ästhetischen Taxationen distanzieren müsste – die *Norm* als *notwendige* Bedingung zur Wesensbestimmung *der* Perversion anerkannt hat (S.160). Im Zuge seiner grundsätzlichen Kritik an der «anthropologischen Perversionstheorie», zu der er neben Kunz' Abhandlung auch die Arbeiten von E. Straus, V.E. von Gebsattel und (weniger entschieden) O. Schwarz zählt, wendet sich Boss gegen die These, dass der Sinn der Perversionen aus der Deformation einer «Liebesnorm» verständlich wird.[5] Kunz hat später (1954/55) Boss' Kritik wider-

---

4 S.160: «So führt die Theorie der Perversion auf einem Umweg in die zentrale Frage nach der Existenz des Menschen, denn es kann für deren Wesen nicht gleichgültig sein, dass sie den Verfehlungen seiner Norm – oder wenn man lieber will: seiner ‚Idee' – jenen weiten Raum belässt, der unter anderem von den Perversionen ausgefüllt wird».

5 Vgl. M. Boss: Sinn und Gehalt der sexuellen Perversionen. 2. erw. und neubearb. Auflage. Bern/Stuttgart 1952, S.25ff.

sprochen in der längeren Abhandlung *Zur Frage nach dem Wesen der Norm*, die, wie der Titel andeutet, in die Kernfrage der Auseinandersetzung mit der Perversion – diese allerdings übergreifend – zurückweist.[6] Sie wird in einem späteren Band der *Gesammelten Schriften* erscheinen.

DIE BEDEUTUNG DER SEXUALITÄT IM MENSCHLICHEN LEBEN

Im ersten Teil seiner 1931 in vier Folgen erschienenen Schrift *Die Psychoanalyse als Symptom einer Wandlung im Selbstverständnis des Menschen*[1] hat KUNZ die Veröffentlichung zweier weiterer Arbeiten zur Psychoanalyse angekündigt, die allerdings ausgeblieben ist: *Die philosophische Bedeutung der Psychoanalyse*[2] und *Beiträge zur Kritik der psychoanalytischen Erkenntnisse.*[3] Die Sichtung der Nachlass-Schriften lässt nun keine Zweifel offen, dass in den dreissiger Jahren mehrere Fragmente zu den beiden Titeln entstanden sind. Zu einem umfangreichen, in vier Kapitel gegliederten Werk *Die philosophische Bedeutung der Psychoanalyse* (Autographen HK A196 – HK A203, vgl. WKat, S. 150ff.) gehört ein titelloses Manuskript (HK A203, vgl. WKat, S. 154) – eine korrigierte Fassung des III. Kapitels dieser Abhandlung – worin die Eingangsthematik der ca. 1947 – 1950 verfassten Originalhandschrift *Die Bedeutung der Sexualität im menschlichen Leben* (HK A12, WKat, S. 116) bereits sinngleich vorweggenommen wird. Die geschlossene textliche Präsentation dieser rund zehn Jahre nach dem titellosen Manuskript entstandenen Studie könnte darauf hindeuten, dass KUNZ ohne die Absicht, sie als Beitrag in ein umfassendes Werk zur philosophischen Bedeutung der Psychoanalyse einzugliedern, sie zu einem eigenständigen Essay hat ausarbeiten wollen.[4] Zwei inhaltlich bestimmte Fragenkomplexe, deren genauere Erörterung von KUNZ angekündigt wird, im Zuge der Studie aber nicht zur Durchführung gelangt, verleihen diesem weitgespannten Essay aus dem Nachlass dann

6 Vgl. H. KUNZ: Zur Frage nach dem Wesen der Norm. Mit Bemerkungen zur anthropologischen und daseinsanalytischen Perversionstheorie, in: Psyche 8, 1954/55, I. Teil: S. 241–271, II. Teil: S. 321–366; neu in H. KUNZ: Grundfragen der psychoanalytischen Anthropologie. Ausgewählte Abhandlungen. Hrsg. von H. BALMER, Göttingen 1975.

1 In: Zentralblatt für Psychotherapie, Band 4. Leipzig 1931 (I. Folge: S. 280–302, II. Folge: S. 366 – 379, III. Folge: S. 408–425, IV. Folge: S. 481–512)

2 Ebd., S. 281.

3 Ebd., S. 287.

4 Zu erwähnen wäre – wie aus einer Anmerkung hervorgeht – KUNZ' Ankündigung einer zweiten Studie zum Thema der weiblichen Sexualität (vgl. S. 304).

doch einen fragmentarischen Charakter.[5] Möglicherweise könnte KUNZ die Behandlung der offen gebliebenen Fragen auch für einen neuen Teil eines umfangreicher geplanten Werkes aufgespart haben.

Die ungleiche und doppelsinnige Bedeutung des Ausdrucks «Bewertung oder Einschätzung der Sexualität» – sie meint den Ort in der Rangordnung der Werte oder der Güter einerseits, das tatsächliche Wirkungsgewicht, das der Sexualität unter den Antrieben des menschlichen Lebens zukommt, andererseits – bestimmt die Richtung der Analyse und das Zentrum der Problematik. Die sachliche Unterscheidung dieser doppelten Einschätzung ist für KUNZ eine notwendige Voraussetzung im Hinblick auf eine Klärung der Frage nach der Bedeutung der Sexualität im menschlichen Leben. Deren Berücksichtigung hätte dazu beitragen können, Missverständnisse innerhalb der Diskussion um die psychoanalytischen Aussagegehalte zu verhindern (vgl. S. 276). Bereits Mitte der vierziger Jahre hat KUNZ die Problematik formuliert: Unter der Überschrift «Einschätzung der Sexualität» – Eingangskapitel eines Fragment gebliebenen Entwurfs *Die Rolle der Sexualität* (HK A13, WKat, S. 116) – wird diese Doppeldeutigkeit expliziert und werden im konzeptionellen Sinne die mit ihr zusammenhängenden unterschiedlichen Tatbestände auf die im Titel anvisierte Kernfrage nach der Bedeutung oder Rolle der Sexualität zurückbezogen. Die vorliegende Studie *Die Bedeutung der Sexualität im menschlichen Leben* entwickelt das Thema – wie zuvor schon das Manuskript HK A203 und das zwei handschriftliche Seiten umfassende Fragment *Die Rolle der Sexualität* (HK A13) – auf dem Hintergrund von Fragen, die sowohl die vitale Bedeutung als auch das existenzielle Gefüge der bewerteten Sexualität im Leben des Menschen tangieren. Aus dem Duktus des Textes geht unmissverständlich hervor, dass KUNZ das Fragment A13 als Vorlage benutzt hat, als er einige Jahre später die Ausarbeitung des eigenständigen Essays unter dem veränderten Titel *Die Bedeutung der Sexualität im menschlichen Leben* in Angriff nahm.

[BEILAGE 4: *Die Rolle der Sexualität.* Fragment (A 13) aus dem Nachlass (ca. 1945), Blätter R1 und R2]

[R1] FREUD hat anlässlich einer knappen Aufzählung der «Grundpfeiler der psychoanalytischen Theorie» u. a. auf die «Einschätzung der Sexualität» hingewiesen.[1] Damit meinte er offenbar die ihr von ihm zugeschriebene Wirkungsmacht im menschlichen – normalen und abnormalen – Leben. Diese Einschätzung ist es denn auch gewesen, die zum Gegenstand des

---

5 Das betrifft 1. die nähere Betrachtung der «libidotheoretisch interpretierten genetischen Konstruktionen der Psychoanalyse» (vgl. S. 341, Zeile 19) und 2. den Erweis des begrenzten Rechts der von der neueren Gefühlspsychologie betonten Loslösung der «Lust» und «Unlust» von der Handlungssphäre und die Zuordnung von «Lust-Unlust» an gefühlsmässige «Zustände» (S. 346).

---

1 S. FREUD: Psychoanalyse. Handwörterbuch der Sexualwissenschaft, hrsg. von M. MARCUSE. 2. Aufl., Bonn 1925, S. 614.

populärsten Einwandes wider die Psychoanalyse geworden ist: man warf ihr vor, sie huldige einem «Pansexualismus», d. h. sie «reduziere» «alles» auf die Sexualität. Der Psychoanalyse fiel es nicht schwer, die sachliche Haltlosigkeit des Vorwurfes darzutun und ihn als Rationalisierung verborgener affektiver Widerstände zu entlarven. In keiner Phase hat FREUD in der Sexualität die einzige treibende Kraft im Menschen gesehen; konnte man hinsichtlich des nicht-sexuellen Ursprungs und damit der Eigenart der die Sexualität verdrängenden Faktoren immerhin im Unklaren sein – stets anerkannte FREUD eine zur Sexualität gegensätzliche Macht, nie hat er die prinzipielle «Triebdualität» aufgegeben.[2] Jener «Pansexualismus» ist der Psychoanalyse ohne Zweifel zu Unrecht unterstellt worden; aber es fragt sich nun trotzdem, ob es sich die Analyse mit der Widerlegung des wörtlich genommenen Einwandes nicht zu leicht gemacht hat; ob sich darin, anders gesagt, nicht sachlich berechtigte Momente verstecken, die in der groben und verfehlten, affektiv entstellten Formulierung keine adäquate Explikation erfahren haben.

Das entscheidende Motiv, welches FREUD zur Erweiterung des traditionellen Sexualitätsbegriffes veranlasst hatte, war das Prinzip des genetischen, analytisch aufgedeckten Zusammenhanges. In einer überraschenden Wendung hat sich seiner auch VON WEIZSÄCKER als apologetisches Moment bedient. «Man hat», sagt er, «der Psychoanalyse vorwerfen wollen, sie ‚leite alles' aus dem Sexuellen ab, aber man hat dabei vergessen wollen, dass beim Menschen ‚alles' einmal aus der sexuellen Vereinigung entstanden ist».[3] Der entwicklungsgeschichtlichen Relation wird in der Psychoanalyse selbst zur Phänomencharakterisierung ein Vorrang vor der phänomenologischen Deskription zugebilligt. In der Auseinandersetzung BIBRINGS mit BERNFELDS Versuch der Triebeinteilung heisst es hinsichtlich der Zuordnung einer Triebäusserung zu dieser oder jener Triebart: «eine solche Zuordnung kann nun auf zweierlei Weise erfolgen: Durch Aufdeckung des genetischen Zusammenhanges mit einem primären Triebgeschehen, etwa – am besten – auf dem Wege der psychoanalytischen Methode (psychoanalytisches Kriterium), oder auf Grund der phänomenologisch gegebenen Eigentümlichkeiten einer seelischen Äusserung, die die Zugehörigkeit zu einem bestimmten Trieb nahelegen (physiognomisches Kriterium BERNFELDS). Es ist zweifellos richtig, dass beide Wege gangbar sind, wenn auch der erstere den Vorzug der grösseren Sicherheit besitzt».[4] Wir konnten indessen bereits früher an einem besonderen Ingrediens der Sexualität auf die Fragwürdigkeit dieses Prinzips als eines Kriteriums der qualitativen Phänomenkennzeichnung und damit der Begriffserweiterung hinweisen. Daher ist es notwendig, auf das zwei gegensätzlichen Beurteilungen ausgesetzte Problem näher einzugehen; vorher bedarf auch ein anderer Punkt der Erörterung.

a. Die Einschätzung der Sexualität

Die «Einschätzung» der Sexualität, von der FREUD spricht und die wir oben als die adäquate [R2] Anerkennung der ihr im Menschen zukommenden realen Wirkungsmacht verstanden

---

2 Vgl. dazu etwa die folgenden Darstellungen der Wandlungen der Triebtheorie: S. FREUD: Das Unbehagen in der Kultur. Wien 1930, S. 89 ff.; *derselbe*: Neue Folge der Vorlesungen zur Einführung in die Psychoanalyse. Wien 1933, S. 141 ff.; E. JONES: Die Psychoanalyse und die Triebe. Imago 22 (1936), S. 129 ff.; E. BIBRING: Zur Entwicklung und Problematik der Triebtheorie. Ebenda, S. 147 ff.

3 V. VON WEIZSÄCKER: Körpergeschehen und Neurose. Internat. Zeitschr. f. Psychoanalyse 19 (1933), S. 43.

4 E. BIBRING: a. a. O., S. 174.

haben, lässt sich auch in einem andern Sinne interpretieren: nämlich als ihre so oder so angesetzte Einordnung innerhalb der «Rangliste der Werte». Diese Doppeldeutigkeit des Ausdrucks ist nicht zufällig; es manifestiert sich darin vielmehr die Möglichkeit, dergemäss in der «subjektiven» Bewertung eines Phänomens zugleich dessen «objektives», reales Gewicht erkannt werden kann. Die Erfahrung zeigt freilich, dass es sich dabei bloss um eine Möglichkeit, keineswegs um eine notwendige oder auch nur häufig verwirklichte Regelmässigkeit handelt. Gerade im sexuellen Bereich herrscht eine Diskrepanz zwischen – ausdrücklich oder verstellter – Wertung und faktischer Wirkmacht, die alle Abwandlungen von der bewussten tendenziösen Lüge bis zur undurchsichtigen Selbsttäuschung umfasst; und es ist nicht zuletzt ein Verdienst der Psychoanalyse, jene Diskrepanzen aufgedeckt zu haben.

PSYCHOLOGISCHE ASPEKTE DER MENSCHLICHEN SEXUALITÄT

Die bislang unveröffentlichte Abhandlung *Psychologische Aspekte der menschlichen Sexualität* ist uns 1. in Gestalt der Originalhandschrift (HK A14, datiert auf den 15.6.1967, vgl. WKat, S.116) und 2. in einer vom Autor selbst verfassten, fast wortgetreuen Schreibmaschinen-Abschrift (HK A15, vgl. WKat, S.116) zugänglich. Die Abschrift A15 diente vermutlich als Druckvorlage für eine geplante Publikation. Die später allerdings nie erschienene Schrift ist als Beitrag für den zweiten Halbjahresband (1968, Heft 3/4) des *Jahrbuchs für Psychologie, Psychotherapie und medizinische Anthropologie* bei Alber in Freiburg i. Br. angekündigt worden. KUNZ hat offensichtlich an deren Stelle seinen kurze Zeit später verfassten Aufsatz *Die Frage nach den Wesensunterschieden zwischen Mensch und Tier* als Beitrag zur Veröffentlichung angeboten.[1]

Auf der Grundlage des ontischen Gewichts des jeden Einzelnen bestimmenden Geschlechterdimorphismus legt KUNZ den Blick frei für den verwirklichungsfähigen, nicht ideal-entworfenen Potentialitätscharakter des Geschlechtsleibes (VON GEBSATTEL) und lässt den Erkenntnishorizont der verschiedenen psychologischen Vergegenständlichungsweisen der Sexualität vorstellig werden. Beide Zugänge zum Thema geben der Studie die Richtung: die Bedeutung der «psychologischen Aspekte» der Sexualität erhellt sich auf dem Hintergrund anthropologischer Voraussetzungen. Im Fokus auf den fundierenden Möglichkeitscharakter der Sexualität hält KUNZ die kritische Verwendung des Begriffes «Bedeutung» für die Virtualität fest: diese erschliesst sich allein aus den Verwirklichungen im einzelnen Menschen und wird nicht eingebunden in gedanklich-entworfene Suppositionen. Nicht von ungefähr deutet KUNZ die treffende Wendung KANTS, der den Geschlechterdimorphismus einen «Abgrund» für das Denken nennt, als «Einge-

---

1 H. KUNZ: Die Frage nach den Wesensunterschieden zwischen Mensch und Tier (Jahrbuch für Psychologie, Psychotherapie und medizinische Anthropologie, 16. Jahrg. 1968, S. 239–S. 261).

ständnis der Aussichtslosigkeit, dem Faktum [...] mit der Frage nach der ‚Bedingung der Möglichkeiten' gerecht werden zu können». Auch gegenüber dem «hochfahrenden Gerede» von möglichen «Daseinsentwürfen», das «den illusionären Eindruck einer unbegrenzten Aktualisierungsfreiheit erweckt» (S. 356f.), behält KUNZ die Skepsis. Da die vorliegende Schrift auf die anthropologische Dimension existenzieller Möglichkeiten verweist und in diesem Sinne ein Licht auf die psychologischen Aspekte wirft, wird verständlich, weshalb KUNZ – im Gegensatz zu den beiden vorangegangenen, zur Hauptsache psychopathologisch und psychologiekritisch orientierten Abhandlungen *Zur Theorie der Perversion* und *Die Bedeutung der Sexualität im menschlichen Leben* – sowohl auf detaillierte deskriptive und genetische Einzelanalysen als auch auf ausführliche Kommentare zu tiefenpsychologischen Theorien und Taxationen der Sexualität in dieser Studie verzichtet.

Anhang III
Literaturverzeichnis
mit Zitatangleichungen an neuere Ausgaben

Das vorliegende Literaturverzeichnis umfasst die Titel der Werke, auf die KUNZ in diesem Band verwiesen hat. Beigefügt sind die Fundorte: Seitenzahl (**fett** gedruckt), Fussnotennummer (normal gedruckt). Wo es angezeigt schien, sind die Fundorte der Zitate den neueren, gebräuchlicheren Ausgaben angeglichen worden (in eckiger Klammer).

VERZEICHNIS DER ABKÜRZUNGEN

Gesamtausgaben

AW	Ausgewählte Werke: BINSWANGER, L. (4 Bände, Heidelberg: Asanger)
GA	Gesamtausgabe: FROMM, E. (10 Bände, Frankfurt: Deutsche Verlags-Anstalt) HEIDEGGER, M. (102 Bände in vier Abteilungen, Frankfurt a. M.: V. Klostermann) SIMMEL, G. (24 Bände, Frankfurt a. M.: Suhrkamp Taschenbücher Wissenschaft)
GS	Gesammelte Schriften: HORKHEIMER, M. (19 Bände, Frankfurt: S. Fischer)
GW	Gesammelte Werke: FREUD, S. (18 Bände, «Londoner Ausgabe», Frankfurt: S. Fischer) JUNG, C. G. (20 Bände, Zürich/Düsseldorf, Olten/Freiburg i. Br: Walter) SCHELER, M. (13 Bände, Bern: Francke)
Hua	HUSSERL, E. (Husserliana, Gesammelte Werke, Den Haag: M. Nijhoff)
SS	Sämtliche Schriften: LÖWITH, K. (9 Bände, Stuttgart: Metzler)
W	Werke: KLAGES, L. (11 Bände, Bonn: Bouvier)
WA	Werkausgabe: ADLER, A. (daraus: Heilen und Bilden, gem. mit C. FURTMÜLLER und E. WEXBERG, neu hrsg. von W. METZGER, Frankfurt: Fischer Taschenbuch Verlag, Reihe Bücher des Wissens Nr. 6220)

Sammelbände

GAb	Lorenz, K.: Gesammelte Abhandlungen I und II: Über tierisches und menschliches Verhalten (München 1965: Piper)
PhB	Philosophische Bibliothek, Hamburg: F. Meiner
PmA	Von Gebsattel, V. E.: Prolegomena einer medizinischen Anthropologie (Berlin Göttingen Heidelberg 1954: Springer)
PmW	Straus, E.: Psychologie der menschlichen Welt. Gesammelte Schriften (Berlin Göttingen Heidelberg 1960: Springer)
PS	Abraham, K.: Psychoanalytische Studien in zwei Bänden (Frankfurt a. M. 1969/71: S. Fischer, Reihe Conditio humana)
SzP	Ferenczi, S.: Schriften zur Psychoanalyse in zwei Bänden (Frankfurt a. M. 1972: S. Fischer, Reihe Conditio humana)

Zeitschriften, Sammelwerke und Schriftenreihen

HbSex	M. Marcuse (Hrsg.): Handwörterbuch der Sexualwissenschaften, 2. Auflage, Bonn 1925
Im	Imago. Zeitschrift für psychoanalytische Psychologie, ihre Grenzgebiete und Anwendungen. Offizielles Organ der Internationalen Psychoanalytischen Vereinigung. Hrsg. von S. Freud
IZP	Internationale Zeitschrift für Psychoanalyse. Offizielles Organ der Internationalen Psychoanalytischen Vereinigung. Hrsg. von S. Freud
JbPPA	Jahrbuch für Psychologie, Psychotherapie und medizinische Anthropologie
SZfP	Schweizerische Zeitschrift für Psychologie und ihre Anwendungen
Zbl P	Zentralblatt für Psychotherapie und ihre Grenzgebiete einschliesslich der medizinischen Psychologie und psychischen Hygiene. Organ der allgemeinen ärztlichen Gesellschaft für Psychotherapie
Z Neur	Zeitschrift für die gesamte Neurologie und Psychiatrie

ABRAHAM, K. — *Über Ejaculatio praecox*, in: Klinische Beiträge zur Psychoanalyse, Leipzig/Wien/Zürich 1921. **188** 6 [PS I, 44ff.]
Versuch einer Entwicklungsgeschichte der Libido auf Grund der Psychoanalyse seelischer Störungen. Leipzig/Zürich/Wien 1924. **23** 22 [PS I, 117ff.], **204** 9 [PS I, 165ff.]

ADLER, A. — *Der Aggressionstrieb im Leben und in der Neurose*, in: Heilen und Bilden, hrsg. von A. ADLER und C. FURTMÜLLER, 2. Aufl., München 1922. **30** 34 [WA, 53ff.], **33** 40 [WA, 55], **34** 41 [WA, 59], **35** 42 [WA, 60], **39** 43 [WA, 55]

ALEXANDER, F. — *Kastrationskomplex und Charakter*. IZP 8 (1922). **306** 63
Psychoanalyse der Gesamtpersönlichkeit. Wien/Leipzig/Zürich 1927. **31** 39, **57** *

ALLESCH, G. J. VON — *Die Beziehungen zwischen tierpsychologischen und menschenpsychologischen Tatbeständen*. Zeitschr. f. Tierpsychol. 1 (1937). **13** 8
Über das Verhältnis des Allgemeinen zum realen Einzelnen. Arch. f. d. ges. Psychol. 111 (1942/43). **20** 17

ALVERDES, F. — *Die Bedeutung der Tierpsychologie für die Psychologie des Menschen*. Zbl P 13 (1942). **13** 8

ANDREAS-SALOMÉ, L. — *Psychosexualität*. Zeitschr. f. Sexualwissenschaft 4 (1917/18). **195** 1, **330** 94
«Anal» und «Sexual». Im 4 (1915/16). **305** 59

ARISTOTELES — *Nikomachische Ethik*. Übers. von E. ROLFES, 2. Aufl., Leipzig 1911. [Neuauflage: PhB 5 1972, hrsg. v. G. BIEN]. **346** 114 [PhB, 234ff.]/115 [PhB, 237]

BAEYER-KATTE, W. VON — *Das Zerstörende im Denken*. Studium Generale 17 (1964). **120** 21, **150** 9

BÁLINT, A. — *Liebe zur Mutter und Mutterliebe*. IZP u. Im 24 (1939). **78** 14, **83** 26

BÁLINT, M. — *Das Endziel der psychoanalytischen Behandlung*. IZP 21 (1935). **201** 2, **202** 5
Die Urformen der Liebe und die Technik der Psychoanalyse. Bern und Stuttgart 1966. **368** 24/25
Ein Beitrag zum Fetischismus. IZP 23 (1937). **262** 26
Eros und Aphrodite. IZP 22 (1936). **78** 14, **207** 15/17/18, **212** 4, **218** 19
Frühe Entwicklungsstadien des Ichs. Primäre Objektliebe. Im 23 (1937). **78** 14, **204** 10, **205** 12
Zur Kritik der Lehre von den prägenitalen Libidoorganisationen. IZP 21 (1935). **78** 14, **199** 6, **241** 5

BALLEY, D. S. — *Mann und Frau im christlichen Denken*. Übers. v. G. H. MÜLLER, Stuttgart 1963. **362** 15

BERGIUS, R. — *Werden Aggressionen umgelernt?* Schulwarte 22 (1969). **136** 15

BERGLER, E. *Die psychische Impotenz des Mannes.* Bern 1937. **190** 16, **285** 16

BERNFELD, S./FEITELBERG, S. *Über psychische Energie, Libido und deren Messbarkeit.* Im 16 (1930). **330** 95

BIBRING, E. *Zur Entwicklung und Problematik der Triebtheorie.* Im 22 (1936). **41** 46

BILZ, J. *Menschliche Reifung im Sinnbild.* Leipzig 1943. **83** 26

BILZ, R. *Lebensgesetze der Liebe.* Leipzig 1943. **86** 29, **87** 30/31/32/33/34, **88** 35, **299** 50

Schrittmacherphänomene. Psyche 2 (1948/49). **88** *

Zur Biologie und Psychologie der Mutterrolle. Zbl P 14 (1942). **57** *, **68** 1

BINSWANGER, H. *Zur forensischen Psychiatrie der nicht geisteskranken Personen.* Bern 1941. **171** 24

BINSWANGER, L. *Ausgewählte Vorträge und Aufsätze,* Band II. Bern 1955. **108** 4 [AW 3, 198]

Freuds Auffassung des Menschen im Lichte der Anthropologie. Nederl. Tijdschrift voor Psychologie 4 (1936) [neu: L. BINSWANGER: Ausgewählte Vorträge und Aufsätze, Band I (2. Aufl., Bern 1961)] **222** 7 [173]

Geschehnis und Erlebnis. Zur gleichnamigen Schrift von E. Straus. Monatsschr. f. Psychiatrie 80 (1931). **48** 55 [AW 3, 198], **162** 2 [AW 3, 179 ff.], **165** 8 [AW 3, 198]

Über Ideenflucht. Zürich 1933. **239** 2 [AW 1, ebd.]

BIRAN, S. *Melancholie und Todestriebe,* München/Basel 1961. **109** 5

BLATTER, TH. *Macht und Herrschaft Gottes.* Freiburg (Schweiz) 1962. **150** 10

BLOCH, J. *Das Sexualleben unserer Zeit.* Berlin 1919. **157** 1/2/3

BOCHNIK, H.-J. *Ärztliche und soziale Aspekte des heutigen sexuellen Lebens,* in: Sexualität heute, ed. K. SALLER. München 1967. **354** 6

BOEHM, F. *Über den Weiblichkeitskomplex des Mannes.* IZP 16 (1930). **168** 14

BOENHEIM, C. *Kinderpsychotherapie in der Praxis.* Berlin 1932. **208** 3

BONAPARTE, M. *Passivität, Masochismus und Weiblichkeit.* IZP 21 (1935). **169** 18

BRÄUTIGAM, W. *Körperliche Faktoren bei der sexuellen Partnerwahl und ihre Bedeutung für die Homosexualität.* Studium Generale 19 (1966). **362** 16

Körperliche, seelische und soziale Einflüsse auf die Geschlechtszugehörigkeit des Menschen. Der Internist 5 (1964). **362** 16, **364** 18

Vom Werden und Verhalten in der Geschlechtsrolle, in: Werden und Handeln, hrsg. von E. WIESENHÜTTER, Stuttgart 1963. **362** 16

Brun, R. — *Experimentelle Beiträge zur Dynamik und Ökonomie des Triebkonflikts.* Im 12 (1926). **223** 9
Selektionstheorie und Lustprinzip. IZP 9 (1923). **223** 9

Bühler, Ch. — *Die Reaktionen des Säuglings auf das menschliche Gesicht.* Zeitschr. Psychol. 132 (1934). **205** 10
Kindheit und Jugend. 3. Aufl. Lepizig 1931. **164** 6
Zum Problem der Sexualentwicklung. Z. Kinderheilkunde 52 (1931/32). **198** 3
Zum Problem der sexuellen Entwicklung. Z. Kinderheilkunde 51 (1931). **198** 3

Bühler, K. — *Die Krise der Psychologie.* Jena 1927. **345** 113

Burlingham, D.T. — *Die Einfühlung des Kleinkindes in die Mutter.* Im 21 (1935). **81** 21

Carus, C.G. — *Psyche.* 2. Aufl. Stuttgart 1851. **50** 59

Christoffel, H. — *Einige fötale und frühstkindliche Verhaltensweisen.* IZP und Im 24 (1939). **212** 3
Exhibitionism and Exhibitionists. Internat. Journ. of Psycho-Anal. 17 (1936). **171** 24
Harntriebäusserungen, insbesondere Enuresis; Urophilie und Uropolemie. IZP 21 (1935). **250** 5
Trieb und Kultur. Basel 1944. **23** 21

Cohen-Booth, G. — *Paralysis agitans.* Nervenarzt 8 (1935). **46** 53

Cullmann, O. — *Vorträge und Aufsätze 1925–1962,* hrsg. von K. Fröhlich. Tübingen/Zürich 1966. **366** 20

Curtius, L. — *Phallosgrabmahl im Museum von Smyrna,* in: Die Wissenschaft am Scheideweg von Leben und Geist, Festschrift Ludwig Klages, hrsg. v. Hans Prinzhorn. Leipzig 1932. **285** 17

Dembo, X.T. — *Der Ärger als dynamisches Problem.* Psychol. Forschung 15 (1931). **51** 61

Deutsch, H. — *Der feminine Masochismus und seine Beziehung zur Frigidität.* IZP 16 (1930). **169** 16
Mütterlichkeit und Sexualität. Im 19 (1933). **84** 27, **264** 31
Psychoanalyse der weiblichen Sexualfunktionen. Leipzig/Wien/Zürich 1925. **169** 16, **190** 14

Dorsch, F. — *Psychologisches Wörterbuch.* 7. Aufl. Hamburg/Bern 1963. **104** 1

Dorst, J. — *Natur in Gefahr.* Übers. von V. Ziswiler, Zürich 1966. **146** 5

Dück, J. — *Aus dem Geschlechtsleben unserer Zeit.* Sexual-Probleme 10 (1914). **336** 103

Eidelberg, L. — *Beiträge zum Studium des Masochismus.* IZP 20 (1934). **248** 1
Triebschicksal und Triebabwehr. IZP u. Im 25 (1940). **28** 29, **251** 7
Zur Erniedrigung des Liebesobjekts. IZP 20 (1934). **195** 2
Zur Theorie und Klinik der Perversion. Jahrbücher Psychiatr. und Neurol. 50 (1933). **207** 17

EISSLER, K. — *Zur genaueren Kenntnis des Geschehens an der Mundzone Neugeborener.* Zeitschr. f. Kinderpsychiatrie 5 (1938/39). **24** 25

ELKAN, R. — *Über die Orgasmus-Unfähigkeit der Frau.* Arch. f. Frauenkunde 19 (1933). **333** 99

ELLIS, H. — *Das Geschlechtsgefühl.* Deutsche Ausgabe von J. E. KÖTSCHER. 3. Aufl., Leipzig 1922. **333** 97
Die neue Einschätzung des Obszönen. Die psychoanalyt. Bewegung 4 (1932). **326** 87
Geschlecht und Gesellschaft. 1. Teil, 2. Aufl., Leipzig 1922. **326** 87

ELSTER, A. — *Die Erotik in den Motiven der Mode.* Sexual-Probleme 10 (1914). **325** 85

EVOLA, J. — *Metaphysik des Sexus.* Übers. von M. SCHON und H. MAIER. Stuttgart 1962. **370** 32

EWALD, G. — *Die Begrenzung der Begriffe Sadismus und Masochismus.* Münch. Med. Wschr. 78 (1931). **158** 7

FEDERN, P. — *Beiträge zur Analyse des Sadismus und Masochismus.* IZP 2 (1914). **168** 12
Lust-Unlustprinzip und Realitäsprinzip. IZP 2 (1914). **221** 2

FENICHEL, O. — *Frühe Entwicklungsstadien des Ichs.* Im 23 (1937). **204** 10
Perversionen, Psychosen, Charakterstörungen. Wien 1931. Neu: Reprographischer Nachdruck, Darmstadt 1967. **173** 27, **174** 29, **175** 30, **189** 11
Über Angstabwehr, insbesondere durch Libidinisierung. IZP 20 (1934). **181** 41, **221** 1, **262** 25
Zur Kritik des Todestriebes. Im 21 (1935). **42** 47, **249** 3
Zur Psychologie des Transvestitismus. IZP 16 (1930). **262** 25

FERENCZI, S. — *Bausteine zur Psychoanalyse,* Band 2. Leipzig/Wien/Zürich 1927. Reprint: Stuttgart und Bern 1964: H. Huber. **292** 31
Bausteine zur Psychoanalyse, Band 3. Bern 1939. Reprint: Bern und Stuttgart 1964: H. Huber. **78** 12/13, **163** 4, **199** 5 [SzP II, 303]
Versuch einer Genitaltheorie. Leipzig/Wien/Zürich 1924. **188** 3 [SzP II, 317], **188** 4 [SzP II, 329], **188** 5 [SzP II, 321], **189** 9 [SzP II, 321]

FEUERBACH, L. — *Sämmtliche Werke,* Band 3. Leipzig 1847. **15** 9, **65** 92

FINK, E. — *Alles und Nichts.* Den Haag 1959. **355** 8

FORD, C. S./BEACH, F. A. — *Das Sexualverhalten von Mensch und Tier.* Übers. von W. SCHOENE. Berlin 1954. **361** 14

FRANZEN-HELLERSBERG, L. — *Die jugendliche Arbeiterin.* Tübingen 1932. **327** 90

FRAUCHIGER, E. — *Seelische Erkrankungen bei Mensch und Tier.* Bern 1945. **10** 4, **11** 5

FREUD, A. — *Das Ich und die Abwehrmechanismen.* Wien 1936. **53** 65
Einführung in die Psychoanalyse für Pädagogen. 2. Aufl. Bern 1935. **300** 54

Triebe und Triebschicksale, in: Sammlung kleiner Schriften zur Neurosenlehre, 4. Folge. Leipzig/Wien 1918. **39** 44 [GW x, 219 ff.], **40** 45 [GW x, 220 ff.]

Über die Psychogenese eines Falles von weiblicher Homosexualität, in: Sammlung kleiner Schriften zur Neurosenlehre. 5. Folge. Leipzig/Wien/Zürich 1922. **258** 17 [GW XII, 297]

Über die weibliche Sexualität. IZP 17 (1931). **205** 13 [GW XIV, 527], **205** 14 [GX XIV, 529]

Vorlesungen zur Einführung in die Psychoanalyse. Leipzig/Wien/Zürich 1922. **202** 3 [GW XI, 340 f.]

Weitere Ratschläge zur Technik der Psychoanalyse, in: Sammlung kleiner Schriften zur Neurosenlehre, 4. Folge. Leipzig und Wien 1918. **277** 2 [GW x, 319]

Zur Einführung des Narzißmus, in: Sammlung kleiner Schriften zur Neurosenlehre, 4. Folge. Leipzig und Wien 1918. **285** 15 [GW x, 166]

FRIED, E. — *Konfliktsituationen in Liebe und Sexualität.* Übers. von H. W. A. SCHOELLER. München 1967. **363** 17

FRIEDJUNG, J. K. — *Die kindliche Sexualität und ihre Bedeutung für Erziehung und ärztliche Praxis.* Berlin 1923. **198** 3

Die Physiologie und Pathologie der kindlichen Sexualität. Mschr. Kinderheilk. 51 (1932). **198** 3

Über Onanie im Kindesalter. Z. Kinderforschung 31 (1926). **208** 3

Über sexuelle Konstitution. Z. Kinderforschung 40 (1932). **198** 3

Zum Problem der Sexualentwicklung. Z. Kinderheilkunde 52 (1931/32). **198** 3

Zur Ontogenese der Betätigung der Hände und ihrer Störungen. Zeitschr. für Kinderpsychiatrie 7 (1940/41). **22** 19

FROMM, E. — *Die Furcht vor der Freiheit.* Zürich 1945. **63** 86 [GA I, 322], **63** 87 [GA I, 324]

Theoretische Entwürfe über Autorität und Familie, in: Studien über Autorität und Familie. Paris 1936. **171** 23 [GA I, 168 ff.]

Zum Gefühl der Ohnmacht. Zeitschr. f. Sozialforschung 6 (1937). **54** 70 [GA I, 198], **54** 71 [GA I, 198]

FUCHS, E. — *Das Unbewusste – das Überbewusste – Gottheit?* Zeitschr. f. Theol. u. Kirche, N. F. 18 (1937). **9** 3

GEBSATTEL, V. E. FRH. VON — *Allgemeine und medizinische Anthropologie des Geschlechtslebens,* in: die Sexualität des Menschen, hrsg. von H. GIESE. Stuttgart 1955. **363** 17

Der Einzelne und der Zuschauer. Zeitschr. f. Pathopsychol. 2 (1913). **318** 78 [PmA, 237 ff.]

Prolegomena zu einer medizinischen Anthropologie (= PmA). Berlin/Göttingen/Heidelberg 1954. **358** 12

Süchtiges Verhalten im Gebiete der sexuellen Verirrungen. Monatsschrift f. Psychiatrie 82 (1932). **158** 8 [PmA, 161ff.], **207** 19 [PmA, 167], **214** 8 [PmA, 185ff.], **214** 9 [PmA, 189ff.], **217** 11 [PmA, 187], **218** 15 [PmA, 195], **219** 20 [PmA, 194], **225** 14 [PmA, 194], **230** 6 [PmA, 208], **246** 17 [PmA, 183f.], **246** 18 [PmA, 193, Anm. 2], **248** 1 [PmA, 174], **252** 8 [PmA, 196], **252** 9 [PmA, 198], **260** 22 [PmA, 164], **266** 37 [PmA, 165ff., 204ff.], **267** 40 [PmA, 202], **268** 41 [PmA, 170], **270** 2 [PmA, 177]

Über Fetschismus. Nervenarzt 2 (1929). **158** 8 [PmA, 144ff.], **200** 9 [PmA, 144ff.], **261** 24 [PmA, 145], **267** 38 [PmA, 147ff.]

GELB, A. *Zur medizinischen Psychologie und philosophischen Anthropologie.* Acta Psychologica 3 (1937). **258** 18

GERÖ, G. *Zum Problem der oralen Fixierung.* IZP u. Im (1939). **24** *

GIESE, H. *Die Sexualität im Aufbau der Persönlichkeit.* Praxis Psychother. 8 (1963). **363** 17

GIESE, F. *Sexualbewusstsein*, in: HbSex. **294** 35

GOLDSTEIN, K. *Die Beziehungen der Psychoanalyse zur Biologie*, in: Bericht über den II. Allgem. Ärztlichen Kongress f. Psychotherapie, hrsg. v. W. ELIASBERG. Leipzig 1927. **178** 38

GÖTT, TH. *Physiologie und Pathologie der Sexualität.* Mschr. Kinderheilk. 51 (1932). **198** 3

GÖTZ, B. *Sexualität, Erkenntnis, Tod.* Zeitschr. f. Sexualwissensch. 17 (1930/31). **344** 112

GRODDECK, G. *Der Mensch als Symbol.* Wien 1933. **279** 4

Der Symbolisierungszwang. Im 8 (1922). **279** 4

GROOS, H. *Willensfreiheit oder Schicksal.* München 1939. **223** 8

GUERNSEY, M. *Eine genetische Studie über Nachahmung.* Zeitschr. f. Psychologie 107 (1928). **75** *

HARDING, E. *Der Weg der Frau.* Zürich 1935. **310** 69

HARTMANN, H. *Die Grundlagen der Psychoanalyse.* Leipzig 1927. [neu: Stuttgart 1972: Klett-Cotta] **330** 95 [170]

HATTINGBERG, H. VON *Die Triebbedingtheit des seelischen Geschehens als Grundforderung einer biologischen Psychologie.* Z Neur 77 (1922). **179** 39

Trieb und Instinkt. Z. angew. Psychologie 17 (1920). **179** 39

Über die Liebe. München 1936. **81** 21, **82** 22, **91** 42, **213** 6, **218** 18

Übertragung und Objektwahl. Ihre Bedeutung für die Triebiehre. IZP 7 (1921). **179** 39

HAUPTMANN, A. *Menstruation und Psyche.* Arch. f. Psychiatrie 71 (1924). **55** 73

HEIDEGGER, M. *Sein und Zeit. 1. Hälfte.* Halle a. d. S. 1927. **355** 9 [GA 2, 191]

HELLER, TH. *Über sexuelle Konstitution mit einer Erwiderung auf Friedjungs Kritik.* Z. Kinderforschung 40 (1932). **198** 3

HERMANN, I. *Die Verwendung des Begriffes «aktiv» in der Definition der Männlichkeit.* IZP 20 (1934). **90** 39
Sich-Anklammern – Auf-Suche-Gehen. IZP 22 (1936). **205** 11
Studien zur Denkpsychologie. Acta psychol. 5 (1941). **29** 30
Zum Triebleben der Primaten. Im 19 (1933). **294** 36
Zur Triebbesetzung von Ich und Über-Ich. IZP u. Im 25 (1940). **83** 25, **196** 1, **250** 6

HESS, W. R. *Psychologie in biologischer Sicht.* Stuttgart 1962. **137** 17

HETZER, H. *Die Mütterlichkeit.* Leipzig 1937. **83** 26

HEYER, G. R. *Der Sexus als Urphänomen.* JbPPA 11 (1964). **353** 4

HIRSCHFELD, M. *Sexualpathologie II. Teil.* Bonn 1918. **169** 15
Sexualpathologie III. Teil. Bonn 1920. **171** 24, **225** 12, **283** 10

HOBBES, TH. *Grundzüge der Philosophie.* Hrsg. und ins Deutsche übertragen von M. FRISCHEISEN-KÖHLER, Leipzig 1918. **15** 11

HOCHHEIMER, W. *Aufklärung und Gegenaufklärung in der Sexualanthropologie.* Psyche 10 (1956/57). **362** 15
Viel Lärm um Normen der Sexualität. Psyche 10 (1956/57). **362** 15

HOLST, E. VON *Zur Verhaltensphysiologie bei Tieren und Menschen I,* München 1969. **137** 17

HOMBURGER, A. *Vorlesungen über Psychopathologie des Kindesalters.* Berlin 1926 [Reprographischer Nachdruck. Darmstadt 1967: Wissenschaftliche Buchgesellschaft]. **198** 3

HORKHEIMER, M. *Theoretische Entwürfe über Autorität und Familie,* in: Studien über Autorität und Familie, Paris 1936. **79** 17 [GS 3, 348] **211** 3 [GS 3, 348]

HORNEY, K. *Das neurotische Liebesbedürfnis.* Zbl P 10 (1938). **309** 67
Der Kampf in der Kultur, in: Das Problem der Kultur und die ärztliche Psychologie. Leipzig 1931. **63** 88
Die Angst vor der Frau. IZP 18 (1932). **167** 11
Die prämenstruellen Verstimmungen. Zeitschr. f. psychoanalyt. Pädagogik 5 (1931). **55** 73
New Ways in Psychoanalysis. New York 1939. **63** 88, **76** 9, **170** 22, **190** 15, **211** 2, **237** 1, **309** 67
The Neurotic Personality of Our Time. New York 1937. **170** 22, **309** 67

HUSSERL, E. *Hua V* (1952), hrsg. von MARLY BIEMEL. **355** 7

ISAKOWER, O. *Beitrag zur Pathopsychologie der Einschlafphänomene.* IZP 22 (1936). **203** 7

JELLIFFE, S. E. *Die Parkinsonsche Körperhaltung.* IZP 19 (1933). **46** 53

JONES, E. *Angst, Schuldgefühl und Hass.* IZP 16 (1930). **50** 59
Die Psychoanalyse und die Triebe. Im 22 (1936). **41** 46
Über analerotische Charakterzüge. IZP 5 (1919). **306** 65

Über die Frühstadien der weiblichen Sexualentwicklung. IZP 21 (1935). **235** 15

JUNG, C. G. — *Die Frau in Europa.* Zürich 1929. **291** 30 [GW 10, 142]
Über die Energetik der Seele und andere psychologische Abhandlungen. Zürich, Leipzig und Stuttgart 1928. **330** 95 [GW 8, 3 ff.]

KAHL-FURTHMANN, G. — *Das Problem des Nicht.* Berlin 1934. **30** 31

KANDERS, O. — *Keimdrüse, Sexualität und Zentralnervensystem.* Berlin 1928. **329** 93

KANT, I. — *Anthropologie in pragmatischer Hinsicht.* Sämtliche Werke (Band 4), hrsg. von K. VORLÄNDER. Leipzig (1912). **69** 3

KANT, O. — *Zur Biologie der Ethik.* Wien 1932. **53** 68

KATZ, D. — *Hunger und Appetit.* Leipzig 1932. **7** 1, **128** 3

KEIL, S. — *Sexualität.* Stuttgart/Berlin 1966. **362** 15

KELLER, W. — *Das Selbstwertstreben.* München/Basel 1963. **112** 7

KEMPER, W. — *Die Störungen der Liebesfähigkeit beim Weibe.* Leipzig 1942. **292** 31, **298** 48

KESTING, M. — *Vermessung des Labyrinths (Strindberg, Valéry).* Frankfurt a. M. 1965. **370** 28, **371** 33

KIELHOLZ, A. — *Der zerstückelte Osiris.* SZfP 1 (1942/43). **27** 28

KLAGES, L. — *Der Geist als Widersacher der Seele.* Band 2, Leipzig 1929. **298** 47 [W 1, 603 ff.]
Grundlagen der Wissenschaft vom Ausdruck. 5. Aufl., Leipzig 1936. **49** 56 [W 6, 491 ff., 493]
Mensch und Erde. 3. Aufl., Jena 1929. **149** 8 [W 3, 614 ff.]
Vom kosmogonischen Eros. 2. Aufl., Jena 1926. **76** 10 [W 3, 369], **83** 26 [W 3, 367 ff.], **89** 38 [W 3, 368]

KLEIN, M. — *Die Psychoanalyse des Kindes.* Wien 1932. **236** 17

KLOSSOWSKY, P. — *Temps et agressivité.* Recherches philosophiques 5 (1935/36). **51** 61

KOLLE, K. — *Sexualpsychopathologie.* Fortschr. Neurol. 4 (1932). **171** 24

KOLNAI, A. — *Sexualethik.* Paderborn 1930. **215** 10, **226** 16, **243** 8, **292** 32, **320** 81

KRETSCHMER, E. — *Die typischen psychogenen Komplexe als Wirkung juveniler Entwicklungshemmungen.* Z Neur 127 (1930). **236** 16
Psychotherapeutische Studien. Stuttgart 1949. **36** *

KRISCH, H. — *Zur Theorie der Impuls- und Zwangshandlungen.* Z Neur 130 (1930). **62** 84

KROH, O. — *Entwicklung der Formen des Gegenstandsbezugs im Kindesalter.* Z. Psychol. 124 (1932). **164** 6

KRONFELD, A. — *Psychotherapie.* Berlin 1924. **295** 38

KUNZ, H.	*Der gehemmte Mensch. Zum gleichnamigen Buch von H. Schultz-Hencke.* Nervenarzt 14 (1941). **73** 6, **76** 9, **93** 46
	Die Aggressivität und die Zärtlichkeit, Bern 1946. **111** 6 [in diesem Band, 41ff.], **148** 6 [in diesem Band, 17ff.], **368** 23 [in diesem Band, 75ff.]
	Die anthropologische Bedeutung der Phantasie. Band 1 und 2. Basel 1946. **30** 33, **151** 11, **345** 113
	Über den Sinn und die Grenzen des psychologischen Erkennens. Stuttgart 1957. **118** 18
	Zur Theorie der Perversion. Monatsschrift f. Psychiatrie 105 (1942). **23** 24 [in diesem Band, 162ff.], **62** 84 [in diesem Band, 246ff.], **76** 9 [in diesem Band, 195ff.], **77** 11 [in diesem Band, 208ff.], **79** 17 [in diesem Band, 211 Anm. 3], **83** 25 [in diesem Band, 196 Anm. 1], **84** 27 [in diesem Band, 263 Anm. 31], **300** 52 [in diesem Band, 197f.], **345** 113 [in diesem Band, 220ff.]
LAMPL, H.	*Einige Analogien in der Verhaltensweise von Vögeln und psychischen Mechanismen beim Menschen.* IZP u. Im 25 (1940). **176** 33
LAMPL-DE GROOT, J.	*Masochismus und Narzißmus.* IZP 23 (1937). **169** 17
	Zu den Problemen der Weiblichkeit. IZP 19 (1933). **169** 17
LANDAUER, K.	*Die Ich-Organisation in der Pubertät.* Zeitschr. f. psychoanalyt. Pädagogik 9 (1935). **294** 36, **322** 82
LEESE, K.	*Die Mutter als religiöses Symbol.* Tübingen 1934. **83** 26
LEIBNIZ, G. W.	*Neue Abhandlungen über den menschlichen Verstand.* Übersetzt von E. CASSIRER. 3. Aufl. Leipzig 1915. **79** 16
	Neue Abhandlungen über den menschlichen Verstand / Nouveaux essais sur l'entendement humain. Hrsg. u. übers. von W. VON ENGELHARDT und H. H. HOLZ, Band 2. Frankfurt a. M. 1961. **126** 1
LERSCH, Ph.	*Der Aufbau des Charakters.* 2. Aufl. Leipzig 1942. **50** 59, **317** 76
LEWIN, K.	*Gesetz und Experiment in der Psychologie.* Symposion 1 (1926/27). **181** 40
	Untersuchungen zur Handlungs- und Affektpsychologie, in: Psycholog. Forschung 7 (1925). **51** 61
LEWINGER, E.	*Über die Objektivierungstendenz in der Sexualität.* Z Neur 133 (1931). **281** 8, **284** 12/14
LIBROWICZ, S.	*Der Kuss und das Küssen.* Hamburg 1877. **88** *
LIPPS, H.	*Die menschliche Natur.* Frankfurt 1941. **50** 59 [neu: Werke 3/Frankfurt a. M.: Klostermann, 126]
LOEWENSTEIN, R.	*Von den vitalen oder somatischen Trieben.* IZP u. Im 25 (1940). **41** 46, **194** 21, **249** 3

Lorand, A. S. *Fetischismus in statu nascendi.* IZP 16 (1930). **233** 11

Lorenz, K. *Das sogenannte Böse.* Wien 1963. **115** 11/12/13/14, **116** 15, **118** 17, **119** 19/20, **129** 5/6, **149** 7

Durch Domestikation verursachte Störungen arteigenen Verhaltens. Z. angew. Psychol. 59 (1940). **243** 11

Über das Töten von Artgenossen. Dortmund 1955. **114** 9, **116** 15, **129** 4/6

Über den Begriff der Instinkthandlung. Folio Biotheoretica, Ser. B, Nr. 2 (1937). **224** 10

Über die Bildung des Instinktbegriffes. Naturwissenschaften 25 (1937). **176** 33 [GAb I, 304 f.], **177** 34 [GAb I, 305]

Lorenz, K./Leyhausen, P. *Antriebe tierischen und menschlichen Verhaltens,* München 1968. **135** 14

Lotze, H. *Mikrokosmos.* 6. Aufl., hrsg. v. R. Schmidt, Band 2, Leipzig 1923. **100** 51, **317** 76

Löwenfeld, L. *Jungfräulichkeit und Sexualität.* Sexual-Probleme 10 (1914). **324** 83, **333** 98/100

Über die sexuelle Konstitution und andere Sexualprobleme. Wiesbaden 1911. **329** 92, **333** 97/100, **334** 101, **336** 103

Über Onanie. Sexual-Probleme 9 (1913). **278** 3

Löwith, K. *Das Individuum in der Rolle des Mitmenschen.* München 1928. **239** 2 [SS 1]

Vorträge und Abhandlungen. Zur Kritik der christlichen Überlieferung. Stuttgart Berlin Köln Mainz 1966. **145** 3 [SS 1, 418 ff.]

Lüdtke, M. *Der Einfluss von Herkunft, Umwelt und Konstitution auf die mütterliche Haltung.* Zeitschr. f. Kinderforschung 49 (1940). **83** 26

Marcinowski, J. *Die erotischen Quellen der Minderwertigkeitsgefühle.* Zeitschr. f. Sexualwissenschaft 4 (1917/18). **318** 79

Marković, M. *Möglichkeiten einer radikalen Humanisierung in der Industriekultur,* in: H. Marcuse, A. Rapaport, K. Horn, A. Mitscherlich, D. Senghaas und M. Marković (Hrsg.): Aggression und Anpassung in der Industriegesellschaft, Frankfurt a. M. 1968. **133** 12

Mayreder, R. *Zur Kritik der Weiblichkeit.* 3. Aufl. Jena und Leibzig 1910. **283** 11

McDougall, W. *Aufbaukräfte der Seele.* Deutsche Fassung, herausgegeben von E. Rothacker. Leipzig 1937. **56** 74

Mead, M. *Mann und Weib.* Deutsch von A. Holler. Zürich 1955. **362** 16

Meinertz, J. *Analyse eines eigenartigen Falles von Fetischismus mit Verstümmelungsphantasien.* Z Neur 117 (1928). **62** 84, **262** 26

Meyer, E. W. J. *Zum Sinn und Wesen der Geschlechter.* Bonn 1925. **295** 38, **312** 72

MICHAËLIS, E.	*Die Menschheitsproblematik der Freudschen Psychoanalyse.* Leipzig 1925. **200** 7, **222** 5, **232** 10, **271** 4
	Vom «Verbrecher aus Schuldbewusstsein». Zeitschr. f. Kinderforschung 34 (1928). **53** 67
MITSCHERLICH, A.	*Aggression und Anpassung I und II.* Psyche 10 (1956/57) und Psyche 12 (1958/59). **121** 22
	Aggression und Anpassung, in: H. MARCUSE, A. RAPAPORT, K. HORN, A. MITSCHERLICH, D. SENGHAAS und M. MARKOVIĆ (Hrsg.): Aggression und Anpassung in der Industriegesellschaft, Frankfurt a. M. 1968. **131** 10, **137** 18, **138** 19
	Über die Behandlung psychosomatischer Krankheiten. Psyche 18 (1964/65). **112** 8
	(HRSG.) *Bis hierher und nicht weiter,* München 1969. **129** 7
MOSES, J.	*Die psychischen Mechanismen des jugendlichen Exhibitionismus.* Zeitschr. f. Sexualwissenschaften 17 (1930/31). **171** 24
MOYER, K. E.	*Aggressivität,* in: Bild der Wissenschaft, München 1969. **137** 17
MÜLLER, H. A.	*Spontaneität und Gesetzlichkeit,* Bonn 1967. **136** 16
MÜLLER, H. VON	*Über den Begriff der Norm im Geschlechtlichen.* Z. Sexualwissenschaft 17 (1930/31). **245** 14
MÜLLER-BRAUNSCHWEIG, C.	*Die erste Objektbesetzung des Mädchens in ihrer Bedeutung für Penisneid und Weiblichkeit.* IZP 22 (1936). **199** 4, **203** 6
NACHMANSOHN, M.	*Über chronische Masturbation.* Z Neur 98 (1925). **218** 17
NICOLAI, J.	*Zur Biologie und Ethologie des Gimpels (Pyrrhula pyrrhula L.).* Zeitschr. f. Tierpsychologie 13 (1956). **145** 4
NIETZSCHE, F.	*Werke.* Band VII (Grossoktav-Ausgabe), Leipzig 1910. **366** 21
NUNBERG, H.	*Allgemeine Neurosenlehre auf psychoanalytischer Grundlage.* Bern 1932. Neuauflage: Bern/Stuttgart 1959. **183** 44, **306** 61
OBERNDORF, C. P.	*Die Rolle einer organischen Überwertigkeit bei einer Neurose.* IZP 8 (1922). **284** 14
ODIER, J. CH.	*Mutterbindung des Weibes.* IZP 18 (1932). **234** 14
OPHUIJSEN, J. H. W. VAN	*Das Sexualziel des gewalttätigen Sadismus.* IZP 15 (1929). **184** 45
OTTO, WALTER F.	*Dionysos.* Frankfurt 1933. **343** 110
PEIPER, A.	*Der Saugvorgang.* Ergebnisse d. inneren Medizin u. Kinderheilkunde 50 (1936). **24** 25
	Die Umwelt des Säuglings. Arch. f. d. ges. Psychol. 111 (1943). **80** 19
PFISTER, O.	*Analytische Untersuchungen über die Psychologie des Hasses und der Versöhnung.* Jahrb. f. psychoanalyt. und psychopathol. Forschung 2 (1910). **50** 59
PLATON	*Phaidon.* Übertragen von R. KASSNER. Jena 1918. **52** *
PLÜGGE, H.	*Der Mensch und sein Leib.* Tübingen 1967. **358** 13

PORTMANN, A. *Biologische Fragmente zu einer Lehre vom Menschen.* Basel 1944. **16** 12

PRAZ, M. *Liebe, Tod und Teufel.* Übers. von L. RÜDIGER. München 1963. **371** 35

PRINZHORN, H. *Um die Persönlichkeit*, Band 1. Heidelberg 1927. **72** 5

RÄBER, H. *Versuche zur Ermittlung des Beuteschemas an einem Hausmarder (Martes foina) und einem Iltis (Putorius putorius).* Revue Suisse de Zool. 51 (1944). **11** 6

RADÓ, S. *Die Kastrationsangst des Weibes.* Wien 1934. **170** 19/20
Eine ängstliche Mutter. IZP 13 (1927). **91** 43

RANK, O. *Grundzüge einer Genetischen Psychologie*, 1. Teil. Leipzig und Wien 1927. **82** 23, **189** 12, **196** 1
Perversion und Neurose, in: Sexualität und Schuldgefühl. Leipzig/Wien/Zürich 1926. **158** 6

REICH, W. *Charakteranalyse.* Wien 1933. **24** 26, **43** 51, **64** 89, **170** 21, **248** 1, **250** 5, **298** 46
Der Orgasmus als elektrophysiologische Entladung. Zeitschr. f. polit. Psychologie u. Sexualökonomie 1 (1934). **331** 96
Der Urgegensatz des vegetativen Lebens. Zeitschr. f. polit. Psychologie und Sexualökonomie 1 (1934). **52** 63/64, **64** 89, **331** 96
Die Funktion des Orgasmus. Leipzig/Wien/Zürich 1927. **23** 20, **55** 73, **188** 2, **189** 10, **189** 13, **194** 20, **250** 5, **298** 44/46
Die vegetative Urform des Libido-Angst-Gegensatzes. Zeitschr. f. polit. Psychol. u. Sexualökonomie 1 (1934). **331** 96
Experimentelle Ergebnisse über die elektrische Funktion von Sexualität und Angst. Kopenhagen/Prag/Zürich 1937. **331** 96
Fortpflanzung eine Funktion der Sexualität. Zeitschr. f. polit. Psychologie und Sexualökonomie 3 (1936). **341** 108
Orgasmusreflex, Muskelhaltung und Körperausdruck. Oslo/Kopenhagen 1937. **298** 46
Psychischer Kontakt und Vegetative Strömung, in: Abhandlungen zur personellen Sexualökonomie, Nr. 3. Kopenhagen, Prag und Zürich 1935. **52** 62, **64** 91, **299** 49
Trieb- und Libidobegriffe von Forel bis Jung. Zeitschr. f. Sexualwissenschaft 9 (1922/23). **330** 95
Über die Quellen der neurotischen Angst. IZP 12 (1926). **250** 5, **261** 23

REIK, TH. *Das Kind im Manne.* Im 23 (1937). **90** 40
Der Angstangriff. IZP 23 (1937). **53** 65/66
Der eigene und der fremde Gott. Leipzig/Zürich/Wien 1923. **80** 18, **82** 24, **83** 26
Der Schrecken und andere psychoanalytische Studien. Wien 1929. **58** 75/76/77, **59** 78, **60** 80

Drei psychoanalytische Notizen. Im 12 (1926). **62** *
Geschlecht und Liebe. Stuttgart 1950. **88** *
Geständniszwang und Strafbedürfnis. Leipzig/Wien/Zürich 1925. **53** 67
Masochism in Modern Man. New York/Toronto 1941. **248** 1

Reitzenstein, F. Frh. von — *Das Weib bei den Naturvölkern.* Neue durchges. u. erw. Aufl., Berlin o. J. **287** 21

Reiwald, P. — *Eroberung des Friedens.* Zürich/New York 1944. **18** 14, **57** *
Zur Psychologie der Massenaggression. SZfP 4 (1945). **18** 14

Révész, G. — *Die menschliche Hand.* Basel/New York 1944. **22** 19

Ricoeur, P. — *Sexualität.* Olten und München 1963. **363** 17

Riemer, F. W. — *Mitteilungen über Goethe,* hrsg. von A. Pollmer. Leipzig 1921. **290** 27

Riese, W. — *Über Exhibitionismus.* Dtsch. Z. gerichtl. Medizin 18 (1931). **171** 24, **224** 12

Röhricht, R. — *Liebe jenseits von Trieb und Moral.* JbPPA 11 (1964). **353** 5

Rombouts, J. M. — *Aggressivität.* Psychiatr. Bl. 44 (1940). **64** 90

Rothfeld, J. — *Affektiver Tonus- und Bewusstseinsverlust beim Lachen und Orgasmus.* Z Neur 115 (1928). **75** 7

Rotter, L. — *Zur Psychologie der weiblichen Sexualität.* IZP 20 (1934). **294** 36

Sachs, H. — *Zur Genese der Perversionen.* IZP 9 (1923). **182** 42

Sack, W. Th. — *Psyche und Haut.* Handbuch der Haut- und Geschlechtskrankheiten, hrsg. v. J. Jadassohn, Band 4, Teil 2. Berlin 1933. **213** 5

Sadger, J. — *Die Lehre von den Geschlechtsverirrungen (Psychopathia sexualis) auf psychoanalytischer Grundlage.* Leipzig/Wien 1921. **84** 27, **158** 5, **173** 26, **263** 31, **306** 62
Genitale und extragenitale Libido. IZP 15 (1929). **207** 16
Neue Studien zur Kastration. Fortschritte der Medizin 37 (1920). **306** 62
Über den Kastrationskomplex. Fortschritte der Medizin 33 (1915/16). **306** 62

Saller, K. (Hrsg.) — *Sexualität heute.* München 1967. **362** 15

Sandström, T. — *Ist die Aggressivität ein Übel?* Stockholm 1939. **31** 38

Scheler, M. — *Der Formalismus in der Ethik und die materiale Wertethik.* 3. Aufl., Halle a. S. 1927. **222** 6 [GW 2, 56], **265** 35 [GW 2, 170/71 Anm.], **266** 36 [GW 2, 357]
Wesen und Formen der Sympathie. Bonn 1923. **50** 59 [GW 7, 170ff.], **265** 34 [GW 7, 200f.]

Schelsky, H. — *Auf der Suche nach Wirklichkeit.* Düsseldorf/Köln 1965. **357** 11
Soziologie der Sexualität. Hamburg 1955. **362** 15/16
Verdunkelung oder Gegenaufklärung in der Soziologie der Sexualität. Psyche 10 (1956/57). **362** 15

Scheuer, D. — *Der Kuss und das Küssen.* Sexual-Probleme 7 (1911). **88** *

Scheuer, O. — *Das menschliche Haar und seine Beziehung zur Sexualsphäre.* Sexual-Probleme 8 (1912). **325** 86

Schilder, P. — *Das Zerstückelungsmotiv.* Allg. ärztl. Zeitschr. f. Psychotherapie 1 (1928). **27** 28, **262** 27
Einige Bemerkungen über Zeitprobleme. Nervenarzt 5 (1932). **165** 9
Gedanken zur Naturphilosophie. Wien 1928. **178** 37
Seele und Leben. Berlin 1923. **289** 25

Schipkowensky, N. — *Schizophrenie und Mord.* Berlin 1938. **43** 50, **139** 21

Schmideberg, M. — *Einige unbewusste Mechanismen im pathologischen Sexualleben und ihre Beziehung zur normalen Sexualbetätigung.* IZP 18 (1932). **23** 20/22, **181** 41, **311** 70, **367** 22

Schmidt, G. — *Das Verbrechen in der Schlaftrunkenheit.* Z Neur 176 (1943). **55** 72

Schneider, K. — *Der Begriff der Reaktion in der Psychiatrie.* Z Neur 95 (1925). **19** 15
Die abnormen seelischen Reaktionen. Leipzig und Wien 1927. **19** 15

Schöne, W. — *Walt Withman und seine Phalluspoesie.* Sexual-Probleme 7 (1911). **285** 18

Schopenhauer, A. — *Die Welt als Wille und Vorstellung.* 2. Band, 4. Buch, Kap. 45 (ed. O. Weiss, Band 2) Leipzig 1919. **342** 109

Schottky, J. — *Über Brandstiftungen von Schizophrenen.* Z Neur 173 (1941). **43** 50

Schottlaender, F. — *Die Mutter-Kind-Beziehung in ihrer Bedeutung für die Neurosenentstehung.* Zbl P 10 (1938). **63** 85

Schultz-Hencke, H. — *Der gehemmte Mensch.* Leipzig 1940. [Neu: 3. Aufl. 1969]. **21** 18 [28ff., 42], **27** 28 [113ff., 196ff.], **49** 56 [165ff.], **73** 6 [ebd.], **76** 9 [ebd.], **97** 48 [186f.], **175** 32 [ebd.], **188** 7 [205], **211** 1 [32f.], **228** 1 [210ff.], **300** 51 [341], **313** 73 [ebd.], **328** 91 [169]
Einführung in die Psychoanalyse. Jena 1927. Reprint: Göttingen 1972: Vandenhoeck & Ruprecht. **211** 1, **304** 57
Kastrationskomplex, in: HbSex. **306** 62
Schicksal und Neurose. Jena 1931. **211** 1
Über Homosexualität. Z Neur 140 (1932). **178** 38, **228** 1, **229** 5

Schutz, F. — *Homosexualität bei Tieren.* Studium Generale 19 (1966). **369** 26
Homosexualität und Prägung. Psychol. Forschung 28 (1965). **369** 26
Sexuelle Prägung bei Anatiden. Zeitschr. f. Tierpsychol. 22 (1965). **117** 16, **369** 26

Schwarz, O. *Sexualität und Persönlichkeit.* Wien/Leipzig/Bern 1934. **158** 9, **200** 8, **208** 3, **218** 16, **234** 12, **240** 4, **243** 9/10, **267** 39, **363** 17
Sexualpathologie. Wien/Leipzig/Bern 1935. **158** 9, **161** 13, **169** 15, **225** 15, **244** 12, **246** 16, **249** 4, **256** 11/12/13/14/15, **257** 16, **258** 19, **262** 28, **263** 30, **264** 32, **268** 42/43
Über Homosexualität. Leipzig 1931. **158** 9, **161** 13
Zur Psychologie des Welterlebens und der Fremdheit I/II. Z Neur 139 (1932) und Z Neur 143 (1933). **158** 9

Seidmann, P. *Begriff und Phänomen der Aggression.* Studia Philosophica 26 (1966). **138** 20

Seneca, L. A. *Philosophische Schriften.* Übertragen von O. Apelt, Band 1. Leipzig (PhB) 1924. [Neuaufl. PhB 1993] **51** 60 [ebd.]; Band 4. Leipzig (PhB) 1924. [Neuaufl. PhB 1993] **15** 10 [ebd.], **318** 77 [ebd.]

Simmel, G. *Philosophische Kultur.* 3. Aufl., Potsdam 1923. **292** 33 [GA14, 224], **295** 39 [GA14, 224], **297** 41 [GA14, 225]/42 [GA14, 224f.], **316** 74 [GA14, 250ff.]

Speer, E. *Endogen oder reaktiv?* GesNP 145 (1933). **19** 15

Spielrein, S. *Die Destruktion als Ursache des Werdens.* Jahrb. f. psychoanalyt. u. psychopathol. Forschung 4 (1912). **65** 93

Spinoza, B. De *Ethik.* Übersetzt von O. Baensch. Leipzig 1917. **49** 57/58, **59** 79

Staehelin, J. E. *Untersuchungen an 70 Exhibitionisten.* Z Neur 102 (1926). **171** 24

Stärcke, A. *Der Kastrationskomplex.* IZP 7 (1921). **306** 64
Über Tanzen, Schlagen, Küssen. Im 12 (1926). **23** 23

Steinberg, W. *Soziale Seelenhaltungen.* München 1932. **50** 59, **293** 34

Stekel, W. *Die Geschlechtskälte der Frau.* 3. Aufl. Berlin und Wien 1927. **284** 13

Sterba, R. *Das psychische Trauma und die Handhabung der Übertragung.* IZP 22 (1936). **78** 15, **164** 5

Stern, E. *Beiträge zur Psychologie und Psychopathologie des Selbstwerterlebens.* Zeitschr. f. Pathopsychologie 3 (1919). **317** 76

Stirnimann, F. *Psychologie des neugeborenen Kindes.* Zürich/Leipzig 1940. **205** 10, **250** 6

Storch, A. *Zur Psychologie und Pathologie des Selbstwerterlebens.* Arch. f. d. ges. Psychol. 37 (1918). **317** 76

Straus, E. *Die Ästhesiologie und ihre Bedeutung für das Verständnis der Halluzinationen.* Arch. f. Psychiatrie und Z. Neurol. 182 (1949). **74** * [PmW, 259]
Die Formen des Räumlichen. Nervenarzt 3 (1930). **213** 7 [PmW, 141ff.]
Die Scham als historiologisches Problem. Schweiz. Arch. Neur. 31 (1933). **225** 13 [PmW, 179ff.]

Geschehnis und Erlebnis. Berlin 1930. Neu: Reprint 1978. **47** 54, **108** 3, **158** 10, **160** 12, **162** 1, **163** 3, **165** 7, **167** 10, **173** 25, **183** 43, **253** 10

Vom Sinn der Sinne. Berlin 1935. [Neu: Reprintausgabe der 2. verm. Aufl., Berlin/Heidelberg/New York 1978.] **201** 1 [15, 58f.]

TAYLOR, G. R. *Wandlungen der Sexualität.* Düsseldorf/Köln 1957. **352** 3

TEMBROCK, G. *Verhaltensforschung.* 2. Aufl. Jena 1964. **114** 10

TINBERGEN, N. *Die Übersprungsbewegung.* Zeitschr. f. Tierpsychol. 4 (1940). **88** 36/37

UEXKÜLL, J. VON / KRISZAT, G. *Streifzüge durch die Umwelten von Tieren und Menschen.* Berlin 1934. [Neu ediert: Frankfurt a. M. 1970: S. Fischer]. **177** 35 [80]

VIERKANDT, A. *Gesellschaftslehre.* Stuttgart 1923. **317** 76

VILLINGER, W. *Über Onanie im Kindesalter mit einer Erwiderung auf Friedjungs gleichnamige Arbeit.* Z. Kinderforsch. 31 (1926). **208** 3

Zur Psychologie, Biologie und Begutachtung der Exhibitionisten. Mschr. Kriminalbiol. und Strafrechtsref. 28 (1937). **171** 24

VOIGTLÄNDER, E. *Über die Typen des Selbstgefühls.* Leipzig 1910. **317** 76

VÖLKEL, H. *Geschlechtserleben und Geschlechtsverhalten.* JbPPA 11 (1964). **362** 16

WÄLDER, R. *Das Prinzip der mehrfachen Funktion.* IZP 16 (1930). **289** 26

Zur Frage der psychischen Konflikte im frühen Lebensalter. IZP 22 (1936). **236** 17, **300** 55

WEBER, M. *Die Frauen und die Liebe.* Königstein i. T. und Leipzig 1935. **83** 26

Die Ideale der Geschlechtergemeinschaft. 2. Aufl., Berlin 1930. **326** 89

WEINERT, F. *Hunger und Durst,* in: Handbuch der Psychologie in 12 Bänden, Band 2. Göttingen 1965. **128** 3

WEININGER, O. *Geschlecht und Charakter.* 22. Aufl. Wien und Leipzig 1921. **282** 9

WEINMANN, K. *Über das Selbstwertgefühl und seine Störungen.* Int. Zeitschr. f. Individualpsychologie 4 (1926). **317** 76

WEITZEL, G. *Der Mensch im Blickfeld der Biochemie,* in: Ursprung und Wesen des Menschen, S. 65. Tübingen 1968. **143** 1

WEIZSÄCKER, V. VON *Der Gestaltkreis.* Leipzig 1940. [Neuauflage Stuttgart 1968: Thieme]. **192** 18 [74]

Körpergeschehen und Neurose. IZP 19 (1933). **188** 8, **340** 107

Pathosophie. Göttingen 1956. **370** 29/30/31

WEXBERG, E. *Die Überschätzung der Sexualität.* Zeitschr. f. Sexualwissenschaft 1 (1914/15). **312** 71

Individualpsychologie. 2. Aufl., Leipzig 1931. **309** 67

WILMANNS, K. *Über Morde im Prodromalstadium der Schizophrenie.* Z Neur 170 (1940); und DERS.: *Stellungnahme zur Kritik über meinen Aufsatz «Über Morde im Prodromalstadium der Schizophrenie»*, ebd. 174 (1942). **43** 50

WINTERSTEIN, W. *Der Zornaffekt.* Im 20 (1934). **49** 56

WITTELS, F. *Goethe und Freud.* Die psychoanalytische Bewegung 2 (1930). **280** 7

Grosse Hasser, in: Die psychoanalyt. Bewegung 1 (1929). **60** 81, **92** 44

Mutterschaft und Bisexualität. IZP 20 (1934). **84** 27

WOLFFRAM, G. *Der Sex-Appeal.* München/Icking 1958. **352** 2

WUNDER, W. *Experimentelle Untersuchungen am Bitterling (Rhodeus amarus) während der Laichzeit.* Verhandl. der Deutschen Zoolog. Gesellschaft 1933. **177** 36

Gattenwahlversuche bei Stichlingen und Bitterlingen. Verhandl. der Deutschen Zoolog. Gesellschaft 1934. **243** 11

ZISWILER, V. *Bedrohte und ausgerottete Tiere.* Berlin/Heidelberg/New York 1965. **146** 5

ZEITSCHRIFTEN UND SAMMELWERKE

Eranos-Jahrbuch 1938. Zürich 1939. **83** 26

Vom Wert des Leibes in Antike, Christentum und Anthropologie der Gegenwart. Hrsg. Deutsches Institut für Wissenschaftliche Pädagogik Münster/Westfalen. Salzburg/Leipzig: A. Pustet 1936. **326** 88

Siglen und Sonderzeichen

IM HAUPTTEXT (OHNE ANHANG)

[ ]	Zusätze des Herausgebers: a. Verweise auf kommentierte Stellen im *Anhang* b. mit arabischer Ziffer: Seitenzahl der Erstpublikation c. Verweise auf Seitenzahlen in diesem Band
Asterisken *	a. Bei Neuauflagen: – Fussnotenvermerke zu Annotationen aus den Blatteinlagen der Handexemplare des Autors – In Verbindung mit zwei senkrechten Begrenzungsstrichen: Ergänzungen aus den Handexemplaren des Autors (Zeichenfolge: * |...|) b. Bei Transkriptionen der Nachlass-Schriften: Verweise auf kommentierte Textstellen in Anhang 1B
KAPITÄLCHEN	Personennamen
Kursivdruck	a. Bei Neuauflagen: Hervorhebungen im Erstdruck b. Bei Transkriptionen der Nachlass-Schriften: Unterstreichungen des Autors

IN ANHANG 1B

|	Ende einer Anmerkung
< >	Streichungen des Autors
√	In Verbindung mit Zahlen: Nachweise der Paginierung der Originalmanuskripte
Normaldruck	a. Manuskriptsignatur. In Verbindung mit kursiv gedruckten Passagen: Wiedergabe von Textstellen aus den Originalmanuskripten b. Kommentare ohne Hinweise auf besondere Textstellen c. nach fettgedruckter Ziffer: Zeilenangabe
Kursivdruck	Kommentare des Herausgebers zu zitierten Textstellen
Fettdruck	Seitenzahlen im Haupttext

IN ANHANG II

< >	Streichungen des Autors
Verkleinerter Normaldruck	Textbeilagen

IN ANHANG III

[ ]	In Verbindung mit Zahlen: Zitatangleichungen an neuere Ausgaben
Fettdruck	Seitenzahl in diesem Band
Normaldruck	Nummer der Fussnote in diesem Band

Abkürzungen

1.

Die Hinweise auf Originaldokumente richten sich nach der dreistufigen Katalog-Signatur des Hans-Kunz-Archivs der Zentralbibliothek Solothurn (vgl. HANS KUNZ Nachlassverzeichnis, bearb. von D. EGLI und J. FIALA, ZB Solothurn, 2001):

HK (=Nachlass Hans Kunz)/Grossbuchstaben (=Abteilungsgruppe)/ Katalognummer (=Titel).

Beispiel:

Archiv-Signatur:	gekürzt nach dem Muster:	Bedeutung:
HK/A/9	A 9	A (=Abteilung: Autographen), Titel 9
HK/CA KUN/20	CA 20	CA (=Abteilung: Handexemplare des Autors), Titel 20

2.

WKat (=Werkkatalog):
JÖRG SINGER: Das Werk von Hans Kunz. Vollständige Bibliographie mit Kommentaren und Inventar des archivierten wissenschaftlichen Nachlasses, 3. Aufl., Hans-Kunz-Archiv, Zentralbibliothek Solothurn 2003.